Alfred Sudre, Oscar Friedrich, Otto Wenzel, Oscar Friedrich

Geschichte des Communismus

Oder historische Widerlegung der socialistischen Utopien

Alfred Sudre, Oscar Friedrich, Otto Wenzel, Oscar Friedrich

Geschichte des Communismus

Oder historische Widerlegung der socialistischen Utopien

ISBN/EAN: 9783743652828

Hergestellt in Europa, USA, Kanada, Australien, Japan

Cover: Foto ©ninafisch / pixelio.de

Weitere Bücher finden Sie auf **www.hansebooks.com**

Nach der 5. Auflage des Originals, preisgekrönt von
der Französischen Akademie.

Geschichte
des
Communismus
oder
Historische Widerlegung der socialistischen Utopien
von
Alfred Sudre.

Deutsch von
Oscar Friedrich.

Mit einem ergänzenden Nachtrag von Otto Wenzel.

2. Auflage.

Berlin, 1887.
Verlag von Elwin Staude.

Geschichte des Communismus

oder

Historische Widerlegung der socialistischen Utopien.

Von

Alfred Sudre.

Nach der
5. Auflage des von der Französischen Akademie preisgekrönten Originals
übersetzt von
Oscar Friedrich.

Mit einem ergänzenden Nachtrag
von
Otto Wenzel.

Zweite Auflage.

Berlin.
Verlag von Elwin Staube.
1887.

Aus der Vorrede des Verfassers.

Dieses Buch wurde mitten in der Bewegung des öffentlichen Lebens geschrieben, der kein Bürger in Zeiten der Revolution fern bleiben kann. Während sein Verfasser in der Vergangenheit die Quellen und Spuren der Leidenschaften und Irrthümer aufsuchte, die die Civilisation mit einem schrecklichen Untergang bedrohten, mahnte der Wirbel der Tambours ihn mehr als einmal, mit den Waffen in der Hand die Wahrheiten zu schützen, deren Vertheidigung er die Kräfte seines Geistes widmete.

Indessen glaube man nicht, daß die Vorgänge, deren Augenzeuge der Mensch war, die Unparteilichkeit des Schriftstellers getrübt hätten. Aber die Unparteilichkeit besteht nicht darin, daß man gefühllos zwischen Wahrheit und Irrthum, zwischen Tugend und Verbrechen abwägt, daß man weder moralische Grundsätze noch politische Ueberzeugungen besitzt, daß man ohne Unwillen gegen die Schuldigen und ohne Mitleid gegen die Verführten ist. Mögen Andere der Ansicht sein, daß die Menschheit die Beute eines blinden und unerbittlichen Fatums ist, mögen sie die Revolutionen mit all' ihren Auswüchsen für das Resultat einer geheimnißvollen und unwiderstehlichen Macht halten, die die heutigen Geschlechter vernichtet, um den kommenden Generationen die Wege zu bahnen, mögen sie in den subversivsten Doctrinen nur mehr oder minder plausible Ansichten erblicken, deren einziges Unrecht darin besteht, eine veränderliche Majorität sich gegenüber zu sehen: wir glauben, daß ein jeder Schriftsteller von einem bestimmten Gesichtspuncte ausgehen, daß er festen und bestimmten Principien folgen muß und sich niemals scheuen darf, die Thatsachen, Menschen und Lehren nach seiner Ueberzeugung und seinem Gewissen zu beurtheilen. Größte Genauigkeit, tiefes Studium der Quellen ist seine Pflicht, vollständige Freiheit und Festigkeit des Urtheils sein Recht.

Schon nach der Februarrevolution war es Allen, die die Bewegung beobachtet hatten, offenbar, daß die extremen Parteien sich bemüht hatten, den Massen zum Bewußtsein zu bringen, daß die Gesellschaft gegenwärtig vor der Frage Hamlet's stehe, vor der Frage nach Sein oder Nichtsein. Während die rein politischen Leidenschaften die Mehrzahl der Geister fast ausschließlich bewegten, schien uns die Gefahr in dem Hereinbrechen der communistischen und socialistischen Doctrinen zu liegen, deren verderblicher Einfluß entweder nicht gekannt oder nicht beachtet wurde. Schon unter dem 6. März 1848 haben wir auf diese Gefahr in einem Schreiben aufmerksam gemacht, das in weiteren Kreisen seine Wirkung nicht verfehlt hat.

Aber damit durften wir uns nicht begnügen. — Zu einer Zeit, wo subversive Theorien die Gesellschaft in ihren Grundfesten angriffen, die Quellen ihres Lebens vergifteten und sie einem gewaltsamen Ende oder der Erstickung aussetzten, schien es uns nützlich und geboten, auf den Ursprung dieser alten Quellen zurückzugehen, um zu zeigen, welche Rolle sie in der Geschichte der Menschheit gespielt, und durch welche Thorheiten und Abscheulichkeiten die verschiedenen Sectenhäupter ihre Verwirklichung versucht haben. Obwohl die Generationen wie die Individuen nur die Erfahrungen, die sie auf ihre Kosten gemacht haben, zu befolgen pflegen, so wird vielleicht das Schauspiel dieser Verirrungen der Vorzeit dazu beitragen, den beklagenswerthen Einfluß von Doctrinen zu neutralisiren, die nur dann sich Anhänger verschaffen können, wenn ihre Geschichte vollständig unbekannt ist.

Einige Seiten dieses Gegenstandes sind mit Talent schon von einem zeitgenössischen Schriftsteller behandelt worden. Trotz des Werthes seiner Arbeit scheint es uns doch, als ob die Materie noch lange nicht erschöpft sei, und daß noch immer ein Buch seine Berechtigung hat, das, anstatt sich auf die Darstellung einiger Doctrinen zu beschränken, ein zusammenhängendes Bild der Thatsachen und der großen Versuche der verschiedenen Zeiten, die Gesellschaft auf einer von Eigenthum und Erbrecht verschiedenen Basis aufzubauen, entwürfe.

Noch eine andere Aufgabe blieb uns zu erfüllen. Die Communisten und Socialisten haben in der Geschichte Argumente für die Richtigkeit ihres Systems gesucht. Sie haben sich überall auf Autoritäten berufen und sich vor Allem bemüht, an die Traditionen des Urchristenthums und die berühmtesten Häresien des Mittelalters anzuknüpfen. Mit Recht waren diese Prätentionen einer scharfen Prüfung zu unterwerfen, um der beklagenswerthen Confusion ein Ende zu machen, mit deren Hülfe man allein es wagen darf, eine trügerische Solidarität zwischen Religion und den tollsten Schwärmereien herzustellen. Endlich mußten auch alte religiöse Secten von der Schmach compromittirender Gleichstellungen gerettet werden, Secten, für die man Achtung und Sympathien hegen kann, ohne ihre Lehren zu theilen.

Im Alterthum ist der Urquell aller communistischen und socialistischen Theorien zu suchen. Indem wir auf ihn zurückgingen, haben wir uns nicht gescheut, offen und frei unsere Ansichten auszusprechen und Götzen zu stürzen, die der Gegenstand einer banalen und traditionellen Bewunderung sind, und deren Cultus eine der hauptsächlichsten Ursachen der Irrthümer und Verbrechen der französischen Revolution von 1793 gewesen ist. Obwohl die classischen Reminiscenzen keinen directen Einfluß mehr auf die heutigen Geschlechter ausüben, so wirken sie doch mächtiger als man glaubt, durch Vermittlung der Schriftsteller des 18. Jahrhunderts und der Revolutionäre unsrer ersten republicanischen Periode auf die Geschicke und Ideen unserer Zeit ein. Die Stunde ist gekommen, mit ihnen zu rechten.

Bei der Darstellung der Thatsachen und Doctrinen haben wir die untergeordneten Einzelheiten bei Seite gelassen; wir haben uns auf die Hauptwerke der Sectenhäupter und die wichtigsten Episoden der Geschichte beschränkt. Die Ansichten aller Schriftsteller, denen man mit Recht oder Unrecht communistische Tendenzen zum Vorwurf gemacht hat, wiederzugeben und zu kritisiren, alle religiösen Secten, die das gemeinschaftliche Leben in Anstalten, die den mönchischen Orden ähnlich waren, handhabten, zu beschreiben, wäre eine ebenso langwierige als ermüdende Arbeit gewesen. Wir haben uns vor Allem bemüht, diejenigen Thatsachen und Theorien zu beleuchten, die durch ihre politische Tragweite und ihren revolutionären Character ein erhöhtes Interesse in Anspruch nehmen.

In unserer Zeit ist es eine Pflicht für Alle, für den unbekanntesten Kämpfer so gut, wie für den siegeskrönten Athleten, mit allen Kräften seines Wissens und Willens die Lehren zu bekämpfen, deren Existenz eine fortwährende Drohung gegen unsere sociale Ordnung ist. Was uns betrifft, so haben wir diese Pflicht gegen die Gesellschaft durch Veröffentlichung dieses Buches zu erfüllen gesucht.

In dem Werke selbst haben wir mehrfach auf die Anarchie, die im Lager der Utopie herrscht, und auf die Widersprüche ihrer Systeme hingewiesen. Und in der That ist es uns vergönnt worden, zu sehen, wie diese Widersprüche am hellen Tage sich zeigten und der Bürgerkrieg unter den ersten Vorkämpfern des Socialismus wüthete. Ein System nach dem anderen ist im Kampfe erlegen, so daß selbst Proudhon auf ihren Trümmern zurückgeblieben, erst an seinen Chimären verzweifelte, um dann doch wieder als letzte Consequenz der bevorstehenden Revolution auf's Neue die absolute Negation des Capitals und des Staats, die Vernichtung des Eigenthums und der politischen Gewalt zu proclamiren. Wie die Dinge jetzt liegen, hat Proudhon sich nicht geirrt: beim Communismus wird eine neue Revolution nicht mehr anlangen, denn der Communismus ist noch eine verständliche sociale Form, er setzt eine gewisse Ordnung und Regierungsgewalt voraus, sondern bei der Anarchie, der vollständigsten Unordnung, der allgemeinsten Auflösung, oder bei etwas, das bis jetzt noch keinen Namen in irgend einer Sprache gefunden hat.

Wenn es wahr ist, daß die Revolutionen nur den Zweck haben, klaren und bestimmt begrenzten Ideen zum Sieg zu verhelfen, wenn es wahr ist, daß sie nur dann eine Aussicht auf Erfolg haben, wenn ihre Urheber den Plan des Gebäudes, das sie auf den Trümmern des alten errichten wollen, in allen seinen Theilen schon im Voraus vollendet haben, so ist das Schauspiel der inneren Spaltungen des Socialismus ein Grund mehr, um die Freunde der Ordnung und des friedlichen Fortschritts zu beruhigen. Denn in der That ist nichts geeigneter als dieses, die ganze Hohlheit und Ohnmacht der Utopien zu zeigen, und die naiven Schüler zu enttäuschen, die durch ihre lockenden Verheißungen sich verführen ließen.

Aber die Revolutionen spielen mehr auf dem Gebiete der Leidenschaften als auf dem der Logik. Wenn sich auch die Häupter des Socialismus auf dem Boden der Theorien bekämpft haben, so sind sie doch unglücklicherweise vollkommen einig, wenn es gilt, an die niedrigsten Regungen des Menschenherzens zu appelliren: an den Haß und die Habgier. Sich selbst haben sie gegenseitig die Ohnmacht ihrer Organisationsversuche vorgeworfen, aber mit gleichem Eifer und gleicher Erbitterung haben sie einstimmig die Vernichtung der socialen Ordnung verlangt. Ihre aufreizenden Worte haben nur zuviel Anklang gefunden. Noch gährt das Gift in den Gemüthern der Massen; das Uebel ist zurückgedämmt und geschwächt, aber es existirt noch immer.

Glaube man deshalb ja nicht an einen baldigen Sieg. Die Situation ist noch immer bedenklich und bedarf der ganzen Aufmerksamkeit der Politiker, in deren Hand es liegt, auf die Geschicke der Völker bestimmend einzuwirken. Mögen sie nicht vergessen, daß in Zeiten der Agitation die Staaten nur gerettet werden durch eine energische Initiative, die mit scharfem Blicke Verbesserungen ins Leben ruft, die der Zeitgeist gebieterisch fordert. Was uns betrifft, so können wir nur von Neuem dem Publicum die ernsten Lehren der Geschichte vor Augen führen.

Inhaltsverzeichniß.

Vorrede.

	Seite
Capitel I. **Die Februarrevolution und der Communismus**	1
Capitel II. **Der Communismus in Lacedemon und Creta**	4

Verfassung der alten Städte. — Aristocratie und Sclaverei. — Die Einrichtungen Lycurg's. — Verfall Lacedemons. — Die Gütergemeinschaft durch das Eigenthum besiegt. — Ursachen der Bewunderung für die Lycurgischen Gesetze. — Creta. — Die Gesetze des Minos. — Verwerflichkeit derselben. — Der Aufstand zum Princip erhoben.

Capitel III. **Der Communismus Plato's** 14

Abhandlung über die Republik. — Die Sclaverei ist beibehalten. — Die productiven Classen sind der Verachtung preisgegeben. — Die communistische Aristocratie der Krieger und Philosophen. — Promiscuität der Geschlechter. — Kindermorde. — Character der platonischen Gütergemeinschaft. — Das Buch der Gesetze. — Vermittlung zwischen absoluter Gleichheit und Eigenthum. — Wahre Tragweite der politischen Worte Plato's.

Capitel IV. **Das Eigenthum in Rom** 23

Politische Kämpfe in der römischen Republik über Eigenthumsfragen. — Communistische Ideen sind denselben vollständig fremd. — Character der Agrargesetze. — Das Eigenthum unter der Republik und unter den Kaisern.

Capitel V. **Das Christenthum** 27

Lehren des Evangeliums über Eigenthum und Familie. — Diese Institute werden geheiligt und gekräftigt. — Gütergemeinschaft der ersten Christen. — Ihr Character. — Ihre kurze Dauer. — Almosen und freiwillige Spende treten an ihre Stelle. — Der Communismus der ersten Gnostiker.

	Seite
Capitel VI. **Die ascetischen Vereinigungen**	40

Die Pythagoräer. — Die Essener. — Die Therapeuten. — Die mönchischen Orden. — Die mährischen Brüder. — Die Missionen in Paraguay.

Capitel VII. **Häresien, welche man mit dem Communismus in Verbindung bringt** 50

Irrige Ansichten über die meisten dieser Häresien. — Der Pelagianismus. — Die Waldenser und Albigenser. — Die Lollarden. — Wiclef. — Johann Huß.

Capitel VIII. **Die Wiedertäufer. — Erste Periode** 63

Der Communismus im 16. Jahrhundert. — Storch. — Münzer. — Der Bauernkrieg. — Die zwölf Artikel. — Communistischer Aufstand. — Schlacht bei Frankenhausen. — Tod Münzer's.

Capitel IX. **Die Wiedertäufer. — Zweite Periode** 76

Die Wiedertäufer der Schweiz und Norddeutschlands. — Communistisches Glaubensbekenntniß von Zolicone. — Verfolgungen. — Verschwörungen. — Die Hutteriten. — Mährische Verbrüderungen. — Ihr schnelles Ende.

Capitel X. **Die Wiedertäufer. — Dritte Periode** 89

Die Wiedertäufer in Münster. — Mathias. — Rothmann. — Johann von Leyden. — Straßenkrieg in Amsterdam. — Fall Münsters.

Capitel XI. **Die Utopie des Thomas Morus** 111

Kritik des Zustandes Englands. — Angriffe auf das Eigenthum. — Dieselben werden lediglich von den modernen Socialisten wiederholt. — Entwurf einer communistischen Gesellschaftsverfassung. — Haupteinwand gegen die Gütergemeinschaft. — Morus' Ohnmacht, hierauf zu antworten. — Zweifel an seiner eigenen Ueberzeugung. — Aeußere Politik der Utopier.

Capitel XII. **Bodin. — Campanella** 129

„Die Republik." — Bodin gilt mit Unrecht für einen Anhänger des Communismus. — Er widerlegt Plato und Morus. — „Die Sonnenstadt." — Campanella ist ein radicaler Communist. — Er predigt den Despotismus und die Vernichtung der Familie. — Das persönliche Interesse als Sporn zur Arbeit wird durch die Selbstverleugnung ersetzt.

Capitel XIII. **Das goldene Zeitalter. — Die Millenarier** 138

Aehnlichkeit des goldenen Zeitalters der Dichter mit den Schwärmereien der Utopisten. — Vorzug der Schöpfungen der alten Dichter vor denen der modernen Reformatoren.

Inhaltsverzeichniß. XI

Seite

Die Millenarier oder Chiliasten der ersten Jahrhunderte des Christenthums. — Ihr Ursprung. — Ihr Glaube. — Die englischen Millenarier von 1648. — Der Aufstand Venner's im Jahre 1660. — Analogien und Verschiedenheiten zwischen Millenariern und Socialisten.

Capitel XIV. Der Communismus und Socialismus im 18. Jahrhundert 149
   I. Characteristik der Schriftsteller dieser Epoche.
   II. Morelly. — Mably 151
      Morelly's Gesetzbuch der Natur. — Entwurf einer communistischen Gesellschaftsverfassung. — Mably antwortet den Physiocraten mit seinen „Zweifeln über die natürliche und wesentliche Ordnung der Gesellschaften." — Er bekennt sich zum Communismus. — Er begeistert sich für Lycurg, Plato und die Verfassung der alten Staaten.
   III. Rousseau 167
      Er verurtheilt und vertheidigt die Civilisation. — Er huldigt den Gleichheitstheorien des „Buchs der Gesetze". — Irrthümer, zu denen ihn seine Bewunderung der alten Republiken verleitet. — Die Mehrheit seiner Zeitgenossen theilen dieselben. — Unkluge Ausfälle gegen Necker und Linguet.
   IV. Brissot de Warville. — Philosophische Untersuchungen über das Eigenthumsrecht und den Diebstahl 177
      Brissot zieht den Schluß aus allen schlimmen Doctrinen des 18. Jahrhunderts. — Er leugnet das Eigenthum und entwickelt die von Proudhon später vertretenen Theorien. — Er leugnet die Familie. — Er predigt die Rückkehr zur Barbarei. — Er fordert schließlich zu Raub und Mord auf. — Er widerruft seine Irrthümer.

Capitel XV. Die französische Revolution 192
   I. Die constituirende Versammlung sanctionirt die Unverletzlichkeit des Eigenthums. — Sociale Ansichten der extremen Partei bis zum 10. August.
   II. Vom 10. August bis zum 9. Thermidor. — Der Krieg gegen die Reichen. — Nachäffung des Alterthums. — Erklärung der Menschenrechte. — Vergniaud vertheidigt das Eigenthum. — Der 31. Mai. — Die Lehren Robespierre's und Saint-Just's. — Der Convent weist ihre Pläne zurück. — Character der gewaltsamen Maßregeln, zu denen er greift. — Verfassung des Jahres III. 198
   III. Verschwörung Babeuf's 215
      Ursprung der Secte der Gleichen. — Babeuf und Antonelle.

— Die Organisation der Verschwörung. — Die ehemaligen Montagnarden des Convents verbinden sich mit den Communisten. — Plan und sociales System der Verschworenen. — Betrachtungen über die französische Revolution.

Capitel XVI. **Owen. — Saint-Simon. — Fourier** 228
Allgemeine Characteristik ihrer Lehren. — Ihre Beziehungen zum Communismus. — Die Idee eines Phalansteriums ist keineswegs neu. — Einfluß dieser Utopien.

Capitel XVII. **Cabet. — Der icarische Communismus** 235
Wie Cabet zum Communismus geführt wird. — Er scheint die Familie beizubehalten. — Schisma wegen dieses Punctes. — Sociale und politische Verfassung Icariens. — Aufhebung der Preßfreiheit. — Theophilantropie. — Revolution in Icarien. — Ihre Aehnlichkeit mit der von 1848. — Uebergangsstadium zwischen Eigenthum und Gütergemeinschaft.

Capitel XVIII. **Louis Blanc. — Die Organisation der Arbeit** . . . 255
Louis Blanc ist ein reiner Communist. — Kritik der „Organisation der Arbeit". — Angriff gegen das Eigenthum unter dem Namen des Individualismus. — Unterschied zwischen der transitorischen und definitiven Gesellschaftsverfassung. — Die definitive Verfassung ist die Gütergemeinschaft. — Louis Blanc stützt sich in Allem auf Babeuf. — Er huldigt Mably und Morelly. — Er schildert die Erbitterung des durch den Socialismus veranlaßten Krieges. — Wer die Verantwortlichkeit hierfür zu tragen hat.

Capitel XIX. **Proudhon** 269
I. Erste Abhandlung über das Eigenthum. — Kritik dieses Werkes. — Es enthält die Negation des Eigenthums und der Gütergemeinschaft. — Proudhon's Besitz an Stelle des Eigenthums ist unverständlich. — Seine politischen Grundsätze.
Andere Werke dieses Schriftstellers. — Zweite Abhandlung über das Eigenthum. — Warnung der Eigenthümer. — Von der Schöpfung der Ordnung unter den Menschen.
II. System der öconomischen Widersprüche. — Das Hauptwerk Proudhon's. — Er läßt Nationalöconomie und Socialismus sich gegenseitig bekämpfen. — Er widerlegt alle Systeme und führt sie auf den Communismus zurück. — Er geißelt den letzteren. — Seine ferneren Angriffe gegen das Eigenthum. — Proudhon's Methode. — Ihre Fehler. — Proudhon ist im Grund nur ein Communist 287

Capitel XX. **Pierre Leroux** 311
I. Allgemeine Characteristik seiner Lehren. — Sein Lebensgang. —

Inhaltsverzeichniß. **XIII**

                                                                        Seite

Allgemeiner Character seines Systems. — Es umfaßt zwei Arten verschiedener Ideen. — Beziehungen derselben zu einander.

II. **Philosophie und Religion.** — Identität der Philosophie und Religion nach Leroux. — Psychologische Definition des Menschen. — Identität des Menschen und der Menschheit. — Wiedergeburt des Menschen in der Menschheit. — Negation eines zukünftigen Lebens, der Strafen und Belohnungen im Jenseits. — Vervollkommnungsfähigkeit. — Definition Gottes. — Pantheismus. — Die Trinität ist das allgemeine Gesetz des Lebens   316

III. **Sociale und politische Verfassung.** — Familie, Vaterland, Eigenthum durch die Kaste geschädigt. — Die Solidarität soll die christliche Liebe ersetzen. — Die Gleichheit als Gesetz der Zukunft. — Die Gleichheit im Alterthum. — Sinn der gemeinsamen Mahlzeiten des Alterthums. — Sociale Kritik. — Das Eigenthum ist die wahre Erbsünde. — Leroux kommt schließlich beim Communismus an. — Princip der Triade. — Der Circulus. — Die Gemeinde und der Staat. — Democratische und sociale Verfassung. — Der Socialismus ist eine Religion . . 328

Capitel XXI. Schluß 350

Nachtrag.

Die socialistische und communistische Arbeiterbewegung der Gegenwart.

Capitel XXII. Die Verbreitung der socialistischen und communistischen Arbeiterbewegung der Gegenwart durch die allgemeine politische, sociale und national-öconomische Entwicklung 367

Capitel XXIII. Die Arbeiterbewegung in Frankreich, England und Deutschland bis zur Gründung der allgemeinen Arbeiterassociation . 372

Capitel XXIV. Ferdinand Lassalle und Carl Marx 402

Capitel XXV. Die internationale Arbeiterassociation, die Pariser Commune und die Nihilisten 414

Capitel XXVI. Die deutsche Socialdemocratie seit Lassalle und ihre Gegner 425

Anmerkungen zur „Geschichte des Communismus" 437

Capitel I.

Die Februar-Revolution und der Communismus.

Die Revolution von 1848 scheint in Frankreich die Democratie definitiv zur Herrschaft gebracht zu haben. Sie hat das letzte politische Privilegium beseitigt, das des Census, das letzte sociale, das des Adels. Von jetzt an macht jeder Bürger, kraft seines Stimmrechtes und durch dasselbe, seinen Einfluß geltend und braucht sich nur zu beugen vor dem Princip der Achtung der Majorität, jenem obersten Gesetze freier Staaten, dessen Verletzung der Bruch des socialen Friedens, das Signal zur Unterdrückung oder Anarchie sein würde.

Niemals war eine Revolution vollständiger, niemals begegnete sie geringerem Widerstand; indessen ist sie in den Augen gewisser Leute noch nicht radical genug gewesen. Deshalb haben sich seit einigen Jahren mehrere Secten erhoben, die, einig, wenn es gilt, die Gesellschaft einer bittern Kritik zu unterziehen, jede einen verschiedenen Weg vorschlagen, um mit einem Schlage die Uebel zu heben, die der Gesellschaft anhaften. Die Anhänger dieser Doctrinen behaupten um die Wette, daß die Revolution von 1848 nicht nur politisch, sondern vor Allem social sei. In ihrem Munde bedeutet dieser vage und unbestimmte Ausdruck, daß die Nation sich ihnen ergeben, sich zum Versuchsfeld ihrer Pläne und ihrer Träume machen lassen müsse.

Neben diesen Sectirer existirt eine Partei, die, ohne einen abgerundeten Reformplan zu haben, nichts desto weniger laut ruft, daß die Gesellschaft von Grund aus umgestaltet werden muß, die eine Revolution für unvollständig und verfehlt erklärt, welche ihrer Ansicht nach noch nicht genug Ruinen geschaffen hat.

Durch solch' leere Utopien und heftige Declamationen ist die

Gesellschaft aufgeregt worden; sie hat unter allen Factionen, die sie beunruhigen, ihren wahren Feind gesucht; sie hat ihn erkannt, und von allen Seiten ist der Ruf erschollen: Hinweg mit dem Communismus!

Vergebens haben die communistischen Sachwalter gegen die allgemeine Mißbilligung, die an einem Tage gegen ihre Lehre hervorbrach, protestirt, vergebens haben sie friedliche Absichten vorgeschützt und das Recht der freien Discussion für sich in Anspruch genommen; sie haben jenen Erhaltungstrieb nicht täuschen können, der den Nationen wie den einzelnen Wesen von Gott gegeben ist, und der ihnen einen tödtlichen Feind offenbart, unter welcher Maske er auch verkleidet auftreten mag.

Der Communismus ist in der That die ernsteste Gefahr, gegen welche die Gesellschaft zu kämpfen hat. Wenn auch die Zahl seiner erklärten Anhänger eine relativ ziemlich geringe ist, so zählt er doch weit mehr solche, die sich selbst ihre wahren Ziele, die letzten und äußersten Consequenzen ihrer Principien verheimlichen: unter allen Communisten sind die gefährlichsten diejenigen, die es sind, ohne es zu wissen.

Dank den Behauptungen der socialistischen Neuerer, dem verderblichen Einfluß einer entarteten Literatur, hat man sich daran gewöhnt, die Gesellschaft verantwortlich zu machen für das Unglück und die Leiden der Individuen, für ihre Fehler und selbst für ihre Verbrechen. Diese Anklagen umfassen, anstatt sich gegen die Unvollkommenheiten und Mißbräuche, denen jede menschliche Einrichtung ausgesetzt ist, zu wenden, die Gesammtheit des socialen Organismus. Einmal auf diesem Wege begriffen, ist man durch eine unerbittliche Logik dahin gekommen, die Grundlagen dieses Organismus selbst anzugreifen, die in moralischer Beziehung die Familie, in materieller das individuelle und erbliche Eigenthum sind. Aber außer der Familie und dem Eigenthum ist logisch nur noch eine Form möglich, der Communismus und die Vermischung aller Stände; einen vermittelnden Weg würde man vergebens suchen.

Beim Communismus also anzulangen, ist das Verhängniß jener sogenannten aufgeklärten Geister, die sich zum unklugen Echo einer giftigen Kritik machen, welche gewisse Schriftsteller gegen die Gesammtheit unserer socialen Einrichtungen schleudern; am Triumph des Communismus arbeiten jene vorgeblichen Reformatoren, die die Nothwendigkeit verkünden, die Gesellschaft einer durchgreifenden Umgestaltung zu unterziehen. Unter ihnen giebt es solche, die, vor den Consequenzen ihrer eigenen Principien zurückschreckend, eine unmögliche Mitte zwischen Eigenthum und Communismus suchen; es giebt auch solche, die gegen den Communismus protestiren und doch seine Lehren vertheidigen, nur verschleiert unter trügerischen Ausdrücken. Den Einen fehlt die Logik, den Andern der Muth, die Massen, an die sie sich wenden, haben beides. Man weiß, die einfachsten Ideen wie die radicalsten sind die einzigen, welche die Leidenschaften zu erregen im Stande sind. Hier liegt das Geheimniß der Macht extremer Parteien und der Schwäche der Mittelparteien in Zeiten der Revolution. Nun, ihr greift die sociale Ordnung in ihren wesentlichen Grundlagen an; ihr eifert gegen die Ungleichheit des Vermögens, daß in Industrie und Landwirthschaft ein Theil des Gewinnes dem Capital und Grundbesitz anheimfällt; ihr erklärt, daß eine sociale Revolution nothwendig sei: und dennoch scheut ihr euch, den Schluß zu ziehen. Die Massen, wenig aufgeklärt, werden für euch den Schluß ziehen: das Eigenthum ist die Quelle unserer Leiden, werden sie sagen, schaffen wir also das Eigenthum ab; das Capital ist eine erdrückende Macht, plündern wir also die Capitalisten, vertheilen wir Grundbesitz und Capital und leben wir unter dem Niveau einer absoluten Gleichheit. Dies ist eine streng consequente Folgerung, eine klare, bestimmte, verständliche Idee. Die öffentliche Meinung hat sich also nicht getäuscht, als sie in einem Schrei der Mißbilligung des Communismus den Schrecken, den ihr die extremen Parteien einflößten, bezeugte, die durch rasende Aufreizungen die Gesellschaft dem Umsturz entgegenführen. Schmerzliche Ereignisse haben diese Anschauung der Gesellschaft gerechtfertigt. Ein furchtbarer Aufstand hat Frankreich eine Wunde geschlagen, durch die sein Herzblut geflossen ist; und der Communismus ist es, der uns von den Barricaden des Juni herab den Commentar zu dem düstern Satz jener democratischen und socialen Republik geliefert hat, in deren Namen sie errichtet wurden.

Da der Communismus allen subversiven Lehren zu Grunde liegt, da er der Ausgangspunct und der vollständigste Ausdruck der socialistischen Utopien ist, so ist es Pflicht eines Jeden, dem die

Principien der Ordnung und Freiheit am Herzen liegen, den Kampf mit ihm aufzunehmen. Hierfür giebt es aber kein besseres Mittel, als die Geschichte dieser Lehren darzustellen und die Folgen ihrer Anwendung auseinanderzusetzen.

Der Communismus ist in der That nicht neu, weder in der Theorie, noch in der Praxis. Philosophen des Alterthums und neuere Schriftsteller haben seine Formeln entwickelt, sei es als Ausdruck einer wirklichen Ueberzeugung, sei es als allegorischen Rahmen, in dem sie die Kritik der Mißbräuche ihrer Zeit einfügten; Gesetzgeber, Mönche, Parteiführer und fanatische Sectirer haben abwechselnd versucht, ihn durchzuführen und zu verwirklichen. Das Gemälde dieser Lehren und Versuche zu entrollen, wollen wir in Folgendem versuchen.

Nachdem wir den Communismus nach seinen Werken beurtheilt haben, wird uns dann eine eingehende Kritik erkennen lassen, daß die socialen Reformpläne unserer Zeit sich im Schooß jener alten Utopie verlieren und zum größten Theil nichts anderes sind, als eine sclavische Reproduction von Versuchen, die die Erfahrung schon längst verurtheilt hat. Auf diese Weise wird eine eingehende Beurtheilung der socialistischen Systeme jene Wahrheit bestätigen, die a priori durch die Logik erkannt, vom allgemeinen Instinct errathen wurde: daß Eigenthum und Communismus die beiden Seiten einer unvermeidlichen Alternative sind.

Capitel II.

Der Communismus in Lacedemon und Creta.

Die ältesten Beispiele der Anwendung communistischer Ideen, die uns die Geschichte giebt, sind die dem Minos zugeschriebenen Gesetze der Insel Creta und die Lacedemons. Die Schriftsteller des Alterthums haben uns nur geringe Details über die cretischen Einrichtungen überliefert; aber wir wissen, daß sie den spartanischen zum Muster gedient haben, die uns weit besser bekannt sind, und deshalb zunächst unsere Aufmerksamkeit in Anspruch nehmen werden.

Obwohl die Gesetze des Lycurg das System der Gütergemeinschaft nicht völlig durchgeführt haben, so enthalten sie doch so außerordentlich viel davon, daß man sie als die erste Quelle der meisten communistischen Utopien zu betrachten hat. Dies und der beklagenswerthe Einfluß, den die Einrichtungen eines kleinen peloponnesischen Fleckens so viele Jahrhunderte lang ausgeübt haben, ein Einfluß, der selbst noch bis auf unsere Zeit fortdauert, bestimmt uns, einige Seiten ihrer Beurtheilung zu widmen.

Wenn man die bürgerlichen und politischen Gesetze der Alten würdigen will, so muß man stets im Auge behalten, daß die Verfassungen aller antiken Städte von einem großen socialen Factum beherrscht wurden: der Sclaverei. Die zahlreichste Klasse, durch deren Arbeit und Industrie die für den Lebensunterhalt unentbehrlichsten Producte erzeugt wurden, war von der Menschheit ausgeschlossen und den Sachen zugezählt. Ueber ihr und von der Frucht ihres Schweißes lebte eine kleine Anzahl freier Menschen, die allein im Besitz und Genuß der bürgerlichen und politischen Rechte waren. Diese Bürger bildeten eine träge und tyrannische Aristocratie, die jede Thätigkeit in Handel und Industrie auf's tiefste verachtend, nur gymnastische Uebungen und politische Gespräche, vor Allem aber Krieg und Raub als die einzigen, eines freien Bürgers würdigen Beschäftigungen betrachtete. Unter den nützlichen Arbeiten war es allein der Ackerbau, der zuweilen noch Gnade in ihren Augen fand; Wissenschaft, Kunst und Literatur entwickelten sich erst ziemlich spät und blühten nur bei einigen Völkern, welche besonders reich von der Natur bedacht worden waren.

In den ältesten Zeiten standen die meisten dieser kleinen Vereinigungen freier Menschen, welche die Städte bildeten, unter Königen mit patriarchalischer Gewalt: dies war das heroische Zeitalter. Auf das Königthum folgte in fast allen Staaten Griechenlands die Republik, sei es eine aristocratische, oder eine democratische, je nachdem die reichen oder ärmeren Bürger das Uebergewicht hatten. Indessen existirt zwischen antiker und moderner Democratie keinerlei Uebereinstimmung. Die erstere, ein ausschließliches Vorrecht freier Menschen, schloß stets die ungeheure Mehrheit der Bevölkerung, die sich in Sclaverei befand, von allen göttlichen und menschlichen Rechten aus, während die zweite ohne Unterschied die Gesammtheit der Einwohner eines großen Landes umfaßt.

Um das 9. Jahrhundert v. Ch. herrschten große Zerwürfnisse unter den Edelleuten eines kleinen, halbwilden Fleckens Laconiens, die bis dahin unter der patriarchalischen Herrschaft zweier Könige, vermeintlichen Nachkommen des Hercules, gestanden hatten. Verachtung der königlichen Autorität, Gesetze ohne Kraft und Ansehen — wenn überhaupt Gesetze vorhanden waren —, wechselseitiger Haß der Reichen und Armen: dies war das unerfreuliche Bild, welches die freien Bürger Lacedemons darboten. Was die Sclaven anbetrifft, bekannt unter dem Namen Heloten, so war ihre Lage hier noch weit beklagenswerther, als in dem übrigen Griechenland. Und dieser rohen und trotzigen Aristocratie unternahm Lycurg nach dem Muster und Vorbild der cretischen Einrichtungen Gesetze zu geben.

Nachdem er zuerst einige der einflußreichsten Parteihäupter auf seine Seite gezogen hatte, erschien er bewaffnet mit seinen Anhängern in der öffentlichen Versammlung und brachte mit Hülfe der Gewalt und des Schreckens seine Reformpläne zur Annahme, ein Beispiel, das in der Folge nur allzuviel Nachahmer gefunden hat.

Lycurg verfolgte einen dreifachen Zweck: er wollte die Ursachen der Mißhelligkeiten zwischen Armen und Reichen für immer beseitigen, die Unabhängigkeit der Stadt sichern, ihrem politischen Einfluß Kraft und Dauer verleihen.

Um den Zerwürfnissen, die aus dem Neid der Armen und dem Stolz der Reichen entsprangen, für immer ein Ziel zu setzen, beschloß er jede Ungleichheit des Vermögens zu beseitigen, und seine Mittel hierzu waren: gleiche Vertheilung des Grundbesitzes, Abschaffung der Gold- und Silbermünzen und gemeinschaftliche Mahlzeiten. Was die beweglichen Gegenstände anlangt, so waren diese wenigstens zum Theil der Gütergemeinschaft unterworfen, und es war in der That einem Jeden gestattet, Sclaven, Pferde, Wagen, überhaupt Alles, was einem andern Spartaner gehörte, für sich zu gebrauchen. Die Heloten, die eine besondere Klasse, analog den russischen Leibeigenen, bildeten, wurden als Staatseigenthum betrachtet. Sie pachteten die Landgüter der Bürger, trieben Handel und Industrie, während die Sclaven speciell den Dienst im Hause und bei der Person ihres Herrn zu versehen hatten.

Das wirthschaftliche System Lycurgs war somit eine Verbindung des Agrargesetzes mit dem Communismus. Im Grunde widersprach auch die Aufrechthaltung des individuellen Eigenthums am Grundbesitz dem Princip der Gütergemeinschaft keineswegs, da, nach dem Willen des Gesetzgebers, die Ackerloose der Bürger stets die gleichen bleiben sollten und der größte Theil der Ackerproducte durch die öffentlichen Mahlzeiten Gemeingut des Volkes wurde. Welche Mittel Lycurg aber anwendete, um die Gleichheit der Erbschaften zu sichern und zu erhalten, und die Schwankungen der Bevölkerungsziffer mit dem Bestand an Grund und Boden in Einklang zu setzen, ist uns nicht bekannt; es scheint jedoch, daß dies die schwache Seite des Systems war, oder doch diejenige, welche sehr bald der Nichtachtung und Vergessenheit anheimfiel.

Um die Unabhängigkeit dieser communistischen Aristocratie zu sichern, ließ sich Lycurg vor Allem daran gelegen sein, aus seinen Spartanern kräftige und unerschrockene Krieger zu bilden. Man weiß wodurch. Alle Kinder, deren Körperbau nicht besonders kräftig zu sein schien, waren verurtheilt, bei ihrer Geburt zu sterben; die überlebenden wurden im zartesten Alter ihren Familien entrissen und einer gemeinschaftlichen Erziehung unterworfen. Gymnastische und militärische Uebungen, Ringkämpfe, in denen sich die Jünglinge mit den Nägeln zerfleischten, Todtpeitschen als Strafe oder Uebung der Standhaftigkeit, der Diebstahl zur Kunst erhoben: dies waren die Mittel, mit denen man das wilde Thier, Spartaner genannt, dressirte. Das nämliche System wurde auch auf das weibliche Geschlecht angewendet. Den rauhen Soldaten Spartas mußte man auch kräftige Frauen geben, deren patriotische Unkeuschheit sich zu jenen Berechnungen hergab, in denen alle Gesetze der Ehrbarkeit der chimärischen Hoffnung geopfert wurden, bereinst einen kräftigern Menschenschlag zu erzielen. Jungfrauen ohne Scham und Liebe, Gatten ohne Zärtlichkeit und Züchtigkeit, Mütter ohne Herz und Zuneigung; dies war das weibliche Ideal des weisen Lycurg.

Mannbar geworden, mußte der Spartaner sein Leben in edlem Müßiggang zubringen, der aber keineswegs eine strenge Zucht ausschloß; seine Zeit war getheilt zwischen Waffenübungen, kriegerischen Bewegungen, Berathschlagungen in der Volksversammlung, Gesprächen und Spaziergängen. Der Jugend hauptsächlichstes Vergnügen war die Jagd, besonders die Jagd auf Menschen. Sobald die große Zahl der Heloten zu Befürchtungen Veranlassung gab, wurden junge Spartiaten, mit Dolchen bewaffnet, in die Felder losgelassen und schlachteten Tausende jener Unglücklichen.

Die Tödtung der Neugeborenen und die Ermordung der Heloten waren wirksame Mittel, einer Uebervölkerung vorzubeugen, und zugleich eine außerordentlich einfache Lösung jenes furchtbaren Problems, das seit Malthus der Stein des Anstoßes der modernen Nationalöconomie geworden ist.

Diese gesellschaftliche Organisation wurde gekrönt durch eine politische Verfassung, die, im Grund genommen, nur ein schmählicher Despotismus war. Zwei Könige, Führer der Heere und an der Spitze des Cultus, verwalteten zusammen mit einem Senat von 28 Mitgliedern die laufenden Angelegenheiten; wichtige Sachen entschied die Bürgerversammlung. Aber über den Königen und dem Senate schwebte das furchtbare Gericht der Ephoren, das, aus 5 von der Bürgerversammlung gewählten Mitgliedern bestehend, mit dem Rechte bekleidet war, die Bürger und Könige zu richten und zum Tode zu verurtheilen. Dieses Tribunal wurde, wie der Rath der Zehn in Venedig, die erste, ja die einzige Macht im Staate und übte auf das öffentliche und private Leben der Bürger, Magistrate und Könige einen tyrannischen Einfluß aus. Derartig war die Verfassung Lacedemons, für welche eine klassische Erziehung nur zu oft ohne Kritik und Einsehen unseren jungen Generationen eine so wenig begründete Bewunderung einflößt. Die kriegerische und unwissende Aristokratie Sparta's konnte sich, wie alle in ähnlichem Falle, nur halten, indem sie das Mark einer anderen, unendlich zahlreicheren Gesellschaftsklasse verbrauchte, die, in Sclaverei befindlich, allein sich mit Ackerbau und Industrie beschäftigte. Sein Gesetzgeber war bestrebt, in ihr im höchsten Grade alle diejenigen Charactereigenschaften zu entwickeln, welche die kriegerischen Aristocratien wilder und barbarischer Völker auszeichnen: Verachtung nützlicher Arbeiten, Müßiggang, Unwissenheit, Aberglauben, Ausschweifung und Rohheit der Sitten. Zugleich aber unterwarf er sie einer strengen Disciplin und bemühte sich eifrig, in dem Einzelnen eine vollständige Selbstverleugnung und entschiedene Liebe zum Vaterlande großzuziehen. Gerade des letzten Zweckes wegen stellte Lycurg den spartanischen Adel unter die Herrschaft seines Agrargesetzes und der Gemeinschaft der Güter. Aber welches waren die Resultate dieser Herrschaft? So lange die Civilisation in dem übrigen Griechenland noch nicht entwickelt war, scheinen die Einrichtungen Lacedemons ohne bemerkenswerthe Anfechtungen bestanden zu haben. Nach dem peloponnesischen Kriege aber konnte die spartanische Nüchternheit den Lockungen der Reichthümer nicht widerstehen, die um den Preis der Verwüstung Griechenlands erworben worden waren. Gold, Silber, alle beweglichen Werthe vereinigten sich in den Händen einiger Bürger, die, nicht wagend, der alten Zucht offen zu trotzen, ihre Schätze verheimlichten und so die Heuchelei der Habgier zugesellten. Bald wurde das System der Erbfolge abgeschafft, das Lycurg zur Aufrechthaltung der Gleichheit eingeführt hatte; man stellte das Recht wieder her, die Ländereien zu veräußern und im Wege der Schenkung und des Testaments über sie zu verfügen, und die Ländereien wurden, wie die beweglichen Reichthümer, Eigenthum einiger weniger Familien. Von den alten Gesetzen blieb nichts übrig, als eine unheilbare Trägheit, eine schmähliche Unwissenheit und eine tiefe Unsittlichkeit im Verkehre beider Geschlechter. Als Sitz einer schrecklichen Corruption war Sparta die hauptsächlichste Ursache der Unruhen und des Untergangs Griechenlands. Seine kriegerische Aristocratie war dahin, weniger ein Opfer der verheerenden Kriege, als ihrer Laster und ihres barbarischen Erziehungssystems. Die lacedemonischen Heere mußten sich aus der Klasse der Heloten recrutiren, die trotz Unterdrückung und blutiger Verfolgung noch zahlreich waren und ihre alte Kraft bewahrt hatten. Ja, unter den Freigelassenen aus dieser Klasse begegnen uns einige der größten Männer Sparta's: so, nach der Ueberlieferung Aelian's, ein Callicratidas, Gylippus und Lysander. Der Verfall der lacedemonischen Aristocratie war ein derartiger, daß schließlich in Sparta selbst nichts seltener war, als ein Spartaner von reiner Abkunft.

Vergebens suchten die Könige Agis und Cleomenos die alte Zucht wiederherzustellen und das Agrargesetz zu erneuern. Dieser Reformversuch endete nur mit dem Sturz seiner Urheber, und bald mußte Sparta, wie seine ehemaligen Rivalen, die Schmach der römischen Unterjochung erdulden.

Die Leichtigkeit, mit welcher die communistischen Einrichtungen Sparta's zerfielen bei der Berührung mit der Civilisation des übrigen Griechenlands, die auf dem Princip des Eigenthums ruhte, die Fruchtlosigkeit der Versuche, diese Einrichtungen wieder in's Leben zu rufen, geben uns eine beherzigenswerthe Lehre. Sie zeigen, daß das System der Gütergemeinschaft, wie streng es auch durchgeführt, wie furchtbar auch die Macht zu seiner Erhaltung sein mag, dennoch ohnmächtig ist, sich gegen den Wunsch nach individuellem Eigenthum, der tief in der Menschenbrust begründet ist, zu behaupten. Weder die gemeinschaftliche Erziehung der Spartaner, noch der Fanatismus der Selbstaufopferung, der ihnen von ihrer zartesten Jugend an eingeflößt wurde, noch die furchtbare Macht der Ephoren vermochten das Volk Lycurg's in den Schranken einer absoluten Gleichheit und des Communismus zu halten, in die es sich fügte, als es selbst arm und barbarisch, rings um sich nur Armuth und Barbarei gesehen hatte. Kaum kamen die Lacedemonier mit den Reichthümern, welche die Früchte einer entwickelten Cultur waren, in Berührung, als der Sinn für das Eigenthum, der gewaltsam in ihnen unterdrückt war, erwachte und alle Hindernisse beseitigte. Da ihnen aber ihre traurigen Einrichtungen, mehr als anderen Völkern des Alterthums, Verachtung des Ackerbaus, des Handels und der Industrie, Abneigung gegen die edelsten Beschäftigungen des Geistes eingeflößt hatten, so wurde bei ihnen der Sinn für Eigenthum und das Verlangen nach Besitz Habsucht und Raubgier: eine zügellose Bestechlichkeit entehrte die Ephoren und die Magistrate Spartas.

Diese Thatsachen bestätigen unleugbar und nachdrücklich die Wahrheit des Satzes, daß von allen Triebfedern der menschlichen Thätigkeit keine energischer, mächtiger und natürlicher ist, als der Sinn für das Sondereigenthum und das Streben nach individuellem Besitz. Jede sociale Einrichtung, welche dieses Gefühl verletzt, wird vom Schicksal auf dasselbe zurückgelenkt; und der Fortschritt besteht darin, dies Gefühl aufzuklären und zu vertiefen, nicht sich in fruchtlosen Versuchen abzumühen, es zu ersticken und zu beseitigen.

Die Verfassung Sparta's ist ein Gegenstand der Bewunderung für die meisten Schriftsteller des Alterthums gewesen, die vor Allem von ihrer langen Dauer überrascht waren. Fremd der Idee des Fortschritts, legten die Alten dem Bestehen derselben Einrichtung während einer Reihe von Jahrhunderten eine übertriebene Wichtigkeit bei und sahen in dieser Fortdauer das Zeichen der Vollendung. Daher rührte ihr Enthusiasmus für Sparta und für Egypten, das unter der Herrschaft der Kasten und des priesterlichen Despotismus stand.

Aufgeklärt durch eine bessere Religion und Philosophie und durch das Schauspiel der Geschichte, die ihnen einen weiteren Blick als ihren Vorgängern gestattet, haben die Neueren gelernt, den wahren Werth einer Dauer zu beurtheilen, die in den meisten Fällen nur möglich ist um den Preis der Aufopferung der edelsten Fähigkeiten des Menschen und der Entwicklung seiner niedrigsten Triebe. Für uns ist die Unbeweglichkeit Chinas und Indiens, die die Bewunderung des Alterthums im höchsten Grade erregt haben würde, nur das Kennzeichen durchaus verderbter Einrichtungen und einer tiefen Verkommenheit der Völker, die ihnen unterworfen sind. Aus diesem Gesichtspunkt haben wir die Dauer der lacedemonischen Gesetze zu beurtheilen und zu erklären.

Die Einrichtungen Lycurg's bestanden, weil sie sich auf energische Triebe, die aber trotzdem nicht weniger verabscheuungswürdig waren, stützten: ich nenne nur den Stolz, die Trägheit, die kriegerische Wuth. Die Sucht nach einer hochmüthigen Herrschaft über Sclaven und Untergebene, die Scheu vor jeder geistigen und physischen Thätigkeit, die Freude an Kampf und Raub sind unglücklicher Weise dem Menschenherzen eingepflanzt und finden sich wieder bei allen wilden und barbarischen Völkern, wie bei denen, die nur einen geringen Grad von Civilisation besitzen. Diese rohen Leidenschaften war Lycurg bemüht, zu Gunsten einer einzigen Tugend zu entwickeln, der Liebe zum Vaterland; aber diese Tugend entstellte er, indem er sie übertrieb.

Ein anderer Grund der Bewunderung, welche die Gesetze des Lycurg den Alten einflößten, war, daß das ganze Alterthum von den Gesinnungen, die er zu entwickeln sich angelegen sein ließ, beherrscht wurde. In dieser Welt, die auf Sclaverei und Krieg gegründet war, in diesen Städten, in welchen eine Niederlage dem Besiegten Alles verlieren ließ, Vermögen, Familie, Freiheit, war der kriegerische Muth die Tugend par excellence, das höchste Verdienst.

„Ich halte den des Lobes für unwürdig und achte ihn für nichts, der sich nicht auszeichnet im Krieg, mag er auch alle anderen Vorzüge besitzen."

So sang Tyrtaeus, und dies war die einstimmige Ansicht seiner Zeit, die gleicher Weise unter der kriegerischen Aristocratie der feudalen Jahrhunderte und der neueren Zeit geherrscht hat. Diese Bemerkungen erklären die Achtung, die so viele Jahrhunderte lang Einrichtungen zu Theil wurde, welche nur den Zweck hatten, die kriegerische Tüchtigkeit der höchsten Vollendung entgegenzuführen.

Heut zu Tage aber, wo durch eine vorgeschrittene Civilisation an Stelle der Sclaverei die Freiheit für Alle getreten ist, an Stelle des Müßigganges die Achtung vor der Arbeit, an Stelle der Kriegswuth die Liebe zum Frieden, muß einer unbesonnenen Vorliebe für die Gesetze, denen Lycurg ein halbwildes Volk unterwarf, ein Ziel gesetzt werden. Von jetzt an werden wir nur noch einen gerechten Abscheu vor jenem aristocratischen Communismus Spartas empfinden, der, begründet durch Gewalt, durch Tyrannei sich erhielt und sein Ende fand in einer schrecklichen Verkommenheit.

Die Gesetze des Minos, so berühmt im Alterthume, verdienen keine minder strenge Beurtheilung als diejenigen, denen sie zum Muster dienten. Hier ruhte überdies das ganze System des Communismus auf der Existenz einer ackerbauenden Klasse, welche in Sclaverei schmachtete. Die Perioeken der Insel Creta waren Leibeigene, die, wie die Heloten Spartas, zur Bebauung des Grund und Bodens verurtheilt waren. Auch die Creter hatten, wie die Spartaner, öffentliche Mahlzeiten; aber diese Einrichtung trug bei ihnen einen weit communistischeren Character. In Sparta war Jeder verpflichtet, eine bestimmte Menge Lebensmittel, bei Strafe des Verlustes seiner bürgerlichen Rechte, zu liefern; in Creta dagegen entrichteten die Perioeken ihre Abgaben an Getreide, Vieh und Geld direct an die Staatskasse. Ein Theil dieser Abgaben war bestimmt für den Dienst der Götter und die öffentlichen Aemter, der andere diente zur Bestreitung der öffentlichen Mahlzeiten:

Männer, Weiber und Kinder wurden in Muße auf Staatskosten erhalten. Das ist das Ideal des Communismus. Uebrigens herrschte bei diesen gemeinsamen Mahlzeiten eine strenge und ohne Zweifel nothwendige Sparsamkeit. Um die Fortpflanzung dieser trägen Aristocratie zu begünstigen, gestattete das Gesetz häufige Scheidungen und ermuthigte zu den niedrigsten Verbindungen. Seine Einrichtungen hatte der Gesetzgeber mit vortrefflichen Gründen gerechtfertigt. Die Magistrate, Kosmoi genannt, waren mit einer Macht, ähnlich der der Ephoren Lacedemons, bekleidet; da aber die Creter keine geschriebenen Gesetze hatten, so übten jene Magistrate eine schrankenlose Gewalt aus, nothwendige Bedingung des Bestehens des Communismus.

„Das Verfahren, welches die Creter gewählt hatten, um den schlimmen Folgen derartiger Gesetze ein Gegengewicht zu geben", sagt Aristoteles, dem wir diese Details entlehnen, „ist unsinnig, unpolitisch und tyrannisch. Will man einen jener Magistrate beseitigen, so brauchen seine eigenen Collegen oder einfache Bürger nur einen Aufstand gegen ihn zu veranlassen. Er kann den Sturm beschwören, indem er seinen Abschied nimmt; aber diese Ordnung der Dinge trägt nicht, wie man sagt, das Gepräge republicanischer Formen. Nein, hier ist keine Republik, hier ist nur eine tyrannische Parteiherrschaft; denn das Volk wird gespalten, die Gleichgesinnten ergreifen Partei, man sammelt sich unter einem Führer, und Aufruhr und Mord herrschen aller Orten. Diese furchtbaren Krisen zum Gesetz erheben, heißt das nicht die sociale Sicherheit zeitweise aufheben und alle Bande politischer Ordnung zerreißen? Und dann, welche Gefahr für den Staat, wenn Ehrgeizige den Willen oder die Macht haben, sich seiner zu bemächtigen!"*)

Die communistischen Einrichtungen Creta's fielen sehr bald zusammen. Wie in Lacedemon bestand nur noch die Form, während der Kern dahin war. Das Eigenthum war schon längst wiederhergestellt, als die öffentlichen Mahlzeiten, ein unnützes Symbol absoluter Gleichheit, noch immer fortfuhren, die Bürger am gemeinsamen Tische zu vereinigen. Von ihren alten Einrichtungen bewahrten die Creter nur die häßlichsten Laster, Betrug, Verstellung

---

*) Pol. II. 8.

und Lüge, unvermeidliche Folgen der Hindernisse, welche eine tyrannische Gesetzgebung dem natürlichen Gefühl für das Eigenthum entgegenstellt.

Dieses Gemälde ist keineswegs darnach angethan, die Berühmtheit der Gesetze des Minos zu rechtfertigen, die so oft als ein Denkmal unsterblicher Weisheit angeführt werden. Man weiß, daß der Berichterstatter der Verfassung von 1793, Herault-Sechelles, verführt von ihrem glänzenden Ruhme, in ihnen das Muster für die Einrichtungen Frankreichs zu finden hoffte und ihren Text verlangte; aber die Gelehrsamkeit der Bibliothekare konnte seine Wünsche in diesem Punkte nicht befriedigen. Trotz dieser Enttäuschung, welche den großen Revolutionär tief hätte niederschlagen sollen, scheint es, daß ein Grundsatz der Creter in das Glaubensbekenntniß des Jacobinismus übergegangen ist: ich meine denjenigen, der den Aufruhr für die heiligste aller Pflichten erklärt. Wünschen wir uns Glück, daß die constituirende Versammlung von 1793 den unreinen Communisten von Cnossus und Gortyn nicht noch mehr entlehnt hat.

Capitel III.

Der Communismus Plato's.

Jedesmal, wenn das Princip einer Lehre in den Einrichtungen eines Volkes oder den Schriften eines Philosophen niedergelegt ist, findet sich auch früher oder später ein strenger Logiker, der es von allen seinen Beimischungen befreit und bis zu seinen äußersten Consequenzen durchführt. Dasselbe geschah mit den Elementen des Communismus, der in den Gesetzen Lacedemons nur eine unvollkommene Anwendung gefunden hatte. Plato sammelte sie und entwarf in seiner berühmten „Republik" den Plan einer idealen Gesellschaftsordnung, die lediglich auf der Theorie des Communismus basirt war.

Wie kühn auch die Utopie des Schülers des Socrates war, so ging er doch mit seiner Idee vom Staate nicht über den Kreis der allgemeinen Ansichten seiner Zeit hinaus. Für ihn, wie für die übrigen Griechen, war der Staat stets die Stadt, d. h. eine Vereinigung von Menschen, welche in die engen Grenzen eines Fleckens und des zum Bestehen nothwendigen Gebietes eingeschlossen waren.

Plato erhob sich nicht zur Idee jener großen politischen Körperschaften, die, aus der Vereinigung großer Gebiete und zahlreicher Städte entstanden und denselben Gesetzen, derselben Regierungsgewalt unterworfen, trotzdem die Wohlthaten der Freiheit genießen. Weit entfernt, den Kreis der Vereinigung unter den Menschen zu erweitern, sucht ihn der Philosoph so viel als möglich zu beschränken. Er entfernt seine Stadt von den Ufern des Meeres, schließt ihre Thore den Fremden und isolirt sie von der übrigen Welt. Und in dieser Art von Gefängniß soll sich das Vorbild einer vollendeten Gesellschaftsordnung entwickeln. Vor Allem betont Plato die Nothwendigkeit der Sclaverei und stellt sie als die Grundbedingung der Existenz eines freien Volkes hin, von der zu allen Zeiten im Interesse des Staates Gebrauch gemacht werden müsse. Unter den freien Menschen verurtheilt er diejenigen zur Verachtung, welche ein mühsames Handwerk betreiben. „Denn", sagt er, „die Natur hat weder Schuhmacher noch Schmiede geschaffen; solche Beschäftigungen erniedrigen die Menschen, welche sie treiben, zu feilen Söldlingen, zu Elenden ohne Namen, die durch ihren Stand selbst von den politischen Rechten ausgeschlossen sind."

Plato theilt die Bürger in drei Klassen: die der Lohnarbeiter oder der Menge, welche die Arbeiter, Handwerker und Kaufleute umfaßt, die der Krieger, Vertheidiger des Staats, und die der Obrigkeiten und Weisen. Den beiden letzteren schenkt er allein seine Aufmerksamkeit, die erste vernachlässigt er und läßt sie nur dazu geschaffen sein, dem Antriebe der Anderen blindlings zu folgen.

So besteht der Staat Plato's nur aus einer Aristocratie von Kriegern und Philosophen, die, von einer Menge Sclaven bedient, über eine Klasse freier Menschen herrscht, die allein sich mit nützlichen Beschäftigungen abgeben. Und auf die physische und moralische Vollkommenheit dieser Hand voll Herrscher läuft Alles bei Plato hinaus.

Die Klasse der Krieger, auf tausend Mitglieder fest beschränkt, muß die Waffen jeder Zeit zur Hand haben. Sie darf sich nicht mit den anderen Bürgern vermischen und muß in einem Lager wohnen, welches zur Unterdrückung der inneren Parteiungen und zur Abweisung äußerer Angriffe geschaffen ist.

Um zu verhindern, daß Ehrgeiz und Liebe zum Reichthum diese furchtbaren Menschen zur Unterdrückung des Staates verleite, dürfen sie kein Eigenthum besitzen und werden gemeinschaftlich auf Staatskosten in einer strengen Einfachheit erhalten. Niemals darf Gold und Silber ihre Hände beflecken.

Plato spricht sich nicht darüber aus, wem die Güter eigentlich gehören sollen. Sollen sie Eigenthum der Republik sein und von ihren Magistraten verwaltet werden? oder wird das Eigenthum für die unterste Klasse der Freien aufrecht erhalten? Die letzte Annahme scheint uns aus einer Stelle zu folgen, in welcher dieser Klasse die Verpflichtung auferlegt wird, den Kriegern als gerechte Belohnung ihrer Dienste ihren Lebensunterhalt zu liefern. Ist dies der Fall, so würde Plato die Unfähigkeit, Eigenthum zu besitzen, auf die Mitglieder der beiden ersten Klassen beschränkt und das Princip des individuellen Eigenthums in die unterste Klasse verwiesen haben.

Die Sorge, welche den Philosophen vor Allem beschäftigt, ist, die Krieger und Weisen zu vervollkommnen, und von diesem ausgewählten Corps alle diejenigen auszuschließen, welche aus Mangel an körperlicher Schönheit oder moralischen Fähigkeiten nicht würdig sind, demselben beizutreten.

In den Mitteln, welche er zur Erreichung dieses Resultats vorschlägt, läßt er Lycurg weit hinter sich. Die Ehe wird durch jährliche Vereinigungen ersetzt, welche vermittelst Kreuzung der Klassen es möglich machen, Früchte von vorzüglicher Qualität zu erzielen. Dem Anschein nach regelt das Loos diese Vereinigungen; aber die Magistrate bringen mit Hülfe einer patriotischen List die einzelnen Paare derart zusammen, daß sie die günstigsten Bedingungen für die Fortpflanzung erhalten. Uebrigens wird die eheliche Treue in diesen vorübergehenden Verbindungen auf's strengste gefordert.

Die Kinder kennen ihre Eltern nicht. Gleich nach ihrer Geburt werden sie einer allgemeinen Anstalt übergeben, dort von den Müttern, die nun als öffentliche Ammen fungiren, gesäugt, schließlich gemeinschaftlich auf Staatskosten erzogen. So gibt es in der Klasse der Krieger nur eine Familie, deren Mitglieder durch die Bande einer muthmaßlichen Verwandtschaft zusammengehalten werden, so verschwinden zu gleicher Zeit alle Vorzüge der Geburt, aller Ehrgeiz der Familie, alle Hoffnungen väterlicher Liebe.

Die Erziehung der Frauen ist dieselbe wie die der Männer. Wie diese müssen auch sie sich gymnastischen Uebungen widmen, gleich ihnen sollen auch sie das Kriegshandwerk lernen und seinen Gefahren trotzen.

Die Kinder beiderlei Geschlechts werden zur Verachtung des Todes und der Leiden erzogen. Aber ihr Geist, verschönt durch Pflege der Musik und der Wissenschaften, kennt keine Wildheit. Damit indessen diese außerordentliche Erziehung nur solchen zu Theil werde, die ihrer würdig sind, sind alle schwächlichen und unvollkommen gebauten Kinder dem Tode verfallen. Schließlich ist auch den Frauen, die nach dem vierzigsten Jahre empfangen haben, die Abtreibung ihrer Leibesfrucht zur Vorschrift gemacht, da ihr Alter eine kräftige Nachkommenschaft nicht mehr erwarten läßt. Solche Ungeheuerlichkeiten scheut sich der Schüler des Socrates nicht als Vorbild einer vollendeten Gesellschaftsordnung hinzustellen. In den Fieberträumen einer ausschweifenden Phantasie verkennt er die Grundgesetze der Menschheit und erniedrigt sie unter das Thier, indem er sie über die Götter zu erheben glaubt. Um einer kleinen Aristocratie von Kriegern und Philosophen den edlen Müßiggang zu sichern, verurtheilt er alle Bürger, die sich mit nützlichen Arbeiten beschäftigen, zur Verachtung und politischen Unmündigkeit und heiligt die gehässige Einrichtung der Sclaverei. Diese Aristocratie erhält er in ihrem Bestande durch Vermischung aller Klassen und durch Kindertödtung in ihrer Reinheit. Eheliche Zuneigung, mütterliche Liebe, Scham und Zucht, Alles wird mit Füßen getreten, Alles Berechnungen geopfert, deren Abgeschmacktheit nur ihrer Schändlichkeit gleichkommt. Hierzu füge man jenes sacrilegische Gesetz, den Despotismus der Magistrate, die Aechtung von Poesie und Kunst, und man hat ein vollständiges Bild der besten Republik.

Obwohl sich Plato über die Einführung der Gütergemeinschaft nicht klar ausgesprochen hat, obwohl er keine Gesetze über Vertheilung und Verwaltung des Grundbesitzes und der beweglichen Werthe aufgestellt, mit einem Worte, die öconomische Seite seines

Systems vernachlässigt hat, so ist trotzdem dieser Philosoph als der erste Vorkämpfer des Communismus anzusehen. In der That erklärt er das Eigenthum für unvereinbar mit der idealen Vollkommenheit, zu welcher er die Mustergesellschaft seiner Weisen und Krieger zu erheben trachtet; er stellt es als die Quelle aller Uebel hin, welche die Staaten zerrütten, der Habsucht, des Ehrgeizes, des Egoismus, der Feilheit des Geistes. Wenn er auch einige Zweifel über seine vollständige Abschaffung bestehen läßt, so ist doch gewiß, daß er es in die unterste Klasse der Lohnarbeiter, die alle politischen Rechte entbehren, verweist.

Somit hat Plato das Eigenthum formell verurtheilt und die Mehrzahl der Gründe entwickelt, welche seitdem den gegen dasselbe gerichteten Angriffen zur Stütze dienen müssen. Was das Princip der Familie anbetrifft, so kann man es unmöglich vollständiger vernichten, als es der Philosoph thut, wenn er die Promiscuität der Geschlechter anordnet und die Neugeborenen ihren Müttern entreißt.

Plato ist ein vollständiger und logischer Communist. Er schreckt nicht vor dem gewaltsamen Bruche aller Bande des Bluts zurück, welcher einige weniger consequente Träumer zurückgehalten hatte, der aber die nothwendige Folge des Princips des Communismus ist.

Der Communismus bezweckt in der That, die Persönlichkeit des Menschen zu vernichten, alle Ungleichheit, allen Unterschied unter den Menschen zu beseitigen, und Jeden in der Gesellschaft nur zu einer Ziffer desselben Ranges und desselben Werthes zu machen. Die Familie dagegen befestigt im Menschen durch die Erinnerungen, welche sie lebendig erhält, durch die Hoffnungen und Aussichten, welche sie erweckt, das Gefühl seiner Individualität und erzeugt und belebt das des erblichen Eigenthums. Das Eigenthum also und die Erblichkeit desselben zerstören und doch die Familie beibehalten wollen, heißt inconsequent und unlogisch verfahren, heißt die Folge angreifen und den Grund bestehen lassen. Diese Inconsequenz hat sich Plato nicht zu Schulden kommen lassen. Die communistischen Lehren seines Werkes über die Republik übten auf das Alterthum keinerlei Einfluß aus. Eingeladen, mehreren Städten Griechenlands und Siciliens Verfassungen zu geben, sah er seine communistischen Pläne einhellig zurückgewiesen; in einigen

Fällen wagte er selbst nicht einmal ihre Anwendung zu empfehlen. Aristoteles widerlegte mit bemerkenswerther Kraft der Logik die Lehre der Gütergemeinschaft und deckte alle Ungereimtheiten, alle Lücken und Unmöglichkeiten der Ausführung auf, welche das platonische System darbietet.*) Sein Urtheil wurde vom ganzen Alterthum als richtig anerkannt, das in diesem socialen Reformplan blos den Traum einer ausschweifenden Phantasie erblickte, die sich auf der Verfolgung einer unerreichbaren Vollkommenheit verirrt hatte, und seine Bewunderung nur den philosophischen und moralischen Ideen zu Theil werden ließ, welche mitten unter beklagenswerthen Irrthümern in dem Buche hervorleuchten. Erst nach einem Zwischenraum von sechs Jahrhunderten fiel es Plotin, einem der Häupter der neuplatonischen Schule zu Alexandria, ein, einen Staat von Philosophen nach den Gesetzen Plato's zu gründen und zu diesem Zweck vom Kaiser Gallien eine zerstörte Stadt Campaniens zum Geschenk zu verlangen; unwürdige Verirrung eines jener Sophisten, die, die Worte des Meisters übertreibend und verdrehend, als letzte Consequenz aus ihnen die Theurgie, jene traurige Frucht des menschlichen Geistes, entnahmen. Der Kaiser hielt es indessen nicht für angemessen, den Versuch zu unterstützen.

Das politische Ideal Plato's wurde somit vom Alterthum als unausführbar betrachtet und in die Zahl der Schöpfungen der Phantasie verwiesen. Unter allen communistischen Combinationen ist indessen das System dieses Philosophen noch das einzige, dessen Ausführung die meisten Aussichten auf Erfolg bieten würde, da es auf der Sclaverei und auf der Erniedrigung der ackerbautreibenden und industriellen Klassen beruht.

Würde die Republik Plato's in's Leben gerufen, so würde sie einige Aehnlichkeit mit der Verfassung des muhamedanischen Egyptens der letzten Jahrhunderte haben, wo ein Corps von Mameluken, aus Kindern ohne Familie zusammengesetzt, und ein Collegium von Ulemas über eine Bevölkerung von Sclaven und gedrückten und verachteten Bauern herrschte.

Wäre der Communismus anwendbar, so wäre er nur möglich in den Lagern oder Kasernen eines aristocratischen Heeres, das, jeder

---

*) Pol. lib. II.

nützlichen Arbeit abhold, von der Frucht des Schweißes einer unterdrückten Bevölkerung lebt. Dem Gesetz der Gütergemeinschaft aber die Gesammtheit der Mitglieder einer freien und productiven Gesellschaft unterwerfen zu wollen, dies ist eine Verirrung, an welche das Alterthum niemals gedacht hat, und vor der das Andenken Plato's in Schutz genommen werden muß. Diese gehört seinen modernen Nachahmern an, die sich an seinem Buche begeisterten, ohne es zu verstehen.

Plato hätte über den Werth seines Systems der Gütergemeinschaft und absoluter Gleichheit im Staate durch die Einwendungen und den unbesieglichen Widerstand, den es bei seinen Zeitgenossen fand, belehrt werden müssen. Hierin zeigte sich auf's Deutlichste die Unverträglichkeit seines Systems mit der menschlichen Natur und ihrem entschiedenen Streben nach individuellem Besitz und Eigenthum. Aber, wie alle Utopisten, schob er diesen Widerwillen lieber auf die Vorurtheile der Erziehung und auf die Macht einer veralteten Gewohnheit. Indessen glaubte er doch auf diese widerstrebenden Gesinnungen Rücksicht nehmen zu müssen und den Menschen ein Ziel vorzurücken, das mit ihrer Schwäche weniger im Mißverhältniß stände. Er schrieb das „Buch der Gesetze".

In dieser neuen politischen Abhandlung begnügte er sich, die passendsten Mittel anzugeben, um das individuelle Eigenthum mit der Aufrechthaltung der Gleichheit unter den Bürgern zu versöhnen. Die Untersuchung dieses unlösbaren Problems war die ewige Qual der Gesetzgeber Griechenlands und die unvermeidliche Klippe ihrer Combinationen.

Plato setzte die Zahl der Mitglieder seiner neuen Stadt, d. h. derjenigen, welche ausschließlich das Recht hatten, an den öffentlichen Geschäften theilzunehmen und die Waffen zu tragen, auf 5040 fest. Er schlägt vor, das gesammte Gebiet in eben so viel Theile zu zerlegen, von denen jeder Bürger je einen durch das Loos erhalten soll. Diese sind untheilbar und unveräußerlich und bilden das Minimum, welches die Stadt ihren Mitgliedern zusichert; beim Tode des Besitzers fällt sein Antheil an dasjenige seiner männlichen Kinder, das er dafür bestimmt hat. Ein System von Gesetzen über Adoption und Heirathen hat zum Zweck, die Zahl der Bürger auf gleicher Höhe zu erhalten und die Vereinigung mehrerer Ackerloose in einer Hand zu verhindern. Indessen ist es Jedem gestattet, bewegliche Reichthümer neben seinem Bürgerantheil an Grund und Boden zu erwerben, nur dürfen diese Erwerbungen den vierfachen Werth dieses Antheils nicht übersteigen.*) Es ist ziemlich schwer einzusehen, wie die Bürger sich unter der Herrschaft der platonischen Gesetze bereichern können. Denn jede Beschäftigung mit Handel und Industrie, aller Besitz von Gold und Silber, das Leihen auf Zinsen ist ihnen auf's Strengste verboten. Die mechanischen Gewerbe werden durch Sclaven betrieben, welche von einer Klasse freier Handwerker, die indessen alle politischen Rechte entbehren, geleitet werden. Der Handel bleibt den Fremden überlassen.

Um die Zahl der Bürger auf der einmal festgesetzten Höhe zu erhalten, wird das Kinderzeugen verboten, wenn die Geburten zu zahlreich werden; im entgegengesetzten Fall wird man dazu aufmuntern. Wenn trotzdem die Ehen zu fruchtbar sein sollten, so wird der Ueberschuß der Bürger ausgesendet, um im Auslande eine Colonie zu gründen.

Eine Art Lehnbarkeit des Grundbesitzes also, die Beschränkung des beweglichen Vermögens, das Verbot der Gold- und Silbermünzen, des Handels und der Industrie, der Despotismus des Gesetzes in den Geheimnissen der Ehe; das sind die Mittel, welche Plato vorschlägt, um die Gleichheit unter den Mitgliedern der politischen und kriegerischen Aristocratie seiner zweiten Republik aufrecht zu erhalten. Zu diesen Einrichtungen fügt er noch gemeinschaftliche Mahlzeiten, die, wie bei den Cretern, auf Staatskosten eingerichtet werden. Die Frauen sind nicht gemeinsam, aber sie müssen, wie in der ersten Utopie, den Gefahren des Krieges trotzen.

Das Buch der Gesetze ist das glänzendste und vollständigste Resumé der Versuche, welche die Philosophen und Gesetzgeber Griechenlands machten, um die Gleichheit des Vermögens und Besitzes zu erhalten. Lycurg, Phaleas von Chalcedon, Protagoras, Philolaus von Tarent hatten sich in fruchtlosen Combinationen erschöpft, um dieses Resultat zu erreichen. Die Mehrzahl der griechischen Staaten verfolgte übrigens den gleichen Zweck, nur um den Preis häufiger Revolutionen. Kaum war die Gleichheit einen

---

*) Leg. lib. V.

Augenblick hergestellt, als sie wieder zerstört wurde durch die unvermeidlichen Folgen der natürlichen Verschiedenheit der Anlagen und Charaktere. Dies war die Arbeit einer Penelope, der Fels eines Sisyphus.

Plato begriff, und das ist sein Verdienst, daß das individuelle Eigenthum, wie eingeschränkt es auch sein mag, mit der absoluten Gleichheit unverträglich ist; er sah ein, daß das einzige Mittel, diese Gleichheit zur Herrschaft zu bringen, die Unterdrückung des Eigenthums und die Befugniß des Staates sei, in souveräner Weise über das Vermögen und die Personen der Bürger zu verfügen. Und da sein durchdringender Verstand mit einem Blick die ganze Sachlage überschaute, so erkannte er, daß die Abschaffung der Familie die nothwendige Vorbedingung, die unvermeidliche Folge der Gütergemeinschaft sei. Er sprach dieses Resultat seines Denkens mit der kalten Ruhe der Logik aus; aber man verstand ihn nicht, und gerade diejenigen, welche am entschiedensten der Lehre der absoluten Gleichheit huldigten, wiesen hartnäckig ihre Consequenzen zurück. Da kam Plato in seinem Buche über die Gesetze auf das alte System der Versöhnung und Vermittlung zwischen Gleichheit und Eigenthum zurück; aber er that es nur ungern, und ohne seine Lehre von der Gütergemeinschaft aufzugeben. Weit entfernt, seine Ansichten über die Republik in seiner zweiten politischen Abhandlung zu widerrufen, bestätigte er sie vielmehr: „Der Staat, die Regierung, die Gesetze nehmen den ersten Platz ein", sagt er, „welche am strengsten und entschiedensten das alte Sprüchwort, daß unter Freunden Alles wahrhaft gemein ist, in allen Theilen der Verwaltung befolgen. Möge also dieses bereinst der Fall sein, mögen die Frauen, die Kinder, die Güter aller Art gemeinsam sein, möge man alle erdenkliche Mühe aufwenden, um den Verkehr des Lebens bis auf den Namen des Eigenthums selbst zu beschränken, so daß selbst die Sachen, welche von Natur jedem Menschen zu Eigenthum gegeben worden sind, soweit es nur irgend möglich, allen gemeinsam und zugänglich werden... Mit einem Worte, überall wo die Gesetze mit aller Strenge darauf hinarbeiten, den Staat vollständig einheitlich zu gestalten, kann man versichern, daß dies der höchste Grad politischer Vollkommenheit*) ist." Weiter erklärt Plato, daß ein Staat, der auf der Grundlage seiner Gesetze sich aufbaut, in Ansehung der

---

*) Leg. lib. V.

Vollkommenheit nur den zweiten Rang einnimmt, und auf seinem Standpunkt und auf dem der griechischen Politiker hat er vollkommen Recht: die Gütergemeinschaft ist in der That die nothwendige Folge des Princips absoluter Gleichheit der Güter. Ist dieses Princip einmal anerkannt, so sind außer der Gütergemeinschaft nur ohnmächtige und unlogische Vermittelungsversuche möglich, vergebliche Anstrengungen, um widersprechende Elemente zu versöhnen.

Indem Plato die Lehre der Gütergemeinschaft klar und bestimmt formulirte, zog er nur die letzten, ja absurden Consequenzen jenes Alles ausgleichenden Socialismus, von dem ganz Griechenland im höchsten Grade eingenommen war. Aber weder Plato noch seine Gegner ahnten, daß dies die wahre Tragweite seines Buches über den Staat war. Das Princip der allgemeinen Gleichheit war zu sehr eingewurzelt, um dieser Probe zu erliegen. Niemand wollte darauf verzichten. Indem Plato die letzten Consequenzen acceptirte, opferte er die Vernunft der Logik; seine Gegner wiesen sie zurück und wollten lieber unlogisch sein, um vernünftig zu bleiben. So sind die Menschen: sobald die Folgerungen aus einer falschen Idee, die aber ihren Leidenschaften schmeichelt, sie zu einem Resultate führt, das den gesunden Menschenverstand beleidigt, so finden sich wohl einige kühne Geister, die sich nicht scheuen, auch diese anzunehmen, der große Haufen aber beschränkt sich darauf, den Schluß zu leugnen, ohne sich entschließen zu können, auch die Prämissen zu verurtheilen. Unter den modernen Anhängern der Gleichheitsidee befinden sich viele in demselben Falle, wie die Zeitgenossen Plato's: sie weisen den Communismus zurück und vertheidigen doch das Princip, aus dem er fließt.

Capitel IV.

Das Eigenthum in Rom.

Griechenland bietet uns in den Einrichtungen Creta's und Lacedemon's eine theilweise Anwendung des Princips der Gütergemeinschaft und in Plato einen beredten Vertheidiger dieser Art gesellschaftlicher Organisation. In der Geschichte des römischen Volkes würde man vergebens etwas ähnliches suchen: die Idee der Gütergemeinschaft scheint seinem Geiste völlig fremd gewesen zu sein.

Unter allen alten und modernen Nationen giebt es keine, bei welcher das Recht des Eigenthums so stark ausgeprägt gewesen wäre, einen so strengen und nationalen Character gehabt hätte, als bei diesem erobernden und herrschsüchtigen Volke. Dieses Recht findet nicht blos auf materielle Gegenstände und Sclaven seine Anwendung, es erstreckte sich sogar auf freie Menschen und durchdringt selbst die Verhältnisse der Familie. Die Gattin, die Kinder waren Eigenthum des Familienhauptes; der Vater konnte seinen Sohn verkaufen, aber erst nach dreimaligem Verkauf war die furchtbare Macht der väterlichen Gewalt erschöpft. Die Lanze war das Symbol dieses römischen Eigenthumsrechts, das nur durch feierliche Akte übertragen werden konnte und erst gegen Ende der Republik und unter den Kaisern in etwas seine Strenge durch die Fictionen und Milderungen des prätorischen Rechts verlor. Man begreift, daß in einer derartig organisirten Gesellschaft für die Idee der Gütergemeinschaft überhaupt keine Stelle vorhanden sein konnte. Das Eigenthumsrecht an sich wurde auch niemals in den Bewegungen des Forum angegriffen; die Politiker Rom's kämpften nicht um Abschaffung dieses Rechts, sondern um Theilnahme an demselben. Sie protestirten gegen die Besitznahme der Staatsländereien durch die Patricier und Ritter und verlangten ihrerseits einen Antheil an jener Beute, welche dem Feind um den Preis des plebejischen Blutes abgenommen war. Dieses war die Tendenz der Agrargesetze der Gracchen. Sie wollten den Staat in die ihm widerrechtlich vorenthaltenen Ländereien wieder einsetzen und sie an freie Menschen vertheilen, die durch die Kriege und Erpressungen einer wucherischen Aristocratie zu Grunde gerichtet worden waren. Der erste der Gracchen trieb die Rücksicht gegen die mächtigen Besitzer der usurpirten Grundstücke ziemlich weit; 500 Morgen wurden Jedem von ihnen definitiv überlassen, der Rest sollte an den Staat zurückfallen, aber nur gegen eine baare Entschädigung. Blos durch eine falsche Erklärung ist es gekommen, daß das Wort Agrargesetz gleichbedeutend geworden ist mit der Beraubung der Grundbesitzer und der Vertheilung alles ererbten Eigenthums.

Der tragische Sturz der Gracchen bestätigte den entscheidenden

Triumph der Vornehmen und Reichen und raubte den Proletariern die letzte Hoffnung, Eigenthum und Grundbesitz zu erlangen. Die Zahl der alten Plebejer, durch Kriege und Armuth geschwächt, schwand reißend schnell dahin, Italiker, Freigelassene, Creaturen, die ihren mächtigen Beschützern ergeben und verschrieben waren, ersetzten sie auf dem Forum. Den Kämpfen der Plebs und der Aristocratie folgten die der verschiedenen Klassen der Aristocratie unter einander, der Patricier gegen die Ritter, der Vornehmen gegen die Reichen. Die Großen Rom's stritten sich mit Erbitterung um den besten Antheil an dem Raube der Welt. Die Plebs, zur feilsten Bevölkerung herabgesunken, lebte von den freiwilligen Spenden und dem Verkauf ihrer Stimme; von ihren Beherrschern verlangte sie nichts mehr als Brot und Spiele.

Mitten unter den Kämpfen, welche das Ende der Republik bezeichnen, wurde das Princip des Eigenthums und des Erbrechts niemals in Frage gestellt; aber erklärte man auch dem Eigenthum selbst nicht den Krieg, so erklärte man ihn doch den Besitzern. Die Geschichte dieser Periode ist in der That nichts, als eine lange Reihe von Plünderungen; und die Habsucht weit mehr als die Rache dictirten die Aechtungen eines Marius, eines Sulla und der Triumvirn. Man plünderte die Vornehmen zu Gunsten der Ritter, die Ritter zu Gunsten der Vornehmen, die Italiker zum Vortheil der Veteranen, die Provinzen zum Vortheil jeder siegreichen Partei. Am Anfang der Kaiserzeit gab es in Italien kein Eigenthum, dessen Ursprung nicht durch Blut besudelt oder durch Gewalt befleckt gewesen wäre.

Eine einzige Art des Eigenthums wurde ernstlich in der römischen Welt angegriffen; dies war der Besitz des Menschen als Menschen, die Sclaverei. Die großen Grundbesitzer, die Räuber Italiens, hatten überall die alten freien Ackerbauer durch Sclaven ersetzt, die mehr als einmal ihre Freiheit mit den Waffen in der Hand zurückeroberten. Die römischen Geschichtsschreiber selbst haben den Heldenmuth eines Spartacus verewigt; aber diese verzweifelten Versuche scheiterten an der Macht und dem Glücke Rom's.

Das Princip des Communismus wurde also niemals in die politischen Kämpfe, welche die römische Welt bewegten, hineingezogen. Einige der Dogmen indessen, die fast immer mit dem Communis=

mus verbunden auftreten, scheinen doch schon in einer ziemlich frühen
Epoche Eingang in die ewige Stadt gefunden zu haben, die Promis=
cuität der Geschlechter nämlich und die Heiligung der sinnlichen
Ausschweifung. Derart waren jene berüchtigten Bachanalien, welche
186 Jahre vor Christi Geburt die Strenge des Senats und der
Consuln herausforderten. Die in jene schändlichen Mysterien Ein=
geweihten versammelten sich im Geheimen, um den zügellosen Kult
des Lebens und des Todes zu feiern, dessen Formen im Wesentlichen
nur Prostitution und Mord waren. Wir werden sehen, daß sich
dieselben Schändlichkeiten, mit communistischen Lehren im Bunde,
bei den ersten Gnostikern und den Wiedertäufern des 16. Jahrhunderts
wiederholen. Die Geschichtsschreiber überliefern uns nicht, ob mit
diesem scheußlichen Kult auch sociale und politische Principien in
Verbindung standen; die Strenge aber, womit der Senat gegen die
Anhänger jener Lehre verfuhr, läßt den Verdacht zu, daß er in
ihnen noch etwas anderes verfolgte, als die Verletzung der Gesetze
der Sittlichkeit, die in jener Epoche schon sehr in's Wanken ge=
rathen waren. Eine Untersuchung stellte fest, daß in Rom allein
7 000 Personen jener geheimen Gesellschaft beigetreten waren, die
außerdem in Etrurien und Campanien Verzweigungen und Ver=
bindungen hatte. In der Nacht wurden Wachen in der Stadt ver=
theilt, Haussuchungen angestellt, die Schuldigen zum Tode geführt
und besonders viele Frauen ihren Verwandten zugeschickt, um in
ihren Behausungen hingerichtet zu werden. Von Rom aus ward
die Unterdrückung über ganz Italien ausgedehnt, die Consuln be=
trieben ihre Nachforschungen von Stadt zu Stadt und vertilgten
die neue Secte durch energische Mittel. Unter den Kaisern verlor
das römische Eigenthumsrecht den starren und gewaltsamen Character,
den es zur Zeit der Republik gehabt hatte, und das nationale Recht
verschmolz schließlich mit dem mehr menschlichen, einfacheren und
allgemeinen Recht, das die Prätoren unter dem Namen des Völker=
rechts anerkannten, und das die Beziehungen der Menschen ohne
Rücksicht auf ihre Nationalität regelte. Man erklärte in der Legal=
definition der Sclaverei, daß sie der Natur zuwider sei; ein unge=
heurer Fortschritt, der die Rechtsgelehrten Rom's weit über die
Philosophen Griechenlands setzt. Die Sclaverei mußte verschwinden,
da sie fortan von dem Gesetze selbst, das sie zuließ, verurtheilt wurde.

In dieser milderen und allgemeineren Form fuhr das Eigenthum fort, die römische Welt zu beherrschen, ohne ernstlich in Frage gestellt zu werden. Ja es wurde noch gewissenhafter geachtet als unter der Republik, da man unter den Kaisern nicht mehr jene massenhaften Confiscationen und systematischen Plünderungen sah, die die Kämpfe der Parteien bezeichnet hatten.

Zu derselben Zeit, wo sich die kaiserliche Macht im römischen Staate bildete, sah Judäa jene neue Religion erstehen, welche die Gestaltung der Gesellschaft von Grund aus umändern sollte. Da die communistischen Secten der Gegenwart sich bemühen, ihre Lehre mit dem Ursprung des Christenthums in Verbindung zu bringen, so ist es von Wichtigkeit zu untersuchen, welche Rolle das Princip der Gütergemeinschaft in jener großen moralischen und religiösen Umwälzung gespielt hat, und jene Facta nach ihrem wahren Werth zu würdigen, auf die sich jene Apostel berufen, wenn sie behaupten, nur die Worte Christi zu befolgen und die Kette der Traditionen der Urkirche von Neuem zu knüpfen. Dies wird der Gegenstand des folgenden Capitels sein.

Capitel V.

Das Christenthum.

Wenn man die Lehre vom Eigenthum und von der Familie in den Urkunden des Christenthums richtig beurtheilen will, so muß man vor Allem den socialen Zustand des Volks untersuchen, in dessen Mitte sich die Offenbarung des Evangeliums vollzog.

Als Christus erschien, regelte das mosaische Gesetz noch uneingeschränkt die bürgerlichen Beziehungen des hebräischen Volkes, welches, politisch den Römern unterworfen, nichts destoweniger seine inneren Einrichtungen bewahrt hatte. Nun, dieses Gesetz, das seit einer langen Reihe von Jahrhunderten in Fleisch und Blut des Volkes übergegangen war, anerkannte die Familie, das individuelle Eigenthum und die Erblichkeit der Güter. Die Heiligkeit der

Ehe, die Achtung der Eltern, die Unverletzlichkeit fremden Eigenthums war in gebieterischen Ausdrücken auf jenen Tafeln eingegraben, welche Moses vom Sinai herab seinem Volke gebracht hatte, und strenge Strafen schützten diese religiösen Vorschriften. Obgleich die Vielweiberei und das Concubinat von den mosaischen Gesetzen nicht verboten wurden, so war doch der Familiengeist der unterscheidende Character des jüdischen Volkes und die Grundlage seiner Einrichtungen. Die Eintheilung der Nation in Stämme, die denselben Stammvater hatten, das Priesterthum, welches dem Stamme Levi zustand, die politische Macht, die in der Nachkommenschaft David's forterbte, die Hoffnung auf einen Messias, der dereinst aus dem Blute des königlichen Propheten hervorsprießen würde: alles dieses beruhte auf einem tiefen Gefühl der Fortdauer der Familie und auf der Macht der Bande des Bluts. Und war die ganze jüdische Nation nicht eine einzige Familie, deren einzelne Mitglieder durch eine lange Reihe von Vorfahren bis zu ihrem gemeinschaftlichen Ursprung hinaufsteigen konnten? War sie nicht von dem Wunsch beseelt, die Reinheit ihres Stammes zu erhalten, und von dem Abscheu vor jeder Verbindung mit fremdem Blute? Die Hoffnung, in einer zahlreichen Nachkommenschaft fortzuerben, so theuer einst dem Herzen der Patriarchen, belebte selbst noch die ihrer Enkel, die, besiegt und gedrückt, über den Erdkreis zerstreut waren. Dieser Characterzug entging auch dem Scharfblick eines Tacitus nicht, der in den Juden den Wunsch, ihren Stamm fortzupflanzen, und Verachtung des Todes zu entdecken glaubte. Man kann also mit Recht behaupten, daß bei keiner Nation das Princip der Familie so tief in die Gesetze und Sitten Eingang gefunden hat, wie bei dem jüdischen Volke.

Das Institut des Eigenthumes war nicht minder streng organisirt, und in seiner Formulirung zeigte sich die ganze Macht jenes Familiengeistes, welcher bei den Nachkommen Abraham's herrschte. Der Grund und Boden und die ländlichen Besitzungen konnten nicht für immer veräußert werden; der Verkauf hatte nur für eine bestimmte Zeit Gültigkeit, die 50 Jahr nicht überstieg. Je nach Ablauf eines halben Jahrhunderts beging man ein feierliches Fest, bekannt unter dem Namen Jubiläum, welches das Signal zu einer allgemeinen Restitution gab und die veräußerten Immobilien an ihre Verkäufer oder deren Erben wieder zurückbrachte. Durch dieses Mittel wollte das Gesetz der Verarmung und dem Ruin der Familien vorbeugen. Die letzteren waren die eigentlichen Besitzer, das einzelne Individuum hatte blos ein Nießbrauchrecht und konnte nur zu emphyteutischer Benutzung und Bearbeitung veräußern.

Derselbe Geist waltet in den Bestimmungen über die Erbfolge. Das Vermögen geht vorzugsweise auf die männlichen Nachkommen über, die Töchter erhalten nur einen sehr geringen Theil. Wenn Mangels männlicher Erben die Töchter ihre Väter beerben, so ist ihnen doch untersagt, ihr Vermögen durch Heirath in einen anderen Stamm zu bringen. Das Näherrecht der Verwandten vervollständigt dieses System von Maßregeln, welche den Familien ihren Besitz und ihr Vermögen dauernd zu erhalten bestimmt sind.

Man sieht also, daß communistische Principien den jüdischen Einrichtungen ebenso fremd waren, wie denen Roms. Bei diesen beiden Völkern, von denen das eine bestimmt war, die Welt durch sein Schwert zu erobern, das andre, sie durch die Macht seiner religiösen Ideen zu beherrschen, zeigt die Familie und das Eigenthum, nur in verschiedenen Characterzügen, dieselbe Strenge der Organisation, dieselbe Festigkeit.

Mitten in einer derartig organisirten Gesellschaft erschien Jesus Christus, um seine neue Lehre, welche die Welt umgestalten sollte, zu verkünden. Gewiß, wenn die Vernichtung des individuellen Eigenthums, die Auflösung aller Bande der Familie die letzte Consequenz der Principien, welche der Heiland den Menschen offenbarte, sein, wenn in dem System der Gütergemeinschaft das Christenthum seinen höchsten und vollendetsten Ausdruck finden sollte, so sollte man doch glauben, daß diese Gütergemeinschaft im Evangelium selbst gelehrt oder wenigstens angedeutet, daß das mosaische Gesetz, welches eine so grundverschiedene sociale Verfassung enthielt, formell darin verurtheilt wäre. Dies ist indessen durchaus nicht der Fall. Man würde vergebens in den Reden Christi, so wie sie uns überliefert sind, das geringste Wort suchen, welches sich auf den Communismus und auf die Kritik der bürgerlichen Gesetze des Volks beziehen, an das er seine Predigten richtete. Im Gegentheil, Jesus erklärt sogar, daß er nicht gekommen sei, das Gesetz zu ändern, sondern es zu erfüllen: Glaubt nicht, daß ich gekommen bin, das Gesetz und die

Propheten aufzuheben. Ich bin nicht gekommen, sie aufzuheben sondern zu erfüllen.*) Denjenigen, welche ihn fragen, was sie thun müssen, um das ewige Leben zu verdienen, antwortet er, daß sie die Gebote halten sollen, und zählt die Pflichten auf, deren Erfüllung die zehn Gebote vorschreiben: du sollst nicht tödten, du sollst nicht ehebrechen, du sollst nicht stehlen, du sollst kein falsches Zeugniß geben, ehre Vater und Mutter.**) Dieses heißt doch die Unverletzlichkeit des Eigenthums, die Heiligkeit der Ehe, die Achtung der väterlichen Gewalt anerkennen. Er ging noch weiter: er festigte das Princip der Familie, indem er die Ehescheidung und die Vielweiberei verbot. Als man ihm in diesem Puncte die Autorität des mosaischen Gesetzes entgegenhielt, antwortete er: Moses hat euch euerer Herzen Härtigkeit wegen erlaubt, euere Weiber zu entlassen; im Anfang aber war es nicht so. Ich aber sage euch: wer immer sein Weib, es sei denn um des Ehebruchs willen, entläßt und eine andere nimmt, der bricht die Ehe; und wer die Geschiedene nimmt, der bricht die Ehe.***)

Ueberall zeigt sich im Evangelium die Verurtheilung der Handlungen, welche jene wichtigen Institute der Ehe und des Eigenthums, die herrliche und ewige Erbschaft des Menschengeschlechts, bedrohen. „Was aus dem Menschen herauskommt", sagt der Sohn Maria's, „das macht den Menschen unrein. Denn aus dem Herzen des Menschen kommen böse Gedanken, Ehebruch, Mordthaten, Diebstähle, Betrug, neidische Augen."†) Was würden diese Worte bedeuten im Munde eines Apostels des Communismus, für den es ja keinen Diebstahl, keinen Raub, kein fremdes Eigenthum geben kann?

Nun, die Lehre, welche Christus der Welt offenbart hat, ist nicht die der Gütergemeinschaft, ist nicht die Aufhebung der Gesetze, welche seit dem Ursprung der Gesellschaft die Beziehungen der Menschen zur Außenwelt geregelt haben, nicht der Bruch der Bande, welche den Gatten an die Gattin, den Vater an seine Nachkommen knüpfen. Das Christenthum trug niemals die Keime jener beklagenswerthen Lehren in sich, jenen überflüssigen Zweig, den eine verirrte

---

*) Matth. C. 5, 17.
**) Matth. C. 19, 16—19.
***) Matth. C. 19, 3—9.
†) Marcus C. 7, 20—22.

Vernunft auf diesen gesunden und kräftigen Stamm hat pfropfen wollen. Was Christus die Menschen gelehrt hat, ist das Erbarmen, die gegenseitige Liebe, die Verachtung sinnlicher Lüste und Verzicht auf die Güter dieser Erde. Was er bekämpft hat, ist jenes Streben nach materiellem Genuß, jene Hitze egoistischer Leidenschaften, jene Regungen des Hasses, des Neides und der Begehrlichkeit, welche unter den schönen Namen von Liebe, Brüderlichkeit und Gleichheit die Angriffe der antisocialen Secten leiten und ihnen verbrecherische Arme bewaffnen. Die Tugend, welche er empfohlen, von der er selbst uns ein leuchtendes Beispiel gegeben hat, ist die Demuth, die Resignation in Armuth und Leiden, das Ziel, das er den Anstrengungen seiner Anhänger gesteckt, ist die Reinheit der Sitten, die Heiligkeit des Lebens, nicht die Güter dieser Welt. „Sorgt nicht für euer Leben, was ihr essen, noch für euern Leib, was ihr anziehen werdet; denn euer himmlischer Vater weiß, daß ihr dessen bedürft. Sucht zuerst das Reich Gottes und seine Gerechtigkeit, so wird euch dieses alles zugegeben werden." (Luc. 12, 22 ff.) Tröstliche und tiefe Worte, welche, den Vorzug moralischer Tugend vor physischer Befriedigung aussprechend, uns zugleich lehren, daß die Uebung dieser Tugend das sicherste Mittel ist, um zu materiellem Wohlstand zu gelangen. Und wer möchte verkennen, daß die socialen Uebel und das Unglück des Einzelnen in den meisten Fällen nur die traurigen Folgen der Unsittlichkeit sind und der Verletzung der Gesetze des Evangeliums?

Weit entfernt also, das Eigenthum und die Familie zu erschüttern, hat Christus sie im Gegentheil gefestigt und geheiligt durch die Offenbarung einer erhabeneren und reineren Moral. Das Eigenthum wird in seinem Munde zum Mittel des Wohlthuns und der Barmherzigkeit, die Familie zur Vorbedingung der Reinheit und Keuschheit. Er empfahl allerdings die Ehelosigkeit, den Verzicht auf die Güter dieser Erde, er erklärte, daß es schwer sei für die Reichen, in das Himmelreich einzugehen, er ermahnte diejenigen, welche zur Vollkommenheit gelangen wollten, ihre Besitzthümer zu Gunsten der Armen zu verkaufen und alles zu verlassen, um ihm nachzufolgen; aber es hieße den Sinn des Evangeliums durchaus verkennen, wollte man in diesen Worten eine Verurtheilung des Eigenthums erblicken. Was Jesus empfiehlt, ist der freiwillige

Verzicht, ist das Almosen. Die Verfügung über das Vermögen aber, die freiwillige Veräußerung desselben sind nur denkbar und möglich unter der Herrschaft des Eigenthums, sie sind eine Art der Ausübung dieses Rechts. Man muß also unter den Vorschriften des Evangeliums diejenigen, welche sich speciell auf die Zeit seiner Verkündung und auf die Menschen, welche mit der hohen Mission seiner Verbreitung betraut waren, bezogen, von denen, welche ewige und allgemeine Gesetze enthalten, unterscheiden. In dem Augenblick, wo die christliche Offenbarung den Völkern gebracht wurde, waren diese die Beute einer tiefen Verderbtheit und Sittenlosigkeit: die Reichen und Mächtigen dieser Erde überließen sich dem zügellosen Genuß sinnlicher Ausschweifungen und suchten in Raub und Erpressung die Mittel, um ihren unordentlichen Leidenschaften zu fröhnen. Da die Industrie nur wenig entwickelt, die Arbeit der Verachtung preisgegeben war, so war Gewalt und List nur zu oft die Quelle des Reichthums. Mit den Gewohnheiten einer solchen Gesellschaft mußte man brechen; man mußte der allgemeinen Ausschweifung die Heiligkeit der Ehelosigkeit entgegenstellen, dem materiellen Streben, dem Geist des Betrugs und der Habgier die Abtödtung, die Entsagung, das Lob der Armuth. Wenn man auf der anderen Seite an die Erhabenheit der Mission der ersten Verbreiter des Evangeliums denkt, an die ungeheuren Hindernisse, welche zu überwinden waren, an die Mühen und Gefahren, welche sie erwarteten, an die Verfolgungen und Martern, welche ihre ruhmvolle Laufbahn krönen sollten, so begreift man, daß die Sorge um irdische Güter, die Sorge um die Familie unvereinbar mit einer solchen Sendung war. Aber diese Vorschriften sollten nicht auf alle Menschen ohne Ausnahme Anwendung finden, noch die unzweideutigen Aussprüche zurücknehmen, durch welche Christus die großen Principien anerkannt hat, auf denen die Organisation der menschlichen Gesellschaft beruht. Kurz, das tiefe Stillschweigen, welches er stets über die Lehre der Gütergemeinschaft beobachtet hat, ist ein unumstößlicher Beweis gegen diejenigen, welche sich für diese Lehre auf die Autorität des Evangeliums berufen.

Dieses Stillschweigen ist um so bezeichnender, als in Judäa selbst unter den Augen Jesu und seiner Jünger die Gütergemeinschaft bestand und gehandhabt wurde. Lange vor dem Auftreten Christi hatte

Das Christenthum.

sich im Schooße der jüdischen Gesellschaft eine Secte gebildet, welche das gemeinschaftliche Leben und die Aufhebung des Sondereigenthums als die höchste Vollendung betrachtete, und welche diese Lehren in Anstalten ausübte, die große Aehnlichkeit mit den später von den mönchischen Orden gegründeten hatten. Dies waren die Essener, über die man im folgenden Capitel näheren Aufschluß finden wird. Wenn das Christenthum nur den Zweck gehabt hätte, die essenische Lehre zu vervollkommnen und zu verallgemeinern, wie wäre es da erklärlich, daß es dieselbe ganz und gar nicht erwähnt und in keinem Puncte an sie anknüpft? Der Zukunft die Mühe überlassen, aus dem Christenthum das Princip der Gütergemeinschaft abzuleiten, das dieses schon gekannt und das im Schooß der jüdischen Nation selbst gehandhabt wurde, hieße das nicht, nach einem treffenden Ausspruch, Chalcedon bauen und die Ufer von Byzanz vor Augen haben? Eine einzige Thatsache hat den Anhängern des Communismus einen leiblichen Vorwand bieten können, welche sich zu verschiedenen Zeiten auf das Beispiel der ersten Christen für ihre Ansichten berufen haben: ich meine das Verhältniß, welches eine Zeit lang zwischen den Aposteln und den ersten Christen bestanden hat, als Christus der Erde entrückt worden war. Den Verfolgungen der Juden ausgesetzt, mußten die ersten Christen sich so fest als möglich zusammenschließen, um den kostbaren Schatz des göttlichen Wortes unversehrt zu erhalten und dem Haß ihrer Feinde zu widerstehen. Um sich ganz den Pflichten der Predigt, dem Eifer der Ausbreitung des Christenthums zu widmen, mußten sie von allen materiellen Sorgen des Lebens befreit und jeden Tag ihres Unterhalts gewiß sein. Daher die Nothwendigkeit, einen gemeinschaftlichen Fonds zu Gunsten der aufblühenden Kirche zu bilden, der, bestimmt, die Bedürfnisse ihrer Mitglieder zu bestreiten, von der allgemeinen Mildthätigkeit unterhalten wurde. Man opferte seine Güter der Erfüllung der Mission, der man seine Kräfte und sein Leben weihte.

Nachdem die Apostelgeschichte die erste Verfolgung, welche die Gläubigen in Jerusalem auszustehen hatten, berichtet hat, fährt sie wie folgt fort: „Die Menge der Gläubigen war ein Herz und eine Seele; auch sagte nicht Einer, daß etwas von dem, was er besaß, sein sei, sondern sie hatten Alles mit einander gemein. Und mit großer Kraft gaben die Apostel Zeugniß von der Auferstehung Jesu

Christi unseres Herrn, und es war große Gnade bei Allen; denn es war kein Dürftiger unter ihnen. So viele ihrer Äcker oder Häuser besaßen, verkauften solche, brachten den Werth dessen, was sie verkauft hatten, und legten ihn zu den Füßen der Apostel: es wurde aber Jedem zugetheilt, je nach dem er bedurfte."*)

Hierauf folgt die Erzählung des übernatürlichen Todes des Ananias und der Saphira, aus Strafe dafür, daß sie dem Apostelfürsten fälschlich erklärten, ihm den ganzen Preis für ein von ihnen verkauftes Besitzthum zu bringen, während sie einen Theil davon zurückbehielten. Was auf die beiden Gatten die Rache des Himmels herabruft, ist nicht die Zurückbehaltung eines Theiles der Summe, sondern ihre Lüge. Petrus tadelt den Ananias wegen seines Vergehens und sagt ihm, daß es ihm frei stand, entweder sein Eigenthum, oder den Preis dafür zu behalten, daß er aber schuldig ist, weil er nicht nur die Menschen belogen, sondern Gott.

Es geht aus dieser Episode hervor, daß unter den Gefährten der Apostel die Veräußerung der Güter eine durchaus freiwillige war und kein Zwang obwaltete, daß sie ein verdienstliches Werk war, aber keine Pflicht.

Kurz, es ist augenscheinlich, daß eine Verfassung, die auf Vertheilung der Besitzthümer der Gläubigen, auf dem Verbrauch von Capitalien, welche sich nicht wieder erzeugten, beruhte, eine wesentlich temporäre und vorübergehende war. Auch werden wir sehen, daß sie in keiner der Kirchen eingeführt worden ist, die bald nachher von den Aposteln gegründet wurden. Trotz der kurzen Dauer dieses Zustandes aber unter den Christen Jerusalems, trotz des Eifers in Ausübung der Barmherzigkeit, der sie beseelte, ist es doch ein bemerkenswerthes Factum, daß die Gütergemeinschaft nur unter der Voraussetzung bei ihnen bestand, daß einigen Männern die unumschränkte Verfügungsgewalt über das Vermögen der Gesellschaft eingeräumt wurde. Die Apostel waren damit betraut, einem Jeden nach Bedürfniß zu geben. In der Erfüllung dieser schwierigen Mission wurden sie ohne Zweifel durch höhere Einsicht erleuchtet und durch die Selbstverleugnung und Demuth der Gläubigen unterstützt. Aber man stelle sich die Folgen einer ähnlichen Machtbefugniß

---

*) Apostelgesch. 4, 32—35.

in den Händen von Menschen vor, die jeder übernatürlichen Hülfe entbehren, in einer Gemeinschaft, deren Princip nicht Entsagung und Abtödtung des Fleisches ist, sondern Verfolgung materieller Genüsse! Dies würde entweder der gehässigste Despotismus oder die schrecklichste Anarchie sein. Durch eine innere Nothwendigkeit indessen, die sich im Verlauf dieser Geschichte mehr als einmal als richtig erweisen wird, ist der Communismus nur um diesen Preis möglich und ausführbar.

Nicht lange dauerte es, so trat die christliche Religion aus den engen Grenzen des Judenthums, das ihre Wiege gewesen, heraus. Auf den Ruf der Apostel sah Syrien, Kleinasien, Griechenland, Macedonien, Italien zahlreiche Gemeinden von Gläubigen erstehen. Der hl. Paulus, der Apostel der Heiden, ließ das göttliche Wort außerhalb der Mauern der Synagoge erschallen und lud alle Menschen ein, in diese neue Stadt einzutreten, in der weder Heide ist noch Jude, nicht Barbar und Scythe, nicht Knecht und Freier, sondern Alles und in Allen Christus.*) Wir besitzen den Bericht über die Thaten dieser Sendboten des Evangeliums, die Briefe, welche sie an mehrere der neugebildeten Kirchen richteten; aber vergebens würde man in ihnen die geringste Empfehlung des gemeinschaftlichen Lebens suchen. Was diese ersten christlichen Prediger verkünden, ist die Liebe Gottes und der Menschen, die Lossagung von den Gelüsten des Fleisches, die Erhebung der Seele zu Gott; es sind die bescheidenen Tugenden, die am Heerd der Familie ihren Wohnsitz aufschlagen, es ist vor Allem die Liebe, die in moralischer Hinsicht sich offenbart durch Geduld, Güte, Friede, Freude, Treue, Milde und Mäßigkeit, in materieller Hinsicht durch Almosen, jenes freiwillige Opfer, das ohne das individuelle Eigenthum überhaupt nicht denkbar sein würde.

In seinen Briefen ladet der hl. Paulus oft die Gläubigen ein, zu den Sammlungen beizusteuern, die zu Gunsten der Heiligen und der Kirchen Judäas, besonders der Metropolitankirche von Jerusalem veranstaltet wurden. Aber diese Spenden waren durchaus freiwillig.**) Ja, man muß es gestehen, die Mildthätigkeit der

---

*) Paul. a. d. Coloss. 3, 11.
**) Paul. II. a. d. Coloss. 8, 3.

erſten Gläubigen bedurfte zuweilen einer Anregung, und der Apoſtel mußte zum Ehrgeiz und zur Furcht vor Beſchämung ſeine Zuflucht nehmen, um die Freigebigkeit der Chriſten Corinths anzufeuern.*) Würde man dieſe Sammlungen, dieſe freiwilligen Spenden begreifen können in einer Geſellſchaft, in welcher das individuelle Eigenthum aufgehört hat zu exiſtiren?

Ein gründliches Studium der Urkunden des Chriſtenthums führt uns alſo zu folgenden Reſultaten:

1. die Gütergemeinſchaft iſt von Chriſtus niemals gelehrt worden, obwohl ſie unter ſeinen Augen ſelbſt bei der eſſeniſchen Secte beſtand. Dies vollſtändige Stillſchweigen iſt ſo gut wie eine Verurtheilung derſelben.

2. Die Familie, das Eigenthum wird vom Evangelium in energiſcher Weiſe anerkannt und geſchützt.

3. Wenn die Güter bei den erſten Gläubigen in Jeruſalem gemeinſam waren, nachdem Chriſtus die Erde verlaſſen hatte, ſo war dies etwas exceptionelles und vorübergehendes, was ſich in keiner der anderen Kirchen, welche die Apoſtel gründeten, wiederholt hat.

4. Die Tugenden, welche die erſten Sendboten des Chriſtenthums gelehrt haben, ſind unvereinbar mit einem ſocialen Zuſtand, der auf der Gütergemeinſchaft beruht.

Was wird Angeſichts dieſer unbeſtrittenen Thatſachen aus jener Behauptung der Vertheidiger des Communismus, daß die Gütergemeinſchaft das Chriſtenthum ſei? Dieſe Behauptung wird noch durch die Geſchichte der erſten drei Jahrhunderte der Kirche widerlegt, einer Periode, in der ſie ſelbſt, nach dem Geſtändniß der reformirten Secten, ihre urſprüngliche Reinheit bewahrt hat.

Weit entfernt, in der Kirche anerkannt zu werden, wurde die Lehre der Gütergemeinſchaft vielmehr von ihren gefährlichſten Gegnern proclamirt. Zu ihr bekannten ſich die neuplatoniſchen Philoſophen, welche die erbittertſten Feinde des Chriſtenthums waren und die letzten Vertheidiger des ſchwindenden Polytheismus; ſie characteriſirte die erſten Häreſien, die durch ihre Irrthümer und

---

*) Paul. 1 a. d. Cor. c. 16, 2 a. d. Cor. c. 8 u. 9.

Ausschweifungen die Entwicklung und Ausbreitung der neuen Religion hinderten und schädigten.

Die Gründung einer communistischen Republik nach dem Muster der platonischen war einer der Lieblingsträume eines Porphyrius, Plotin und Jamblichus. Plotin hatte den Kaiser Gallien angelegentlich um die Erlaubniß ersucht, ein platonisches Gemeinwesen in einer zerstörten Stadt Campaniens einrichten zu dürfen; und die Gütergemeinschaft war ohne Zweifel der Typus der Vollkommenheit, welche die Sophisten dem christlichen Princip der Liebe entgegensetzen wollten.

Zu Anfang des zweiten Jahrhunderts proclamirten Carpocras und sein Sohn Epiphanes, die Stifter einer der zahlreichen Secten, welche sich in die Häresie der Gnostik verirrten, die Gemeinschaft der Güter und die Emancipation des Fleisches. Durchdrungen von den Ideen Plato's verfaßte Epiphanes ein Buch über die Gerechtigkeit, in dem er die Gerechtigkeit Gottes als eine Gemeinschaft mit Gleichheit definirte.*) Er suchte zu beweisen, daß die Gemeinschaft in allen Dingen ohne Ausnahme aus dem natürlichen und göttlichen Gesetze folge, daß das individuelle Eigenthum und die Verschiedenheit der Ehen nur durch menschliche Satzung eingeführt worden seien. „Er bekämpft offen das Gesetz des Moses", sagt Fleury am angeführten Ort, „aber er bekämpft nicht minder das Evangelium, dem er zu folgen vorgab, da ja Christus das Gesetz bestätigte." Die Anhänger dieses Häretikers beteten nackt, als ein Zeichen der Freiheit; sie fasteten auf's Strengste, schmausten, badeten, salbten sich und hielten viel auf die Pflege des Leibes. Güter und Frauen gehörten Allen gemeinschaftlich; wenn sie Gäste bei sich beherbergten, bot der Mann seine Gefährtin dem Fremden an, und diese Niederträchtigkeiten bedeckten sie mit dem schönen Namen der Liebe. Nach ihren gemeinschaftlichen Mahlzeiten, welche sie, wie die rechtgläubigen Christen, mit dem Namen Agapen bezeichneten, löschten sie die Lichter aus und überließen sich den scheußlichsten Ausschweifungen.

So vereinigte sich also durch ein Zusammentreffen, das sich zu allen Zeiten wiederfindet, bei den Anhängern des Carpocras die Gemeinschaft der Weiber mit der der Güter; die Würde und Rein-

---

*) Fleury, hist. de l'Egl. I., 385.

heit der Person ist fast immer auf demselben Altar geopfert worden wie das Eigenthum des Individuums. Schon im Verlauf dieser Geschichte haben wir auf den logischen Zusammenhang zwischen diesen beiden Vereinigungen der Grundprincipien der menschlichen Persönlichkeit aufmerksam gemacht, der in der That den meisten Schriftstellern aufgefallen ist, die durch ein tieferes Studium der Geschichte die Wechselbeziehungen der verschiedenen socialen Einrichtungen unter einander erkannt haben.

Die unordentlichen Lehren und die Ausschweifungen der Carpocraten waren mit die hauptsächlichsten Gründe der gehässigsten Beschuldigungen, welche die Vertheidiger des Heidenthums gegen die Christen schleuderten. „Da alle Häretiker den Namen Christen führten", sagt der eben citirte Kirchenhistoriker, „so machten die Ungereimtheiten, welche sie lehrten, das Christenthum verächtlich, und die Schändlichkeiten, welche sie begingen, verhaßt; denn die Heiden prüften nicht genug, um die wahren Christen von den falschen unterscheiden zu können. Daher kamen denn jene Verleumdungen, welche dazumal so allgemein geglaubt wurden." Dem Communismus ist es zu allen Zeiten eigen gewesen, die edelsten Beweggründe, auf die er sich zu stützen versuchte, zu beflecken und zu schädigen.

Die Lehre der Carpocraten wurde mit Abscheu von allen Christen zurückgewiesen, und nachdem die Secte, deren Sieg die Menschheit noch hinter das Heidenthum zurückgeworfen hätte, eine Zeit lang in Egypten, später auf der Insel Samos bestanden hatte, ging sie in Schande und Verachtung zu Grunde. Es ist also gewiß, daß die Kirche während der ersten Jahrhunderte ihres Bestehens die Lehre der Gütergemeinschaft nicht gekannt hat.

Um die Autorität dieses unbestreitbaren Factums zu erschüttern, haben die Anhänger des Communismus in den Werken der Kirchenväter sorgfältig diejenigen Stellen aufgesucht und gesammelt, welche ihrem Systeme günstig lauten. Die Mehrzahl dieser Citate enthalten aber nur Ermahnungen zum Almosengeben, zur Freigebigkeit gegen die Armen, zur Uneigennützigkeit und zur Beherrschung der Begierden, nur in einigen Aussprüchen, welche dem hl. Clemens zugeschrieben werden, und in einer Rede des hl. Johannes Chrysostomus ist die Idee der Gütergemeinschaft klar formulirt. Die erste dieser Stellen scheint indessen blos eine Erinnerung an das goldene

Zeitalter der Dichter zu sein, und die Annahme einer ursprünglichen Gütergemeinschaft ist nur angeführt als eine Ermahnung zur Barmherzigkeit und gegenseitigen Opferwilligkeit. In der zweiten entwirft der hl. Chrysostomus ein Bild von dem gemeinsamen Leben der ersten Bekenner Christi, er ermahnt die Gläubigen, diesem Beispiel nachzueifern, und zeigt, welche Vortheile aus demselben durch Ersparnisse in den Ausgaben folgen. Aber dies waren blos persönliche Ansichten, welche niemals den Character allgemeiner Dogmen hatten. Sie können nicht mehr Gewicht haben, als die positiven Vorschriften der Kirche, welche die Achtung fremden Eigenthums befahlen, noch als die allgemeine Praxis, die selbst zur Zeit der Apostel die Herrschaft des individuellen Eigenthums anerkannte, das, geadelt durch die Wohlthätigkeit, durch die christliche Liebe und Selbstaufopferung geläutert wurde.

Man muß schließlich auch beachten, daß die Kirchen selbst seit den ersten Jahrhunderten des Christenthums Eigenthum erwarben. Der Ursprung der Zehnten und der Güter des Clerus reicht in der That bis in jene Zeiten hinauf, wo die christliche Gesellschaft eine regelmäßige Form anzunehmen begann. Jede Kirche war eine moralische Person mit ihrem besonderen Vermögen, das von dem der andern christlichen Gemeinden verschieden war. Bestätigt dieser Zustand nicht offenbar das Vorhandensein des individuellen Eigenthums und selbst die Art des Eigenthums, die in der Folge so drückend und so oft mißbraucht wurde?

Die Worte des Evangeliums bestätigen also formell das mosaische Gesetz und die durch 18 Jahrhunderte hindurch in der christlichen Welt fortgepflanzten Traditionen, sie wiederlegen die Behauptungen der communistischen Schriftsteller, Behauptungen, welche sich auf ein nur vorübergehendes und zufälliges Factum stützen.

Unter den Einrichtungen, welche sich unter dem Einfluß des Christenthums entwickelt haben, sind die klösterlichen Orden die einzigen, in denen das Princip des gemeinsamen Lebens eine dauernde und allgemeine Anwendung gefunden hat. Aber man wird im folgenden Capitel sehen, daß diese Einrichtung mit communistischen Lehren durchaus nichts zu thun hat und sich auch nicht allein in der christlichen Kirche vorfindet.

Capitel VI.

Die ascetischen Vereinigungen.

Bei einer großen Zahl von Völkern begegnen wir Personen, die, nach einem höhern Grad von Weisheit und Tugend strebend, von der Gesellschaft sich abgesondert und auf die Güter der Erde verzichtet haben, um desto freier eine ideale Vollkommenheit zu erreichen. Zuweilen haben sie in Einöden gelebt, in den meisten Fällen aber haben sie sich zusammen gethan, um unter Leitung von Männern, die durch ihre Weisheit und Frömmigkeit hervorragten, Vereinigungen mit gemeinschaftlichem Leben und gemeinsamen Regeln zu bilden. Dies finden wir im Alterthum bei den Weisen Indiens, den pythagoräischen Philosophen Italiens, bei den Essenern Judäa's und später bei den christlichen Mönchen. Der Verzicht auf materiellen Genuß, die Gleichgültigkeit gegen die Güter, nach denen die andern Menschen jagen, die Pflege der Wissenschaft und das Streben nach moralischer Vollkommenheit sind die unterscheidenden Merkmale aller dieser Vereinigungen gewesen. Sie haben sich erhalten durch eine strenge Disciplin und indem sie nur Auserwählte in ihre Gemeinschaft aufnahmen, welche in einem langen und strengen Noviciat geprüft und bewährt befunden wurden.

Pythagoras hatte den Plan gefaßt, eine Vereinigung zu gründen, die als stete Bewahrerin von Wissenschaft und Sitte, die Menschen in der Wahrheit erziehen und zur Tugend heranbilden sollte. Er versammelte seine Schüler in einem großen Gebäude, wo sie gemeinschaftlich lebten, der Betrachtung der höchsten Wahrheiten der Moral und dem Studium der Wissenschaften sich widmend, unter denen an erster Stelle die Astronomie und Geometrie glänzten. Um in die Zahl der Novicen aufgenommen zu werden, mußte man sich einem vorbereitenden Examen unterziehen, dem lange und schwierige Prüfungen folgten. Während drei Jahren wurde dem Neophyten keinerlei Beachtung in der Gesellschaft zu Theil, gleich als wäre er der Verachtung preisgegeben, und ein fünfjähriges Schweigen erprobte die Festigkeit seines Willens und gewöhnte ihn, die Kraft seines Denkens auf

Die ascetischen Vereinigungen.

die tiefsten Forschungen zu concentriren. Diejenigen, welche diese Lebensweise nicht ertragen konnten, wurden zurückgewiesen; das Vermögen der Zugelassenen wurde mit den Gütern des Ordens vereinigt und von Männern verwaltet, die ausdrücklich hierzu bestellt waren.

Die Mitglieder der Gesellschaft waren mit weißen und gleichförmigen Kleidern angethan und zur Beobachtung strenger Regeln verpflichtet. Der Tag begann und endigte mit Gebeten, Erforschung des Gewissens und religiösen Gesängen; moralische Gespräche, Spaziergänge und wissenschaftliche Arbeiten füllten ihn aus. Die Mahlzeiten wurden gemeinschaftlich eingenommen, bei denen das Fleisch der Thiere verboten war und die größte Mäßigkeit herrschte. Reinheit der Sitten, Achtung und Liebe der Gottheit zeichneten diese Philosophen aus, welche die innigste Freundschaft vereinigte. Dem berühmten Stifter ihrer Gesellschaft bezeigten alle eine tiefe Ehrfurcht und blinde Unterwürfigkeit, der über sie mit der Machtfülle eines Monarchen herrschte, nur gemildert durch die Liebe eines Vaters.

Die pythagoräischen Vereine hatten indessen keine lange Dauer. Es scheint, daß die Pythagoräer, ähnlich den Mitgliedern einer bekannten Gesellschaft, nach der Herrschaft über die Städte Großgriechenlands und Siciliens strebten, und in der Macht und geistigen Ueberlegenheit über die übrigen Menschen eine Entschädigung für die Entbehrungen und die strenge Disciplin, der sie in ihrem Orden unterworfen waren, suchten. Wenn man der modernen Kritik Glauben schenken darf, so wollten sie die Völker, in deren Mitte sie lebten, einer theocratischen Autorität, ähnlich der der Priesterkasten in Egypten und Indien, unterwerfen. Aber der stolze Geist der Griechen konnte ein solches Joch nicht ertragen. Die Pythagoräer wurden der Gegenstand eines allgemeinen Hasses, ihre Vereinigung aufgelöst, und eine große Zahl ihrer Mitglieder starb eines gewaltsamen Todes. Diejenigen, welche dem Blutbade entrannen, verbreiteten, arm und flüchtig, in Griechenland, Egypten und Asien ihre wissenschaftlichen Entdeckungen und die Keime der Philosophie.

Aehnliche Gebräuche, wie bei den Schülern des Pythagoras, finden sich wieder bei der jüdischen Secte der Essener. Den Zeitpunkt ihrer Gründung weiß man nicht; man weiß nur, daß sie lange vor Christi Geburt bestand. Die Essener bewohnten die einsame und öde Gegend am Westufer des todten Meeres; sie breiteten sich nicht nach Außen hin aus und ihre Zahl überstieg niemals 4000. Die großen Städte flohen sie und bildeten in der Ebene kleine Flecken, wo sie sich mit Ackerbau und der Fabrication der nothwendigsten Gegenstände beschäftigten, aber Handel und Schifffahrt verschmähten. Sclaven gab es nicht bei ihnen, und sie hielten die Sclaverei für gottlos und unnatürlich, da die Natur alle Menschen gleich und zu Brüdern geschaffen habe. Sie verachteten die Reichthümer, sammelten weder Gold noch Silber, bestrebten sich von Wenigem zu leben und trugen weiße und gleichförmige Kleider. Ihre Güter waren gemeinschaftlich und wurden von gewählten Oeconomen verwaltet. Die Mitglieder dieser Gesellschaft lebten oft unter einem Dache vereinigt, diejenigen, welche abgesonderte Wohnungen hatten, öffneten sie jederzeit ihren Brüdern, denn die Gastfreundschaft war groß unter ihnen.

Die Essener bezeigten den Greisen eine große Achtung und die Kranken pflegten sie mit aufopfernder Sorgfalt. Die Moral war ihr hauptsächlichstes Studium, Mäßigkeit, Abscheu vor der Lüge, Reinheit der Sitten ihre unterscheidenden Tugenden. Sie waren in vier Klassen eingetheilt und diese einander in einer entsprechenden Stufenfolge untergeordnet; der Gehorsam der untern Klassen gegen die obern war ein absoluter.

Das Leben war einfach und gleichförmig. Jeder Morgen begann mit Gebeten, worauf die Vorgesetzten ihre Untergebenen bis zum Mittag an die Arbeit schickten. Nach einem Bade nahmen sie in einem Saale gemeinschaftlich und schweigend ein einfaches Mahl ein, das durch Gebete geweiht war, und kehrten schließlich wiederum bis zum Abend an ihre Arbeit zurück.

Die Mehrzahl der Essener lebte im Cölibat. Sie erzogen die Kinder, die man ihnen anvertraute, um sie nach ihren Sitten zu bilden und nahmen die Neophyten auf, welche sich ihnen freiwillig anboten. Die letzteren prüfte man in einem dreijährigen Noviciat, und bei ihrem Eintritt in den Orden mußten sie ihr Vermögen demselben überlassen.

Die Essener wiesen indessen diejenigen zurück, welche sich Verbrechen schuldig gemacht hatten, andererseits stießen sie die aus ihrer Gemeinschaft aus, die schwerer Vergehen überführt worden waren.

Die drei Hauptpunkte ihrer Lehre waren: Gott lieben, die Tugend und die Menschen. Die Tugend bestand für sie in der Enthaltsamkeit und der Ertödtung der Leidenschaften, und sie setzten sie noch über den äußern Cultus; nichts destoweniger aber beobachteten sie den Sabbath und die Vorschriften des Gesetzes mit größerer Strenge als alle andern Juden, die sie an Fanatismus übertrafen.

Aber mit diesen Sitten und Grundsätzen, von denen mehrere an die Vorschriften des Christenthums erinnern, verbanden die Essener Irrthümer und einen Stolz, der sie auf's entschiedenste von den Jüngern Christi unterschied. Keine jüdische Secte nährte eine ausgesprochenere Abneigung gegen die Unbeschnittenen, und selbst unter sich waren sie weit entfernt, die Dogmen der Gleichheit und Brüderlichkeit in ihrer ganzen Ausdehnung zur Anwendung zu bringen, die sie doch die Sclaverei hatte verurtheilen und verwerfen lassen. Die Mitglieder der höheren Klassen enthielten sich jeder Berührung mit denen einer niederen, und wenn sie dieselbe nicht hatten vermeiden können, reinigten sie sich wie von einer Befleckung. Ebenso wie die Pythagoräer suchten sie mit ängstlicher Sorgfalt ihre Lehren vor den Augen der Welt geheim zu halten und ließen die Neophyten schwören, sie niemals zu verrathen oder Andern mitzutheilen. Diese Lehren bestanden in abstracten Speculationen über die Theosophie und in einer allegorischen Interpretation der Schrift. Endlich war ihr Gott ein furchtbarer und unversöhnlicher Gott; sie lehrten ferner eine Art Prädestination und Fatalismus, ein Dogma, das sich bei den meisten Secten, die sich zur Gütergemeinschaft bekannt haben, wiederfindet.

So waren die Essener, deren Niederlassungen der Geschichtsschreiber Plinius mit Staunen betrachtete: „Diese einsiedlerische und sonderbarste Bevölkerung unter der Sonne", sagt er, „pflanzt sich ohne Weiber fort, lebt ohne Geld und nur in Gesellschaft der Palmen. Sie erneuert sich seit mehreren Jahrhunderten, kaum sollte man es glauben, ohne daß Jemand in ihr geboren würde. Die Reue und der Ueberdruß der Welt sind die reichfließende Quelle, welche sie erhält."

Die Therapeuten, eine jüdische Secte in Egypten, führten ein ähnliches Leben wie die Essener, aber ihre Wohnungen waren von einander getrennt, und sie vereinigten sich nur, um ihre Gebete zu verrichten. Sie waren die Vorläufer der christlichen Anachoreten, wie die Essener diejenigen der Cenobiten.

Der Anfang des klösterlichen Lebens bei den Christen reicht nicht über das vierte Jahrhundert n. Chr. zurück. Während der ersten drei Jahrhunderte blieben die Christen mit der bürgerlichen Gesellschaft vereinigt und ihren Gesetzen unterworfen. Erst als das Christenthum unter Constantin endgültig gesiegt hatte, nahmen die Klöster ihren Anfang; während der Zeiten, die die Märtyrer und Bekenner hervorbrachten, hatte man keine Mönche gesehen. Egypten gab das erste Beispiel des klösterlichen Lebens. Um das Jahr 305 zog sich der heilige Antonius, aus der Unter-Thebais gebürtig, in die Wüste am Ufer des rothen Meeres zurück, um dort in Einsamkeit zu leben. Zahlreiche Schüler folgten ihm borthin und bauten sich rings um seinen Zufluchtsort an, den er sich auf dem Berge Colzim gewählt hatte. Dieses war das erste Kloster, und dieses Beispiel fand eine wunderbare Zahl von Nachahmern, so daß sehr bald in den Sandwüsten Lybiens, auf den Felsen der Thebais und an den Ufern des Nils zahlreiche Mönchscolonien erstanden. Vierzig Jahre später führte der heilige Athanasius die Kenntniß und Uebung des mönchischen Lebens in Rom ein und in kurzer Zeit fand es in ganz Europa Eingang, während sich die Schüler des heiligen Antonius bereits über Asien und Africa verbreitet hatten.

Wir können hier keine Geschichte der religiösen Orden geben, noch sie nach ihrer politischen Seite beurtheilen. Es genügt, ihre Ziele, ihre Tendenzen, und die Bedingungen darzulegen, unter welchen das gemeinschaftliche Leben möglich war und sich erhalten konnte.

Wie die Schüler des Pythagoras und die Essener suchen die ersten Mönche in dem gemeinsamen Leben keinen materiellen Genuß; im Gegentheil, für sie war es ein Mittel, sich selbst die strengsten Entbehrungen und die härtesten Prüfungen aufzulegen. Die Abtödtung war das Princip und der Zweck des klösterlichen Lebens, und man weiß bis zu welchem Grade die ersten Mönche die Ascese trieben. Bei ihrem Eintritt in das Kloster legten sie das Gelübde der Armuth und Keuschheit ab, verzichteten auf ihr Vermögen zu Gunsten der Gemeinschaft, widmeten sich der Betrachtung und dem Gebet und isolirten sich vollständig von der übrigen Welt. Der strengste Gehorsam ward ihnen zur Pflicht gemacht, und jeder mußte ohne Widerrede die Befehle seiner Obern vollziehen. Lange und strenge Fasten, Geißelungen, Entbehrungen und Leiden aller Art waren für sie die sichersten Mittel, die ewige Glückseligkeit zu erlangen.

In den ersten Zeiten wurden die Mönche nicht durch unauflösliche Gelübde gebunden; ihre Zurückgezogenheit war eine freiwillige, und sie konnten, Männer wie Frauen, in die Welt zurücktreten, ohne den bürgerlichen Gesetzen zu verfallen. In der Folge aber schlossen strenge Gesetze die Pforten des Klosters für immer hinter dem Mönche, dem sie sich einmal nach einem genügenden Noviciate geöffnet hatten. Die Flüchtlinge wurden verfolgt, festgenommen und in ihr Kloster zurückgebracht.

Die ersten Bewohner der Klöster beschäftigten sich mit Handarbeiten, einige der im Mittelalter gegründeten Orden widmeten sich der Cultur und Urbarmachung des Grund und Bodens, aber die Mehrzahl derselben verzichtete darauf; mehrere lebten von Almosen, andere fanden in den zugebrachten Gütern der Novicen und in den Freigebigkeiten der Laien eine Quelle reicher Einkünfte und großen Wohlstands. Während des Mittelalters wuchsen die Reichthümer der Klöster ganz ungemein, ihre Aebte zählten zu den Lehnsherren und viele derselben standen den souveränen Fürsten ebenbürtig zur Seite.

Trotz der religiösen Basis, trotz der Strenge der Gesetze und der absoluten Autorität der Vorgesetzten kam die Ordnung und Disciplin in den Klöstern mehr als einmal schwer zu Schaden; denn die Leidenschaften des Menschen verschwinden nicht, selbst in den strengsten Banden. Die Kirche rügte häufig die Unordentlichkeiten der Mönche, Reformen wurden nothwendig, und zuweilen mußte sogar der weltliche Arm zu Hülfe gerufen werden.

Das Beispiel der Pythagoräer und Essener, die Entwicklung und lange Dauer des christlichen Ordenswesens beweisen durchaus nichts zu Gunsten der Anwendung der Theorien des modernen Communismus. In der That bestehen die größten Unterschiede zwischen dem Princip dieser Theorien und demjenigen, welches die philosophischen und religiösen Vereinigungen beherrschte, deren flüchtiges Bild wir soeben entworfen haben.

Der Communismus will in erster Linie Befriedigung der

physischen Bedürfnisse, er will dies so umfassend als möglich, aber gleich für Alle. Im Namen der Forderungen der Sinne, im Namen der materiellen Gelüste, reizt er die Menschen auf zur Abschaffung des Eigenthums und zur gleichen Vertheilung der Güter. Die religiösen Verbindungen dagegen hatten die Ascese zu ihrem Principe, d. h. den Verzicht auf die Genüsse des Leibes, sie verurtheilten die Vergnügungen, beschränkten ihre Bedürfnisse, ertödteten die Leidenschaften und heiligten Entbehrungen und Leiden aller Art. Der Zweck, den sie verfolgten, war die moralische Vollkommenheit, eine außerordentliche Frömmigkeit und die Heiligkeit der Seele ihr Ziel und ihr Streben. Das gemeinschaftliche Leben war für sie nur ein Mittel, um sich vollständiger von den Dingen dieser Welt abzusondern und ihr Dichten und Trachten auf diejenigen des Himmels zu concentriren.

So zeigten sich auf der einen Seite materielle Tendenzen, auf der andern ein schwärmerischer Spiritualismus. Der Unterschied ist nicht weniger vollständig nach der öconomischen Seite hin. Die religiösen Vereinigungen lösten in der That durchaus nicht das Problem der vollständigen Abschaffung des Eigenthums, noch das der gemeinschaftlichen Production der zum Leben nothwendigen Gegenstände. Sie befanden sich mitten in der großen Gesellschaft, die auf dem Princip des Eigenthums basirte, und hielten sich nur dadurch, daß sie dieses Princip stützten und förderten. Sie waren selbst Eigenthümer und lebten im Allgemeinen von den Früchten fremder Arbeit, die entweder als Pachtgelder, als Zehnten und Grundzinsen oder als Almosen ihnen zuflossen.

Nichts dergleichen beim Communismus. Dieser sucht alle Elemente der Gesellschaft in sich aufzunehmen, ganze Nationen in einer ungeheuren Einheit zu umfassen, so daß die Gesellschaft, nichts weiter außer sich findend, sich selbst genügen muß. Daher die gewaltige Schwierigkeit, die collective Arbeit zu organisiren und an Stelle des Sonderinteresses und des Familiengeistes eine neue Triebfeder der menschlichen Thätigkeit zu finden.

Hinsichtlich der Leitung mußten die ascetischen Vereinigungen leichter zu erhalten und zu regieren sein, als dies bei einer Gesellschaft möglich wäre, die, auf dem Princip des Communismus basirend, der religiösen Triebfeder entbehrte. Die ersteren nahmen in der That nur ausgewählte Personen auf, welche in einem langen Noviciat geprüft und durch strenge Gelübde gebunden waren; sie läuterten ferner oftmals ihre Gemeinschaft, indem sie Diejenigen, welche keinen genügenden Beruf hatten, in die Welt zurückschickten. Der Communismus dagegen will die Gesammtheit der Menschen unter dem Gesetz einer absoluten Gleichheit leben lassen, mit allen Verschiedenheiten ihrer Charactere, mit ihren Leidenschaften und ihrem Egoismus. Das gemeinsame Leben unter den Mitgliedern der religiösen Vereinigungen konnte indessen nur unter der Bedingung Bestand haben, daß den Obern eine unumschränkte Gewalt über ihre Untergebenen eingeräumt wurde. Mit welch' furchtbarer Macht müßte also eine Autorität ausgerüstet sein, die zur Regierung einer Gemeinschaft, welche eine ganze Nation umfaßte, berufen wäre?

Endlich muß man auch beachten, daß diese Associationen den Personen, die sie in ihre Gemeinschaft aufnahmen, im Allgemeinen die Verpflichtung zum Cölibat und den Verzicht auf die Bande des Bluts auferlegten. Ihre Stifter haben die Unvereinbarkeit der Familie mit der Abschaffung des Eigenthums vollkommen gefühlt, eine Unvereinbarkeit, welche auch die consequenten und aufrichtigen Communisten gleichfalls anerkannt haben. Die ersteren haben die Familie aufgehoben durch das Verbot der Ehe, die letzteren wollen zu demselben Ziel gelangen durch die Promiscuität der Geschlechter. Also selbst bei ausgewählten Elementen und einer nur beschränkten Anwendung hat sich gezeigt, daß das Princip der Gütergemeinschaft nur unter drei Bedingungen realisirbar ist, nämlich durch Aufhebung der Freiheit, Unumschränktheit der Regierung, Beseitigung der Familie. Der Geist des Menschen indessen, frei und biegsam, entzieht sich zuweilen den natürlichsten Consequenzen eines Princips. Wenn die Aufhebung der Familie die große Mehrzahl der ascetischen Vereinigungen characterisirt, so führt man noch einige Beispiele von religiösen Gesellschaften an, denen es gelungen sein soll, die theilweise Aufrechthaltung derselben mit dem gemeinsamen Leben zu vereinigen. Es sind dies die mährischen Brüder und die Missionen in Paraguay. Einige nähere Details über diese Anstalten, die durch ihre Eigenthümlichkeit bemerkenswerth sind, werden nicht ohne Interesse sein.

Die mährischen Brüder oder Herrnhuter, von denen wir hier sprechen wollen, dürfen nicht mit den Vereinigungen der Wiedertäufer in Mähren verwechselt werden, welche gegen 1530 entstanden, und deren Geschichte wir später in diesem Buche darstellen werden. Ihr Ursprung ist ein anderer.

Nach den Hussitenkriegen hatte sich eine kleine Zahl von Anhängern des Johann Huß, um den Verfolgungen zu entgehen, in die Gebirge auf der Grenze von Böhmen und Mähren zurückgezogen. Diese Flüchtlinge fühlten das Bedürfniß, sich zusammenzuthun, um sich gegenseitig Beistand und Hülfe leisten zu können. Sie bildeten deshalb kleine Vereinigungen, deren Mitglieder durch die Bande der innigsten Nächstenliebe verbunden waren. Es scheint indessen, daß eine eigentliche Gütergemeinschaft unter ihnen nicht bestand, es ist weit wahrscheinlicher, daß jede Familie ihre getrennte Wohnung inne hatte, und daß sie nur die Gegenseitigkeit der Hülfe und Liebesdienste aneinander kettete. Neben diesen hussitischen Ueberresten lebten in ähnlichen Verhältnissen einige kleine Gesellschaften, welche sich zu den Lehren der Waldenser bekannten, die gegen das Ende des 14. Jahrhunderts durch Auswanderer aus den Thälern Piemonts in Böhmen Eingang gefunden hatten. Diese verschiedenen religiösen Verbindungen waren unter dem Namen der mährischen Brüder bekannt, deren Hauptsitz zu Fulneck in Mähren sich befand. Sie hatten verschiedene Verfolgungen zu bestehen und zu Anfang des 18. Jahrhunderts waren sie bis auf wenige Ueberreste verschwunden. Da bot ihnen der Graf Zinzendorf ein Landgut, das er in der Oberlausitz besaß, als Zufluchtsort an, und hier wurde 1722 die erste Niederlassung der mährischen Brüder gegründet. Unter der Leitung von Zinzendorf vereinigten die Mitglieder der neuen Colonie mit den Lehren der Augsburgischen Confession die Ueberspanntheit der pietistischen Secte, die kurz zuvor von Spener gestiftet worden war. Sie beobachteten eine gemeinschaftliche Lebensweise und es gelang ihnen, bis zu einem gewissen Puncte wenigstens, die Aufrechthaltung der Familie mit jener in Einklang zu setzen; aber die Familie besteht in den Niederlassungen der mährischen Brüder im Grunde nur dem Namen nach. Die Mitglieder der Gemeinschaft zerfallen je nach Alter und bürgerlichem Stande in verschiedene Gruppen; so zählt man unter ihnen besondere Chöre von Männern und Frauen, die im Ehestande leben, von Jünglingen und Jungfrauen, von Wittwern und Wittwen. In Folge dieser Eintheilung gehören die verschiedenen Familienglieder besonderen Genossenschaften an, und sie vereinigen sich nur zu Zeiten, die vom Gesetz ein für allemal bestimmt sind. Daher ist das Familienleben aber auch nicht mehr jene innige Vereinigung, jene vollständige Verschmelzung der Existenzen, welche den sanftesten Empfindungen des Herzens freien Lauf lassen. Jede Individualität ist aufgegangen im Schooße jener großen Vereinigungen, die nur aus Personen desselben Alters und desselben Geschlechts bestehen; jede Originalität verschwindet, die Charactere verwischen sich, die Fähigkeiten stumpfen ab, und die gleiche und gemeinsame Erziehung, welche den Kindern zu Theil wird, drückt ihren Empfindungen und Gedanken das Siegel einer traurigen Einförmigkeit auf.

Ein Factum aber kann man nicht genug hervorheben und betonen: die mährischen Brüder haben nicht, wie man allgemein annimmt, das Eigenthum abgeschafft. Bei ihnen behielt jeder Bruder sein Vermögen und erntete die Früchte seiner Arbeit; nur konnte er nicht ohne Genehmigung seiner Obern veräußern und mußte einen Theil seiner Einnahmen an die Kasse der Gesellschaft abgeben. So war also das Leben in den mährischen Niederlassungen ein gemeinschaftliches, aber das Vermögen individuell.

Uebrigens konnten sich die mährischen Verbrüderungen nur halten durch die allmächtige Wirkung ihres religiösen Princips, durch die Ueberschwenglichkeit des Mysticismus, den ihre Mitglieder bis zu den sonderbarsten Verirrungen trieben. Obwohl die Vorwürfe der Weibergemeinschaft und der Unreinheit, welche man ihnen gemacht hat, wenig begründet zu sein scheinen, so läßt sich doch nicht verkennen, daß ihre Theorien über die Ehe einen mindestens sonderbaren Character tragen: sie erinnern an den Cult des Gottes, den man zu Lampsacus verehrte. Man kann voraussagen, daß die Abschwächung des religiösen und mystischen Princips, das allein die Einrichtungen der mährischen Brüder belebt und erhält, auch das Signal zu ihrem Zusammenbruch sein wird.

Die berühmten Missionen oder Receptionen von Paraguay beruhten, wie die von Zinzendorf gegründeten Niederlassungen, auf dem Vorwalten des religiösen Gefühls. Verschiedene Schriftsteller haben uns lockende Schilderungen von dem Glücke der Indianer unter der Leitung der Jesuiten entworfen; andere haben die völlige Abhängigkeit der ersteren und die unumschränkte Macht der letzteren als einen Fehler in der Organisation jener Receptionen bezeichnet und gerügt; jedenfalls hat aber die Religion, indem sie sich zur politischen Verwaltung gesellte, die Entwicklung der unmoralischen Folgen verhindert, die das Princip der Gütergemeinschaft in sich schließt. Der moderne Communismus hingegen, der, wesentlich atheistisch oder pantheistisch, die Emancipation des Fleisches und die Befriedigung der sinnlichen Begierden proclamirt, würde der Entfesselung der unreinsten Leidenschaften keinen Damm entgegenzusetzen im Stande sein.

Capitel VII.

Häresien, welche man mit dem Communismus in Verbindung bringt.

Ein gemeinsamer Characterzug aller socialistischen, politischen und religiösen Secten ist der Wunsch, an eine alte Tradition anzuknüpfen und in der Vergangenheit Vorläufer und Märtyrer ihrer Ideen zu finden. Ihre Anhänger bemühen sich auf diese Weise dem gewöhnlichen Einwand derer zu entgehen, welche noch nicht erprobte Dinge für unpractisch erklären und gerade in der Neuheit einer Idee den Beweis gegen ihre Wahrheit sehen wollen. Schließlich hoffen sie, indem sie sich als die Nachfolger besiegter und unterdrückter Parteien darstellen, das Mitleid zu ihren Gunsten zu erregen, welches gewöhnlich den Schwachen und Unterdrückten zu Theil wird. Diese Tendenz wird allgemein von der Geschichte bezeugt; denn in moralischer Hinsicht ist vor Allem das Wort Salomo's wahr und treffend, daß es nichts Neues unter der Sonne giebt. Aber es kommt fast immer vor, daß die Neuerer, ähnlich unsern Edelleuten von zweifelhaftem Adel, die Zahl ihrer Ahnen ungebührlich übertreiben, und auf mehr als oberflächliche Indicien und höchst bestrittene Analogien hin verwandtschaftliche Beziehungen bedenklicher Art zu alten Lehren herstellen, die ein solches Uebermaß von Ehre oder diese Verunglimpfung nicht verdienen.

Der moderne Communismus ist dieser Tendenz nicht entgangen. Er hat sorgfältig in den verflossenen Jahrhunderten nach Vorgängern gesucht, aber zu denen, die ihm mit vollem Rechte angehören, hat er andere hinzugefügt, an die er geringeren Anspruch hat; wie wir denn gesehen, daß er sich als die Fortsetzung des Urchristenthums betrachtet wissen will. Um die ungeheure Kluft auszufüllen, welche die ganz ephemere und exceptionelle Gütergemeinschaft der ersten Christen von dem Versuch der Wiedertäufer des 16. Jahrhunderts trennt, hat er die Erinnerung an verschiedene Häresien wachgerufen, welche einige politische und sociale Ideen mit ihren rein theologischen Lehren vermengt haben. Dies sind diejenigen des Pelagius, der Waldenser, der Albigenser, der Lollarden, des Wiclef und die des Johann Huß. Nach den Behauptungen der wahren Communisten würden diese Häresien die Glieder einer Kette bilden, welche sie mit der Wiege der christlichen Religion verknüpft. Diese Annahme ist zum mindesten zweifelhaft, was die erste dieser Secten betrifft, hinsichtlich der anderen ist sie vollständig irrig.

Zu Anfang des 5. Jahrhunderts gab Pelagius, ein englischer Mönch, Veranlassung zu einer der berühmtesten Häresien, welche jemals die Kirche verwüstet haben. Die bekannte Frage nach dem freien Willen und der Nothwendigkeit der Gnade wurde der Hauptgegenstand des Streites. Pelagius behauptete, daß der Mensch durch seine eigene Kraft und ohne jede übernatürliche Hülfe zur höchsten moralischen Vollkommenheit sich erheben und der Herrschaft der Sünde sich entziehen könne; die Kirche dagegen, wenig Vertrauen in die menschliche Kraft setzend, lehrte, daß der Mensch, obwohl frei, das Gute doch nicht ohne eine besondere Gunst Gottes, welche eben die Gnade ist, zu vollbringen im Stande sei. Diese Lehre, welche auf einem tiefen Studium der seelischen Thätigkeiten beruht, beleidigt im Princip jenen Stolz, der uns verleitet, ein allzugroßes Zutrauen in uns selbst zu setzen und mit unserer unvollkommenen Tugend uns zu brüsten; sie ist die Quelle der Demuth, der Einfalt des Herzens, die den christlichen Weisen unterscheiden und der stolzen Philosophie des Alterthums unbekannt waren. Der Hauptpunkt des Pelagianismus war somit dogmatischer Natur. Aber die Schüler des Pelagius übertrugen in die Interpretation des Moralgesetzes denselben strengen und absoluten Geist, welchen ihr Meister in seiner Theorie vom freien Willen gezeigt hatte. Gewisse Aussprüche des Evangeliums allzu wörtlich nehmend, verboten sie den Gebrauch des Eides und behaupteten, daß der Verzicht auf Reichthum und Besitz eine strenge Verpflichtung für Alle sei. Nach ihnen kann ein Reicher in das Himmelreich nicht eingehen, wenn er nicht alle seine Güter verkauft; er ist unwürdig, unter die Gerechten gezählt zu werden, wenn er sie behält, selbst wenn er sonst alle Vorschriften und Gebote der Religion beobachtet. Man hat dem Pelagius selbst ein Buch über den Reichthum zugeschrieben, in welchem einige communistische Schriftsteller Ansichten haben finden wollen, die mit den von ihnen vertretenen eine gewisse Aehnlichkeit haben. Aber nichts ist weniger gewiß als der Ursprung dieses Buches, und auf alle Fälle ist es sehr weit davon entfernt, den Character zu haben, den man ihm beilegt. Dieses Buch enthält nur eine pomphafte Ermahnung zur Entsagung, zur Verachtung des Reichthums und zur Wohlthätigkeit, heftige Tadelsworte gegen Betrug, Raub, Lüge und Ausschreitungen aller Art, die nur zu oft einer unmäßigen Habgier ihren Ursprung verdanken. Wenn der Verfasser in diesem Buche bescheidene Verhältnisse lobt und empfiehlt, wenn er in gewissen Wendungen dem außerordentlichen Reichthum einiger Menschen die Schuld des Elends der Armen beizumessen scheint, so haben diese Lobsprüche und Ausdrücke doch nur den Character einer Uebertreibung, bestimmt, den unersättlichen Durst nach Gut und Geld zu bekämpfen, welcher zu allen Zeiten und unter allen socialen Verfassungen von der Religion und der Moral gebrandmarkt worden ist. Aber von hier bis zur Verwerfung des Eigenthums und zur Proclamation des Communismus ist gewiß noch ein großer Schritt. Die Ansichten der Pelagianer über die Unverträglichkeit des Reichthums mit einem christlichen Leben wurden vom heiligen Augustin widerlegt. Dieser gewaltige Vorkämpfer des wahren Glaubens bewies durch Beispiele aus der Bibel die Rechtmäßigkeit des Besitzes von Gütern, unterschied im Evangelium die allgemein bindenden Vorschriften von den bloßen Rathschlägen und setzte den wahren Sinn der Pflicht der Entsagung auseinander, die sich wesentlich auf den inneren Menschen bezieht, deren Befolgung aber nicht bis zur Aufhebung der Lebensbedingungen der Einzelnen und der Gesellschaft gehen darf.

Nichts scheint uns demnach eine Vergleichung der communistischen Doctrinen der Neuzeit mit den Ansichten einiger Schüler des Pelagius über den Verzicht auf die Güter dieser Erde zu rechtfertigen. Diese Meinungen waren bloß eine Uebertreibung ohne Bedeutung, ähnlich derjenigen einiger anderer Sectirer, die ganz allgemein die Ehe und jede Vereinigung der Geschlechter verboten, ohne an die Vernichtung des Menschengeschlechts zu denken, welche die Folge ihrer Lehre gewesen sein würde. Jene Ansichten zeigen auch sonst die größten Verschiedenheiten, sowohl in ihrem Ausgangspunct als in ihren Tendenzen, von den Principien, welche die modernen Gegner des Eigenthums aufstellen. Während diese an das Verlangen nach Genuß und an das Streben nach materiellem Gewinn appelliren, predigten die Pelagianer ein strenges und enthaltsames Leben. Die ersteren verleiten die Armen zur Plünderung der Reichen und stellen ihren Anhängern eine sinnliche Glückseligkeit ohne Grenzen in Aussicht, die letzteren ermahnten die Reichen, sich freiwillig ihrer Güter zu begeben, und suchten das Ideal der Gleichheit in der Armuth zu erreichen. Die einen gehen aus von einem groben Epicuräismus, die anderen bezweckten ein ascetisches und strenges Leben.

Nach den Pelagianern sind die Waldenser und Albigenser die ältesten Secten, an welche die Anhänger des Communismus anzuknüpfen suchen. Diese Secten haben in der Geschichte eine so bedeutende Rolle gespielt, daß es sich wohl der Mühe verlohnt, zu untersuchen, zu welchen Lehren sie sich eigentlich bekannten, und bis zu welchem Punct die Behauptungen ihrer vermeintlichen Nachfolger begründet sind.

Man kann sich von den Tendenzen dieser Neuerer, welche vom 10. bis 15. Jahrhundert auftauchen, keinen richtigen Begriff machen, ohne sich den Zustand der Kirche in dieser Epoche zu vergegenwärtigen. Damals hatte die Kirche viel von ihrer ursprünglichen Reinheit und Einfachheit verloren, und eine große Sittenverderbniß entehrte viele Klassen ihrer Mitglieder. Hiergegen erhob sich, besonders im südlichen Frankreich, eine lebhafte Opposition, die sich im Auftauchen neuer Secten und deren Trennung von der Kirche documentirte. Die Zahl dieser Secten, ihr Ursprung, ihre Moral und ihre

Lebensweise gehören indessen zu den bestrittensten und dunkelsten Puncten der Geschichte. Die Geschichtsschreiber unterscheiden eine Menge Häresien, die im 11. und 12. Jahrhundert entstanden, und beschuldigen sie, die Irrthümer der Manichäer und der Gnostiker und die Schändlichkeiten der Carpocraten erneuert zu haben. Hierher rechnen sie die Anhänger eines Peter de Brueys, eines Heinrich, eines Arnold von Brescia und Esperon, welche als Ketzer zum Feuertode verurtheilt wurden. Aber alle diese Secten treten vor denen der Waldenser und Albigenser zurück, welche durch die Zahl ihrer Anhänger, ihre lange Dauer und die Verfolgungen, die sie zu bestehen hatten, eine gewisse Berühmtheit erlangt haben.

Die protestantischen Schriftsteller bemühen sich, die Identität der Waldenser und Albigenser, sowie der Mehrzahl der Secten, die wir soeben angeführt haben, nachzuweisen, sie von dem Vorwurf des Manichäismus und der Emancipation des Fleisches, welchen ihnen die Katholiken machten, zu reinigen, kurz, zu zeigen, daß sie dieselben Dogmen lehrten, welche später von den Reformatoren des 16. Jahrhunderts verfochten wurden. Ein Zug war allen diesen Secten gemein, mögen sie nun identisch oder verschieden gewesen sein: ihre heftige Polemik nämlich gegen den Reichthum und den Einfluß des Clerus. Alle waren ferner darin einig, in der Kirche das unreine Babylon der Apocalypse zu sehen, alle suchten die Formen des Cultus zur alten Einfachheit zurückzuführen. Gegenüber der Lehre vom unzerstörbaren Character des Priesters und der Kraft der Sacramente, selbst wenn sie von unreinen Händen gespendet werden, behaupteten sie, daß der priesterliche Character durch Unwürdigkeit in Folge von Sünden und Verbrechen verloren gehe und daß die Sacramente keine Kraft hätten, wenn sie nicht von Priestern gespendet würden, welche durch Tugend und Sittenreinheit sich auszeichneten. Sie leugneten die Ungleichheit des Clerus und der Laien in geistlichen Dingen und lehrten, daß jeder Gläubige den heiligen Dienst versehen könne, vorausgesetzt, daß er durch Sittenreinheit und Frömmigkeit sich hervorthue. Sie verurtheilten die Verehrung der Jungfrau Maria, der Heiligen und Reliquien, die Ohrenbeichte, die Nachlassung der Sünden und erklärten die Vielheit der Sacramente und Ceremonien nur für ein vom Clerus erfundenes Mittel, um den Gläubigen das Geld aus der Tasche zu locken. Sie verwarfen die klösterlichen Gelübde, den Eid und die Härte der Todesstrafen, übersetzten und studirten das alte und neue Testament und behaupteten, daß der Gottesdienst in der Landessprache abgehalten werden müsse, und daß es genüge, die Gebete zu verrichten, die uns Christus selbst gelehrt habe. Schließlich leugneten sie die Transsubstantiation in der Eucharistie und verabscheuten die Messe, die ihnen für eine Erfindung des Teufels galt.

Für ihre Frömmigkeit und die Reinheit ihrer Sitten haben übrigens selbst einige ihrer Gegner, z. B. der hl. Bernhard, Zeugniß abgelegt, der im Jahre 1147 gegen die Anhänger Heinrichs und Peter de Bruys, welche dieselben Ansichten wie die Albigenser vertraten, predigte. Communistische und socialistische Meinungen finden wir aber nirgends erwähnt, selbst nicht in den Schilderungen, welche ihre Feinde von jener Secte entworfen haben, und auch in den Inquisitionsacten gegen die Albigenser ist die Lehre der Güter- und Weibergemeinschaft in den Anklagepunkten nicht enthalten.

Hierzu kommen aber noch folgende historische Facta: Die Häretiker machten im südlichen Frankreich die Mehrzahl der Bevölkerung aus; zu ihrer Lehre bekannte sich eine große Menge von Edelleuten und reichen Bürgern der Städte; sie wurden begünstigt von dem Grafen von Toulouse, von dem Vicomte von Béziers, von Carcassonne, von dem König Peter von Aragonien, die gerade deshalb schwere Kämpfe zu bestehen hatten und größtentheils in ihrer Vertheidigung umkamen. Es ist nicht anzunehmen, daß diese Könige, Fürsten und Souveraine um den Preis ihrer Macht und ihres Lebens eine Secte nicht bloß geduldet, sondern sogar geschützt hätten, welche die Abschaffung aller socialen Unterschiede und eine allgemeine Beraubung lehrte.

Diese Sympathie der höheren Klassen des Laienstandes für die dissidentischen Secten läßt sich übrigens sehr gut begreifen, wenn man bedenkt, daß diese Secten nur das Eigenthum des Clerus angriffen, dagegen das der Laien und der Lehnsherren unbehelligt ließen. Diese Lehre war offenbar den Herren und Bürgern außerordentlich zusagend, die durch sie aufgefordert wurden, die Güter des Clerus und der Klöster sich anzueignen, und es scheint, daß die ersteren nicht verfehlten, bei Gelegenheit von ihr Gebrauch zu machen. Eine der Hauptbeschwerden der Geistlichkeit gegen den Adel von Langueboc bildeten in der That die Gewaltthätigkeiten und Plünderungen, welche er sich gegen das Eigenthum der Kirchen und Klöster erlaubte. Von da an vollzog sich jener Bund, der so oft die weltliche Macht, die Aristocratie und die geistigen Gegner der Kirche vereinigt hat, ein Bund, den wir in England unter Wiclef, in Böhmen zur Zeit der Hussitenkriege wieder antreffen werden, und der der Hauptgrund des Erfolges der Reformation des 16. Jahrhunderts in einem großen Theile von Europa gewesen ist. Die Secten wurden schließlich in den Verfolgungen, die gegen sie angestrengt wurden, aufgerieben, aber die ihnen entgingen, streuten, besiegt und flüchtig, in ganz Europa den Samen des Aufruhrs gegen die Kirche aus. Aus diesen Keimen entstanden die Lollarden, Wiclef und Johann Huß.

Die Lollarden leiten ihren Namen von Walther Lollard, dem Stifter ihrer Secte, ab, welcher gegen Ende des 13. Jahrhunderts in England geboren wurde und 1315 in Deutschland lehrte. Nach den Behauptungen der Waldenser hätte Lollard seine Lehren von ihnen herübergenommen und wäre einer ihrer Prediger gewesen. Wie dem aber auch sein mag, so ist gewiß, daß seine Ansichten mit den ihrigen eine große Aehnlichkeit hatten. Er verwarf die Gebräuche der Kirche, die Anrufung der Heiligen, die Nothwendigkeit mehrerer Sacramente, und griff die Bischöfe und Priester auf's Heftigste an. Diese haben ihn beschuldigt, für die Teufel sonderbare Sympathien an den Tag gelegt zu haben; nach ihnen habe er gelehrt, daß die rebellischen Engel mit Unrecht aus dem Himmel vertrieben worden und ihre Gegner ewig verdammt seien. Ebenso hat man behauptet, daß er die Ehe als eine nur beschworene Prostitution verwarf und die Zügellosigkeit der Sitten predigte. Es ist indessen wahrscheinlicher, daß er sich darauf beschränkte, die waldensischen Lehren zu verbreiten, welche sich gegen die Herrschaft des Papstes und die Macht der Geistlichen richteten.

Lollard hatte während seines Lebens viele Anhänger, die in den verschiedenen Gegenden Deutschlands zerstreut lebten, und deren Zahl man auf 80 Tausend schätzt. Im Jahre 1322 wurde er in Cöln festgenommen, von der Inquisition verurtheilt und erduldete den Feuertod, ohne Furcht oder Reue zu zeigen. Seine Anhänger hatten das gleiche Schicksal; aber dies hatte nur den Erfolg, ihre Zahl zu vermehren. Die einen flohen nach England, wo sie eine bekannte Partei bildeten, die den Namen ihres Stifters verewigte, die anderen verbargen sich in den Gebirgen Böhmens, wo ihre Ideen in der Folge mächtige Interpreten fanden.

Zwei Jahre nach dem Tode Walther Lollards wurde in England John Wiclef geboren, der dieselben Ansichten wie jener verfechten sollte. Ueber sein Leben sind zunächst einige Details nothwendig, um die wahre Tragweite seiner politischen Principien, die ganz sonderbar entstellt worden sind, in das rechte Licht zu setzen. Schon als einfacher Student auf der Universität Oxford begann er die Geistlichkeit, besonders die Bettelmönche, anzugreifen, die in seinen Augen eine unnütze Last der Gesellschaft waren. Dies hinderte ihn indessen nicht, die Priesterweihe zu empfangen; aber trotz seines priesterlichen Characters fuhr er fort, den römischen Hof und die Mißbräuche des Kirchenregiments auf's Heftigste zu bekämpfen.

Im Jahre 1366 forderte der Papst Urban V. von Eduard III. die Huldigung für die Königreiche England und Irland und die Rückstände des Tributs, zu dem sich Johann ohne Land dem hl. Stuhle gegenüber verpflichtet hatte, der aber seit 32 Jahren nicht gezahlt worden war. Eduard zeigte sich wenig geneigt, dieser Forderung zu genügen, und Wiclef war es, der die Rechte des Königs energisch gegen einen Mönch verfocht, der die des Papstes vertheidigte. Dieser Eifer verschaffte ihm die Protection Eduards, des Herzogs von Lancaster und der Wittwe des schwarzen Prinzen, der Mutter des jungen Prinzen von Wales, später König unter dem Namen Richard II. Der Papst bezeigte seinen Unwillen dadurch, daß er Wiclef das Rectorat eines kurz zuvor in Oxford gegründeten Collegiums und den Bischofsstuhl von Vigoore verweigerte; der Hof entschädigte ihn aber dafür, indem er ihm wichtige diplomatische Sendungen anvertraute und reiche Pfründen, besonders die Pfarrei von Lutterworth, übertrug. In Folge dieser Umstände läßt es sich aber leicht begreifen, daß die theoretischen Meinungen Wiclef's über das Papstthum von der Aufregung über einen persönlichen Streit und der Erbitterung über eine erlittene Unbill beeinflußt waren.

Bald brach er gegen den römischen Hof los. Er griff offen die weltliche Macht des Papstes und seine geistige Oberherrschaft an, er leugnete die Superiorität der römischen Kirche über die anderen Kirchen, den Vorrang der Erzbischöfe und Bischöfe vor den einfachen Priestern. Wie die Waldenser und Albigenser, behauptete er, daß die Priester und Mönche als solche kein Eigenthum besitzen dürften, daß sie ihren heiligen Character durch einen unordentlichen Lebenswandel verlören, und die weltliche Macht in diesem Falle berechtigt wäre, sie ihres Amtes zu entsetzen. Die geistlichen Gerichte erklärte er für eine Anmaßung, das Recht zu richten käme ausschließlich den Fürsten und bürgerlichen Gerichten zu; weder König noch Reich dürften der Autorität irgend eines bischöflichen Stuhles unterworfen sein; kein Cleriker könne ein bürgerliches Amt bekleiden; die Güter der Kirche müßten zum Nutzen des Staates verwendet, und die Steuern, welche das arme Volk drückten, um ebensoviel erleichtert werden. Schließlich forderte er, daß die Kirche von England ihre Unabhängigkeit vom römischen Stuhle proclamiren solle.

Später griff Wiclef mehrere Dogmen des Katholicismus auf gleiche Weise an. Er leugnete die Transsubstantiation in der Eucharistie, verwarf die Ohrenbeichte und behauptete, daß die Mitwirkung des Priesters beim Abschluß der Ehe nicht nothwendig sei, daß letztere vielmehr durch die bloße Uebereinstimmung der Parteien Gültigkeit erlange. Endlich erklärte er auch den Eid für unerlaubt und der evangelischen Einfachheit zuwider. Alle diese Ansichten zeigen eine frappante Aehnlichkeit mit denen der Waldenser und Albigenser und nähern sich nicht minder denen der Lollarden, die damals eine zahlreiche Secte in England bildeten.

Wir können uns hier nicht weiter mit den theologischen Ansichten Wiclef's über die Gnade, die Prädestination und die Nothwendigkeit der guten Werke beschäftigen, es genügt uns, nachgewiesen zu haben, daß der vorherrschende Character seiner politischen und socialen Lehren Feindseligkeit gegen die Macht der Päpste und die Tendenz war, die Kirche dem Staate zu unterwerfen. Von der Leugnung des Eigenthums und vom Communismus ist indessen nirgends bei ihm die Rede. Wiclef war vor Allem der Vorkämpfer der großen Herren und des Königs gegen die Geistlichkeit und den Papst, und wie Luther stellte er die religiöse Reform unter den Schutz der weltlichen Obrigkeit. Dieses Bündniß Wiclef's mit den weltlichen Mächten zeigte sich in seiner ganzen Ausdehnung, als der

Papst Gregor XI., erschreckt durch die Fortschritte seiner Lehren, ihn vor den Erzbischof von Canterbury und den Bischof von London citiren ließ. Wiclef erschien vor diesen in Begleitung des Herzogs von Lancaster, des Lord Percy, Großmarschalls von England, und unter der ausgesprochenen Protection der Prinzessin von Wales. Er weigerte sich, seine Kopfbedeckung abzunehmen und als Angeklagter zu antworten, und gab nur einige Aufklärungen, gleich als handelte es sich bloß um eine einfache Conferenz. Die Prälaten wagten nicht, ihn zu verurtheilen, und der Herzog von Lancaster ließ sich bei dieser Gelegenheit zu solch' leidenschaftlichen Aeußerungen gegen jene hinreißen, daß das katholische Volk sich erbittert zusammenrottete und seinen Palast verbrennen wollte.

Diese Thatsachen werfen ein lebhaftes Licht auf das Leben und die Lehren Wiclef's. Sie zeigen, daß diejenigen sich in einem großen Irrthum befinden, welche ihn als einen fanatischen Revolutionär hinstellen, der das Volk zum Umsturz der politischen und socialen Ordnung verleiten wollte. Es ist allerdings wahr, daß zur Zeit Wiclef's England der Schauplatz einer mächtigen Erhebung der niederen Klassen war, worüber uns Walsingham, Knygton und Froissart eingehende Schilderungen hinterlassen haben, aber Wiclef blieb dieser Bewegung vollständig fremd, die übrigens auch durchaus keinen communistischen Character hatte. Die gewaltigen Aufstände eines Wat Tyler, John Ball, Jack Straw und Anderer waren eine furchtbare Protestation des Volkes, welches unter willkürlichen Auflagen seufzte und gedrückt ward durch die maßlose Herrschaft der feudalen Aristocratie und der Männer des Gesetzes. Sie zeigen die größte Aehnlichkeit mit der Erhebung der deutschen Bauern des 16. Jahrhunderts, über die man einige Details im folgenden Capitel finden wird.

Die Forderungen der Mehrheit der Insurgenten waren folgende: Abschaffung der Leibeigenschaft, vollständige Freiheit des Kaufs und Verkaufs in den Städten, Flecken und Märkten, Beseitigung der Lehnsrechte, Einführung einer Steuer auf die ländlichen Producte an Stelle der Frohnden und persönlichen Dienste, Herabsetzung der Abgabe für Pachtländereien auf 4 Penny, Amnestie für alle während des Aufstands begangenen Verbrechen und Vergehen. Leider war der letzte Artikel nur allzu nothwendig für die Aufständischen, da diese sich während der Revolte die schlimmsten Ausschreitungen hatten zu Schulden kommen lassen.

Neben denjenigen, die sich auf diese Forderungen beschränkten, scheint eine radicalere Partei bestanden zu haben, die die Beseitigung des Adels und eine gleichere Vertheilung des Grundbesitzes, der in den Händen der Aristocratie vereinigt war, anstrebte. John Ball, Priester zu Maidstone, den man, mit Recht oder Unrecht, als einen Schüler Wiclef's hingestellt hat, und Wat Tyler scheinen die Häupter dieser Partei gewesen zu sein. John Ball wandte sich an die Menge und predigte ihr die Gleichheit und Abschaffung der kirchlichen und adligen Hierarchie; die Radicalen klatschten seinen Reden Beifall und zerstreuten sich unter dem Gesang: „Als Adam grub und Eva spann, wer war da der Edelmann?" Dies hinderte sie indessen nicht, dem Apostel der Gleichheit im Falle des Sieges das Erzbisthum Canterbury und die Würde eines Kanzlers von England zu versprechen.

Uebrigens lassen sich in den Forderungen der englischen Insurgenten des 14. Jahrhunderts Wünsche erkennen, die mit denen, welche die Anträge der französischen Reichsstände von 1789 an den Tag legten, große Aehnlichkeit haben. Die unsterbliche Nacht des 4. August hat die kühnsten Träume der Parteigänger eines Wat Tyler und John Ball verwirklicht. Mit welchem Recht können also unsere Communisten behaupten, mit jenen übereinzustimmen, an jene anzuknüpfen, sie, in deren Augen der Triumph von 1789 nur der Anfang einer neuen Art von Tyrannei gewesen ist?

Man weiß, durch welche Mittel der englische Aufstand von 1381 unterdrückt worden ist; sie sind nicht weniger verdammenswerth, als diejenigen, welchen er seinen vorübergehenden Erfolg zu verdanken hatte. Zugeständnisse gemacht und wieder zurückgenommen, nachdem der größte Theil der Insurgenten freiwillig auseinander gegangen war, Wat Tyler bei einer Zusammenkunft ermordet, die Amnestie verletzt, der Richter Tressilian, ein würdiger Vorgänger eines Scrogg und Jefferie, durch ganz England Galgen mit eisernen Halsbändern errichtend, um den Hingerichteten die Ehre eines heimlichen Begräbnisses zu entziehen: dies ist das traurige Bild, welches der Triumph der normannischen Aristocratie darbietet. Ohne Zweifel hatten sich die Aufständischen durch Plünderungen und Blutthaten befleckt, aber sie hatten doch jederzeit wenigstens das königliche Ansehen respectirt und nur gerechte Zugeständnisse verlangt. Die Aufrechthaltung der Freiheitsbriefe, welche Richard II. ihnen bewilligt hatte, hätte England regenerirt und ihm schon seit dem 14. Jahrhundert die Wohlthaten einer socialen Organisation gesichert, die Frankreich erst im 19. Jahrhundert genoß.

Während des Aufstandes blieb Wiclef ruhig in seiner Pfarrei zu Lutterworth und nach der Niederwerfung desselben wurde er in keiner Weise von den Gerichtshöfen, die gegen die Theilnehmer an demselben eingesetzt waren, behelligt. Obwohl ein Concil zu London 1382 mehrere seiner Sätze verwarf, so starb er doch ungekränkt und unverfolgt im Jahre 1385. Alles dieses beweist, daß Wiclef der Bewegung fern blieb. Rapin Thoiras, der es unternahm, ihn von diesem Vorwurf zu reinigen, macht darauf aufmerksam, daß die Insurrection keinen solchen Character hatte, wie ihn religiöse Kämpfe aufzuweisen haben; sie dauerte nur 30 Tage. Eine traurige Erfahrung hat uns gelehrt, daß Religionskriege eine längere Dauer haben und erbitterter geführt werden. Die Werke Wiclef's wurden nach Böhmen von einem Edelmann dieses Landes gebracht und übten den nachhaltigsten Einfluß auf die Predigten des Johann Huß aus. Die Lehren desselben zeigen in der That dasselbe Gepräge, wie die seines Vorgängers; sie sind wie jene eine heftige Protestation gegen die Autorität des Papstes, die Unordnungen in der Kirche, gegen die Reichthümer des Clerus und die Mißbräuche der klösterlichen Orden. Eine Hineigung zum Communismus findet man in ihnen aber nicht. Der böhmische Reformator war gegen die Abligen und Reichen durchaus nicht feindselig gesinnt; ja er fand, wie sein englischer Vorgänger, wie die Häretiker in Languedoc eine Stütze in der weltlichen Aristocratie. Johann Huß war in der That nicht, wozu ihn die socialistischen Schriftsteller zu machen beliebt haben, ein armer Pfarrer, welcher den versammelten Leibeigenen die Ausgleichung der Güter predigte. Rector der Universität Prag, Beichtvater Sophiens von Baiern, der Königin von Böhmen, kannte er die Großen und stand in enger Verbindung mit den vornehmsten Herren des Hofes. Mehrere unter diesen begleiteten ihn nach Constanz und unterstützten ihn vor dem Concil; der Adel von ganz Böhmen nahm Antheil an seinem Geschick und erhob sich, ihn zu rächen. Als die Hussiten nach der Hinrichtung des Johann Huß und Hieronymus von Prag zu den Waffen griffen, war es nicht die Gleichheit aller Stände und die Gemeinschaft der Güter, die sie auf ihre Fahnen schrieben, ein hölzerner Kelch, Symbol der Communion unter beiderlei Gestalt und der Gleichheit der Laien und Priester, wurde ihrer Schlachtreihe vorangetragen. Der einzige Gegenstand ihres Hasses waren die reichen Prälaten und begüterten Klöster, die Schlösser der Herren verschonten sie. Und waren ihre Führer nicht Männer, die durch Geburt und Reichthum hervorragten? Der berühmte Ziska war ein Edelmann, ein Kämmerer des Königs Wenzeslaus; Nicolaus von Hussinetz, welcher das Commando mit diesem berühmten Krieger theilte, mehrere Generäle, die ihm folgten, gehörten ebenfalls den höheren Klassen an und verzichteten weder auf ihren Rang noch ihr Vermögen. Einige Schriftsteller haben allerdings behauptet, daß sich zur Zeit der Hussiten in Böhmen eine Secte, Picarden oder Adamiten genannt, gebildet habe, welche die Abschaffung des Eigenthums und der Familie lehrte. Wenn man ihnen Glauben schenken darf, so hätten diese Unsinnigen ganz nackt in den Wäldern gelebt, in jenem famosen Naturzustand, den die ausschweifende Fantasie eines Rousseau träumte; nach denselben Schriftstellern indessen überstieg ihre Zahl niemals einige Tausend, und wurden sie von Ziska ausgerottet, der über ihre Abscheulichkeiten entrüstet war. Beeilen wir uns aber zur Ehre der Menschheit hinzuzufügen, daß die Schändlichkeiten dieser angeblichen Adamiten von den gelehrtesten und urtheilsfähigsten Schriftstellern in Zweifel gezogen worden sind.

Weder die Waldenser also noch die Albigenser, noch die Schüler eines Wiclef und Johann Huß haben die Gemeinschaft der Güter und die absolute Gleichheit vertheidigt. Unbestreitbare Thatsachen und Autoritäten widerlegen in diesem Puncte die absprechenden Behauptungen der Verfechter jener Irrthümer und die verfänglichen Theorien des Schriftstellers, der unter dem Namen der Organisation der Arbeit den radicalsten Communismus verbirgt. Vergebens hat der Letztere sein ganzes Talent aufgewendet, um durch die Jahrhunderte hindurch die Fortdauer einer Schule der Brüderlichkeit zu constatiren, deren Erfinder er selbst ist; die Geschichte widerspricht diesen Zusammenstellungen und giebt sich nicht her zu den Combinationen jener unehrlichen Genealogen, welche sich eifrig bemühen, die unglücklichen und zuweilen schuldigen Vorgänger jener berühmten Reformatoren von 1789 zu Vorläufern eines Babeuf und seiner modernen Nachahmer zu machen. Nur bei den Wiedertäufern des 16. Jahrhunderts, und nirgends sonst, findet der Communismus und Socialismus seine practische Ausführung, zum Theil schon früher versucht, und wir halten es deshalb für angezeigt, das Bild der traurigen Geschichte jener Fanatiker nunmehr zu entrollen.

Capitel VIII.

Die Wiedertäufer. Erste Periode.

Das 16. Jahrhundert ist die Aera, von der an jene große Bewegung des menschlichen Geistes datirt, welche durch eine lange Reihe von Kriegen, Revolutionen und Katastrophen hindurch die moderne Welt zu einer neuen politischen und socialen Gestaltung geführt hat. Der Fall Constantinopels unter den Streichen Mahomet's, die Verbreitung der griechischen Litteratur durch die Flüchtlinge aus dem griechischen Reich, die Entdeckung und Eroberung der neuen Welt, all' diese großen Ereignisse hatten im menschlichen Geiste eine heftige Erregung hervorgerufen, die ihn aus der langen Ruhe des Mittelalters aufweckte, während die Buchdruckerkunst, erst kurz zuvor erfunden, die Wege öffnete, auf denen sich der Strom der Ideen durch ganz Europa ergoß. Da erschien Luther, griff die Suprematie des Papstes an und proclamirte die religiöse Emancipation des Menschen. Halb Deutschland antwortete seinem Aufruf, und der Reformator, getragen von der Gunst des Volkes und vom Adel geschützt, trotzte ungestraft den Blitzen des Vaticans und den Befehlen des Reiches.

Dieser ungestüme Gegner der Autorität in religiösen Dingen machte sich aber dennoch zu ihrem Vertheidiger auf politischem Gebiet. Er predigte den passiven Gehorsam gegen die weltliche Macht und heiligte den Despotismus der Fürsten durch die Lehre des göttlichen Gesetzes.

Vergebliche Unterscheidung! Auf diese Weise trennt man niemals ein Princip. Ist das Recht des Widerstands und der freien Forschung einmal proclamirt, so werden sich mit Nothwendigkeit auch kühne und logische Geister finden, die es von der Religion auf die Politik übertragen; und dies thaten Nicolaus Storch und Thomas Münzer, die Stifter der Wiedertäufer.

Es war im Jahre 1521, während Luther sich in seinem geheimnißvollen Asyl auf der Wartburg den Verfolgungen des Kaisers entzog, als Nicolaus Storch, einer seiner Schüler, in Wittenberg die Nutzlosigkeit der Kindertaufe und die Nothwendigkeit einer neuen Taufe der Erwachsenen predigte, woher der Name Wiedertäufer, den die von ihm gestiftete Secte erhielt.

Carlstadt, ein Freund und Lehrer Luther's, Georg More, Gabriel Didymus und selbst Melanchthon, alle Anhänger der lutherischen Lehre, theilten diese Ansicht, die zunächst nur einen rein theologischen Character hatte. Bald aber gingen die Schüler Storch's weiter und zogen den Meister nach sich. Sie behaupteten, daß der Text des Evangeliums die alleinige Grundlage der Religion, der Moral und des Rechts sein müsse, und die persönliche Eingebung die oberste Regel seiner Interpretation, sie forderten die studirende Jugend auf, die geistigen Beschäftigungen aufzugeben und ermahnten dieselbe, sie mit der Arbeit ihrer Hände zu vertauschen. Da sah man einen Carlstadt, jenen durch sein Alter und seine Gelehrsamkeit ehrwürdigen Lehrer, die Straßen Wittenbergs durcheilen, mit einem groben Gewand bekleidet, und die Handwerker und Frauen über den Sinn dunkler Stellen der Schrift befragend; denn Gott, sagte er, verbirgt nach dem Entschluß seiner ewigen Weisheit den Gelehrten die tiefen Geheimnisse seines Wortes, aber offenbart sie den Kleinen und Schwachen, und an diese muß man sich wenden, um in zweifelhaften Sachen Rath und Belehrung zu erhalten. Man sieht, nicht blos unsere Zeit hat sonderbare Lobredner der Unwissenheit gehört und gesehen.

Bald leugnete Carlstadt, wie später Zwingli, die wirkliche Gegenwart Christi in der Eucharistie, verdammte die Bilder und erneuerte in Wittenberg die Verheerungen der Bilderstürmer, die einstmals den Orient in Aufregung und Unruhe versetzt hatten.

Erschreckt durch diese drohende Bewegung, beeilte sich Luther, seinen Zufluchtsort zu verlassen und nach Wittenberg zurückzukehren, um durch das Ansehen seines Wortes den Ausschreitungen ein Ziel zu setzen, welche die Grenzen, auf die er die Reformation beschränkt wissen wollte, bei weitem überschritten. Es gelang ihm in der That sehr bald, die Masse der Einwohner auf seine Seite zu bringen; auch Melanchthon sagte sich von den Lehren los, die mit der Milde seines Geistes wenig zusammenpaßten, und verjüngte sich wieder mit seinem ersten Lehrer. Aber Storch und seine vornehmsten Anhänger blieben hartnäckig bei ihren Meinungen, und um sich ihrer zu entledigen, forderte und erlangte Luther vom Kurfürsten von Sachsen ein Edict, das sie aus Wittenberg für immer verbannte.

Unter den Schülern Storch's war ein Mann, der aus den Principien der Wiedertäufer extreme Folgerungen gezogen und eine religiöse Ansicht zu einer socialen und politischen Lehre gemacht hatte. Dies war Thomas Münzer. Aus der Gleichheit der Gläubigen vor Gott, aus dem Princip der christlichen Brüderlichkeit leitete er die absolute politische Gleichheit ab, die Abschaffung jeder weltlichen Autorität, die allgemeine Beraubung und die Gemeinschaft der Güter.

Leidenschaftlich, enthusiastisch, mit einer volksthümlichen Beredtsamkeit und ausdrucksvollen Gesichtszügen begabt, durcheilte der Apostel der neuen Religion die Felder und kleinen Städte Sachsens; überall die Bevölkerung durch seine communistischen Predigten aufwiegelnd und verführend.

„Wir sind Alle Brüder", sagte er zu dem versammelten Volke, „und haben nur einen gemeinsamen Vater in Adam. Woher kommt also die Ungleichheit der Stände und des Vermögens, welche die Tyrannei zwischen uns und den Großen dieser Welt geschaffen hat? Warum sollen wir in Armuth seufzen und von der Arbeit erdrückt werden, während jene in Ueberfluß und Wohlleben schwelgen? Haben wir nicht ein Recht auf die Gleichheit der Güter, die ihrer Natur nach dazu geschaffen sind, unter alle Menschen ohne Unterschied vertheilt zu werden? Die Erde ist eine gemeinsame Erbschaft Aller, an der wir unseren Antheil haben; und haben wir unseren Antheil an der väterlichen Erbschaft aufgegeben? Man zeige uns den Vertrag, den wir hierüber abgeschlossen haben! Gebt uns, ihr Reichen des Jahrhunderts, ihr habgierigen Räuber, die Güter zurück, die ihr uns ungerechter Weise vorenthaltet! Nicht bloß als Menschen haben wir ein Recht auf gleiche Vertheilung der Vortheile des Vermögens, auch als Christen haben wir es; oder haben wir nicht gesehen, wie in der Urzeit des Christenthums die Apostel die Bedürfnisse eines jeden Gläubigen berücksichtigten bei der Vertheilung des Geldes, das man ihnen zu Füßen legte? Werden wir niemals diese glücklichen Zeiten wiederkehren sehen? Und du, unglückliche Heerde Christi, wirst du immer seufzen in der Knechtschaft, unter der Macht der Kirche und der weltlichen Obrigkeit!"

Man kann sich leicht denken, welchen Einfluß derartige Reden auf das gemeine und unwissende Volk haben mußten, das unter der Last der Zehnten und Lehnsdienste fast zu Boden gedrückt wurde. Ohne Zweifel war es billig und gerecht, im Namen der Gleichheit und Brüderlichkeit gegen die Tyrannei und Habsucht vieler Abligen und Prälaten zu protestiren, ohne Zweifel mußte die religiöse Reform auch zu einer socialen und politischen führen; aber Münzer überschritt die Grenzen derselben, indem er die Irrgänge des Communismus betrat. Er wollte an Stelle der Ungerechtigkeit der geistlichen und abligen Privilegien die weit empörendere einer absoluten Gleichheit setzen und warf die Menschheit auf einen theocratischen Despotismus zurück. Diese beklagenswerthe Uebertreibung war eine der Hauptursachen, welche jene große Erhebung zeitigte, deren Schauplatz Deutschland damals war, und die unter dem Namen der Bauernkriege eine traurige Berühmtheit erlangt hat. Man bemerkt in der That in diesem Aufstande zwei sehr verschiedene, obgleich zu oft zusammengeworfene Richtungen, von denen die eine lediglich die Beseitigung der feudalen und geistlichen Hierarchie bezweckte, während die andere den Communismus und die Anarchie zum Ziel hatte. Die erste, welche die ausgedehntere war, ist der eigentliche Bauernkrieg, die andere, unter Leitung Münzers, bildet die erste Episode jener blutigen Unruhen, welche die Secte der Wiedertäufer erregte.

Schon lange ertrugen die Bauern in Schwaben, Thüringen und Franken mit Unwillen die Herrschaft der Fürsten und Prälaten. Geheime Verbindungen hatten sich in den Schluchten des Schwarzwalds gebildet, und kleinere Aufstände waren nur in dem Blute ihrer Urheber zu ersticken gewesen. Die Aufregung, in welche

Deutschland durch Luther versetzt war, die Predigten eines Storch und seiner Schüler fachten den glimmenden Funken zur hellen Flamme an. Im Jahre 1523 protestirten die Vasallen des Grafen von Lutphen und des Abts von Kempten mit den Waffen in der Hand gegen die drückenden Frohnden, mit denen sie belastet waren, und rächten sich an ihren Unterdrückern durch Raub und Plünderung. Aber dies war erst das Vorspiel zu einem gewaltigeren Brande.

Während des Jahres 1524 nimmt die Gährung im westlichen Deutschland zu. Die Bauern vereinigen sich, Dörfer verbinden sich, tumultuarische Versammlungen finden statt auf den Straßen oder den Kreuzwegen der Wälder. Storch, predigend durch ganz Deutschland reisend, mischt sich in die Bewegung; häufige Berathungen werden an den Grenzen von Franken abgehalten, in der Herberge Georg Metzlers, eines wegen seiner Laster und seiner wilden Energie gefürchteten Mannes, der sich beeilt, an die Spitze der Bewegung zu treten. Die Insurrection schleudert ihr Manifest, in vielen Tausenden von Exemplaren, in die Welt, jene berühmten 12 Artikel, an deren Abfassung, wie man annimmt, Storch nicht unbetheiligt geblieben ist. Die Bauern verlangen in diesen Artikeln:

1. das Recht, ihre Pfarrer unter den Predigern des reinen Evangeliums wählen zu dürfen;
2. daß die Zehnten gemindert und zum Unterhalt der Diener des Worts, zur Zahlung der gemeinsamen Abgaben und zur Unterstützung der Armen verwendet werden sollen;
3. Abschaffung der Leibeigenschaft, da durch das Blut Christi alle Menschen losgekauft worden sind;
4. das Recht zu jagen und zu fischen, als einen Ausfluß der Herrschaft, welche Gott dem Menschen über alle Thiere gegeben hat;
5. das Recht, Holz in den Wäldern zu sammeln;
6. Ermäßigung der Frohnden;
7. das Recht, Grundeigenthum zu besitzen und fremde Ländereien unter billigen Bedingungen in Pacht zu nehmen;
8. Herabsetzung der Auflagen, die zu oft den Ertrag des Grund und Bodens überstiegen;
9. gleiches Recht für Alle vor den Gerichten;

10. Zurückgabe der Gemeindewiesen und Weiden, welche der Adel sich angeeignet hatte;
11. Abschaffung der Abgabe, welche die Wittwen und Waisen beim Tod des Familienhauptes dem Herrn zu zahlen hatten;
12. daß ihre Forderungen nach dem Text des Wortes Gottes beurtheilt werden sollten; sie würden auf dieselben verzichten, wenn man ihnen nachwiese, daß sie mit demselben im Widerspruch ständen.

Man stellte dem Adel und den Prälaten dieses Ultimatum, welches noch vor nicht allzu langer Zeit der Freibrief der Leibeigenen in Oesterreich und Polen gewesen sein würde. Es war im Ganzen gerecht, gemäßigt und frei von jeder Spur von Communismus, sei es, daß Storch die Folgerungen, die Münzer aus der Lehre der Wiedertäufer gezogen hatte, noch nicht acceptirt hatte, sei es, daß sie von dem gesunden Sinn der Bauern zurückgewiesen worden waren. Man hat die 12 Artikel mit Recht mit den Anträgen der constituirenden Versammlung von 1789 verglichen; aber die Zeit war damals noch nicht gekommen, wo die feudalen Privilegien durch den freiwilligen Verzicht ihrer eigenen Inhaber aufgehoben werden sollten. Die 12 Artikel wurden vom Adel zurückgewiesen, und der Krieg begann und ward mit Erbitterung geführt. Unter dem Kommando Metzlers verbreiteten die Bauern überall Tod und Verwüstung; sie beraubten die Abteien, zerstörten die Schlösser der Burggrafen, plünderten die Städte und überließen sich allen Ausschweifungen der Brutalität und der Trunkenheit. Denn der Wein war der hauptsächlichste Gegenstand ihrer Habgier und ihre Wuth abzulenken das geeignetste Mittel. Speier entging einer Belagerung nur durch ein Lösegeld von 25 mit den edelsten Gewächsen des Rheins beladenen Wagen.

Indessen schien den Insurgenten der Sieg gewiß, mehrere Adlige schlossen sich ihrem Bunde an, andere verhandelten mit ihnen und anerkannten die 12 Artikel. Um ihn zu sichern, fehlte den Bauern nur ein geistlicher Führer, der sie moralisch hätte bessern und ihren Ausschreitungen einen Zügel anlegen können, und ein militärischer Führer, der sie der Disciplin unterworfen und den Krieg in geschickter Weise geführt hätte. Münzer hätte die erste Aufgabe erfüllen können, aber er verfolgte einen andern Weg,

Metzler, ein ächter Brandstifter, war der zweiten nicht gewachsen. Die Bauern merkten dies und übertrugen den Oberbefehl einem Edelmann, dem berühmten Götz von Berlichingen, zubenannt Götz mit der eisernen Hand; aber dieser ergriff nur verhängnißvolle Maßregeln.

Während die Masse der Bauern sich erhob, um den 12 Artikeln den Sieg zu verschaffen, brachte Thomas Münzer jene andere Bewegung in Fluß, von der wir oben gesprochen haben. Zuerst hatte er versucht, Luther zu seiner Ansicht zu bekehren und hatte sich deßhalb nach Wittenberg begeben, wo er häufige Unterredungen mit dem Reformator hatte. Beide Neuerer bemühten sich, gegenseitig sich zu überzeugen, denn jeder ließ dem Talente seines Nebenbuhlers Gerechtigkeit widerfahren und legte einer solchen Eroberung einen hohen Werth bei; aber die Versöhnung war unmöglich. Beide Männer trennten sich, einander Bannflüche zuschleudernd, und Münzer wurde in das Ausweisungs-Edict mit eingeschlossen, welches Luther gegen Storch und seine Anhänger vom Kurfürsten von Sachsen erlangt hatte. Die Intoleranz und die Verfolgungswuth lag im Geiste jener Zeit, und die Reformatoren behandelten die dissidentischen Secten mit derselben Härte und Grausamkeit, welche sie sich beklagten, von Seiten der Katholiken erdulden zu müssen.

Münzer versuchte zuerst seiner Lehre in Nürnberg und Prag Eingang zu verschaffen; als ihm dieses nicht gelang, begab er sich nach Zwickau, wo er mit Storch, seinem früheren Lehrer, zusammentraf, und arbeitete mit diesem eifrig an der Verbreitung der Principien der Wiedertäufer. Dort fesselte ihn ein junges Mädchen, das schon durch die Predigten Storch's belehrt worden war, und verband sich mit ihm durch die doppelten Bande der Liebe und des Fanatismus.

Nachdem Münzer die Nothwendigkeit der Wiedertaufe in der Umgegend von Zwickau gepredigt hatte, begab er sich nach Alstedt in Thüringen, um auch hier Propaganda für seine Ansichten zu machen. Seine ersten Predigten waren voll Mäßigung und Milde, aber bald wiegelte er, von Storch verleitet und angetrieben, das Volk offen auf, die Steuern zu verweigern, das Joch der weltlichen Obrigkeit abzuschütteln und die Güter zum gemeinsamen Eigenthum zu machen. Auf seinen Ruf eilten fanatische Sectirer zu den

Waffen und gaben durch Verwüstung der Kirchen und Klöster das Vorspiel und Zeichen zu ernsteren Unruhen. Alle diese Ereignisse fielen in das Jahr 1523, dasselbe Jahr, in dem der Bauernkrieg seinen Anfang nahm. Storch war das vermittelnde und verbindende Glied zwischen beiden Aufständen; während er auf der einen Seite sich an der Abfassung der 12 Artikel betheiligte, verband er sich auf der anderen mit der communistischen Bewegung, an deren Spitze Thomas Münzer stand, und trieb diesen auf die Bahnen des bewaffneten Aufruhrs.

Bald suchte sich Münzer einen größeren Wirkungskreis in Mühlhausen, einer freien Reichs- und Hauptstadt von Thüringen, die von einem gewählten Senat regiert wurde, und trotz der Anstrengungen Luther's, ihm die Thore schließen zu lassen, gelang es ihm, einzubringen und festen Fuß zu fassen. Zunächst wirkte er auf die Einbildungskraft der Frauen ein, und seine Beredtsamkeit, sein begeistertes Wesen, seine Extasen, seine Geschicklichkeit, die Träume auszulegen, sicherten ihm bald eine unumschränkte Herrschaft über die schwachen Seelen, welche er allen Verirrungen des Mysticismus in die Arme führte. Auf diese Weise verschaffte er sich Eingang in die Familien, gewann die Männer für sich und erlangte in der Stadt, trotz des Widerstands des Senats, den entschiedensten Einfluß. Die neuen Wahlen gaben seinen Parteigängern die Macht in die Hände und die alten Magistrate wurden aus der Stadt vertrieben.

Da war der Augenblick für den Apostel des Communismus gekommen, seine Lehren zu verwirklichen. Alle Güter wurden zu gemeinsamem Eigenthum erklärt, Münzer ihr oberster Verwalter. In dem prächtigen Palaste der Commende des Johanniterordens wohnend, ließ er alles bewegliche Vermögen, das den Besitzern mit oder wider Willen abgenommen wurde, vor seine Füße bringen und strafte Jeden, der einen Theil seines Hab und Gutes verheimlichte. Das gemeine und arme Volk befand sich vortrefflich unter diesem Regiment. Die Arbeiter verließen ihre Arbeit und gedachten hinfort nur noch auf Kosten des gemeinsamen Fonds, der ihnen in unerschöpflicher Fülle zuzufließen schien, in Trägheit und Muße zu leben.

Inzwischen ließ Münzer von seinem Palaste herab seine Orakel erschallen, vertheilte die geraubten Güter und übte eine willkürliche Justiz, von der gemeinen und fanatischen Menge mit Beifall überschüttet, die seine Entscheidungen für Producte einer höhern Eingebung hielt. Der neue Souverain schrieb Briefe voller Herausforderungen und Drohungen an die benachbarten Fürsten, ließ Kanonen gießen und traf alle Vorbereitungen zu einem zu beginnenden Bekehrungskriege. Im Begriff aber ins Feld zu rücken, zauderte Münzer, sei es, daß er sich noch nicht stark genug fühlte, den Heeren der Fürsten vor den Mauern der Stadt entgegenzutreten, sei es, daß er erst die Hülfe der Bauern erwarten wollte, welche sich auf den Ruf eines Storch und Metzler in Franken und Schwaben erhoben hatten. Aber er theilte das Loos aller Revolutionäre, welche eine Bewegung einschränken wollen, die sie selbst hervorgerufen haben: er wurde überschrieen. Ein Fanatiker, Pfiffer mit Namen, veranlaßte das Volk durch seine wüthenden Reden, die Waffen unverzüglich zu ergreifen. Münzer mußte dem Fanatismus und der Begeisterung folgen, welche er nicht mehr zu zügeln im Stande war.

Er richtete an die Bergleute der Grafschaft Mansfeld eine Proclamation voll wilder Beredtsamkeit, in der er sie aufforderte, sich zu erheben und gemeinsame Sache mit ihm zu machen. Die Bergleute und Bauern in der Umgebung Mühlhausens gehorchten seinem Rufe, und der Krieg begann, der Verwüstung und Einäscherung der Abteien und Klöster als seine ersten Thaten aufzuweisen hatte. So verging das Jahr 1525. Der Aufstand der Bauern, die sich im Namen der 12 Artikel erhoben hatten, war damals in vollem Gange. Metzler, welcher ihn leitete, brach an der Spitze von 40 000 Mann auf, um seine Vereinigung mit Münzer zu bewerkstelligen, der ihm mit 8000 Mann entgegenrückte. Storch trennte sich von der großen Armee der Bauern und vereinigte sich mit Münzer in dessen Lager.

Unterdessen hatten der Landgraf von Hessen, der Herzog von Braunschweig, die Kurfürsten von Mainz und Brandenburg ihre Streitkräfte zusammengezogen. Sie beschlossen, die Vereinigung Metzler's und Münzer's zu verhindern, und marschirten zunächst gegen das von letzterem befehligte Corps. Münzer hatte sich, eine Schlacht fürchtend, auf einer steilen Anhöhe in der Nähe der Stadt

Frankenhausen, die ihm ergeben war, aufgestellt, und seine Leute hatten aus ihren Wagen einen für die Reiterei undurchdringlichen Wall gebildet. Plötzlich erscheint die Armee der Fürsten, bei deren Anblick Schrecken und Verwirrung in den Reihen der Insurgenten entsteht. Ein Parlamentair fordert sie auf, sich zu ergeben und sichert ihnen Begnadigung unter der Bedingung zu, daß sie ihre Hauptführer ausliefern. Die Menge schwankt und scheint geneigt, die Capitulation anzunehmen; aber Münzer läßt seine beredte Stimme erschallen, belebt durch eine begeisterte Rede den Muth und Fanatismus seiner Anhänger und verspricht ihnen die wunderbare Hülfe des Allmächtigen. „Vergebens", sagte er, „wird die Artillerie den Blitz des Herrn gegen uns nachahmen, mit dem Aermel meines Mantels werde ich die Kugeln des Feindes auffangen, der hinreichend ist, euch allen als Wall und Schirm zu dienen!" Als er geendigt, erscheint ein Regenbogen, dessen Bild die Wiedertäufer zum Wahrzeichen gewählt hatten, in den Lüften; die Aufständischen sehen in ihm die Verheißung des gewissen Siegs und erwarten den Kampf Die Kanonen der Fürsten beginnen den Angriff; aber anstatt darauf zu antworten, stimmen die Fanatiker Gesänge an, um vom Himmel das Wunder, auf das sie ihre Hoffnung gesetzt haben, zu erflehen. Die Verheerungen der Kugeln zeigen ihnen indessen bald die Nichtigkeit der Verheißungen Münzers. Die feindliche Infanterie erstürmt die Verschanzungen und tödtet zu Tausenden die Unglücklichen, von denen eine große Anzahl, unbekümmert um ihre Vertheidigung, fortfährt, ihre Hände zum Himmel zu erheben. Die Reiterei vollendet die Niederlage, Münzer flieht hinter die Mauern von Frankenhausen; aber mit den Flüchtlingen bringt der Feind in die Stadt ein, Münzer wird aus seinem Versteck hervorgezogen und zum Gefangenen gemacht. Storch, glücklicher als jener, gelang es, dem Blutbad zu entrinnen und nach Schlesien zu entfliehen. Der Schlacht von Frankenhausen folgte bald die Uebergabe von Mühlhausen, seine Befestigungen wurden geschleift, seine Bürger entwaffnet. Phiffer, welcher vergeblich versucht hatte, sie zu vertheidigen, wurde auf der Flucht ergriffen und theilte das Schicksal Münzer's.

Die Details ihrer Gefangenschaft und ihrer Hinrichtung veranschaulichen uns recht deutlich die Sitten jener sonderbaren Zeit. Vor den Landgrafen von Hessen und den Fürsten Georg von Sachsen

Die Wiedertäufer. Erste Periode.

geführt, mußte Münzer eine Controverse gegen letzteren vertheidigen, der in derartigen Kämpfen sehr bewandert war. Nicht genug für die Fürsten, mit den Waffen über ihn triumphirt zu haben, wollten sie ihn auch noch überzeugen; aber ihre Anstrengungen waren vergeblich. Der Gefangene wurde Ernst von Mansfeld ausgeliefert, gefoltert und bald darauf in Gegenwart der Fürsten zum Tode geführt. An dem verhängnißvollen Orte angekommen, ward Münzer unruhig. Da sah man, ein sonderbares Schauspiel, den Herzog von Braunschweig demjenigen auf dem Schaffote beistehen, dessen Tod er befohlen hatte, und ihn in Verrichtung der letzten Gebete unterstützen. Aber im letzten Augenblick lebte das Genie Münzer's, niedergebeugt durch die Last so schwerer Schicksalsschläge, wieder auf und strahlte noch einmal in hellem Glanze. Seine Kräfte sammelnd und seine alte Beredtsamkeit wiederfindend, richtete er an die Fürsten eine ergreifende Ermahnung; in welcher er sie an die christliche Liebe erinnerte, und sie beschwor, die Lasten zu erleichtern, die auf den Völkern ruhten. Diese feierlichen Worte in Gegenwart des Todes, diese Lehre durch Leiden geläutert, machten einen tiefen Eindruck auf seine Zuhörer. Münzer hatte kaum geendet, als er sein Haupt dem Scharfrichter hinneigte und den verhängnißvollen Streich empfing.

Dies war die erste Episode des Communismus der Wiedertäufer. Der Sieg Münzers in Mühlhausen war nur ein vorübergehender gewesen; aber seine kurze Dauer genügte, um all' das Unheil, was das System der Gütergemeinschaft in sich schließt, zu enthüllen. Die Unterbrechung der Production, Müßiggang und Trägheit, der reißend schnelle Verbrauch der Capitalien, dies waren die Consequenzen seiner Anwendung in Mühlhausen. Sie konnte nur stattfinden unter der Bedingung, daß einem Einzigen eine unumschränkte Macht über die Güter, die Personen und Meinungen eingeräumt, und die Gesellschaft auf diese Weise zu einem theocratischen Despotismus zurückgeführt wurde. Münzer, der hauptsächlichste Vorkämpfer des Communismus im 16. Jahrhundert, ist von den Geschichtsschreibern verschieden beurtheilt worden. Die einen sehen in ihm nur einen Aufwiegler, den Ehrgeiz und Fanatismus zum Umsturz der Gesellschaft trieb; sie beschuldigen ihn, keinen andern Zweck, als die Befriedigung seines Durstes nach Macht und Ruhm gehabt, und durch das arglistige Gaukelspiel seiner Reden das unwissende und leichtgläubige Volk hintergangen und bethört zu haben. Das ist die Meinung der katholischen und protestantischen Schriftsteller, welche über den Krieg der Wiedertäufer geschrieben haben. Aber andere Schriftsteller, welche einer neueren Schule angehören, bemühen sich, das Andenken Münzer's wiederherzustellen, und dem ein Denkmal zu errichten, der bisher nur am Schandpfahl der Geschichte gestanden hatte. Nach ihnen war Münzer der Repräsentant des Princips der menschlichen Brüderlichkeit, der Rächer der Unterdrückten, der Schrecken der Tyrannen. Nur bewaffnet mit der Macht des Worts, sagen sie, vertheidigte er das Recht gegen die Gewalt und versuchte das Christenthum zu seiner ursprünglichen Reinheit zurückzuführen; seinen Einfluß verdankt er allein der Wahrheit seiner Lehren, der Strenge seiner Moral, der beredten Kraft seines Worts. Ein Apostel und Märtyrer der Sache der Menschheit, theilte er das gemeinsame Schicksal aller Vorkämpfer der Wahrheit, die der geschlossenen Macht egoistischer Interessen unterliegt: er wurde herabgesetzt und verleumdet. Aber es ist Zeit, seinem Andenken Gerechtigkeit widerfahren zu lassen, und in ihm einen der edelsten Vertheidiger der Sache der Schwachen und Unglücklichen zu verehren. Beide Urtheile sind auf gleiche Weise übertrieben. Man kann in der That nicht verkennen, daß Münzer von einer tiefen Ueberzeugung und einer glühenden Liebe zur Menschheit beseelt war; indem er sich aber zum Apostel des Communismus machte, überschritt er das Ziel einer vernünftigen Reform und suchte an Stelle der Bedrückungen der Aristocratie nur eine andere Art von Ungerechtigkeit und Beraubung zu setzen. Um seinen beklagenswerthen Irrthümern den Sieg zu verschaffen, nahm er seine Zuflucht zur Gewalt und verleitete die unwissende Masse zu einem hoffnungslosen Aufstand. Indem er die Brüderlichkeit predigte, ließ er nur Worte des Hasses und der Rache ertönen, vergaß er vor Allem, daß die Ueberzeugung allein den Erfolg einer Lehre zu sichern vermag, daß es besser ist, Unrecht leiden, als Gesetzlosigkeit hervorrufen. Er täuschte sich also im Zweck und in den Mitteln. Die Verantwortlichkeit für das Blut, welches durch ihn vergossen wurde, lastet deshalb mit Recht auf seinem Andenken; denn dieses Blut hätte für den Fortschritt der Menschheit fruchtbar und segenbringend sein sollen.

Die Niederlage von Frankenhausen machte den Bauernkriegen und den communistischen Agitationen kein Ende. Die Bauern fuhren noch 2 Jahre lang fort, Schwaben, Thüringen, Franken, das Elsaß und einen Theil der Rheinufer zu verwüsten, und entehrten die gute Sache der 12 Artikel durch entsetzliche Grausamkeiten, deren Haupturheber der Schenkwirth Jacob Rohrbach und der Ritter Florian Geyer, die Führer zweier furchtbarer Haufen, waren. Diese Schändlichkeiten richteten sie zu Grunde.

Der gemäßigte Theil der Auffständischen trennte sich von den Terroristen; die Einwohner der Städte, welche sich der Insurrection günstig gezeigt hatten, verließen sie aus Entsetzen vor den Gräueln, mit denen sie sich besudelte. Der General Georg Truchseß brachte den Bauern in Schwaben, Thüringen und Franken blutige Niederlagen bei, die Banden in Elsaß und Lothringen wurden vom Herzog von Guise vernichtet. Unglücklicher Weise veranlaßten die Ausschreitungen der Bauern den siegreichen Adel zu schrecklichen Repressalien, und zahlreiche Hinrichtungen folgten dem siegreichen Kampf. Man schätzt die Zahl der Opfer, welche in diesem schrecklichen Kriege umkamen, auf mehr als 100 000.

Was den Communismus der Wiedertäufer angeht, dessen Haupt Münzer gewesen war, so war er als politische und revolutionäre Lehre besiegt und bestand nur noch als moralische und religiöse fort. Seine Apostel verbreiteten sich über die Schweiz, über Deutschland und Polen. Da sie sich aber zu schwach fühlten, um sich der Herrschaft zu bemächtigen, so beschränkten sie sich darauf, durch Ueberredung neue Anhänger gewinnend, im Schooß der großen Gesellschaft kleine abgeschlossene Gemeinschaften zu bilden. Einige Jahre später versuchten die Wiedertäufer von Neuem, politischen Einfluß zu erlangen, und es gelang ihnen, für einige Zeit den Sitz ihrer Herrschaft in Münster aufzuschlagen. Hier spielte sich die zweite Periode ihres Daseins ab, die wir nunmehr in flüchtigen Strichen verfolgen wollen.

Capitel IX.

Die Wiedertäufer. Zweite Periode.

Während Luther den Norden Deutschlands in Aufregung versetzte, erschütterte Zwingli das Ansehen des Papstes in der Schweiz, leugnete die wirkliche Gegenwart Christi in der Eucharistie und wurde in Zürich der Stifter einer protestantischen Secte, bekannt unter dem Namen der Sacramentirer. Diese Ansicht über die Eucharistie war schon 1521 von Carlstadt ausgesprochen worden, den wir bereits als einen der Begründer der Wiedertäuferlehre kennen gelernt haben. Seit 1523 hatten die Lehren Storch's in Zürich Eingang gefunden. Ihre Anhänger hofften zuerst einen wichtigen Proselyten an Zwingli zu finden, der sich ihnen durch seine Lehre über die Gegenwart Christi im Sacrament näherte. Aber diese Hoffnung erfüllte sich nicht, und die heftigste Feindschaft brach alsbald zwischen Zwingli und den Wiedertäufern Zürichs aus. In Gegenwart des Senats der Stadt wurden öffentliche Disputationen von den Sacramentirern und den Bekennern einer neuen Taufe abgehalten; beide Parteien schrieben sich, wie gewöhnlich, den Sieg zu und wurden nur noch erbitterter aufeinander.

Bald ergriff der Senat von Zürich, erschreckt durch die antisocialen Principien der Wiedertäufer, strenge Maßregeln gegen sie. Die Wiedertäufer, die jene mit einer Standhaftigkeit, welche einer besseren Sache würdig gewesen wäre, ertrugen, zogen sich aus der Stadt in den benachbarten Flecken Zolicone zurück, wo sie ihre Kirche in Frieden gründen zu können hofften. Dort dachten sie auch daran, ihren Dogmen eine genauere Form zu geben, die bis dahin nichts weniger als fest bestimmt gewesen war. Sie verfaßten das Symbolum ihrer Lehrmeinungen, das unter dem Titel des Glaubensbekenntnisses von Zolicone bekannt und die Richtschnur für die Secte der Wiedertäufer geworden ist.

In diesem 1525 abgefaßten Glaubensbekenntnisse wird principiell gelehrt, daß jede Secte, in der nicht die Gemeinschaft der Güter unter den Gläubigen eingeführt, eine Vereinigung Unvollkommener ist, die sich von jenem Gesetz der Liebe, welches die Seele des Christenthums in der Urzeit gewesen, entfernt hat; daß die Obrigkeiten in einer Gesellschaft wahrer Gläubigen unnütz sind; daß es keinem Christen erlaubt ist, ein obrigkeitliches Amt zu übernehmen; daß die einzige Strafe, welche im Christenthum verhängt werden dürfe, die Excommunication sei; daß die Christen weder Processe führen, noch einen Eid vor Gericht ablegen, noch irgend welche Kriegsdienste leisten dürfen; daß die Taufe der Erwachsenen allein wirksam und gültig ist; daß diejenigen, welche durch die neue Taufe wiedergeboren, unfähig sind, fernerhin noch Sünden zu begehen; daß die neue Kirche das wahre Abbild des Reiches Gottes ist und der Aufenthalt der Heiligen.

Das sind diejenigen unter den Dogmen von Zolicone, die durch ihre politische und sociale Tragweite hervorragen. Sie enthalten eine erschreckende Negation der Grundlagen der Gesellschaft, und man findet in ihnen, klar formulirt, die Mehrzahl jener subversiven Ideen, welche von unseren Reformatoren der Gesellschaft als neu angepriesen und verkündet werden. Die Gemeinschaft der Güter und die vollständigste Gleichheit, die Verschmelzung der geistlichen und weltlichen Autorität eines Saint-Simon, die Verwerfung der Strafen und Vergeltungen, die Unverantwortlichkeit des Menschen eines Owen, die Prätention, eine vollkommene Gesellschaft, ein neues Eden auf Erden zu gründen, welche Fourier und die Neuerer der verschiedenen Schulen aufstellten: zu all' diesen Verirrungen bekannten sich die Wiedertäufer. Mit diesen verbanden sie die Ueberspanntheit des religiösen Fanatismus und die Ausschweifungen der sinnlichen Lust. Aus dem Princip der Gütergemeinschaft folgerten sie bald die Gemeinschaft der Weiber, zu deren Rechtfertigung sie nicht verfehlten, zahlreiche Stellen aus dem alten und neuen Testament anzuführen. Gerade durch den häufigen Wechsel der Weiber, sagten sie, gelangt man zu jenem Grade der Vollkommenheit, welchen der Apostel empfiehlt, wenn er uns heißt, die Frauen so zu haben, als hätte man sie nicht. Die Mädchen erröteten nicht mehr vor der Schande, noch die Frauen vor dem Ehebruch, da ja beides von der Religion selbst geheiligt wurde. Nach diesen Unsinnigen afficirten die Ausschweifungen nur den Körper, trübten aber nicht die Reinheit der Seele, die, in der neuen Taufe rein gewaschen, unfähig ist, fernerhin noch Sünden zu begehen. Diese sonderbare Unterscheidung ist übrigens in der Geschichte der Verirrungen des menschlichen Geistes keineswegs neu. Schon in den ersten Jahrhunderten der Kirche wurde sie von Carpocraten und anderen Häretikern gelehrt und gehandhabt; sie findet sich wieder bei fast allen mystischen Secten. Und haben wir sie nicht noch in unserer Zeit von Saint-Simon und seinen Schülern unter dem pomphaften Namen der „Emancipation des Fleisches" verkünden hören? Zu diesen Ausschreitungen gesellten sich ihre Extasen und die Raserei ihrer Prophezeiungen. Man sah Frauen und Mädchen sich zu Prophetinnen aufwerfen und unter schrecklichen Zuckungen die Eingebungen von oben verkünden. Eines Tages stiegen 300 Fanatiker ganz nackt auf einen hohen Berg, um von dort aus in den Himmel aufzufahren. Auch das Princip der Sündlosigkeit mit dem der Pflicht des Gehorsams gegen die Offenbarungen des innern Sinns hatten entsetzliche Handlungen zur Folge. Man betrachtete es als verdienstlich, den thörichten oder ungeheuerlichen Hallucinationen, welche ein aufgeregtes Gehirn durchkreuzen, zu gehorchen und unter ihrem Einfluß die schändlichsten Verbrechen zu begehen.

Zwei Wiedertäufer lebten als Brüder unter demselben Dach in der innigsten Eintracht. Plötzlich bildet sich der ältere ein, Gott befehle ihm, das Opfer Abraham's nachzuahmen und seinen Bruder zu schlachten; dieser, in dieser Eingebung den Willen des himmlischen Vaters erkennend, beschließt, die Rolle Isaak's zu spielen. Beide Brüder versammeln ihre Familie und ihre Freunde, nehmen zärtlich Abschied von einander, und das Opfer wird in Gegenwart zahlreicher Zeugen vollbracht, welche Ueberraschung und Entsetzen verhindern, dem Gräuel thätigen Einhalt zu thun.

Ein Wiedertäufer begegnet einem Reisenden in einem Gasthaus; der Gedanke, ihn zu opfern, durchkreuzt den Geist des Fanatikers. Sofort ermordet er den Fremden, eilt hinweg und wandelt ruhig auf einer Wiese, die Augen zum Himmel gerichtet, dem er das Blut seines unglücklichen Opfers darbringt. Derartige Abscheulichkeiten veranlaßte der communistische und religiöse Fanatismus in der Schweiz. Obgleich sie von glaubwürdigen Schriftstellern und von Augenzeugen bestätigt werden, würde es uns dennoch Mühe kosten, sie zu glauben, wenn nicht neuere Beispiele zeigten, wohin der

Mensch gerathen kann, der, sich über alle Schranken hinwegsetzend, nur dem Wahnwitz seiner Einbildungskraft Folge leistet. Das 18. Jahrhundert hat die Verzückten von Saint-Medard gesehen; in unseren Tagen bietet Nord-America das sonderbare Schauspiel des Treibens einiger Sectirer, die mit den Wiedertäufern große Aehnlichkeit haben und die unglaublichsten Extravaganzen begehen. Man sieht sie rasende Tänze aufführen, unter schrecklichem Geheul und mit weißen Tüchern bekleidet in den Wäldern oder auf den Bergen herumirren, um dort den Tag des jüngsten Gerichts zu erwarten. Diese Thorheiten des 19. Jahrhunderts lassen uns die des 16. als glaubhaft und möglich erscheinen.

Ohne Zweifel darf man nicht alle Verirrungen der Wiedertäufer der Schweiz als nothwendige Folgen der communistischen Principien, welche sie vertreten, ansehen. Einige davon hatten ihren Grund in rein theologischen Dogmen; aber diese Ungeheuerlichkeiten lassen uns doch deutlich die ganze Beschränktheit der Geister erkennen, welche jene mit der großen Irrlehre des Communismus in Zusammenhang brachten; alle Thorheiten stehen in der engsten Beziehung zu einander. In Ermangelung anderer Beweismittel würde es zur Beurtheilung der communistischen Ideen genügen, darauf zu sehen, welche Schüler und Anhänger sie gehabt haben, und mit welchen religiösen und moralischen Lehren sie fast immer verbunden gewesen sind.

Indessen verbreiteten sich die Wiedertäufer in den Gebieten der Schweiz, überall die Neophyten an den Ufern der Flüsse und Gießbäche von Neuem taufend. Ueberall hin brachten sie den Geist des Widerstands gegen jede geistige und weltliche Autorität, die Gewohnheiten eines beschaulichen Müßiggangs, die Verwilderung der Sitten, die Excesse des Fanatismus. Die Unabhängigkeit von jeder höheren Macht verlockte die unruhigen Köpfe; die Trägen und Armen verführte überdies die Lehre der Gütergemeinschaft. „Man sah die Handwerker, die vorher mit nützlichen Arbeiten beschäftigt gewesen, ein müßiges Leben führen, den ganzen Tag mit der Bibel in der Hand herumgehen und ihren Unterhalt von dem Ueberfluß ihrer Mitbrüder erwarten; kaum fand man hinreichende Kräfte, um den Grund und Boden zu bearbeiten. Bei den Wiedertäufern", sagt ein alter Geschichtsschreiber, „lebten die Drohnen auf Kosten der Bienen." Erasmus, welcher alle diese Ausschweifungen aus der Nähe beobachtete, beklagt sie in einem seiner Werke und leitet sie mit Recht aus dem Dogma der Gütergemeinschaft jener neuen Sectirer ab. „Die Gütergemeinschaft sagt er, „war in den Urzeiten der Kirche wohl erträglich und möglich; indessen dehnten sie die Apostel selbst zu ihrer Zeit nicht auf alle Christen aus. Als aber das Evangelium sich weiter ausbreitete, sah man auch die Gütergemeinschaft verschwinden, die sicherlich nur eine Quelle von Unglück und Aufruhr geworden wäre."

Der Communismus trug also überall dieselben Früchte, und seit dem 16. Jahrhundert haben die aufgeklärten Geister ihn nach seinen Werken beurtheilt und ihn verurtheilt. Trotz der Maßregeln, welche der Senat von Zürich ergriffen hatte, ließen die Wiedertäufer von ihrer eifrig betriebenen Propaganda nicht ab. Zu ihren Extasen, Prophezeiungen und vorgeblichen Wundern fügten sie alle Verführungen der Sinne, um neue Anhänger zu gewinnen. Junge und schöne Mädchen in eleganter Kleidung und ihre Worte zum Klange der Instrumente begleitend, verlockten empfindsame Jünger zum Eintritt in die neue Kirche. Die Secte gewann Eingang in Basel, wo Oecolampadius vergebens alle Mittel seiner milden Beredtsamkeit zu ihrer Bekämpfung aufbot. Die Wiedertäufer zettelten sogar in dieser Stadt eine Verschwörung an, um sich mit Gewalt der Herrschaft zu bemächtigen. Der Senat, bei Zeiten von der Gefahr benachrichtigt, beschränkte sich darauf, den Ausbruch derselben zu verhindern, und behandelte die Schuldigen mit einer Nachsicht und Schonung, für welche diese sich in keiner Weise erkenntlich zeigten. Endlich beschlossen die Magistrate der republikanischen Städte der Schweiz nach neuen und vergeblichen Verhandlungen, den Fortschritten jener erschreckenden moralischen Krankheit, welche die Gesellschaft mit vollständiger Vernichtung bedrohte, für immer ein Ziel zu setzen. Der Senat von Zürich vertrieb die Wiedertäufer aus Zolicone, und von allen Seiten schleuderte man Achtedicte gegen sie, die unglücklicher Weise nur allzu sehr von der Barbarei des Zeitgeistes dictirt waren. Diejenigen, welche sich weigerten, die Lehren der Wiedertäufer abzuschwören, wurden zum Ertränken verurtheilt. Und dieser schreckliche Spruch wurde vollzogen: die Wogen des Rheins und der Flüsse der Schweiz verschlangen ganze Schaaren dieser unglücklichen Menschen.

Angesichts dieser harten Maßregeln kann die Geschichte sich nicht enthalten, einen Schrei des Entsetzens und des Mitleids auszustoßen. Indessen darf das Gefühl des Mitleids, das unglücklichen Opfern gewöhnlich zu Theil wird, nicht die strenge Gerechtigkeit des Urtheils beeinträchtigen. Die Wiedertäufer bezweckten den vollständigen Umsturz der Gesellschaft und Civilisation, die Vernichtung jeder geistigen Thätigkeit, die Zerrüttung der Sittlichkeit und Ordnung; sie waren in beständigem Aufruhr gegen die politische Macht, welches auch die Form der Regierung sein mochte, ob Monarchie, Aristocratie oder Republik. Die Gesellschaft, welche sie in Schach hielten, hatte nur die verhängnißvolle Wahl, sie zu vernichten oder selbst zu Grunde zu gehen. Obwohl man daher die Barbarei der Mittel, welche die schweizerischen Magistrate gegen sie in Anwendung brachten, und den Fanatismus der Sacramentirer, die diesen Grausamkeiten nicht fern standen, beklagen muß, so kann man doch nicht verkennen, daß nur eine energische Unterdrückung der subversiven Lehren jener Secte am Platze war. Diese Wahrheit wird noch mehr einleuchten, wenn wir das Gemälde der entsetzlichen Folgen entrollt haben, welche der Sieg des Communismus der Wiedertäufer einige Jahre später in Münster zu Tage förderte.

In der Schweiz geächtet, vertrieben aus Straßburg, wo sie sich niederzulassen versucht hatten, in Deutschland verfolgt, wo Carl V. auf dem Reichstag zu Speyer 1529 die Todesstrafe erneuern ließ, die gegen sie nach der Schlacht von Frankenhausen verhängt worden war, waren die Wiedertäufer dennoch nicht entmuthigt. Sie verbreiteten sich in den Niederlanden, an den Ufern des Rheins, in Schlesien, Böhmen und Polen. Sich öffentlich zu zeigen, wagten sie freilich nicht mehr, aber sie kamen in geheimen Versammlungen zusammen und betrieben, in Erwartung besserer Zeiten, eine stille Propaganda. Sie zerfielen in eine große Anzahl von Secten, unter denen sich einige finden, die, die ursprünglichen Dogmen reinigend und läuternd, sich durch einen friedlichen Geist, durch anständige Sitten und eine übertriebene Frömmigkeit auszeichneten. Diese gründeten die Anstalten der Wiedertäufer in Mähren, in denen ein neuer Versuch gemacht wurde, das System der klösterlichen Gütergemeinschaft auf Vereinigungen von Personen jeden Alters und Geschlechts anzuwenden; ein Versuch, welcher interessante und wichtige Belehrungen bietet und näher beleuchtet zu werden verdient.

Nach der Schlacht von Frankenhausen hatte sich Storch, der Stifter der Wiedertäuferlehre, nach Schlesien geflüchtet, und bemühte sich, seine Lehren in diesem Lande auszubreiten. Aus Freystadt, wo er großen Einfluß gewonnen hatte, vertrieben, ging er nach Polen, taufte dort eine ziemliche Anzahl von Jüngern und kam von da nach München, wo er in Armuth und Elend ein Leben endete, das der Verbreitung seiner Ansichten und Lehrmeinungen ausschließlich gewidmet war. Es war dies, sagt einer der Geschichtschreiber der Wiedertäufer, einer jener Menschen, welche die Natur mit einem Gemisch entgegengesetzter Leidenschaften zuweilen zu bilden liebt. Er vereinigte Bescheidenheit mit Stolz, Milde mit Heftigkeit, Kühnheit mit Furcht. Sanft und einschmeichelnd, wenn er die Herzen gewinnen wollte, war er stolz und herrisch, wenn er sich zu ihrem Herrn gemacht hatte; extrem in den Rathschlägen, welche er Anderen gab, aber vorsichtig und klug, wenn er selbst sie auszuführen hatte. Während die Mehrzahl der Apostel seiner Lehre auf gewaltsame Weise umkam, starb er allein ruhig und friedlich in seinem Bette. Derartige Charactere sind nur allzu häufig in der Geschichte, die uns so viele Parteiführer zeigt, die es geschickt verstehen, kühne und ergebene Stellvertreter den Gefahren auszusetzen, während sie selbst sich schonen, um der Niederlage zu entgehen oder Gewinn zu ziehen vom Siege.

Zwei Schüler hatten sich an Storch während der letzten Jahre seines Lebens angeschlossen und traten nach seinem Tode die Erbschaft seiner Lehren an. Dies waren Hutter und Gabriel Scherding, welche die Gründer der Niederlassungen in Mähren wurden. Beide Männer faßten den Plan, die zerstreuten und verfolgten Mitglieder ihrer Secte in einem Lande, dessen Bevölkerung noch nicht dicht beisammen wohnte, zu vereinigen, um auf diese Weise, nach ihren Worten, das neue Volk Gottes aus der Knechtschaft der Egypter zu befreien und in das Land der Verheißung zu führen. Gabriel Scherding, mit einer einschmeichelnden Beredtsamkeit und einem unbeugsamen Geiste begabt, fiel die Aufabe zu, die Auswanderung zu predigen und die Gläubigen zu vereinigen. Hutter ließ sich angelegen sein, die neuen Colonien zu gründen und ihnen Gesetze zu geben.

Er wählte zum Vereinigungsort die fruchtbare Provinz Mähren, welche damals noch von Einwohnern entblößt war und im Mittelpunct der Gegenden lag, in denen die Lehre der Wiedertäufer Bekenner gefunden hatte. Von 1527 an kaufte er Grundstücke in diesem Lande mit dem Gelde, das ihm seine Anhänger anvertraut hatten, er pachtete die Güter des Adels, und von allen Seiten setzten sich zahlreiche Schaaren von Gläubigen, von Scherding zusammengeworben, nach dem neuen gelobten Lande in Bewegung. Die Straßen von Deutschland bedeckten sich mit Auswanderern jedes Alters und Geschlechts, die ihr väterliches Erbe verkauft hatten und die Stätte ihrer Geburt verließen, um die neuen Colonien zu bevölkern.

Hutter theilte den Widerwillen seiner Secte gegen jede weltliche Autorität, aber er war zu klug, um die anmaßliche Forderung aufzustellen, von dem Zwange aller politischen Gesetze frei zu sein. Ein fester und strenger Character, begriff er sehr wohl, daß die Gütergemeinschaft nur unter einem ernsten und unbeugsamen Gesetze bestehen kann, gehandhabt von einer Autorität, die, obwohl rein religiös und freiwillig anerkannt, nichts desto weniger durchaus despotisch sein würde. In diesem Sinne organisirte er daher die neuen Niederlassungen. Auf seine Mitbrüder hatte er einen unbegrenzten Einfluß durch sein Rednertalent, seine Festigkeit und die Geschicklichkeit gewonnen, mit der er seine Entscheidungen als Eingebungen der Gottheit hinzustellen wußte, ein Einfluß, der ihm bei seiner organisatorischen Arbeit außerordentlich zu statten kam. Zunächst sorgte er dafür, daß nur auserwählte Gläubige zugelassen wurden, die sich durch die Reinheit ihrer Sitten und die Gluth ihres Glaubenseifers hervorthaten; dann aber beging er die weise Inconsequenz, mit jenem zahlreichen Theile seiner Secte zu brechen, die das Princip der Gütergemeinschaft bis zur Gemeinschaft der Weiber ausdehnten.

Dank der Fruchtbarkeit eines Landes, in dem nur Hände zur Bebauung fehlten, Dank der vorzüglichen Wahl der Elemente der neuen Gesellschaft und den großen Eigenschaften der leitenden Persönlichkeit, hatte das Unternehmen zuerst einen ausgezeichneten Erfolg. Die Wohnungen der mährischen Brüder waren stets auf dem Lande gelegen; jede Colonie bildete ein Gemeinwesen unter einem Archimanbriten und einem Verwalter, die ihrerseits wiederum dem Oberhaupte der Secte verantwortlich waren. In Folge ihres Fleißes und ihrer weisen Verwaltung konnten die Colonen den Herren, deren Land sie bebauten, das Doppelte von dem geben, was ein gewöhnlicher Pächter gezahlt haben würde, und der Adel beeilte sich, ihnen seine Ländereien in Pacht zu geben.

„Sobald ihnen ein Gut übergeben worden war", berichtet der P. Catrou nach gleichzeitigen Schriftstellern, „siedelten die guten Leute dorthin über und wohnten alle zusammen an einem abgesonderten, wohl umfriedigten Orte. Jede Haushaltung hatte ihre besondere, schmucklose Hütte, aber im Innern herrschte eine außerordentliche Reinlichkeit. Im Mittelpuncte der Colonie hatte man öffentliche Gebäude für die gemeinschaftlichen Verrichtungen aufgeführt; man fand dort ein Refectorium, wo sich Alle zur Zeit der Mahlzeiten versammelten, ferner Locale für diejenigen Handwerke, die nur unter Dach und Fach betrieben werden können, und besondere Räume, in denen die kleinen Kinder der Colonie aufgezogen wurden. Es würde schwer sein, die Reinlichkeit und Sorgfalt mit Worten auszudrücken, mit dem die Wittwen sich diesem Werke der Nächstenliebe unterzogen: Alles athmete Reinlichkeit und Sauberkeit im Saale der Kinder."

„An einem anderen Orte hatte man eine öffentliche Schule eingerichtet, in der die Jugend in den Lehren der Secte und den Gegenständen, die sich für dieses Alter eignen, unterrichtet wurden. Auf diese Weise waren somit die Eltern weder mit der Ernährung noch der Erziehung ihrer Kinder belastet."

„Da alle Güter gemeinsames Eigenthum waren, so wurden alle Einkünfte der Colonie und alle Früchte an einen Verwalter, der jährlich wechselte, abgegeben, und diesem lag es ob, für die Bedürfnisse der Gesammtheit zu sorgen. Ueber die Vertheilung der Güter, sowie über die gute Ordnung und Disciplin hatten die Prediger und Archimandriten eine Art Oberaufsicht zu führen."

„Als oberste Regel galt, keine müßigen Leute unter den Brüdern zu dulden. Nach einem Gebete, das jeder für sich verrichtete, gingen die Einen auf die Felder, um diese zu bearbeiten, Andere trieben in den öffentlichen Werkstätten die verschiedenen Handwerke, die man sie gelehrt hatte; Niemand war von der Arbeit befreit. Wenn daher ein Mann von Stande in ihre Gemeinschaft eingetreten war, so nöthigte man ihn, nach dem Ausspruche des Herrn, sein Brod im Schweiße seines Angesichts zu essen."

„Alle Arbeiten wurden stillschweigend verrichtet, und es war ein Verbrechen, das Schweigen im Refectorium während der Mahlzeiten zu brechen, die mit einem innigen Gebete begonnen und beendigt wurden. Sogar die Frauen hatten es über sich gewonnen, ein strenges Stillschweigen zu beobachten. Alle Brüder und Schwestern trugen Gewänder von demselben Stoff und nach demselben Schnitt gearbeitet."

„Die Lebensweise unter den mährischen Brüdern war einfach, die Arbeit umfangreich und anhaltend. Da sie keine Feste feierten, so konnte jeder Tag ausgenutzt werden, und daher kam der große Reichthum, den die Verwalter jeder Colonie im Stillen aufhäuften, und über den nur dem Oberhaupte der Secte Rechenschaft abgelegt zu werden brauchte."

„Die Ehen waren nicht das Werk der Leidenschaft oder des Eigennutzes. Die Oberen führten eine Liste der jungen Personen beiderlei Geschlechts, die im heirathsfähigen Alter waren, und in der Regel wurde je der älteste Junggesell der ältesten Jungfrau zum Manne bestimmt. Wenn sich dabei die Unverträglichkeit des Characters oder der Neigung beider Personen, die das Loos für einander bestimmte, herausstellte, so wurden diejenigen, welche die Eingehung der Verbindung zurückwiesen, an das Ende aller derjenigen gesetzt, die auf der Liste als heirathsfähig verzeichnet waren.

„Keinerlei Laster waren in der Gesellschaft anzutreffen, und man sah unter den Hutteriten nicht jene niedrigen Ausschweifungen, welche die zügellosen Wiedertäufer der Schweiz entehrt hatten: die Ehrbarkeit und Treue der Weiber waren über allen Verdacht erhaben. Nur geistliche Waffen wandte man an, um Ausschweifungen zu strafen oder zu verhüten, die öffentliche Buße und die Excommunication waren gefürchtete Strafen. Die Schuldigsten wurden aus der Gemeinschaft ausgestoßen und in die Welt zurückgeschickt."

Dies ist das Bild, welches die Niederlassungen der mährischen Brüder von 1527—1530 darbieten. Es ist in vieler Hinsicht auffallend und bewunderungswürdig; aber diese Resultate konnten nur erreicht werden um den Preis der Aufopferung des freien Willens der einzelnen Mitglieder, der vollständigen Vernichtung der menschlichen Persönlichkeit und des absolutesten Despotismus. Es war die ganze Begeisterung der Jünger einer neuen Religion nothwendig, um eine Lebensweise zu ertragen, die in ihrer Strenge denen der strengsten Orden gleich kam. Die anhaltende Arbeit, nur unterbrochen vom Gebete, das Stillschweigen in den Werkstätten und Refectorien, die Einförmigkeit der Kleidung, Wohnung und Nahrung, der passive Gehorsam gegen die Befehle der Oberen, die in erster Linie über die Bedürfnisse des Lebens bestimmten; alle diese Züge erinnern lebhaft an die Einrichtungen eines Gefängnisses und enthalten die offenbarste Verletzung der natürlichsten Neigungen des Menschen. Hier war kein Raum gegeben für die Entwickelung der edelsten Fähigkeiten des Menschen, für Wissenschaft und Philosophie, für Litteratur, Kunst und Poesie. Der zarte Austausch freundschaftlicher Gefühle, der Reiz der Conversation war aus dem Leben verbannt; die Liebe selbst war geächtet, und die Ehe nichts weiter als eine Paarung der Geschlechter nach der Reihenfolge des Alters, ohne Zuneigung und persönliche Wahl. In dieser eisigen Welt, in der der Mensch zu einer bloßen Zahl, zu einem stummen und arbeitenden Automaten herabgewürdigt wurde, mußte jede Intelligenz erlahmen und verlöschen, jedes Gefühl abstumpfen und erkalten. Hätte eine solche Verfassung sich verallgemeinern und erhalten können, so würde sie den Fortschritt der Civilisation aufgehalten und die Völker Europa's noch unter die unbeweglichen und sclavischen Stämme des Orients erniedrigt haben.

Trotz der Protection des mährischen Adels und des Statthalters der Provinz wurden die Hutteriten dem römischen König Ferdinand von Oesterreich verdächtig, den die Erinnerung an das Unglück erschreckte, welches bereinst das Auftreten der Wiedertäufer bezeichnet hatte. Er befahl ihnen, Mähren zu räumen, und sie unterwarfen sich ohne Murren dem strengen Gebot. Aber ihr Exil dauerte nur ein Jahr. Auf die Bitten der Grundeigenthümer jener Provinz erlaubte Ferdinand den Verbannten, in ihre Colonien zurückzukehren, nachdem sie versprochen hatten, nichts gegen die guten Sitten, die christliche Religion und die Ruhe des Staats zu unternehmen.

Nicht Verfolgungen, sondern dem Gewicht der dem System der

Gütergemeinschaft eigenen Fehler sollten die Niederlassungen der mährischen Wiedertäufer erliegen. Dank dem religiösen Eifer der Neubekehrten, Dank dem entschiedenen Despotismus ihres obersten Leiters und der Strenge, mit der sie alle Diejenigen, welche keinen genügenden Beruf hatten, aus ihrer Gemeinschaft ausschlossen, vermochten sie sich eine Zeit lang zu halten. Aber bald schwächten Spaltungen die leitende Gewalt, das Gefühl der Persönlichkeit, gewaltsam unterdrückt, forderte seine unveräußerlichen Rechte zurück und offenbarte sich in Meinungsverschiedenheiten unter den Brüdern und in der Rückkehr zu jenem Sondereigenthum, das im Princip auf so energische Weise verworfen wurde.

1531 brach der Streit zwischen Hutter und Gabriel aus. Der Erstere, seine alte Klugheit vergessend, hatte sich verleiten lassen, die Dogmen der absoluten Gleichheit und der Verwerflichkeit des Gehorsams gegen die Obrigkeiten in ihrer ganzen Strenge zu verfechten, Gabriel, gemäßigter als er, hielt es für nothwendig, sich den bürgerlichen Gesetzen des Landes, in dem man wohne, zu unterwerfen. Zwei Parteien bildeten sich und überhäuften sich gegenseitig mit Anathemen. Hutter zog sich vor seinem Nebenbuhler zurück und predigte in Oesterreich seine starren Lehren, wo er auf Befehl Ferdinand's von Henkershand den Tod fand. Gabriel gründete zahlreiche Colonien in Schlesien und vereinigte alle Wiedertäufer Mährens unter seiner Autorität; ihre Zahl schätzte man auf 70 000, die sämmtlich in Gütergemeinschaft lebten. Aber dieser glänzende Erfolg war nicht von Bestand. Wie sich die Reichthümer der einzelnen Gemeinden vermehrten, sah man auch ihre Mitglieder sich von der ursprünglichen Einfachheit entfernen. Die Freude an Schmuck und Putz, ein den Frauen so natürlicher Characterzug, verleitete sie nach und nach, die ursprüngliche Einförmigkeit der Kleidung aufzugeben; Jede wollte durch den Reichthum und die Abwechselung der Stoffe hervorstechen. Um diesem Hang ihrer Frauen genügen zu können, behielten die Männer in vielen Fällen einen Theil der Früchte ihrer Arbeit für sich zurück, oder sparten etwas von den Lebensmitteln, die ihnen geliefert wurden, um sie gegen andere Gegenstände zu vertauschen. Sie suchten sogar sich prächtigere und bequemere Möbel zu verschaffen und ein Vermögen, über das sie frei verfügen könnten, anzusammeln. So erlag das System der Gütergemeinschaft dem Hervorbrechen der natürlichen und vergeblich unterdrückten Neigungen des Menschen, und das Sondereigenthum eroberte sich mit unwiderstehlicher Macht seine alten Rechte zurück.

Die Laster, welche Hutter und Gabriel aus der Gesellschaft verbannt zu haben sich schmeichelten, brachen von allen Seiten herein. Die Trunksucht war häufig unter den Wiedertäufern Mährens, und Zügellosigkeit der Sitten riß unter den Geschlechtern ein, Dank den Versuchungen und Gelegenheiten, welche das gemeinschaftliche Leben mit sich brachte. Die Einheit der Lehre konnte sich nicht mehr halten und die Freiheit des Gedankens offenbarte sich in zahlreichen Spaltungen. Gabriel versuchte vergebens, die alte Lebensweise wiederherzustellen; seine ehemaligen Schüler verbanden sich wider ihn und verjagten ihn aus Mähren. Er floh nach Polen, wo er arm und verlassen starb.

Unter denen, welche in die Colonien Mährens übergesiedelt waren, befanden sich viele, die, mit dieser Lebensweise unzufrieden, in ihre Heimath zurückkehrten. Man sah das entgegengesetzte Schauspiel von dem, welches einst die Auswanderung nach dem gelobten Lande dargeboten hatte. Die Provinzen Deutschlands füllten sich mit diesen Pilgern, die, traurig und niedergeschlagen und ihr Brod vor den Thüren bettelnd, in ihr Vaterland zurückwanderten. Da sie aber vor ihrem Auszug nach Mähren ihr Hab und Gut verkauft hatten, so wartete ihrer in der Heimath das tiefste Elend, und der Senat von Zürich glaubte ein Edict erlassen zu müssen, um neue Auswanderungen zu verhindern; denn die Erfahrung, heißt es in diesem Schriftstück, hat uns gelehrt, daß die Auswanderer später in unsere Staaten zurückkehren und ihren Angehörigen zur Last fallen. Von denen also, die sich durch die verführerischen Aussichten des gemeinsamen Lebens hatten bethören lassen, fanden viele nur ihren Ruin und eine bittere Enttäuschung; eine ernste Lehre, welche gewisse Sectirer unserer Zeit, die ein neues Mähren träumen, sich zu Herzen nehmen sollten.

Auf Gabriel Scherding folgte in der Leitung der mährischen Niederlassungen Michael Feldhaller, dem es gelang, sie noch eine Zeit lang zu erhalten. Aber nach ihm brach der Verfall unaufhaltsam über sie herein, und noch nicht ein Jahrhundert nach ihrer Gründung waren kaum noch einige Trümmer von ihnen vorhanden.*)

Capitel X.

Die Wiedertäufer. Dritte Periode.

So sind wir denn bei der letzten und schrecklichsten Episode der Geschichte des Communismus im 16. Jahrhundert angekommen, bei der Herrschaft der Wiedertäufer in Münster. Obwohl diese Periode der Geschichte der Wiedertäufer am bekanntesten zu sein pflegt, so wird es doch nicht ohne Interesse sein, die näheren Details derselben anzugeben, zumal in einer Zeit, wo Europa von ähnlichen Lehren in Unruhe und Aufregung versetzt wird.

Die Wiedertäufer hatten sich, aus der Schweiz vertrieben, über den Nordwesten von Deutschland und in den Niederlanden ausgebreitet, wo sie ihre Lehren, je nach der Strenge oder Toleranz der Obrigkeiten, bald im Geheimen, bald öffentlich verkündeten. Die meiste Aufnahme fanden sie in der Grafschaft Friesland. In diese Provinz hatte sich Melchior Hoffmann geflüchtet, nachdem er aus Straßburg, wo er die neue Taufe gepredigt hatte, verjagt worden war, hatte dort den Titel eines Propheten Elias angenommen und zahlreiche Proselyten gemacht.

Dies geschah zu der Zeit, als die Niederlassungen der mährischen Brüder in vollster Blüthe standen. Dieser Erfolg entflammte von Neuem den Eifer der Wiedertäufer in Deutschland und Holland;

---

*) Wir glauben hier auf den Unterschied aufmerksam machen zu müssen, welchen wir Capitel VI. zwischen den Gemeinden der Wiedertäufer in Mähren, Hutteriten nach ihrem ersten Leiter genannt, und den Niederlassungen der mährischen Brüder oder Herrnhuter, die noch jetzt bestehen, constatirt haben. Beide Klassen von Niederlassungen können leicht verwechselt werden, weil beide ihren Hauptsitz in Mähren gehabt haben, und man ihren Mitgliedern aus diesem Grunde gleichmäßig den Namen „Mährische Brüder" beigelegt hat.

aber in ihren Augen war dieser Erfolg nur ein unvollkommener. Die mährischen Brüder waren äußerlich der politischen Macht unterworfen geblieben; sie lebten friedlich im Schooße der alten Gesellschaft. Der Ehrgeiz der wahren und wirklichen Wiedertäufer hingegen ging dahin, eine von den Gewalten des Jahrhunderts unabhängige Republik zu gründen, d. h. sich der politischen Oberherrschaft zu bemächtigen, die nach ihnen mit der religiösen zusammenfallen mußte. Sie hofften diesen kühnen Plan zu verwirklichen und das Werk eines Thomas Münzer wieder aufnehmen und zu Ende führen zu können.

Zuerst wurde Straßburg zum Sitz des neuen Reiches ausersehen. Melchior Hoffmann kehrte dahin zurück, um sich an die Spitze seiner alten Anhänger zu stellen, ihre Zahl zu vermehren und sich der Regierung zu bemächtigen. Oeffentliche Disputationen wurden zwischen ihm und den lutherischen Predigern der Stadt abgehalten; der Senat indessen, beunruhigt durch die subversiven Predigten Hoffmann's, ließ ihn gefangen setzen und machte auf diese Weise seinen Versuchen für immer ein Ende. Dieser Mißerfolg entmuthigte aber die Wiedertäufer nicht, denen die Weissagungen ihrer Propheten die nahe bevorstehende Wiederkunft des Reiches Christi versprochen hatten.

Unter den Schülern, welche Melchior Hoffmann in Holland zurückgelassen hatte, machte sich einer vor allen anderen durch seine Kühnheit und Beredtsamkeit bemerkbar. Er hieß Jean Mathias, war aus Harlem gebürtig und hatte lange Zeit daselbst das Bäckerhandwerk betrieben. Eine unordentliche Liebe führte ihn den Wiedertäufern in die Arme. Mit einer alten und häßlichen Frau verheirathet, faßte er eine leidenschaftliche Neigung zu der jungen und schönen Tochter eines Bauern. Nach der Ansicht der Wiedertäufer löste die neue Taufe die frühere Ehe auf. Diese Lehre sagte Mathias außerordentlich zu; er ließ sich taufen, beeilte sich, seine Frau zu verstoßen und ging ein neues Verhältniß mit dem jungen Mädchen ein, das seine Liebe und seine Religion mit ihm theilte. Zu derselben Zeit trennte sich Heinrich VIII., König von England, von der katholischen Kirche, um ohne Gewissensscrupel die allzu ehrbare Catharina von Aragonien mit der jungen und schönen Anna Boleyn vertauschen zu können.

Die Wiedertäufer. Dritte Periode.

So brachten also dieselben Leidenschaften an beiden Endpunkten der socialen Rangordnung dieselben Wirkungen hervor, und große Ereignisse sollten die Folgen dieser Liebeshändel eines Handwerkers und eines Königs sein.

Ohne mit irgend welcher wissenschaftlicher Bildung ausgerüstet zu sein, besaß Mathias doch alle Eigenschaften eines populären Parteiführers. Er hatte die Schrift in der Volkssprache gelesen und verstand sie bei Gelegenheit zu citiren; seine Kühnheit, die natürliche Fülle seiner Redeweise, die Gewandtheit seines Benehmens beriefen ihn dazu, unter seinen Glaubensgenossen dereinst eine hervorragende Rolle zu spielen. Er begab sich nach Amsterdam, wo er bald ein bedeutendes Ansehen gewann und sich den Namen Henoch beilegte, so daß in der ganzen Secte nur Hoffmann dem Range nach über ihm stand, der mit der Würde des Elias bekleidet war und damals in Straßburg gefangen saß. Um die Ausbreitung der Lehre der Wiedertäufer zu befördern, wählte er 12 Apostel, die überall den Eifer der Glaubensgenossen anfachten und neue Jünger anwarben, vor Allem aber betheiligte er sich auf's Lebhafteste an der Veröffentlichung eines berüchtigten Buches, das das sociale, politische und religiöse Manifest der Secte wurde.

In diesem Buche, „die Wiederherstellung" betitelt, wurde die alte Meinung der Millenarier oder Chiliasten aus den ersten Zeiten des Christenthums wieder aufgefrischt, nach der Christus vor dem Ende der Welt hienieden über die Heiligen und Gerechten herrschen werde. Vor diesem Zeitpunct der Wiedergeburt werden die Mächtigen und Gottlosen dieser Erde mit Feuer und Schwert ausgerottet, den Wiedertäufern aber ist die Aufgabe zugefallen, das Reich Christi vorzubereiten, und ihren Propheten allein muß die Macht übertragen werden, die den Händen ruchloser Obrigkeiten zu entreißen ist. Vor Allem muß die Gütergemeinschaft in der neuen Stadt eingeführt werden, deren wiedergeborene Mitglieder einen höheren Grad von Heiligkeit und Vollkommenheit erlangen. Dort wird vollkommene Gleichheit herrschen und allgemeine Glückseligkeit, dort wird es weder Fürsten noch Magistrate geben, weder Steuern, Zehnten noch Frohnden; weder Richter noch bewaffnete Gewalt, weder Verbrechen noch Processe. Endlich zögerte man nicht zu erklären, daß die Vielweiberei weder dem göttlichen noch dem natürlichen Gesetze zuwider sei.

Es blieb nur noch übrig, die Stadt zu wählen, welche bestimmt war, der Mittelpunct des neuen Reiches zu werden. Hoffmann's Anschlag auf Straßburg war gescheitert, Mathias warf sein Augenmerk auf Münster.

Hauptstadt von Westphalen, lag Münster in geringer Entfernung von den Provinzen Friesland und Holland und dem Mittelpunkt der Gegenden Deutschlands, in denen die Wiedertäufer die meisten Fortschritte gemacht hatten. Sie war groß, volkreich und berühmt durch ihren Handel und ihre Schulen, in denen eine zahlreiche Jugend ihre wissenschaftliche Bildung erhielt. Seit Jahrhunderten stand sie unter einem souveränen Bischof, der von einem, aus abligen Canonikern bestehenden Capitel gewählt wurde, dessen Macht ein aus den vornehmsten Bürgern der Stadt gewählter Senat beschränkte.

Damals war die alte Verfassung Münsters auf's Heftigste erschüttert. Das Lutherthum war in ihre Mauern eingedrungen und bedenkliche Unruhen verkündeten die Kämpfe der Katholiken und Protestanten. Da der bischöfliche Stuhl vacant war, so hatte das Capitel Franz von Waldeck, dessen Festigkeit und Eifer für den Katholicismus bekannt war, zum Bischof gewählt, die Lutheraner aber, welche in der Stadt das Uebergewicht hatten, rächten sich dafür, indem sie die Chorherren ins Gefängniß warfen.

Die hauptsächlichsten Vorkämpfer des Lutherthums in Münster waren Bernhard Rothmann und Knipper-Dolling, die beide eine bedeutende Rolle spielten, als die Stadt von den Wiedertäufern heimgesucht wurde. Rothmann, in dürftigen Umständen geboren, verdankte seine literarische und theologische Bildung dem Wohlwollen der Chorherren Münsters. Die Natur hatte ihn mit jener glänzenden Beredtsamkeit ausgestattet, die die Menge fesselt, aber die Unbeständigkeit seines Geistes machte sein Talent für ihn und seine Vaterstadt unheilvoll und verderblich. Er schwankte von einer Meinung zur anderen, diente der Reihe nach allen Lehren zum Herold und wurde schließlich das untergeordnete Werkzeug elender und verächtlicher Menschen, die er von der Höhe seines Wissens und seines Talentes herab hätte beherrschen sollen. Nachdem er sein Vaterland in einen Abgrund von Unglück gestürzt hatte, kam er elendiglich um, durch sein Beispiel zeigend, daß das Talent eines

Redners nichts ist ohne die Standhaftigkeit der Ueberzeugung und die Festigkeit des Characters.

Kaum mit der katholischen Priesterwürde bekleidet, nach der er elfrig getrachtet, hatte sich Rothmann zum Lutherthum hingeneigt und sich nach Wittenberg begeben, um die Principien der Reformation an der Quelle zu schöpfen. Nach Münster zurückgekehrt, verbreitete er dieselben mit großem Erfolg durch seine Predigten, triumphirte über alle Hindernisse, die man ihm bereitete, und wurde, allein durch die Macht seines Worts, der Schiedsrichter in allen politischen und religiösen Angelegenheiten. Bald vertauschte er die Lehren Luthers mit denen Zwinglis, zu derselben Zeit, als er den Vorschlägen der Wiedertäufer, die sich bemühten, ihn auf ihre Seite zu ziehen, ein williges Gehör lieh.

Knipper-Dolling gehörte den höheren Bürgerkreisen Münsters an. Er war ein Mann von stürmischem Ehrgeiz, verwegen, Unruhe und Bewegung liebend, stets geneigt, das niedere Volk zum Aufstand aufzurufen, auf das er einen mächtigen Einfluß durch seine überschwenglichen Reden gewonnen hatte. Ein mittelmäßiger Geist, hörte er auf die Einflüsterungen eines Jeden, der seinem Stolze zu schmeicheln verstand, und hielt sich stets für die Seele und das Haupt einer jeden Unternehmung, selbst wenn er nur ein Werkzeug in den Händen schlauerer und geschickterer Menschen war.

Unter dem Einfluß der Predigten Rothmanns hatte der Senat von Münster nach und nach die Lehren Luthers und der Sacramentirer adoptirt. Ueberdies bot ihm die neue Religion den Vortheil, sich von der Macht des Bischofs lossagen und die monarchische Gewalt durch eine republicanische Regierung ersetzen zu können, so daß sich bald eine ansehnliche Partei bildete, die entschlossen war, die Republik um jeden Preis zu vertheidigen.

Inzwischen hatten die Katholiken zahlreiche Verfolgungen auszustehen; Klöster wurden geplündert, Kirchen verwüstet, Mönche verjagt; und Knipper-Dolling stand an der Spitze aller dieser Unternehmungen. Der Bischof von Waldeck, der in der Nähe der Stadt mit einigen Truppen lagerte, war noch nicht stark genug, um diesem Unwesen zu steuern.

Zwei Parteien waren dazumal in Münster: die der republicanischen Sacramentirer und der Lutheraner, die, den Senat und

Rothmann an der Spitze, der zum Rang eines Oberpredigers befördert worden war, in der Stadt das Uebergewicht hatten, und die der Katholiken, die, verfolgt und unterdrückt, dennoch nicht entmuthigt waren und immer noch die Hoffnung hegten, das bischöfliche Ansehen bereinst wieder hergestellt zu sehen. Dieser Zustand der Spaltung bot den Wiedertäufern eine günstige Gelegenheit, sich zwischen beiden Parteien hindurch einzuschleichen und der Gewalt zu bemächtigen. Sie benutzten ihn auf geschickte Weise.

Zwei von Mathias erwählte Apostel begaben sich nach Münster, Gerhard Boeckbinder und der später so berüchtigte Johann Bocold. Ihre Versuche hatten zuerst keinen Erfolg, und Bocold, der den Sacramentirern Münsters verdächtig geworden war, sah sich sogar genöthigt, eilig nach Osnabrück zu entfliehen. Die Wiedertäufer nahmen deshalb ihre Zuflucht zur List und Heuchelei. Sie schickten einen der Ihrigen, Hermann Strageba, nach Münster, der seine wahren Ansichten unter der Maske eines schwärmerischen Lutheraners geschickt zu verbergen wußte. Strageba, vom Senat als lutherischer Prediger zugelassen, setzte sich bald durch seine Gewandtheit und Schmeichelei bei Rothmann in Gunst, der nunmehr sich zu den Principien der Wiedertäufer mit demselben Eifer bekannte, den er bei Vertheidigung der Lehren eines Luther und Zwingli an den Tag gelegt hatte. So hatte Rothmann, vom Katholicismus ausgehend, die ganze Reihe der religiösen Meinungen seiner Zeit durchlaufen.

Sofort begann er mit seinem Collegen dem Volke die neue Taufe, die Gemeinschaft der Güter und die Nutzlosigkeit der weltlichen Macht zu predigen. Der Senat, durch solche Maximen in Unruhe und Schrecken versetzt, versuchte vergeblich, sie in einer öffentlichen Disputation durch protestantische und katholische Doctoren widerlegen zu lassen, er erließ sogar ein Verbannungsdecret gegen die Wiedertäufer; aber Angesichts der empörten Menge war er ohnmächtig, es ausführen zu lassen. Der Aufruhr ward stehend in der Stadt, Knipper-Dolling, der ein wüthender Wiedertäufer geworden, sein oberster Leiter.

Nach Concessionen über Concessionen proclamirte der Senat schließlich die absolute Freiheit der Meinungen; aber die Toleranz genügte den Wiedertäufern nicht, sie wollten die Herrschaft. Sie riefen deshalb Alles, was an lasterhaften und trägen Wiedertäufern auf dem Lande vorhanden war, in die Stadt und unterhielten sie in willkommenem Müßiggang, um sie als Werkzeuge für ihre ehrgeizigen Pläne zu benutzen. Bald sah man Banden von Aufständischen die Straßen der Stadt durchziehen und blutige Drohungen gegen die Widersacher der neuen Taufe ausstoßen. Der Augenblick war gekommen, den entscheidenden Schlag zu führen: die großen Propheten der Secte, Mathias und Johann Bocold, eilten nach Münster. Verweilen wir ein wenig bei dem Letzteren, der berufen war, eine so außerordentliche Rolle zu spielen.

Johann Bocold hatte an sich die traurigen Folgen der Ausschweifung erfahren, der er sein Dasein verdankte. Seine Mutter, ein junges Bauernmädchen aus der Umgegend von Münster, war von dem Bürgermeister einer holländischen Stadt verführt worden, wo sie die Armuth einen Dienst zu suchen gezwungen hatte. Ihr Verführer heirathete sie zwar in der Folge, verließ sie aber wieder, und zum tiefsten Elend herabgesunken, starb sie auf der Rückkehr in ihr Heimathdorf am Fuße eines Baumes.

Der Jüngling hatte zu Lebzeiten seiner Mutter jene wissenschaftliche Bildung erhalten, die für diejenigen, welchen die äußeren Glücksgüter mangeln, oft nur ein Unglück mehr ist. Von seinem Vater verlassen, sah sich Bocold genöthigt, das Schneiderhandwerk zu erlernen, und während der ersten Jahre seiner Jugend reiste er nach der Sitte der Handwerksgesellen seiner Profession; da er aber wegen seiner unehelichen Geburt nicht wagte, den Namen seines Vaters zu führen, so nannte er sich nach der Stadt, in der er aufgezogen worden war, Johann von Leyden.

Von seinen Reisen zurückgekehrt, etablirte er sich nach seiner Verheirathung mit der Wittwe eines Steuermanns als Gastwirth in der Stadt Leyden. Mit einer lebhaften Einbildungskraft begabt, die seine Erziehung entwickelt hatte, widmete er sich der Poesie und verfaßte Gedichte in vlämischer Sprache, die großes Aufsehen erregten. Bald wurde seine Wohnung der Sammelpunkt für die Jugend Leydens, die begierig war, bei ihm Unterricht zu nehmen, man beschuldigt ihn aber, sittenlose Schriften geschrieben und aus seinem Hause eine Schule der Ausschweifung gemacht zu haben.

Johann von Leyden war in der vollen Blüthe seiner Jugend,

er zählte erst 23 Jahre; mit den Gaben seines Geistes vereinigte er ein angenehmes Aeußere, einen schlanken Wuchs, blondes und üppiges Haar. Er besaß somit alle Vortheile, die einem Parteiführer die Gunst der Menge erwerben; aber ihn verzehrte ein brennender Durst nach Genuß, und es fehlte ihm jene Moralität und Mäßigung, jener gesunde Sinn, ohne welche die glänzendsten Eigenschaften für die Gesellschaft und für denjenigen, der sie besitzt, nur unheilvoll und verderblich werden.

Dies war Johann von Leyden. In ihm sehen wir den leider nur allzu häufig gewordenen Typus jener mit einigem Talent begabten Menschen, bei denen eine schlecht geleitete Erziehung Neigungen entwickelt hat, die über ihren Stand hinausgehen, und die weder Energie genug besitzen, um sich durch beharrliche Anstrengungen in der Gesellschaft emporzuarbeiten, noch Großherzigkeit genug, um sich mit ihrer untergeordneten Lebensstellung genügen zu lassen. Von einem krankhaften Ehrgeiz getrieben, sind diese Leute jederzeit bereit, in extremen Lehren und politischen Umwälzungen die Befriedigung zu suchen, die eine ordentliche Gesellschaft ihren Leidenschaften und ihrem Stolze versagt.

Die Principien der Wiedertäufer mußten einem Johann von Leyden ausnehmend gefallen. Er wurde einer der feurigsten Schüler des Mathias und verließ seine Frau, um in Rotterdam zu lehren. Das erste Mal trafen wir ihn in Münster an, wo er sich eilig entfernen mußte; als er in Gesellschaft des Mathias dorthin zurückkehrte, hatte er sich den Namen des Elias beigelegt, der ihm den ersten Rang unter den Propheten seiner Secte sicherte. Nach ihrer Ankunft fachten die beiden Propheten den Fanatismus ihrer Anhänger durch alle möglichen Mittel an, besonders suchten sie auf die Einbildungskraft des großen Haufens, vornehmlich der Frauen, durch schreckliche Weissagungen, Extasen und geheimnißvolle Ceremonien einzuwirken. Schließlich erregten sie einen Aufstand, der das bischöfliche Palais und das Arsenal der Stadt in ihre Gewalt brachte.

Bei dieser Nachricht ward die Stadt von Entsetzen und Schrecken ergriffen. Jedermann eilte zu den Waffen, und jede Partei verschanzte sich in ihrem Quartier; auf beiden Seiten wurden Kanonen gegen die Ausgänge der Straßen gerichtet, und man hielt sich zum

Kampfe gerüstet. Da die Katholiken vom Lande her Hülfe erhalten hatten, so fürchteten die Wiedertäufer, ihnen nicht gewachsen zu sein; sie schlugen deshalb einen Vergleich vor, nach dem es Jedem gestattet sein solle, in seinem Hause seinen Gottesdienst abzuhalten. Dieser Vergleich wurde angenommen; aber von Seiten der Wiedertäufer war dies blos ein Mittel, um Zeit zu gewinnen und ihre Gegner zu entwaffnen. Sie fuhren in ihrer Propaganda fort und verschmähten kein Mittel, um sich die Gunst des großen Haufens zu erwerben. Die Gebräuche des katholischen Gottesdienstes wurden der Gegenstand grotesker Parodien; die den Kirchen geraubten Gegenstände, die bischöflichen Embleme wurden in ärgerlichen Processionen profanirt, Vorbilder jener beklagenswerthen Maskeraden, durch die sich in den trüben Tagen von 1793 die Partei eines Chaumotte und Herbert hervorthat. Beim Anblick dieser Excesse verließen die wenigen Abligen, die noch in Münster zurückgeblieben waren, und der größte Theil der Bürger die Stadt; das niedere Volk eilte haufenweise zur neuen Taufe.

Wie verhielt sich nun der Magistrat diesen Vorgängen gegenüber? Wir haben gesehen, daß er zuerst die lutherischen Lehren adoptirte, später aber zu den Sacramentirern hinneigte und republicanische Ansichten vertrat. Im Anfang der von den Wiedertäufern erregten Unruhen führte ihn die Furcht vor der Anarchie zum Bischof zurück; er bat ihn um Hülfe, die dieser aber nicht gewähren konnte, da er selbst noch nicht über hinreichende Streitkräfte verfügte. Als seine Armee beisammen war, hatte das Uebel schon erschreckende Fortschritte in Münster gemacht. Der Prälat schickte einen Abgesandten an den Senat mit dem Vorschlag, seine Truppen in die Stadt aufzunehmen, das einzige Mittel, um den drohenden Sieg der Wiedertäufer zu verhindern. In der Zwischenzeit aber war die Partei der Sacramentirer und Republicaner wieder zu Kräften gekommen, sie wollten um jeden Preis die republicanische Regierung aufrechthalten und wiesen das Anerbieten des Bischofs zurück.

Von jetzt an konnten die Wiedertäufer Alles wagen. Sie bemächtigten sich aller Stellen, durchliefen die Straßen der Stadt mit dem Schwert in der Hand und unter dem Rufe: „Wiedertaufe oder Tod", und die einzige Gnade, die sie denen erwiesen, welche sich weigerten, mit ihnen gemeinschaftliche Sache zu machen, war noch, daß sie ihnen unter Zurücklassung von Hab und Gut aus der Stadt zu ziehen erlaubten. Man sah ganze Schaaren von Männern, Weibern und Kindern aus ihrer Vaterstadt mit dem Schwerte vertrieben, die, von Allem entblößt, im tiefsten Elend auf dem Lande umherirrten. Der Senat wurde gewaltsam gesprengt, seine Mitglieder unter Drohungen und Beleidigungen zu flüchten gezwungen.

So hatte diese Körperschaft, um die republicanische Regierung um jeden Preis zu erhalten, die sociale Ordnung selbst zu Grunde gerichtet, unter deren Trümmern auch sie begraben wurde. Die Wiedertäufer ernannten einen neuen Senat von 22 Mitgliedern und zwei Consuln, unter diesen den wilden Knipper-Dolling. Stürmische Verhandlungen fanden zwischen den neuen Magistraten statt; denn Jeder wollte seine Ansicht zur Geltung bringen, Jeder behauptete, daß sie ihm vom göttlichen Geiste dictirt sei. Nur über einen Punct einigte man sich, über die sofortige Plünderung der Kirchen und Klöster, welche den ersten Verwüstungen entgangen waren. Dieser Beschluß wurde ohne Aufschub vollzogen: Statuen und Gemälde, Meisterwerke der Kunst, wurden auf dem öffentlichen Platze verbrannt, die Fenster, welche mit den herrlichsten Malereien bedeckt waren, zerbrochen, aus den Glocken Kanonen gegossen, Kugeln aus dem Blei der Dächer, die verwüsteten Kirchen selbst zu Magazinen oder Ställen verwendet. Zu allen Zeiten hat sich der Fanatismus der Revolutionäre durch denselben Vandalismus verkündigt.

Wissenschaft und Litteratur wurde nicht mehr geschont als die Künste; Mathias, dem Beispiel des Califen Omar folgend, ließ alle Bücher, die sich in der Stadt befanden, mit Ausnahme der Bibel in der Volkssprache den Flammen überliefern. Auf diese Weise ging unter Anderen die Bibliothek des Gelehrten Rudolph Lampius, die aus den seltensten Handschriften bestand, zu Grunde, und ein zeitgenössischer Schriftsteller schätzt den Werth aller in wenigen Stunden vernichteten Bücher auf mehr als 20 000 Thaler in Gold. Auch die Communisten der folgenden Jahrhunderte haben, wie es scheint, den Haß des Mathias gegen die Denkmäler des Geistes und des Genies geerbt. Zwietracht und Anarchie fuhren indessen fort, bei den Berathungen der Wiedertäufer zu herrschen, während der Bischof von Walbeck vor den Thoren seine Truppen zusammenzog und die Stadt mit einer Belagerung bedrohte. Mathias beschloß deshalb, die ganze Gewalt in sich zu vereinigen. Er erklärte den erst kurz zuvor gewählten Magistraten, daß ihre Macht mit den Principien der neuen Religion unvereinbar sei, die jede weltliche Autorität verwerfe, daß die Gläubigen unter der Herrschaft einer vollkommenen Gleichheit leben müßten und keine andern Führer haben dürften, als ihre vom göttlichen Geiste geleiteten Propheten. Diese Gründe waren bündig und einleuchtend: der Senat und die Consuln legten deshalb ihr Amt nieder und die Gewalt fiel factisch Mathias zu, dem seine Kühnheit und sein prophetisches Talent den bedeutendsten und nachhaltigsten Einfluß sicherten.

Sofort bildete der Prophet Regimenter aus den Sectirern, übte sie in den Waffen und ließ rings um die Stadt mit unglaublicher Schnelligkeit gewaltige Verschanzungen aufwerfen. Alle diejenigen, welche, in ihren Häusern verborgen, sich der neuen Taufe entzogen hatten, wurde mit dem Dolch an der Kehle gezwungen, sie zu empfangen; die Gütergemeinschaft ward eingeführt und ein Spionirsystem gegen diejenigen eingerichtet, die einen Theil ihres Vermögens würden zurückbehalten wollen. Die Mundvorräthe wurden von allen Seiten gesammelt, ungeheure Küchen in den verschiedenen Stadtvierteln versorgten jede Familie mit den zum Leben nothwendigen Nahrungsmitteln. Diaconen wurden ernannt zur Ueberwachung der Austheilung der Spenden, Prediger eingesetzt zur Abhaltung des Gottesdienstes, unter denen Rothmann eine der ersten Stellen einnahm. Obwohl aber Mathias einer blinden Menge die Freiheit und christliche Gleichheit predigte, übte er dennoch ein um so despotischeres Regiment, als er in oberster Linie über alle zum Leben nothwendigen Gegenstände verfügte; und seine Autorität duldete keinen Widerspruch. Ein unglücklicher Handwerker wagte es, einige Worte gegen ihn vorzubringen, der Prophet streckte ihn sofort durch einen Schuß zu Boden. Das war die Freiheit der Communisten.

Inzwischen rüstete sich der Beherrscher von Münster das Reich des neuen Zion durch Waffengewalt auszudehnen. Er richtete an die Wiedertäufer der Niederlande eine enthusiastische Proclamation, in der er sie aufforderte, ihre Güter zu verkaufen, ihre Heimath zu verlassen und in die heilige Stadt zu kommen, von wo aus sie den Erdkreis ihren Gesetzen unterwerfen würden. Auf seinen Ruf fuhr auch eine beträchtliche Anzahl aus den Häfen Frieslands und Hollands mit großen Massen von Waffen, Lebensmitteln und Kriegsmaterial ab, aber sie wurden von der Regierung der Niederlande aufgefangen, welche die Leiter einer Unternehmung, die mit dem Völkerrechte im Widerspruch stand, mit dem Tode bestrafte. Obwohl Mathias dieser Hülfe beraubt war, verlor er den Muth nicht. Er machte einige glückliche Ausfälle gegen die Truppen des Bischofs, aber eines Tages, als er unkluger Weise mit einer schwachen Bedeckung sich gegen den Feind zu weit vorgewagt hatte, ward er von einem Bataillon Bischöflicher überrascht und sank, von Kugeln durchbohrt, zu Boden. Während der Nacht wurden sein Kopf und seine verstümmelten Glieder von den Siegern vor die Thore der Stadt geworfen.

Da ergriff Johann von Leyden die Zügel der Regierung, der bisher trotz des höchsten Titels eines Elias nur den zweiten Rang eingenommen hatte. In seiner Wohnung eingeschlossen, schien er sich ganz der Betrachtung der Gottheit hinzugeben und zeigte sich dem Volke nur aus Achtung gebietender Ferne. Seinerseits war dies eine sehr geschickte Politik; denn er fühlte sehr gut, daß seine Jugend ein Hinderniß für seine ehrgeizigen Pläne sein könnte, wenn er sich mit seinem älteren Gefährten in einen Kampf um Einfluß und Macht einlassen würde. In seiner Zurückgezogenheit arbeitete er deshalb daran, sich in der Kunst der Rede und der Prophezeiung zu vervollkommnen, und wartete auf eine Gelegenheit, sich der Gewalt zu bemächtigen. Der Tod des Mathias spielte sie ihm in die Hände; Rothmann und Knipper-Dolling wagten nicht, sie ihm streitig zu machen.

Nachdem er die Leichenrede auf Mathias gehalten und den Muth der Einwohner Münsters durch glänzende Prophezeiungen belebt hatte, brachte er neues Leben in die kriegerischen Zurüstungen. Ein Versuch der bischöflichen Truppen, sich der Stadt durch einen Handstreich zu bemächtigen, wurde tapfer zurückgeschlagen, und die Armee des Bischofs begann eine förmliche Belagerung. Nachdem eine gangbare Bresche in den Wall geschossen war, wurden mehrere Stürme unternommen; von beiden Seiten schlug man sich mit der Wuth der Religionskriege, aber die Wiedertäufer konnten nicht überwunden werden, und der Bischof sah sich genöthigt, nachdem er eine große Zahl

Soldaten verloren hatte, die Belagerung in eine einfache Blockade zu verwandeln.

Trotz dieser Erfolge fürchtete Bocold für seine Autorität. Knipper-Dolling war ihm verdächtig geworden; er erniedrigte ihn daher vor den Augen der Menge, indem er ihm das Amt eines Scharfrichters übertrug, welches der Unsinnige wie eine Ehrenbezeigung annahm.

Der Prophet begriff sehr wohl, daß eine Gewalt, die lediglich auf persönlichem Einfluß beruht, sehr leicht zu Falle gebracht werden kann; er gedachte deshalb diesen Einfluß in eine positive und unbestreitbare Souveränität umzuwandeln, mit einem Wort, er wollte sich zum König des neuen Zion ausrufen lassen. Das Unternehmen war schwierig. Denn wie ließ sich in der That die Wiederherstellung einer weltlichen Souveränität mit den Principien der Wiedertäufer vereinigen, die die Rechtmäßigkeit jeder Obrigkeit leugneten? Hatte nicht Mathias im Namen der christlichen Gleichheit die Auflösung des ersten Senats der Wiedertäufer herbeigeführt? und konnte nicht die Rückkehr zur bürgerlichen Gewalt, die Offenbarung eines persönlichen Ehrgeizes einen Sturm veranlassen, den alle politischen Gaukelkünste ohnmächtig sein würden zu beschwören? Johann von Leyden wußte alle diese Schwierigkeiten in geschickter Weise zu überwinden.

Die politische Gewalt wiederherstellen und sich ihrer bemächtigen, dies war zuviel auf einmal. Johann von Leyden theilte deshalb die Aufgabe, er stellte zuerst die bürgerliche Gewalt wieder her zu Gunsten eines Raths von 12 Mitgliedern, später setzte er sich selbst an die Stelle dieser vorübergehenden Obrigkeit. Die Sache verlief folgendermaßen.

Nachdem sich der Prophet drei Tage lang gestellt hatte, als wäre er der Sprache beraubt, brach er plötzlich das Schweigen vor der versammelten Menge und erklärte, daß er auf Eingebung des himmlischen Vaters zwölf Richter, ähnlich denen von Israel, gewählt habe, die fortan das neue Zion leiten und regieren würden. Jedem der Richter gab er ein Schwert als Symbol der obersten Gewalt in die Hände und ermahnte sie, es nach dem Worte des Herrn zu gebrauchen. Rothmann, ein neuer Widerspruch, rechtfertigte in einer glänzenden Rede die Einsetzung dieser neuen Beamten, Gebete und Gesänge beendigten die Ceremonie.

Johann von Leyden behauptete als oberster Prophet seinen

ganzen Einfluß, die Richter waren in seinen Händen nur gelehrige Werkzeuge und die verantwortlichen Verkünder seines unfehlbaren Willens.

Bevor sich aber Bocold mit der Königswürde bekleiden ließ, brachte er einen andern Plan zur Ausführung. Von einer rasenden Leidenschaft zu den Weibern verzehrt, dachte er schon lange daran, die Polygamie, als das einzige Mittel, seine Begierden auf gesetzmäßige Weise zu befriedigen, einzuführen. Er theilte den Richtern seine Absicht mit, indem er sich auf das Beispiel der Patriarchen und jüdischen Monarchen berief; er verkannte somit eins der Grundprincipien der Wiedertäufer, die die Autorität des alten Testaments verwarfen und nur das Gesetz des Evangeliums anerkannten. Nichtsdestoweniger wurde sein Vorschlag angenommen, und durch ein Decret der zwölf Richter die Vielweiberei zum Gesetz erhoben.

Aber das neue Dogma wurde nicht ebenso leicht von den Predigern und den Wiedertäufern, welche den höheren Klassen der Gesellschaft angehört hatten, angenommen. Die Prediger erhoben gegen die Polygamie die ernstesten Bedenken, und Bocold vermochte sie nur durch einen Machtspruch zu beseitigen. Er erklärte den versammelten Predigern, daß keiner von ihnen den Saal lebendig verlassen würde, wenn er nicht das Decret unterschriebe, und, eingeschüchtert durch diese Drohungen, gaben sie feige nach.

Johann von Leyden beeilte sich, mit gutem Beispiel voranzugehen. Er heirathete die beiden Töchter Knipper-Dolling's, die durch ihre Schönheit berühmt waren, bald darauf die Wittwe des Mathias, die jene noch an Schönheit übertraf. Diese wurden die Lieblings-Sultaninnen und herrschten über die anderen Gemahlinnen des Propheten, deren Zahl allmählig bis auf 17 stieg. Dieses Beispiel blieb nicht ohne Nachahmung. Von allen Seiten wurden die jungen Mädchen den Armen ihrer Mütter entrissen, um die Beute der wüthendsten Wiedertäufer zu werden. Die Leichtigkeit der Ehescheidung ging Hand in Hand mit der Polygamie, und Münster wurde der Schauplatz einer schrecklichen Promiscuität. Gleichwohl fanden diese Prostitutionen den heftigsten Widerstand. Diejenigen unter den Wiedertäufern, welche sich noch das Gefühl für Scham und für die Heiligkeit der Ehe bewahrt hatten, konnten nicht mit Ruhe zusehen, wie ihr Haus und ihre Familie durch jene schändlichen Räuber entehrt wurden. Sie bewaffneten sich und drangen in die Wohnungen ihrer vornehmsten Führer unter dem Rufe, daß es Zeit sei, der Herrschaft eines anmaßenden Fremdlings ein Ziel zu setzen; aber die blinde Menge eilte ihrem Götzen zu Hülfe, die Vertheidiger der christlichen Moral wurden ergriffen, entwaffnet und der Wuth eines Knipper-Dolling übergeben, den es freute, an ihnen sein Schergenamt zu üben. Die Einen enthauptete er, nachdem er sie verstümmelt hatte, die Anderen streckte er durch Flintenschüsse zu Boden. Selbst der poetische Johann von Leyden, der erleuchtete Prophet, fühlte den Durst nach Blut in seiner Seele erwachen; er entriß sich den Armen seiner Concubinen, um mit eigener Hand einigen der unglücklichen Opfer den Tod zu geben. Die niederen Propheten blieben nicht zurück und machten sich die Ehre streitig, an diesen Metzeleien theilzunehmen.

Die Frauen und Mädchen, welche sich weigerten, der neuen Ordnung der Dinge sich zu fügen, hatten alle Excesse der Gemeinheit und Brutalität zu erdulden.

Der Triumph Johann's von Leyden war vollständig. Es war ihm gelungen, die Familie zu vernichten und auf diese Weise das communistische Princip in seinen radicalsten Consequenzen zu verwirklichen. Indessen kann man annehmen, daß er in dieser Angelegenheit nicht blos von seiner wollüstigen Gier geleitet wurde, sondern auch ein politischer Gedanke seinem Entschluß zu Grunde lag. Ohne Zweifel hatte er begriffen, wie wenig die Gemeinschaft der Güter mit der Aufrechthaltung der Familie vereinbar ist, die im Menschen den Sinn für das individuelle und erbliche Eigenthum so mächtig erweckt; eine Erwägung, die ihn vielleicht bestimmte, die Polygamie und die Ehescheidung zu verallgemeinern, welche ihm ein Leichtes gewesen wäre, für sich allein, als ein seinem hohen Range eigenes Privilegium, zu erlangen. Die tiefe Verschlagenheit und Berechnung, die sich in allen Handlungen des Propheten zeigt, berechtigt wenigstens zu dieser Auslegung seiner Handlungsweise.

Es blieb Johann von Leyden nur noch übrig, die Königskrone auf sein Haupt zu setzen; es gelang ihm auf seinen gewöhnlichen Wegen, durch List und Betrug. Einige Tage lang heuchelte er eine tiefe Traurigkeit und hielt sich in seinem Serail eingeschlossen: der Geist Gottes, sagte er, und die Gabe der Prophezeiung habe ihn verlassen und ohne Zweifel würdige der Herr einen Andern seiner Gegenwart. Das neue Organ der Gottheit ließ nicht lange auf sich warten. Ein Goldschmied aus Warmdorf, Tuiscosurer mit Namen, verkündete, daß Gott ihm große Dinge offenbart habe, die er aber nur vor der Versammlung aller Gläubigen veröffentlichen könne. Sofort versammelt man sich, um ihn zu hören, und Bocold mischt sich unter die Menge. Tuiscosurer besteigt die Rednerbühne, ahmt die Zuckungen und Extasen der Propheten nach und verkündet endlich in begeisterter Weise, daß Gott ihn auserwählt habe, einen neuen Herrscher über Israel einzusetzen. Hierauf sich an Johann von Leyden wendend, ruft er aus: „Du bist es, den mir der Herr befiehlt als meinen König anzuerkennen, durch meinen Mund ernennt Dich der Himmel zum König von Zion. Empfange daher das Schwert, welches ich Dir in seinem Namen überreiche." Schließlich ermahnte er das Volk zum Gehorsam und den Monarchen zur Gerechtigkeit und Frömmigkeit. Johann stellte sich erst, als nähme er die drückende Last der Königswürde nur ungern an, er warf sich mit dem Gesicht zur Erde, seufzte und schützte seine Unfähigkeit vor. Und doch war er es, der diesen Auftritt veranlaßt, der den Goldschmied von Warmdorf im Geheimen in der Kunst der Prophezeiung unterwiesen hatte. Dies ist die Komödie, welche mit demselben Erfolg die Ehrgeizigen aller Zeiten gespielt haben.

Der neue König von Zion stieg unter dem Zuruf des Volkes auf einen Thron, der in der Mitte des Hauptplatzes der Stadt errichtet war. Er beeilte sich, die Großwürdenträger der Krone zu ernennen, und man sah diejenigen, welche einst die wüthendsten Anhänger der absoluten Gleichheit gewesen waren, sich mit den pomphaften Titeln des neuen Hofes herausputzen. Rothmann wurde zum Großkanzler und Sprecher von Israel, Knipper-Dolling zum Oberbefehlshaber der Stadt ernannt. Es gab dann weiter einen Großschatzmeister, Verwalter aller Güter, die als Eigenthum des Fürsten angesehen wurden, einen Großmeister des Königlichen Hauses, einen Großmarschall, einen Oberbrodmeister und zahlreiche Staatsräthe. Pagen, Leibgarden und Lakaien vollendeten das Gefolge des neuen Souverains.

Der König von Zion entfaltete die größte Pracht; die kostbarsten Stoffe, Gold und Edelsteine wurden an seine Gewänder und an diejenigen seiner zahlreichen Gemahlinnen verschwendet. Unter diesen glänzte an erster Stelle die Wittwe des Mathias, blendend durch Schönheit und Pracht; die Equipagen des Fürsten, die Kleidungen der Beamten seines Hauses zeigten denselben Aufwand. Um ihn bestreiten zu können, hatte Johann von Leyden alles Gold und Silber, alle Edelsteine und werthvollen Gegenstände, die sich in der Stadt befanden, in seinen Palast schaffen lassen, ebenso alle Mundvorräthe, die für die Bedürfnisse der Einwohner bestimmt waren; denen, die nicht zum Hof gehörten, wurde bei strenger Strafe die größte Einfachheit anbefohlen.

Jede Woche begab sich der König mit großem Pompe auf den öffentlichen Platz und setzte sich auf einen erhöhten Thron, welchen die Königinnen und die Großwürdenträger umstanden. Dort sprach er Recht in den Angelegenheiten der Ehe, die in Folge der Einführung der Polygamie und der Leichtigkeit der Scheidung Veranlassung zu den scandalösesten Streitigkeiten gaben. Die Sitzungen endigten mit religiösen Tänzen, welche Bocold mit seinen Frauen aufführte, und in denen er David nachahmen wollte, der einst vor der Arche des Herrn tanzte. Die Criminalprocesse wurden im Staatsrath verhandelt; war ein Todesurtheil gefällt, so hielt es der Monarch nicht unter seiner Würde, es in eigener Person an dem unglücklichen Opfer zu vollstrecken. Indem er Menschenblut vergoß, fühlte er besser seine Allmacht.

Dahin war man gekommen mit den Lehren von unbegrenzter Freiheit und absoluter Gleichheit, von der Sündlosigkeit der Wiedergetauften, der Abschaffung der Strafgesetze und der Beseitigung jeder Obrigkeit!

Indessen genügte es Bocold noch nicht, in seiner Person die politische Souverainität, das Richteramt und das Eigenthumsrecht an allen Gütern zu vereinigen; um seinen Despotismus vollständig zu machen, wollte er auf seinem Haupte die Tiara des Pontifex mit der Krone des Monarchen vereinigen. Er ließ sich deshalb von Tuiscosurer, seinem vertrauten Propheten, zum obersten Leiter des gesammten Religions- und Cultuswesens ausrufen. Bei einer öffentlichen Mahlzeit, an der alle Einwohner Münsters theilnahmen, spendete er seinen Unterthanen das Abendmahl; hierauf erwählte er 28 Apostel, welche er unverzüglich aus der Stadt sendete, um das Evangelium auf der ganzen Erde zu verkünden. Unter diesen befand sich auch Tuiscosurer; sein Einfluß und die Geheimnisse, deren Mitwisser er war, machten seine Gegenwart dem Monarchen verhaßt.

Inzwischen hatte der Bischof von Münster Verstärkungen erhalten und die Belagerungsarbeiten wieder aufgenommen. Ein neuer Sturm wurde versucht, aber die Wiedertäufer, vom Fanatismus beseelt, widerstanden allen Anstrengungen der Belagerer: vier Tage lang schlug man sich auf der Bresche des Walls, und die Leichen von 4000 Bischöflichen füllten die Gräben der Stadt. Der Bischof mußte darauf verzichten, die Stadt mit Gewalt zu nehmen, und führte rings um dieselbe eine Reihe von Verschanzungen auf, um sie durch Hunger zur Uebergabe zu zwingen.

Bald begannen die Lebensmittel in Münster zu mangeln, aber die Wiedertäufer verloren den Muth nicht. Johann der Gerechte, diesen Beinamen hatte sich Bocold selbst gegeben, erwartete Hülfe und Entsatz von einer Armee, welche seine Abgesandten in Holland zusammenzubringen sich bemühten. Er unterhielt sich mit seinen Beamten von den schmeichelhaftesten Hoffnungen, an seinem Hofe sprach man nur von der Eroberung Europas und vertheilte schon im Voraus die Provinzen und Königreiche.

Aber die Armee, welche aus Holland zum Entsatze Münsters heranrücken sollte, erschien nicht. Johann von Gelen, ein geschickter Heerführer, welchen der König von Zion mit der Werbung in Friesland beauftragt hatte, sah seine ersten Banden von dem Statthalter der Provinz auseinander gesprengt und vernichtet, und ihm selbst gelang es nur mit genauer Noth, sich nach Amsterdam zu flüchten, wo er bei seinen Glaubensgenossen Aufnahme und Sicherheit fand.

Dies war ein furchtbarer Schlag für die Münsterschen, welche ihre Befreiung nur von einer auswärtigen Diversion erwarten konnten. Johann von Leyden gelang es, sich mit Gelen, der sich in Holland verborgen hielt, in Verbindung zu setzen, und er forderte ihn auf, einen verzweifelten Versuch zu wagen. Sofort zettelte dieser, um sich Amsterdams zu bemächtigen, eine Verschwörung an, bei der er die ganze Verschlagenheit und Gewaltthätigkeit entwickelte, welche die communistische Partei des 15. Jahrhunderts auszeichnet.

Sie scheint das erste Beispiel jener blutigen Aufstände gewesen zu sein, durch welche sich die Minoritäten in anderen Städten der Gewalt zu bemächtigen versucht haben.

Gelen begab sich an den Hof der Maria, Königin von Ungarn, die von Karl V. als Statthalterin in die Niederlande geschickt worden war. Er bekannte das Verbrechen, das er begangen, indem er bewaffnete Banden angeworben, stellte sich, als sage er sich von den Wiedertäufern los, und erhielt die Begnadigung, um die er nachsuchte. Er machte den Ministern der Königin den Vorschlag, Münster dem Kaiser zu unterwerfen, und wußte auf geschickte Weise die Erlaubniß zu erhalten, Truppen für diese Expedition ausheben zu dürfen. Sofort kehrte er nach Amsterdam zurück, wo er mit erhobenem Haupte auftrat und am hellen Tage seine militärischen Vorbereitungen treffen konnte. Die vorgebliche Unternehmung gegen Münster war aber blos eine schändliche Lüge zur Verdeckung der Verschwörung, durch die er sich zum Herrn der Hauptstadt Hollands zu machen gedachte, um von da aus mit einer Armee Bocold zu Hülfe kommen zu können.

Die Wiedertäufer waren zahlreich in Amsterdam und der Umgegend der Stadt; die Theorien des Communismus hatten viele Handwerker und einige Bürger verführt, die entweder zu Grunde gerichtet oder unruhige und fanatische Geister waren. Gelen wurde es deshalb leicht, sie für die Verschwörung zu gewinnen, zumal der Erfolg Bocolds die Köpfe der Sectirer in Aufregung versetzt hatte, und alle vor Begierde brannten, den Triumph ihres Heros zu sichern. Der Plan Gelen's war folgender: Mitten in der Nacht sollte eine Anzahl Verschworener sich des Rathhauses bemächtigen und die Sturmglocke läuten; auf dieses Zeichen sollten sämmtliche Wiedertäufer, die in der Stadt zerstreut waren, bewaffnet auf die Straßen eilen, die vornehmsten Bürger ermorden, sich der Thore bemächtigen und bei Tagesanbruch ihre Glaubensgenossen vom Lande hereinlassen; sofort würde man dann eine Regierung, ähnlich der in Münster eingesetzt haben. Die Verschwörung hatte Verzweigungen in Wesel und Deventer, den beiden bedeutendsten Städten Hollands in damaliger Zeit. Am 10. Mai 1535, in einer dunkeln Nacht, stürzen sich die Verschworenen, die in dem Hause eines ihrer Führer versammelt waren, auf den Hauptplatz der Stadt, erstürmen das

Rathhaus und ermorden die Wachen. Eine derselben entflieht in den Glockenthurm, zieht das Seil der Glocke nach sich und verschanzt sich in diesem Zufluchtsort. Dieser Umstand rettete die Stadt. Die Verschwörer konnten die Sturmglocke nicht ziehen und ihre Complicen, da sie das Signal nicht vernahmen, blieben ruhig in ihren Häusern, wo sie sich in Erwartung desselben versammelt hatten.

Die Bürgermeister riefen eiligst die Bürgerwehr zusammen und ließen die Straßen, welche auf den Rathhausplatz führten, besetzen, wo die Insurgenten Barrikaden errichtet hatten; aber während der Nacht versuchte man vergebens, sie von dort zu vertreiben. Bei Tagesanbruch begann der Angriff von Neuem. Die Aufrührer, aus den Barrikaden verjagt, flüchteten in das Rathhaus, die Kanonen schossen Bresche in dies herrliche Bauwerk, und nach heißem Kampfe gelang es endlich, der Wiedertäufer Herr zu werden, die, von Posten zu Posten verfolgt, sämmtlich getödtet oder zu Gefangenen gemacht wurden.

Johann von Gelen versuchte sich zu retten, indem er in ein Thürmchen, das den Glockenthurm noch überragte, kletterte. Aber dieses Thürmchen war von allen Seiten offen, der Flüchtling wurde vom Platz aus bemerkt, und ein Flintenschuß machte seinem Leben ein Ende.

Dies war der Aufstand, den der Communismus in Amsterdam erregte. Er zeigt in kleinem Maßstabe eine gewisse Aehnlichkeit mit demjenigen, der kürzlich die Hauptstadt Frankreichs mit Blut überschwemmt hat. Der Straßenkampf ist weniger neu als man denkt; im 16. wie im 19. Jahrhundert haben dieselben Irrthümer und Leidenschaften dieselben Mittel in Bewegung gesetzt.

Die Regierung der Niederlande beschloß, eine Secte auszurotten, welche durch Hinterlist und Gewaltthätigkeit an der Vernichtung der socialen Ordnung arbeitete. Den Wiedertäufern wurde überall mit der größten Strenge nachgespürt, die Aufgefundenen den schrecklichsten Strafen überantwortet. Obwohl man die Härte der Strafen, die gegen sie angewendet wurden, beklagen muß, so kann man doch nicht verkennen, daß die strengsten Maßregeln nothwendig waren, um jene Pest des Communismus auszurotten, welche die kaum wiedererwachte Civilisation Europa's zu verschlingen drohte.

Die Vernichtung der Wiedertäufer Hollands benahm den Brü=

dern in Münster die letzte Hoffnung. Die Stadt erfuhr bald alle Schrecken des Hungers; nur Johann von Leyden und sein Hof fuhren fort, in Ueberfluß und Ueppigkeit zu leben, Dank den in seinem Palast zusammengehäuften Vorräthen, von denen er sich stets den besten Theil zuerkannte. Eine Art von Gensdarmerie, vom Despoten eingerichtet und bei der Vertheilung der Lebensmittel bevorzugt, war beauftragt, die Klagen der Ausgehungerten zu unterdrücken und die Verschwörer ausfindig zu machen. Daneben bemühte sich aber Bocold, den Enthusiasmus der Einwohner durch Reden und Prophezeiungen aufrechtzuhalten. Nachdem er hochmüthig die vermittelnden Vorschläge, die ihm der Landgraf von Hessen machte, zurückgewiesen hatte, antwortete er mit lächerlichen Bravaden auf die Aufforderungen des Bischofs, die Stadt durch Capitulation zu übergeben. Vergebens beschwor ihn der Parlamentär, das Blut der unglücklichen Einwohner zu schonen; Johann von Leyden blieb unbeugsam und bestimmte die fanatischsten und am wenigsten aufgeklärten seiner Unterthanen, einen nutzlosen Widerstand blindlings fortzusetzen. Damals ereignete sich eine schreckliche Scene.

Die schöne Wittwe des Mathias, welche die Lieblingsgemahlin des Königs von Zion geworden war, hatte mehr als einmal Unglückliche seiner Wildheit entrissen. Sie konnte nicht ohne Mitleiden die Leiden der ausgehungerten Bevölkerung mit ansehen und hatte die Unklugheit, ihre Gesinnung zu verrathen. Bocold beschloß, sie zu bestrafen. Von seinem Hofe umgeben, begab er sich auf den Hauptplatz der Stadt; dort befahl er der Königin niederzuknien, warf ihr willkürlich ersonnene Verbrechen vor, und, sich mit dem Schwerte der Gerechtigkeit bewaffnend, schlug er derjenigen das Haupt ab, die er einst so sehr geliebt hatte.

Es scheint, daß Johann von Leyden von jenem Schwindel ergriffen war, der so oft Menschen, die mit der Allmacht bekleidet sind, erfaßt. Nero vergleichbar durch seine Jugend, seine Schönheit und dichterische Begabung, verfiel er wie jener in den Wahnsinn der Ausschweifung und der Grausamkeit.

So viel Schändlichkeiten konnten nicht lange ungestraft bleiben. Nachdem die Stadt alle Schrecken des Hungers erduldet hatte, wurde sie durch einen Ueberläufer an das Heer des Bischofs verrathen. Vierhundert auserwählte Krieger erstiegen bei Nacht die

Wälle der Stadt und öffneten bei Tagesanbruch dem übrigen Heere die Thore. Das Blutbad war entsetzlich. Rothmann fand im Handgemenge den Tod, den er suchte; Johann von Leyden wurde lebendig gefangen, als er das Thor seines Palastes vertheidigte.

Vor Waldeck geführt, verlor er nichts von seiner Anmaßung. Man führte ihn von Stadt zu Stadt, um ihn der Neugier des Volkes zu zeigen, wie er es selbst seinem Besieger ironisch vorgeschlagen hatte; dann wurde er auf ein Schaffot geführt, das mitten auf dem Platze von Münster errichtet war, an demselben Orte, wo sein Thron gestanden hatte, und ward durch das Schwert vom Leben zum Tode gebracht, nachdem er zuvor die grausamsten Martern erduldet hatte. Zwei Jahre lang, 1534 und 1535, hatte er regiert und zählte erst 26 Jahre. Sein Leichnam, in einem eisernen Käfig eingeschlossen, wurde an dem Thurm der Cathedrale von St. Lambert aufgehängt, wo seine Gebeine während der folgenden Jahrhunderte blieben, als ein schreckliches Denkmal jener furchtbaren Ereignisse.

Dies waren die Begebenheiten, die dem Auftreten der Wiedertäufersecte ihre Entstehung verdankten. Während der 14 Jahre, die von 1521 bis 1535 verflossen, hatte diese Secte alle Principien, die der moderne Communismus und Socialismus lehrt, formulirt. Emancipation des Fleisches und der Leidenschaften, Vernichtung der Familie, Abschaffung des Eigenthums, Gemeinschaft der Güter, unbegrenzte Freiheit, absolute Gleichheit, Beseitigung jeder Autorität, Achtung von Kunst, Wissenschaft und Literatur: alle diese Lehren finden sich in den Predigten eines Storch, Carlstadt und Münzer, in dem Glaubensbekenntniß von Zolicone und dem „Buch der Wiederherstellung". Es war den Wiedertäufern vergönnt, sie in Mühlhausen, in Mähren und Münster zu realisiren; überall haben ihre Versuche zu Mißerfolgen, zu Schändlichkeiten ohne Gleichen und einem empörenden Despotismus geführt. Es scheint, daß in dem Augenblicke, wo Europa in die Bahnen der modernen Civilisation einlenkte, die Vorsehung jene anarchischen Lehren erproben wollte, welche die wesentlichen Bedingungen jener Civilisation leugnen. Die Probe war entscheidend; und von nun an kann man sich zu jenen beklagenswerthen Irrthümern nicht bekennen, ohne sich über die Lehren der Geschichte hinwegzusetzen.

Vergebens würde man versuchen, die Thorheiten und Gräuel, welche die Wiedertäufer begangen haben, auf Rechnung des religiösen Fanatismus, welcher sie beseelte, zu setzen. Diese Leidenschaft war im Gegentheil danach angethan, die traurigen Folgen ihrer politischen und socialen Lehren abzuschwächen. Die Wiedertäufer achteten wenigstens den Begriff der Gottheit und der Unsterblichkeit der Seele, sie glaubten an die Strafen und Belohnungen im Jenseits, sie anerkannten die christliche Offenbarung und stützten sich auf das Evangelium, sie hatten also noch nicht jeden moralischen Zügel abgeworfen; aber in unserer Zeit fügen die Erneuerer ihrer Lehren zu ihren Irrthümern die Leugnung der Gottheit und des zukünftigen Lebens, sie ersticken im Menschen alle religiösen Gefühle, um ihn in einen groben Materialismus zu versenken. Wenn die religiösen und spiritualistischen Ideen die Wiedertäufer auf dem verhängnißvollen Wege, wohin sie ihre falschen socialen Principien geführt hatten, nicht aufhalten konnten, was soll man von der Verwirklichung der modernen Utopien erwarten? Die Saturnalien von Münster würden ohne Zweifel noch überboten werden.

Capitel XI.

Die Utopie des Thomas Morus.

Sechs Jahre vor dem Beginn jenes schrecklichen Dramas, zu dem der Versuch der Wiedertäufer, den Communismus in Verbindung mit neuen religiösen Dogmen zur Herrschaft zu bringen, Veranlassung gab, war ein Buch erschienen, in welchem die Theorie der Gütergemeinschaft unter einer rein philosophischen Form abgehandelt ward. Dies war die Utopie des Thomas Morus.

Dies berühmte Buch wurde zu Löwen 1516 gedruckt, ein Jahr bevor Luther in Europa die alte katholische Einheit zertrümmerte.

In einem bemerkenswerth reinen Latein geschrieben und dem Plato das Wesentliche seiner Lehren und die Form des Dialogs entlehnend, wurde das Werk des Thomas Morus mit Begeisterung von den Gebildeten, jenen leidenschaftlichen Bewunderern des classischen Alterthums, aufgenommen, die, damals in den verschiedenen Staaten Europas zerstreut, sich als die Glieder einer und derselben Republik betrachteten.

Was die Utopie merkwürdig machte, war nicht allein die Schönheit der Form und die kühne Hypothese einer Gesellschaft, die auf dem Princip der Gütergemeinschaft basirte, es war weit mehr die treffende und feine Kritik, welche Morus über die Mißbräuche seiner Zeit ergehen ließ, und die tiefen und neuen Ideen, die er über Politik und Religion aussprach. In diesem Puncte stand sein Werk mit der wirklichen Welt in Verbindung, und dies war ohne Zweifel die Haupturfache des Erfolges, den es hatte. In den Augen seiner ersten Leser und vielleicht in denen des Autors selbst war die Schilderung einer Gesellschaft, die unter der Herrschaft der Gütergemeinschaft stand, nur eine Fiction, ein bloßer Rahmen, in welchen anziehende Beobachtungen über zeitgenössische Zustände eingefügt wurden. Aber dieser romantische Theil des Buchs des Thomas Morus wurde sehr bald ernsthaft genommen und als der wahre Ausdruck der Ueberzeugung seines Verfassers angesehen. Er wurde der Ausgangspunct für alle Pläne socialer Reorganisation, welche die folgenden Jahrhunderte auftauchen sahen, und die den Titel des Werkes des englischen Kanzlers als Gattungsnamen erhalten haben. Niemals war ein Sprachgebrauch besser begründet, als derjenige, welcher eine ganze Klasse von Schriften unter dem Namen einer einzigen zusammenfaßt.

Fast alle Entwürfe idealer Staatsverfassungen, die seit dem 16. Jahrhundert erschienen, sind nur eine Reproduction derjenigen des Morus. Kritik der socialen Ordnung, Angriffe gegen das Eigenthum, Schilderungen des Elends der Proletarier, Lobpreisungen des gemeinsamen Lebens, Mittel der Organisation: Alles ist von dorther entnommen, es ist unmöglich, die Servilität des Plagiats noch weiter zu treiben. Morus ist deshalb der wahre Vater des modernen Communismus, und aus diesem Grunde ist sein Buch ein Hauptwerk, das eine eingehendere Beurtheilung verdient.

In ihm bemerkt man 4 Klassen durchaus verschiebener Ideen: 1. Kritik des Zustands Englands und der Politik der zeitgenössischen Fürsten, 2. Kritik des Princips des individuellen Eigenthums, 3. Plan zur Organisation einer Gesellschaft auf Grundlage der Gütergemeinschaft, 4. Darstellung eines Systems der auswärtigen Politik, welche sich für England, das unter dem durchsichtigen Namen der Insel Utopien angedeutet ist, eignet.

Dieser letzte Theil ist nicht der am wenigsten interessante; denn die utopische Politik ist genau dieselbe, welche seit Heinrich VIII. das englische Cabinet beherrscht.

Morus beginnt mit der Schilderung des traurigen Zustandes seines Vaterlands. Er zeigt uns das Volk von Steuern erdrückt, eine Menge müßiger Edelleute, ein ganzes Heer von faulen Dienern und trotzigen Wegelagerern unterhaltend, das platte Land unsicher gemacht durch eine Masse von Vagabunden, Bettlern, Dieben und Soldaten ohne Unterkommen, den Ackerbau zu Grunde gerichtet, die Weiden überall den Körnerbau verdrängend, den Bauer dem Wollvieh aufgeopfert, das als einträglicher von der Habsucht der großen Grundbesitzer ungebührlich vermehrt wurde. Man glaubt Plinius zu hören, wie er dasselbe System, das von der römischen Aristocratie in Italien befolgt wurde, beklagt und ausruft: Latifundia perdidere Italiam. Hierauf greift er den Mißbrauch der Todesstrafe an, die gegen die Diebe nur zu häufig verhängt wurde, und zeigt, wie später die französischen Encyclopädisten und Beccaria, die Ohnmacht der Härte der Strafen.

Er tadelt in beredten Worten die Kriegs- und Eroberungswuth, die Treulosigkeit der Politik, die Umschweife der Diplomatie, und rühmt die Vortheile und Segnungen des Friedens. Als guter Engländer wählte er Frankreich zum Typus des Ehrgeizes und der Verstellung, und in den Staatsrath seines Königs, der damals den Verräthereien Ferdinand's des Katholischen und Heinrich's VIII. ausgesetzt war und von der Ligue der Venetianer, des Papstes und des Kaisers bedroht wurde, suchte er die Gegenstände seiner Satyre. Endlich führt er einen Fürsten vor, umgeben von seinen Ministern, welche mit der Abfassung von Nothsteuerebicten beschäftigt sind und die geeignetsten Mittel ersinnen, um dem Volke den letzten Thaler aus der Tasche zu ziehen.

Aber vergebens, sagt er, würde man versuchen, die Fürsten und Mächtigen dieser Erde zu einer Reform jener Uebelstände zu bestimmen. Sie würden taub sein für die Stimme der Vernunft; besser man befolgt den Rath Plato's und hält sich fern von den Angelegenheiten des Staates. Hier tritt dann die Idee der Gütergemeinschaft hervor.

Raphael Hythlobaeus, eine der Personen des Dialogs, der kühne Seefahrer, welcher die Insel Utopia entdeckt hat, theilt dem Morus seine Ansichten mit und erklärt ihm, daß seiner Meinung nach in allen Staaten, wo der Besitz individuell ist, wo alles nach Geld abgeschätzt wird, die Gerechtigkeit niemals herrschen, noch die öffentliche Wohlfahrt gedeihen könne. Um eine richtige Gleichheit in die menschlichen Verhältnisse zu bringen, müsse nothwendiger Weise das Eigenthumsrecht abgeschafft werden; so lange dieses Recht bestehe, werde der zahlreichsten und achtbarsten Klasse als Erbtheil nur eine drückende Last von Noth, Elend und Kummer zufallen. Hythlobaeus lobt dann den Plato, weil er sich zum Herold der Gleichheit gemacht habe, die da nicht bestehen könne, wo das individuelle Eigenthum herrsche; denn dann wolle ein Jeder aus den verschiedensten Titeln Vortheil ziehen, um für sich so viel als möglich zu bekommen, und der staatliche Reichthum, wie groß er auch sei, falle doch nur einer kleinen Zahl von Menschen zu, die den Anderen nichts als Elend und Entbehrung übrig lassen. „Ich weiß wohl", fährt er fort, „daß es Mittel giebt, welche das Uebel erleichtern können, aber diese Mittel vermögen es nicht von Grund aus zu heilen. Man kann z. B. ein Maximum festsetzen, das der Einzelne an beweglichem oder unbeweglichem Vermögen besitzen darf, oder sich durch strenge Gesetze gegen Anarchie und Despotismus sichern, man kann den Betrug bestrafen, den Verkauf der Aemter verbieten, den Luxus und Aufwand in den höheren Stellen beschränken, damit man nicht genöthigt ist, den Reichsten die Aemter zu geben, die man den Fähigsten geben sollte. Alle diese Mittel sind zwar geeignet, den Schmerz zu lindern, aber hoffe man ja nicht Kraft und Gesundheit wiederherzustellen, so lange noch Jeder sein individuelles Eigenthum besitzt. In der Gesellschaft existirt solch' eine merkwürdige Verkettung, daß, wenn man den einen Theil der Kranken heilen wollte, das Uebel des anderen Theils sich vergrößern und verschlimmern würde; denn man kann den Besitz des

Einen nicht vermehren, ohne daß ein Anderer darunter leidet und verliert".

Morus tadelt sodann die Reichen und beklagt das Loos der Arbeiter. „Die Haupturſache des öffentlichen Elends", ſagt er, „iſt die große Zahl der Edelleute, jener müßigen Drohnen, welche vom Schweiß und von der Arbeit Anderer leben, welche ihre Ländereien bebauen laſſen, indem ſie ihre Pächter bis auf's Blut ausſaugen, um ihre Einnahmen ungebührlich zu erhöhen. Iſt es nicht erſtaunlich, daß das Gold eine ſo gewaltige Macht erlangt hat, daß es höher geſchätzt wird, als ein Menſch? daß ein Reicher mit einem bleiernen Verſtand, dumm wie ein Klotz, ebenſo unſittlich als einfältig, dennoch eine Menge kluger und tugendhafter Leute in ſeiner Gewalt hat?"

„Iſt es gerecht, daß ein Edelmann, ein Goldſchmied,*) ein Wucherer, ein Menſch, der nichts hervorbringt, ein üppiges Leben im Schooße des Müßiggangs oder ſinnlicher Vergnügen führt, während der Handlanger, der Fuhrmann, der Handwerker, der Tage= löhner im tiefſten Elend leben und kaum die kärglichſte Nahrung ſich verſchaffen können? Und die letzteren haben doch eine ſo lange und anhaltende Arbeit zu verrichten, daß ſie kaum die Saumthiere ertragen würden, und die doch ſo nothwendig iſt, daß keine Geſell= ſchaft ohne ſie auch nur ein Jahr beſtehen könnte. Das Loos des Laſtthiers ſcheint in der That beneidenswerther zu ſein; denn dieſes arbeitet nicht ſo lange, und ſeine Nahrung iſt ſeiner Natur an= gemeſſen, endlich hat es keine Furcht vor der Zukunft. Aber welches iſt das Loos des Arbeiters? Eine unfruchtbare und vergebliche Arbeit drückt ihn in der Gegenwart zu Boden, und die Ausſicht auf ein elendes Alter tödtet ihn; denn ſein Tagelohn iſt ſo gering, daß er kaum für die Bedürfniſſe des Tages hinreicht, wie ſollte er etwas für die Bedürfniſſe des Alters zurücklegen? Dies iſt aber noch nicht Alles. Jeden Tag vermindern die Reichen den Lohn der Armen um etwas, nicht bloß durch betrügeriſche Kunſtgriffe, ſondern auch durch Geſetze, die ſie zu dieſem Zwecke erlaſſen. Diejenigen ſo ſchlecht zu belohnen, welche ſich am meiſten um den Staat verdient gemacht haben, ſcheint zunächſt eine offenbare Ungerechtigkeit, aber

---

*) Die Goldſchmiede waren die Banquiers damaliger Zeit und im Beſitze großer Reichthümer.

die Reichen haben aus dieser Ungeheuerlichkeit eine Gerechtigkeit gemacht, indem sie sie durch Gesetze sanctionirten. Wenn ich den Zustand der blühendsten Staaten unserer Zeit genau untersuche, so sehe ich dort nur eine Verschwörung von Reichen, welche lediglich ihre Angelegenheiten unter dem Namen und dem Vorwand des Staatsinteresses auf's Beste wahrzunehmen wissen. Die Verschwörer suchen durch alle möglichen Kunstgriffe und Mittel einen doppelten Zweck zu erreichen: erstens, sich den gewissen und dauernden Besitz eines auf mehr oder minder ungerechte Weise erworbenen Vermögens zu sichern, zweitens, vom Elend der Armen Vortheil zu ziehen, ihre Arbeitskraft zu mißbrauchen, wie man es mit Thieren thut, und zu möglichst niedrigen Preisen die Erzeugnisse ihres Kunstfleißes und ihrer Arbeit zu kaufen."

„Und diese Kunstgriffe, die von den Reichen im Namen des Staates und folglich im Namen der Armen selbst angewendet werden, sind Gesetze geworden! Setzt", sagt der Verfasser der Utopie anderwärts, „dem habsüchtigen Egoismus der Reichen eine Schranke, nehmt ihnen das Recht des Wuchers und des Monopols; kein Müßiger sei fernerhin mehr unter euch, gebt dem Ackerbau einen größeren Raum zur Entwicklung, schafft neue Industriezweige, damit die Menge müßiger Leute sich nützlich beschäftige, welche ihr Elend bis jetzt zu Vagabunden oder Schelmen gemacht hat, die fast alle nur als Diebe enden."

„Wenn ihr die Uebel, die ich euch angebe, nicht heilt, so rühmt mir nicht mehr eure Gerechtigkeit, sie ist nur eine armselige Lüge. Millionen von Kindern überlaßt ihr den Verheerungen einer schlechten und unsittlichen Erziehung, die Sittenverderbniß welkt unter euern Augen diese jungen Pflanzen, die für die Tugend blühen sollten, und doch verurtheilt ihr sie zum Tode, wenn Sie als Männer die Verbrechen begehen, deren Keime von Jugend auf in ihren Herzen schlummerten. Was macht ihr also anders, als Diebe, um das Vergnügen zu haben, sie zu hängen?"

Diese leidenschaftlichen Stellen schienen uns interessant genug, um sie ihrem Wortlaut nach hierher zu setzen. Wer erkennt nicht in ihnen die Quelle und das erste Vorbild jener Schmähungen, welche die Werke der Communisten und Socialisten der folgenden Jahrhunderte anfüllen? Alle diese Schriftsteller sind nur in die

Fußstapfen des Morus getreten, aber in ihren wortreichen Umschreibungen haben sie weder die Kraft noch die Schönheit seiner Sprache erreicht.

Es ist hier nicht der Ort, diese Anklagen gegen die sociale Ordnung eingehend zu widerlegen. Mehrere unter ihnen bezogen sich mit Recht auf das Land und die Zeit, in der sie erhoben wurden, und wir werden sicherlich nicht dem Morus die bittere Kritik vorwerfen, welche er über die Verfassung Englands ergehen läßt, die damals wie heut zu Tage auf der Bevorzugung des Adels und der Geistlichkeit beruhte. Aber hinsichtlich der französischen Gesellschaft, die auf der Gleichheit der bürgerlichen und politischen Rechte und der gleichen Vertheilung der Erbschaften basirt, ist diese Kritik ohne Bedeutung.

Es ist somit nur die Kritik der Beziehungen der arbeitenden und besitzenden Klasse, welche eine Antwort verdient; denn diese ist in der That der Gegenstand, welcher noch jetzt den Zorn unserer modernen Reformatoren hervorruft. In diesem Punkte ist aber der Irrthum des Morus leicht zu erkennen. Wenn die ungeheure Mehrheit der Menschen damaliger Zeit zu einem dürftigen Leben verurtheilt war, so war die Ursache davon, daß die gesammte Production nicht umfangreich genug war. Und woher kam dieser Mangel an Productivität? Ohne Zweifel trug die schlechte politische Verfassung der Staaten des 16. Jahrhunderts einen Theil der Schuld, aber der Hauptgrund war die Unzulänglichkeit des Capitals und der Werkzeuge, die der Gesellschaft damals zur Verfügung standen. Nun möge man wohl beachten, daß nur durch Sparsamkeit und kluge Berechnung derjenigen, deren Einnahmen ihre Bedürfnisse übersteigen, das Capital sich vermehren und in der besten Weise angelegt werden kann; ihr persönliches Interesse ist die alleinige Triebfeder, welche sie zur Ansammlung von Capital bestimmt und die einzige Garantie gegen eine unfruchtbare Verschleuderung desselben. Die Vermehrung des Nationalvermögens hebt den allgemeinen Wohlstand, und es ist Sache der erbrechtlichen Gesetze, eine gleiche Vertheilung dieses Capitals zu sichern, und der Crediteinrichtungen, es jedem zugänglich zu machen, je nachdem er es nutzbar zu machen im Stande ist. Unser System der Erbfolge, welches die Gleichheit und die heiligen Rechte der Familie mit einander in Einklang setzt, genügt vollkommen der ersten Bebingung, im zweiten Puncte hat die Gesellschaft gewaltige Fortschritte gemacht, und neue stellt ihr die Zukunft in gewisse Aussicht.

Ohne Zweifel gibt es auch bei uns Elend und Noth, welche alle fühlenden Herzen auf's Tiefste bewegen muß, aber die Summe derselben nimmt stetig ab, und jeder Tag zeigt dem aufmerksamen Blick einige Mittel für diese Wunden. Durch die Ausdehnung der politischen Rechte ist die Nation kaum in den Vollbesitz ihrer selbst getreten, wer kann also voraussehen, wo die Verbesserungen ein Ende nehmen werden, jetzt, wo jedes gesetzmäßige Interesse seinen Einfluß gelten machen, jeder Schmerz seine Klagen vorbringen, jede nützliche Idee hervortreten kann?

Giebt es aber unter den Ursachen des Elends, welche Morus selbst anführt, keine, welche für sich allein hinreicht, den krankhaften Zustand der meisten europäischen Nationen zu erklären?

Wir wollen nur die Kriege nennen, welche sie so lange zerrüttet haben, und die verhängißvolle Nothwendigkeit, im tiefsten Frieden ungeheure Armeen zu unterhalten. Dies ist die Hauptquelle unserer Leiden, und von dem Tage an, wo diese verstopft ist, wird sich die Gesellschaft zu einer ungekannten Höhe von Wohlstand und Glückseligkeit erheben. Warum also das Eigenthum wegen Uebel anklagen, welche in einer fehlerhaften Politik eine genügende Erklärung finden? Aber kehren wir zur Utopie zurück. Nachdem Morus seine Beschwerden gegen die auf dem Eigenthum basirende sociale Ordnung vorgebracht und das Princip der Gütergemeinschaft aufgestellt hat, entwickelt er die Mittel zur Durchführung derselben. Hier beginnt die romantische und fantastische Partie seines Buches.

Die Insel Utopia hat ihren Namen vom weisen Utopus, der ihr Gesetze gegeben hat, sie ist vom Festland durch einen von Menschenhänden hergestellten Canal getrennt, und ihre Küsten bilden gleichsam einen fortlaufenden Hafen. Die Hauptstadt der Insel, Amaurotus, ist an einem Flusse und in einiger Entfernung vom Meere gelegen, dessen Fluth ihre Mauern bespült. Diese Beschreibung legt den Gedanken nahe, daß nach dem Willen des Morus Utopien nichts anderes als England sein sollte.

Auf der Insel befinden sich außer der Hauptstadt noch 54 Städte, welche nach demselben Plane angelegt sind und je einen bestimmten Theil des Territoriums zugewiesen erhalten haben.

Keine Stadt darf mehr als 6000 Familien umschließen. Außerdem ist eine große Zahl von Wohnstätten auf dem Lande zerstreut, welche gut und bequem gebaut, mit allen landwirthschaftlichen Geräthen auf's Reichlichste versehen sind.

Jede dieser ländlichen Niederlassungen bildet eine Colonie von Arbeitern beiderlei Geschlechts, aus mindestens 40 Personen bestehend und von einem würdigen Familienvater und einer Familienmutter geleitet. Der Ackerbau ist die Hauptbeschäftigung aller Bürger, und jedes Jahr kehrt die Hälfte der Mitglieder der Colonie in die benachbarte Stadt zurück, um von einer gleichen Zahl Einwohner der letzteren ersetzt zu werden.

Neben dem Ackerbau lernt jeder Utopier noch ein Handwerk nach seiner Wahl, aber man treibt in Utopien nur die einfachsten, welche zum Unterhalt des Lebens unentbehrlich sind. Der Luxus ist unbekannt. Die Kleidung ist einförmig und die ländliche oder industrielle Arbeit eine Allen gemeinsame Pflicht; die tägliche Arbeitszeit beträgt sechs Stunden und zerfällt in zwei Arbeitsperioden, die übrige Zeit ist dem Studium der Literatur und Wissenschaft gewidmet, welche in öffentlichen Anstalten gelehrt werden; am Abend beschäftigt man sich mit Spiel, Tanz und Musik, für welche die Utopier eine ausgesprochene Vorliebe haben. Morus, wie später Rousseau, fordert, daß die Musik vor Allem ausdrucksvoll sei und die Empfindungen und Leidenschaften des Menschen wiedergebe.

Aber, wird man sagen, bei einer so kurzen Arbeitszeit wird man unmöglich eine genügende Menge der zum Leben nothwendigen Gegenstände hervorbringen können. Morus antwortet darauf, daß diese Arbeitsdauer hinreichend ist, da es unter der Herrschaft einer gemeinsamen Lebensweise keine müßigen Menschen mehr gäbe. Er macht dabei auf die große Zahl der unproductiven Personen, welche die Gesellschaft seiner Zeit enthielt, aufmerksam; dies sind die Cultusdiener, Cardinäle, Erzbischöfe, Bischöfe, Äbte, Priester und Mönche, ferner die Frauen, die reichen Grundbesitzer, Edelleute und Herren, ihre Lakaien, Dienstboten und bewaffneten Diener, die Bettler und diejenigen, welche sich mit unnützen Künsten beschäftigen, nur bestimmt, den Luxus und die Eitelkeit zu befriedigen. Wenn daher Jeder eine jener Professionen betreibt, welche die zum Leben nothwendigen Gegenstände herstellen, so wird man eine große

Menge derselben mit geringer Arbeit für die einzelnen Individuen erhalten.

Von den Handarbeiten sind allein die Magistrate, die Cultusdiener und die auserwählten Personen befreit, denen das Volk gestattet, ihr Leben ausschließlich dem Studium der Wissenschaften zu widmen.

In Utopien giebt es Märkte für die Lebensmittel und große öffentliche Magazine für die Manufacten, woselbst jedes Familienhaupt unentgeltlich seinen Bedarf erhält. Da der Ueberfluß an allen Gegenständen außerordentlich ist, so braucht man nicht zu fürchten, daß Jemand über seine Bedürfnisse hinaus verlangt, und warum sollte auch derjenige, der gewiß ist, niemals Mangel an etwas zu leiden, sich etwas Ueberflüssiges zu verschaffen suchen? Was die Menschen im Allgemeinen habsüchtig und begehrlich macht, ist die Furcht vor zukünftigem Mangel.

Die Mahlzeiten werden gemeinschaftlich eingenommen; indessen ist es Jedem erlaubt, für sich allein zu essen. Aber Niemand macht davon Gebrauch, da es thöricht sein würde, sich die Mühe zu nehmen, ein schlechtes Essen zu bereiten, während man ein vortreffliches im gemeinschaftlichen Saale vorfindet, wo Musik, Parfümerien und wohlriechende Wasser, kurz nichts gespart ist, um das Behagen und den Genuß der Gäste zu erhöhen. Die Kinder und jungen Leute versehen den Dienst an der Tafel.

In Utopien gibt es keinen Binnenhandel. Wenn in einer Gegend Ueberfluß herrscht und Mangel in einer andern, so gleicht man die Differenz der ersteren mit dem Ueberschuß der letzteren, und zwar unentgeltlich, aus. Auf diese Weise existirt auf der ganzen Insel gleichsam nur eine Familie. Die überflüssigen Producte werden nach auswärts geschickt und gegen ausländische Waaren umgetauscht.

Münzen sind auf der Insel nicht im Gebrauch, Gold und Silber sind allgemein verachtet und werden nur zu den gemeinsten Gegenständen verwendet. Indessen ist es im Ueberfluß auf der Insel vorhanden, da man es von den Fremden für exportirte Producte empfängt, und ungeheure Vorräthe werden davon von der Regierung für die Bedürfnisse der auswärtigen Politik aufbewahrt.

Die Utopier dürfen im Innern der Insel nur mit Erlaubniß

der Obrigkeit reisen. Die Gemeinde liefert ihnen die Mittel zu ihrem Fortkommen und ihrem Unterhalt, aber die Reisenden sind verpflichtet, überall, wo sie sich aufhalten, die ihnen obliegende Arbeit zu verrichten.

Morus ist nicht ebenso consequent wie Plato, er schreckt vor der Verwerfung der Familie zurück. Die Ehe ist beibehalten, Ehebruch und jede unordentliche Verbindung auf's Strengste verpönt, die Ehescheidung aber erlaubt wegen constatirter Unverträglichkeit beider Theile.

Die Familien müssen ungefähr die gleiche Zahl von Mitglieder umfassen; sobald eine derselben zu zahlreich ist, läßt die Obrigkeit einige Kinder in eine andere Familie übergehen. Jede Familie wird vom ältesten Mitglied regiert und hat ihre eigene Wohnung, aber alle zehn Jahre muß sie dieselbe wechseln, und das Loos bestimmt ihren neuen Aufenthalt. Wird die Bevölkerung zu zahlreich, so wird eine allgemeine Auswanderung angeordnet, und die Auswanderer gründen auf dem benachbarten Festlande eine Colonie.

In Utopien findet man auch Sclaven zweierlei Art. Die Einen sind Utopier oder Fremde, die wegen ihrer Verbrechen zur Sclaverei verurtheilt worden sind, die Andern sind Kriegsgefangene oder Fremde, die ihre Dienste freiwillig verkauft haben. Die ersteren sind gefesselt und zu den härtesten Arbeiten verurtheilt.

Dies ist die öconomische und sociale Organisation der Insel Utopia, ihre politische ist folgende:

Je 30 Familien wählen jährlich ihre Obrigkeit, Philarch genannt, und über je zehn Philarchen steht als höherer Magistrat ein Protophilarch. Sämmtliche Philarchen zusammen wählen den Fürsten unter vier vom Volke vorgeschlagenen Candidaten; dieser wird auf Lebenszeit gewählt, kann aber wieder abgesetzt werden, wenn er nach der Alleinherrschaft strebt.

Die Hauptaufgabe der Philarchen ist, die Arbeiter zur Thätigkeit anzuhalten und zu verhindern, daß sich die Trägheit unter ihnen einschleiche. Der Verfasser nennt nicht die Mittel und Strafen, wir wissen nur, daß unter letzteren die Sclaverei sich befindet.

Jede Stadt schickt drei Abgeordnete in die Nationalvertretung, die in der Hauptstadt tagt und die gesetzgebende Gewalt besitzt.

Jedes Jahr wird von ihr eine genaue Statistik der Producte und Waaren aufgestellt, die auf der Insel vorhanden sind, ferner deren Vertheilung und die Dauer der Arbeitszeit bestimmt.

Man sieht, Morus hat bereits 1516 die vollständigste Darstellung des Systems der Gütergemeinschaft gegeben, wenigstens in öconomischer Hinsicht; denn er hatte nicht den Muth, das Princip, welches er auf das Vermögen anwandte, auch auf die Beziehungen der Personen unter einander auszudehnen. Die Communisten der folgenden Jahrhunderte haben zu seinen Ideen nicht eine einzige hinzugefügt.

Nicht minder bemerkenswerth ist es, daß Morus alle die Einwände, welche das System der Gütergemeinschaft in seinen Grundlagen erschüttert, sehr gut herausgefühlt und mit seltener Klarheit formulirt hat. Folgendes sind seine Worte zu Raphael Hythlobaeus, eine der fingirten Personen des Dialogs, der ihm die Vortheile der Gütergemeinschaft rühmt.

„Weit entfernt Eure Ansicht zu theilen, glaube ich vielmehr, daß das Land, in dem man die Gütergemeinschaft einführt, das unglückseligste unter der Sonne sein würde. Denn durch welche Canäle würde dort der Ueberfluß fließen? Jedermann würde die Arbeit fliehen, Niemand von der Hoffnung auf Gewinn angestachelt werden, Jeder sich auf die Arbeit und den Fleiß des Andern verlassen, Alle in Trägheit versinken. Selbst wenn die Furcht vor Mangel die Trägen antriebe, so würde doch, da das Gesetz Niemand die Frucht seiner Arbeit als unverletzliches Eigenthum sichert, der Aufruhr unaufhörlich gähren und drohen und Euere Republik in blutige Verwirrung und Unruhe stürzen." „Welchen Damm wollte man ferner der Anarchie entgegensetzen? Euere Obrigkeiten sind leere und hohle Namen, Titel ohne Autorität. Ja ich kann nicht einmal begreifen, wie eine Regierung möglich sein soll bei einem Volk von Nivellirern, die jede Unterordnung verschmähen."

Und was antwortet Hythlobaeus hierauf? Nichts antwortet er; er sagt nur: „Wäret ihr doch in Utopien gewesen!" Unsere modernen Reformatoren bleiben ebenfalls die Antwort in diesem Puncte schuldig; und es ist in der That unmöglich, auf diesen Einwand eine Antwort zu finden.

Sagt man, daß das Gesetz der Pflicht eine hinreichende Triebfeber der menschlichen Thätigkeit ist, so heißt das nur behaupten, was bestritten wird, so heißt das der ganzen Menschheit widersprechen, die seit Jahrhunderten die Industrie für die Tochter der Noth gehalten hat.

Wenn man in die Hände der Regierung die Macht legt, die Individuen zur Arbeit zu zwingen, so erkennt man gerade dadurch die Unzulänglichkeit des Princips der Pflicht an, man setzt nur den Despotismus des Menschen an die Stelle der Nothwendigkeit, die aus der Natur der Dinge sich ergibt.

Unter der Herrschaft der Gütergemeinschaft und der absoluten Gleichheit ist dieser Despotismus selbst nur eine nominelle und ohnmächtige Gewalt, sie hat weder eine Grundlage noch eine Gewähr. Diese Wahrheit wird bestätigt durch die fortgesetzte Erfahrung jener Vereinigungen, die bis jetzt bestanden haben. Diejenigen, bei denen das Princip der Pflicht auf die Spitze getrieben worden ist, die christlichen Verbindungen, haben sich nur dadurch erhalten können, daß sie sich Obern, die mit unumschränkter Gewalt ausgestattet waren, unterwarfen. Diese Gewalt selbst war aber auf die Dauer nur möglich, weil sie eine Stütze und Nachdruck außerhalb dieser Gemeinschaften in der Gesellschaft fand, die auf dem Eigenthum basirte, von dem sie überall umgeben wurden.

Diese Unfähigkeit des Morus, auf jene wichtigen Bedenken, die er selbst gegen das Princip der Gütergemeinschaft erhebt, zu antworten, jene stillschweigende Anerkennung der Unmöglichkeit, dieses Princip zur Anwendung zu bringen, seitens jenes großen Geistes, der es zuerst vollständig formulirt hat, ist die entschiedenste Verurtheilung des socialen Systems, das in der Utopie entwickelt ist. Sie berechtigen zu der Annahme, daß Morus selbst es nicht für möglich hielt, daß seine Reformpläne jemals verwirklicht werden könnten, und die Worte, mit welchen die Utopie endet, rechtfertigen diese Ansicht: „Wenn ich auf der einen Seite", sagt Morus, „nicht Alles anerkenne, was Hythlodaeus vorgebracht hat, so bekenne ich auf der andern Seite, daß es bei den Utopiern vieles gibt, das ich in unserer Stadt eingeführt wissen möchte. Ich wünsche es mehr, als ich es hoffe."

Diese Auslegung fand die Utopie bei ihrem Erscheinen. Heinrich VIII. und dem Cardinal Wolsey vorgelegt, beleidigte das Werk in keiner Weise ihre argwöhnische Empfindlichkeit, die entschiedensten Anhänger der absoluten Gewalt unter den Gelehrten Europa's bekundeten eine rückhaltlose Bewunderung für dasselbe und ahnten nicht im entferntesten, was für eine große Gefahr es in sich schloß. Sie täuschten sich indessen. Schlechte Lehren, selbst wenn sie in die Form einer Hypothese eingekleidet sind, üben immer einen verderblichen Einfluß aus, und gerade wenn es sich um die sociale und politische Ordnung handelt, ist der Grundsatz der Moral wahr und zutreffend, daß man selbst im Scherze nicht lügen darf. Fünf Jahre nach der Veröffentlichung der Utopie kam die Lehre der Wiedertäufer zum Vorschein, die weiter nichts ist, als der zur Religion erhobene Communismus. Unzweifelhaft hat die Utopie einen mächtigen Einfluß auf den Geist der Stifter jener berüchtigten Secte ausgeübt, die, zum größten Theil wissenschaftlich gebildet, ein Werk gekannt haben werden, von dessen Lobe Europa wiederhallte. Die Predigten eines Münzer und die Schriften seiner Anhänger enthalten wenigstens Stellen, die an jener Quelle geschöpft zu sein scheinen.

Um das Werk des Morus vollständig kennen zu lernen, bleibt nur noch übrig, die Ansichten, welche es über Moral, Religion und auswärtige Politik enthält, in der Kürze zu recapituliren. Die Darstellung derselben gehört zwar nicht direct zu unserer Aufgabe, aber sie bietet doch zuviel Interesse und beleuchtet die wahre Tragweite der Utopie in einer Weise, daß eine kurze Digression über diesen Punct nicht unwillkommen sein wird.

Alle Religionen werden in gleicher Weise in Utopien geduldet, selbst der Götzendienst; der größere Theil der Einwohner bekennt sich indessen zum reinen Deismus, der als Staatsreligion betrachtet wird. Der öffentliche Gottesdienst ist einfach und derartig eingerichtet, daß keine Religion durch ihn sich verletzt fühlt. Er wendet sich an jenes höchste Wesen, das zugleich Schöpfer und Vorsehung ist, an dessen Dasein alle Utopier glauben, dem sie aber in ihren verschiedenen Culten verschiedene Namen und Attribute beilegen.

Die Atheisten und diejenigen, welche die Unsterblichkeit der Seele, die Strafen und Belohnungen im anderen Leben leugnen, werden mit Verachtung gestraft und sind unfähig, ein obrigkeitliches Amt zu bekleiden. Eine materielle Strafe legt man ihnen aber nicht auf, denn nach der Ansicht der Utopier kann Niemand zum Glauben gezwungen werden.

Der Staat fordert von den verschiedenen Religionen dieselbe Toleranz unter einander, die er jeder von ihnen gewährt. Morus führt das Beispiel eines christlichen Neophyten an, der wegen seines übertriebenen Bekehrungseifers und seiner Ausschließlichkeit zur Verbannung verurtheilt wurde. Von seiner glühenden Begeisterung verleitet, begnügte er sich nicht der christlichen Religion den ersten Rang einzuräumen, er verurtheilte auch alle anderen, indem er gegen ihre Mysterien eiferte, die er profanirte, und ihre Anhänger als Gottlose und Frevler, welche die Hölle verdienten, hinstellte. Er wurde festgenommen und verurtheilt, nicht wegen Lästerung einer bestehenden Religion, sondern weil er Unruhe unter dem Volke gestiftet habe.

Die Moral der Utopier beruht auf dem Grundsatze: gehorche der Natur. Sie ist gleich weit entfernt vom Materialismus, welcher die Seele entwürdigt, und von der Ascetik, welche den Leib erniedrigt, sie ist ein geläuterter Epicuräismus. In Utopien verachtet man das Vorurtheil des Adels, die Eitelkeit in Schmuck und Edelsteinen, man kennt nicht das Vergnügen der Jagd und des Hazardspiels, und man lacht über die eiteln Träume der Astrologen. In allen diesen Puncten ist Morus seiner Zeit merkwürdig vorausgeeilt.

Schließlich gibt der Verfasser eine Darstellung der auswärtigen Politik der Utopier, und hier erwarten uns neue Ueberraschungen. Morus ist nicht, was man in unserer Zeit so nennt, ein Humanist, er denkt nicht seine Reformen über den ganzen Erdkreis auszudehnen. Die Insulaner Utopiens betrachten sich als ein den übrigen Nationen überlegenes Volk und tragen kein Bedenken, entfernte Gegenden, die ihnen gelegen sind, in Besitz zu nehmen, Colonien daselbst anzulegen und die Eingeborenen mit Waffengewalt zu vertreiben. Höchstens gestatten sie ihnen, sich ihren Gesetzen und ihrer Herrschaft zu unterwerfen.

Diese herrschsüchtige Nation sieht nur diejenigen Völker als befreundet an, welche Fürsten von ihr erbitten und ihren Handel und ihre Oberleitung anerkennen. Im Auslande schützt sie auf energische Weise ihre und ihrer Verbündeten Kaufleute, für Ungerechtigkeiten, die diesen widerfahren, nimmt sie die furchtbarste

Rache. In ihren Handelsbeziehungen zu fremden Völkern nimmt sie stets die erste Stelle ein, so daß sie fortwährend Gläubigerin jener ist und sie in Abhängigkeit von sich erhält.

Die Utopier streben nach der Herrschaft über die Nationen des benachbarten Continents; aber zum Krieg nehmen sie nur im äußersten Nothfall ihre Zuflucht. In ihren Augen ist der schönste Ruhm, den Feind durch schlaue und geschickte Ränke zu besiegen. Ist der Krieg erklärt, so setzen sie zunächst einen Preis auf den Kopf des feindlichen Fürsten und seiner vornehmsten Räthe und bezahlen freigebig und gewissenhaft die Mörder: ein Verhalten, das ihnen durch die Menschlichkeit geboten scheint, da es zum Zweck hat, das Blut zu schonen, das sonst in Strömen auf den Schlachtfeldern vergossen werden würde. Wenn dieses Mittel ohne Erfolg bleibt, so säen und nähren unsere Insulaner Uneinigkeit und Zwietracht, indem sie dem Bruder des Fürsten oder irgend einer andern hohen Persönlichkeit Hoffnung auf den Thron machen. Werden auch die innern Unruhen unterdrückt und gedämpft, so wiegeln sie die benachbarten Nationen des Feindes zum Kriege gegen diesen auf, indem sie einen jener alten Titel hervorsuchen, die den Königen niemals fehlen. Zu gleicher Zeit versprechen sie den neuen Verbündeten Hülfe, spenden auf's Freigebigste Geld und Subsidien, aber Soldaten stellen sie ihnen so wenig als möglich. Die Utopier sind in der That sehr sparsam mit dem Blute ihrer Mitbürger. Auf dem Schlachtfelde setzen sie sie nur im äußersten Nothfall aus, aber dann entwickeln sie eine um so furchtbarere Tapferkeit, als sie sich mit Ruhe und Kaltblütigkeit vereinigt. Sie verschanzen sich, nehmen die Schlacht mehr an als sie sie liefern und zerstreuen sich selbst nicht, um den flüchtigen Feind zu verfolgen.

Ist der Krieg beendigt, so tragen nicht die Verbündeten, zu deren Gunsten derselbe unternommen wurde, die Kosten, sondern die Besiegten. Kraft dieses Principes fordern die Utopier erstens von letzteren Geld, das ihnen für zukünftige Kriege dienen soll, zweitens aber Abtretung ungeheurer Strecken des eroberten Gebietes, die der Republik für immer die größten Einkünfte sichern.

Dies ist der Nationalcharacter und die auswärtige Politik der Utopier. In den verwerflichen Grundsätzen, welche Morus nicht ansteht zu entwickeln, erkennt man das Werk eines Zeitgenossen des Cäsar Borgia und Macchiavell, und findet man zugleich den ältesten und vollständigsten Coder jener Politik, welche von England seit Heinrich VIII. mit unerschütterlicher Beharrlichkeit befolgt wird. Colonial- und Handelssystem, systematische Eroberungen, anmaßender Ehrgeiz unter der Maske der Gerechtigkeit und Humanität, die Kunst, unter den Nachbarvölkern bürgerliche Unruhen zu erregen, besoldete Coalitionen, eine Taktik, die das Blut der Söldner verschwendet und geizt mit dem der Nationalen, alles dies, was Morus empfiehlt, hat England gethan, und besonders in seinem Kriege gegen das republicanische und kaiserliche Frankreich hat es auf's Treueste die utopische Politik befolgt. Man weiß, daß es in dieser Epoche selbst nicht vor der Aufforderung zur Ermordung jenes Mannes zurückschreckte, dessen Genie seine Macht bedrohte.

Wir haben das Werk des Thomas Morus nunmehr treu in seiner Gesammtheit wie in seinen hauptsächlichsten Details dargestellt. Welche Wichtigkeit hat man nun der Hypothese der Gütergemeinschaft beizulegen, mitten unter einer Menge für ihre Zeit so neuer Ideen? Spielt sie eine Haupt- oder Nebenrolle? Hat der Verfasser sie ernstlich vertheidigen wollen, oder sollte sie ihm bloß ein Werkzeug zur Kritik sein, nur zum Contraste dienen, um die Schäden der Regierungen und die Fehler der Gesellschaft des 16. Jahrhunderts um so deutlicher in's Auge springen zu lassen? Wir haben unsere Ansicht über diesen Punct bereits angedeutet. In unsern Augen darf Morus nicht mehr als Communist angesehen werden, weil er die Gütergemeinschaft in einem politischen Roman gepriesen hat; er darf auch nicht unter die Zahl der Theophilanthropen gerechnet werden, weil er in demselben Buche den Deismus gepredigt. Indem er auf dem Schaffot für seinen katholischen Glauben starb, scheint er uns hinlänglich gezeigt zu haben, welch' großer Unterschied zwischen seiner wahren Ueberzeugung und den Fantasien seiner Einbildungskraft besteht. Indessen zählt die entgegengesetzte Ansicht, welche dem Morus einen aufrichtigen Glauben an die Vortrefflichkeit der Gütergemeinschaft zuspricht, zahlreiche Anhänger. Die genaue Kritik, welche wir von der Utopie gegeben haben, erlaubt dem Leser, unter beiden Meinungen selbstständig zu wählen.

Wenn man die sociale Organisation, wie sie die Utopie entwickelt, an und für sich betrachtet, so erkennt man leicht, daß sie alle Fehler, welche der Gütergemeinschaft anhaften, enthält, Vernichtung der Freiheit und Selbstbestimmung des Menschen, allgemeine Knechtung der Individuen. Morus hat zwar versucht, den Despotismus, der sich auf dem Grunde eines jeden communistischen Systems findet, so viel als möglich abzuschwächen, er träumt von einer patriarchalischen Regierung, die mehr auf moralischen Einfluß und Autorität der Magistrate, als auf Gewalt begründet ist; aber der Zwang der Regel lastet nicht minder schwer auf den Bürgern Utopiens. Für sie vergehen die Tage in einer verzweifelten Eintönigkeit, sie haben nicht die Freiheit zu gehen und zu kommen, zu bleiben und sich auszuruhen zu ihrer gewohnten Zeit, sich in der Einsamkeit zu sammeln, wenn sie wollen; auf Befehl der Obrigkeit müssen sie ihren Aufenthalt und ihre Familie ändern oder in entfernte Colonien wandern, um die Reihen einer allzudichten Bevölkerung zu lichten. Der Mensch verliert also sein edelstes Attribut, die persönliche Unabhängigkeit, er ist nur ein Rad in einem großen Mechanismus, das jeden Tag eine bestimmte Summe von Arbeit, gut oder schlecht, zu liefern hat, und das die Hand des Maschinisten an seinem Platze nach Belieben läßt oder von ihm entfernt. Unter einer solchen Regierung muß jede Thätigkeit im Menschen erlahmen, Trägheit und Gleichgültigkeit seine Seele erschlaffen, und der Aufruhr hervorgehen aus der Unzufriedenheit. Daher die Nothwendigkeit einer furchtbaren und stets drohenden Gewalt, um ihn anzutreiben und zu zügeln, wie es des Stockes und des Zaumes bedarf, um das Lastthier zu lenken. Aber wo soll dieser Despotismus seine Stütze finden? Außerhalb der Gesellschaft nicht, da außerhalb derselben nichts existirt; er kann also nur bestehen, so lange es denen, die sich ihm unterwerfen sollen, gefällt, ihn bestehen zu lassen und zu gehorchen. Derselbe Grund, der ihn nothwendig macht, macht ihn unmöglich. Dies ist der Fehler des Systems der Gütergemeinschaft: es macht den Menschen zum Sclaven und überläßt ihm die Sorge, sich seinen Herrn zu wählen; es kann nur bestehen durch den Despotismus, und die Anarchie ist seine nothwendige Folge.

Capitel XII.

Bodin. — Campanella.

Seit der Veröffentlichung der Utopie verfloß ein Jahrhundert, ohne daß der Communismus in der literarischen und philosophischen Welt einen neuen Vertheidiger gefunden hätte. Ohne Zweifel schreckte das Schauspiel der Versuche, welche die Wiedertäufer von 1521—1535 mit der Anwendung des Princips der Gütergemeinschaft gemacht, die Gräuel und Thorheiten, die sie begingen, die furchtbaren Kriege, die in ihrem Gefolge waren, die kühnen Geister von diesen Ideen ab. Während dieses Zeitraums wurden indessen mehrere Werke über die Gesetze und Verwaltung veröffentlicht, in denen Schriftsteller von hervorragendem Verdienst mitten unter den Stürmen der Religionskriege die wichtigsten Fragen der Politik behandelten; aber die Lehre der Gütergemeinschaft erweckte keine Sympathien bei ihnen, ja sie fand vielmehr einen energischen Gegner. Dies war Jean Bodin.

Bodin schrieb sein „Buch über die Republik" gegen das Jahr 1576. Frankreich war damals die Beute bürgerlicher Unruhen. Die Gewalt entsank den schwachen Händen Heinrich's III., der soeben durch den Vertrag von Loches die Zerstückelung des Königreichs zu Gunsten des Calvinismus und des hohen Adels sanctionirt hatte. Die Ligue bildete sich und ward eine furchtbare Waffe in den ehrgeizigen Händen der Guisen. Beim Anblick dieser Unordnungen, die die Einheit und Nationalität Frankreichs in Frage stellten, stieß Bodin einen Schrei des Entsetzens aus, und, mit scharfem Verstande und einer ausgebreiteten Gelehrsamkeit ausgerüstet, suchte er die Gesetze zu finden, welche das Glück und die Festigkeit der Staaten zu begründen im Stande wären. Er ging die verschiedenen Regierungsformen durch und bemühte sich, bei jeder derselben zu zeigen, wie den bürgerlichen und politischen Gesetzen ein gemeinschaftliches Princip zu Grunde liege, worin er den Ruhm hatte, der Vorläufer eines Montesquieu zu werden.

Bodin ist daher kein Communist, er ist vor Allem ein Mann

der That und der Wirklichkeit. „Wir wollen nicht", sagt er, „einen idealen und machtlosen Staat darstellen, wie ihn Plato und Thomas Morus, der Kanzler von England, sich dachten, wir werden uns begnügen, die politischen Verfassungen so eingehend als möglich zu beurtheilen". Bodin ist auch kein Republikaner in der modernen Bedeutung des Wortes, obgleich er sein Buch „über die Republik" betitelt hat; für ihn ist dieser Ausdruck gleichbedeutend mit Staat, politischer Gesellschaft. Er giebt der absoluten Monarchie den Vorzug, die in seinen Augen die naturgemäßeste, dauerhafteste Regierungsform und am meisten geeignet ist, den Wohlstand und die Sicherheit der Unterthanen zu befördern. Er läßt die politische Gesellschaft auf einem doppelten Princip beruhen, auf der Familie und folglich auch auf dem erblichen Eigenthum, und auf der Souveränität, d. h. dem Dasein eines Willens, der über dem der einzelnen Individuen herrscht und sie zwingt, die Normen, welche im Interesse des allgemeinen Wohles erlassen sind, zu befolgen.

Man begreift, daß Bodin bei solchen Ansichten die Vertheidiger des Communismus auf's Entschiedenste bekämpft haben würde; wie denn auch Lycurg, Plato und Morus oft genug von ihm getadelt werden. „Es ist unmöglich", sagt er, „daß die Güter gemeinsam sind bis zu den Frauen und Kindern, wie es Plato in seiner ersten Republik wollte, um aus dem Staate die Begriffe Mein und Dein zu verbannen, die seiner Ansicht nach die Ursache aller Uebel und Unfälle sind, welche die Republiken betreffen. Eine solche Verfassung würde im directen Widerspruche mit dem göttlichen und natürlichen Gesetze stehen, welches nicht blos Incest, Ehebruch und Mord verabscheut, die unvermeidlich sein würden, wenn die Frauen gemeinsam wären, sondern auch frembes Eigenthum anzutasten oder nur zu begehren verbietet. — Eine solche Gemeinschaft aller Güter ist unmöglich und unvereinbar mit dem Recht der Familie: denn wenn Familie und Staat, Besonderes und Allgemeines, Oeffentliches und Privates vermischt wird, so ist weder eine Republik noch eine Familie vorhanden. Auch hat Plato, in jeder Hinsicht ausgezeichnet, die offenbaren Unzuträglichkeiten und Abgeschmacktheiten, welche eine solche Gemeinschaft nach sich ziehen würde, eingesehen und klugerweise dieselbe aufgegeben; er verzichtete stillschweigend auf seine erste „Republik" und ersetzte sie durch eine zweite."

Hierauf sucht Bodin nachzuweisen, daß die Gütergemeinschaft bei den Völkern, wo sie bestanden hat, niemals vollständig hat durchgeführt werden können, daß man dem individuellen Eigenthum stets ein gewisses Recht hat einräumen müssen, wie das Beispiel der Creter und Spartaner zeige. Schließlich macht er darauf aufmerksam, daß allein die Wiedertäufer das Princip der Gütergemeinschaft in seiner ganzen Ausdehnung zur Durchführung bringen wollten, und erinnert an die Enttäuschungen, die diese unsinnigen Versuche erfuhren. „Sie dachten die Freundschaft und Eintracht besser unter sich zu erhalten, aber sie fanden sich gar sehr in ihrer Rechnung betrogen. Denn weit entfernt, daß diejenigen, die alles zum gemeinsamen Eigenthum erhoben, dadurch Streit und Feindschaft beseitigt hätten, vernichteten sie vielmehr die Liebe zwischen Mann und Weib, die Zuneigung der Väter zu ihren Kindern, die Ehrfurcht der Kinder vor den Vätern und das Wohlwollen der Eltern untereinander. Man weiß ja hinlänglich, daß für das, was Allen gemein, keine freundschaftlichen Gesinnungen vorhanden sind, daß die Gütergemeinschaft nach den Worten des römischen Rechts stets nur Haß und Streitigkeiten mit sich bringt. Noch mehr täuschen sich diejenigen, welche glauben, daß in Folge der Gütergemeinschaft die Personen und Sachen mit mehr Achtung und Rücksicht behandelt werden würden. Denn man sieht ja allenthalben die gemeinsamen und öffentlichen Gegenstände von Jedermann mißachtet, wenn er nicht gerade einen persönlichen Vortheil von ihnen zu ziehen vermag, zumal die Natur der Liebe derartig ist, daß sie um so schwächer ist, je allgemeiner sie wird. Gleichwie die großen Ströme, welche gewaltige Lasten zu tragen im Stande sind, wenn sie sich theilen, nichts mehr zu tragen vermögen, so muß auch die Liebe, wenn sie sich auf alle Personen und Sachen erstreckt, ihre Kraft und Innigkeit verlieren."

Bodin bekämpft nicht minder energisch die gleiche Vertheilung der Güter, die Niederschlagung der Schulden und die gänzlichen oder theilweisen Bankerotte, jene beklagenswerthen Mittel der Demagogie. „Die Gleichheit der Güter gereicht den Staaten zum größten Verderben, deren sicherste Stütze und Grundlage Treu und Glauben ist, ohne welche weder eine Gerechtigkeit noch eine Gesellschaft von Bestand sein kann: Auf Treu und Glauben aber beruhen die Vereinbarungen gesetzmäßiger Verträge. Wenn daher die Verpflichtungen aufgehoben, die Verträge annullirt, die Schulden niedergeschlagen werden, was soll man da anders erwarten, als den gänzlichen Umsturz eines Staates, da Niemand dem Andern mehr Vertrauen schenken wird? Ja, derartige Mittel schaden sogar weit öfter den Armen und richten viele zu Grunde; denn die armen Wittwen, Waisen und kleinen Leute, deren ganzes Vermögen nur in geringen Einkünften besteht, sind verloren, wenn die Schulden von Staatswegen niedergeschlagen werden." Dies sind ewige Wahrheiten, die, in der naiven Sprache von 1576 ausgesprochen, auch heute noch ebenso richtig und zutreffend sind.

Bodin hat endlich auch vollkommen erkannt, daß eine der Hauptklippen der Democratie das Streben nach communistischen Einrichtungen, die Schwächung der Achtung vor dem Eigenthum ist, welche die Folge eines schlecht geleiteten Gleichheitsgeistes sein kann; und gerade dies ist einer der hauptsächlichsten Gründe, welche er gegen das Volksregiment anführt.

Man sieht, der Communismus hat niemals einen erklärteren Gegner als Bodin gehabt. Indessen ist dieser Schriftsteller, in unseren Tagen wenig gelesen, merkwürdiger Weise unter die Zahl der Anhänger jener Lehre von einem Manne gerechnet worden, der in der geschicktesten Weise die Sache der Gesellschaft gegen die Träumereien der modernen Utopisten verfochten hat. In dem wichtigen Capitel, welches er den communistischen Secten gewidmet, hat der Verfasser der „Studien über die modernen Reformatoren" das Buch Bodin's neben die „Utopie" Morus', die „Republik" Plato's neben die „Sonnenstadt" Campanella's und das „Naturgesetz" des Morelly gestellt. Reybaud bemerkt zwar, daß Bodin die Sache nicht so weit treibe wie der Kanzler von England, aber er fügt hinzu, daß in sehr vielen Puncten eine große Aehnlichkeit zwischen beiden bestehe. Dies ist ein schwerer Irrthum, der aufgeklärt werden muß. Die angeführten Stellen beweisen, daß Bodin, weit entfernt, den Morus nachgeahmt zu haben, ihn vielmehr fortwährend bekämpft und zu den tapfersten Vertheidigern der Familie und des Eigenthums gerechnet zu werden verdient. Das heißt dem Communismus die Sache leicht machen, wenn man seine Gegner zu seinen Vorkämpfern zählt.

Um das Jahr 1630 knüpft Thomas Campanella durch die Veröffentlichung seiner „Sonnenstadt" von Neuem an die communistischen Traditionen wieder an. Zu Stilo in Calabrien geboren, in einem Kloster erzogen und in den Orden der Dominicaner eingetreten, träumte Campanella von einer Umgestaltung der Gesellschaft auf Grundlage der Abschaffung des Eigenthums und der Familie. Die Utopie des Morus hatte offenbar eine nachhaltige Wirkung auf ihn ausgeübt, aber sein Vorbild erreichte er nicht im Entferntesten. Das Werk des Morus steht in vielen Puncten mit der wirklichen Welt in Berührung, es enthält eine reiche Fülle gesunder und practischer Gedanken, tiefsinnige Ansichten über Religion und Politik, in der Sonnenstadt aber findet man nichts dergleichen. Wenn man sie liest, merkt man, daß Campanella niemals über die Mauern seines Klosters hinausgekommen ist, daß er die Menschen und Dinge nur durch das enge Fenster seiner Zelle gesehen hat. Das Kloster ist das Vorbild seiner socialen Organisation, die priesterliche Macht und die kirchliche Hierarchie die Grundlagen der Regierung seiner neuen Gesellschaft. Die Städte der Solarier sind nur Gruppen von großen Klöstern, in denen Männer und Weiber unter der Herrschaft einer strengen Regel leben. Die ganze Gesellschaft legt das Gelübde der Mäßigkeit und Armuth ab, und vier Stunden Arbeit des Tages, die von Jedem gefordert werden, genügen deshalb, die auf diese Weise eingeschränkten Bedürfnisse zu beschaffen.

Die übrige Zeit ist dem Studium der Wissenschaft und der Philosophie gewidmet, denn die Einwohner der Sonnenstadt ragen besonders durch ihre Intelligenz hervor. Dank einem vorzüglichen Erziehungssystem eignen sie sich die Gesammtheit des menschlichen Wissens an, und der oberste Magistrat ist zugleich der durch seine Gelehrsamkeit hervorragendste Mann und mit dem Titel der Sonne oder des Großmetaphysikers ausgezeichnet. Er wird auf Lebenszeit gewählt, aber sein Amt hört auf, wenn ein größeres Genie ersteht und die Stimmen der Bürger auf sich vereinigt.

Drei Magistrate, entsprechend den drei Eigenschaften des metaphysischen Wesens, verwalten die öffentlichen Angelegenheiten unter der Leitung des Großmetaphysikers, es sind dies die Weisheit, die Macht und die Liebe. Zu den Befugnissen des ersten gehört Alles, was sich auf den Krieg bezieht, der zweite wacht über Wissenschaft,

Kunst und Industrie, der dritte über die Zeugung und die physische Veredlung der Menschen, Hausthiere und Nutzpflanzen. Diese drei Minister sind der Mittelpunkt einer weitverzweigten Beamtenhierarchie. „Diejenigen, welche sich in irgend einer Wissenschaft oder mechanischen Kunst ausgezeichnet haben, werden zu Magistraten befördert, und Jeder betrachtet sie als Meister und Richter. Derjenige, welcher die größte Zahl von Gewerben versteht und am besten betreibt, ist der angesehenste; denn man lacht über die Verachtung, welche wir für die Handwerker haben, und über die Achtung, welche die bei uns genießen, die kein Handwerk erlernen, in Müßiggang leben und eine Menge von Dienern halten, um ihrer Trägheit und Ueppigkeit fröhnen zu können." Diese niederen Magistrate werden vom Großmetaphysiker und seinen Ministern gewählt.

Mit Recht hat Reybaud darauf aufmerksam gemacht, daß Campanella den Saint-Simonismus gleichsam vorschauend geahnt zu haben scheint. Wer erkennt in der That nicht in dem Großmetaphysiker den Industriepapst und in seinen Unterbeamten, die sich je nach dem Umfang ihrer Kenntnisse abstufen, die Durchführung jenes famosen Princips der Hierarchie der Capacitäten.

Diese verschiedenen Magistrate sind mit großer Gewalt ausgestattet. Sie sind die Richter ihrer Untergebenen und bestrafen sie durch Hinrichtung, Verbannung, Schläge, Tadel, Verweisung vom gemeinsamen Tische und durch Untersagung des Umgangs mit Frauen; von ihnen kann man an die Triumvirn und an den Großmetaphysiker appelliren. Die Rechtspflege ist summarisch und schnell, die Vollstreckung der Urtheile eine sofortige. Neben der vollstreckenden und richterlichen Gewalt besitzen die Magistrate die höchste Autorität in Angelegenheiten der Religion. Der Großmetaphysiker ist zugleich der oberste Pontifex, jeder Beamte mit dem priesterlichen Character bekleidet; ihm haben die Untergebenen ihre Beichte abzulegen, welche jener mit dem Geständniß seiner eigenen Fehler seinen Vorgesetzten mittheilt. Campanella erkennt auf bewunderungswürdige Weise die Bedingungen der Gütergemeinschaft; um sie aufrechtzuhalten, ersinnt er alle möglichen Mittel der Unterdrückung, an die der Despotismus jemals gedacht, und erfindet ein System von Tyrannei, das seines Gleichen in der Geschichte nirgends gesehen.

Nichts hält diesen unerbittlichen Logiker auf, er schreckte nicht, wie Morus, vor der Gemeinschaft der Frauen zurück. In diesem Puncte trat er in die Fußstapfen eines Plato und anerkannte die innige Beziehung, welche zwischen der Abschaffung des Eigenthums und der Familie besteht. „Der Sinn für Eigenthum", sagt er, „steigert sich in uns nur deshalb, weil wir ein Haus, ein Weib und Kinder unser Eigen nennen. Daher kommt der Egoismus; denn um einen Sohn zu Würden und Reichthum zu bringen und um ihn zum Erben eines großen Vermögens zu machen, verschleudern wir den öffentlichen Schatz, wenn wir Andere durch unsere Macht und unseren Reichthum beherrschen können, oder wenn wir unbedeutend, arm und von niederer Herkunft sind, werden wir habsüchtig, treulos und Heuchler."

Die Promiscuität der Geschlechter herrscht also in der Sonnenstadt, aber Campanella überläßt die Vereinigung nicht dem Zufall oder der Laune des Einzelnen. Die Zeugung wird in seinem System eine hochwichtige sociale Verrichtung, die die fortschreitende Vervollkommnung des Menschengeschlechts zum Zwecke hat. Campanella ist erstaunt, daß man der Veredlung der Thierrassen eine Sorgfalt widmet, die man der des Menschengeschlechts in keiner Weise zu Theil werden läßt; er will deshalb, daß die Obrigkeit die Auswahl der Paare überwache, und ergeht sich über diesen Gegenstand in Auslassungen von unglaublichem Cynismus. So ist also die Freiheit selbst aus der Liebe verbannt. Es ist kaum nöthig hinzuzufügen, daß Campanella, fortwährend dem Beispiel eines Lycurg und Plato folgend, den Frauen die Verpflichtung auferlegt, sich körperlichen Uebungen zu widmen und sich geschickt zu machen, die Beschwerden des Kriegs mit den Männern zu theilen.

Wie in Utopien ist auch in der Sonnenstadt alles gemeinsam, Häuser, Wohnungen, Mahlzeiten und Arbeit. Alle halbe Jahre weisen die Obrigkeiten einem Jeden die Gesellschaft, das Haus und Zimmer an, wo er sich aufzuhalten hat, ohne Zweifel, um zu verhüten, daß die Besitzergreifung der Wohnungen die Folge eines zu langen Aufenthalts sei. Alle mechanischen und speculativen Künste sind beiden Geschlechtern gemein, nur die Arbeiten, welche große Kraftanstrengungen erfordern, werden von den Männern allein verrichtet; die Producte der Arbeit werden von den Magistraten je nach Bedürfniß des Einzelnen vertheilt. Die Mahlzeiten werden in großen Refectorien eingenommen, wo man, wie in den Klöstern, Stillschweigen beobachtet und belehrende Schriften vorgelesen werden. Die jungen Leute beiderlei Geschlechts versehen den Dienst im Hause. Was die Lösungen der öconomischen und administrativen Fragen anbetrifft, so hat Campanella nichts zu denen hinzugefügt, welche seine Vorgänger gegeben haben, und seine Nachfolger haben sich in demselben Geleise hingeschleppt; denn das System der Gütergemeinschaft ist eine unveränderliche Form, die in allen Abdrücken dieselbe bleibt.

Campanella konnte sich den Haupteinwurf, der den Communismus ins Herz trifft, nicht verbergen und in folgenden Worten formulirte und beantwortete er ihn:

Der Hospitaliter.*) „Aber bei einem solchen Stande der Dinge wird Niemand arbeiten wollen, Jeder sich vielmehr auf die Arbeit des Anderen verlassen, wie schon Aristoteles dem Plato vorgeworfen hat."

Der Genuese. „Ich verstehe mich schlecht darauf, eine Frage zu discutiren, da ich die Dialectik niemals gelernt habe. Ich versichere Dir nur, daß die Liebe dieser Leute zu ihrem Vaterlande eine ganz wunderbare ist. Sehen wir nicht auch in der Geschichte, daß die Römer ihrem Vaterlande um so inniger zugethan waren, je mehr sie das Eigenthum verachteten?"

Die Verlegenheit, die Ausflüchte und rednerischen Umschweife der communistischen Schriftsteller diesem gewichtigen Einwand gegenüber sind durchaus characteristisch. Indessen hat Campanella die Ehre, zuerst auf ihn wenigstens einigermaßen eine Antwort gegeben zu haben, indem er das Gefühl der Pflicht und der Vaterlandsliebe als genügende Triebfeder der industriellen Thätigkeit hinstellte. Diese Behauptung, welche die Erfahrung und die übereinstimmende Ansicht der Gesellschaft Lügen straft, haben die Communisten des 18. und 19. Jahrhunderts mit unerschütterlicher Kaltblütigkeit wiederholt und entwickelt, sie ist der Angelpunkt ihrer Lehre geworden.

---

*) Die Sonnenstadt ist wie die Utopie in der Form des Dialogs geschrieben. Die Personen sind der Großmeister der Hospitaliter und ein genuesischer Capitän, der auf der Insel Tapobran die Sonnenstadt entdeckt hat. In der Utopie spielt Morus die Rolle des Hospitaliters und Raphael Hythlodaeus die des Genuesen.

Campanella hat unter seine socialen Reformpläne unverständliche Abhandlungen über die Sterndeuterkunst gemischt, deren eifriger Anhänger er war, trotzdem sie Morus, sein Vorbild und Vorläufer, lächerlich gemacht hatte. Wie der Stifter der phalansterischen Schule schrieb er den Constellationen der Gestirne einen außerordentlichen Einfluß auf die Geburt der lebenden Wesen zu, und die Durchführung seiner Theorien machte er zum Ausgangspunkt wunderbarer Entdeckungen auf dem Gebiet der Wissenschaft und Industrie. In der Sonnenrepublik wird man dereinst Pflüge sehen, die durch Segel in Bewegung gesetzt werden, Schiffe, die ohne Masten und Ruder die Wogen durchschneiden; der Mensch wird die Kunst entdecken, durch die Lüfte zu fliegen, in der Höhe der Himmel die entferntesten Sterne zu unterscheiden und den harmonischen Einklang der himmlischen Sphären zu vernehmen. Er wird ein Alter erreichen, das in unserer unvollkommenen Gesellschaft unbekannt ist, sein Leben wird sich bis auf zweihundert Jahre erstrecken können, Dank der Ruhe und Regelmäßigkeit der Lebensweise, Dank vorzüglich den vortrefflichen Mitteln, die ihm eine gründliche Kenntniß der Astrologie an die Hand geben wird; und um das Wunder vollzumachen, wird er die Kunst entdecken, sich je nach siebenzig Jahren wieder zu verjüngen. Alle diese Hirngespinnste werden noch complicirter durch die dunkeln Formeln einer abstrusen Metaphysik, mit denen Campanella sein Werk auf's Freigebigste ausgestattet hat. So sind die Reformatoren. Nicht zufrieden, die Gesetze der moralischen Natur zu verkennen, setzen sie sich auch über die der physischen Welt hinweg. Auf allen Gebieten, die sich unserer Intelligenz öffnen, überlassen sie sich lieber den regellosen Ausschweifungen ihrer Einbildungskraft, anstatt an der Hand der Erfahrung und Ueberlegung ruhigen und sicheren Schrittes vorwärts zu schreiten. Dasselbe Ungestüm, das sie zum Umsturz der politischen Ordnung antreibt, verleitet sie, die Thatsachen der Wissenschaft umzuwerfen und sich auf der Verfolgung eitler Chimären zu verirren. Ebenso wie sie sich bemühen, ohne es zu wissen, die Gesellschaft zur Unordnung der Urzeiten zurückzuführen, versuchen sie den menschlichen Geist in jene großartigen aber hypothetischen Systeme zurück zu versetzen, welche die Kindheit der Philosophie bezeichnen und den Fortschritt unseres Wissens so lange verzögert haben.

Trotz des Rufes, welchen Campanella andern rein philosophischen Werken und den langen Verfolgungen verdankte, die er wegen des Versuches, der spanischen Herrschaft das Königreich Neapel zu entreißen, zu erdulden hatte, ging seine „Sonnenstadt" unbemerkt an einem Jahrhundert, das einen Galilei, einen Bacon und Descartes sah, vorüber und ward in gerechte Vergessenheit begraben. Aus ihr zogen sie erst die modernen Utopisten hervor, die denselben Weg betraten; aber indem sie jene ans Licht stellten, haben sie ihrer Sache weit weniger einen Dienst erwiesen als derjenigen der Vertheidiger der socialen Ordnung. Die „Sonnenstadt" ist in der That der vollständigste, radicalste und logischste Ausdruck des communistischen Systems, und dies hauptsächlich deshalb, weil ihr Verfasser den Sinn für die wirkliche Welt verloren hatte und, gewohnt in einer Gesellschaft zu leben, in der Gütergemeinschaft herrschte, besser wie jeder Andere die Folgen jenes Princips socialer Organisation bemerken und auseinandersetzen und die Bedingungen seiner Erhaltung erkennen konnte. Die Promiscuität der Geschlechter, ein schrecklicher und inquisitorischer Despotismus, dies ist das letzte Wort des Communismus. Man muß dem Campanella Dank wissen, daß er dies mit so großer Offenheit ausgesprochen hat; denn von nun an wird sich Niemand mehr über die Tragweite und das Endresultat jener Lehren, die er vertheidigt hat, zu täuschen im Stande sein.

Capitel XIII.

Das goldene Zeitalter. — Die Millenarier.

Bevor wir uns dem Studium der Periode, die unserer Zeit unmittelbar vorangeht, widmen, wird es nicht ohne Interesse sein, einen Blick auf jene alten poetischen und religiösen Ansichten zu werfen, die zahlreiche Beziehungen zu den Träumen der Utopisten aufweisen. Nicht bloß in der neueren Zeit haben schwärmerische Köpfe, betroffen von den Unvollkommenheiten der menschlichen Gesellschaft, eine ideale Welt in ihrer Phantasie erschaffen, die, frei von Verbrechen und Lastern, von Schmerz und Elend, im zwiefachen Glanz der Tugend und des Glückes strahlt. Zu allen Zeiten sind die Menschen geneigt gewesen, anzuerkennen, daß hienieden nicht Alles zum besten bestellt ist, und jenes unerbittliche Gesetz zu beklagen, das Dulden und Leiden zur Grundbedingung unseres Dasein zu machen scheint; zu allen Zeiten haben sie Träume von Glückseligkeit zu verwirklichen gestrebt und sich in der Vorstellung eines goldenen Zeitalters gefallen, das das Alterthum in die graue Vorzeit versetzte. Während aber die Neueren der Ansicht sind, daß die Menschheit durch einen stäten Fortschritt sich zu einem besseren Zustand erhebe, neigten die Alten im Gegentheil zu der Meinung, daß die Generationen besonders in sittlicher Beziehung nach rückwärts schritten und einer immer wachsenden Corruption zum Opfer fallen.

> Was untergrub nicht raffender Zeiten Sturz?
> Der Väter Stamm, ausartend von Ahnen, trug
> Uns Lasterhaftern, bald erwächst uns
> Aftergeschlecht in verschlimmerter Bosheit.
> (Horaz.)

Der Ausgangspunct dieses stäten Rückschritts war das goldene Zeitalter, das sich in den Traditionen fast aller Völker des Alterthums vorfindet, sei es, daß sie sich noch eine dunkle Vorstellung des biblischen Eden bewahrt hatten und dem ganzen Menschengeschlecht einen Zustand der Glückseligkeit zuschrieben, von dem die Religion uns lehrt, daß sie einst das vorübergehende Erbtheil unserer Ureltern gewesen ist, sei es, daß sie sich auf die Annahme eines Urzustandes beschränkten, in dem die Menschen frei waren von allen Uebeln, unter deren Gewicht sie heut zu Tage seufzen, und daß sie auf diese Weise nur dem natürlichen Gefühle Ausdruck verliehen, das uns im Ideal eine Zerstreuung und Erleichterung der traurigen Wirklichkeit zu suchen veranlaßt.

Die Dichter haben die Wunder jener Periode der Unschuld und des Glückes besungen und sie dem Elend und den Verbrechen der folgenden Jahrhunderte gegenüber gestellt. In ihren glänzenden Antithesen sind sie die Vorgänger unserer modernen Socialisten; aber die bittern Klagen, welche diese gegen unsere gesellschaftlichen Zustände vorbringen, sind nur schwache Copien der düstern Schilderungen, welche die antike Literatur uns vom ehernen und eisernen Zeitalter hinterlassen hat.

> Erstlich erwuchs das Alter von Gold, das ohne Bestrafer,
> Ohne Gesetz, freiwillig die Treu' und die Tugend verehrte.
> Furcht und Strafe war fern. Nicht las, an die Tafel geheftet,
> Hier man drohendes Wort; demüthiglich scheute die Menge
> Noch nicht des Richters Gesicht, war ohne den Richter gesichert ...
> Weder ein Helm noch Schwert war da; die sichern Gemüther
> Lebeten ohne des Kriegers Gebrauch in wonniger Muße . . . .
> Es ist von gediegenem Eisen das letzte.
> Stracks nun strömte herein in das Alter der schlechteren Aber
> Jeglicher Frevel; es flohen die Scham und die Treu' und die Wahrheit.
> Und an der Fliehenden Platz trat jetzo Lug und Betrug ein
> Und Heimtücke, Gewalt und verruchte Begier des Besitzes . . . .
> Schon lag schädliches Eisen und Gold, noch schlimmer denn Eisen,
> Blinkend zu Tag; es kam der Krieg, mit beiden sich rüstend,
> Welcher mit blutiger Hand hellklirrende Waffen erschüttert,
> Raub schafft Lebensdarf: nicht sicher der Freund vor dem Gastfreund,
> Noch vor dem Eidam der Schwäher; bei Brüdern auch selten ist Eintracht;
> Mit dem Verderben bedräuet der Mann sein Weib, den Gemahl sie;
> Schwärzlichen Gifttrank brauen Stiefmütter voll gräßlicher Tücke;
> Noch vor der Zeit forscht ängstlich der Sohn nach den Jahren des Vaters.
> Frömmigkeit lieget darnieder besiegt, und Asträa, die Jungfrau,
> Wich, von der blutigen Erd' abscheidend, der Himmlischen letzte.
>
> (Ovid. Met. I.)

Welche Züge haben die modernen Utopisten zu dieser blutigen Satyre auf die Civilisation hinzugefügt? Betrug, Treulosigkeit, List und Gewalt, verbrecherische Liebe zum Eigenthum, gehässige Macht des Goldes, allgemeiner Raub, blutige Kriege der Völker gegen Völker, Krieg Aller gegen Alle, Spaltungen, Haß und Verbrechen im Schooße der Familie, der Sohn mit neidischem Blick die Tage seines Vaters zählend, Gottlosigkeit, allgemeine Ungerechtigkeit: nichts fehlt an der erschreckenden Aufzählung, welche die Socialisten aller Zeiten nur in weitschweifigen Erörterungen wiederholt haben. Haben sie wenigstens mehr Erfindungsgabe gezeigt in ihren Glückseligkeitsplänen, die sie den Nationen aufbringen wollen? Nicht im geringsten; alle ihre Projecte, alle ihre Versprechungen reduciren sich auf den Satz, den eine der modernen Coryphäen Utopiens aufgestellt hat: „das goldene Zeitalter, das eine blinde Tradition in die Vergangenheit setzt, liegt vor uns". Dieses Reich allgemeiner Harmonie und Brüderlichkeit, welches sie uns anzukündigen belieben, diese Gesellschaft, in der sich Alles von selbst durch den freien Schwung der Leidenschaften regeln soll, wo das Gesetz keine drohenden Bestimmungen mehr auf eherne Tafeln einzugraben braucht, wo Sicherheit herrschen wird ohne Strafen, ohne Richter und Henker; diese glückliche Welt, in der Alle in Ueberfluß und Fülle das Leben genießen werden, dieser ewige Friede, der das Menschengeschlecht in eine ungeheure Einheit zusammenschmelzen wird: alle diese herrlichen Prophezeiungen des Socialismus, was sind sie anders als eine Ausführung der glänzenden Bilder, welche der Verfasser der Metamorphosen in einige schöne Verse zusammengedrängt hat, eine einfache Verkehrung der Zeiten, durch die man die Wunder in die Zukunft versetzt, welche die Dichter als Erinnerung aus der Vergangenheit dargestellt haben? Auch die Gütergemeinschaft selbst, die sich auf dem Grunde aller Utopien findet, ist nur der poetischen Beschreibung eines imaginären Glücks entlehnt.

Wie vor Jupiter bauten der Ackerer Hände das Fruchtfeld;
Auch nicht Maal noch Theilung durchschnitt die große Gemeinheit:
All' erwarben für alle zugleich; und die Erde, da Niemand
Forderte, strebte von selbst, willfähriger Alles zu tragen.

(Verg. Georg. I.)

Obgleich aber die Utopisten diese bald anmuthigen, bald schrecklichen Gemälde den Dichtern entlehnt haben, so haben sie sich wohl gehütet, aus ihren Werken jenes Gefühl für das Wahre und Wirkliche zu schöpfen, das sich am Grunde der kühnsten Fictionen des Alterthums vorfindet. Trotzdem den Dichtern das Recht zugestanden wird, Alles zu wagen, haben sie sich in Werken mit rein erfundenen Stoffen doch nicht jenem sonderbaren Wahne hingegeben, durch den sich Leute verführen lassen, die nichts Geringeres im Sinne haben, als das Aussehen der Welt neu zu gestalten und die Geschicke der Reiche zu lenken. Gerade indem sie die Gütergemeinschaft als einfache Hypothese, als eine Fabel aus dem Dunkel einer ungewissen Vergangenheit darstellen, haben die Dichter der Georgica und der Metamorphosen vollkommen erkannt, daß die Gütergemeinschaft unvereinbar ist mit der Nothwendigkeit der Arbeit, unmöglich ohne eine mühelose und unendliche Fülle aller zum Leben nothwendigen Dinge. Wenn sie uns also schildern, wie den ersten Sterblichen Alles gemein war, so ist dies nur inmitten einer lachenden Natur, deren unerschöpfliche Freigebigkeit ihnen alle Güter spendet und sie vor Mangel bewahrt. Die Erde, noch nicht vom Eisen des Pfluges durchfurcht, trug ohne Arbeit die reichsten Ernten, ein ewiger Frühling waltete in den Lüften, der Zephyr koste mit Blumen, die ohne Pflege dem Boden entsprossen, Ströme von Milch, Wein und Nectar durcheilten die Ebenen und duftenden Honig spendeten die Blätter der Eiche. Gewiß, unter diesen Bedingungen ist die Gütergemeinschaft möglich. Alles würde Allen gehören, wenn uns die Natur mit verschwenderischer Großmuth unsere Bedürfnisse darreichte, wie sie ohne Kargheit die Luft spendet, die wir athmen, und die Wogen des Oceans. Aber dies sind nicht die Bedingungen, welche der Schöpfer dem menschlichen Geschlechte vorgeschrieben hat. Die Sänger des goldenen Zeitalters haben dieses wohl gefühlt, und man erlaube mir über diesen Punct einige Verse des Schwans von Mantua anzuführen. In einer Zeit, wo die Literatur so oft im Dienst des Irrthums oder niedriger Leidenschaften steht, muß man sich glücklich schätzen, in den Denkmälern des antiken Geistes den gesunden Menschenverstand und die Wahrheit durch den Mund der Poesie zu vernehmen.

> Selbst wollte der Vater
> Nicht zu leicht der Gefild' Anbau, und erregte die Aecker
> Erst durch Kunst, mit Sorgen den Geist der Sterblichen schärfend,
> Daß nicht starrte sein Reich in schwer betäubendem Schlummer ...
> Jener verlieh Giftgeifer den schwarz aufschwellenden Nattern,
> Sandte die hungrigen Wölfe zum Raub', und regte das Meer auf,
> Schüttelt' ihr Honig den Zweigen herab, und entrückte das Feuer,
> Hieß auch stocken den Wein, der in schlängelnden Bächen umherlief:
> Daß der Gebrauch nachsinnend die mancherlei Künste hervorzwäng'
> Allgemach, und in Furchen den Halm des Getreides erzeugte,
> Auch das verborgene Feuer entschlüg' aus den Adern des Kiesels ...
> Jetzo kamen die Kunst und Erfindungen. Alles besieget
> Unablässiger Fleiß und die Noth des dringenden Mangels.

Der Dichter hat wahr gesprochen. Dies ist die Rolle, die dem Menschen zugefallen ist, dies ist die Quelle seiner Leiden, aber auch die Quelle seiner Größe. Ja, die Allmacht, welche den Menschen auf die Erde setzte, hat nicht gewollt, daß ihm das Leben leicht sei, daß er in träger Sicherheit erschlaffe. Sie wollte, daß er die Erde mit seinem Schweiße benetze, um ihr seinen Unterhalt abzuringen, sie hat ihn mit widerspenstigen Elementen und feindseligen

Wesen umgeben, damit die hohen Fähigkeiten, die in ihm schlummern, nicht unthätig bleiben und ihm zum Bewußtsein kommen. Sie hat ihn der Noth, dem Leiden und den Sorgen um die Zukunft unterworfen, damit er durch seine fortwährende Arbeit und geistige Thätigkeit über die Kargheit der Natur triumphire. Daher stammen die Künste und Wissenschaften, daher das Eigenthum, das, Jedem die Früchte seiner Arbeit sichernd, einen Jeden zur Thätigkeit, zur Ansammlung der erworbenen Reichthümer, zur Auffindung von Hülfsmitteln antreibt, die zur Gewinnung neuer Reichthümer dienen sollen.

Ebenso ist in moralischer Hinsicht das Böse von der göttlichen Weisheit zugelassen worden als nothwendiger Contrast gegen das Gute, die Möglichkeit des Verbrechens und Lasters als Bedingung der Moralität und Tugend. Wenn das Herz des Menschen ein Opfer der Leidenschaften wird, so geschieht dieses nur, damit seine Vernunft und sein Willen gegen sie ankämpfe, sie lenke, leite und bezähme. Aus diesem Kampfe geht unsere moralische Würde hervor, in diesen Siegen, die wir über uns davontragen, liegt das Verdienst unserer Handlungen; aber würden diese Siege ruhmvoll und würdig sein, dereinst in einer besseren Welt belohnt zu werden, wenn ihre Schwierigkeit nicht durch die Häufigkeit der Niederlagen bezeugt würde?

Dies sind die Bedingungen unserer moralischen und materiellen Existenz. Die Utopisten verkennen die eine wie die andere. Sie irren in öconomischer Hinsicht, indem sie dem Eigenthum die Gütergemeinschaft substituiren, d. h. dem Princip der Arbeit und des Gewinns das der Trägheit und der Armuth, sie irren in moralischer Beziehung, weil sie sich über die wahre Bestimmung des Menschen täuschen, die nicht das Glück ist, sondern das Verdienst. Im Grunde gehen alle ihre Irrthümer von einer falschen Ansicht über die große philosophische Frage nach dem Dasein des Bösen aus, jenes Bösen, das sie verschlimmern, da sie sich in dasselbe zu finden oder es zu begreifen nicht vermögen.

Uebrigens sind die Socialisten nicht die Ersten, welche das goldene Zeitalter aus der Vergangenheit in die Zukunft versetzt und der Menschheit eine Aera wolkenlosen Glücks verheißen haben. Schon in den ersten Jahrhunderten des Christenthums verbreitete

sich unter den Anhängern der neuen Religion der Glaube, daß
Christus dereinst hienieden während eines Zeitraums von tausend
Jahren die Welt mit den Heiligen beherrschen, und daß am Ende
desselben das jüngste Gericht kommen werde. Diese Ansicht hatte
ihre Quelle in den Prophezeiungen, welche den Juden verhießen,
daß Gott sie eines Tages, nachdem er sie unter die Nationen zerstreut, wiederum versammeln und eines vollkommenen Glücks theilhaftig machen werde. Jesaias*) hatte geweissagt, daß am Ende
der Zeiten der Herr einen neuen Himmel und eine neue Erde er-
schaffe, daß sein Volk dort wohnen und die vergangenen Leiden bis
auf die Erinnerung selbst vergessen solle. Dort werde es weder
unzeitige Geburten noch frühzeitigen Tod geben, der Mensch wird
ein ungekanntes Lebensalter erreichen, und seine Arbeit ihm einen
unerschöpflichen Ueberfluß verschaffen. Ezechiel**) machte nicht weniger glänzende Verheißungen. Er verkündete den Hebräern eine
allgemeine Auferstehung der Gerechten, die unter der Führung Davids
in dem Lande ihrer Väter ein mächtiges und glückliches Reich gründen würden.

Unter den Juden, welche zum Christenthum übertraten, gehörte eine große Anzahl zu jener Schule, die stets geneigt war,
die Worte der heiligen Schrift allzu wörtlich zu nehmen, anstatt
sie in einem symbolischen Sinne zu deuten. Die Weissagungen der
Propheten mit den Worten Christi in Zusammenhang bringend,
in denen er seine Rückkehr und sein glorreiches Reich verkündete,
schlossen sie daraus, daß der Messias dereinst hienieden auf der
Erde tausend Jahr lang herrschen und alle Verheißungen des
Jesaias erfüllen werde. Dies ist der halb hebräische, halb christliche
Ursprung des Glaubens an das Millenium, an das zeitliche Reich
Christi, der von Pagias, einem Schüler des heiligen Johannes,
Bischof von Heraldus, von mehreren Kirchenvätern, unter denen
Justinus und Irenäus zu nennen sind, und von einer großen
Anzahl Bekennern und Märtyrern getheilt wurde.

Seit dem dritten Jahrhundert verringerte sich die Zahl der
Bekenner jener Lehre von Tag zu Tag. Sie wurde von den

---

*) C. 65, 17—25.
**) C. 37, 22.

meisten Kirchenvätern bekämpft, die die Dogmen und die Organisation der Kirche definitiv fixirten, so vom heiligen Hieronymus, der sie als die Quelle einer falschen Auslegung der Schrift verwarf, aber nicht wagte, sie absolut zu verurtheilen, aus Scheu vor der Autorität der Kirchenschriftsteller und der ersten Gläubigen, die ihr ergeben gewesen waren.

Wie dem aber auch sein mag, der Glaube an das tausendjährige Reich Christi ist niemals vollständig untergegangen. Man sieht ihn durch die Jahrhunderte hindurch unter verschiedenen Formen wieder auftauchen, und in jeder Epoche haben seine Anhänger in den schrecklichen oder außerordentlichen Ereignissen, deren Zeugen sie waren, die Anzeichen der großen Erneuerung und die Vorboten des herannahenden Reiches des himmlischen Königs zu erkennen geglaubt. Zu den Traditionen des primitiven Glaubens an das Millenium gehörte auch jene Erwartung des Weltuntergangs am ersten Tage des Jahres 1000 der christlichen Zeitrechnung, eine Erwartung, welche in den letzten Jahren des 10. Jahrhunderts Europa in Schrecken und Angst versetzte.

Die Träumereien der Millenarier vermischten sich mit den Thorheiten der Wiedertäufer des 16. Jahrhunderts und wurden nach England durch holländische Wiedertäufer gebracht, die sich dorthin nach dem Sturze ihrer Partei in Amsterdam und Münster flüchteten. Man findet sie wieder unter den Dogmen jener überspannten Secten, die an der englischen Revolution von 1648 einen hervorragenden Antheil hatten, und die Millenarier waren es, die man dazumal mit dem Namen der Leute der fünften Monarchie bezeichnete, unter Anspielung auf das Reich Christi, das nach ihnen auf die vier Reiche der Apocalypse folgen sollte. Diese Sectirer waren fanatische Anhänger der Republik und strebten danach, sie in ihrer ganzen Reinheit in England einzuführen. Im Einverständniß mit den Millenariern forderten sie eine gleiche Vertretung des Volkes, jährliche Parlamente, ein vereinfachtes Gesetzbuch an Stelle des Gewirres von Statuten und Präjudicien des gemeinen Rechts, Herabsetzung der Gerichtskosten, Abschaffung der Zehnten und eine vollständige Toleranz in religiösen Dingen. Wenn die Aufhebung des Eigenthums, die Gemeinschaft der Güter oder die Auftheilung des Grund und Bodens gelehrt wurde, so scheint dies doch nur von einer verschwindend kleinen Anzahl geschehen zu sein, und nur mit Mühe findet man bei den Geschichtsschreibern eine Spur von dem Dasein solch' radicaler Secten.

Die Millenarier betheiligten sich an mehreren Verschwörungen gegen die despotische Regierung Cromwell's; nach der Restauration Carl's V. fuhren die Ueberspanntesten fort, sich mit denselben Chimären zu wiegen. Ihre Projecte und Hoffnungen fanden schließlich ihr Ende in einem unsinnigen Wagstück. Im Jahre 1660 erhitzte ein gewisser Venner, ein wüthender Schwärmer und bekannt durch die Complotte, welche er gegen Cromwell ins Leben gerufen hatte, durch seine rasenden Reden die Einbildungskraft seiner Glaubensgenossen bis zum Wahnsinn. Von sechzig wohlbewaffneten Leuten gefolgt, die sich alle für unbesieglich und unverwundbar hielten, stürzte er unter dem Rufe, daß das Reich Christi gekommen sei, und alle Heiligen auffordernd, sich ihm anzuschließen, mit fliegenden Fahnen auf die Straßen von London. Von einigen Compagnien der Bürgerwehr angegriffen, zogen sie sich in ein kleines Gehölz zurück, wo sie von einer Abtheilung Soldaten, jedoch ohne Erfolg, bekämpft wurden. Hierauf kehrten sie nach London zurück und verschanzten sich in einem Hause, gegen das man eine förmliche Belagerung eröffnen mußte. Hartnäckig verweigerten sie jede Uebergabe. Um sie zu zwingen, mußte man das Dach zertrümmern und sie mit Flintenschüssen von einem Stockwerk zum andern vertreiben. Die meisten wurden getödtet, die wenigen Ueberlebenden gefangen genommen, zum Tode verurtheilt und hingerichtet.

Dies war das Ende des einzigen Versuchs, den der Fanatismus der Millenarier zur Verwirklichung seiner unsinnigen Träume machte. Die Lehre vom Millenium fuhr indessen fort zu bestehen und hat bis auf unsere Zeit zahlreiche und friedliche Interpreten gefunden. Besonders in England ist sie während des 18. und 19. Jahrhunderts aufgetaucht, wo verschiedene Interpretationen der Apocalypse, jenes gewaltigen und schwer verständlichen Denkmals christlicher Mystik, sie eingehender zu begründen und zu bekräftigen versucht haben. Wir werden es nicht unternehmen, die Theorien der Millenarier in religiöser und rationeller Hinsicht zu prüfen, über die selbst die gelehrtesten Theologen sich zu äußern nicht gewagt haben. Aehnliche Ideen, die sich auf der äußersten Grenze zwischen Glaube und Aberglaube bewegen, liegen offenbar außerhalb der Sphäre der menschlichen Vernunft. Wir werden uns deshalb auch nur darauf beschränken, auf die überraschende Aehnlichkeit aufmerksam zu machen, die sie in gewissen Beziehungen mit den socialistischen Utopien zeigen, und auf die tiefgreifenden Unterschiede hinzudeuten, die in anderen Puncten zwischen beiden bestehen.

Die Erwartung einer Aera der Wiedergeburt, in der das Böse vollständig von der Erde verbannt sein wird, einer Periode materieller Glückseligkeit und vollkommener Ordnung, ist eine den Millenariern und Socialisten gemeinsame Hoffnung. Die kühnsten Träume eines Charles Fourier sind von denen der Interpreten des Milleniums übertroffen worden. Man hat mit Recht darauf aufmerksam gemacht, daß die Lehren der Brüderlichkeit und allgemeinen Solidarität, der Verschmelzung der Nationen, eines ewigen Friedens und der Wiedergeburt des Christenthums schon längst von den mystischen Anhängern des zeitlichen Reiches Christi bekannt geworden sind. Aber hier hört auch die Aehnlichkeit auf. Die Millenarier haben in der That keinen bestimmten socialen Reformplan aufgestellt, sie haben die öconomische Frage, die in den communistischen und socialistischen Utopien eine so große Rolle spielt, vollständig vernachlässigt; sie beschränken sich darauf, der Menschheit eine Periode wolkenlosen Glücks zu verheißen, das man der übernatürlichen Dazwischenkunft der göttlichen Allmacht verdanke. Diese Intervention der Gottheit überhebt sie jeder weiteren Erklärung.

Die Ansichten der Millenarier rufen ein Lächeln auf den Lippen der Rationalisten hervor und werden selbst von der ungeheuern Mehrheit der gläubigen Christen, seien es Katholiken oder Protestanten, für Thorheit gehalten. Indessen sind diese Meinungen, so widersinnig sie auch scheinen, doch noch weit vernünftiger als die Hoffnungen und Projecte des Socialismus. Dieser schmeichelt sich in der That mit der Aussicht, durch rein menschliche Mittel das Reich der absoluten Gerechtigkeit und des vollkommenen Glücks auf Erden begründen und alle physischen und moralischen Uebel aus demselben verbannen zu können. Nach seinen Anhängern braucht es dazu weiter nichts, als die bürgerlichen und politischen Gesetze vollständig umzugestalten und die Grundlagen der Gesellschaft von Grund aus zu erneuern. Wenn man ihnen entgegenhält, daß sie dann auch das menschliche Herz und die Gesetze der Natur verändern müßten, so antworten sie, daß die Leidenschaften, an sich vortrefflich, nur durch unsere fehlerhaften Einrichtungen verdorben worden sind, daß die Armuth nicht der Kargheit der Natur, sondern der schlechten Organisation der menschlichen Arbeit zuzuschreiben ist.

Die Millenarier dagegen erwarten diese große Umgestaltung von einem besonderen Acte der göttlichen Allmacht. Sie gestehen, daß allein der Schöpfer der Dinge die Daseinsbedingungen des menschlichen Geschlechts in so tiefgreifender Weise modificiren könne, sie sehen nicht in einer socialen oder politischen Revolution das Universalmittel, das alle Uebel, an denen die Menschheit krankt, heilen soll, und anerkennen, daß dieser wunderbare Erfolg nur durch eine göttliche Revolution erreicht werden kann. Alles dies ist vollkommen vernünftig. Will man wissen, wann dieser Erfolg, so wie sie ihn erwarten, einmal eintreten wird, so ist dies eine Frage, welche außerhalb der Grenzen der Vernunft liegt. Aber alle Folgerungen, welche die Millenarier aus dieser Intervention, die ihr Glaube oder ihre Leichtgläubigkeit annimmt, ableiten, haben nichts Absurdes oder Widersprechendes an sich.

Endlich unterscheiden sich die Millenarier aufs Entschiedenste von den Socialisten durch den hervorragend moralischen und religiösen Charakter ihrer Ansichten. Sie wollen nicht, wie die Mehrzahl der Utopisten, die Moral abgeschafft wissen als veraltetes Gesetz der Entbehrung und Entsagung, sie emancipiren nicht die Leidenschaften und fordern nicht die Herrschaft einer offenen oder beschönigten Promiscuität der Geschlechter, man sieht sie nicht sich bald in einem vagen Pantheismus verlieren, bald die Gottheit leugnen, bald sie anerkennen, nur um sie zu lästern, sie schließen unsere Hoffnungen nicht in den engen Kreis dieses Erdenlebens ein, noch verwerfen sie als eine alberne Fabel die Strafen und Belohnungen eines andern Lebens. Das Glück, auf welches sie hoffen und das sie in ihren Gebeten erflehen, ist dasjenige, welches aus der treuen Befolgung der Gesetze des Evangeliums, aus der moralischen Vollkommenheit, aus der Uebung der Frömmigkeit und der Tugenden hervorgeht. Sie anerkennen und preisen die Gottheit und erwarten in Ehrfurcht, daß sie sich von Neuem auf der Erde offenbare.

Endlich zeigen sie in den fernsten Tiefen der Zukunft den höchsten

Richter wiederkommend, um einen Jeden nach seinen Verdiensten und Werken zu belohnen. Wenn es also wahr ist, daß die Ideen der Anhänger des Milleniums in gewissen Puncten mit den Träumen des Communismus und Socialismus Aehnlichkeit haben, so muß man doch anerkennen, daß sie in den wichtigsten Fragen von ihm so weit entfernt sind, wie der Glaube vom Unglauben, das religiöse Gefühl von dem Atheismus, die Moral von der verwegenen Leugnung der Gesetze, welche von Ewigkeit her der Gegenstand der menschlichen Ehrfurcht gewesen sind.

Capitel XIV.

Der Communismus und Socialismus im 18. Jahrhundert.

I.

Der Communismus sollte seine Vertheidiger auch im 18. Jahrhundert finden, das alle philosophischen, politischen und socialen Probleme behandelte und alle Verwegenheiten der Intelligenz erschöpfte. Dieses Jahrhundert folgte einer Periode, in der das Princip der Autorität in Sachen des Glaubens und des politischen Absolutismus unbestritten geherrscht und, im Guten wie im Schlechten, den Höhepunct seiner Entwicklung erreicht hatte. Es war ein gigantisches Zerstörungswerk auszuführen. Es handelte sich darum, eine ganze Welt umzustürzen und einer neuen Gesellschaftsordnung die Wege zu bahnen. Der intolerante Fanatismus mußte beseitigt, die Macht des Adels und der Geistlichkeit gebrochen, der Könige Despotismus besiegt, die Monopole und Privilegien vernichtet, die feudalen und politischen Ungleichheiten verwischt, eine große Zahl von Vorurtheilen und Mißbräuchen ausgerottet werden. Unglücklicher Weise überschritten die mächtigen Arbeiter, die dieses gewaltige Werk vollführten, zuweilen das Ziel, sie schleuderten ihr Anathem gegen Principien, die bestimmt waren, die alte Ordnung der Dinge zu überleben, und verkannten die ewigen Wahrheiten, die nur von unreinen Beimischungen zu befreien waren. Ihre zertrümmernden Hammerschläge, welche die wankenden Mauern des alten Gebäudes umstürzten, fielen nur zu oft auf jene gewaltigen und unerschütterlichen Säulen, die als Stützen des neuen Gebäudes bewahrt werden mußten.

So kam es, daß die Philosophen des 18. Jahrhunderts, die im Princip der Freiheit der Culte und der Unverletzlichkeit des Gewissens den Sieg zu erringen hatten, das religiöse Gefühl verkannten und die Gottlosigkeit und den Atheismus predigten; daß sie im Kampfe gegen die Privilegien des Adels und der Geistlichkeit sich verleiten ließen, die allgemeine Gleichheit zu proclamiren; daß sie, den Despotismus geißelnd, nur zu oft die Anarchie bezweckten und, die Mißbräuche des Lehnswesens und das Monopol bekämpfend, Hand an das Eigenthum legten.

Unter den Schriftstellern des 18. Jahrhunderts, welche das Eigenthum angegriffen und communistische Tendenzen vertreten haben, kann man zwei Klassen unterscheiden. Die Einen adoptiren offen das Princip der Gütergemeinschaft, vertheidigen es mit Ueberzeugung und bekunden das vollständigste Vertrauen zur Möglichkeit seiner Durchführung; zu diesen gehören Morelly, Verfasser der „Basiliade" und des „Codo de la Nature", und Mably. Die Andern, und dies sind die zahlreichsten, ergehen sich, obgleich sie das Princip des Eigenthums anerkennen, in heftigen Declamationen gegen die sociale Ordnung, der es zur Grundlage dient, und stellen unkluger Weise Sätze auf, die nur zum Communismus führen können. Rousseau, Helvetius, Diderot, Linguet, Necker sind die hervorragendsten dieser Schriftsteller, bei denen die Richtigkeit des Denkens nicht immer mit dem Glanz des Styls gleichen Schritt hält. Endlich richtete ein Mann, der eine wichtige Rolle in der französischen Revolution spielen sollte, Brissot Warville, einen unsinnigen Angriff gegen das Eigenthum, aber er vermied den Schluß zu ziehen und schlug kein neues Princip vor, um dasjenige, welches er umzustoßen sich bemühte, zu ersetzen.

II.

Im Jahre 1753 veröffentlichte Morelly unter dem Titel „Die schwimmende Insel oder die Basiliade" einen allegorischen Roman, in dem er das Gemälde einer Gesellschaft entrollte, die lediglich auf der Gütergemeinschaft basirte. Dieses Werk, welches der Verfasser bescheidener Weise ein Gedicht nannte, ebenso neu in seinem Stoff als in seiner Anlage, in dem die Wahrheit mit allem Schmucke des Epos umkleidet war, wurde von der Kritik seiner Zeit lebhaft angegriffen. Morelly antwortete 1755 durch die Herausgabe seines „Gesetzbuchs der Natur", eines Werkes, in dem er unter einer dogmatischen Form die Ansichten zusammenfaßte, welche er in seiner ersten Schrift in die Erzählung erdichteter Abenteuer eingeflochten hatte.

Morelly hat indessen zu den Ideen, die Morus und Campanella vorgetragen, nichts hinzugefügt; was ihn von jenen unterscheidet, sind die Anstrengungen, die er macht, um das System der Gütergemeinschaft auf einer moralischen und philosophischen Grundlage aufzubauen, um die Einwände zu widerlegen, vor denen seine Vorgänger verstummt waren, es ist endlich die Form eines Gesetzes, unter der er seine Pläne zur Umgestaltung der Gesellschaft entwickelte.

Es ist eine von den Philosophen und Moralisten aller Zeiten anerkannte Wahrheit, daß der Mensch mit dem Gefühl der Eigenliebe geboren wird, die im Grunde nichts Anderes ist, als der Erhaltungstrieb, ohne den weder das Individuum noch die Art würde bestehen können. Dieses Gefühl veranlaßt ihn, sich der Gegenstände zu bemächtigen, die seine Wünsche oder Bedürfnisse zu befriedigen im Stande sind, und sich einen Wirkungskreis von möglichst großer Ausdehnung zu schaffen. Wenn der Mensch diesen Trieben allein gehorchte, so würde er ein Egoist und Räuber werden; hier tritt dann die Vernunft ein, um ihren Einfluß zu regeln und zu mäßigen, und erkennt Gesetze an, die höher stehen als die rohen Naturtriebe. Hieraus entsteht die Moral, die Kenntniß des Rechts, welche die Selbstliebe nicht zerstören, sondern in richtige Schranken bannen und ihren Ausschreitungen einen Damm entgegensetzen will.

Nach diesem Systeme, dem die allgemeine Billigung zu Theil wird, findet sich der Mensch von zwei entgegengesetzten Gewalten beherrscht, die eine instinctiv und dem eigenen Antriebe folgend, die andere mit Vernunft und Ueberlegung handelnd. Dies ist der Antagonismus der Leidenschaften und der Pflicht. Von unserer Freiheit hängt es ab, unter diesen beiden Triebfedern zu wählen, und unsere Wahl bestimmt das Verdienst oder das Strafbare unserer Handlungen. Die Eigenliebe äußert sich ferner in zwei durchaus entgegengesetzten Richtungen. Die eine bestimmt den Menschen, seine Mühe zu sparen und die Arbeit zu fliehen, sie erzeugt Trägheit und Faulheit, die andere treibt ihn an, die vollständigste Befriedigung seiner Bedürfnisse und die größtmöglichste Summe von Genüssen zu suchen. Diese allein vermag seine Fähigkeiten in Bewegung zu setzen, aber sie wird seine Energie nur dann hinlänglich anspornen, wenn er gewiß ist, daß er die Früchte seiner Arbeit ausschließlich für sich besitzen wird. Das ist eine Wahrheit, die ebenso allgemein wie die erstere anerkannt wird.

Diese beiden Principien zerstören aber den Communismus in seiner Grundlage. In der That, wenn die Selbstliebe eines der wesentlichen Elemente der menschlichen Natur ist, so steht der Communismus, der die Vernichtung der Persönlichkeit fordert, mit der Natur im Widerspruch und kann nur bestehen durch eine systematische Unterdrückung. Wenn sich die individuellen Leidenschaften im Kampf gegen Recht und Moral befinden, welche sie nur regeln, nicht zerstören wollen, werden sie da nicht mit unwiderstehlicher Energie gegen einen socialen Zustand Sturm laufen, der sie vollständig zu unterdrücken droht? Gesetzt, daß es möglich wäre, eine communistische Gesellschaft zu gründen, wird nicht in ihr das Streben nach Wiederherstellung des Eigenthums mit unbesieglicher Macht hervortreten? Wozu also den Communismus verkünden, wozu ihn einführen, wenn ihm vom Schicksal bestimmt ist, dem Bewußtsein der Persönlichkeit, das tief im menschlichen Herzen begründet ist, zu unterliegen?

Wenn auf der anderen Seite der Trieb nach ausschließlichem Genuß, der Wunsch nach Besitz allein die productive Thätigkeit anregen kann, so führt der Communismus, der diese Triebfedern vernichtet, die Gesellschaft zur Trägheit, zur Erstarrung und Armuth. Um in seinem Schooße einen Rest von Betriebsamkeit zu erhalten, muß er seine Zuflucht zum gesetzlichen Zwange nehmen, auf der einen Seite den Despotismus, auf der anderen die Knechtschaft einführen. Morelly merkte die Schwierigkeit. Um sie zu lösen, leugnete er den Antagonismus der Leidenschaften und der Vernunft und die natürliche Trägheit des Menschen.

In Folge dessen proclamirte er die Absurdität unserer Moral, die nach ihm auf veralteten Vorurtheilen beruht; er erklärte, daß alle Vorschriften der Moralisten alter und neuerer Zeit irrig und verderblich seien. „Hört es", sagt er, „sie stellen euch als unbestreitbares Princip und als Grundlage aller ihrer Systeme den wichtigen Satz hin: der Mensch ist von Geburt an verdorben und zum Bösen geneigt. Nein, sagen einige, nur die Verhältnisse, in denen er sich im Leben befindet, führen ihn unvermeidlich der Verderbtheit in die Arme. Da Alle dieses schließlich einsehen, so hat Niemand sich eingebildet, daß es anders sein könne, Niemand hat geglaubt, daß man jenes herrliche Problem aufstellen und lösen könne, einen Zustand zu finden, in dem es fast unmöglich ist, daß der Mensch verderbt oder schlecht sei, oder doch so wenig Böses als möglich thue." Morelly behauptet also principiell, daß der Mensch gut aus der Hand des Schöpfers hervorgegangen ist, daß seine Leidenschaften in ihren Neigungen berechtigt sind; nach ihm sind es nur unsere fehlerhaften und einengenden Zustände, die ihn erbittern und verschlechtern. Unsere traurige Moral und klägliche Erziehung trägt die Schuld an allem Unglück. Der Verfasser verfolgt sodann mit seinen Angriffen und Sarkasmen die Gesetzgeber und Moralisten, die seit sechs bis sieben Jahrhunderten diese wichtigen und köstbaren Wahrheiten verkannt haben. „Diese Führer, ebenso blind wie diejenigen, welche sie zu führen vorgaben, haben alle Liebe und Zuneigung ertödtet, die nothwendiger Weise die Kräfte der Menschheit mit einander in Einklang bringen sollten. ... Sie haben den Brand einer glühenden Begehrlichkeit angefacht, sie haben den Hunger, die Gier einer unersättlichen Habsucht erweckt, und ihre thörichten Einrichtungen haben den Menschen der beständigen Gefahr ausgesetzt, an Allem Mangel zu leiden. Ist es da zu verwundern, daß die Leidenschaften, um diesen Gefahren zu begegnen, sich bis zur Wuth gesteigert haben? Konnten sie es geschickter anfangen, um dieses Wesen seine eigene Gattung verschlingen zu lassen? Und was kommt bei ihren Arbeiten heraus? Umfangreiche Abhand=

lungen über Moral und Politik, die unter dem Titel Heilmittel gefährliche Gifte verbergen. Viele dieser Werke können deshalb folgendermaßen betitelt werden: Kunst, die Menschen unter den schicklichsten Vorwänden und selbst mit Hülfe der besten Vorschriften über Redlichkeit und Tugend schlecht und verderbt zu machen; die Aufschrift anderer würde sein: Mittel, die Menschen durch Verordnungen und Gesetze zu verfeinern, die am geeignetsten sind, sie wild und barbarisch zu machen".

Welches Princip soll nun die alte Organisation ersetzen, die so sehr mit der Natur im Widerspruch steht? Das der untheilbaren Einheit der producirten Güter. Unter der Herrschaft dieses Princips wird der Mensch seinen natürlichen Trieb zum Wohlwollen und zur Geselligkeit entwickeln und nicht die Laster und Verbrechen kennen, die dem Egoismus ihr Dasein verdanken. „Das einzige Laster, welches ich auf der Erde kenne", sagt Morelly, „ist die Habsucht, alle andern, welche Namen sie auch haben mögen, sind nur Grade und Stufen von jenem, es ist der Protheus, der Mercur, die Grundlage und Ursache aller anderen Laster. Betrachte man die Eitelkeit, den Stolz, den Ehrgeiz, die Ruchlosigkeit, Heuchelei, Bosheit, zerlege man ebenso die meisten unserer sophistischen Tugenden, alle diese lösen sich auf in jenes feine und verderbliche Element, in den Wunsch nach Besitz. Selbst im Schooße der Uneigennützigkeit wird man es wiederfinden."

„Nun, diese allgemeine Pest des Sonderinteresses, dieses schleichende Fieber, dieser Krebsschaden jeder Gesellschaft, wird er jemals da möglich sein, wo er weder Nahrung noch Ansteckungsstoff findet?"

„Ich glaube deshalb, daß Niemand die Wahrheit des Satzes bestreiten wird, daß da, wo kein Eigenthum existirt, auch keine seiner verderblichen Folgen vorhanden sein wird."

Um dem Einwand zu entgehen, daß das persönliche Interesse nothwendig sei als Triebfeder der menschlichen Thätigkeit, behauptet Morelly, daß der Mensch von Natur zur Thätigkeit geneigt ist, daß nur eine lange und einförmige Arbeit seinen Eifer erkalten läßt. „Die Trägheit wird nur erzeugt durch die willkürlichen Einrichtungen, die lediglich den Zweck haben, einigen Menschen einen Zustand vollständiger Ruhe, den man Glückseligkeit nennt, zu sichern, und den Andern die Arbeit und Mühe zu überlassen. Dieser Unterschied hat die Einen zu Müßiggang und Heuchelei geführt und den Andern Abneigung und Ekel vor den erzwungenen Pflichten eingeflößt."

Die Theorien Morelly's sind insofern bemerkenswerth, als sie die hauptsächlichsten Ideen, die seitdem der Stifter der phalansterischen Schule entwickelt hat, enthalten. Man findet in ihnen die Emancipation der Leidenschaften, die im Grunde nichts Anderes ist, als das famose Dogma der Sündlosigkeit der Wiedertäufer, das Princip der Neigung der Menschen zur Thätigkeit, die Verurtheilung der Gesetze der Moral, die seit dem Ursprung der Zeiten von der Menschheit geglaubt und anerkannt worden sind. Die Angriffe eines Morelly auf die Moral und die auf dem Eigenthum beruhende sociale Verfassung sind das Vorbild jener grotesken Ausfälle und excentrischen Anatheme, die Fourier gegen die Forderungen der Entbehrung und Entsagung, gegen das System unserer Production und die vervollkommnungsfähige Civilisation, wie er sie nennt, schleuderte.

Die vierte Abtheilung des Buches führt den Titel: „Entwurf einer den Absichten der Natur conformen Gesetzgebung." Sie enthält die organischen Gesetze der communistischen Gesellschaft. Das erste ist folgendermaßen bezeichnet: „Grundlegende Gesetze, welche die Laster und Uebel einer Gesellschaft mit der Wurzel ausrotten werden." Es enthält nur drei Artikel, aber diese Artikel schließen den ganzen Communismus in sich. Sie lauten:

1. Nichts in der Gesellschaft gehört Jemandem ausschließlich außer denjenigen Gegenständen, von denen er gerade Gebrauch macht, sei es für seine Bedürfnisse, sein Vergnügen oder seine tägliche Arbeit.
2. Jeder Bürger gehört ausschließlich dem Staat an und wird auf Staatskosten unterhalten.
3. Jeder Bürger hat zu seinem Theile, nach seinen Kräften, Talenten und seinem Alter zum Nutzen des Staates beizutragen; seine Pflichten in diesem Puncte bestimmen sich nach den besonderen Gesetzen über Vertheilung der Producte.

Hier hat man das Princip Louis Blanc's, die Rechte sind proportional den Bedürfnissen, die Pflichten den Fähigkeiten. Die öconomischen Gesetze bestimmen einen Vertheilungsmaßstab ähnlich demjenigen der Utopie. Sie theilen die Nation in Familien, Stämme, Städte, Provinzen. Um die Anhäufung von Reichthümern zu verhindern, verbieten sie den Bürgern den Kauf und Tausch, jene Rechtsgeschäfte, welche die römische Gesetzgebung, die einen so ausgeprägt nationalen und ausschließlichen Character trägt, als die wesentlichen Bande des menschlichen Geschlechts betrachtet, und die sie selbst dem Fremden, dem Feinde gegenüber schützt. Nach dem Agrargesetz ist ferner jeder Bürger ohne Unterschied verpflichtet, vom 20. bis 25. Jahre Ackerbau zu treiben. Das Baugesetz bestimmt über Anlage der communistischen Städte, über Beschaffenheit der Stadtviertel, der Wohn- und Fabrikgebäude, über Einrichtung von Hospitälern, von Asylen für die Greise und von Gefängnissen für Uebelthäter; denn auch unter der Herrschaft des Naturgesetzes gibt es Gefängnisse.

Andere Gesetze regeln die Arbeit und die Hierarchie der industriellen Verrichtungen und verordnen die Einfachheit und Einförmigkeit der Kleidung (Polizei- und Luxusgesetze).

Morelly läßt, ebenso inconsequent wie Morus, die Ehe und Familie zu. Nach den Bestimmungen der Ehegesetze, die jede Unsittlichkeit verhindern werden, hat jeder Bürger sich zu verheirathen, so bald er das heirathsfähige Alter erreicht hat. Der Cölibat wird Niemandem gestattet, außer nach zurückgelegtem vierzigsten Jahre; die Scheidung kann erlaubt werden nach zehnjähriger Ehe. Gesetze über Erziehung werden die schlimmen Folgen der blinden Nachsicht der Väter gegen ihre Nachkommen verhüten. Die Mütter müssen ihre Kinder selbst aufsäugen und können davon nur aus Gesundheitsrücksichten, die gehörig zu beweisen sind, dispensirt werden. Vom fünften Jahre an werden alle Kinder beiderlei Geschlechts in einer großen Erziehungsanstalt einer gemeinsamen Erziehung unterworfen, die Familienväter und Mütter haben den Unterricht zu leiten und werden alle fünf Tage von Anderen abgelöst. Mit dem zehnten Jahre gehen die Kinder in die Werkstätten über, wo sie die verschiedenen Handwerke erlernen.

Die Meister und Meisterinnen verbinden mit den mechanischen Uebungen Unterweisungen in der Moral. Man erwartet, daß die Idee der Gottheit von selbst bei den Kindern in Folge der natürlichen Entwicklung des Verstandes entsteht und hütet sich wohl, ihnen von diesem unaussprechlichen Wesen einen vagen Begriff zu geben oder ihnen in inhaltlosen Sätzen seine Beschaffenheit zum Bewußtsein bringen zu wollen. Man wird ihnen bloß sagen, daß der Schöpfer des Weltalls nur durch seine Werke erkannt werden kann, die ihn uns als ein überaus gütiges und weises Wesen verkünden, das man aber mit nichts Menschlichem vergleichen kann. Man wird die jungen Leute darauf aufmerksam machen, daß die Neigung zur Geselligkeit, die dem Menschen innewohnt, das einzige Orakel der Absichten der Gottheit ist.

Alle moralischen Vorschriften, Maximen und Reflexionen sind aus den Grundgesetzen unter steter Berücksichtigung der Gesammtheit und der Gesellschaft abzuleiten. Die Obrigkeit hat sorgfältig darüber zu wachen, daß die Gesetze und Verordnungen über die Erziehung der Kinder überall genau beobachtet werden und ganz besonders, daß die Fehler der Kindheit, die auf den Begriff des Eigenthums hinauslaufen könnten, weise verbessert oder beseitigt werden; sie wird ferner verhindern, daß der Geist im zarten Alter mit irgend einer Fabel, Erzählung oder lächerlichen Fiction bekannt gemacht wird.

Ein Umstand, der besonders hervorgehoben zu werden verdient, ist, daß der von Morelly vorgeschlagene Erziehungsplan die hauptsächlichsten Ideen enthält, die Rousseau später in seinem „Emil" entwickelt hat. Die Aufsäugung der Kinder durch ihre Mütter, das Schweigen, das man der Jugend gegenüber über den Begriff der Gottheit beobachtet, die Achtung jener sinnreichen Erdichtungen, welche die Wonne des Kindesalters bilden, dies sind in der That die Grundlagen des Systems, welches Rousseau sieben Jahre nach Veröffentlichung des Gesetzbuchs der Natur in so glänzender Weise aufgestellt und verfochten hat.

Wie fast alle Communisten hat Morelly eine Abneigung gegen jede philosophische Speculation. Er gibt deshalb Studiengesetze, welche die Verirrungen des menschlichen Geistes und jede transcendentale Träumerei verhindern sollen: Moral und Metaphysik sind unter der Herrschaft des Naturgesetzes auf das Nothbürftigste beschränkt, speciell die Metaphysik reducirt sich auf das, was schon oben über die Gottheit gesagt worden ist. Hinsichtlich des Menschen fügt man noch hinzu, daß er mit Vernunft begabt, die bestimmt ist, ihn gesellig zu machen, daß die Natur seiner Eigenschaften sowie die natürlichen Principien ihrer Aeußerungen uns unbekannt sind, daß wir ebensowenig wissen, welches die Grundlage der Vernunft in uns ist, oder was aus diesem geistigen Princip bei unserem Hinscheiden wird; vielleicht besteht es nach dem Tode noch fort, aber es ist unnütz einen Zustand kennen lernen zu wollen, über den uns der Schöpfer der Natur durch nichts einen Aufschluß gibt.

Es gibt ferner eine Art von öffentlichem Codex der gesammten Wissenschaften, in dem nichts zur Metaphysik und Moral über die von den Gesetzen vorgeschriebenen Grenzen hinaus hinzugefügt werden darf; nur die Entdeckungen in der Physik, Mathematik und Mechanik werden angereiht, welche die Erfahrung und Vernunft bestätigt haben.

So verweist der Gesetzgeber des Communismus die Idee der Gottheit in das Gebiet des Unbekannten und macht die Unsterblichkeit der Seele zu einer bloßen Möglichkeit, mit der es unnütz ist, sich weiter zu beschäftigen, er untersagt dem Menschen die edelsten Studien und kettet seine Intelligenz an die Dinge dieser Erde. Alle despotischen Systeme gleichen sich, der Communismus wie das Säbelregiment unterdrücken die moralischen und politischen Wissenschaften. Morelly ordnet durch ein besonderes Gesetz die Regierungsform der communistischen Gesellschaft, und auf Grund desselben ist Jeder verpflichtet, in bestimmter Reihenfolge öffentliche Aemter zu übernehmen. Jede Familie gibt dem Stamme, zu dem sie gehört, ein Oberhaupt, das auf Lebenszeit bestellt wird; die Städte werden von einem Senat, der aus sämmtlichen Familienvätern, die das fünfzigste Lebensjahr überschritten haben, besteht, und von einem jährlich neugewählten Magistrat regiert, der mit der vollziehenden Gewalt bekleidet ist. Die Häupter der Stämme bekleiden abwechselnd dieses Amt. Jede Stadt gibt in bestimmter Reihenfolge ihrer Provinz alljährlich einen obersten Leiter, und jede Provinz in gleicher Weise dem ganzen Staate ein lebenslängliches Oberhaupt. Es gibt ferner einen obersten Senat der ganzen Nation, der jährlich aus zwei oder drei Abgeordneten der Senate der einzelnen Städte gebildet wird; jedes Mitglied der letzteren wird in bestimmter Reihenfolge in jene abgeordnet.

Neben den Municipalsenaten existiren Körperschaften, die aus den Familienhäuptern, die das senatorische Alter erreicht haben, gebildet werden; ein oberster Rath, aus den einzelnen Körperschaften in derselben Weise wie der Nationalsenat zusammengesetzt, tagt neben diesem, aber nur mit berathender Stimme.

Die Befugnisse des Senats sind auf den Erlaß von Ausführungsverordnungen zu den Gesetzen beschränkt. Diese Gesetze, die das non plus ultra von Vollkommenheit sind, verpflichten auch die künftigen Geschlechter, und bei den strengsten Strafen ist es verboten, sie jemals abzuändern. Der Gesetzgeber, sieht man, wirft jede falsche Scham bei Seite.

Das ist jene bizarre Verfassung, welche den Staat einer zufälligen und unbestimmten Dauer überliefert und den Despotismus des Gesetzes unter den Schutz einer organisirten Anarchie stellt.

Morelly krönt sein Werk durch Strafgesetze, „die ebensowenig zahlreich als die Veruntreuungen, ebenso mild als wirksam sind". Die schweren Verbrecher werden durch Einsperrung in Zellengefängnisse bestraft, die inmitten schauerlicher Einöden erbaut und mit undurchdringlichen Gittern verwahrt sind. Die Mörder und jeder Bürger, in welchem Range er auch stehen mag, der durch List oder auf andere Weise versucht hat, die „heiligen Gesetze aufzuheben, um das abscheuliche Eigenthum einzuführen", wird auf Lebenszeit, nachdem er von dem obersten Senat überführt und verurtheilt worden ist, als Wahnsinniger und Feind der Menschheit in eine Höhle eingeschlossen, die nach dem Baugesetz auf dem öffentlichen Begräbnißplatz angelegt ist. Sein Name wird für immer aus der Zahl der Bürger gestrichen, seine Kinder und seine Familie verlieren seinen Namen und werden andern Stämmen, Städten oder Provinzen einverleibt. Die Verurtheilten haben keine Vergebung zu erwarten, das Recht der Begnadigung und der Abänderung der Strafen ist auf's Strengste verpönt.

Der Leser wird ohne Zweifel von der merkwürdigen Inconsequenz Morelly's überrascht sein. In dem dogmatischen Theile seines Buches stellt er als Princip die natürliche Güte des Menschen und die Berechtigung seiner Leidenschaften auf, er schreibt alle Verbrechen und Laster dem schändlichen Eigenthum zu, das unseren socialen Einrichtungen als Grundlage dient. Ein solches Princip muß logischer Weise unter der Herrschaft der Gütergemeinschaft, die die Quelle des moralischen Uebels verstopfen soll, zur Aufhebung eines jeden Zwanges, zur Sündlosigkeit und Anarchie der Wiedertäufer, zur Unverantwortlichkeit des Menschen, die Owen behauptete, führen. Und doch legt Morelly Strafen auf, erbaut Kerker wie unter der Herrschaft unserer verabscheuten Civilisation. Aber das ist noch nicht Alles. Er erklärt, daß die Gütergemeinschaft der der Natur entsprechendste Zustand ist und die Quelle aller Glückseligkeit. Dieses System müßte sich also von selbst erhalten unter den Jubelgesängen seiner glücklichen Anhänger; und dennoch erfindet sein Gesetzgeber, um seine Dauer zu sichern, namenlose Martern und Strafen!

Die Wahrheit, die vergebens verkannt wird, bricht sich mitten durch die Sophismen Bahn, und das Raisonnement kann die Vernunft nicht vollständig ersticken. Sobald die Communisten mit der Praxis in Berührung kommen, sind sie gezwungen, ihre eigenen Theorien, so wenig Sinn für die Wirklichkeit sie sich auch bewahrt haben, zu dementiren, die Nothwendigkeit eines Zwangs und die Ohnmächtigkeit der Gütergemeinschaft anzuerkennen, sich vor dem Bewußtsein der menschlichen Persönlichkeit zu halten und zu vertheidigen. Sie schreiben auf den Giebel ihres Gebäudes die Maxime, die Rabelais auf das Thor der Abtei von Thélème setzt: „Thue, was du willst", aber in seinen Tiefen werfen sie Gräber auf, um diejenigen lebendig zu begraben, die das Glück nicht so genießen, wie sie es verstehen. Trotz dieses Widerspruchs ist Morelly nichtsdestoweniger von der Vortrefflichkeit seiner Gesetze und seiner Lehre überzeugt. In einer sentenzenreichen Vorrede entwickelt er die ganze, den communistischen und socialistischen Reformatoren eigenthümliche Anmaßung. Diese sonderbare Stelle lautet folgendermaßen: „Non est mora longa. Ob man dieses Buch liest oder nicht, daran liegt mir sehr wenig; aber wenn man es liest, so muß man es vollständig lesen, bevor man es bekämpft. Ich will nicht halb gehört werden, noch einen voreingenommenen Richter finden; um mich zu verstehen, muß man sein liebstes Vorurtheil aufgeben. Laßt einen Augenblick diesen Schleier fallen und ihr werdet mit Schrecken alle Uebel und alle Verbrechen da finden, wo ihr die Weisheit zu schöpfen gedachtet; ihr werdet mit klarem Blicke sehen, daß den einfachsten und schönsten Lehren der Natur fortwährend von der Moral und Politik widersprochen wird. Ist aber euer Herz und Sinn von ihren Dogmen so sehr umstrickt, daß ihr die Absurditäten jener nicht erkennen könnt oder wollt, so überlasse ich euch dem Strome des Irrthums. Qui vult decipi, decipiatur." Das würdige Gegenstück zu dieser Vorrede ist das Jubellied, mit dem Proudhon seine erste Abhandlung schließt und sich Glück wünscht, den tödtlichen Streich auf das Eigenthum geführt zu haben. Wir haben von dem „Gesetzbuch der Natur" eine genauere Darstellung gegeben, weil dieses Buch eine grundlegende Schrift ist und die Quelle, aus der unmittelbar der Communismus und Socialismus des gegenwärtigen Jahrhunderts abgeleitet werden muß. An ihm begeisterten sich Babeuf und seine Genossen, aus ihm leitete Louis Blanc jene vorgebliche Schule der Brüderlichkeit ab, die nach ihm während des 18. Jahrhunderts und der französischen Revolution gegen die egoistischen Tendenzen des Bürgerthums gekämpft haben würde; jenes Werk ist es endlich, durch welches die „Organisation der Arbeit" und die „Reise in Icarien" mit der Utopie des Morus in Verbindung steht.

Mably, bekannter durch seine historischen Arbeiten als durch seine socialistischen Elucubrationen, ist nächst Morelly derjenige unter den Schriftstellern des 18. Jahrhunderts, welcher die Principien des Communismus am klarsten formulirt hat. In seinem Werke „Zweifel über die natürliche und wesentliche Ordnung der Gesellschaft", das er 1768 veröffentlichte, bringt er zum ersten Male die Hypothese der Gütergemeinschaft vor; er antwortete mit diesem auf das bekannte Buch, in dem Mercier de la Rivière unter dem Titel „Natürliche und wesentliche Ordnung der Gesellschaft" die Theorien der nationalöconomischen Schule Quesnay's entwickelte. Mercier bekannte sich, wie die Mehrzahl der Physiocraten, zu den Grundsätzen des Despotismus. „Es ist physisch unmöglich", sagt er, „daß eine andere Regierung als die eines Einzigen bestehen kann. Denn wer fühlt nicht, wer sieht nicht, daß der Mensch geschaffen ist, um von einer despotischen Autorität regiert zu werden? Schon dadurch allein, daß er bestimmt ist, in Gesellschaft zu leben, ist er auch bestimmt, unter dem Despotismus zu leben. — Diese Form der Regierung ist die einzige, welche der Gesellschaft die bestmöglichste Gestalt und Verfassung geben kann." Mercier stellt als Muster einer vollkommenen Gesellschaft das chinesische Reich hin, in dem das Grundeigenthum unveränderlich ist und der Ackerbau blüht unter dem Schutze der absoluten Gewalt.

Einer Uebertreibung setzt Mably eine andere entgegen, auf eine falsche Folgerung aus dem Princip des Eigenthums antwortet er mit der Leugnung dieses Princips. Um zu beweisen, daß das Eigenthum nicht die nothwendige Grundlage der Gesellschaft ist, führt er das Beispiel Sparta's an, wo die Republik jedem Bürger einen bestimmten Antheil am Grund und Boden bewilligte, an dem dem Einzelnen nur ein Nießbrauchsrecht zustand, ferner Paraguay, wo die Jesuiten einen Staat gegründet hatten, in dem alle Güter gemeinsames Eigenthum waren. „Dort", sagt er, „ist jeder Einwohner, je nach seinen Kräften, seinen Talenten und seinem Alter zu einer nützlichen Beschäftigung bestimmt, und der Staat als Eigenthümer des Ganzen gibt dem Einzelnen die Gegenstände, deren er zum Leben bedarf. Man sagt zwar, daß die Jesuiten allen Gewinn des Staates in ihrem Nutzen verwendet haben, daß sie nur darauf bedacht waren, sich Sclaven zu erziehen, um sie unter das Joch einer abergläubischen Verehrung zu erniedrigen. Aber wenn sie sich darauf beschränkt hätten, bloß Missionäre zu sein und die Indianer gesittet zu machen, wenn sie sie gelehrt hätten, sich selbst zu regieren und sich Obrigkeiten zu wählen, welche den Staat verwaltet und geleitet hätten, wer würde nicht wünschen, in dieser platonischen Gesellschaft zu leben?"

Die beiden Beispiele Mably's sind gleich unglücklich gewählt. Das erste beruht auf einer falschen Beurtheilung der Lycurgischen Einrichtungen, Mably vergißt, daß das ganze System der Spartaner auf der Sclaverei der Heloten basirte; das zweite zeigt die Gütergemeinschaft in Verbindung mit einer allgemeinen Knechtschaft und reducirt sich auf eine Hypothese, die ja gerade bestritten wird. Ebenso hat Mably Unrecht, wenn er für seine Ansicht die Existenz der religiösen Gemeinschaften anführt.

Unser Schriftsteller bringt dann weiter alle die Gründe noch einmal vor, die schon von Morus, Campanella und Morelly gegen das Eigenthum angeführt worden sind. „Seitdem wir das Unglück gehabt haben, uns Grundeigenthum und Verschiedenheit der Stände zu denken", sagt er, „mußten auch Ehrgeiz, Eitelkeit, Neid und Eifersucht in unsere Herzen einziehen, um sie zu zerreißen, und sich der Staaten bemächtigen, um sie zu tyrannisiren. Führt die Gütergemeinschaft ein, und nichts ist dann leichter als die Gleichheit der Verhältnisse herbeizuführen und auf dieser doppelten Grundlage das Glück der Menschheit für die Dauer aufzubauen. Kann man ernsthaft daran zweifeln, daß in einer Gesellschaft, in der Habsucht, Eitelkeit und Ehrgeiz unbekannt sind, der letzte Bürger glücklicher ist als heut zu Tage unsere reichsten Grundbesitzer?"

Aber es handelt sich, ja gerade darum zu beweisen, ob das Eigenthum die Ursache der menschlichen Leidenschaften ist, oder ob diese nicht vielmehr schon vor dem Eigenthum da waren und unserer Natur untrennbar anhaften.

„Ich fürchte sehr", sagt Mably weiter, „daß euere natürliche Ordnung gar sehr wider die Natur ist! Seitdem ich das Grundeigenthum vorfinde, sehe ich auch die Ungleichheit des Vermögens; und müssen nicht aus diesem Mißverhältniß des Vermögens verschiedene und entgegengesetzte Interessen, nicht alle Laster des Reichthums, der Armuth, die Erniedrigung der Geister, die Verderbtheit der Sitten hervorgehen? Leset die Geschichtswerke und ihr werdet finden, daß alle Völker unter dieser Ungleichheit zu leiden hatten. Bürger, stolz auf ihren Reichthum, verschmähten es, diejenigen als ihres Gleichen anzusehen, die zur Arbeit verurtheilt waren, um ihr Leben fristen zu können; sofort seht ihr ungerechte und tyrannische Regierungen, parteiische und gewaltthätige Gesetze, mit einem Worte, jene Unmasse von Uebelständen, unter denen die Völker seufzen, entstehen. Dies ist das Bild, welches die Geschichte aller Nationen darbietet, und steigt man bis zur Quelle dieser Unordnung hinauf, so wird man sie im Grundeigenthum entdecken.... Ich kann deshalb nicht anerkennen, daß das Grundeigenthum eine physische Nothwendigkeit für sich hat: Die Natur, anstatt unsere Mutter zu sein, wäre unsere Stiefmutter, wenn sie uns verurtheilt hätte, diese verderbliche Einrichtung zu treffen."

In dem ersten Buche seiner 1776 veröffentlichten „Abhandlungen über die Gesetzgebung" und in der über die „Rechte und Pflichten des Bürgers" preist Mably von Neuem die Vortrefflichkeit der Gütergemeinschaft.

Auf den Einwurf, daß das persönliche Interesse nothwendig sei als Triebfeder zur Production, antwortet er mit Campanella und Morelly mit der Lehre von der angeborenen Neigung zur Arbeit. „Ich weiß sehr wohl", sagt er, „wie viel Eifer und Lust zur Arbeit das Eigenthum einflößt, aber wenn wir in unserer Verdorbenheit nur noch diese Triebfeder kennen, die uns in Bewegung zu setzen vermag, so glaube man ja nicht, daß sie durch nichts ersetzt werden könne. Haben die Menschen nur eine Leidenschaft? würde die Liebe zu Ruhm und Ehre, wenn ich sie zu erregen verstände, nicht ebenso energisch wirken als die Habsucht, ohne deren Nachtheile im Gefolge zu haben? Seht ihr nicht ein, daß sich das Menschengeschlecht unter dieser Gesetzgebung veredelt und ohne Mühe das Glück findet, welches unsere Begehrlichkeit, unser Stolz und unsere Weichlichkeit uns vergeblich verspricht? Nur an den Menschen hat es gelegen, jenen Traum des goldenen Zeitalters zu verwirklichen."

„Die Arbeit, welche die Arbeitenden erdrückt, würde nur ein köstliches Vergnügen sein, wenn alle Menschen sie theilten."

Mably fährt fort in seinem Werke das Beispiel Sparta's anzuführen, das nach ihm auf's Deutlichste beweist, daß wir außerhalb der Gütergemeinschaft unser Glück nicht finden können, und daß wir in dem Eigenthum die Hauptursache der Ungleichheit der Verhältnisse und folglich aller unserer Uebel zu suchen haben. Indessen wagt Mably wie Plato nicht, die sofortige und vollständige Durchführung der absoluten Gleichheit und der Gütergemeinschaft zu empfehlen. Soll man die Gleichheit der Verhältnisse wiederherstellen? hatte Mercier de la Rivière gefragt. Nein. — „Dies ist auch meine Ansicht", antwortete Mably seinerseits; „das Uebel ist jetzt zu alt, als daß man eine Heilung erwarten könnte."

Indem sich aber Mably in dieser Weise ausdrückt, verzichtet er keineswegs auf seine communistischen Theorien, er hält fortwährend an der Vortrefflichkeit derselben fest und schreibt die Hindernisse, die sich ihrer Durchführung entgegenstellen, nur den eingewurzelten Vorurtheilen unserer Erziehung, dem Stolz und der Habsucht der Großen und Reichen zu. Da er nicht hoffen kann, das Eigenthum mit offener Gewalt zu besiegen und es mit einem Schlage zu vernichten, so stellt er sich, als nähme er schonende Rücksicht auf dasselbe. „Das Eigenthum", sagt er, „ist ein allgemeines sociales Factum geworden, man muß es daher respectiren und sich darauf beschränken, es zu läutern." Mably sucht demgemäß nach einer socialen Organisation, die, ohne das individuelle Eigenthum vollständig zu zerstören, „die Bürger eines verdorbenen Staates vorbereitet, sich den Gesetzen der Natur zu nähern". Er widmet dieser Untersuchung die drei ersten Bücher seiner Abhandlung über die Gesetzgebung. Aber diese vorgebliche Achtung für das Eigenthum ist, wie man bald sehen wird, nur eine List, um es desto sicherer zu treffen. Der in Mably personificirte Communismus geht mit ihm wie ein Verräther um, und man kann auf ihn jenen berühmten Vers mit Recht anwenden: Ich umfange meinen Nebenbuhler, aber nur um ihn zu erdrücken.

Mably läßt sich ganz besonders angelegen sein, den Character der Gesetze zu veranschaulichen, die nothwendig sind, um in den Staaten, die das Eigenthum kennen, die Habsucht zu unterdrücken oder wenigstens einen Theil der Uebelstände, die in seinem Gefolge sind, zu beseitigen. Er spendet der Armuth und Einfachheit der alten Republiken ein emphatisches Lob und ergeht sich bis zum Ueberdruß in weitschweifigen Verherrlichungen des Fabricius. Vor Allem aber sind es die Einrichtungen Sparta's, die seinen Enthusiasmus hervorrufen. Wenn er eine unbestrittene Autorität citiren will, so führt er sicher den großen Namen Lycurg's an, überall und immer Lycurg; auch Plato's Republik und Buch der Gesetze sind eine der Quellen, aus denen seine Begeisterung fließt. In Wahrheit ist sein Buch weiter nichts als ein weitschweifiger Commentar zur Verfassung Lacedemon's und zu den politischen Werken des Stifters der Academie.

Wie sein athenischer Vorgänger proclamirt Mably die Nothwendigkeit, das Vermögen zu beschränken. Man wird Agrargesetze zu erlassen haben, die das Maximum des Grund und Bodens fixiren, das der einzelne Bürger besitzen darf, ferner Gesetze über die Erbfolge, um zu verhindern, daß das Vermögen aus einer Familie in eine andere übergehe, man wird das Recht zu testiren aufheben und Geld und Handel beseitigen, endlich werden Luxusgesetze Allen eine strenge Einfachheit zur Pflicht machen. Mably läßt sich dabei nicht die günstige Gelegenheit entgehen, jene Klagen über den Luxus und die Künste, die seinem Jahrhundert so geläufig waren, anzubringen. Von den großen Staaten der Neuzeit will er nichts wissen, er würde lieber zu den antiken Städten zurückkehren, die seiner Ansicht nach der Freiheit und Tugend weit günstiger waren.

Alle erhalten eine gleiche und gemeinsame Erziehung, aus den Frauen wird man, wie in Sparta, Männer machen oder sie zur Eingezogenheit verurtheilen. Mably wirft Plato vor, daß er sie zum gemeinsamen Eigenthum habe machen wollen; aber er begreift nicht die logische Nothwendigkeit, die den Philosophen zu diesem Resultate führte.

Der Staat duldet keine Atheisten, er verlangt von Jedem den Glauben an ein höchstes Wesen. Mably lobt dabei den Katholicismus und stellt die Verbrüderung der Religion und Philosophie in nahe Aussicht.

Den ersten drei Büchern der „Abhandlung über die Gesetzgebung" Mably's, von der wir soeben eine kurze Kritik gegeben haben, liegt derselbe Gedanke zu Grunde, der Plato veranlaßte, sein „Buch der Gesetze" zu verfassen. Für Mably wie für Plato wird durch die Beschränkung des Vermögens, durch die Achtung von Kunst, Industrie und Handel nur ein unvollkommener und vorübergehender socialer Zustand geschaffen, die Gütergemeinschaft ist in ihren Augen allein das Ideal der Vollkommenheit, sie allein macht es möglich, jene absolute Gleichheit der Verhältnisse zu begründen, die der Gegenstand ihrer Hoffnungen und Wünsche ist. Deshalb ist das Buch der Gesetze, das von Mably und anderen Schriftstellern derselben Schule nur copirt wird, blos eine Einleitung zum Communismus, ein Mittel, das Princip des Eigenthums zu schwächen, um zu seiner definitiven Unterdrückung zu gelangen. Die Socialisten, welche gesetzliche Beschränkung des Eigenthums, der Erbschaften und des Vermögens, Aufhebung des Rechts zu testiren, progressive und Luxussteuern verlangen, knüpfen alle an die zweite politische Abhandlung Plato's an, wie die Communisten an dessen Buch über die Republik. Aber unter den Anhängern der allgemeinen Gleichheit gibt es viele, die, der Heerstraße des Communismus folgend, sich dennoch schmeicheln, daß sie bei ihm nicht anlangen werden. Diese Ansicht zeigt nur die Beschränktheit ihres Geistes. Die großen Meister des Socialismus, welche sie sclavisch copiren, haben einen weiteren Blick und mehr Freimuth gehabt, sie haben sich nicht gescheut, in dem Communismus das unvermeidliche Endziel der Einrichtungen zu zeigen, welche sie zur Beschränkung des Eigenthums vorschlugen. Wir werden sehen, daß diese Folgerung aus den communistischen Theorien der Logik der Parteien nicht entgangen ist, die sich in der Praxis nicht von den Gewissensbeschwich= tigungen einiger inconsequenter Träumer aufhalten lassen.

III.
Rousseau.

Unter den Schriftstellern des 18. Jahrhunderts ist Rousseau derjenige, welcher den wichtigsten Anstoß zu jener geistigen Bewegung gegeben hat, aus der die französische Revolution hervorging und unter welcher wir noch jetzt zu leiden haben. Seine Werke, ein son= derbares Gemisch glänzender Wahrheiten und schwerer Irrthümer, von edlen Gedanken und beklagenswerthen Paradoxen, sind ein Ar= senal, in welchem die falschesten und verderblichsten, die reinsten und nützlichsten Lehren auf gleiche Weise ihre Waffen suchen und finden. Ein Punct ist es besonders, in dem Rousseau am öftesten angeführt wird, in dem des Eigenthums: die modernen Communisten, die überall nach Autoritäten suchten, um ihr System zu stützen, haben es sich eifrig angelegen sein lassen, ihn zu den ihrigen zu zählen. Aber ein aufmerksames Studium seiner Schriften zeigt, daß Rousseau, weit entfernt die Gütergemeinschaft zu wollen, die Gesellschaft viel= mehr ohne das Eigenthum nicht versteht, daß Gesellschaft und Eigen= thum so zu sagen zwei identische Begriffe bei ihm sind.

Die Werke Rousseau's zeigen zwei Arten von Ideen, klare und widersprechende. Bald schleudert er sein Anathem gegen die Gesell= schaft, verkündet einen vorgeblichen Naturzustand, in dem der Mensch, nur seinem Instinct überlassen, ein rein thierisches Leben geführt haben würde, und verflucht den Tag, an dem der Mensch aus den Wäldern herausging und die erste feste Niederlassung gründete, wo seine Neugier, durch die Erfindung der Sprache unterstützt, die Künste und Wissenschaften in's Leben rief, die Quelle unserer Uebel und Verderbtheit. Bald acceptirt er die Gesellschaft als ein un= vermeidliches Factum, schreibt ihrer Existenz die Entwicklung der edelsten Fähigkeiten des Menschen zu, sucht nach den Bedingungen des Urvertrags, auf dem sie nach ihm beruht, und nach den gesetz= lichen Normen ihrer Organisation und gibt Vorschriften, welche die Erziehung des Menschen, bestimmt unter der Herrschaft socialer Ge= setze zu leben, regeln und den Geist des Bürgers bilden sollen.

Besonders in seiner Abhandlung über den Ursprung der Ungleichheit hat Rousseau seinem Zorn gegen die Gesellschaft freien Lauf gelassen; hören wir ihn:

„Der erste, der einen Platz umfriebete und sich einfallen ließ zu sagen: Dies ist mein, und Leute fand, die einfältig genug waren, ihm dies zu glauben, war der wahre Gründer der bürgerlichen Gesellschaft. Wie viele Verbrechen, Kriege und Morde, wie viel Elend und Gräuel hätte der nicht dem Menschengeschlecht erspart, der die Pfähle ausgerissen oder die Gräben zugeschüttet und seinen Mitmenschen zugerufen hätte: Hütet euch, diesem Betrüger zu glauben; ihr seid verloren, wenn ihr vergeßt, daß die Früchte Allen gehören und die Erde Niemandem."

In dieser berühmten Stelle zeigt Rousseau die geheime Beziehung, die zwischen Eigenthum und Gesellschaft besteht. In einem kraftvollen Ausdruck faßt er dann das Princip der Gütergemeinschaft zusammen; aber er spricht nur von jener primitiven und gesetzlosen Gütergemeinschaft, welche unter den Wilden herrscht, die in den Tiefen der Wälder umherirren. Für ihn ist die Gütergemeinschaft nichts anderes als die Negation der Gesellschaft.

Es ist also nicht allein das Eigenthum, welches Rousseau mit seinen Angriffen verfolgt, es ist die Gesellschaft, die Civilisation selbst, deren nothwendige Grundlage in seinen Augen das Eigenthum ist. Er trennt diese beiden Begriffe nicht von einander, er behauptet nicht, daß man das Eigenthum zerstören und eine neue Gesellschaftsordnung in's Leben rufen könne, die auf der Untheilbarkeit des Productionscapitals beruhe, was ja der unterscheidende Character der communistischen Lehre ist. Er beschränkt sich darauf, über die unvermeidlichen Uebel zu seufzen, welche für die Menschheit der Uebergang von dem vorgeblichen Naturzustand zu gesitteten Zuständen mit sich brachte, über das Elend, um dessen Preis der Mensch die Entwicklung seiner Intelligenz und seine Kenntniß des moralisch Guten und Bösen erkauft hat.

Hier zeigt sich die Originalität Rousseau's. Er stellt keine Theorien auf und fordert nicht eine radicale Umänderung der Grundlagen der Gesellschaft. Er stößt einen Schrei der Verzweiflung aus und richtet bittere Klagen an jene unerbittliche Macht, die dem

Menschengeschlecht so harte Bedingungen seines Daseins vorgeschrieben. Dann entrollt er das düstere Gemälde des menschlichen Geschicks und bringt in beredten Worten seine Beschwerden gegen jene Civilisation vor, die uns ein unerbittliches Schicksal auferlegt hat. In diesem Puncte nähert er sich den modernen Socialisten, aber seiner Kritik liegt ein durchaus verschiedener Gedanke zu Grunde.

Man lese den zweiten Theil der Abhandlung über den Ursprung der Ungleichheit und man wird daselbst in einem bewundernswürdigen Style die Mehrzahl der Vorwürfe finden, die wir täglich der socialen Ordnung machen hören. Rousseau schreibt der Civilisation die Verschlechterung des Menschen zu, der gut von Natur geschaffen sei; nach ihm ist es die Gesellschaft, die unter den Individuen entgegengesetzte Interessen und wechselseitige Gehässigkeit entstehen läßt. „Es gibt vielleicht", sagt er, „keinen begüterten Menschen, dem nicht habgierige Erben und oft seine eigenen Kinder den Tod im Geheimen wünschten, kein Schiff auf hoher See, dessen Untergang nicht eine frohe Nachricht für einen Kaufmann wäre, kein Haus, das nicht ein Schuldner mit allen Papieren, die es enthält, in Flammen aufgehen sehen möchte, kein Volk, das sich nicht über das Unglück seiner Nachbarn freute. Auf die öffentlichen Nothstände hoffen und warten eine Menge Privatleute, die Einen wünschen Krankheiten, Andere Sterblichkeit, Andere Krieg, Andere Hungersnoth." Dann entwickelt er die verderblichen Folgen der übermäßigen Arbeit der Armen, der Weichlichkeit der Reichen, der Betrügereien und der Fälschungen der Kaufleute. Auf Rechnung des bestehenden Eigenthums und folglich der Gesellschaft setzt er die Morde, die Diebstähle, die grausame Nothwendigkeit der Strafen. Schließlich scheint er Malthus im Geiste vorahnend zu schauen und bekämpft im Voraus die Lehren, welche im moralischen Zwang ein Schutzmittel gegen die übermäßige Vermehrung der Bevölkerung zu finden glauben.

„Wie viel schändliche Mittel", ruft er aus, „um die Geburten zu verhindern und die Natur zu hintergehen! . . . Wie wenn ich nachzuweisen versuchte, daß das Menschengeschlecht in seinen Grundlagen, ja im Heiligsten seiner Bande angegriffen ist, wenn man die Natur nur noch zu hören wagt, nachdem man das Vermögen befragt hat, wenn die bürgerliche Unordnung Tugend und Laster vermengt, die Enthaltsamkeit eine verdammungswürdige Vorsicht wird und die Weigerung, seinem Nächsten das Leben zu geben, ein Act der Humanität?"

Was hat Proudhon, der in seiner ersten Abhandlung über das Eigenthum die Theorien des berühmten englischen Nationalöconomen bekämpft, anders gethan, als in cynischen Worten die Ideen zu wiederholen, die Rousseau durch den Glanz und die Reinheit seiner Sprache wenigstens erträglich zu machen verstand?

Und welchen Schluß zieht nun Rousseau aus dieser bittern Kritik der Gesellschaft und des Eigenthums, die einander gleichgestellt und mit denselben Schlägen gegeißelt werden?

„Was nun? Soll man die Gesellschaft zerstören, das Dein und Mein aufheben und in die Wälder zurückkehren, um mit den Bären zu leben? Eine Folgerung nach Art meiner Gegner, die ich ebenso gern vermeide, wie ich ihnen die Schande lasse, sie zu ziehen. O ihr, zu denen die himmlische Stimme noch nicht gedrungen ist, die ihr für eueren Geist keine andere Bestimmung kennt, als in Frieden dieses kurze Leben zu enden, ihr, die ihr inmitten der Städte euern unheilvollen Besitz, euern unruhigen Geist, euere verdorbenen Herzen lassen könnt, kehrt zurück zur alten und ursprünglichen Unschuld, da es in euerer Macht steht; geht in die Wälder, um die Verbrechen euerer Zeit aus den Augen und dem Gedächtniß zu verlieren, und fürchtet nicht, euer Geschlecht zu erniedrigen, indem ihr seinen Lastern entsagt. Die Menschen hingegen, die mir gleichen, deren Leidenschaften die ursprüngliche Einfachheit für immer zerstört haben, die sich nicht mehr von Kräutern und Eicheln nähren, noch ohne Gesetz und Herrscher leben können, diejenigen, welche in ihren Stammeltern übernatürlicher Offenbarungen gewürdigt wurden, kurz, diejenigen, welche überzeugt sind, daß die göttliche Stimme das ganze Menschengeschlecht zum Licht und Glück der himmlischen Erkenntniß berufen hat: alle diese werden durch Uebung der Tugend, nach der sie zu streben haben, den ewigen Lohn zu verdienen suchen, den sie dafür zu erwarten haben. Sie werden die heiligen Bande der Gesellschaft achten, deren Mitglieder sie sind, sie werden ihren Nächsten lieben und ihm dienen aus allen Kräften, sie werden auf's Gewissenhafteste den Gesetzen und Menschen gehorchen, die die Urheber und Vollstrecker jener sind, sie werden vor Allem die guten und weisen Fürsten ehren, die jene Masse von Mißbräuchen und

Uebeln verhindern, heilen oder lindern werden, die stets bereit sind, uns zu Boden zu drücken, sie werden den Eifer jener würdigen Herrscher anfachen, indem sie ihnen ohne Scheu und Schmeichelei die Größe ihrer Aufgabe und die Strenge ihrer Pflichten vor Augen stellen."

So erklärt also Rousseau, nachdem er Gesellschaft und Eigenthum verwünscht hat, daß man nicht daran denken kann, sie abzuschaffen, er schreibt ihnen einen göttlichen Ursprung zu und sieht in ihnen die Quelle der Moralität der menschlichen Handlungen, die Bedingung und Bürgschaft einer Bestimmung, die über dieses Erdenziel hinausweist. Euch Materialisten, euch Menschen ohne Glauben bleibt es überlassen, wenn es euch so gut scheint, zur ursprünglichen Barbarei zurückzukehren und an der Vernichtung der Gesellschaft zu arbeiten. Für die Menschen, die dieses Namens wahrhaft würdig sind, für diejenigen, die an ein anderes Leben glauben, an einen Gott, den gerechten Vertheiler der Strafen und Belohnungen, ziemt es sich, die Würde ihrer Natur durch die Pflege der gesellschaftlichen Tugenden zu erhöhen. Das ist die Sprache Rousseau's.

Was sind daher jene beißenden Satyren auf die Gesellschaft anders als der Schrei einer tief verwundeten Seele, als der hyperbolische Ausdruck des Unwillens, den das Schauspiel der menschlichen Corruption einem hohen Verstande einflößte, als eine gewaltsame Anstrengung, um die Menschen zu jenen Principien der Moral zurückzuführen, ohne welche keine Gesellschaft, wie sie auch organisirt sein mag, bestehen kann? Und vergesse man ja nicht, an welches Jahrhundert sich Rousseau wandte! Mitten unter den schmählichen Saturnalien des Despotismus, mitten unter der Verderbniß der höheren Klassen und den Angriffen einer materialistischen und sensualistischen Philosophie ließ er die Stimme des Spiritualismus erschallen und proclamirte das Gesetz der Pflicht. Er mußte auf die Geister durch ein auffallendes Paradoxon einwirken und die Menschen mit ihrer Corruption beschämen. Deshalb giebt Rousseau dem wilden und thierischen Zustand den Vorzug vor einer Civilisation, die sich selbst durch solch' eine tiefe Immoralität entehrte.

Rousseau ist deshalb kein Communist, wenigstens nicht wissentlich und absichtlich. Diejenigen, welche auf Grund einiger aus dem Zusammenhang gerissenen Stellen ihn unter die Zahl der Anhänger der Gütergemeinschaft haben rechnen wollen, haben seine Absichten vollständig verkannt. Im Gegentheil, in seinen wichtigsten Schriften zeigt sich Rousseau als beredter Vertheidiger des Eigenthums und der Familie. Im achten und neunten Capitel des ersten Buches seines Gesellschaftsvertrags rechnet er das Eigenthumsrecht zu den Ur- und Grundrechten, dessen Genuß die Gesellschaft dem Einzelnen garantirt, und dessen Ursprung zu rechtfertigen er sich auf's Eifrigste angelegen sein läßt. Weiter macht er auf die Mittel aufmerksam, um der Jugend die Natur und Heiligkeit des Eigenthumsrechts begreiflich zu machen, welches er auf seine wahren Grundlagen, Occupation und Arbeit, zurückführt. In einem geistreichen und schönen Beispiel faßt er die tiefsten und treffendsten Ansichten zusammen, die jemals über diesen Punct geäußert worden sind. Rousseau ist nicht weniger ein entschiedener Gegner der communistischen Lehren, wenn er die großen moralischen und philosophischen Fragen behandelt, welche alle Probleme der Politik und Nationalöconomie beherrschen. Während der Communismus durch eine verhängnißvolle Nothwendigkeit bei der Aufhebung der Familie endet, die Rechtmäßigkeit der Leidenschaften proclamirt, die physischen Triebe erregt und dem Menschen keine andere Bestimmung als die irdische Glückseligkeit zuschreibt, vertheidigt Rousseau die Heiligkeit des ehelichen Bandes, feiert den Sieg der Pflicht über den blinden Antrieb der Begierde, preist die Eingebungen des Gewissens, die Verachtung materieller Genüsse, und zeigt in der Hoffnung auf ein anderes Leben den edelsten Beweggrund unserer Handlungen und die Erklärung der physischen Leiden und der moralischen Uebel, die uns hier unten umringen.

Indessen ist Rousseau nicht von jedem Vorwurf frei. Wenn er auf der einen Seite in vielen Fällen die heiligen Lehren des Eigenthums und der Familie vertheidigt, so stellt er auf der anderen Seite Principien auf, die mit der Aufrechthaltung dieser wichtigen Institute in keiner Weise vereinbar sind. Er läßt die Existenz der Gesellschaft auf einem vorgeblichen Vertrage beruhen, der die individuelle Unabhängigkeit ohne Schutz gegen den Despotismus der Masse läßt; er behauptet, daß das Eigenthum, unbekannt in dem Naturzustand, wie er ihn sich denkt, nur eine Schöpfung der Gesellschaft sei. Er gibt also der Gesellschaft, wenn sie durch die politische Gewalt repräsentirt wird, ein unumschränktes Recht über die Güter ihrer Mitglieder. Dies heißt aber alle Vergewaltigungen des Eigenthums autorisiren, vorausgesetzt, daß sie unter dem Mantel der Gesetzmäßigkeit auftreten, dieß heißt dem Communismus die Wege bahnen, der im Grunde nichts weiter ist, als eine Aufsaugung des individuellen Eigenthums durch die Gesellschaft, der volle und ganze Ausdruck des Rechts, welches der Verfasser des Gesellschafts= vertrags dem Staate einräumt. Endlich war Rousseau einer der hauptsächlichsten Vorkämpfer jenes classischen Enthusiasmus für die Republiken des Alterthums, der die meisten Schriftsteller des 18. Jahrhunderts zu den beklagenswerthesten Irrthümern verleitete. Von der Erinnerung an die Einrichtungen Lycurg's und die Agrar= gesetze Rom's beherrscht, deren wahrer Character ihm entging, träumte er von einer Gleichheit des Vermögens, die mit der Frei= heit der Arbeit und der Entwicklung der Industrie unvereinbar ist. Um sie zur Herrschaft zu bringen, schlug er vor, allen Bürgern die Mittel, Schätze anzuhäufen, zu nehmen, eine progressive Steuer einzuführen, diese derartig zu erhöhen, daß jeder Ueberfluß beseitigt würde, und den Aufwand durch Luxussteuern zu treffen. Es ist unzweifelhaft, daß durch solche Mittel die absolute Gleichheit her= gestellt werden würde, aber diese wäre die Gleichheit der Armuth. Man denke sich eine Gesellschaft, deren Gesetze der Anhäufung von Reichthümern, der Bildung von Capitalien einen systematischen Widerstand entgegensetzen, die den Bürgern die Hoffnung benehmen, die Früchte ihrer Arbeit zu genießen und ihre Lage zu verbessern, kurz, zum ausgesprochenen Zwecke die Beraubung eines Jeden haben, der sich über das Niveau der allgemeinen Armuth erhebt: eine solche Gesellschaft würde sehr bald in Sorglosigkeit und Trägheit verfallen und reißend schnell zur Barbarei zurückkehren. Die Ver= folgung der absoluten Gleichheit hatte noch einen Sinn in den antiken Städten, wo es sich nur darum handelte, unter die Mit= glieder einer kriegerischen Aristocratie die Früchte der Arbeit von Sclaven und die Beute, die dem Feinde abgenommen war, zu ver= theilen; es war das die Gleichheit der Räuber, die in den Raub sich theilten. Aber in einer Gesellschaft, die auf der Freiheit der Arbeit beruht, eine solche Gleichheit herstellen wollen, dies heißt einen ungeheuren Anachronismus begehen, dies heißt die Triebfeder jeder Thätigkeit, den Sporn der Industrie vernichten. Wenn ihr den Stock und die Kette des Sclaven beseitigt, so bleibt nur noch ein Mittel, die productive Thätigkeit zu wecken und zu erhalten, übrig, das ist die Hoffnung für jeden Menschen, die Früchte seiner Arbeit zu ernten und das Product seiner Sparsamkeit seinen Kindern zu hinterlassen. Ich will hier nicht von der Ascese sprechen, die in einigen klösterlichen Gemeinschaften, wenigstens bis zu einem gewissen Puncte, das persönliche Interesse und die Familie ersetzen konnte; dies ist immer nur bei einer kleinen Anzahl exceptioneller Naturen möglich.

Das von Rousseau aufgestellte System ist im Grunde nichts Anderes, als dasjenige, dessen Grundzüge Plato in seinem Buche über die Gesetze, jenem Resumé der communistischen Ideen des Alterthums, niederlegte. Es ist ein Vermittlungsversuch zwischen zwei unvereinbaren Principien, dem individuellen Eigenthume und der absoluten Gleichheit, eine Vermittlung, die sich entweder in den Communismus, der allein die Gleichheit sichert, auflösen muß, oder in das Eigenthum, das voll und ganz acceptirt wird. Plato stellte dieses Bastardsystem in sein richtiges Licht, indem er erklärte, daß es der Gütergemeinschaft untergeordnet sei und nur bestimmt, bei ihr zu enden; Morus, Campanella und Morelly hatten seine Ohnmacht bestätigt und in der Abschaffung des Eigenthums die nothwendige Consequenz des Princips der absoluten Gleichheit gezeigt. Rousseau, ein weniger philosophischer Kopf und tiefer Denker, bemerkte nicht, wohin seine Theorien führen würden; er nahm in gutem Glauben an, daß es möglich sei, ohne das Eigenthum zu opfern, alle Wesen unter das Niveau einer allgemeinen Gleichheit herabzudrücken. Für ihn sind die Agrar= und anderen beschränkenden Gesetze das Endziel auf dem Wege zur Gleichheit, während sie doch nur eine Station auf dem des Communismus sind. Mably, der sich die Schriften des Genfer Philosophen zum Vorbild nahm, der, wie er, aus den Quellen des Alterthums schöpfte, sah weiter und richtiger als er die Gütergemeinschaft als nothwendigen Schlußpunct des Systems hinstellte.

In politischer Hinsicht beging Rousseau, von seinen classischen Vorurtheilen verführt, nicht minder schwere Irrthümer, als er sich hinsichtlich der socialen Organisation zu Schulden kommen ließ. Er kannte nicht den Werth der republicanischen und repräsentativen Regierung, für ihn gab es keine andere Freiheit, als diejenige, welche das Volk zu endlosen Berathungen auf den öffentlichen Plätzen verleitet und die politische Gesellschaft auf die engen Grenzen einer Stadt beschränkt. Er trieb den Anachronismus so weit, daß er die Sclaverei zurückwünschte, die ihm die Vorbedingung der bürgerlichen Freiheit zu sein schien, und durch den Föderalismus, der das antike Griechenland zu Grunde richtete, die mächtige Einheit der modernen Nationen zu ersetzen vorschlug.

Diese Vorliebe für die Republiken des Alterthums, die sich bei Rousseau und Mably in so ausgeprägter Weise vorfindet, war ein gemeinsamer Characterzug einer großen Zahl von Schriftstellern des 18. Jahrhunderts, die Griechenland und Rom durch das trügerische Prisma einer classischen Erziehung zu betrachten sich gewöhnt hatten. Daher empfahl Helvetius die Agrargesetzgebung, die Abschaffung des Geldes, die gemeinsame Erziehung und die Theilung Frankreichs in kleine und conföderirte Republiken, und selbst ein Montesquieu rühmte trotz der Größe seines Genies die spartanische Strenge. Die Gesetze Lycurg's finden sich am Grunde der meisten Reformprojecte, die in dieser Epoche auftauchen und deren Verwirklichung, vergeblich während der französischen Revolution von den extremsten Parteien versucht, die Menschheit um zwei Jahrtausende zurückgeschleudert und die Quellen der Civilisation verschüttet haben würde.

Aber Rousseau und seine Zeitgenossen begeisterten sich an Beispielen, die noch weit sonderbarer sind als die Einrichtungen eines kleinen Fleckens des Peloponnes. Die Entdeckungen, die Cook und Bougainville im Südmeer machten, die Schilderung der Sitten der canadischen Wilden übten auf die größten Geister dieser Zeit einen außerordentlichen Einfluß aus. Die Otahitier und Huronen theilten mit den Spartanern das Vorrecht, den socialen Doctrinen des letzten Jahrhunderts zum Muster zu dienen. Diderot schrieb einen Nachtrag zu der Reise Bougainville's, in dem er die überspanntesten Theorien über die freie Liebe aufstellte. Nach ihm ladet uns die Natur selbst zur vollständigsten Promiscuität der Geschlechter ein, unsere Ansichten über Ehe und Keuschheit sind nur lächerliche Vorurtheile; die Einwohner von Otahaiti, jene uncultivirten Menschen, lehren uns, daß das einzige Gesetz in den Beziehungen der Geschlechter zu einander der Antrieb der Begierde sein soll. Viele andere betraten denselben Weg und eiferten im Namen der Natur, die sich im Zustand der Wildheit offenbare, gegen die ehrwürdigsten Einrichtungen. Eine sonderbare Verirrung, welche diese Geister, die die Civilisation gebildet hatte, verleitete, den Typus der menschlichen Vollkommenheit bei Völkern zu suchen, die noch in der Nacht der Barbarei versunken waren.

Es würde zu weit führen, alle Schriftsteller des vergangenen Jahrhunderts aufzuzählen, welche, die Abstellung von Mißbräuchen und die Vervollkommnung der Gesellschaft erstrebend, die Grenzen einer weisen Kritik überschritten und durch unkluge Worte den Gegnern des Eigenthums gefährliche Waffen geliehen haben. Nicht bloß bei den Bewunderern der antiken Staaten finden wir derartige Uebertreibungen, man sah auch einen Vertheidiger des Despotismus und einen Anhänger der repräsentativen Monarchie dieser verhängnißvollen Richtung huldigen. Dies waren Linguet und Necker. Von einer edlen Liebe zu einer Klasse beseelt, die zu den niedrigsten Arbeiten verurtheilt waren, wiederholten sie die Klagen, die Morus zuerst über ihr Loos angestimmt hatte. Sie schilderten in büstern Farben die Lage der Proletarier und brachten jene bittern Worte vor, die, von den unverständigen Massen aufgegriffen, die Veranlassung zu furchtbaren Excessen wurden.

In seiner „Theorie der bürgerlichen Gesetze", die er 1767 veröffentlichte, wiederholte Linguet die paradoxen Angriffe eines Rousseau auf die Gesellschaft und beklagte die unvermeidliche Ungleichheit der Verhältnisse. Er versuchte nachzuweisen, daß die Armen einer systematischen Ausbeutung und einem gehässigen Despotismus seitens der Reichen unterworfen sind, er verglich die Lage der modernen Proletarier mit derjenigen der Sclaven des Alterthums und scheute sich nicht, den letzteren den Vorzug zu geben. Die ultrademocratischen Schriftsteller haben sich dieser Ideen Linguet's bemächtigt und sie in unserer Zeit von Neuem entwickelt.

Necker ließ sich mit ähnlichen Beschuldigungen in seinem berühmten Buche über den Getreidehandel vernehmen. Wie Mably suchte er die Lehren der Schule Quesnay's zu widerlegen, die zu Gunsten des Grundbesitzes ein gefährliches Monopol einzuführen und durch die unbeschränkte Freiheit der Getreideausfuhr die nationale Verpflegung zu gefährden drohte. Necker protestirte in beredter Weise und im Namen des Vortheils der Masse gegen die maßlose Anwendung des Princips der Handelsfreiheit, aber er ließ sich auf der anderen Seite verleiten, unter dem Gesichtspunct einer schrecklichen Tyrannei die aus dem Eigenthumsrecht fließenden Rechte darzustellen, das er doch für die einzig mögliche Grundlage der socialen Ordnung erklärte. Er war somit der Vorgänger jener berüchtigten Theorie der Ausbeutung des Menschen durch den Menschen und trug seinerseits dazu bei, jenen Haß und jene furchtbaren Leidenschaften zu erregen, denen seine guten Absichten ohnmächtig gegenüberstehen mußten.

Die Communisten und Socialisten der Neuzeit haben sich der unklugen Aeußerungen eines Linguet und Necker, sowie einiger anderen Schriftsteller dieser Epoche, die denselben Weg eingeschlagen haben, bemächtigt. Glücklich, Beweise gegen das Eigenthum selbst in den Werken seiner Vertheidiger zu finden, haben sie die heftigsten Stellen aus ihnen citirt, ohne zugleich jene anzuführen, die ihnen als Correctiv zu dienen im Stande sind. Dieses Beispiel wird denen, die den Principien der Ordnung und Freiheit wahrhaft zugethan sind, zeigen, wie viel Klugheit und Mäßigung man in der Kritik socialer und politischer Einrichtungen zu beobachten hat. Nur zu oft geschieht es, daß man im Kampfe gegen die Mißbräuche eines an sich guten Princips dieses Princip selbst durch unüberlegten Eifer gefährdet. Dann leiht man, anstatt an der Verbesserung der Gesellschaft zu arbeiten, den subversiven Leidenschaften und anarchischen Bestrebungen, selbst ohne es zu wollen, eine gefährliche Stütze. Dies ist das Schicksal der Schriften gewesen, die wir soeben angeführt haben. Nur gegen die Mißbräuche des Eigenthums gerichtet, sind sie eine furchtbare Waffe in den Händen derer geworden, die das Princip des Eigenthums nicht zu vervollkommnen und zu läutern, sondern vollständig zu zerstören bestrebt sind.

IV.

Brissot de Warville. — Philosophische Untersuchungen über das Eigenthumsrecht und den Diebstahl.

Wir haben gesehen, daß Morelly und Mably den Communismus proclamirten, Rousseau gegen die Civilisation widersprechende und belanglose Anatheme schleuderte, die Wildheit lobte, die absolute Gleichheit empfahl und die Wiederherstellung der Republiken des Alterthums anstrebte. Wir haben ferner gesehen, daß mehrere seiner Zeitgenossen sich zu denselben Lehren bekannten, daß Diderot sich über die Ehe und Familie den Ausschweifungen seiner Phantasie überließ, daß endlich die Vertheidiger des Eigenthums, von einer eitlen Liebe zum Paradoxen verführt, von ihm wie seine Feinde sprachen.

Es sollte sich ein Mann finden, der es sich zur Aufgabe machte, alle diese Irrthümer zu sammeln und zu vereinigen, sie mit dem groben Materialismus eines Holbach und Lamettrie zu combiniren und dieses Gift in einer Schrift zu concentriren, deren Maßlosigkeit nur ihrem Cynismus gleichkommt.

Dieser Mann war Brissot de Warville, später so berüchtigt in der französischen Revolution; dieses Buch seine „philosophischen Untersuchungen über das Eigenthumsrecht und den Diebstahl". Im Jahre 1780 erschien diese beklagenswerthe Schrift zum erstenmale. Die Seltenheit des Werkes, die Ähnlichkeit, die es mit gewissen Angriffen der neueren Zeit aufweist, denen es zum Vorbild gedient zu haben scheint, wird eine eingehendere Beurtheilung desselben nicht ohne Interesse sein lassen; auch tragen wir kein Bedenken, aus dem angegebenen Grunde größere Stellen aus ihm zu citiren.

Die außerordentliche Strenge der Gesetze gegen den Diebstahl und die Nothwendigkeit, sie zu mildern, dienen Brissot zum Vorwande, die heftigsten Angriffe gegen das Eigenthum, die Ehe und alle Principien der Moral, auf denen unsere Gesellschaftsordnung basirt ist, zu richten. „Die Irrthümer, welche unsere alten Juristen und Publicisten lehren", sagt er in seiner Einleitung, „und diejenigen, welche eine neuere Secte, die viel über Politik geschrieben hat, ausstreut, haben mich bewogen, den Ursprung des Eigenthums zu untersuchen. Durch meine Untersuchungen bin ich zu der Ueberzeugung gekommen, daß man bis jetzt falsche Vorstellungen von dem natürlichen Eigenthum gehabt hat, daß das bürgerliche Eigenthum mit jenem im Widerspruch steht, daß der Diebstahl, der gegen das letztere sich richtet, nicht bestraft werden darf, da er durch ein natürliches Bedürfniß veranlaßt worden ist, daß überhaupt unsere Gesetze über dieses Verbrechen menschlicher werden müssen. Vielleicht wird man mir vorwerfen, diese Gesetze aufheben zu wollen. Meine Antwort darauf ist einfach: man wird sie nicht eher achtbar und dauerhaft machen, als bis sie gerecht sind, sie werden gerecht sein, wenn sie die Grenzen der Natur nicht überschreiten.... Ich zeige diese Grenzen, bin ich deshalb schuldig? Wenn meine Ansichten außerordentlich sind, ist dies meine Schuld? ist dies nicht vielmehr die Schuld derjenigen, die sich von der Natur entfernt haben?"... Brissot wirft deshalb zunächst die Frage auf: was ist das Eigenthum in der Natur?

Er unterscheidet das natürliche Eigenthum und das Eigenthum, welches in der Gesellschaft existirt. Dieses beruht nach ihm nur auf der Laune der ersten Gesetzgeber, es ist veränderlich und wandelbar. Das ursprüngliche Eigenthum dagegen ist ein unveränderliches, unveräußerliches Recht, dessen Grund und Zweck die Existenz der Wesen ist. Auf den Ursprung dieses Rechts muß man durch Beobachtung und Vernunftschlüsse kommen, anstatt sich auf den verschlungenen Pfaden unserer Rechtsgelehrten zu verirren.

Um zu diesem Ursprung zu gelangen, verbreitet sich Brissot in einer abstracten Abhandlung über die wesentliche und accidentelle Bewegung der Materie und über die selbstthätige Bewegung, welche eben das Leben ist. Er kommt zu dem Schluß, „daß das Eigenthumsrecht die Befugniß des Individuums ist, sich jeder Materie zu bedienen, um seine Lebensbewegung zu erhalten", und sieht in dieser Formel den Ausdruck eines allgemeinen Naturgesetzes, welches die gegenseitige Vernichtung der Körper zur Bedingung der Bewegung macht.

Brissot stellt sich also von vornherein auf den Boden des gröbsten Materialismus. Er stellt das menschliche Geschlecht mit den Thieren auf eine Linie und verkennt die wahre Quelle des Eigenthums, die in der Freiheit und Vernunft des Menschen, in der der Arbeit gebührenden Achtung zu suchen ist, durch die sich die schöpferische Kraft seiner Intelligenz manifestirt. Das Eigenthum ist wesentlich spiritualistisch, seine Wurzeln ruhen in der Tiefe der menschlichen Seele, und man begreift daher, daß Materialisten nothwendiger Weise zu seiner Leugnung geführt werden.

Nachdem der Verfasser diese Definition des Eigenthums gegeben hat, fragt er sich weiter, warum man Eigenthümer ist? Wer sind die Eigenthümer? Woran kann das Eigenthumsrecht geltend gemacht werden, und wo ist seine Grenze? Man ist Eigenthümer, sagt er, weil man Bedürfnisse hat. Aber es giebt verschiedene Arten von Bedürfnissen, natürliche, künstliche und willkürliche Bedürfnisse. Welches sind nun die natürlichen Bedürfnisse? Die Ernährung, Bewegung der Glieder, Vereinigung der Geschlechter. Brissot, sich zum Echo eines Diderot machend, kritisirt auf's Bitterste die Einschränkungen, welche die Gesellschaft der Befriedigung dieses letzten Bedürfnisses auferlegt. „Mensch der Natur", ruft er aus, „folge deiner Begierde, höre auf deren Bedürfniß, sie ist deine einzige Herrin, deine einzige Führerin. Fühlst du in deinen Adern ein geheimes Feuer sich entzünden beim Anblick eines reizenden Gegenstandes, fühlst du in deinem Wesen einen Schauer, eine Unruhe, fühlst du in deinem Herzen heftige Wallungen erwachen: die Natur hat gesprochen; dieser Gegenstand ist dein, genieße ihn, deine Zärtlichkeit ist unschuldig, deine Küsse sind rein. Die Liebe ist der einzige Rechtsgrund des Genusses, wie der Hunger der des Eigenthums." Und um diese empörenden Lehren zu bekräftigen, führt Brissot als schlagendstes Beispiel die Wilden an, die erst kurz zuvor in der Südsee entdeckt worden waren. Nach einigen Redensarten, in denen er behauptet, daß die zum Leben nothwendigen Gegenstände je nach dem Klima verschieden sind, setzt dann der Verfasser auseinander, was er unter Bedürfnissen des Luxus versteht. „Nicht um diese Bedürfnisse zu befriedigen", fährt er fort, „die der Luxus oder die Laune geschaffen, hat uns die Natur das Eigenthumsrecht verliehen, das sich allein auf die natürlichen Bedürfnisse zu beschränken hat. Es hieße dieses Privileg verletzen und seine Grenzen überschreiten, wenn man es zu weit ausdehnen wollte!"

„Stolzer Mensch, vor deiner Thüre sterben Unglückliche vor Hunger und du glaubst noch Eigenthümer zu sein! Du täuschest dich, die Weine in deinem Keller, die Vorräthe in deinem Hause, deine Möbel, dein Gold, Alles gehört ihnen, sie sind die Herren von Allem. So will es das Gesetz der Natur."

„Und kann man daran zweifeln, wenn man einen Blick auf die Thiere wirft oder auf die Sitten jener Wilden, die noch nicht das Unglück haben, civilisirt zu sein? Bei der Mehrzahl jener kleinen und wilden Volksstämme, die in Amerika umherschweifen, ist die Beute der Jagd und des Fischfangs gemeinsames Eigenthum.

Ein Otahitier, von dem Bedürfniß der Liebe ergriffen, gebraucht heute eine Otahitierin, die er morgen mit Gleichgültigkeit in die Arme eines Andern übergehen sieht. Diese Völker, die auf eine Insel am äußersten Ende der Welt geworfen, haben sich die ursprünglichen Begriffe vom Eigenthumsrecht bewahrt, die in Europa vollständig verwischt sind. Ueberzeugt, daß dieses Recht aufhört, wo das Bedürfniß endet, würden sie sich für unwürdig halten zu existiren, wenn sie ihren Nächsten Gegenstände entzögen, die sie selbst nicht bedürfen. Daher boten sie auch mit so großer Bereitwilligkeit ihre Frauen den Franzosen an, die auf ihrer Insel landeten. In Europa würde diese Sitte bizarr erscheinen, denn hier gehören die Frauen nicht immer denen, die sie bedürfen, sondern denen, die sie erkaufen. Diese wollen allein genießen, gleich als wäre der Bach nicht bestimmt, den Wolf und das Lamm zu tränken, gleich als brächte der Baum seine Früchte nicht für alle Menschen hervor."

Um diese Theorien zu stützen, führt der Verfasser noch das Beispiel der Spartaner und einiger wilden Völker Ostindiens an, die er indessen ungenannt läßt.

„Indessen", fährt Brissot fort, „würde es ein großer Irrthum sein, wollte man annehmen, daß in der Natur eine vollständige Gleichheit des Besitzes vorhanden sein müßte. Alle Wesen haben nicht eine gleiche Menge Bedürfnisse, die einen haben stärkere, die anderen schwächere, diese verdauen schneller, jene haben mehrere und größere Magen. Da nun die Nahrung den Bedürfnissen proportional ist, so folgt daraus, daß das Eigenthumsrecht bei gewissen Wesen intensiver und umfangreicher ist, daß ferner das System der Gleichheit des Besitzes in dieser Beziehung eine Chimäre ist, deren Verwirklichung man vergeblich unter den Menschen versuchen würde. Obgleich sie ihrer Organisation nach gleich, sind sie doch in vielen Beziehungen verschieden; denn ihre Bedürfnisse sind nicht dieselben. Da nun die Bedürfnisse der Menschen nach Qualität und Quantität verschieden sind, so können diese auch nicht in gleicher Weise Eigenthümer sein; und daher ist das System der Gleichheit des Vermögens, welches gewisse Philosophen haben durchführen wollen, in der Natur falsch und irrig."

„Man kann aber doch behaupten, daß es in anderer Hinsicht

richtig ist. Es gibt Geldmänner, die sich durch Beraubung des Staats bereichert haben und ungeheure Reichthümer besitzen, es gibt auf der anderen Seite Bürger, die auch nicht einen Pfennig ihr eigen nennen können. Und doch haben diese letzteren Bedürfnisse und die anderen deren sicher nicht im Verhältniß zu ihren Reichthümern; es liegt also ein doppelter Mißbrauch vor. Denn das Maß unserer Bedürfnisse soll allein das unseres Vermögens sein; und wenn 40 Thaler genügen, um unser Leben zu fristen, so ist der Besitz von zweihunderttausend ein offenbarer Diebstahl, eine Ungerechtigkeit. Man hat gegen die kleine Broschüre „Der Mann mit 40 Thaler"*) geschrieen; der Verfasser predigt große Wahrheiten darin, er predigt die Gleichheit des Vermögens, er eifert gegen das exclusive Eigenthum; denn das exclusive Eigenthum ist ein Diebstahl in der Natur."

„Man hat das Gleichgewicht, das von Natur unter allen Wesen herrschte, vernichtet, und nachdem die Gleichheit beseitigt war, hat man jene gehässige Unterscheidung von Arm und Reich entstehen sehen. Die Gesellschaft ist in zwei Klassen getheilt: in die der besitzenden Bürger und in die zahlreichere des Pöbels; und um das grausame Eigenthumsrecht zu schützen, hat man grausame Strafen festgesetzt. Der Angriff, der auf dieses Recht gemacht wird, heißt Diebstahl. Gleichwohl ist der Dieb im Naturzustand der Reiche, derjenige, der Ueberfluß hat; in der Gesellschaft aber ist der Dieb derjenige, welcher diesen Reichen beraubt. Welche Verwirrung der Begriffe!"

Wer erkennt nicht in diesen Stellen jene beiden Sätze, die in unserer Zeit für neu ausgegeben und leider nur zu berühmt geworden sind: den des Verhältnisses der Rechte zu den Pflichten, den Louis Blanc aufstellte, und jene Definition Proudhon's: das Eigenthum ist Diebstahl?

Aber dies ist nicht das einzige, was Proudhon seinem Vorgänger entlehnt hat. Alle jene paradoxen Ansichten, die er in seinen Abhandlungen über das Eigenthum entwickelt, hat Brissot vor ihm aufgestellt und verfochten. Die Leugnung der Rechtmäßigkeit der

---

*) Der Mann mit 40 Thaler ist eine Satyre Voltaire's auf die exclusiven Systeme der Nationalöconomen.

Occupation, die Verwerfung des Mieth- und Pachtzinses, die Ersetzung des Eigenthums durch den Besitz, alle diese vermeintlichen Neuheiten finden sich bereits in den „philosophischen Untersuchungen über das Eigenthum und den Diebstahl". Um sich davon zu überzeugen, braucht man nur die folgenden Stellen mit der Kritik zu vergleichen, die wir weiter unten von den Lehren Proudhon's geben werden.

„Jacob ist Eigenthümer eines Gartens. Hat er mehr Rechte daran als Peter? Nein, gewiß nicht. Jacob hat ihn allerdings von seinen Eltern als Erbtheil überkommen, aber auf Grund welches Titels besaßen diese ihn selbst? Man gehe so weit zurück, als man will, stets wird man finden, daß der Erste, der sich Eigenthümer nannte, kein Recht dazu hatte."

„Alle Rechtsgelehrten gehen von dem Grundsatze aus: primo occupanti; einige haben ihn anerkannt, wenige befriedigend gefunden. Wo steht aber diese Regel geschrieben? Man zeige uns ein Naturrecht, das sie anerkennt. Wenn der Besitzer kein Bedürfniß hat, wenn ich aber deren habe, so ist dies ein Rechtsgrund für mich, seinen Besitz zu zerstören; sind wir beide ohne Bedürfnisse, so hat keiner von uns ein Recht, im entgegengesetzten Falle ist dies eine Frage der Statik."

„Das Bedürfniß ist also der einzige Rechtsgrund unseres Eigenthums. Es folgt aus diesem Princip, daß der Mensch, sobald seine Bedürfnisse befriedigt sind, nicht mehr Eigenthümer ist, es folgt ferner daraus, daß das Eigenthumsrecht mit dem Gebrauch dieses Eigenthums so innig verknüpft ist, daß beide Begriffe getrennt undenkbar sind. Denn nimmt man an, daß ein Mensch Eigenthümer ist, ohne sein Eigenthumsrecht auszuüben, so heißt das annehmen, daß seine Bedürfnisse befriedigt sind. Nun, auf diesem Puncte endet eben sein Eigenthumsrecht."

„Wie kann man auf der andern Seite annehmen, daß ein Mensch sich einer Materie bedient, ohne ihr Eigenthümer zu sein? Dies wäre ja ein innerer Widerspruch. Ist aber der Mensch nur Eigenthümer, wenn er die Materie seinen Bedürfnissen dienstbar macht, so würde man die offenbarste Abgeschmacktheit annehmen, wollte man annehmen, daß er sich der Materie bedient, ohne ihr Eigenthümer zu sein."

„Diese Erwägungen zeigen handgreiflich, wie sehr unsere Principien über das bürgerliche Eigenthum mit der Natur im Widerspruch stehen. Denn wie soll man in der Natur ein Wesen verstehen, das man Pächter nennt? Wie soll man die Existenz eines Individuums begreifen zweihundert Meilen von seinen Landgütern entfernt, das sich Eigenthümer von dreihundert Morgen nennt, ohne auch nur einmal deren Lage zu kennen?"

„Was soll man nun nach den Principien, die wir soeben aufgestellt haben, von einem Eigenthumsrecht denken, auf das sich alle Menschen in der Gesellschaft berufen, das von allen Schriftstellern unserer Zeit gepriesen wird, von jenem mißlichen Rechte, an das die Könige ihre Hand nicht legen dürfen, ohne ihren Kopf in Gefahr zu bringen? Man glaubt, daß es der Natur seinen Ursprung verdankt, und alle Kritiker schreien es der Menge in die Ohren. Aber die Gerechten mögen vergleichen und urtheilen."

„Das Eigenthumsrecht, das die Natur den Menschen bestimmte, ist von keiner anderen Schranke eingeengt, als der des befriedigten Bedürfnisses; es erstreckt sich über Alles und auf alle Wesen. Dieses Recht ist nicht ausschließlich, es ist universell. Ein Franzose hat in der Natur an dem Palaste des Mogul, an dem Serail des Sultans ebenso viel Recht als der Sultan und der Mogul selbst. In der Natur gibt es kein ausschließliches Eigenthum, dieses Wort ist aus ihrem Codex gestrichen und sie ermächtigt den Menschen nicht mehr, für sich ausschließlich Erde, Luft, Feuer und Wasser zu gebrauchen. Dies ist das wahre Eigenthum, das heilige Eigenthum, das Eigenthum, welches die Könige achten müssen, das sie ungestraft niemals verletzen dürfen. Auf Grund dieses Eigenthumsrechts kann der hungernde Unglückliche jenes Brod hinwegnehmen und verzehren, das ihm gehört, weil er Hunger leidet; denn der Hunger ist sein Rechtstitel. Verdorbene Bürger, zeigt uns einen mächtigeren Titel! Ihr habt es gekauft und bezahlt. Ihr Unglücklichen! Es gehörte weder euch noch eueren Verkäufern, da keiner von euch ein Bedürfniß hatte."

„Was ist aber jenes andere Eigenthum der Gesellschaft, welches die Züge dieses natürlichen Eigenthum entlehnt und unter dieser imponirenden Maske eine Verehrung, die es nicht verdient, und blinde Vertheidiger durch den Wunsch nach ausschließlichem Genuß sich zu verschaffen gewußt hat? Es ist jenes Eigenthum, auf das sich der reiche Finanzmann beruft, der auf dem Ruin des öffentlichen Wohls seine stolzen Paläste aufbaut, jener habgierige Prälat, der im Ueberfluß schwelgt, jener müßige Bürger, der in Ruhe genießt, während der unglückliche Tagelöhner dem Elend unterliegt. Es ist jenes Eigenthum, auf das sich der auf seine Rechte eifersüchtige Herr beruft, der seinen Park und seine Gärten mit Mauern umgibt, das Thore, Schlösser und tausend andere Erfindungen geschaffen hat, die den Menschen abschließen, isoliren, seinen ausschließlichen Genuß sichern und die Geißel des natürlichen Rechts sind. Der Character des natürlichen Eigenthums ist in der That der, allgemein zu sein, während das sociale Eigenthum ein individuelles und besonderes ist. Beide Rechte sind deshalb vollständig entgegengesetzt; und doch gibt man ihnen denselben Ursprung, dieselben Attribute!"

„Wenn das Bedürfniß der einzige Rechtsgrund des Eigenthums für den Menschen ist, wenn die Befriedigung sein einziges Ende, muß man da nicht das System jener Schriftsteller zurückweisen, die es aus der Gewalt oder der Priorität des Besitzes abzuleiten versucht haben?"

Welche sociale Organisation will nun Brissot eingeführt wissen? Wer soll die Bedürfnisse des Einzelnen erkennen? Wenn das Bedürfniß mehrerer Menschen auf denselben Gegenstand gerichtet ist, wer soll dann bestimmen, wessen Verlangen in erster Linie befriedigt werden soll? Ist nicht ein Vertheilungsgesetz, eine Regel, eine Autorität nothwendig, um die gute Ordnung aufrecht zu halten und die Achtung vor dem Rechte zu sichern, das aus den Bedürfnissen des Einzelnen entspringt? Daher werden gewisse Gegenstände jedem Individuum ausschließlich und persönlich zugeschrieben werden müssen, und das Eigenthum wird wieder hergestellt durch den Schutz, der dem Besitze gewährt ist. Um dieser Nothwendigkeit zu entgehen, muß man den Trieb des Menschen zur Geselligkeit leugnen, ihn zum wilden Leben zurückführen und bis zum Thiere herabwürdigen. Brissot scheut auch davor nicht zurück; er behauptet, daß für den Menschen das wilde Leben das einzig richtige und der Natur angemessene ist. Vernünftiger und logischer in seinen Verirrungen als die modernen Vertheidiger derselben Lehren, anerkennt er, daß die Folge seiner Principien die Vernichtung der Civilisation und die Rückkehr zur Barbarei ist.

„Der Mensch", ruft er aus, „hat ein Recht auf Alles, was seine Bedürfnisse befriedigen kann, ihre Befriedigung ist ihre Grenze. Der Mensch gehört allen Ländern an, er ist Herr der ganzen Erde und berechtigt, alle Wesen seinem Bedürfniß dienstbar zu machen. Er gebietet dem ganzen Weltall; die Lüfte, die Erde, Feuer und Wasser, alle Elemente beeilen sich, seine Befehle zu vollstrecken, seinem Willen zu gehorchen. Nichts hält seinen gewaltigen Gang auf, nichts widersetzt sich seinen Rechten, die sich auf Alles erstrecken . . . Dies ist der Mensch im Zustand der Natur. Der der Gesellschaft aber, entartet durch unsere Einrichtungen, herabgesunken von seiner ursprünglichen Reinheit, sucht nur noch die Sclaverei. Von den Schrecken des Hungers verfolgt, bittet er demüthig um Almosen; und doch ist er ebenso gut Eigenthümer, wie derjenige, der es ihm gibt."

„Wenn wir den Menschen wahrhaft groß, wahrhaft besitzend sehen wollen, so mögen wir den Wilden betrachten, der in den Urwäldern Canada's geboren ist."

Der Verfasser entwirft sodann eine glänzende Schilderung der Reize des wilden Lebens. Er zeigt uns den Jäger, wie er in den Tiefen der Wälder das Wild verfolgt und in den ungeheuren Einöden seine stolze Unabhängigkeit bewahrt. Dort gibt es keine Mauern, keine Parks, kein Jagdrecht und keine eifersüchtigen Herren; Alles gehört ihm und er ist Herr über Alles.

„Die Natur zündet in seinem Herzen das Feuer der Liebe an; und sind zwei Wesen von demselben Feuer ergriffen, so sind sie Gatten, ohne sich gegenseitig Schwüre zu leisten, sie lieben sich, weil sie das Bedürfniß haben zu lieben. Ist dieses Bedürfniß befriedigt, so verschwindet auch wieder das Recht und der Titel des Gatten."

Wir wollen hier nicht eingehend und umständlich die Sophismen und Irrthümer widerlegen, welche sich Brissot hinsichtlich der Rolle des Menschen in der Natur und in Betreff der Verhältnisse des wilden Lebens zu Schulden kommen läßt. Nackt auf diese nackte Erde geworfen, ist der Mensch keineswegs jener stolze Gebieter, wie er ihn uns darstellt, und im Besitz einer unumschränkten Gewalt über die Elemente. Die Natur beugt sich nicht gelehrig und gehorsam vor ihm, sie zeigt sich widerspenstig und feindlich und offenbart sich ihm zuerst durch den Stachel des Schmerzes und der Noth. Erst nach einem erbitterten Kampfe, durch anhaltende Arbeit und Anstrengung gelingt es ihm, sie theilweise seiner Herrschaft zu unterwerfen. Die rohe Materie wird erst fähig, seine Bedürfnisse zu befriedigen, erlangt erst einen nützlichen Werth, wenn seine Hand sie gebildet und geformt und so zu sagen humanisirt hat. Ohne die Arbeit des Menschen gibt es keine Güter in der Natur. Wenn man behauptet, daß die Natur alle Güter an den Menschen verschwendet hat, so heißt dies eine Widersinnigkeit, einen Unsinn behaupten. Der Mensch empfängt nichts umsonst von der Natur, er besitzt und verbraucht nur, was er erworben und selbst geschaffen hat. Hieraus entspringt das Eigenthum. Das Individuum, welches sich eines Theils der Materie bemächtigt und ihr eine Brauchbarkeit gegeben, die sie keineswegs besaß, hat auch ein ausschließliches und souveraines Recht an derselben; derjenige, welcher Dornen und Gestrüpp ausrodete, den Schooß der Erde mit Sorgfalt durchfurchte und Fruchtbarkeit an Stelle der ursprünglichen Unfruchtbarkeit dem Boden entlockte, der muß auch allein berechtigt sein, eine Fruchtbarkeit zu genießen, die er um den Preis seiner Arbeit und seiner Anstrengungen geschaffen hat.

Diese falsche Ansicht von der Freigebigkeit der Natur gegen den Menschen ist die hauptsächlichste Quelle des Irrthums der Communisten und Gegner des Eigenthums. Alle gehen von jenem Principe aus, das Babeuf im ersten Artikel des communistischen Manifestes formulirt hat: die Natur hat allen Menschen ein gleiches Recht auf alle Güter gegeben, ein Princip, dessen Falschheit offenbar wird, sobald man dem Worte „Güter" sein Äquivalent substituirt. Da die Güter, d. h. die Gegenstände, welche fähig sind, unsern Bedürfnissen zu dienen, nur das Product der individuellen Arbeit sind, so ist jene Formel der Communisten mit der folgenden gleichlautend: die Natur hat allen Menschen ein gleiches Recht auf das Product der Arbeit des Einzelnen gegeben, ein Satz, dessen Absurdität keines weiteren Nachweises bedarf.

Was die Auslassungen Brissot's über das Leben in der Wildniß anlangt, die nur eine Uebertreibung der Rousseau'schen sind, so verdienen sie kaum, daß man sich bei ihnen aufhält. Wer sähe auch nicht in diesen angeblichen Naturmenschen bloße Wesen der Phantasie, ben Traum einer krankhaften Einbildungskraft? Selbst der Wilde ist Eigenthümer; er ist Eigenthümer seiner Jagdgründe, seiner Waffen, seines ärmlichen Hausraths, seiner Heerden. Der Wilde vereinigt sich nicht, wie es der Zufall will, mit dem Weibe, wie das Thier; er ist Gatte, er erfüllt die Pflichten des Vaters, er hat eine Familie und bewahrt heilig das Andenken an seine Vorfahren, deren Gebeine er auf seinen Wanderungen mit sich führt. Also selbst in der Barbarei bleibt der Mensch jenen beiden großen Gesetzen der Familie und des Eigenthums treu, die nach dem schönen Ausspruch Cicero's das Band bilden, das das Menschengeschlecht umschlingt.

Um die Consequenzen seines communistischen Princips vollständig zu erschöpfen, brauchte Brissot nur noch soweit zu gehen, die Menschen mit dem Thiere auf eine Linie zu stellen. Auch vor dieser äußersten Thorheit schreckte er nicht zurück.

„Die Thiere", sagt er, „sind Eigenthümer so gut wie die Menschen. Ihre Organisation, ihre Bedürfnisse und Empfindungen, Alles hat die größte Ähnlichkeit mit unserem Wesen; und wir wollten sie des Rechtes berauben, welches ihnen die Natur über die ganze Materie gegeben hat? Ungerechter Mensch, höre auf, ein Tyrann zu sein! Das Thier ist deines Gleichen, ja, deines Gleichen, es ist eine harte Wahrheit, vielleicht ist es dir sogar überlegen. Es ist es, wenn es wahr ist, daß die Glücklichen die Weisen sind; denn das Thier weiß nichts von den harten Uebeln, die du dir in deiner Gesellschaft erzeugst."

Welchen Schluß wird nun Brissot aus diesen gehässigen Theorien ziehen? Gegen das Ende seines Buchs scheint er auf die subversiven Principien zu verzichten, die er aufgestellt hat, und dem Eigenthum seine ehrenvolle Stellung wieder einzuräumen. Man ist in der That einen Augenblick geneigt anzunehmen, daß seine Angriffe nach der Absicht ihres Urhebers, nur ein Spiel seiner Laune, eine Hyperbel sind, die ihr Correctiv eben in ihrer Uebertriebenheit finden sollten.

„Ich will nicht behaupten", sagt unser Autor, „daß man den Diebstahl autorisiren müsse und die Gesetze über das bürgerliche Eigenthum unbeachtet lassen solle. Diese Gesetze bestehen, und das Eigenthum steht unter ihrem Schutz. Wenn der Eigenthümer nicht gewiß ist, seine vorgeschossenen Capitalien zurückziehen zu können, wenn der Bauer nicht sicher ist, zu ernten, so würden alle Ländereien brach liegen bleiben; und wie viel Unheil würde hieraus entstehen! Ohne Zweifel muß derjenige, der gearbeitet hat, auch die Früchte seiner Arbeit genießen, und ohne diese der Arbeit zugestandene Gunst gäbe es keine Waaren, keine Reichthümer, keinen Handel.

Vertheidigen und beschützen wir also das bürgerliche Eigenthum, aber behaupten wir nicht, daß seine Grundlage im natürlichen Rechte zu suchen ist, und beleidigen wir nicht unter dem falschen Vorwande, daß es ein heiliges Recht sei, die Natur, indem wir diejenigen martern, die dieses Eigenthumsrecht verletzen."

Aber diese Ausführungen, die außerdem in keiner Weise all' das Unkluge und Schuldhafte entschuldigen würden, was solch' ein gefährliches Spiel enthält, kann man unmöglich gelten lassen. Das Pamphlet Brissot's hält sich keineswegs in den Grenzen einer Protestation gegen die Härte der Strafen, die man gegen die Diebe verhängte. Die folgenden Seiten zeigen, daß diese wenigen Phrasen zu Gunsten des Eigenthums nichts weiter sind als eine oratorische Vorsichtsmaßregel, ein Paß, um ein Werk vor der Strenge der Censur zu schützen, das in Wahrheit von jenem wüthenden Hasse eingegeben ist, der in gewissen Seelen wurzelt, die die Sucht nach Genuß und das bittere Gefühl des Stolzes und getäuschten Ehrgeizes beherrscht. Brissot wiederholt in seinem letzten Capitel das Anathem, das er gegen das Eigenthum geschleudert hat, und endet mit einem Aufruf zur Plünderung und zum Mord.

„Wenn der Mensch", ruft er aus, „in der Gesellschaft stets das unvertilgbare Privileg des Eigenthums bewahrt, das ihm die Natur gegeben hat" — mit diesem lächerlichen Ausdruck meint er das angebliche Recht eines Jeden, sich dessen zu bemächtigen, was er zur Befriedigung seiner Bedürfnisse für nothwendig hält —, „so kann nichts es ihm nehmen, nichts ihn verhindern, es auszuüben. Wenn die andern Mitglieder dieser Gesellschaft in sich allein das Eigenthumsrecht am gesammten Grund und Boden vereinigen, wenn bei dieser Beraubung die Geschädigten zur Arbeit ihre Zuflucht zu nehmen genöthigt sind, und durch sie ihren ganzen Lebensunterhalt nicht erwerben können, so sind sie berechtigt, von den Eigenthümern die Mittel zur Befriedigung ihrer Bedürfnisse zu verlangen, sie haben ein Recht auf ihre Reichthümer und sind befugt, über dieselben nach Verhältniß ihrer Bedürfnisse zu verfügen. Die Macht, die sich ihnen hierin entgegenstellt, ist Gewalt. Nicht jener unglückliche Hungernde verdient gestraft zu werden, der Reiche verdient es, der barbarisch genug ist, sich der Noth seines Nächsten zu verschließen. Dieser Reiche ist der alleinige Dieb, er müßte an jene schändlichen Galgen gehängt werden, die nur errichtet zu sein scheinen, um die im Elend Geborenen dafür zu bestrafen, daß sie Bedürfnisse haben, um sie zu zwingen, die Stimme der Natur, den Schrei nach Freiheit zu ersticken, um sie zu nöthigen, sich in eine harte Sclaverei zu begeben, blos um einem schmählichen Tode zu entgehen."

Das Buch Brissot's gipfelt in diesem Schrei des Hasses gegen Alles, was besitzt, in jener rasenden Aufforderung zur Plünderung und Ermordung derjenigen, die sich des Verbrechens des Eigenthums schuldig gemacht haben. Einen neuen Plan der socialen Organisation zu entwerfen, daran denkt Brissot nicht. Man frage ihn deshalb nicht, ob er ein Anhänger der Gütergemeinschaft, der Association, des Agrargesetzes oder des Rechts auf Arbeit ist. Er denkt nur daran, zu zerstören, und endet mit der Vernichtung der Civilisation und der Rückkehr zur Barbarei.

Die schändlichen Maximen, die in den „philosophischen Untersuchungen über das Eigenthumsrecht und den Diebstahl", dem letzten Wort des Communismus des 18. Jahrhunderts, zusammengestellt sind, sollten ein Echo in der französischen Revolution finden. Die Plünderung in Permanenz, eine schamlose Brutalität im Verkehr der Geschlechter unter einander, der Atheismus und die Achtung des Dogmas von der Unsterblichkeit der Seele wurden das Programm jener Partei, deren cynisches Organ der Père Duchêne war, und die in den jungfräulichen Müttern ihre schamlosen Gottheiten verehrte. Daß das Buch Brissot's einen directen Einfluß auf diese Partei ausgeübt hat, dafür vermag man zwar einen Beweis nicht zu erbringen; aber es ist offenbar, daß es im Verein mit andern Brandschriften, die ihm im Allgemeinen an Talent nicht gleichkamen, mächtig dazu beitrug, die grausamen und habsüchtigen Leidenschaften jener Menschen zu erregen, auf welche zum großen Theile die Verantwortlichkeit für die Gräuel, die während der Schreckensherrschaft begangen wurden, zurückfällt.

Indessen muß man Brissot die Gerechtigkeit widerfahren lassen, daß er nicht bei den beklagenswerthen Irrthümern und den gehässigen Gesinnungen, zu deren Verbreitung er so wesentlich beigetragen hatte, stehen blieb. Als ihm mit dem Alter die Reife des Urtheils gekommen war und er sich in die politische Bewegung warf, als es ihm vergönnt war, von der Rednerbühne des Convents herab sein Wort erschallen zu lassen, brachte er keine Angriffe mehr gegen das Eigenthum und die Moral vor. Ja, er wurde sogar einer der Führer der Girondisten und gehörte zu jenen beredten, aber ohnmächtigen Vertheidigern der socialen Ordnung, die sich vergebens bemühten, dem Ueberfluthen der subversiven Leidenschaften einen Damm entgegenzustellen. Er reichte seine Hand dem berühmten Vergniaud, der in unvergänglichen Worten die falschen Doctrinen der Nivellirer und Communisten von 1793 widerlegen sollte, und büßte seinen ersten Fehltritt, indem er für die edle Sache sein Leben aushauchte.

Brissot erfuhr an sich den Einfluß, den der Unterschied der Gesichtspunkte, von dem sie ausgehen, immer auf die Geister ausübt, die der Fanatismus noch nicht vollständig verblendet hat. Es ist etwas anderes, die Gesellschaft mitten aus der Menge und von den Untiefen der Mittelmäßigkeit und Unerfahrenheit aus studiren, oder sie von den Höhen der Macht herab betrachten und mit jenem Scharfblick, den die Gewandtheit in Geschäften verleiht. Auch haben die meisten Männer, die sich zu Lehren bekannten, welche den Principien der Ordnung und Autorität zuwider waren, sobald sie Antheil an der Regierung erhalten hatten, entweder auf diese Ideen verzichtet, oder vor ihrer Realisirung zurückgeschreckt.

Wie oft haben wir nicht unerschrockene Theoretiker sich bemühen gesehen, ihre Schüler von der Anwendung ihrer Theorien abzuhalten und, wenn auch zu spät, die Gefahr erkennen, die sie durch ihre übertriebenen Reden und radicalen Principien heraufbeschworen hatten. Das 18. Jahrhundert zeigt uns ein merkwürdiges Beispiel dieser letzteren moralischen Erscheinung. Raynal, einer der Patriarchen der Philosophie dieser Zeit, einer der wüthendsten Gegner der absoluten Gewalt, konnte nicht ohne Schrecken die Beschränkungen ansehen, welche die gesetzgebende Versammlung dem königlichen Ansehen auferlegte, und glaubte an jene Versammlung einen Brief mit Vorstellungen und Rathschlägen über diesen Punct richten zu müssen. Dies sind Lehren, welche die kühnen Geister vorsichtiger machen sollten, die, ohne jemals mit den Schwierigkeiten der Praxis in Conflict gerathen zu sein, die Gesellschaft in eine neue Form umzugießen unternehmen wollen.

Capitel XV.

Die französische Revolution. *Morelly*

I.

In dem Augenblick, wo die französische Revolution zum Ausbruch kam, wurden alle antisocialen Lehren, alle subversiven Utopien offen und frei verkündet. Der Communismus hatte in Morelly und Mably geschickte Interpreten gefunden, Brissot leugnete kühn das Eigenthum, Rousseau hatte abwechselnd die Rechtmäßigkeit der Gesellschaft verworfen und behauptet, einige Encyclopädisten hatten Pläne zur Association vorgeschlagen und die wenigen vernünftigen Ideen entwickelt, die sich am Grunde der phalansterischen Excentricitäten finden, Necker und Linguet endlich sah man gegen das Eigenthum, die freie Concurrenz, die Ungleichheit der Verhältnisse jene vage Kritik, jene planlosen und ungerechten Angriffe richten, die das charakteristische Merkmal des Communismus unserer Zeit sind. Alle falschen und gefährlichen Ideen also, denen es gegeben ist, die öffentliche Aufmerksamkeit zu beschäftigen, kannten die Menschen von 1789, und es ist nicht ihr geringstes Anrecht auf Ruhm, daß sie jene verachtet und zurückgewiesen haben. Unter diesem vielgestaltigen Material, das ihnen die Schriftsteller des 18. Jahrhunderts übermacht hatten, mußten sie eine weise Auswahl zu treffen, sie trennten das Gold von der gehaltlosen Beimischung und wiesen mit Abscheu jene extremen und ohnmächtigen Lehren zurück, deren gegenwärtige Wichtigkeit eine Schande für das jetzige Geschlecht in den Augen der Nachwelt sein wird. Nicht bloß die ausgewählten

Männer, aus denen die gesetzgebende Versammlung bestand, waren es, welche die wahren Principien erkannten, auf denen die neue Gesellschaftsordnung aufgebaut werden sollte, die Nation selbst war es; freilich nicht jene Minorität, die, mit der rothen Mütze auf dem Kopfe und der Pike in der Hand, fortwährend ihren feilen Patriotismus in den Sectionen und am Fuße der Guillotine zur Schau stellten, sondern jene ungeheuere Majorität, die den Boden mit ihrem Schweiße benetzten, Handel und Industrie durch ihre Intelligenz befruchteten und durch ihre Moralität, ihre Aufklärung und Talente die wahre Stärke Frankreichs ausmachten. Die Anträge der Stände hielten stets das Princip der Achtung vor dem Eigenthum aufrecht, wie sehr sie auch die Abschaffung der Privilegien und Monopole und die Befreiung der Arbeit forderten. Die Wähler von Paris waren es, die dieses Princip mit der größten Energie und Klarheit formulirten, und man kann annehmen, daß sie auf diese Weise gegen jene Angriffe protestiren wollten, denen das Eigenthum in der Hauptstadt der geistigen Bewegung ausgesetzt war, da sie am besten im Stande waren, die Tragweite derselben zu ermessen.

Die Nacht des 4. August vollendete die Vernichtung der Privilegien. Feudalrechte, persönliche Dienste, Patrimonialgerichtsbarkeit, Käuflichkeit der Beamtenstellen, Steuerfreiheiten, Ungleichheit der Abgaben, Zehnten, Annaten, Beneficien, Zünfte und Meisterrechte, die Beschränkungen des Handels und der Industrie: alle diese Mißbräuche wurden mit einem Schlage für immer beseitigt. Aber zu gleicher Zeit, wo die letzten Reste des Mittelalters von dem Boden Frankreichs verschwanden, legte die gesetzgebende Versammlung mit fester Hand den Grundstein der neuen Gesellschaftsordnung. Sie sanctionirte das Eigenthum, das gleiche Recht für Alle, nach ihrem Belieben die Früchte ihrer Arbeit, die Erbschaft ihrer Väter zu gebrauchen und zu verwenden, sie heiligte die Freiheit, freilich nicht jene stürmische Freiheit, die jeder Autorität spottet und sich nur in den tumultuarischen Bewegungen auf den öffentlichen Plätzen gefällt, sondern jene ruhige, ordnungsliebende und friedliche Freiheit, die einem Jeden die volle Entwicklung seiner Fähigkeiten und seinen gesetzmäßigen Einfluß sichert. Sie führte die wahre Freiheit ein, die Freiheit vor dem Gesetze, die jedem Menschen gestattet, sich seinen Platz in der Welt nach seinen

Verdiensten und seinen Werken zu erobern, nicht jene gehässige Gleichheit, die Alles erniedrigen will, was emporstrebt, und die kraftvollen Individualitäten, welche die Elite der Gesellschaft bilden, in das Procrustesbett der Mittelmäßigkeit zwängen will. Kurz, indem sie das Princip der gleichen Vertheilung der Erbschaften heiligte, befestigte sie die Familie und verstopfte die Quelle der Eifersucht und der Spaltungen, die nur zu oft aus der aristocratischen Einrichtung des Erstgeburtrechtes entspringen.

Wenn indessen die constituirende Versammlung sich niemals über den Grund der Dinge täuschte, wenn sie mit bewundernswerther Sicherheit des Urtheils die großen Wahrheiten verkündete, auf denen die Gesellschaft ruht, so vergriffen sich doch zuweilen ihre berühmtesten Mitglieder in der Wahl der Gründe, die sie zur Vertheidigung jener Wahrheiten vorbrachten. So kam es, daß Mirabeau in seiner Rede über die Gleichheit der Erbfolge in directer Linie, dem ersten Denkmal seiner Beredtsamkeit, eine gerechte Sache mit bedenklichen Argumenten vertheidigte. Den Lehren Rousseau's ergeben, der einen Zustand vor der Gesellschaft annimmt und diesen auf freier Vereinbarung beruhen läßt, behauptete Mirabeau, daß das Eigenthum nicht die Manifestation eines ursprünglichen Naturgesetzes, sondern lediglich eine Schöpfung der Gesellschaft sei.

„Wenn wir den Menschen in seinem Urzustand betrachten und noch nicht in geordneter Gesellschaft mit seinen Nächsten, so scheint es, daß er kein ausschließliches Recht auf irgend einen Gegenstand in der Natur haben kann; denn was auf gleiche Weise Allen gehört, gehört in der That Niemand. Es gibt keinen Theil des Bodens, kein Product der Erde, welches sich ein Mensch mit Ausschluß eines andern hätte aneignen können. Nur an sich selbst, nur an der Arbeit seiner Hände, an der Hütte, welche er gebaut, an dem Thier, welches er erlegt hat, an dem Terrain, welches er cultivirt hat, oder vielmehr an dem Producte seiner Cultur, kann der Mensch der Natur ein wahres Privilegium haben; von dem Moment an, wo er die Frucht seiner Arbeit geerntet, kehrt der Grund und Boden, auf dem er seine Thätigkeit entfaltet hat, zum allgemeinen Besitz zurück und wird wiederum gemeinsames Eigenthum aller Menschen.

Das ist es, was uns die ersten Principien der Dinge lehren.

Die mit der Einwilligung aller Menschen vorgenommene Theilung des Grund und Bodens kann als der Ursprung des wahren Eigenthums angesehen werden; und diese Theilung setzt, wie man sieht, eine entstehende Gesellschaft, eine ursprüngliche Vereinbarung, ein wirkliches Gesetz voraus.

Wir können also das Eigenthumsrecht, so wie wir es ausüben, als eine Schöpfung der Gesellschaft betrachten. Die Gesetze schützen nicht blos das Eigenthum und halten es aufrecht, sie lassen es gewissermaßen entstehen, sie fixiren es und geben ihm seinen Rang und seine Bedeutung unter den Rechten des Bürgers."

Hieraus folgerte Mirabeau, daß die Gesellschaft, die das Eigenthumsrecht geschaffen hat, auch jederzeit befugt sei, nach ihrem Belieben seine Ausübung zu beschränken und seine Uebertragung zu regeln. Tronchet entwickelte dieselben Ideen, nur Cazalès näherte sich der Wahrheit. „Das Eigenthum", rief er aus, „beruht auf der Arbeit." Aber beherrscht von seinen aristocratischen Vorurtheilen, wollte er aus diesem Satze die Ausschließung der Töchter von der väterlichen Erbschaft ableiten, da die Söhne allein die Genossen der Arbeit ihrer Väter seien.

Ohne Kritik aber die Lehren der Abhandlung über die Ungleichheit annehmen, aus dem Eigenthum eine sociale Schöpfung machen, der Gesellschaft ein souveraines Recht zusprechen, über die Güter beim Tode ihres Besitzers zu verfügen, dies hieß ein gefährliches Princip aufstellen. In einem solchen Systeme waren das Eigenthum und Erbrecht nicht mehr nothwendige Consequenzen der menschlichen Natur, sondern das Resultat eines hypothetischen Vertrags, der jederzeit durch einen neuen Vertrag wieder umgestoßen werden konnte. Sie beruhten nicht mehr auf der unerschütterlichen Grundlage des absoluten Rechts, sondern stützten sich nur noch auf den veränderlichen Boden des socialen Nutzens. Nunmehr konnte die Gesellschaft, die politische Gewalt, welche jene repräsentirt, sie nach Belieben abändern, sie beschränken oder gänzlich vernichten. Ihre Aufrechthaltung oder Abschaffung war nur eine Frage der Zweckmäßigkeit. Der Communismus Mably's und Morelly's war die letzte Consequenz einer solchen Doctrin, und es sollten die Logiker nicht fehlen, um sie zu ziehen, noch die Fanatiker, um sie practisch zu verwerthen.

In derselben Discussion schlug Robespierre, unter Berufung auf das souveraine Recht der Gesellschaft, die vollständige Aufhebung der Testirfreiheit vor. Sein Vorschlag fand keinen Anklang, aber er zeigt doch den Geist, der ihn seitdem beseelte und der ihn später dahin führen sollte, das Eigenthum zu leugnen und es auf einen einfachen Mißbrauch zu reduciren, den die Willkür des Gesetzgebers geregelt habe.

Seit Anfang des Jahres 1791 hatte die revolutionäre Presse begonnen, das Eigenthum anzugreifen, gegen die Reichen zu eifern, und offen die Grundsätze der Beraubung zu bekennen. „Die Armen", sagte der Verfasser der „Revolutionen von Paris", „jene achtungswerthen Unglücklichen, werden eines Tages und vielleicht sehr bald wieder in die Rechte der Natur eingesetzt werden, deren vielgeliebte Kinder sie sind." Dieses Thema wurde von den Journalisten der ultrademocratischen Partei mit Vorliebe behandelt. Die Constitutionellen, die Gemäßigten, machten ihnen wegen derartiger Auslassungen gerechte Vorwürfe, sie klagten sie an, und nicht mit Unrecht, das Agrargesetz und den Communismus zu bezwecken.

Robespierre glaubte seine Partei von diesen Beschuldigungen, die nur allzu gut begründet waren, reinwaschen zu müssen und protestirte gegen dieselben in der vierten Nummer des „Vertheidigers der Verfassung" in folgenden Worten:

„Unsere Gegner, die Feinde der Menschheit, wollen uns überreden, daß die Freiheit der Umsturz der gesammten Gesellschaft ist. Hat man nicht gesehen, daß sie seit Beginn dieser Revolution alle Reichen mit der Idee eines Agrargesetzes zu schrecken versucht haben, ein absurder Popanz, der thörichten Menschen von verkehrten Leuten vorgehalten wird? Je mehr die Erfahrung diese Täuschung als solche erwiesen hat, um so mehr lassen sie sich es angelegen sein, sie immer und immer wieder vorzubringen, gleich als wären die Vertheidiger der Freiheit Rasende, die nur gefährliche, unbillige und unpractische Pläne zu fassen vermöchten, gleich als wüßten sie nicht, daß die Gleichheit der Güter durchaus unmöglich ist in der bürgerlichen Gesellschaft, daß sie nothwendigerweise die Gütergemeinschaft voraussetzt, die noch weit unmöglicher in unseren Verhältnissen ist. Wir wollen die Gleichheit der Rechte, weil es ohne sie weder Freiheit noch sociales Glück gibt; was das Vermögen anlangt, so wird

Niemand es antasten, sobald die Gesellschaft ihre Verpflichtung erfüllt hat, ihren Mitgliedern den Erwerb des nothwendigen Bedarfs durch die Arbeit zu sichern. Aristides würde einen Crassus um seine Schätze nicht beneidet haben..."

Im Juni 1792 protestirte also Robespierre gegen das Agrargesetz, gegen die absolute Gleichheit und den Communismus. Aber während er so mit einer Hand das Princip des Eigenthums zu festigen schien, zerstörte er es mit der anderen in seiner Grundlage. Robespierre proclamirte in der That das Recht auf Arbeit, er legte der Gesellschaft die Pflicht auf, ihren Mitgliedern den zur Existenz nothwendigen Bedarf zu sichern. Um sie in den Stand zu setzen, diese gewaltige Verpflichtung zu erfüllen, müßte man ihr entweder ein souveraines Recht zuschreiben, über die Arbeitswerkzeuge, über den Grund und Boden und die Capitalien zu verfügen, oder ihr die Befugniß ertheilen, den Einen einen Theil ihrer Arbeitsproducte zu nehmen, um die der Andern damit zu ergänzen. Beide Wege führen zur Vernichtung des Eigenthums, zur vollständigen Aufsaugung der Productionscapitalien durch den Staat; und man begreift, daß die Eigenthümer wenig Zutrauen zu solchen Beschützern an den Tag legten.

Die Einziehung der Güter des Clerus durch den Staat und die Maßregeln gegen die Emigranten, die an den Grenzen des Landes bewaffnete Banden bildeten, konnten in den Augen der extremen Parteien als günstige Vorboten ihrer Beraubungspläne gelten. Aber diese Maßregeln waren weder hinsichtlich des Princips, das ihnen zu Grunde lag, noch hinsichtlich der Art und Weise ihrer Durchführung Angriffe auf das Recht des Eigenthums. Denn die Güter des Clerus waren diesem nur zum Nießbrauch überlassen und als Besoldungen für öffentliche Aemter. Wenn nun die Gesellschaft auf andere Weise die Ausübung der priesterlichen Functionen sicherte, so war sie auch berechtigt, ihrerseits die Besitzungen des Clerus wieder an sich zu nehmen. Was die Emigranten anbetrifft, die an den Grenzen mit den Waffen in der Hand lauerten, die Frankreich zwangen, Observationsarmeen zu unterhalten, um ihre Angriffe zurückzuweisen, so verursachten sie der Nation einen Schaden, den sie auch zu ersetzen verpflichtet waren, und die Beschlagnahme ihrer Güter hatte nicht den Character einer Strafe, einer

Confiscation, sondern lediglich den eines Schadenersatzes. Erst unter dem Convent wurden die Gesetze gegen die Emigrirten räuberisch und um so ungerechter, als die Auswanderung damals ihre Entschuldigung und Rechtfertigung in den Plünderungen, Morden und Metzeleien fand, durch die eine extreme Partei den Boden Frankreichs im Namen der Freiheit besudelte. Die Maßregeln hinsichtlich der Güter des Clerus und der Emigrirten vor dem Jahre 1793 waren somit durchaus keine Angriffe auf das Eigenthum, da sie durch außerordentliche Umstände gerechtfertigt wurden. Die jacobinische Partei indessen that durch ihren Vorschlag, diese Maßregeln auf alle diejenigen anzuwenden, deren einziges Verbrechen das Eigenthum war, den ersten Schritt zur Verletzung der Achtung, welche die constituirende und gesetzgebende Versammlung vor dem Eigenthum bisher immer an den Tag gelegt hatte.

II.

Der zehnte August öffnete durch den Umsturz des Thrones und der letzten Schranken der Gesetzmäßigkeit allen extremen Doctrinen und revolutionären Leidenschaften Thür und Thor. In dem Kampfe, der zwischen dem „Berg" und der Gironde, zwischen den Jacobinern und den Anhängern der gemäßigten Republik zu entbrennen begann, handelte es sich nicht mehr blos um politische Fragen; die Grundlagen der nationalen Oeconomie standen auf dem Spiel. Zu Ende 1792 und Anfangs 1793 arbeitete die jacobinische Partei mit allen Kräften auf den Krieg gegen die Reichen hin. Ihre Journale, die Tribünen ihrer Clubs hallten wieder von Ausfällen gegen das Bürgerthum, das Robespierre als eine hochmüthige, despotische und feindliche Aristocratie hinstellte. Man verlangte, daß die armen Patrioten, die fortwährend sich in den Sectionen beriethen, auf Kosten der Reichen besoldet würden. Man schlug vor, Zwangsanleihen und die Kriegssteuern von den Reichen zu erheben. Man proclamirte die Nothwendigkeit, die Gleichheit durch die absorbirende und willkürliche Macht der progressiven Steuern herzustellen. Jeder Tag sah neue gesetzgeberische Pläne hervortreten, sämmtlich beeinflußt von den Einrichtungen Sparta's und den Agrargesetzen Rom's, deren wahrer Character im Allgemeinen vollständig verkannt wurde. Selbst der Girondist Rabaut schrieb in der „Chronik von Paris" Artikel zu Gunsten der Gleichheit des Vermögens.

„Man kann diese Gleichheit", sagte er, „durch Gewalt nicht erreichen, man muß sie also durch Gesetze zu erreichen suchen und diesen zwei Puncte zur Pflicht machen: 1. die möglichst gleichmäßige Theilung des Vermögens zu bewirken; 2. Gesetze zu schaffen, um diese aufrechtzuhalten und zukünftige Ungleichheiten zu verhüten."

„Der Gesetzgeber wird sein Ziel zu erreichen suchen müssen durch moralische Einrichtungen und durch Gesetze, die genau die Summe von Reichthum bestimmen, die der einzelne Bürger besitzen darf, oder durch Gesetze, die den Gebrauch desselben in einer Weise regeln, daß sie den Ueberschuß für den, der ihn besitzt, werthlos, daß sie ihn dem Nutzen des Bedürftigen, endlich dem Vortheil der Gesammtheit dienstbar machen."

„Der Gesetzgeber kann weiter Gesetze geben über das Maximum des Vermögens, welches ein Mensch besitzen kann, und über welches hinaus die Gesellschaft eintritt und ihre Rechte geltend macht."

Dies ist genau die Doctrin des Buchs der Gesetze Plato's. Roederer bekämpfte sie im Journal von Paris. Er erhob sich gegen die Beschränkung des Vermögens, deren Folge nicht „die Gleichheit im Ueberfluß, im Reichthum, in der allgemeinen Wohlhabenheit sein würde, sondern die Gleichheit im Hunger, die Gleichheit im Elend und im allgemeinen Ruin". Aber diese weisen Worte verhallten inmitten des Sturmes.

Bald nahmen die dem Eigenthum feindseligen Bestrebungen einen bestimmteren Character an. Die extremsten Sectionen, Marat an ihrer Spitze, forderten das Maximum, die Jacobiner schlugen vor, die Annahme des Assignaten zum Paricurse bei Todesstrafe anzuordnen. Am 25. Februar 1793 Morgens verlangte Marat „die Plünderung der Magazine, an deren Thoren man Aufläufer antreffen würde". Die That folgte diesen Aufforderungen auf dem Fuße. Noch am Abend desselben Tages wurden die Läden der Krämer geplündert. Am 9. März mußte der Convent, eingeschüchtert durch das Toben und Schreien von den Tribünen, zugleich mit der Errichtung des Revolutionstribunals, die Erhebung einer Kriegssteuer von den Reichen und die Aufhebung der Schuldhaft anordnen. Das Testirrecht war schon einige Tage zuvor beseitigt worden.

Am 21. April verlas Robespierre auf der Tribüne der Jacobiner seinen Entwurf der Erklärung der Menschenrechte. Er definirte das Eigenthum darin als das Recht eines jeden Bürgers, über den Theil der Güter, den ihm das Gesetz garantire, zu verfügen. Dies hieß aber das Eigenthum auf einen precären Besitz reduciren, dies hieß den Anfang mit den willkürlichsten Vertheilungssystemen machen. Robespierre erklärte weiter, daß das Eigenthum weder die Sicherheit, noch die Freiheit, noch die Existenz oder das Eigenthum unserer Nächsten beeinträchtigen könne, eine Maxime, durch die man jede Art von Beraubung rechtfertigen konnte unter dem Vorwande, die Existenz und das Eigenthum derjenigen, die nichts besaßen, sichern zu wollen. Schließlich stellte er die Principien des Rechts auf Arbeit und auf Unterstützung auf.

„Die Gesellschaft", sagte er, „ist verpflichtet, für den Unterhalt aller ihrer Mitglieder zu sorgen, sei es, daß sie ihnen Arbeit verschafft, sei es, daß sie denen, die nicht im Stande sind zu arbeiten, die Mittel zusichert, ihr Leben zu fristen."

„Die Unterstützung der Armuth ist eine Pflicht des Reichen gegen den Armen, und es ist Sache des Gesetzes, die Art und Weise zu bestimmen, auf welche diese Schuld abgetragen und berichtigt werden soll."

Robespierre öffnete somit einen doppelten Abgrund, in den das Eigenthum hinabstürzen mußte. Um seinen Sturz zu beschleunigen, fügte er noch hinzu: „Die Bürger, deren Einnahmen ihre Bedürfnisse nicht übersteigen, sind von der Beisteuerung zu den öffentlichen Abgaben befreit. Die Anderen haben an ihre Stelle je nach dem Umfang ihres Vermögens zu treten."

Robespierre adoptirte somit alle Maßregeln, die nach der Absicht ihrer Urheber und in Wirklichkeit den Uebergang vom Eigenthum zum Communismus bezwecken. Durch die Anwendung der Gesetze Plato's steuerte er, ohne es zu wissen, auf die Verwirklichung des socialen Zustandes hin, den der Philosoph in seiner Republik beschrieben hat.

Seine Erklärung der Menschenrechte wurde von den Jacobinern mit einstimmigem Beifall aufgenommen.

Bald schlug Marat vor, die Herren Reichen in die Lage der Sansculottes zu versetzen und ihnen Alles zu nehmen, was sie besäßen, Danton wollte aus den Sansculottes zwei Armeen gebildet wissen, die mittels Zwangsanleihen bei den Reichen unterhalten werden sollten, und auf Kosten derselben Reichen die Patrioten der Sectionen besolden.

Mitten unter dieser Fluth von raubgierigen Anträgen, falscher Ideen und subversiver Grundsätze, mitten unter diesen verkehrten Nachahmungen des Alterthums bewahrte sich ein Mann die Klarheit seines Denkens und das Gefühl für die Wahrheit und proclamirte mit einer bewundernswerthen Beredtsamkeit die Principien, auf denen die moderne Gesellschaft zu beruhen hat. Dieser Mann war Vergniaud, weit größer noch durch die Richtigkeit und Erhabenheit seiner Gedanken, als durch den Glanz seiner Diction. Mitten unter den Agitationen der extremen Partei, die das Vorspiel zur Vernichtung der Girondisten waren, sammelte sich dieser große Redner in der Ruhe und Klarheit seines Verstandes und entwickelte vor dem Convent in der Sitzung vom 8. Mai 1793 tiefe und schöne Gedanken über die verschiedenen Verfassungspläne, welche dieser Versammlung vorgeschlagen worden waren.

Er betonte vor Allem die Nothwendigkeit, das Interregnum der Gesetze abzuschaffen und jene Ausnahme- und Gelegenheitsregierung, die unter dem Namen der Freiheit sehr bald die Tyrannei begründen könnte.

„Die Verfassung", sagte er, „wird aller Unruhe und Aufregung ein Ende machen, in die die Eigenthümer durch unsinnige Reden versetzt werden.... Sie wird der Auswanderung der Capitalien ein Ziel setzen.... Jeder Ausfall auf das Eigenthum überliefert ein Landgut der Unfruchtbarkeit, eine Familie dem Elend...."

Er protestirte gegen den Irrthum jener Leute, die in den antiken Republiken das Vorbild für die Einrichtungen Frankreichs suchten und eine Frugalität empfahlen, die unvereinbar ist mit der Entwicklung der Civilisation und der menschlichen Fähigkeiten.

„Rousseau, Montesquieu und alle Männer, die über die Regierungsformen geschrieben haben, sagen uns, daß die Gleichheit der Democratie dort endet, wo der Luxus beginnt; daß die Republiken sich nur erhalten können durch die Tugend, und daß die Tugend zu Grunde gerichtet wird durch den Reichthum."

„Glaubt ihr, daß diese Grundsätze, die ihre Urheber selbst nur auf eng umgrenzte Staaten, wie die Republiken Griechenlands waren, beschränkt wissen wollten, buchstäblich und ohne Modifikation auf die französische Republik angewendet werden müssen? Wollt ihr dieser eine Regierung schaffen, streng, arm und kriegerisch wie die in Sparta?"

„In diesem Falle seid consequent wie Lycurg; wie er theilt die Ländereien unter alle Bürger, ächtet für immer die edlen Metalle, die die Habgier des Menschen aus dem Schooße der Erde zu Tage förderte, verbrennt selbst die Assignaten, deren sich der Luxus ebenfalls bedienen könnte, und sei Kampf und Krieg die alleinige Arbeit für alle Franzosen. Vernichtet ihre Industrie, brandmarkt den Betrieb aller nützlichen Gewerbe, entehrt die Künste und vor Allem den Ackerbau. Mögen die Menschen, denen ihr den Titel Bürger zugesteht, von Zahlung der Steuern befreit sein, mögen Andere, denen ihr diesen Titel verweigert, allein tributpflichtig sein und eure Ausgaben bestreiten. Haltet euch Fremde für euern Handel, Heloten zur Bebauung euerer Felder, und macht euere Existenz von euern Sclaven abhängig."

„Es ist unumstößlich, daß solche Gesetze, welche die Gleichheit unter den Bürgern herstellen, die Ungleichheit unter den Menschen statuiren; daß, wenn sie mehrere Jahrhunderte hindurch die Blüthe der spartanischen Freiheit begünstigten, sie auch Jahrhunderte lang die Unterdrückung der Städte Laconiens und die Knechtschaft der Heloten verschuldet haben; es ist wahr, daß die Einrichtungen Lycurg's, die sein Genie bezeugen, weil er sie nur auf ein sehr mäßiges Territorium beschränkte und auf eine so geringe Anzahl Bürger, die selbst nach den höchsten Schätzungen zehntausend nie überstiegen, die Thorheit des Gesetzgebers offenbaren würden, der sie auf vierundzwanzig Millionen Menschen auszudehnen unternähme; es ist wahr, daß eine Theilung des Grund und Bodens und die Ausgleichung des Vermögens ebenso unmöglich in Frankreich sind, als die Vernichtung der Künste und der Industrie, deren Pflege und Kultur von dem regen Geiste Zeugniß ablegen, der seinen Bewohnern von der Natur gegeben wurde; es ist wahr, daß nur der Versuch einer solchen Revolution eine allgemeine Erhebung hervorrufen würde, daß der Bürgerkrieg alle Theile der Republik durchrasen, daß alle unsere Vertheidigungsmittel gegen anmaßende Fremde in kurzer Zeit erschöpft sein, daß der schrecklichste aller Nivellirer, der Tod, seinen Beutezug durch Städte und Felder halten würde. Es ist begreiflich, daß die Ligue der Tyrannen uns, wenigstens indirect, durch die Agenten, die sie besoldet, ein System in Vorschlag bringen läßt, das für alle Franzosen nur die Gleichheit der Verzweiflung und des Grabes und die gänzliche Vernichtung der Republik zur Folge haben würde."

Schließlich betont Vergniaud von Neuem die Nothwendigkeit, das erschütterte Eigenthum zu kräftigen, und die traurigen Folgen seiner Verletzung.

„Wenn die Verfassung der Gesellschaft alle Vortheile sichern soll, in deren Besitz sie die Natur gesetzt hat, so muß sie auch, um von Bestand zu sein, durch weise Bestimmungen die Corruption verhüten, die unfehlbar aus der allzu großen Ungleichheit des Vermögens folgen würde; aber zu gleicher Zeit ist sie verpflichtet, wenn nicht der sociale Körper selbst zu Grunde gehen soll, dem Eigenthum den vollsten und umfassendsten Schutz zu gewähren. Um sich das Feld zu erhalten, das er bebaut hatte, vereinigte sich der Mensch mit anderen Menschen, denen er den Beistand seiner Kräfte versprach, um auch ihre Felder zu vertheidigen. Der Schutz des Eigenthums ist der oberste Zweck der socialen Vereinigung; wird dieses nicht geachtet, so muß auch die Freiheit zu Grunde gehen. Ihr macht die Industrie der Dummheit tributpflichtig, die Thätigkeit der Trägheit, die Sparsamkeit der Verschwendung; ihr zwingt den arbeitsamen, intelligenten und sparsamen Menschen unter das dreifache Joch der Unwissenheit, des Müßiggangs und der Lüderlichkeit."

Aber diese wahren und schönen Worte verhallten im Tumulte der Leidenschaften. Sie waren beinahe der Schwanengesang ihres Urhebers. Zwanzig Tage später verstummte der beredte Mund, der kurz zuvor zum letzten Male über jene großen Fragen der politischen und socialen Organisation die Stimme der Wahrheit und Gerechtigkeit hatte erschallen lassen. Fortan blieb der Schauplatz den Theorien eines Robespierre, den Systemen Saint-Just's und den wahnsinnigen Aufreizungen eines Marat überlassen. Wenn es einen merkwürdigen Stoff zum Studium gibt, so ist es sicher eine Untersuchung darüber, welche sociale Organisation jene Männer in

Frankreich einführen wollten, denen die Niederlage der Gironde die Dictatur in die Hände spielte, welchen Principien sie huldigten, welche Ziele sie verfolgten und welcher Mittel sie sich bedienten. Wenn aber auch diese Untersuchung von hohem Interesse ist, so stößt sie doch allenthalben auf fast unüberwindliche Schwierigkeiten. Nichts Confuseres gibt es in der That, nichts Unbestimmteres und Widersprechenderes, als die Reden und Schriften jener Männer, die den Götzen ihres Wahns so viele Unglückliche zum Opfer brachten.

Wir haben gesehen, wie Robespierre im Jahre 1792 den Vorwurf zurückwies, das Eigenthum zu befehden, das Princip der absoluten Gleichheit verurtheilte und die Chimäre der Gütergemeinschaft, aber zu gleicher Zeit der Gesellschaft die Verpflichtung auferlegte, durch die Arbeit den Unterhalt aller ihrer Mitglieder sicherzustellen. Dies hieß zwei widersprechende Principien einander gegenüberstellen, das des individuellen Eigenthums und des ausschließenden Rechts des Staats an den Gütern seiner Bürger. Robespierre ging noch einen Schritt weiter in seiner Erklärung der Menschenrechte. Hier ließ er das Eigenthum nur dem Namen nach bestehen; er ordnete es dem legislativen Willen vollständig unter und legte selbst in diesen individuellen, precären und verstümmelten Besitz in dreifacher Hinsicht Bresche durch das Recht auf Arbeit, durch die Armen- und Progressivsteuer. Er hatte somit den Grundstein zum Communismus gelegt und auch die Mittel angegeben, deren Anwendung früher oder später eine vollständige Aufsaugung des privaten Capitals und Einkommens durch den Staat zur Folge haben mußte.

Indessen war sich Robespierre über die Consequenzen seiner Doctrinen keineswegs klar. Wie Rousseau, dessen Theorien er mit Enthusiasmus huldigte, schmeichelte er sich mit der Hoffnung, zwei entgegengesetzte Principien zu versöhnen, und fuhr fort, gegen die Gütergemeinschaft und die absolute Gleichheit zu protestiren, auf die er doch geradeswegs zusteuerte. Zu gleicher Zeit trug er eine souveraine Verachtung der Reichen und des Reichthums zur Schau und verwarf das Ackergesetz, weniger aus Gefühl für Gerechtigkeit, als aus einem affectirten Abscheu vor den Gaben des Glücks und aus Enthusiasmus für die antike Nüchternheit.

„Gemeine Seelen! die ihr nur das Gold achtet", rief er aus, als er dem Convent den Entwurf seiner Erklärung der Menschenrechte vorlegte, „ich will an eure Schätze nicht rühren, wie unrein auch ihr Ursprung sein mag. Ihr müßt wissen, daß dies Ackergesetz, von dem ihr so viel gesprochen habt, nur ein Phantom ist, von Schelmen ersonnen, um Einfältige zu erschrecken. Es brauchte wahrhaftig keiner Revolution, um der Welt zu zeigen, daß die außerordentliche Ungleichheit der Vermögen die Quelle der meisten Uebel und der meisten Verbrechen ist; aber ebenso sind wir fest überzeugt, daß die Gleichheit der Güter eine Chimäre ist. Was mich betrifft, so scheint sie mir noch weit weniger nothwendig für das Glück des Einzelnen, als für das der Gesammtheit. Weit mehr handelt es sich darum, die Armuth achtbar zu machen, als den Reichthum zu ächten."

So vermengte Robespierre auf die seltsamste Weise die widersprechendsten Ideen. Er pries die Armuth und erklärte die Gleichheit der Güter für eine Chimäre, er verhöhnte den Reichthum und verwahrte sich dagegen, Hand an seine Schätze legen zu wollen, er verwundete das Eigenthum ins Herz und betheuerte seine Achtung vor demselben.

Um bis zu einem gewissen Puncte diese Widersprüche abzuschwächen, hätte Robespierre zum mindesten den furchtbaren Rechten bestimmte Grenzen anweisen müssen, die er dem Eigenthum gegenüberstellte wie ein drohendes Gespenst, jederzeit bereit, es zu verschlingen, wenn nur eben solche Rechte fähig wären, eingeschränkt zu werden. Wenn er eine schrankenlose Pflicht zur Unterstützung, die Progressivsteuer und das Recht auf Arbeit proclamirte, so mußte er auch die Voraussetzungen und den Umfang der Hülfeleistungen, die Grenze der Steuer und die Art und Weise präcisiren, auf welche die Gesellschaft ihren Verpflichtungen gegen den unbeschäftigten Arbeiter gerecht werden sollte. Es genügt keineswegs, pomphafte Versprechungen auf die Front des Verfassungsgebäudes zu setzen und der Gesellschaft ernste Verpflichtungen aufzuerlegen: die Hauptsache, aber auch die Schwierigkeit ist es, die Mittel zu finden, sie zu erfüllen und die Elemente einer neuen Organisation ausfindig zu machen, welche vor der Kritik der Theorie und der Probe der Praxis bestehen kann. Vor allem hätte Robespierre zeigen müssen, wie er verhindern wolle, daß die Unterstützung der Trägheit Vorschub leiste, daß die Progressivsteuer der Bildung der Capitalien schade und deren Ausfluß nach außen veranlasse, daß das Recht auf Arbeit den Reichthum des Landes verschlinge und die Industrie zu Grunde richte. Wo sollen ferner die Mittel herkommen zur Beschaffung der Werkzeuge für diejenigen, welche sie bedürfen, um allen denen den Lohn auszuzahlen, die Arbeit verlangen, ohne die Last der Anleihen und Steuern unaufhörlich zu erschweren? Wie soll man Jedem eine Arbeit geben, die seinen Kenntnissen und Fähigkeiten angemessen ist? Und gesetzt, daß diese Schwierigkeiten gelöst würden, wie sollen alle die Producte der Arbeit nutzbar gemacht werden? Wie soll man verhüten, daß diese in Umlauf gesetzten Producte an anderen Puncten von Neuem Arbeitsmangel verursachen, und daß die immer wiederkehrende Arbeitslosigkeit gerade durch die Mittel, die man zu ihrer Beseitigung anwendet, um so fühlbarer wird? Das sind Fragen, deren Lösung der Proclamation des Rechts auf Arbeit vorausgehen müßte, das sind Fragen, deren Existenz Robespierre nicht einmal ahnte. Vergebens würde man in seinen langen und hochtrabenden Reden eine practische Idee, ein Mittel zur Lösung suchen. Er hielt es für hinreichend, schöne Maximen aufzustellen und sich in frostigen Antithesen über Brüderlichkeit und Tugend zu ergehen. Wer könnte sich aber schmeicheln, diese Tugend zu begreifen, zu deren Apostel er sich machte, die in seinem Munde eines der Elemente einer Alternative bildete, deren andere Seite das Schaffot war? Wie vage und hohl sind die rhetorischen Phrasen, in denen er sie zu definiren versuchte!

„Wir wollen", sagte er, „eine Ordnung der Dinge, bei der alle niedrigen und grausamen Leidenschaften durch die Gesetze in Fesseln gelegt, alle edlen und großherzigen gefördert werden, wo der Ehrgeiz nur das Verlangen ist, sich Ruhm zu erwerben und dem Vaterland zu dienen, wo die Auszeichnungen aus der Gleichheit selbst hervorgehen, wo der Bürger der Obrigkeit unterworfen ist, die Obrigkeit dem Volk, das Volk der Gerechtigkeit, wo das Vaterland den Wohlstand eines jeden Individuums sichert, wo jedes Individuum sich mit Stolz des Glücks und des Ruhms des Vaterlandes freut, wo alle Seelen sich erweitern durch den fortwährenden Austausch republicanischer Gefühle und durch das Bedürfniß, sich die Achtung eines großen Volkes zu verdienen, wo die Künste der Schmuck der Freiheit sind, die jene adelt, der Handel die Quelle des öffentlichen Reichthums und nicht blos des unnatürlichen Ueberflusses einiger Kaufleute."

„Wir wollen in unserm Lande die Moral statt des Egoismus, die Ehrlichkeit statt der Ehre, die Principien statt der Gebräuche, die Herrschaft der Vernunft statt der Tyrannei der Mode, die Verachtung des Lasters statt der Verachtung des Unglücks, den Stolz statt der Anmaßung, die Größe des Geistes statt der Eitelkeit, die Liebe zum Ruhm für die Liebe zum Geld, das Verdienst statt der Intrigue, das Genie statt der Schöngeisterei, die Wahrheit statt des Scheins, das Behagen des Glücks statt der Langenweile der sinnlichen Lust, die Größe des Menschen statt der Kleinheit der Großen, ein hochherziges, mächtiges, glückliches Volk statt eines liebenswürdigen, frivolen und elenden Volkes, kurz alle Wunder der Republik statt aller Laster und aller Verbrechen der Monarchie."

In diesen gesuchten Antithesen erkennt man durchaus nicht den practischen Sinn, die Klarheit des Gedankens, die den Gründer einer neuen Gesellschaftsordnung characterisiren müssen.

Robespierre wollte auch Frankreich weniger feste und practische Einrichtungen geben, als vielmehr ein neues Moralgesetz, oder sagen wir besser, das menschliche Herz verändern. Diese Moral war aber nur ein vages Ideal, ein Traum ohne bestimmte Formen. Er stellte kein neues Princip mit fester Hand auf, er knüpfte an keines von denen an, die vor ihm proclamirt worden waren, sondern verlor sich in eine Art mystischen und ziellosen Syncretismus. Wenn er durch seine Protestationen zu Gunsten der Menschlichkeit und Brüderlichkeit an das Dogma der christlichen Liebe erinnert, so entfernte er sich doch von ihm in der Praxis durch die blutigen Schlächtereien, die er hervorrief und duldete. Bald näherte er sich den ascetischen Doctrinen durch seine Lobpreisungen der antiken Armuth und Frugalität, bald erklärte er dagegen, daß er die französische Republik nie in die Form der spartanischen zwängen würde, noch ihr die Strenge und Corruption der Klöster geben wolle. Seine politischen und socialen, seine moralischen und religiösen Ideen waren stets in Wolken gehüllt, oder vielmehr er hatte gar keine

Ideen; benn biesen Namen wird man schwerlich vagen Gefühlen und unklaren Utopien geben können. Robespierre ist für die Nachwelt nur deshalb so unverständlich, weil er sich selbst nicht begriff.

Ein Schüler und Bewunderer Robespierre's, brachte Saint-Just die Lehren seines Meisters von Neuem, nur übertrieben, wieder vor. Er war der Ali des neuen Mahomet. Die Ideen Robespierre's nahmen unter der Feder seines fanatischen Schülers einen absoluteren, sententiöseren und mehr systematischen Character an. Wollte man indessen Saint-Just nur nach seinen Reden und officiellen Berichten beurtheilen, so würde es schwer sein, sich eine bestimmte Idee von dem Ziele zu machen, das er verfolgte; aber seine „Fragmente über die republicanischen Einrichtungen", die unter seinen Papieren gefunden und von Nobler 1831 veröffentlicht worden sind, haben uns in die Geheimnisse seines Denkens eingeweiht. Enthalten nun diese Fragmente die Elemente eines Systems, das Robespierre und Saint-Just gemein ist, oder sind sie nur der Ausbruch der politischen Träume des letzteren? Das ist freilich eine Frage, die man vollständig wohl nicht zu lösen vermag. Wenn aber auch die Details dem Schüler gehören, so ist es immerhin wahrscheinlich, daß die höhere Eingebung vom Meister kam, den er leidenschaftlich verehrte.

Was in den Fragmenten Saint-Just's vorherrscht, ist die Absicht, die Sitten einer Nation gewaltsam zu ändern und das menschliche Herz zu reformiren. „Wenn es Sitten gäbe", ruft er aus, „so würde Alles gut stehen; es sind Einrichtungen nöthig, um sie zu läutern. Dahin muß man zunächst streben, alles Andere wird sich dann von selbst finden."

„Der Stoicismus kann allein die Corruption einer handeltreibenden oder sittenlosen Republik verhindern. Eine republicanische Regierung hat die Tugend zu ihrem Princip, wo nicht, die Furcht."

„An dem Tage, wo ich mich von der Unmöglichkeit überzeugen müßte, dem französischen Volke sanfte Sitten zu geben, und ihm Abscheu vor der Tyrannei und der Ungerechtigkeit einzuflößen, würde ich mir mit eigener Hand den Tod geben."

Diese angebliche moralische Reform verfolgte Saint-Just mit aller Hartnäckigkeit eines beschränkten Verstandes, mit aller Wuth des Fanatismus und des Stolzes. Vom Juli 1792 an gährten diese Empfindungen mit unglaublicher Heftigkeit in seiner Seele. Fern von Paris festgehalten, wo die republicanische Partei ihn nicht nach dem Werthe geschätzt hatte, den er sich selbst beilegte, schrieb er: „Es ist ein Unglück, daß ich nicht in Paris verweilen kann. Ich fühle die Kraft in mir, dem Jahrhundert zu gebieten.... O Gott! muß Brutus fern von Rom in Vergessenheit schmachten! Mein Entschluß ist gefaßt, wenn Brutus die Andern nicht tödtet, so wird er sich selbst tödten.... Ich bin über das Unglück erhaben. — Ihr seid Alle Elende, die ihr mich nicht geachtet habt. Meine Palme wird sich dennoch erheben und euch vielleicht verdunkeln. Ihr Schändlichen ... entreißt mir das Herz und verzehrt es; ihr werdet werden, was ihr nicht seid, groß und mächtig!" Dieser wahnsinnige Ausbruch eines wilden Stolzes charakterisirt den Mann von 1793.

Auf welche Weise will nun Saint-Just diese große Reform der Sitten bewerkstelligen? Welche socialen Einrichtungen schlägt er zu ihrer Sicherung vor? Welch' practische Ziele verfolgte er und mit welchen Mitteln? Achtete er das Eigenthum oder arbeitete er dem Communismus in die Arme?

Saint-Just lehnte sich weit offener als Robespierre an das platonische System der Gleichheit und der Beschränkung des Vermögens und an die Doctrin des Agrargesetzes an.

Zunächst schlägt er vor, das Bedürfniß des Einzelnen zu befriedigen und jedem einen gewissen Grundbesitz zu geben; hat jeder Bürger seine Äcker und Felder, so wird es keinen Unglücklichen mehr geben; nur ein Ackerbau treibendes Volk ist tugendhaft und frei. „Ein Handwerk paßt sich schlecht für einen wahren Bürger; die Hand des Menschen ist nur geschaffen für die Erde oder für die Waffen."

„Es darf weder Arme noch Reiche geben."

„Ein Unglücklicher steht nicht unter der Herrschaft der Mächte dieser Erde; er darf und muß als Herr mit ihnen sprechen ..."

„Es ist ein System nöthig, das diese Principien practisch verwerthet und dem ganzen Volke Glück und Wohlstand sichert ..."

„Die Armuth muß beseitigt werden durch Vertheilung der nationalen Güter an die Armen."

Die Arbeit muß für Alle obligatorisch sein: „Jedermann", ruft Saint-Just aus, „muß arbeiten und sich achten ... Jeder Eigenthümer, der nicht ein Handwerk betreibt, der nicht ein obrigkeitliches Amt bekleidet und das 25. Lebensjahr überschritten hat, ist auch verpflichtet, den Grund und Boden bis zu seinem 50. Jahre zu bearbeiten."

Saint-Just wollte ferner einen ausgedehnten Staatsgrundbesitz und Naturaleinnahmen. Die Producte der Domänen sollten dazu dienen, die Mitglieder des socialen Körpers bei Unglücksfällen zu unterstützen und dem Volke die Last der Steuern und Abgaben in schwierigen Zeiten zu erleichtern. Nur die Erbfolge in directer Linie und zwischen Geschwistern ließ er zu, das Erbrecht in der Seitenlinie wurde zu Gunsten des Staates abgeschafft, ebenso das Recht, zu enterben und zu testiren, aufgehoben.

Die Ehe definirte Saint-Just folgendermaßen: „Der Mann und das Weib, welche sich lieben, sind Gatten. Wenn sie keine Kinder haben, so können sie ihr Verhältniß geheim halten, wird aber die Gattin schwanger, so sind sie verpflichtet, der Obrigkeit zu erklären, daß sie Gatten sind." Dies hieß die Ausschweifung sanctioniren, nur unter der Voraussetzung der Unfruchtbarkeit.

Die Ehescheidung sollte stets erlaubt und sogar obligatorisch sein, wenn die ersten sieben Jahre der Vereinigung unfruchtbar gewesen wären.

Die gemeinsame Erziehung wird für nothwendig erklärt. Bis zum fünften Jahre gehören die Kinder ihren Müttern, von da an der Republik bis zum Tode und sind einer mehr als spartanischen Disciplin unterworfen. „Die Kinder sind in allen Jahreszeiten nur mit Leinwand bekleidet, sie liegen auf Matten und schlafen nur acht Stunden. Sie werden gemeinsam aufgezogen und leben nur von Wurzeln, Früchten, Gemüsen, Milch, Brod und Wasser. — Fleisch dürfen sie erst nach zurückgelegtem sechzehnten Lebensjahre genießen."

Man muß gestehen, daß diese Methode außerordentlich geeignet ist, gesunde und kräftige Bevölkerungen heranzuziehen.

Aber hierbei bleibt Saint-Just in seinen Nachahmungen des Alterthums nicht stehen. Er überbietet es sogar. Den Greisen wird von ihm ein Aufsichtsrecht eingeräumt; er bestellt ferner Censoren und Spione mit einem jährlichen Gehalt von sechstausend Franken, um die Beamten und Obrigkeiten zu überwachen und sie dem Volke zu denunciren. Das Volk selbst kann nicht gestraft werden; denn nach den Lehren eines Robespierre und der Jacobiner ist es unverderblich, gerade so, wie sich einst die Wiedertäufer für rein und sündlos erklärten. Die Männer, welche das 25. Lebensjahr erreicht haben, sind verpflichtet, alljährlich im Tempel die Namen ihrer Freunde anzugeben; wer seinen Freund ohne genügenden Grund verläßt, wird verbannt. Jeden ersten Tag des Monats wird ein Fest zu Ehren einer Tugend oder irgend einer anderen moralischen Abstraction gefeiert.

Mit diesen gesetzgeberischen Projecten verbindet Saint-Just national-öconomische Betrachtungen über die Steuern, die Finanzen und das Geld, in denen sich der geringe Umfang seiner Kenntnisse recht deutlich offenbart. Er nimmt das baare Geld und die Assignaten für Reichthum und ruft aus: „Wie viel Reiche muß es nicht geben, da heut zu Tage viermal so viel Noten im Umlauf sind, als früher!" Und doch hatte damals ein Law, ein Quesnay, Turgot, ein Adam Smith die wahre Theorie des Geldes und Credits bereits entwickelt.

Die Fragmente Saint-Just's sind voll von unzusammenhängenden und widersprechenden Behauptungen. Nachdem er z. B. principiell behauptet hat, daß der Ackerbau die einzig würdige Beschäftigung eines freien Volkes sei, fordert er, daß die Industrie geschützt werde, daß die Republik das Genie und die Künste ehre. Er erklärt, daß der Ueberfluß eine Niederträchtigkeit ist, daß es weder Arme noch Reiche geben dürfe; und kurz darauf ladet er die Bürger ein, ihre Reichthümer dem öffentlichen Wohle zu opfern. Er verlangt, daß alljährlich und in jeder Gemeinde ein reicher und tugendhafter Jüngling, vom Volke dazu erwählt, ein armes Mädchen heirathe zur Erinnerung an die menschliche Gleichheit. Damit scheint er aber jene Ungleichheit des Vermögens zuzugeben, die er soeben geächtet hat. Diese Details zeigen nur allzu deutlich die Inconsequenzen, die sich am Grund der Utopien jenes Revolutionairs verbergen.

Saint-Just vermengt auf die bizarrste Weise die entgegengesetzten Principien. Er glaubt das Eigenthum zu schützen, und

14*

zerstört es durch sein Agrargesetz und sein Streben nach absoluter Gleichheit. Er behält nominell die Ehe und Familie bei und vernichtet sie, indem er das geheime Concubinat und die Ehescheidung erlaubt, indem er das Erbrecht beschränkt und in dem Recht, zu testiren und bei der Verheirathung der Kinder mitzureden, die beiden Stützen der väterlichen Autorität umwirft. Den Individuen, die auf ein precäres Besitzrecht beschränkt sind, stellt er den Staat als Eigenthümer gegenüber, der durch den Anfall der Erbschaften der Seitenverwandten den Grund und Boden und das Capital bedroht und durch Vertheilung seiner Einkünfte an die Armuth einen gefährlichen Pauperismus groß zieht. Er redet somit, theilweise wenigstens, dem Communismus das Wort. Und obwohl er endlich die Freiheit proclamirt und Haß der Tyrannei schwört, will er doch die eigensten Handlungen des Menschen dem Despotismus des Gesetzes und der Controle der öffentlichen Censur unterwerfen. Bei ihm ist Alles Widerspruch, Alles Mangel an Logik und an Gefühl und Sinn für die Wirklichkeit.

Man hat behauptet, daß Robespierre und Saint-Just, sobald sie einmal über ihre Feinde triumphirt haben würden, beabsichtigten, der Schreckensherrschaft ein Ende zu machen, die Ordnung wiederherzustellen, die Democratie zu organisiren und die Gesellschaft der Zukunft zu constituiren. Wenn es diesen Männern gelungen wäre, eine unbestrittene Dictatur zu erlangen, so würden sie ohne Zweifel versucht haben, ihre vagen Utopien zu realisiren; aber Angesichts des Widerstands, den solch' ein unmögliches Unternehmen hervorgerufen hätte, würden sie Ströme von Blut vergossen haben. Es ist das Eigenthümliche des Stolzes und des Fanatismus, sich gegen Hindernisse aufzulehnen und dem Haß und dem bösen Willen die Ursache von Schwierigkeiten zuzuschreiben, die ihre Quelle in der Natur der Dinge selbst haben, und von der Gewalt die Mittel zu ihrer Beseitigung zu verlangen. Dies würden auch Robespierre, Saint-Just und ihre Schule gethan haben. Ihre organisatorischen Versuche wären daher nur eine Geißel für die Gesellschaft gewesen, und ihre Milde blos ein Vorspiel zu blutigen Hinrichtungen. Wenn es ihnen vergönnt worden wäre, die Reihe ihrer Inconsequenzen zu erschöpfen und mit eigenen Augen ihre Widersprüche durch practische Erfahrungen zu erkennen, so würden sie schließlich mit sich einig geworden sein, sie würden ihren Schluß gezogen und das letzte Wort ausgesprochen und gefunden haben, das sie damals noch nicht kannten. Glücklicherweise blieb Frankreich diese furchtbare Erfahrung erspart. Da indessen jede Lehre ihre Schlußfolgerungen ziehen, jedes Princip seine Consequenzen haben muß, so vollzog die Partei Robespierre's und Saint=Just's diese logische Arbeit in der Stille der Gefängnisse, die sie ihrerseits bevölkern mußte, und unter dem Schleier geheimer Zusammenkünfte. Sie suchte nach der Organisation, die ihrem Ideale vollkommen entspräche und alle Widersprüche lösen würde. Sie sprach ihr letztes Wort aus, sie machte ihren letzten Versuch; und dieser Versuch war die Verschwörung Babeuf's, dieses letzte Wort war der Communismus.

Beim Communismus sollte auch jene unreine und gewaltthätige Partei eines Hebert und Chaumette ankommen, die unter dem Vorwand, die Feinde der Revolution zu vernichten, eine allgemeine Plünderung und neue Metzeleien forderte, die im Namen der Freiheit und der Vernunft eine schreckliche Sittenlosigkeit und den gröbsten Naturalismus proclamirte. Im Grund wollte diese Partei nur ihren Haß, ihre Raubgier und ihre brutalen Leidenschaften befriedigen. Sie hatte keine Idee, keinen organisatorischen Plan. Nachdem sie aber das Eigenthum durch die Plünderung, die Familie durch die Sittenlosigkeit und Promiscuität vernichtet haben würde, so mußte nothwendigerweise die Gesellschaft zu jener thierischen und gesetzlosen Gemeinschaft zurückkehren, die vor ihrer Bildung bestanden haben soll. Während Robespierre, Saint=Just und ihre Schule nach einer Art mystischen und theokratischen Communismus strebten, arbeiteten die Hebertisten auf einen anarchischen und atheistischen Communismus hin. Sie standen ganz besonders unter dem Einfluß der materialistischen Schriften des 18. Jahrhunderts und verfolgten eher die Vernichtung jeder Gesellschaft, als die Erbauung einer neuen. Diese beiden Parteien, die sich gegenseitig im März 1794 und am 9. Thermidor decimirt hatten, gelangten zu demselben Abgrund auf verschiedenen Wegen. Beide sollten sich wieder begegnen und ihr Ende finden im Babeuvismus.

Es ist ein trauriges Schauspiel, eine furchtbare Lehre, die uns jene Menschen geben, welche eine ganze Generation mit dem Beile lichteten, ohne ein bestimmtes Ziel, ohne einen reiflich überlegten Reorganisationsplan zu haben. Man kann zwar annehmen, daß unter denen, die durch die Metzeleien und die Hinrichtungen umkamen, eine große Zahl in gutem Glauben dem Wohle des Vaterlandes geopfert wurde, das von der fremden Invasion bedroht war, aber es ist gewiß, daß eine weit größere dem Haß der Sectirer, der Eifersucht der Lehren und dem Fanatismus der Ideen zum Opfer fiel. Nun, diese Ideen hatten nichts Bestimmtes, nichts Klares und Positives. Wenn es indessen jemals erlaubt sein könnte, was Gott verhüten möge, eine sociale Umgestaltung mit so grausamen Mitteln durchzuführen, so müßte sie wenigstens klar, bestimmt und für Alle verständlich sein. Wenn man in Strömen von Blut watet, darf man sein Haupt nicht in den Wolken verlieren. Wenn man beim Werke umkommt, darf man sein Geheimniß nicht mit in den Tod nehmen und der Nachwelt ein Räthsel hinterlassen. Das Opfer seiner selbst ist dann nur ein vergeblicher und strafbarer Selbstmord. Man hat die Besiegten des Thermidor zu entschuldigen geglaubt, indem man darauf aufmerksam machte, daß sie ihr letztes Wort noch nicht ausgesprochen hatten. Eine sonderbare Entschuldigung in der That; gleich als wäre bei Menschen, die die Geschicke einer Gesellschaft zu lenken sich vermessen, das letzte Wort nicht auch das erste, das sie aussprechen mußten!

So lange der Convent frei war, widersetzte er sich energisch den dem Eigenthum feindseligen Doctrinen. Am 18. März hatte er die Todesstrafe gegen Jeden ausgesprochen, der ein Agrargesetz in Vorschlag bringen würde. Nach dem 31. Mai acceptirte er, obwohl decimirt und eingeschüchtert, doch nicht die Theorien eines Robespierre und Saint-Just. In der Erklärung der Menschenrechte, die der Verfassung von 1793 vorangestellt wurde, definirte er das Eigenthum als das Recht eines jeden Bürgers, über seine Güter, seine Einnahmen und die Frucht seiner Arbeit und seiner Industrie zu verfügen. Er ließ den Theorien der absoluten Gleichheit und des Rechts auf Arbeit Gerechtigkeit widerfahren; aber er proclamirte nur die Gleichheit vor dem Gesetz. Die gewaltthätigen und räuberischen Maßregeln, die diese Versammlung ergriff, waren ihr entweder durch die Gewalt dictirt oder durch die gebieterische Nothwendigkeit der nationalen Vertheidigung geboten. Sie verletzte die großen Principien, auf benen die Gesellschaft beruht, aber sie leugnete sie wenigstens nicht. Als die Reaction des Thermidor sie der Gewaltherrschaft der jacobinischen Partei unterwarf, beeilte sie sich, jene von Neuem zu proclamiren, indem sie in die Verfassung des Jahres III die bedeutungsvollen Worte aufnahm: „Auf dem Schutz des Eigenthums beruht alle Cultur des Grund und Bodens, alle Production und jede sociale Ordnung." So legte diese Versammlung mit fester Hand den wahren Grundstein der Democratie. Ihr Urtheil über das Agrargesetz, die Klarheit ihrer Definitionen des Eigenthumsrechts, die Sorgfalt, es in ihrem letzten constituirenden Acte zu festigen, zeigen deutlich, daß sie sehr wohl begriffen hatte, daß die Leugnung jenes Rechts der verhängnißvolle Punct sei, bei dem die fanatische Partei anlangen mußte, deren Tyrannei sie nur allzulange hatte erdulden müssen. Die folgenden Ereignisse zeigten, daß sie sich nicht getäuscht hatte.

III.
Die Verschwörung Babeuf's.

Die Partei der rothen Republik hatte vergeblich versucht, sich in den Tagen des Prairial der Herrschaft wieder zu bemächtigen. Ihre letzten Häupter waren in dieser Bewegung umgekommen, ihre untergeordneten Parteihäupter wurden in's Gefängniß geworfen und gingen aus demselben erst in dem Augenblicke hervor, wo der Convent in den Ueberresten der Terroristen eine Stütze gegen die royalistische Reaction des Vendemiaire suchen zu müssen glaubte. Da bildete sich der erste Keim jener berüchtigten Verschwörung, zu der Babeuf seinen Namen hergab. Die eingekerkerten Jacobiner begannen nach der socialen Organisation zu forschen, die ihre Theorien von Gleichheit und allgemeinem Glück realisiren könnte und ihnen erlaubte, alles das unwiederbringlich umzuwerfen, was sie die Herrschaft des Reichthums und der Reichen nannten. Das hieß sich aber ein wenig spät an diese Untersuchung machen. Bis dahin waren ihre Bestrebungen nicht über das Maximum, Papiergeld, Zwangsanleihen und Revolutionssteuern, hinausgegangen. Amar, ein ehemaliges Mitglied des Convents und des Sicherheits=

ausschusses, empfahl noch immer jene Art, den Ueberfluß zu beseitigen, der, wie er sagte, die überfüllten Canäle verstopfen würde, um ihn denen zuzuführen, die noch nicht genügend versehen wären. Aber die klugen Köpfe der Partei hatten endlich gemerkt, daß das Papiergeld ein Werkzeug zur Plünderung sei, dessen Wirkung durch seine Anwendung selbst abgeschwächt wurde, daß das Maximum an der Unthätigkeit der Producenten und Kaufleute gescheitert war, die ihre Werkstätten und Magazine lieber schlossen, als mit Verlust producirten und verkauften, daß die Zwangsanleihen und Kriegssteuern, die man von den Reichen eintrieb, nur eine Zeit lang möglich waren, da ein Moment kommen mußte, wo man nichts mehr bekommen konnte, weil eben Niemand mehr etwas besaß, daß also alle diese Mittel demjenigen der Wilden ähnlich waren, die den Baum am Fuße umhauen, um seine Früchte einzusammeln. Andere Organisatoren schlugen eine Theilung des Grund und Bodens, Luxus- und Progressivsteuern vor; aber die besseren Logiker erkannten nach angestellter Prüfung, daß dies sehr schwache Schutzmittel waren; daß, wenn man die Ungleichheit des Vermögens, selbst mit Einschränkungen, bestehen ließ, man auch den Reichen die Möglichkeit ließ, die Gesetze zu umgehen und nach wie vor das Volk auszubeuten und zu unterdrücken. „Die Ungleichheit zu vernichten, ist die Aufgabe jedes wahren Gesetzgebers", dies war deshalb das Princip einer Secte, deren Mitglieder sich untereinander die Gleichen nannten und nach den Mitteln suchten, diese Gleichheit herzustellen.

Unter den Gefangenen war ein gewisser Bobson, ein wüthender Jacobiner, der sich an der Lectüre des Naturgesetzes Morelly's herangebildet hatte, welches Werk man dazumal Diderot zuschrieb. Bobson hatte die in diesem Buche entwickelten Ideen vollständig zu den seinigen gemacht. Er setzte sie Babeuf auseinander, wie er ein alter Jacobiner, und einigen anderen Mitgliedern der Partei, die sich selbst ausschließlich den Titel der Patrioten beilegte. Es kostete ihm keine Mühe, ihnen klar zu machen, daß jene die nothwendigen Consequenzen des Princips absoluter Gleichheit waren. Diese acceptirten denn auch jene Lehre mit Enthusiasmus und trugen kein Bedenken, in der Gemeinschaft der Güter und der Arbeiten den Schlußstein der Vollkommenheit des gesellschaftlichen Zustands zu erblicken und das einzige Mittel, das allgemeine Glück zu sichern.

Eine ziemliche Zahl von Eingeweihten indessen gab zwar in der Theorie die Vortrefflichkeit der Gütergemeinschaft zu, glaubte aber doch, daß ihre Durchführung auf unübersteigliche Hindernisse stoßen würde, und daß man sich für den Augenblick darauf zu beschränken habe, Einrichtungen zu schaffen, welche nach und nach die Gesellschaft zur vollkommenen Gleichheit führen würden.

Die Patrioten wurden in das Amnestiegesetz des 3. Brumaire des Jahres IV mit eingeschlossen und auf freien Fuß gesetzt. Die „Gleichen" beeilten sich, davon Vortheil zu ziehen und einen Versuch zu machen, ihre Lehre zu realisiren. Sie errichteten zu diesem Zwecke ein Centralbureau, dessen vornehmste Mitglieder Babeuf, Buonarotti, ein geborener Toscaner und ehemaliger Jacobiner und Vertraute Robespierre's, Antonelle, ein ehemaliges Mitglied der gesetzgebenden Versammlung und Geschworener im Revolutionstribunal, und Sylvain Maréchal, der Verfasser des Dictionnaires der Atheisten, waren. Zunächst beschäftigte man sich damit, einen öffentlichen Verein zu bilden, der die Pflanzschule einer geheimen Gesellschaft werden, auf die Ansichten der Massen einwirken und die geheimen Pläne der Verschworenen verdecken sollte. Dieser Verein wurde im Pantheon gegründet, und die ehemaligen Jacobiner eilten zahlreicher als je herbei. Nach den Bestimmungen der Verfassung des Jahres III, die damals noch in Kraft war, konnten sie weder ein Bureau noch eine Tribüne haben; sie bildeten deshalb tumultuarische Gruppen, die lärmend und tobend bis tief in die Nacht verhandelten. Am Ende ihrer Sitzungen sangen sie Klagelieder auf den Tod Robespierre's. Unmerklich nahmen sie den Character eines Clubs an, gaben sich einen Präsidenten, eine Tribüne, Erkennungszeichen und überschritten auf diese Weise die verfassungsmäßigen Schranken des Versammlungsrechts. Dort, sagt Thiers, eiferten sie gegen die Emigranten, die Priester, die Börsenspeculanten, die Blutsauger des Volks, gegen die Bankprojecte, die Aufhebung der Rationen, die Abschaffung der Assignaten und das gerichtliche Einschreiten gegen die Patrioten.

Gleichzeitig verbreitete Babeuf seine Lehren durch sein Journal „Der Volkstribun". Er entwickelte in diesem in einem ebenso maßlosen wie unschönen Style die Principien des Codex der Natur; er erklärte, daß das individuelle Eigenthum die Ursache der Unterdrückung sei, daß die Gesellschaft eine Gemeinschaft der Güter und der Arbeiten sein und die absolute Gleichheit der Verhältnisse und der Genüsse zum Ziele haben müsse. In den Unterschriften, die er unter diese Brandartikel setzte, gab er sich selbst den Beinamen Gaius Gracchus.

Damals zeigte sich auch von Neuem die wahre Bedeutung jener Theorien recht augenscheinlich, die, ohne das Eigenthum vollständig zu zerstören, es nur zu Gunsten der Gleichheit beschneiden wollen. Die Spaltung, die von Anfang an in der Secte der Gleichen bestanden hatte, von denen die Einen das Princip der Gütergemeinschaft, die Anderen das System der einschränkenden Gesetze vertraten, zeigte sich am hellen Tage. Gegen Babeuf, der das System der platonischen Republik verfocht, trat Antonelle auf und vertheidigte dasjenige, welches in dem Buch der Gesetze seinen Ausdruck gefunden hatte. Eine sonderbare Polemik entspann sich zwischen diesen beiden Häuptern der Secte. Antonelle entwickelte seine Ansicht in zwei Briefen, von denen der eine in der 9. Nummer des „plebeischen Redners", der andere in der 144. Nummer des „Journals der freien Menschen" erschien, Gracchus Babeuf antwortete in seinem „Volkstribun".

Antonelle stimmte mit Babeuf darin überein, daß das Eigenthumsrecht die beklagenswertheste Schöpfung unserer Phantasie sei. Er erkannte in der Theorie die Vortrefflichkeit der Gütergemeinschaft an, aber er glaubte nicht an die Möglichkeit ihrer Ausführbarkeit.

„Babeuf und ich", sagte er, „wären ein wenig spät auf der Welt erschienen, wenn wir die Mission hätten, die Menschen über das Recht des Eigenthums aufzuklären. Die Wurzeln dieser verhängnißvollen Einrichtung liegen zu tief und erstrecken sich zu weit, sie sind unaustilgbar bei großen und alten Völkern".

„Alles, was man hoffen kann zu erreichen, ist ein erträglicher Grad von Ungleichheit des Vermögens und Gesetze gegen den Ehrgeiz und die Habsucht."

Nachdem er theoretisch der Gütergemeinschaft das Wort geredet hat, fährt Antonelle folgendermaßen fort: „Damit will ich aber durchaus nicht sagen, daß die Abschaffung des Eigenthums und die Durchführung der Gütergemeinschaft wirklich auszusprechen sei; denn zu diesem Ziele könnte man offenbar nur durch die Verheerungen und Schrecken des Bürgerkrieges gelangen, was zunächst schändliche Mittel sein würden, die überdies auch nur geeignet wären, das erste zu zerstören, ohne uns jemals die andere zu verschaffen. Wo soll man in der That jene Tugenden und jene Einfachheit wiederfinden, die nothwendig sind, um zu einem natürlichen und reinen Zustand zurückzukehren, dessen Annehmlichkeit zu würdigen uns nicht mehr gegeben sein würde?"

So schreckt also Antonelle trotz seiner platonischen Liebe für die Gütergemeinschaft vor der Unmöglichkeit, den Sitten einer Nation Gewalt anzuthun, und vor der Aussicht auf einen Bürgerkrieg zurück. Das letzte Motiv ehrt ihn, muß aber bei einem Manne überraschen, der, mit Pache als Candidat für den Bürgermeisterposten von Paris aufgestellt, dieser Stellung einen Platz als Geschworener im Revolutionstribunal vorgezogen hatte.

Babeuf antwortete Antonelle in sehr eingehender Weise. Er behauptete, daß es noch nicht zu spät sei, die Menschen über ihre Irrthümer hinsichtlich des Eigenthumsrechts aufzuklären. „Mußte nicht erst die Zeit", sagt er, „alles Elend und alle Uebel offenbar machen, die aus diesem abscheulichen Institute entspringen, damit man endlich zu seiner Beseitigung schritte?"

„Mußte nicht das Volk, die große Menge von den Besitzern geplündert und gebrandschatzt werden, um die ganze Tragweite des Rousseau'schen Wortes zu begreifen: „Die Früchte gehören Allen, die Erde Niemand"?

„Man sagt, daß das Eigenthum bei den großen Nationen nicht ausgerottet werden könnte, die es seit einer langen Reihe von Jahrhunderten gekannt haben. Hat aber die Revolution nicht gezeigt, daß das französische Volk, obgleich ein großes und altes Volk, nichtsdestoweniger fähig ist, seine sociale Organisation von Grund aus umzugestalten? Hat es nicht Alles umgeändert seit dem Jahre 1789, mit alleiniger Ausnahme des Instituts des Eigenthums? Warum aber diese einzige Ausnahme, wenn man einsieht, daß sie auf den gehässigsten aller Mißbräuche hinausläuft, auf die beklagenswertheste Schöpfung unserer Phantasie? Nach Antonelle würde man die absolute Gleichheit nur durch Räubereien und einen Bürgerkrieg erlangen können. Aber gibt es irgend ein Raubsystem, so sind es gewiß jene tausend Mittel, durch welche unsere Gesetze der Ungleichheit Thür und Thor öffnen und die Beraubung der großen Menge durch einige wenige Menschen gestatten. Gibt es einen schrecklicheren Bürgerkrieg, als den in der gegenwärtigen Gesellschaft, wo das Eigenthum aus jeder Familie einen Staat für sich macht, den die Furcht, zu verarmen, und die Besorgniß, am Nothwendigen Mangel zu leiden, unaufhörlich antreibt, auf die Beraubung der Andern zu sinnen?" Babeuf beruft sich hierfür auf den Codex der Natur, den er fortwährend Diderot zuschreibt. Auf die Autorität dieses Orakels hin behauptet er, daß man bei dem Streben nach allgemeiner Gleichheit keineswegs einen Bürgerkrieg zu befürchten habe, ähnlich den Kämpfen des Menschen gegen den Menschen, der Völker gegen Völker in unserm heutigen socialen Zustand. Wenn man vor Kriegen ohne Zahl nicht zurückgeschreckt ist, um die Verletzung der Gesetze der Natur auch fernerhin zu ermöglichen, wie sollte man sich da vor dem „heiligen und ehrwürdigen" Kriege scheuen, der ihre Wiederherstellung zum Zwecke hat? Der Einführung der Gütergemeinschaft stehen durchaus nicht unüberwindliche Hindernisse entgegen. Es braucht keine außerordentliche Tugend, um sich in eine Ordnung der Dinge zu fügen, die der Welt ein vollkommenes Glück zusichert. Babeuf wirft Antonelle vor, nur halbe Mittel anwenden zu wollen, während die Gütergemeinschaft ein radicales Heilmittel für alle Uebel sei, die der Gesellschaft anhaften; er beschwört ihn, sich mit den vierundzwanzig Millionen zu vereinigen, die den schändlichen Tempel in Asche legen wollen, in dem man dem Dämon des Elends fast alle Menschen zum Opfer bringe. Schließlich kündigt er an, daß er selbst an einem Ausführungsplan arbeite, der alle Schwierigkeiten lösen werde, auf die die Anwendung der Principien der Gütergemeinschaft und der absoluten Gleichheit stoßen könne.

Dieses Stück Beredtsamkeit scheint Antonelle zu den Ansichten Babeuf's bekehrt zu haben. Er ließ jede Opposition fallen und schloß sich den Plänen der Verschworenen an.

Inzwischen war ein geheimes Comité der öffentlichen Wohlfahrt gebildet worden, um die neue sociale Organisation und den Insurrectionsplan auszuarbeiten. Es bestand aber nicht immer aus denselben Persönlichkeiten: einigen seiner Mitglieder erlaubten persönlicher Haß und Feindschaft nicht, zusammen zu berathen, denn die terroristische Partei hatte, besiegt und becimirt, dennoch selbst in ihrer Niederlage alle ihre innern Spaltungen, all' ihre Eitelkeit und ihre Rachsucht bewahrt, andere zogen sich zurück, weil sie sich über die Principien nicht einigen konnten. Schließlich blieb man bei der Verfassung von 1793, als Losungswort für die alten Revolutionäre, stehen. Man adoptirte als Grundlage des neuen socialen Zustands die Principien des Codex der Natur, die von Babeuf commentirt waren, und man ging daran, das Manifest der Insurrection abzufassen. Um diese Zeit bildeten Babeuf, Sylvain Maréchal, Antonelle, Buonarotti, Darthé und einige Andere das Insurrectionscomité.

Man weiß, daß das Directorium, durch die drohende Haltung der Gesellschaft des Pantheon beunruhigt, ihre Auflösung anordnete, und daß Napoleon, damals General der Armee des Innern, ihre Versammlungen sprengte und die Pforten ihres Sitzungssaales versiegeln ließ. Das babeuvistische Comité beschloß, einen Gewaltstreich auszuführen, um das, was es Befreiung nannte, durchzusetzen, und traf danach seine Vorkehrungen.

Die Geschichtsschreiber der französischen Revolution haben uns die furchtbare Organisation des Complots beschrieben. Agenten waren beauftragt, die Erhebung in den verschiedenen Stadttheilen vorzubereiten und die Truppen zur Empörung zu verleiten, Agitatoren durcheilten die Kaffeehäuser und öffentlichen Plätze, überall Zusammenrottungen veranlassend und die Menge bearbeitend, Blätter und Broschüren wurden unter das Publicum gestreut, billige Zeitungen, in cynischem Style gehalten, verbreiteten die Lehre der Verschworenen unter die ärmeren Klassen, kurz, alle Mittel, die das Arsenal der Verschwörer bilden, wurden in Bewegung gesetzt und vereinigten sich mit einer schlau überlegten Geheimnißkrämerei, der gewöhnlichen Erfindung geheimer Gesellschaften. Endlich hatte die Verschwörung Verzweigungen in den Hauptstädten Frankreichs und war gerüstet, an allen Puncten zu gleicher Zeit loszubrechen.

Das geheime Comité trat in Unterhandlung mit den ehemaligen Montagnarden des Convent, die nicht wieder gewählt worden waren, und ihrerseits eine Erhebung vorbereiten wollten. Nach einiger Schwierigkeit verständigte man sich. Um die Ängstlichen unter den Montagnarden zu beruhigen, nahmen die Gleichen in ihr Manifest einen Artikel auf, der das öffentliche und Privateigenthum unter den Schutz des Volkes stellte. Aber das war bloß zum Scheine; sie hatten gar nicht die Absicht, diesen Theil ihres Programms nach dem Gelingen ihres Plans zur Ausführung zu bringen. Die Zahl der Montagnarden, die sich nunmehr der Verschwörung anschlossen, belief sich auf mehr als sechzig. Unter ihnen bemerkte man Amar, ehemaliges Mitglied des allgemeinen Sicherheitsausschusses, Robert Lindet, Javoques, Ricord, Laignelot, Choubieu, Felix Lepelletier und Drouet, der kurz zuvor in den Rath der Fünfhundert gewählt worden war. Es scheint, daß auch Barrère und Vadier um die Erhebung wußten. Unter den militärischen Führern ist Rossignol zu nennen, ehemaliger General der Westarmee; fünfhundert abgesetzte Officiere, fast alle früher der Revolutionsarmee Ronsin's zugehörig gewesen, sollten unter seinen Befehlen operiren. So fanden sich also alle Elemente der alten terroristischen Faction unter den Verschworenen vertreten.

Dahin war also die Bergpartei und die Jacobiner gekommen. Von ihren Mitgliedern hatten die einen im Communismus nur die letzte Consequenz ihrer vagen Theorien gefunden, die anderen vereinigten sich in der eitlen Hoffnung, sich der Herrschaft wieder zu bemächtigen, mit den Communisten, die in ihnen nur politische Narren erblickten, Werkzeuge, die man nach dem Siege zerbricht. Es ist richtig, daß diese letztere Faction der Montagnarden auch die Absicht hegte, sich ihrer Verbündeten zu entledigen und allein vom Siege Gewinne zu ziehen. Sie vergaß nur, daß jede Partei, die sich mit einer extremeren Faction als sie selbst verbündet, zu Gunsten der letzteren abdankt. Das wird immer das Schicksal der ultrademocratischen Partei sein. Sie muß entweder im Communismus aufgehen oder diesem zum Fußschemel dienen.

Die Mittel der Verschworenen waren furchtbar. Siebzehntausend Mann, größtentheils in den Waffen geübt, standen ihnen zu Gebote und bildeten den Kern, an den sich die Bevölkerung der Vorstädte anschließen sollte. Geschickte und wohl durchdachte Pläne bestimmten über die Verwendung dieser Streitkräfte und waren niedergelegt in einer Insurrectionsacte, die sich unter den Acten des Processes Babeuf befindet. Auf das Signal der Sturmglocke und Trompeten sollten die Bürger und Bürgerinnen bewaffnet von allen Seiten zu gleicher Zeit hervorbrechen und sich unter der Führung der „Generale des Volks" vereinigen, die durch dreifarbige Bänder an ihren Hüten ausgezeichnet waren. Die Insurgenten sollten sich hierauf des Rathhauses, der Schatzkammer, der Post, der Ministerien und jedes öffentlichen oder privaten Magazins bemächtigen, das Lebensmittel oder Kriegsmunition enthielt, die Barrieren und die Seineufer besetzen, Niemand heraus-, und die Kourriere und nur die Wagen mit Lebensmittel hereinlassen. Die beiden berathenden Körperschaften und das Directorium, als Usurpatoren der Volksautorität, würden aufgelöst und ihren Mitgliedern unverzüglich vom Volke das Urtheil gesprochen worden sein.

Die Insurrectionsacte bestimmte ferner:

Art. 12. „Jeder Widerstand wird auf der Stelle mit Gewalt niedergeschlagen; die sich widersetzen, werden vernichtet." In Folge dessen sollten alle, die Generalmarsch geschlagen oder hätten schlagen lassen, alle Directoren, Beamte oder Deputirte, welche Befehle gegen die Insurrection erlassen hatten, unverzüglich zum Tode geführt werden.

Art. 14. „Lebensmittel aller Art werden unentgeltlich an das Volk auf den öffentlichen Plätzen vertheilt".

Art. 17. „Alle Güter der Emigranten, der Verschwörer und aller Feinde des Volks werden ohne Aufschub an die Vertheidiger des Vaterlandes vertheilt. — Die Gegenstände, welche dem Volke gehören und im Leihhaus versetzt sind, werden auf der Stelle unentgeltlich zurückgegeben. — Die Unglücklichen der Republik werden sofort in den Häusern der Verschwörer einquartiert."

Die Verschwörer aber waren diejenigen, die mit ihnen keine gemeinsame Sache machten.

Art. 19. „Die Aufgabe, die Revolution zu beendigen, wird einer Nationalversammlung anvertraut, in welche jedes Departement je einen Democraten entsendet, der vom Volke auf Vorschlag des Insurrectionscomité gewählt wird."

So also verstanden die Babeuvisten die Brüderlichkeit und Freiheit der Wahl.

Man weiß, wie ihre Projecte zu nichte wurden. Grisel, ein Officier der Armee des Innern, den sie auf ihre Seite zu ziehen versucht hatten, denuncirte sie dem Directorium.

Am 21. Floreal wurden die Häupter der Verschwörung festgenommen und vor Gericht gestellt. Babeuf und Darthé, zum Tode verurtheilt, versuchten vergebens sich ihrer Hinrichtung durch die Flucht zu entziehen. Sie starben mit dem Muth des Fanatismus. Fünf ihrer Complicen wurden zur Deportation verurtheilt, die andern wegen Mangel an Beweismitteln freigesprochen. Die bei den Verschworenen beschlagnahmten und während des Processes veröffentlichten Papiere haben uns die Details jener socialen Organisation, die sie in Frankreich einführen wollten, enthüllt. Unter ihnen ist das Manifest der „Gleichen", ein wüthender Erguß aus der Feder Sylvain Maréchal's zu Gunsten der absoluten Gleichheit und der Gütergemeinschaft, besonders bemerkenswerth. „Wir wollen die wirkliche Gleichheit oder den Tod", ruft Maréchal aus, „Unglück über den, der einem so ausgesprochenen Wunsche sich widersetzt! — Die französische Revolution ist nur der Vorbote einer anderen, weit größeren, weit herrlicheren Revolution, welche die letzte sein wird. . . . Mögen alle Künste zu Grunde gehen, wenn es sein muß, wenn uns nur die wirkliche Freiheit bleibt." Der Verfasser weist mit Unwillen den Vorwurf zurück, als strebe er nach einer Vertheilung des Grund und Bodens, ein Vorwurf, den die meisten Schriftsteller seitdem wiederholt haben.

„Das Agrargesetz oder die Vertheilung des Grundbesitzes war nur das vom Augenblick geborene Votum einiger Krieger ohne Princip, einiger Volksstämme, die in diesem Puncte mehr ihrem Instinct als ihrer Vernunft gehorchten. Wir streben nach etwas Erhabenerem, nach etwas Gerechterem, nach der Gemeinschaft aller Güter. Kein individuelles Eigenthum mehr am Grund und Boden, die Erde gehört Niemand. Wir verlangen, wir wollen den gemeinsamen Genuß der Früchte der Erde; denn die Früchte sind für Jedermann."

Die Kritik der Lehre Babeuf's, die vom Insurrectionscomité veröffentlicht wurde, enthält die Erklärung der Rechte der Gleichen, das Glaubensbekenntniß des Communismus. Jeder Artikel ist mit Beweisen versehen, in denen man alle Argumente wiederfindet, durch die Plato, Morus, Morelly, Mably und die andern communistischen Schriftsteller ihre Angriffe auf das Princip des individuellen Eigenthums zu rechtfertigen versucht haben. Dieses Schriftstück ist so zu sagen der Canal, durch den jene Argumente bis auf die Socialisten der Neuzeit gekommen sind, die in der That die Behauptungen und Ausführungen eines Babeuf nur wiederholt und unterschrieben haben. Der Artikel 2 stellt als Princip auf, daß die Natur allen Menschen ein gleiches Recht gegeben hat, alle Güter zu genießen. Wir haben bereits bei der Kritik der Lehre Babeuf's die Falschheit dieses Satzes nachgewiesen, der den Grundirrthum des Communismus enthält; die anderen Artikel sind nur die weitere Ausführung dieses ersten Irrthums.

Oeconomische Decrete, vom Insurrectionscomité bereits vorbereitet, sollten die Organisation der neuen Gesellschaftsordnung regeln. Das erste bezweckte die Herstellung einer großen nationalen Genossenschaft, welche das gesammte Vermögen des Staats, der Gemeinden und Hospitäler und die confiscirten Güter umfassen sollte, schaffte die Intestat- und testamentarische Erbfolge ab, befahl die Anlage communaler Werkstätten unter der Aufsicht der städtischen Behörden und gab den obersten Verwaltungsorganen die Befugniß, die Arbeiter von einem Ort zum andern zu versetzen. Ungeheure Magazine sollten die Producte des Ackerbaues und der Industrie aufnehmen und besondere Beamte ihre Vertheilung bewirken. Die nationale Gemeinschaft sicherte einem jeden ihrer Mitglieder einen mäßigen und bescheidenen Wohlstand zu. Wie in Creta und Lacedemon sollten öffentliche Mahlzeiten eingeführt werden, aber wie dort wurde der innere wie auswärtige Handel verboten. Das gesammte Staatsgebiet wird in Regionen eingetheilt. Die Verwaltung hat die Pflicht, das Deficit der Einen durch den Ueberschuß der Andern zu decken, sie verschafft ferner den Gemeinden die Producte und Waaren des Auslands, die sie durch Tausch von den fremden Völkern erwirbt. — Indessen ist nicht Jedermann zu gleichem Rechte Mitglied der nationalen Gemeinschaft. Diejenigen, welche von ihr ausgeschlossen, sind allein der Besteuerung unterworfen. Ihre Abgaben sind doppelte und müssen in Naturalien an den Staat entrichtet werden; außerdem können die Steuerpflichtigen gezwungen werden, im Fall der Noth ihren ganzen Ueberfluß an Waaren und Manufacten herzugeben. Die Niederschlagung der Staats- und privaten Schulden, die Abschaffung des Geldes, das Verbot der Einfuhr von Gold und Silber vervollständigen die Reihe der öconomischen Maßregeln. Schließlich werden die guten Bürger eingeladen, der großen nationalen Gemeinschaft beizutreten und ihr Vermögen in dieselbe einzuwerfen; wir werden aber bald sehen, wie die behandelt werden, welche dieser liebenswürdigen Einladung nicht Folge leisten.

Ein Polizeidecret beraubt diejenigen aller politischen Rechte, die dem Vaterlande nicht durch eine nützliche Arbeit dienen, und diese Ausschließung erstreckt sich auf Alle, welche von ihren Einnahmen leben. „Diese sind", sagt das Decret, „Fremdlinge, denen die Republik nur ein Gastrecht einräumt." Aber worin besteht dieses Gastrecht? Die Fremden stehen unter directer Aufsicht der obersten Verwaltungsorgane, die sie aus ihren Wohnorten entfernen und in Besserungsanstalten schicken können. — Sie haben bei Todesstrafe alle Waffen, die sich in ihrem Besitz finden, in die Hände des Insurrectionscomité's abzuliefern. — Die oberste Verwaltung kann die Individuen zu Zwangsarbeiten anhalten, die durch Mangel an Bürgersinn, durch Müßiggang, Luxus und Ausschweifung der Gesellschaft ein gefährliches Beispiel geben. Ihre Güter werden zu Gunsten der nationalen Gemeinschaft eingezogen. — Die Inseln Marguerite, Honoré, Hyères, Oleron und Ré werden die Verbannungsorte sein, wohin die Fremden und Verurtheilten geschickt werden, um daselbst zu gemeinsamen Arbeiten angehalten zu werden. — Polizeiliche Ueberwachung also, Zwangsarbeit, Verbannung auf einsame und öde Inseln, Confiscation, das ist das Schicksal der Eigenthümer, die sich nicht beeilen, sich dem communistischen Regimente zu unterwerfen. Es wäre weit einfacher gewesen, eine allgemeine Expropriation anzuordnen; aber die „Gleichen" wollten ohne Zweifel, daß der Beitritt zu ihrer Gemeinschaft ein freiwilliger schiene, sie dachten mit den scharfsinnigsten Rechtslehrern der Römer, daß der Zwang die Einwilligung nicht aufhebe, und machten Proselyten, wie die Inquisition Bekehrungen.

Dies waren die Pläne Babeuf's und seiner Genossen. Ihre Projecte socialer Organisation geben auf's Treueste die communistischen Utopien eines Morus, Mably und besonders eines Morelly wieder, aus dessen Buche sie ihre Lehren schöpften. Ihre Ansichten scheinen auch von den philosophischen Untersuchungen über das Eigenthumsrecht und den Diebstahl beeinflußt gewesen zu sein, jenem Resumé eigenthumsfeindlicher Leidenschaften; ihre Mittel waren die der Wiebertäufer, beren Gräuel sie ohne Zweifel wiederholt haben würden; ihr Sieg würde bas Signal zum verheerendsten Bürgerkrieg, zur fremden Invasion und zur Vernichtung unserer Nationalität gewesen sein. Frankreich vernahm mit Entsetzen bie Entdeckung jenes schrecklichen Complots und bewahrte einen langen und tiefen Eindruck bavon in seiner Erinnerung. Und diese Erinnerung veranlaßte es, sich vier Jahr später in die Arme eines Bonaparte zu werfen und die Freiheit ber Sicherheit ber socialen Ordnung zu opfern: in bem Sieger von Rivoli und bei ben Pyramiben erblickte es auch ben Mann, der die Thore bes Pantheonclubs für immer geschlossen hatte.

Die Geschichte ber französischen Revolution entrollt in einem gigantischen Rahmen bas Gemälde ber furchtbaren Consequenzen, bie in politischer und socialer Hinsicht aus ber Annahme eines falschen Princips entspringen. Mirabeau und Tronchet hatten von ber Tribüne ber constituirenden Versammlung herab behauptet, baß bas Eigenthum nur eine Schöpfung ber Gesellschaft sei, ohne in ber Natur zu wurzeln, und ber Gesellschaft ein souveränes und umumschränktes Recht an bem Vermögen ihrer Mitglieber zugeschrieben. Aber von ihrem gesunden Sinne geführt, hatten sie die Anwendung jener gefährlichen Lehre auf bie Gleichheit ber Erbschaft und auf Einführung eines Pflichttheils zu Gunsten ber Blutsverwandten beschränkt. Robespierre leitete baraus zuerst bie absolute Aufhebung bes Testirrechts ab, bann die Beschränkung bes Eigenthums auf einen precären Besitz und proclamirte bie Nothwenbigkeit einer progressiven und Armensteuer und bas Recht auf Arbeit. Saint-Just, von bemselben Punkte ausgehenb, träumte eine Abschaffung bes Erbrechts in ber Seitenlinie, die Aechtung bes Reichthums und die Constituirung eines ungeheuren Staatsbesitzes. Schließlich zog Babeuf, und ihm folgend die übrigen Jacobiner, die letzte Consequenz jenes falschen, von Mirabeau aufgestellten Princips, indem er ben Communismus proclamirte. Die Verschwörung, die sie anzettelten, bildet ben Kern- und Ausgangspunct ber ultrabemocratischen Partei und zeigt uns ben verhängnißvollen Abgrund, zu bem sie unwiberstehlich hingetrieben worden waren. Möge biefes Beispiel eine Warnung sein und jenen gutgläubigen Leuten bie Augen öffnen, welche bie Illusionen theilen, mit benen jene Partei sich bei ihrem

15*

Ursprung wiegte. In der Politik hängt Alles ab vom ersten falschen Schritt. Wenn man sich von der Linie der Wahrheit entfernt, so scheint die Abweichung zuerst unmerklich; aber sie vergrößert sich mit jedem Schritt und führt schließlich zum Abgrund. Vergebens würden die Furchtsamen versuchen, auf dem Rande desselben stillzustehen; die Kühnsten stürzen sich hinein und ziehen die Andern nach sich; und nur zu oft ist es das Glück und die Existenz einer großen Nation, die mit ihnen von der Tiefe verschlungen wird.

Capitel XVI.

Owen. — Saint-Simon. — Charles Fourier.

Der gewaltthätige und revolutionäre Communismus war in der Verschwörung Babeuf's besiegt worden; die ultrademocratische Partei, durch diese Niederlage zu Boden geschlagen, sah ihre letzten Führer unter den Kugeln der Soldaten dahinsinken, oder in entfernte Colonien transportirt. Das allgemeine Gefühl des Abscheus vor den Projecten der communistischen Democraten, die Energie, mit der die Regierung gegen jene vorgegangen war, mußte die kühnen Geister für lange Zeit von neuen Versuchen dieser Art abschrecken. Da sah man dieselbe Erscheinung wiederkehren, der wir nach dem ersten Auftauchen der Wiedertäufer begegnet waren. Die Utopie, aus dem politischen Felde vertrieben, flüchtete sich in die Religion und die Wissenschaft. Sie nahm ein harmloses Wesen, friedliche und unschuldige Formen an, und brachte das wissenschaftliche System Owen's, die Gesellschaftstheorien eines Charles Fourier und die Saint-Simonistische Religion hervor.

Es ist hier nicht der Ort, die Pläne und das Leben dieser Reformatoren darzustellen; diese Aufgabe ist bereits von einem zeitgenössischen Schriftsteller mit großem Geschick und Talent gelöst worden. Es sei uns nur gestattet, auf die Beziehungen hinzuweisen, die zwischen diesen Doctrinen und dem Communismus bestehen, jener Utopie, aus der alle andern Utopien, als aus ihrer Quelle, ihren Ursprung herleiten.

Was die Theorien Owen's anlangt, so ist diese Beziehung die einer vollständigen Identität. Die cooperativen Genossenschaften des Gründers von New-Harmony sind nur die Copie der communistischen Städte, deren Pläne uns Morus, Campanella, Morelly und Mably entworfen haben. Auf beiden Seiten sieht man, als Princip aufgestellt, die Abschaffung des individuellen Eigenthums, die absolute Gleichheit, die Gemeinschaft der Güter, der Arbeiten und Genüsse, die Beseitigung des Geldes, die Gleichförmigkeit der Erziehung; Owen entlehnt Morelly außerdem noch die Hierarchie der Functionen nach der Stufenfolge des Alters und die Aufhebung jedes äußern Cultus. Das Dogma von der Nothwendigkeit der menschlichen Handlungen und der Unverantwortlichkeit des Individuums knüpft an jene den Communisten so theure Theorie an, die der Gesellschaft die Schuld an der Verderbtheit des Menschen beimißt, der gut aus der schöpferischen Hand der Natur hervorgegangen ist. Im Grunde ist diese Lehre genau dieselbe, welche von den Wiedertäufern unter dem Namen der Sündlosigkeit proclamirt worden war. So ist jenes wissenschaftliche System, jene vorgebliche Entdeckung, die nach ihrem Urheber der Menschheit in Gegenwart und Zukunft eine allgemeine Glückseligkeit verschaffen sollte, nur eine Reproduction jener alten Irrthümer der absoluten Gleichheit und des Communismus, zu denen sich die Träumer aller Zeiten bekannt haben. Die Prätentionen Owen's auf Neuheit und Originalität sind um so sonderbarer, als die öconomischen Combinationen seines wissenschaftlichen Systems genau dieselben sind, deren Verwirklichung Babeuf und seine Genossen erst kurz zuvor versucht hatten. Kaum sechszehn Jahre trennen die Verschwörung der Gleichen von dem Zeitpunkt, wo Owen die glückliche Ausnahme von New-Larnak zum Range eines socialen Systems erhob. Auf beiden Seiten war der Zweck derselbe, nur die Mittel waren verschieden.

Die Doctrinen Saint-Simon's scheinen beim ersten Anblick mit dem Communismus durchaus nichts gemein zu haben. In der That weisen sie das Princip der absoluten Gleichheit zurück, die der Ausgangspunct für jenen ist, und setzen an Stelle desselben die berühmte Formel: Jedem nach seiner Fähigkeit, jeder Fähigkeit nach ihren Werken, ein Satz, dessen Durchführung von selbst den individuellen Besitz der Arbeitsinstrumente und der Producte erfordert. Aber geht man auf den Grund des Systems, so wird man sehr bald finden, daß es nur eine Modification des Communismus ist. Es beginnt in der That mit einer großartigen Expropriation, es schafft das Erbrecht ab und beseitigt die Familie; es giebt einer für unfehlbar und unverantwortlich gehaltenen Gewalt das unumschränkte Recht, über die Personen und Sachen zu disponiren, was eben das Wesen des Communismus ist; es unterscheidet sich von ihm nur durch sein Vertheilungsgesetz der Capitalien und Producte unter die Individuen. Der Communismus adoptirt das einfachste Gesetz, das der Gleichheit, der Saint-Simonismus adoptirt in Wahrheit gar keins: er überläßt Alles der Willkür eines Menschen, dem Belieben eines Industriepapstes. Er steigt somit noch eine Stufe tiefer in der Entwicklung des Despotismus. Schließlich öffnet der Saint-Simonismus durch seine Theorien von der Emancipation des Weibes, eine Reproduction der unreinen Lehren der Carpocraten und der Wiedertäufer, der Promiscuität der Geschlechter Thür und Thor, die zu allen Zeiten die natürliche Consequenz des Princips der Gütergemeinschaft gewesen ist. Daher ist die Lehre Saint-Simon's, die sich durch eine rein nominelle Adoption des Verhältnisses der Belohnungen zu den Fähigkeiten und den Leistungen auf die Principien zu stützen schien, die die Grundlagen der Gesellschaft bilden, im Grunde nur als eine Abart des Communismus zu betrachten.

Unter allen Neuerern, welche den Uebergang vom Babeuvismus zum heutigen Socialismus vermitteln, ist Charles Fourier derjenige, welcher auf den ersten Anblick noch den originellsten Character zu haben scheint. Diese Originalität ist aber auch nur eine scheinbare und keine wirkliche, sie besteht mehr in der Form als im Inhalt; denn in der Mehrzahl der Hauptpuncte seiner Lehre findet Fourier Vorgänger unter den Vertheidigern der Gütergemeinschaft.

Man kennt die Grundlagen seines Systems: er schlägt vor, Phalangen oder Vereinigungen von ungefähr zweitausend Personen jeden Alters und Geschlechts zu bilden, die, in einem ungeheuren Gebäude, Phalansterium genannt, wohnend, gemeinschaftlich den Grund und Boden bearbeiten und die verschiedenen Handwerke betreiben. Dem Gesetz der Pflicht, das die Philosophen und Moralisten bis dahin als die oberste Norm der Menschheit hingestellt hatten, will Fourier den Drang der Leidenschaften substituiren; er identificirt die Tugend mit dem Genuß, das moralische Uebel mit dem Schmerz. Nach ihm ist das, was wir Immoralität und Verbrechen nennen, nur die Folge der Hindernisse, die eine durchaus verderbte sociale Ordnung dem natürlichen und berechtigten Schwung unserer Leidenschaften in den Weg legt. Man gebe ihnen Freiheit, man gestatte ihnen, sich ungehindert zu entfalten, und das Gleichgewicht wird von selbst entstehen, und der Mensch auf dieser Erde eines wolkenlosen Glückes theilhaftig werden. Fourier findet in dieser Theorie der Leidenschaften die Lösung des industriellen Problems. Nach ihm ist die Arbeit nur in Folge ihrer Einförmigkeit mühsam und widerwärtig und aus Mangel eines richtigen Verhältnisses zwischen den Verrichtungen und den Fähigkeiten.

Unter der neuen socialen Verfassung wird jeder Beruf zur Geltung kommen; die Arbeit, in kurze Perioden eingetheilt, wird durch die Abwechslung der Beschäftigung, durch den Wetteifer der Arbeiter, die mit einander um den Preis der Geschicklichkeit und der Schnelligkeit ringen, das größte Vergnügen der Welt sein. Was die Beziehungen der Geschlechter zu einander anbetrifft, die in unserer civilisirten Gesellschaft eine so häufige Ursache von Verwirrung und Unordnung sind, so werden sie in der neuen harmonischen Welt von allen Fesseln befreit werden, die sie einengen und entarten lassen. Die Ehe und Familie wird beibehalten; aber die Ehe wird durch die Polygamie und Polyandrie gemildert. Die Kinder, im Phalansterium aufgezogen und unterhalten, und in seinem Schooße eine gesicherte Zukunft findend, werden aufhören, für die Eltern eine Last und ein Gegenstand der Sorge und Unruhe zu sein. Und man fürchte ja nicht, daß unter solchen Verhältnissen Elend und Mangel aus einer übermäßigen Vermehrung der Bevölkerung hervorgehe. Die kräftige Nahrung der Harmonier, bei denen die Feinschmeckerei unter dem Namen Gastrosophie sich zur Höhe einer Wissenschaft erheben wird, und eine allgemeine Beleibtheit, die Folge jener, endlich die Polygamie und Polyandrie werden nach Fourier die Fruchtbarkeit der Weiber, der unsere frugalen und monogamen

Gewohnheiten nur Vorschub leisten, in außerordentlicher Weise reduciren.

Bis hierher wiederholt das phanlansterische System weiter nichts, als was der Communismus bereits zu Tage gefördert hatte. Die Gemeinschaft der Wohnung und Lebensweise, der Arbeit und des Vergnügens, der gemeinsame Betrieb des Ackerbaus und der Industrie, die gemeinsame Erziehung der Kinder, was in den Augen Fourier's die besondern Vorzüge des Phalansteriums sind, alles dieses findet sich bereits in der Utopie, in der Sonnenstadt Campanella's und in dem Codex der Natur. Die Ansicht, welche alle Laster und Verbrechen des Individuums auf Rechnung der Gesellschaft setzt, ist eine wesentlich communistische, die Emancipation der Leidenschaften ward schon von Morelly proclamirt, und die Theorie von der Neigung des Menschen zur Arbeit ist in dem Codex der Natur und in Mably's Abhandlung über die Gesetzgebung niedergelegt. Die Abschaffung jedes einschränkenden Gesetzes, die Leugnung des moralisch Bösen läuft im Grunde auf die Sündlosigkeit der Wiedertäufer hinaus, und die Heiligung des sinnlichen Genusses ist nur eine Uebertreibung des utopischen Epicuräismus.

Wie die Saint=Simonisten, differirt Fourier von dem eigentlichen Communismus nur hinsichtlich der Frage nach Vertheilung der Producte. Er anerkennt die Rechte des Capitals und des Talents, er weist das Princip des gleichen Werthes der Verrichtungen und Arbeiten zurück und verwirft das Dogma der absoluten Gleichheit; im Phalansterium wird ein Jeder belohnt nach Verhältniß seiner Anlagen und der Qualität seiner Arbeit, nach Verhältniß des Talentes, das er entfaltet und der Capitalien, die er in die Gemeinschaft eingebracht hat. Fourier nähert sich auf diese Weise dem System des individuellen Eigenthums und vermeidet die Klippe, an der alle Saint=Simonisten scheitern mußten: den Despotismus. Indem er aber eine uneingeschränkte Freiheit, die Anarchie, proclamirte, verkennt Fourier die wahren Bedingungen des gemeinsamen Lebens, die die Schüler Saint=Simon's sehr wohl begriffen hatten, als sie sich an das Religiöse anzulehnen versuchten und einem einzigen Menschen eine unumschränkte Gewalt über das Denken und Wollen der Gesammtheit einräumten. Das Phalansterium mit seinem Princip der Emancipation der Instincte und Leidenschaften, seinen Würdenträgern ohne wirkliche Macht und zwingende Gewalt, das Phalansterium, aus dem die Begriffe des moralisch Guten und moralisch Bösen, der Autorität und des Gehorsams verbannt sind, wo Niemand ein anderes Gesetz beachtet, als sein Belieben, keinen anderen Zweck verfolgt, als sein Vergnügen und seinen Genuß, dieses Phalansterium würde nicht einen Augenblick bestehen können. Wenn jemals ein vollständiger Versuch seiner Durchführung in Angriff genommen werden sollte, wenn in einer Gesellschaft von zwei- bis dreitausend Individuen alle Leidenschaften ohne Gesetz und Zügel sich selbst überlassen blieben, so würde man an Stelle der Harmonie die schrecklichste Zwietracht, an Stelle der Thätigkeit und des Reichthums Armuth und Trägheit bemerken, nur noch gehässiger und verabscheuungswürdiger gemacht durch ein Gefolge namenloser Laster.

Die phalansterische Utopie ist im Allgemeinen mit einer Nachsicht beurtheilt worden, die ihre tiefe Immoralität keineswegs verdient. Man hat Fourier das Verdienst zugeschrieben, zuerst auf die häusliche und wirthschaftliche Association hingewiesen zu haben, in der viele scharfsinnige Köpfe die Hoffnung der Zukunft erblicken; aber nichts ist weniger begründet, als diese Meinung.

Die wirthschaftliche Association ist eine alte Idee, nicht bloß in der Theorie, sondern auch in der Praxis. Die mährischen Brüder, die das individuelle Eigenthum beibehalten, nähern sich weit mehr der Association als der Gütergemeinschaft.

Während einer langen Reihe von Jahren existirten in der Auvergne Arbeiterfamilien, die in Gesellschaft lebten und gemeinsam ihren Grund und Boden bearbeiteten. Im 18. Jahrhundert schlugen mehrere Schriftsteller vor, nach dem Muster dieser Vereinigungen und der von Zinzendorf reorganisirten mährischen Congregationen Laienassociationen, aus Familien zusammengesetzt, zu gründen, die alle landwirthschaftlichen, industriellen und künstlerischen Gewerbe betreiben. Diesen Vorschlag machte unter Anderen Faiguet in der Encyclopädie. Nach ihm sollte jeder Genossenschafter ein besonderes Vermögen besitzen und nach einem bestimmten Maßstabe die Früchte seiner Arbeit mit der Gesellschaft theilen; jedem Mitglied der Genossenschaft stand es aber frei, sich jederzeit mit seinem Vermögen zurückzuziehen. Weise durchdachte Anordnungen sollten die gute

Ordnung in diesen Vereinigungen aufrechthalten. Weder Faiguet noch die Urheber anderer und ähnlicher Projecte verlangten, daß die Gesetze der Moral abgeschafft, die Leidenschaften emancipirt, der sinnliche Genuß geheiligt, die einschränkenden Gesetze und die politische Autorität unterdrückt werden sollten; sie forderten nicht von der Großmuth der Einzelnen Capitalien, um sie von kostspieligen Unternehmungen verschlingen zu lassen; sie wollten sich nicht des staatlichen Vermögens bemächtigen, um es zur Ausbreitung und Verwirklichung ihrer Ideen zu benutzen und zu verwenden. In ihren Augen genügte eine freie und zwanglose Vereinigung arbeitsamer und überzeugter Personen. Die Mitglieder dieser Genossenschaften sollten den Principien der Religion und der Moral, den bürgerlichen und politischen Gesetzen unterworfen bleiben und nur in sich und ihrer Arbeit die Mittel suchen und finden, ihre Anlagen zu gründen und zu erweitern. In diese Grenzen eingeschränkt, waren diese Projecte durchaus maßvoller Natur, aber ein Versuch, sie auszuführen, ist niemals gemacht worden. Der Mensch empfindet gegen das gemeinsame Leben einen Widerwillen, den nur das religiöse Gefühl und die Begeisterung einer mystischen Ascese zu überwinden im Stande sind.

Owen, Saint-Simon, Charles Fourier und ihre ersten Schüler zeichneten sich durch den friedlichen Character ihrer Schriften und Ansichten aus; die Einen wie die Anderen würden sich geschämt haben, von der Gewalt den Erfolg ihrer Lehren zu erwarten, sie wollten nur herrschen durch die freie Ueberzeugung. Indessen ist der Einfluß dieser Neuerer deshalb nicht weniger verderblich und unheilvoll gewesen. Sie haben außerordentlich dazu beigetragen, den Geistern jene verhängnißvolle Neigung einzupflanzen, die Grundlagen der socialen Ordnung zu kritisiren, ihre Berechtigung zu bestreiten, ihre Vernichtung zu verlangen. Sie haben die Grundlagen der Moral in's Wanken gebracht, den Begriff der Pflicht, die Achtung vor der Autorität, die Liebe zum Gehorsam erschüttert; sie haben allen Schwächen, allen Lastern und Verbrechen plausible Gründe und bequeme Vorwände geliehen. Ihre Lehren wirkten zersetzend und zerstörend auf die Gesellschaft, und dies um so furchtbarer, je langsamer und unmerklicher ihre Wirkung war. Der Tag sollte kommen, wo der blinde Haß, die unmöglichen Hoffnungen, die sie erregten, sich unter dem glühenden Hauche des revolutionären Communismus entzündeten und mit jenen gewaltsamen Vernichtungsversuchen gemeinsame Sache machten. Unglücklicherweise ist es eine fast allen Minoritäten in Frankreich gemeinsame Neigung, durch Gewalt ihren Ansichten zum Siege zu verhelfen; die Schüler einer Lehre werden alsbald ihre Soldaten.

Capitel XVII.

Cabet. — Der icarische Communismus.

Wir haben gezeigt, wie sich der Communismus am Grunde der Utopien Fourier's und Saint-Simon's versteckte, jener Systeme, deren Urheber vergeblich versuchten, eine abenteuerliche Vereinigung widerstrebender Elemente herzustellen. Es war Cabet vorbehalten, ihn zu seiner ursprünglichen Einfachheit und Reinheit zurückzuführen und die Kette der Traditionen eines Morelly, Mably und Babeuf von Neuem zu knüpfen. Es ist nicht ohne Interesse, den Weg zu verfolgen, auf dem sich schließlich jener Parteiführer in den großen Irrgarten des Communismus verlief. Während der Jahre 1830 bis 1840 gehörte Cabet der extremsten Faction der republicanischen Partei an, deren Ideal in unseren Tagen den Namen der rothen Republik erhalten hat. Die Maßlosigkeit seiner Angriffe gegen die bestehende Gesellschaftsordnung zogen ihm Verurtheilungen zu, welche ihn zu einem der vornehmsten Häupter der Revolution von 1848 gemacht haben würden, wenn er nicht die Unvorsichtigkeit oder das Verdienst gehabt hätte, sich als einen zu guten Logiker zu zeigen, aus den Wolken, in denen sich die Ultrademocraten so sehr gefallen, herauszutreten und klar und bestimmt die communistischen Consequenzen, denen jene vergebens zu entgehen versuchen, zu formuliren.

Cabet widmete die Muße, die ihm seine übeln Erfahrungen vor Gericht verschafft hatten, der Abfassung einer populären Geschichte der französischen Revolution, eines Werks, das nichts Anderes ist, als eine panegyrische Lobrede in vier dicken Bänden auf die Jacobiner und Sansculotten, auf den Berg und vor Allem auf einen Couthon, Robespierre und Saint-Just, jene unverstandenen Heroen der Schreckenszeit. Indessen konnte sich Cabet nicht verhehlen, daß jene blutigen Reformatoren sich niemals klar und deutlich über die Ziele, die sie verfolgten, geäußert hatten. Er fühlte sehr wohl die ganze Leere jener classischen Gemeinplätze, die mit so großer Ostentation von den Männern von 1793 ausgekramt wurden; und wie sehr er auch ihre Reden bewunderte, mußte er sich doch gestehen, daß sie nur wilde Leidenschaften und unbestimmte Empfindungen ausdrückten, aber keine socialen Theorien enthielten. Cabet ist in der That ein scharfer und strenger Kopf. Wenn er als Schriftsteller nicht den Vorzug einer glänzenden Diction besitzt, wenn er nicht die Kunst versteht, jenen Schwall von Worten aufzuwenden, mit dem man den Leser blendet und ihm grobe Zweideutigkeiten und bedenkliche Sophismen verbirgt, so wiegt er sich wenigstens nicht in Illusionen und nennt die Dinge bei ihren Namen.

Cabet sucht also nach jenem Plan socialer Organisation, behufs dessen Ausführung die großen Revolutionäre des Berges so viele Opfer geschlachtet hatten; er bemüht sich, jene Panacee zu finden, deren Geheimniß der mysteriöse Robespierre mit sich in's Grab genommen, und die Consequenzen der Principien, die in die nebelhafte Phraseologie des obersten Priesters des höchsten Wesens gehüllt waren, zu entwickeln. Da fiel ihm die Utopie des Thomas Morus in die Hände. Dies war ein Lichtblick für ihn; hier sah er die Lösung des Problems, das seinen Scharfsinn ermüdete, das Endziel der Bestrebungen jener Heroen, deren Geschichte er kurz zuvor geschrieben hatte. Von da an war Cabet Communist, und er hatte den Muth, es offen zu bekennen.

Wissen wir ihm Dank für seinen Freimuth, den Viele sich wohl gehütet haben nachzuahmen. Durch seine Bekehrung zum Communismus hat er von Neuem gezeigt, welch inniger Zusammenhang für Jeden, der zu urtheilen versteht, zwischen jenen socialen Lehren und den Principien der ultrademocratischen Republik existirt. Während Andere, glänzendere Schriftsteller und bessere Taktiker, denselben Weg betraten, ohne ihre wahren Absichten zu gestehen, hat er die verborgene Klippe, auf welche jene gefährlichen Aufwiegler die Gesellschaft hintreiben, bloßgelegt, und denen die Arbeit erleichtert, welche jene vor dem drohenden Schiffbruch zu bewahren versuchen.

Wie Morus, sein Vorbild, und die Mehrzahl der Utopisten, die in dessen Fußstapfen getreten sind, bediente sich auch Cabet der Form des Romans, die ihm mehr als jede andere geeignet erschien, seine Ideen zu popularisiren und sich die Sympathien der Frauen zu erwerben, die, sagt er, vortreffliche Apostel sein würden, wenn ihre edlen Seelen erst von den wahren Vortheilen des Menschengeschlechts überzeugt wären. Wie in dem Buche des englischen Kanzlers, handelt es sich auch bei Cabet um eine Reise durch ein imaginäres Land, in dem die Gütergemeinschaft im Glanze der höchsten Vollkommenheit strahlt. Während aber der Reisende des Morus ein philosophischer Seemann ist, der in Stürmen ergraut, ist der Held in Cabet's Roman ein englischer Lord, jung, schön, liebenswürdig, alles Eigenschaften, die ihm von vornherein die Gunst und Zuneigung der Leserinnen zu gewinnen im Stande sind. Der moderne Apostel des Communismus hat somit das Ernste mit dem Zarten, das Gefällige mit dem Strengen verbinden zu müssen geglaubt.

Wir haben uns nicht mit den romantischen Theilen der „Reise in Icarien" zu beschäftigen, noch den literarischen Werth dieses Werkes zu beurtheilen; die ernsten Ideen, die es enthält, werden allein unsere Aufmerksamkeit in Anspruch nehmen.

Der erste Theil des Buches beschäftigt sich mit einer genauen Beschreibung der icarischen Gesellschaft; er stellt sich die Aufgabe, von den Einrichtungen einer großen Nation, welche die Gütergemeinschaft zur Grundlage ihrer Gesellschaftsverfassung gemacht hat, eine bis in's Einzelnste gehende Darstellung zu geben, den Leser mit den Städten, Dörfern, Häfen, mit den Wegen, Eisenbahnen, Kanälen, Flüssen, mit den Posten, Werkstätten, Schulen, Hospitälern, Museen, Theatern, Spielen, Festen, Vergnügungen und politischen Versammlungen der Icarier bekannt zu machen, ihn in ihre Familien, ihre Erziehung, Wissenschaft und Industrie, in ihren Ackerbau und ihre Künste einzuführen, ihm einen Begriff zu geben von ihrem Ueberfluß und Reichthum, ihrer Pracht und ihrem Luxus, ihrer Ordnung und Einigkeit, ihrer Eintracht und Brüderlichkeit, ihrer

Tugend und ihrem Glück, was Alles das unfehlbare Resultat der Gütergemeinschaft sein soll.

Wir werden Cabet nicht in die Wagen, Omnibusse und Küchen der Icarier folgen. Es ist natürlich leicht, seiner Einbildungskraft die Zügel schießen zu lassen, um alle Wunder einer idealen Gesellschaftsverfassung zu beschreiben. Es ist dies ein alter Kunstgriff aller Neuerer, die sich zu allen Zeiten die Sympathien des großen Haufens durch die verführerische Aussicht auf eine materielle Glückseligkeit ohne Schranken zu erwerben versucht haben. Cabet hat sich wenigstens in seiner Schilderung des Glücks der Icarier in den Grenzen des Behaglichen und Gastronomischen zu halten gewußt, er ist nicht dem Beispiel jener Schwärmer gefolgt, die mit den Freuden des irdischen Paradieses auch die des Paradieses eines Muhamed verbinden zu müssen glaubten. Diese mehr moralische als logische Mäßigung verräth übrigens eine gewisse Klugheit. Es giebt Empfindungen, die ungestraft Niemand verletzen darf. Man kann zwar durch Sophismen aller Art jenen Instinct natürlicher Billigkeit ertödten, der selbst den rohesten Menschen das Recht des Eigenthums seines Mitmenschen zu achten veranlaßt, aber glücklicherweise gibt es nur eine sehr geringe Anzahl verderbter Wesen, deren Inneres sich über eine Verletzung der Gesetze der Scham nicht empört.

Die Organisation der icarischen Gesellschaft ist ein treues Abbild nach dem Muster der Utopie, des Manifestes der Gleichen und des Codex der Natur. Cabet erklärt, daß die Gütergemeinschaft, wie die Monarchie und Republik, die verschiedensten Formen anzunehmen im Stande ist. Er behauptet nicht, das vollkommenste System gefunden zu haben; ist die Gütergemeinschaft nur einmal in großem Maßstabe durchgeführt, so werden die kommenden Geschlechter sie schon modificiren und vervollkommnen. Wie Morus, Campanella und Morelly, gibt Cabet übrigens der Gemeinschaft mit Städten den Vorzug.

Rings um die prächtige Icara, die Hauptstadt des Landes, berühmt durch ihre Straßeneisenbahnen, bedeckten Trottoirs, Fontainen, Tunnels u. s. w., gruppiren sich hundert Provinzialstädte, je von zehn Kreisstädten umgeben, die im Mittelpunct gleich großer Territorien gelegen sind. Diese Städte sind sämmtlich nach Musterplänen gebaut und verwirklichen hinsichtlich der Reinlichkeit, Bequemlichkeit und Eleganz die kühnsten Träume des schwierigsten Baumeisters. Nicht minder vollkommene Gebäude schmücken und verschönern das Land. In diesen prächtigen Wohnplätzen leben die Icarier in Gemeinschaft der Güter und der Arbeiten, der Rechte und Pflichten, der Vortheile und Lasten.

„Sie kennen weder Eigenthum noch Münzen, weder Kauf noch Verkauf, sie sind gleich in Allem, soweit sich dies überhaupt nur ermöglichen läßt. Alle arbeiten für die Republik oder die Gemeinschaft; sie ist es, welche die Producte des Ackerbau's und der Industrie erhält und gleichmäßig unter alle Bürger vertheilt, sie ist es, die Alle nährt, kleidet, unterrichtet, die Allen liefert, was sie bedürfen, erst das Nothwendige, dann das Nützliche, endlich das Angenehme."

Man sieht, Cabet entwickelt nur die Grundmaximen Morelly's; jeder Bürger gehört dem Staat und wird auf Kosten desselben ernährt und unterhalten.

„Die Republik ist es, welche alljährlich bestimmt, wie viel zur Ernährung, Kleidung und Beherbergung ihrer Bürger producirt oder fabricirt werden muß. Sie, und sie allein, läßt Alles durch ihre Arbeiter in ihren Anstalten herstellen, da alle Zweige der Industrie, alle Manufacturen Eigenthum der Nation und alle Arbeiter in ihrem Auftrage thätig sind; sie ist es, welche Werkstätten und ungeheure Fabriken anlegte, in denen alle Zweige der Industrie vereinigt werden, deren Vereinigung einen Vortheil versprechen kann, die, um günstige Resultate zu erzielen, vor keiner Ausgabe zurückschreckt; sie ist es, die ihre zahlreichen Arbeiter unterweist, ihnen Rohstoffe und Werkzeuge liefert, ihnen Arbeit zuweist, sie in Naturalien anstatt in Geld bezahlt; sie ist es endlich, die alle Manufacten in ihren ungeheuren Magazinen aufspeichert, um sie an alle ihre Arbeiter oder vielmehr an ihre Kinder zu vertheilen. Und diese Republik, die also will und befiehlt, ist das Industriecomité, ist die Nationalversammlung, ist das Volk selbst."

Um der Regierung die Erfüllung dieser gigantischen Aufgabe zu erleichtern, werden alljährlich, wie auf der Insel Utopien, in den Kantonen, Provinzen und im ganzen Reiche statistische Ermittelungen angestellt. Der Handel ruht in den Händen öffentlicher Beamten, die alle Producte des Ackerbaus und der Industrie empfangen und vertheilen.

Die Arbeit hat nichts Widerwärtiges in Icarien. Eine Unzahl Maschinen überhebt den Menschen mühsamer Anstrengungen; sinnreiche mechanische Vorrichtungen ermöglichen es, alle unsaubern und ungesunden Gewerbe zu beseitigen. In den Werkstätten herrscht die vollkommenste Ordnung und Disciplin. Erwählte Aufseher leiten sie nach feststehenden Reglements. In diesem menschlichen Bienenkorbe kennt man keine Trägheit: und wie sollte es auch faule Leute daselbst geben, „da die Arbeit für die Icarier so angenehm ist, daß Müßiggang und Trägheit ebenso entehrend unter ihnen ist, als anderwärts der Diebstahl?"

Alle Handwerker genießen gleiche Achtung; Jeder wählt das seine nach seinem Geschmack. Diejenigen, welche sich durch Betriebsamkeit, Fleiß und Intelligenz auszeichnen, haben keine Belohnung vor den Uebrigen zu erwarten: „denn sind nicht alle diese Eigenschaften eine Gabe der Natur? Würde es gerecht und billig sein, den auf irgend eine Weise zu bestrafen, den das Schicksal weniger freigebig bedacht? Ist es nicht Pflicht der Vernunft und der Gesellschaft, die Ungleichheiten, die das Werk eines blinden Zufalls sind, zu ebnen? und ist derjenige, den sein Genie zu einem nützlichen Bürger macht, nicht schon belohnt genug durch die Befriedigung, die er hierüber empfindet?" ... Der Icarier indessen, der aus Patriotismus mehr leistet, als seine Pflicht ist, erlangt ein besonderes Ansehen, öffentliche Auszeichnung und selbst nationale Ehren.

Im Uebrigen flößt eine gemeinsame und wohlgeleitete Erziehung Allen den Wunsch ein, sich mehr und mehr der Republik nützlich und dienstbar zu machen. Man sieht, Cabet betrachtet die Liebe zum Vaterlande und den Wetteifer der Individuen als genügende Triebfeder der productiven Thätigkeit; er leugnet, wie alle Communisten, die Nothwendigkeit des Sporns eines individuellen Interesses. Seiner Ansicht nach genügt die Annehmlichkeit der Arbeit, um Jeden zu bestimmen, sich ihr zu widmen, und unnütz und widersprechend ist es, hieraus eine besondere Pflicht zu machen. Gleichwohl bemerkt Cabet, daß, wenn die Gütergemeinschaft vollständig durchgeführt ist, auch die Arbeit für Alle obligatorisch sein muß. Allerbings berührt er diese Idee nur obenhin und mit wenigen Worten, aber dies ist das letzte Wort des Systems der Gütergemeinschaft, auf dessen Grund immer der Zwang und der Despotismus zu finden sind. Nachdem sie die glänzendsten Gemälde von dem Glück entworfen, das man unter dieser wunderbaren Verfassung genießen wird, verherrlicht von den Jubelgesängen zu Ehren der Gleichheit, der Brüderlichkeit und selbst der Freiheit, enden alle Apostel des Communismus damit, die Völker in Masse zur Zwangsarbeit zu verurtheilen.

Man sieht, das System Cabet's folgt Punct für Punct den Angaben seiner Vorgänger; nur die Namen sind geändert und mit den Fortschritten der Technologie und der Socialpolitik in Einklang gesetzt.

Nicht weniger vollständig ist die Analogie mit jener nur allzu bekannten „Organisation der Arbeit" Louis Blanc's, eine Beziehung, die durch die Uebereinstimmung der Ausdrücke noch auffallender gemacht ist. Auf beiden Seiten handelt es sich um nationale Werkstätten, die vom Staat geleitet und beaufsichtigt werden; in beiden Systemen findet man die Gleichheit der Löhne und als Triebfeder der industriellen Thätigkeit die Liebe zum Vaterlande an Stelle des persönlichen Interesses. Diese Analogie muß schon eine Ahnung von der wahren Tragweite einer Einrichtung geben, die der Verfasser der „Geschichte der zehn Jahre" so eifrig verfochten, und die wir im folgenden Capitel eingehender und vollständiger behandeln werden.

Wenn Cabet dem Eigenthum den Krieg bis auf's Messer erklärt, so geht er doch nicht so weit, auch der Familie den Untergang zu schwören. Die unerbittliche Logik Plato's und Campanella's hat ihn erschreckt, er zieht lieber die Inconsequenz eines Morus und des „Gesetzbuchs der Natur" vor. Die Ehe wird also in Icarien beibehalten und geachtet. Der Cölibat ist wie in Lacedemon verpönt. Da man dort weder Mitgift noch Erbfolge kennt und den jungen Leuten die vollständigste Freiheit in ihrer Wahl gelassen wird, so ist bei Eingehung einer Verbindung allein das persönliche Interesse maßgebend. Die Icarier genießen ein ungetrübtes eheliches Glück; und so groß ist die Reinheit der Sitten, daß nicht ein Beispiel von Ehebruch, Concubinat oder nur von Schwäche bekannt ist. Wunderbare Macht der Gütergemeinschaft, die im Herzen des

Menschen die launenhafteste, wildeste und unbändigste Leidenschaft zu ertödten vermag!

Aber auf diese Weise lassen sich die Principien nicht verstümmeln. Vergebens bemüht man sich, die Kette der Consequenzen zu durchbrechen, immer finden sich kühne Geister und scharfsinnige Denker, die sie von Neuem knüpfen. Gleich bei der Geburt der icarischen Secte brach ein Zwiespalt in ihrem Schooße aus. Man warf Cabet feige Rücksichten auf die blinden Vorurtheile einer verkommenen Civilisation vor, man proclamirte die Gemeinschaft der Weiber, die Abschaffung der Ehe und Familie als streng logische Consequenzen des icarischen Princips. Der „Humanitaire", das Journal der dissidentischen Partei, vertrat offen diese Ideen und behauptete, daß ein vollkommener Communist, so oft es ihm beliebe, seine Frau wechseln könne und müsse, um die Vermischung der Racen so vollständig als möglich herbeizuführen, um der Anhänglichkeit an ein Individuum zu entgehen und die Bildung einer Familie, die unfehlbar das abscheuliche Eigenthum zurückführen würde, zu verhindern. Das ist die Lehre der Wiedertäufer, die, den Ausspruch des heiligen Paulus entstellend, behaupteten, daß man die Weiber haben müßte, als hätte man sie nicht. Cabet beschränkt sich zunächst darauf, zu entgegnen, daß die Idee des „Humanitaire" vielleicht die richtige sei, daß er sie aber, wenigstens für den Augenblick, für thöricht halte, und gezwungen, sich offen und frei zu erklären, gab er eine Antwort, in der er doch nur die Frage der Zweckmäßigkeit behandelte. „Wie", rief er aus, „sollte die Gütergemeinschaft nicht während eines mehr oder minder langen Zeitraums neben der Ehe und Familie existiren können, vorbehaltlich deren Abschaffung, wenn man es für wünschenswerth erachtet und die Nothwendigkeit es gebieterisch verlangt? Sind nicht schon Schwierigkeiten genug zu überwinden, um nur die Idee der Gütergemeinschaft den Menschen annehmbar zu machen? ist sie nicht die gewaltigste aller geistigen Revolutionen? Und wird das Verlangen nach Abschaffung der Familie die Gütergemeinschaft in den Augen der Welt empfehlenswerther erscheinen lassen? Ist dies nicht vielmehr gerade diejenige Idee, welche die Gegner der Gütergemeinschaft am meisten entsetzt, die vor Allem den Schein der Zügellosigkeit und Immoralität — den Schein bloß! — an sich trägt, gegen welche sich der mächtige und furchtbare Widerstand der Vertheidiger der Moral und der Sittlichkeit erhebt? Hat diese Idee nicht die Saint-Simonisten getödtet? und wird sie nicht gerade von den Feinden der Gütergemeinschaft benutzt, um diese anzuschwärzen und zu verhindern?"

Schließlich drückt Cabet die Befürchtung aus, daß die Proclamation solch' einer radicalen Lehre der Polizei und dem Staatsanwalte gefährliche Waffen gegen den Communismus liefern würde. Trotz allem Glauben an die Aufrichtigkeit der Achtung Cabet's vor den Principien der Ehe und der Familie, hätte er unserer Ansicht nach bessere Gründe zu ihrer Vertheidigung vorbringen können, als die Unzweckmäßigkeit der Angriffe und die Furcht vor der Polizei.

Wir glauben übrigens, jene Meinungsverschiedenheiten, in denen sich alle gehässigen Consequenzen des Princips der Gütergemeinschaft von Neuem offenbaren, hinlänglich berücksichtigt zu haben; betrachten wir nunmehr die politische Verfassung Icariens, die der öconomischen und socialen die Krone aufsetzt. Diese Verfassung bietet insofern ein gewisses Interesse, als sie uns das Ideal der begeistertsten Democraten enthüllt. Sie ist im Ganzen eine Verschmelzung derjenigen, welche die Gesetzgeber von 1793 in Frankreich einführen wollten, und der Municipalverfassung Nordamerika's.

Eine Nationalversammlung von zweitausend Mitgliedern, die aus allgemeinen Wahlen hervorgehen und in 15 Comités eingetheilt sind, die wiederum in eine große Anzahl von Specialcommissionen zerfallen, ist mit der gesetzgebenden Gewalt über Alles, was das Gesammtinteresse des Staates betrifft, bekleidet. Einen Senat oder eine erhaltende Körperschaft gibt es nicht. Jede Provinz hat auf gleiche Weise ihre Provinzialversammlung, die über ihre speziellen Interessen berathschlagt; in jeder Commune bilden endlich sämmtliche Bürger primäre Versammlungen, um die Fragen des localen Interesses oder diejenigen, welche von der Nationalversammlung der Entscheidung des Volkes anheimgegeben worden sind, zu erörtern.

Zu Hunderten zählen die Gesetze, die jährlich von der Nationalversammlung gegeben werden. Und darüber wird man sich auch nicht wundern, wenn man bedenkt, daß diese erhabene Körperschaft nicht nur über die großen Fragen der Politik entscheidet, sondern auch die kleinsten Details des Privatlebens zu regeln hat, wie die

Möblirung, Kleidung, Wohnung, selbst den Küchenzettel der officiellen Küchen.

Die vollziehende Gewalt ruht in den Händen einer National-executive, die aus fünfzehn Ministern und einem Rathspräsidenten besteht. Diese Minister oder Executivbeamten werden vom Volk auf Grund einer dreifachen Kandidatenliste, welche die Nationalversammlung aufstellt, ernannt; jede Provinz und Commune hat auf gleiche Weise ihre Executivbeamten.

Die Staatsbeamten werden theils von der Nationalversammlung, theils von der obersten Executive ernannt. Die Aufseher der Werkstätten, die Sammler und Vertheiler der Producte werden direct vom Volke gewählt, aber nur auf ein Jahr, nach dessen Ablauf sie Rechenschaft von ihrer Thätigkeit abzulegen haben. Uebrigens haben diese Beamten, vom untersten bis zum obersten, weder Wachen, noch Civilliste, noch Besoldung; es sind einfache Arbeiter, welche öfters sogar nicht einmal von den Arbeiten in den Werkstätten entbunden sind. So war zur Zeit der Reise des Lord Carisdal, des Christoph Columbus dieser neuen Welt, ein Maurer Präsident des Ministerraths der Republik. Unmöglich wird man die Gemeinheit der Schmeichelei den arbeitenden Classen gegenüber weiterzutreiben im Stande sein.

Uebrigens darf man ja nicht glauben, daß die Regierungsgewalt eine begehrenswerthe Sache in Icarien ist. Die Bürger müssen zwar ohne Widerrede den Beamten gehorchen, aber sie haben jederzeit das Recht, diese vor die Schranken des Volkes zu fordern.

Man wird vielleicht die Frage aufwerfen, wie die Ordnung von Obrigkeiten, die mit so kläglicher Autorität bekleidet sind, aufrecht erhalten werden kann. Die Antwort ist einfach: die gute Ordnung wird eben niemals gestört; denn durch ein glückliches Privilegium gibt es unter der Herrschaft der Gütergemeinschaft weder politische Parteien, noch bürgerliche Zwietracht, weder Aufruhr, noch Verschwörung. Dort kennt man keine Nebenbuhler und keine Eifersucht, nicht Haß und Begehrlichkeit, nicht Mord, noch Diebstahl oder Gewaltthätigkeit. Auch die Richter und die Männer des Gesetzes sind unbekannte Dinge in Icarien; und wozu sollten sie auch nöthig sein, da es weder Verbrechen zu bestrafen, noch Processe zu entscheiden gibt? Kaum hat man es nöthig, um unbedeutende

Streitigkeiten beizulegen, einen Freund um seinen Schiedsspruch zuweilen anzugehen.

Vergeblich indessen bemüht sich Cabet, ein widersprechendes Bündniß zwischen dem Communismus und den Principien einer unbegrenzten politischen Freiheit zu Stande zu bringen: Despotismus und Zwang kommen sehr bald in der gehässigsten und raffinirtesten Weise zum Vorschein. Den Geist selbst hat sich der Gesetzgeber Icariens vorgenommen, zu fesseln und anzuschmieden.

Die Freiheit der Presse ist aufgehoben; in Icarien gibt es nur eine Nationalzeitung, ein Provinzialjournal für jede Provinz und für jede Commune eine Communalzeitung. Diese Blätter enthalten aber nur die Protocolle über Berathungen der gesetzgebenden Versammlungen, officielle Nachrichten und statistische Tabellen; jede Kritik ist untersagt, die Redaction in den Händen von Staatsbeamten, die vom Volke oder seinen Repräsentanten gewählt werden.

„Gewiß", sagt ein icarischer Neophyt, „ist die Freiheit der Presse eine Nothwendigkeit unter der Herrschaft der Aristocratie und des Königthums, sie ist ein Mittel gegen unerträgliche Mißbräuche; aber welch' trügerische Freiheit und welch' furchtbares Mittel sind nicht die Zeitungen in gewissen Ländern!"

Diese Freiheit wird ersetzt durch das Recht, Anträge jeder Art in den Volksversammlungen zu stellen. Die Censur herrscht unumschränkt in der besten aller Republiken; Niemand kann ein Werk drucken lassen, ohne durch Gesetz dazu ermächtigt zu sein. Ja noch mehr! In Icarien gibt es Nationalschriftsteller, Dichter und Künstler, welche in ungeheuren literarischen und artistischen Werkstätten, die ebenfalls Eigenthum der Nation sind, arbeiten. Diese beauftragt die Republik mit den Productionen, die sie für nützlich und ersprießlich hält, und jene liefern Meisterwerke auf Befehl.

Es existirt keine andere Geschichte als die officielle, von den Nationalgeschichtsschreibern geschrieben. Ein Gerichtshof urtheilt über das Andenken der historischen Personen und entscheidet ohne Widerspruch über ihren Ruhm oder ihre Schmach.

In Icarien ist ferner eine besondere Sprache zum gemeinsamen Gebrauch geschaffen, in welche man die alten Werke, die man für brauchbar befunden, übersetzt hat; die andern werden unterdrückt. Alle großen Communisten reichen sich in diesem Puncte die Hände.

Cabet tritt nur in die Fußstapfen eines Mathias, der die Bibliotheken Münster's den Flammen übergab, und in die eines Morelly, der alle Bücher verurtheilte, welche feindselige Gesinnungen gegen den Communismus enthielten.

Die Schüler sind noch weiter gegangen als ihre Meister. Haben wir nicht gehört, daß die modernen Vandalen auf einem brüderlichen Bankett auf die Vernichtung der Musen, als zu aristocratische Dinge, anstießen? Haben wir nicht gesehen, wie Meisterwerke der Kunst, der Ruhm der französischen Malerei, von einer blinden Wuth den Flammen übergeben wurden? „Mögen alle Künste umkommen, wenn es sein muß", rief der Verfasser des Manifests der Gleichen aus, „wenn uns nur die wahre Freiheit bleibt." O, wenn Unsinnige in der Zukunft diese Worte wahr zu machen versuchen sollten, so mögen sie nur die Denkmäler der Kunst verschonen, die uns die Vorzeit als heiliges Vermächtniß hinterlassen hat.

Cabet begnügt sich aber nicht damit, Sprache und Literatur, Kunst und Wissenschaft umzuschaffen, auch die Religion soll ein gleiches Schicksal erfahren. Ein von Icar, dem Gesetzgeber Icariens, zusammenberufenes Concil hat die neuen Dogmen fixirt, die sämmtlich auf eine erschreckende Negation hinauslaufen. Nach dem icarischen Catechismus gibt es allerdings einen Gott, aber seine Attribute sind unbekannt. Eine Offenbarung existirt nicht, Bibel und Evangelien sind rein menschliche Werke, Jesus Christus ist nur ein Mensch, aber er verdient den ersten Rang, weil er die Principien der Gleichheit, Brüderlichkeit und Gütergemeinschaft zuerst proclamirte. Was ist der Grund des moralischen und physischen Uebels? Man weiß es nicht. Gibt es ein Paradies für die Gerechten? — Man wünscht denen Glück, die daran glauben. — Eine Hölle? — Da es in Icarien weder Tyrannen, noch Verbrecher oder Bösewichter gibt, so glaubt man auch an keine Hölle, da sie ja vollständig überflüssig sein würde.

Gleichwohl hat man Tempel, Priester und Priesterinnen; die Priester sind indessen nur einfache Prediger der Moral, geistliche Führer, Freunde und Tröster. Die Tempel sind schön und bequem, aber jedes Schmuckes beraubt; man versammelt sich in ihnen, um moralische und philosophische Belehrungen zu hören und gemeinschaftlich den geheimnißvollen Urheber aller Dinge zu ehren. Der Gottesdienst ist außerordentlich einfach und duldet keine Andachts=übungen, die nach Aberglauben schmecken oder den Priestern irgend welchen Einfluß verschaffen. All' dieses ist lediglich eine Reproduction des Cultus der Vernunft und der Theophilanthropie, die aber weit hinter ihrem Vorbilde zurückbleibt.

Uebrigens werden alle Religionen in Icarien geduldet, die Republik gibt allen Secten Tempel, die eine genügende Anzahl von Anhängern aufzuweisen haben. Cabet, wie Morelly, will, daß das Kind bis zum sechszehnten Lebensjahre von Religion gar nichts zu hören bekommt, und das Gesetz verbietet sogar den Eltern, sie über die Gottheit zu belehren. Nur wenn ihre Vernunft ausgebildet ist, macht ein Professor der Philosophie und nicht ein Priester sie mit allen Religionssystemen bekannt, damit sie mit Kenntniß der Sache zu wählen im Stande sind. Und das heißt die Freiheit des Gewissens achten!

Das sind die socialen, politischen und religiösen Einrichtungen Icariens. Ehe aber das Land in den Besitz derselben gelangte, hatte es lange Zeit unter der Herrschaft des Eigenthums geseufzt. Cabet zeigt uns, auf welche Weise jenes durch die Gütergemeinschaft ersetzt wurde, und unstreitig muß der Theil seines Buches, in dem er uns das Gemälde dieser Umwandlung entwirft, als der originellste und interessanteste des ganzen Werkes bezeichnet werden.

Cabet hat häufig in seinem Buche und anderwärts erklärt, daß die Gütergemeinschaft weder durch Gewalt eingeführt werden darf, noch eingeführt werden kann, daß ihre Annahme lediglich das Resultat einer friedlichen Propaganda und der freien Ueberzeugung sein müsse. Dennoch schreibt er einer gewaltsamen Revolution die Einführung derselben in Icarien zu, so daß man wohl berechtigt ist, zu bezweifeln, ob jene friedlichen Protestationen der Ausdruck einer wahren oder erheuchelten Ueberzeugung sind.

Bevor er die Geschichte der icarischen Revolution berichtet, setzt uns der Verfasser die Fehler der alten socialen Organisation auseinander, und man kann sich denken, daß es sich hier wiederum um jene bittere Kritik der modernen Civilisation handelt, die seit Morus die eintönige Erbschaft aller communistischen Schriftsteller geworden ist. Eigenthum, Geld und Ungleichheit des Vermögens werden als Ursachen aller Leiden der Menschheit hingestellt. Aus ihnen gehen, wie aus der Büchse der Pandora, das Elend hervor, die Verwilderung der Massen, ein Proletariat, noch schlimmer als die Sclaverei, die Concurrenz, die industrielle Unordnung, der verzehrende Einfluß der Maschinen, Ungerechtigkeit, Betrug, Wucher, Diebstahl, Mord, Todtschlag, Zwietracht, Haß, Spiel, Ehebruch, Prostitution u. s. w. — nichts ist in dieser traurigen Liste vergessen worden, die all' die Bitterkeit verräth, welche die modernen Apostel der Brüderlichkeit charakterisirt. Hierauf folgt eine Kritik der alten politischen Verfassung, d. h. der repräsentativen Monarchie. Königthum, Aristocratie, Budget, Sittenverderbniß, Parlament und Bürgerwehr, Priester, Mönche und Jesuiten bieten seinen Angriffen ein weites und willkommnes Feld.

Im Jahre 1782 brach endlich die Revolution in Icarien aus. Nach einem blutigen Straßen- und Barricadenkampfe wird die Königin Cloramide entthront, der treulose Minister Lixbox und seine Complicen dem Volksgericht übergeben. Icar, das Haupt der Opposition, der Heros des Aufstandes, wird zum Dictator ernannt.

Dieser große Mann, dem Icarien die Wohlthat der Gütergemeinschaft verdankt, war der Sohn eines Fuhrmanns und lange Zeit selbst Fuhrmann. Nachdem er sich zuerst dem kirchlichen Berufe gewidmet, ihn aber bald wieder aufgegeben hatte, warf er sich auf die Politik und ward von den Gerichten der Aristocratie zu Strafe verurtheilt, weil er Christus für den kühnsten Revolutionär und den größten Agitator erklärt hatte. Die kritische Untersuchung aller socialen Verfassungssysteme und tiefsinnige Betrachtungen der Lehre Jesu Christi ließen ihn die Vortrefflichkeit der Gütergemeinschaft erkennen, der er trotz allen Verfolgungen zahlreiche Anhänger zu gewinnen wußte.

Dies ist der Gründer des icarischen Communismus. In seiner Darstellung der Lebensschicksale desselben bleibt Cabet seinem System der Lobhudelei der arbeitenden Classen getreu. Die Ausübung eines Handwerks ist für ihn die nothwendige Vorbedingung des politischen Genies; vorhin war ein Maurer Präsident der Republik, jetzt ist ein Fuhrmann ihr Gesetzgeber.

Kaum mit der politischen Gewalt bekleidet, umgibt sich Icar

mit einem Dictaturrath und veröffentlicht Abressen über Abressen, Decrete über Decrete, und sonderbarer Weise scheinen diese Decrete das Vorbild für jene gewesen zu sein, welche die provisorische Regierung der französischen Republik mit so blitzartiger Geschwindigkeit in die Welt setzte. Ja, die Aehnlichkeit ist so groß, daß, wenn man nicht wüßte, daß das Buch Cabet's bereits mehrere Jahre früher veröffentlicht worden ist, man glauben könnte, daß die Geschichte der icarischen Revolution nur eine Parodie der Revolution von 1848 sein solle.

Man urtheile selbst:

Gleich nach der Revolution wählt Icar Minister und Commissäre, die in alle Provinzen zu gehen bestimmt sind.

Er setzt eine Menge von Specialcommissionen ein, in welche die zahlreichen Bürger, die, wie immer, ihre Dienste anzubieten sich beeilen, vertheilt werden.

Er veröffentlicht eine Proclamation, welche alle Bürger ohne Unterschied in die Nationalgarde einreiht und ihnen Waffen verleiht. Diejenigen, welche der Arbeit entbehren, werden besoldet, bewaffnet und bekleidet. Ein weiteres Decret entsetzt alle Beamten der besiegten Partei ihrer Ämter und Stellen. Eine Adresse ermahnt die Aristocratie und Bourgeoisie zu freiwilliger Resignation; das Volk, welches ihnen gleich mit gleich vergelten könnte, läßt Gnade vor Recht ergehen. Von ihrer Seite würde jeder Widerstand unnütz sein, denn das Volk will um jeden Preis und ohne Widerstand fortschreiten.

Der Dictator beruft eine Nationalversammlung von 2 000 Mitgliedern, die aus allgemeinen Wahlen hervorgehen und besoldet werden; eine Proclamation an das Volk ist bestimmt, dieses über sein Wahlrecht aufzuklären und zu unterrichten. Hier ist aller Vortheil auf Seiten Icar's: er legt für die Freiheit der Wahlen eine Achtung an den Tag, die sich unsere modernen Dictatoren hätten zum Vorbilde nehmen sollen.

Am zweiten Tage setzt Icar eine Commission von fünf der besten und beliebtesten Schriftsteller zur Redigirung einer Zeitung nieder, welche unentgeltlich und in ungeheuern Massen unter dem Volke verbreitet werden soll; also ein Staatsanzeiger der Republik.

Dann hält er eine große Musterung über die Armee und Nationalgarde, die in der Hauptstadt und den Provinzen eine Macht von 200 000 Soldaten und 2 Millionen Bürgern in demokratischer Uniform ausmachen.

Der Verfassungscommission und dem Volk wird schließlich der Entwurf der Verfassung einer „democratischen Republik" unterbreitet, die indessen nur ein Uebergang zur Gütergemeinschaft sein wird, da deren Einführung erst in fünfzig Jahren erfolgen soll.

Worin besteht aber nun die democratische Republik des Herrn Cabet?

Das Vermögen wird respectirt, wie ungleich es auch vertheilt sein mag, aber hinsichtlich der späteren Erwerbungen wird das System einer immer fortschreitenden Ausgleichung des Besitzes als Uebergangsstadium von dem alten System unbeschränkter Ungleichheit zu dem künftigen System vollkommener Gleichheit und der Gütergemeinschaft dienen. Alle Gesetze verfolgen denselben Zweck, den Ueberfluß zu vermindern, das Loos der Armen zu verbessern und nach und nach eine allgemeine Gleichheit herbeizuführen.

Das Budget „wird nicht reducirt werden können" — das Wort ist vortrefflich —, aber die Aufstellung und Durchführung desselben wird eine wesentlich verschiedene sein. Die Armuth, die nothwendigen Lebensbedürfnisse und die Arbeit werden von jeder Steuer befreit, Reichthum und Luxus dagegen in progressiver Weise besteuert. Der Lohn der Arbeit wird gesetzlich geregelt, die Preise aller Lebensmittel einer Taxe unterworfen, so daß Jeder bequem und ohne Schwierigkeit von den Früchten seiner Arbeit zu leben im Stande ist.

Fünfhundert Millionen mindestens werden jährlich dazu verwendet, den Arbeitern Arbeit und den Armen Wohnungen zu verschaffen. Der Dominialbesitz wird zerschlagen und den Armen überlassen.

Hundert Millionen alljährlich werden für den Unterricht und die Erziehung der kommenden Geschlechter bestimmt.

Obwohl der große Icar alle Quellen des Nationalwohlstandes verstopft, verschleudert er doch die Millionen mit jener Leichtigkeit, die nur provisorischen Dictatoren eigen zu sein pflegt. Jedenfalls um diese Verschwendung zu decken, werden die Minister und Anhänger des gestürzten Regiments verurtheilt, eine Entschädigung von einer Milliarde an das Volk zu zahlen.

Um den Armen aufzuhelfen, werden die Preise für die Nahrungsmittel, für Kleidung und Wohnung nach bestimmten Taxen festgesetzt, die Löhne erhöht durch Zusicherung von Arbeit, und Lebensmittel und Geld an die Mitglieder der Republik vertheilt. Eine Armensteuer, Anleihen und umfangreiche Emissionen von Papiergeld stellen der Republik ungeheure Capitalien, die für alle Ausgaben mehr als genügen, zur Verfügung.

Die Todesstrafe wird abgeschafft; Zuchthäusler, Diebe und Gefangene, jene unglücklichen Opfer der Aristocratie und der Reichen, werden auf freien Fuß gesetzt und ihnen der Eintritt in die Armee und in die Werkstätten der Republik gestattet. . . .

Aber wir haben uns schon zu lange bei diesen beklagenswerthen Verirrungen aufgehalten. Wir haben genug davon gesagt, um die Aufrichtigkeit der friedlichen Protestationen des hohen Priesters des Communismus, den wahren Werth jener Mittel, die er vorschlägt, um bei einer großen Nation solch' verabscheuungswürdige Lehren zur Durchführung zu bringen, beurtheilen zu können. Brandschatzung Aller, die besitzen, drückende Steuern, Zwangsanleihen, Papiergeld, Maximum, kurz die Beraubung in jeder Form, die Verschleuderung im weitesten Umfang, das sind die unschuldigen und friedlichen Wege, auf denen er eine allgemeine Glückseligkeit herbeiführen will.

Erkennt man in dieser Schilderung der democratischen Republik, sowie Cabet sie versteht, nicht jene democratische und sociale Republik, die noch jüngst unsere Straßen mit Blut überschwemmte, deren Verwirklichung unruhige und fanatische Köpfe noch immer versuchen? Man beachte es wohl, der Verfasser der Reise in Icarien hat auf's Treueste und Vollständigste das Programm jener Republik formulirt und sie nach ihrem wahren Character geschildert. Wenn sie jemals in's Leben treten sollte, so würde sie nur eine Vorstufe und der Uebergang zum Communismus sein können.

Bis hierher hat sich Cabet nur darauf beschränkt, zu beschreiben und zu erzählen, und sich an die Einbildungskraft gewendet, da er sehr wohl weiß, daß sie es vor Allem ist, auf die man bei der Mehrzahl von Menschen einzuwirken hat. Aber dabei bleibt er nicht stehen, er versucht auch, die Vernunft Derer zu überzeugen, die vom

Glanze seiner Gemälde sich nicht blenden lassen. Die letzten Abschnitte seines Werkes sind deshalb dazu bestimmt, die Vortrefflichkeit der Gütergemeinschaft durch die zwingende Autorität von Beispielen, durch Geschichte und Philosophie zu beweisen und die Einwände gegen sein System zu widerlegen.

Ein Streit entspinnt sich zwischen dem icarischen Philosophen Dinaros und einem spanischen Inquisitor, einem gewissen Antonio. Die Reden, welche unser Verfasser diesen Personen in den Mund legt, entbehren nicht eines gewissen Verdienstes der Klarheit und Bestimmtheit, Eigenschaften, welche man nur selten bei unsern modernen Socialisten antrifft. Man muß ihm sogar die Gerechtigkeit widerfahren lassen, daß er mit einem gewissen Freimuth auf die theoretischen Argumente, die man gegen die Gütergemeinschaft geltend gemacht hat, eingegangen ist. Unter diesen Argumenten sind es besonders zwei, an denen alle Anstrengungen des Dinaros scheitern: die Unverträglichkeit des Communismus mit der menschlichen Freiheit und die Nothwendigkeit des persönlichen Interesses als Triebfeder und Sporn industrieller Thätigkeit. Der Vertheidiger der icarischen Verfassung sieht sich genöthigt, einzuräumen, daß die Gütergemeinschaft nothwendigerweise Zwang und Fesseln auferlege; „denn ihr vornehmster Zweck sei, Glück und Reichthum zu fördern; um aber doppelte Ausgaben und Verluste zu vermeiden, um landwirthschaftliche und industrielle Production zu verzehnfachen und dennoch sparsam dabei zu Werke zu gehen, sei es unerläßlich, daß die Gesellschaft Alles in sich vereinige, über Alles verfüge und bestimme; es sei nothwendig, daß sie das Wollen und Handeln Aller ihrem Gesetze, ihrer Ordnung, ihrer Disciplin unterwerfe". Was soll man zu diesem Geständniß noch hinzufügen? Hören wir den Weisen: Das Streben nach Reichthum, sagt man, der Wunsch, ein Vermögen zu besitzen und die Hoffnung, es zu erwerben, die Concurrenz, Wetteifer und Ehrgeiz sind die Seele der Production. — „Nein, nein! Denn Alles wird in Icarien auch ohne dies producirt." — Gewiß ein schlagendes Beispiel. Auf denselben Einwand antwortete schon Morus in ähnlicher Weise: Wäret ihr doch in Utopien gewesen!

Auf diesem Puncte geschlagen, preist Dinaros mit verschwenderischen Lobsprüchen die allgemeine Gleichheit und die Democratie, welche er mit der Gütergemeinschaft zu identificiren versucht. Aus diesem Gesichtspunct durchmustert er die allgemeine Geschichte der Nationen, zeigt er, daß die Fortschritte der Industrie und der Production die Entwicklung democratischer Einrichtungen begünstigten, nur vergißt er zu bemerken, daß diese Fortschritte sich unter der Herrschaft des Eigenthums vollzogen und um so schneller und großartiger waren, je mehr dieses von der Gesellschaft geehrt und geachtet wurde. Das Resultat seiner politischen Betrachtung ist die Behauptung, daß die Einführung der Gütergemeinschaft das Endziel menschlichen Fortschrittes sein müsse.

Mit der Darstellung der geschichtlichen Thatsachen verbindet Dinaros eine Schilderung der moralischen und religiösen Doctrinen; auf seine Weise führt er uns in die Ansichten der Gesetzgeber, Philosophen und hauptsächlichsten Schriftsteller alter und neuer Zeit ein, von Confucius, Zoroaster, Lycurg und Plato bis herab auf Cousin, Guizot, Villemain, Tocqueville und Andere. Wenn man ihn hört, sind alle Communisten. Es genügt, einige Zeilen zu Gunsten der Gleichheit und der Democratie geschrieben zu haben, um unter die Communisten gezählt zu werden; ja, Cabet scheut sich sogar nicht, Schriftsteller unter die Zahl der Anhänger der Gütergemeinschaft zu rechnen, die sie ausdrücklich bekämpft haben. Christus und seine Apostel, die Christen der ersten Jahrhunderte und die Kirchenväter werden auf diese Weise zu Communisten gestempelt, und gerade dies ist eine Lieblingsidee von Cabet. Er entwickelt sie in seiner Vorrede, an verschiedenen Stellen seines Werkes und behauptet schließlich, daß der Communismus das wahre Christenthum sei.

Die „Reise in Icarien" ist mit Ausnahme der inconsequenten Beibehaltung der Familie eine vollständige Darstellung der communistischen Ideen, sie zieht nur die Summe aller vorangegangenen Utopien, die den Fortschritten der Industrie und Politik unserer Zeiten angepaßt worden sind. Ihrem Verfasser kommt keinerlei Verdienst origineller Erfindung zu. Aber dies verlangt er auch nicht, er bemüht sich im Gegentheil, an die Vergangenheit anzuknüpfen und sich als den Verfechter einer uralten Tradition hinzustellen. Die einzige originale Schöpfung, die ihm eigenthümlich gehört, ist jene Uebergangsverfassung, welche eine große Nation vom

Eigenthum zur Gütergemeinschaft überzuführen bestimmt ist. Aber auch diese Verfassung ist nicht neu; man kann sie ohne Schwierigkeit in dem Ideal, das die ultrademocratischen Republicaner seit 1793 verfolgt haben, wiedererkennen. Cabet gebührt aber wenigstens die Ehre, ihren wahren Charakter erkannt und ihre letzten Consequenzen klar und offen der Welt gezeigt zu haben.

Was den Einfluß anbetrifft, den die „Reise in Icarien" auf die arbeitenden Classen ausgeübt hat, so glauben wir, daß dieser ein höchst bedeutender gewesen ist.

Ohne Zweifel gibt es unter den Bekennern des icarischen Communismus nur eine sehr geringe Anzahl, die aufrichtig und tief genug überzeugt sind, um jenseits des Oceans die Ausführung dieser Utopie zu versuchen; aber weit mehr würden sehr gern Frankreich zum Gegenstand ihrer Experimente machen und zeigen nicht übel Lust, in diesem die icarische Revolution in Scene zu setzen. Andere, vor der strengen Folgerichtigkeit des Verfassers zurückschreckend, möchten gern am Rande des communistischen Abgrundes stehen bleiben und sich mit jener vorübergehenden socialen Verfassung, die ihnen als eine definitive sehr günstig und annehmbar zu sein scheint, begnügen. Wie alle Bücher dieser Art, ist auch Cabet's Werk verhängnißvoll gewesen, nicht etwa durch die Zahl neuer Anhänger, die es dem Communismus geworben, sondern durch die gehässigen Gesinnungen und falschen Ideen, durch die vagen Hoffnungen und blinden Umsturzgelüste, die es in die Massen geworfen hat. Man muß indessen anerkennen, daß die Klarheit und Präcision seiner Lehren weit weniger gefährlich sind, als die vagen Angriffe jener unklaren Schriftsteller, die dasselbe Ziel verfolgen, ohne es zu wissen oder zu gestehen.

Capitel XVIII.

Louis Blanc. — Die Organisation der Arbeit.

In den Ereignissen und Lehren, die wir bis jetzt kennen lernten, haben wir den Communismus offen zu Tage treten sehen. Die Männer, die ihn im Leben zu verwirklichen suchten oder in ihren Schriften verherrlichten, gehen gerades Wegs und ohne Umschweife auf ihr Ziel los. Man weiß, was sie wollen und wohin sie trachten. Jene offenen Angriffe gegen die bestehende Gesellschaftsverfassung haben wenigstens das Verdienst der Ehrlichkeit; ist die Frage einmal klar formulirt, so können die Geister nicht überrascht werden, und die Gesellschaft, bei Zeiten gewarnt, kann die Gefahr bekämpfen oder beschwören.

Alle aber haben nicht dieselbe Ehrlichkeit und gleichen Freimuth gezeigt. Von der öffentlichen Meinung zurückgewiesen, als er sich offen zu zeigen wagte, hat sich der Communismus in trügerische Formen zu hüllen und durch sie eine gewisse Anzahl von Geistern zu verwirren gewußt. Es ist daher eine Pflicht, ihm seine Maske herabzureißen, seinen erborgten Namen zu nehmen und in seiner ganzen Nacktheit ihn der Welt zu entdecken.

Unter den Doctrinen, an deren Grunde sich der Communismus in verschleierten Ausdrücken verbirgt, bezeichnen wir an erster Stelle die eines Louis Blanc. Um die Identität der Theorien dieses Schriftstellers mit dem reinsten Communismus nachzuweisen, können wir nicht umhin, etwas näher auf dieselben einzugehen, und sie in der Kürze und mit wenigen Worten zu characterisiren.

Die vollständigste Darstellung des Systems Louis Blanc's findet sich in seinem Buche über die „Organisation der Arbeit". Seine Reden liefern hierzu nur leidenschaftliche Commentare, und seine übrigen Werke spiegeln nur in einer weniger bestimmten Form dieselbe Idee, dieselbe Tendenz wieder.

Zu Eingang seines Werkes ergeht sich Louis Blanc in einer

bittern Kritik über die bestehende Gesellschaftsverfassung, die er mit dem sterbenden Ludwig XI. vergleicht, der sich vergeblich bemühte, seinen Zügen den täuschenden Schein des Lebens zu erhalten. Er gefällt sich darin, vor den Augen des Lesers das Gemälde gewisser localer Uebelstände zu entrollen, und ihn mit den gehässigsten und widerwärtigsten Einzelheiten der Laster- und Verbrecherstatistik bekannt zu machen. Er liebt es, die Thatsachen zu übertreiben und zu entstellen, aus denen er diese düstere Mosaikarbeit zusammenstellt, und beeilt sich, die Verantwortlichkeit hierfür unseren socialen Zuständen zur Last zu legen. Man frage ihn nicht, ob nicht Elend und Unglück nur allzu oft die Folgen von Unbedachtsamkeit und Unsittlichkeit sind, man sage ihm nicht, daß Laster und Verbrechen nur die beklagenswerthen Resultate des Mißbrauchs sind, den der Mensch von seiner Freiheit macht, ein Mißbrauch, den keine Gesellschaft zu verhüten im Stande ist. Er antwortet uns mit Rousseau, daß Alles gut aus der Hand des Schöpfers hervorging, daß der Mensch allein das Werk des Allmächtigen verderbe; „denn", sagt er, „ohne Gott zu lästern, können wir nicht behaupten, daß die Menschen verdorben geboren sind; zuvörderst ist es unsere Pflicht, zu glauben, daß Gottes Werke gut sind und heilig. Versündigen wir uns nicht an ihm, um uns von der Schuld, sie verdorben zu haben, freizusprechen".

Was die moralische Freiheit des Menschen betrifft, so nimmt er seine Zuflucht zu dem Zweifel eines Montaigne: „ob die Freiheit des Menschen in der strengen Bedeutung des Wortes existirt, haben große Philosophen in Zweifel gezogen; stets findet man, daß sie bei den Armen den sonderbarsten Modificationen und Einschränkungen unterworfen ist".

Nicht der Mensch also ist für seine Fehler verantwortlich, sondern die Gesellschaft. „Man legt der Verderbtheit der menschlichen Natur", sagt er, „alle unsere Uebelstände zur Last, man müßte vielmehr die Fehlerhaftigkeit unserer socialen Einrichtungen anklagen." Diese Theorien, welche die Gäste des Bagno und die Candidaten des Schaffots mehr als einmal vor dem Forum der Schwurgerichte wiederholt haben, werden der Ausgangspunct und die Grundlage aller Operationen unsers Schriftstellers in seinem Feldzug gegen die Gesellschaft.

„Alle Laster und Verbrechen", sagt er, „haben nur eine Ursache, die Armuth, die Armuth selbst ist nur die Folge der Concurrenz." Louis Blanc bringt dann gegen die Concurrenz, die Maschinen und das Großkapital alle die Argumente wieder vor, die Sismondi in seinen „neuen Principien der Nationalöconomie" zusammengestellt hat, ohne indessen auf die bündigen Antworten, durch welche jene Argumente auf ihren wahren Werth zurückgeführt werden, Rücksicht zu nehmen. Nach seiner gewöhnlichen Art und Weise entwickelt der Verfasser mit Vorliebe die Schäden der Concurrenz, indem er ihre Vortheile verschweigt, und, anstatt die Mittel zu suchen, diesen Schäden vorzubeugen oder sie zu beseitigen, beeilt er sich, dem Princip selbst das Urtheil zu sprechen. Aber für ihn ist die Concurrenz nur eine der Manifestationen eines weit allgemeineren Factums, welches er den Individualismus nennt. Dieser Individualismus also ist es, den man zu bekämpfen und zu vernichten hat. Was ist aber der Individualismus, diese Quelle aller Leiden, welche die Erde bedrängen?

In dieser Hinsicht drückt sich der Verfasser nicht ganz klar aus, aber in der Folge seines Werkes zeigt es sich, daß mit diesem unbestimmten Ausdruck nichts Anderes gemeint ist, als das Princip des individuellen Eigenthums selbst.

Die hundert Seiten, welche Louis Blanc der Kritik unserer Gesellschaftsverfassung gewidmet hat, sind nur eine lange Umschreibung jener Worte Babeuf's:

„Obwohl es schlechte Subjecte gibt, die das Elend, in dem sie schmachten, ihren eigenen Lastern zuzuschreiben haben, so fehlt doch noch sehr viel, daß alle Unglücklichen in diese Classe geworfen werden könnten. Eine Unmasse Hand- und Fabrikarbeiter, die man nicht beklagt, lebt bei Wasser und Brod, damit ein schändlicher Wollüstling die Erbschaft eines unmenschlichen Vaters in Frieden genieße, damit ein Fabrikant, der über Millionen gebietet, zu geringeren Preisen die Stoffe und Kostbarkeiten in den Ländern abzusetzen vermag, welche diesem trägen Sybariten die Wohlgerüche Arabiens liefern und den Luxus von Asien. Und die schlechten Menschen selbst, würden sie es sein ohne die Laster und Thorheiten, zu denen unsere socialen Einrichtungen sie verleitet haben, die in ihnen nur die Folgen der Leidenschaften, deren Entwicklung sie selbst begünstigten, bestrafen?"

„Das Unglück der Knechtschaft stammt aus der Ungleichheit, die Ungleichheit aus dem Eigenthum. Das Eigenthum ist also die größte Geißel der Gesellschaft, ein wahres Verbrechen an der Menschheit."

Alle Angriffe Louis Blanc's finden sich in diesen Worten, nur mit größerer Schärfe, Klarheit und Offenheit, zusammengedrängt. Verurtheilung der Gesellschaft wegen der Laster und Verbrechen des Individuums, Leugnung der Verantwortlichkeit des Menschen, Ächtung der Industrie und des Eigenthums, nichts fehlt, nichts ist vergessen. Der Verfasser der „Organisation der Arbeit" hat weiter nichts gethan, als dieses Scelett mit nationalöconomischen Theorien und statistischen Notizen zu umkleiden, er hat dem Worte Eigenthum, das den Vortheil hat, den Gedanken klar und bestimmt zu begrenzen, den Individualismus substituirt, der ihn versteckt und verbirgt. Aber auf beiden Seiten ist der Sinn derselbe.

Louis Blanc offenbart uns sodann das Universalmittel, welches bestimmt ist, alle die Leiden, von denen er uns soeben eine so schreckliche Schilderung entworfen hat, zu heilen. Die Mittel, die er vorschlägt, sind aus ebenderselben Quelle geschöpft wie seine Kritik, nur ihr Ursprung und ihre Tendenz sind geschickt hinter Ausdrücken versteckt, die nur darauf berechnet sind, falsche Vorstellungen zu erwecken.

Der Verfasser macht zunächst darauf aufmerksam, daß der sociale Zustand, deren Grundlagen er zu entwickeln im Begriff sei, nur ein vorübergehender ist. Die Hauptsache würde demnach gewesen sein, uns mit dem definitiven socialen Zustand, dem er die Menschheit zuzuführen gedenkt, bekannt zu machen; aber was er davon sagt, ist hinreichend, um sein Stillschweigen ohne Schwierigkeiten ergänzen zu können. Zunächst einige Worte über die von ihm vorgeschlagenen Mittel:

„Die Regierung ist als die oberste Leiterin der Production zu betrachten und mit umfassenden Befugnissen, um ihre Aufgabe erfüllen zu können, ausgestattet."

Man sieht bereits den Despotismus zum Vorschein kommen, aber fahren wir fort:

„Die Regierung wird eine Anleihe machen, deren Ertrag zur Einrichtung socialer Werkstätten in den wichtigsten Zweigen der Nationalindustrie verwendet werden soll. Die zum Betrieb der Ateliers nothwendigen Capitalien werden vom Staat unentgeltlich und ohne Zinsen vorgeschossen, die Ateliers selbst der Herrschaft von Reglements, die das Ansehen und die Kraft von Gesetzen haben, unterstellt."

In jedem Zweige der Industrie haben die nationalen Fabriken die besondere Aufgabe, denen der Privatindustrie eine erdrückende Concurrenz zu machen, so daß diese in jenen aufzugehen sich genöthigt sehen. Auf diese Weise wird die Concurrenz durch die Concurrenz selbst aus der Welt geschafft, also eine Art socialer Homöopathie.

Die Capitalisten, welche ihre Gelder der nationalen Production zur Verfügung stellen, erhalten gesetzliche Zinsen, haben aber keinen Antheil am Gewinn. Alle nationalen Werkstätten eines und desselben Industriezweiges werden mit einander vereinigt und einer großen Centralwerkstatt untergeordnet. Die Werkmeister werden durch Wahl bestimmt und fungiren unter Oberaufsicht des Staats. Die Löhne sind gleich, und die offenbare Sparsamkeit und unbestreitbare Vortrefflichkeit des gemeinsamen Lebens werden sehr bald aus der Association der Arbeiten die freiwillige Association der Bedürfnisse und des Vergnügens entstehen lassen.

Der Ackerbau wird in derselben Weise organisirt. „Die Schädlichkeit der Erbfolge in der Seitenlinie", sagt der Verfasser, „ist allgemein anerkannt." Diese Erbfolge wird also abgeschafft, die auf diese Weise herrenlos gewordenen Werthe zum gemeinsamen und unveräußerlichen Eigenthum erklärt und der Verwaltung der nationalen Ateliers zur Verfügung gestellt.

Wie alle Ateliers einer und derselben Industriegattung solidarisch unter einander verbunden sind, wird man das System in der Weise vervollständigen, daß man auch unter den verschiedenen Industriezweigen die Solidarität als obersten Grundsatz festhält und durchführt.

Dies ist das System Louis Blanc's.

Versuchen wir, uns eine richtige Vorstellung von dem neuen,

wenn auch vorübergehenden socialen Zustand, der aus seiner Durchführung hervorgehen würde, zu machen.

Auf der einen Seite sehen wir in allen Zweigen der Industrie ein großes nationales Atelier, das, von seinen Filialen umgeben, eigens dazu bestimmt ist, durch methodische Concurrenz die Privatindustrie zu ruiniren, um schließlich sie unmöglich zu machen und aufzusaugen; auf der anderen Seite bemerken wir einen bedeutenden Domanialbesitz, der sich täglich vermehrt, von Staatswegen bewirthschaftet wird und der privaten Landwirthschaft dieselbe vernichtende Concurrenz bereitet. Alle diese unter einander vereinigten und verbundenen Ateliers mit ihrer Gleichheit der Löhne und ihrem gemeinschaftlichen Leben sollen eine ungeheure Genossenschaft bilden, die in ihrer Gesammtheit wie in ihren einzelnen Theilen von gewählten Vorstehern geleitet und gelenkt wird.

Daneben wird der Staat, die Regierung die sterbenden Reste der alten Gesellschaftsverfassung zu bewahren fortfahren und zu gleicher Zeit der Gesetzgeber und oberste Leiter der Werkstätten oder vielmehr der einen großen Nationalwerkstatt sein, eine Mission, zu deren Erfüllung er nach den eigenen Worten des Verfassers mit großen und umfassenden Machtbefugnissen ausgestattet sein muß.

Wir wollen uns nicht mit der Aufzählung alles dessen, was dieses Projekt Ungerechtes und Unpractisches enthält, aufhalten. Der alten Gesellschaft die Lasten einer Anleihe aufbürden, um unentgeltlich einige Arbeiter mit Capitalien auszurüsten, heißt das nicht ein ungeheuerliches Privileg zu Gunsten jener statuiren, heißt das nicht die Masse plündern, um einige Wenige zu bereichern? Die erdrückende Concurrenz, die der Privatindustrie mit diesen Capitalien bereitet wird, die gezwungene Abdankung derselben unter den von der Regierung beliebig festzusetzenden Bedingungen, ist das nicht die gehässigste aller Beraubungen? So findet sich also die Gewalt am Grunde des ganzen Systems, wie geschickt sie auch der Verfasser zu verbergen versucht, wie sanft und mild er auch den Uebergang von dem alten socialen Zustand zu dem neuen darzustellen sich bemüht hat. Endlich wird man zugestehen müssen, daß die Nationalateliers den Zweck, zu dem sie geschaffen sind, erfüllen, daß sie, anstatt von der Privatindustrie gefährdet zu sein, diese vielmehr vernichten und absorbiren. Doch alles dieses lassen wir bei Seite; kommen wir endlich zu dem definitiven socialen Zustand, zu dem uns Louis Blanc zu führen verspricht. Nun, von diesem kann man sich leicht eine Vorstellung machen: diese neue sociale Verfassung ist eben weiter nichts als eine Verallgemeinerung des nationalen Ateliers.

Die Privatindustrie wird vernichtet, alle Arbeitswerkzeuge, alle Capitalien von den nationalen Ateliers absorbirt, die nur die Verpflichtung haben, einem Theil der ehemaligen Besitzer eine bestimmte Entschädigung zu zahlen, wofern nicht die Regierung, von der ihr anvertrauten umfassenden Gewalt Gebrauch machend, jene gänzlich aufzuheben und niederzuschlagen für gut befinden sollte. Aller Grundbesitz, der Staatseigenthum geworden ist, wird von nationalen Genossenschaften ausgebeutet und bewirthschaftet, und alle Genossenschaften, industrielle wie landwirthschaftliche, sind unter einander auf's Engste und solidarisch verbunden, d. h. mit andern Worten, aller Grundbesitz, alle Capitalien werden zum Eigenthum einer ungeheuren nationalen Gemeinschaft erklärt.

Alle Bürger sind in Zukunft nichts weiter als Mitglieder einer Art von großer nationaler Productivassociation und haben als solche ihren Lohn zu erwarten und die Verpflichtung zum gemeinsamen Leben. Die Gleichheit der Löhne wird übrigens bald durch ein anderes Princip ersetzt werden, das uns als eines der Grundgesetze der definitiven Gesellschaftsverfassung bezeichnet wird: Jeder arbeitet nach seinen Kräften, jeder wird ausgestattet nach seinen Bedürfnissen. Diese Formel deutet ohne Zweifel darauf hin, daß die Vertheilung von Naturalien an Stelle der Lohnzahlungen treten soll. Am gemeinsamen Tische wird jeder nach seinem Hunger essen; und das soll dann die richtige und vollkommene Gleichheit sein.

Die Regierung, der Staat ferner, was wird er anders sein als die Macht, welcher in erster Linie die Leitung der nationalen Gemeinschaft obliegt? Den Staat kann man sich allerdings auch außerhalb dieser Gemeinschaft denken, so lange noch die alte Gesellschaft neben jener nationalen Genossenschaft besteht, oder so lange der Uebergangszustand dauert; ist aber die alte Gesellschaft einmal vernichtet und aufgelöst, so ist es offenbar, daß die Gemeinschaft, die aus der Vereinigung aller nationalen Ateliers hervorgeht, eben der Staat selbst, und die Verwaltung dieser Gemeinschaft die Regierung ist.

Aufsaugung also des Grundbesitzes und der Capitalien zu Gunsten der Gemeinschaft, Unterwerfung der Person unter die Herrschaft der absoluten Gleichheit und des gemeinsamen Lebens, ein unumschränktes Recht der obersten Beamten der Gemeinschaft, alle Arbeiten zu leiten, über alle Personen und Sachen zu verfügen; das ist das Endresultat des gepriesenen Systems. Was ist das aber Anderes, als der vollständigste und radicalste Communismus, der Communismus, der sich in dem „Manifest der Gleichen" ein Denkmal gesetzt hat?

Vielleicht wird man sagen, daß Louis Blanc, da er sich auf die Beseitigung der Erbfolge in der Seitenlinie beschränkte, aber die directe Erbfolge beibehielt, nicht zu den Anhängern der Gütergemeinschaft, welche die vollständige Abschaffung des Erbrechts voraussetzt, gezählt werden darf; aber der Verfasser der „Organisation der Arbeit" hat jeden Zweifel gehoben, wenn überhaupt noch ein Zweifel hierüber bestehen konnte. Indem er auf die gegen sein Werk gerichteten Einwände antwortete, hat er sich nicht gescheut, das Erbrecht förmlich zu verurtheilen und der Zukunft dessen Aufhebung zur Pflicht zu machen. Nur in Folge einer Inconsequenz, die, wie wir gesehen haben, sich häufig in den Annalen des theoretischen Communismus wiederholt, schmeichelt sich Louis Blanc, die Existenz der Familie mit der neuen Ordnung der Dinge zu versöhnen. „Die Familie", sagt er, „ist ein natürliches Factum, das in keiner Hypothese übersehen werden darf, während das Erbrecht auf socialem Uebereinkommen beruht, welches der Fortschritt der Gesellschaft wieder umzustoßen berechtigt ist. . . . Die Familie stammt von Gott, das Erbrecht von Menschen, die Familie ist göttlich, heilig, unsterblich, das Erbrecht ist bestimmt, demselben Geschick anheimzufallen wie die Gesellschaften, welche sich ändern, und wie die Menschen, die vergehen."

Was sind das endlich für Schriftsteller, auf welche sich Louis Blanc beruft, die Häupter der Schule, zu der er sich bekennt, als deren Schüler er sich betrachtet wissen will? Es sind Morus und Mably, die Coryphäen des Communismus. Sie überhäuft er mit Lobsprüchen, mit Vorliebe bespricht er ihre Schriften, sie stellt er vor Allem der sogenannten Schule des Individualismus entgegen. In ihnen sieht er des achtzehnten Jahrhunderts Repräsentanten jener unvergänglichen Tradition der Brüderlichkeit, die nach ihm durch die Jahrhunderte hindurch „von der platonischen Philosophie, vom Christenthum, von den Albigensern, Waldensern und Wiedertäufern bewahrt und überliefert worden ist". „Das sind jene edlen Vertheidiger des socialen Rechts", sagt er, „deren Lehren das Vorspiel waren zum zweiten Act der französischen Revolution." So nennt Louis Blanc jene blutigen Tage, welche am 31. Mai begannen und am 9. Thermidor zu Ende gingen. Wenn man ihn hört, so sollte man glauben, daß die Zukunft jenen Lehren gehört.

Die Tendenz des Systems Louis Blanc's ist den aufgeklärten Geistern nicht entgangen, obwohl man sich gescheut hat, es bei seinem wahren Namen zu nennen und nichts weiter in ihm als den reinsten Communismus zu sehen. „Der ganze Plan", sagt Lamartine, „läuft darauf hinaus, sich im Namen des Staats des Eigenthums und der Souveränität über Industrie und Arbeit zu bemächtigen, alle Freiheit des Willens zu unterdrücken, Producte zu erzeugen und an die Consumenten zu vertheilen, eine Taxe einzuführen, die Löhne zu regeln, den besitzenden und industriellen Staat in Allem an Stelle der geplünderten und beraubten Bürger zu setzen."

Mehrere andere Schriftsteller haben Louis Blanc denselben Vorwurf gemacht, und dieser ist noch so naiv, sie zu citiren. Aber merkwürdig genug weist er diesen Vorwurf mit unerschütterlicher Kaltblütigkeit zurück. Er giebt wohl zu, daß der Staat als alleiniger Fabrikant und mit der Verpflichtung, für den Bedarf des gesammten Privatconsums zu sorgen, der Last dieser ungeheuern Aufgabe unterliegen würde, daß man Gefahr laufe, am Ende eines solchen Systems die Tyrannei zu finden, die gewaltthätige Unterbrückung des Individuums unter der Maske des öffentlichen Wohls, den Verlust einer jeden Freiheit, kurz eine Art allgemeiner Erstickung, aber so etwas enthält sein Vorschlag nicht im Geringsten. Es handelt sich ganz einfach nur um Begründung bescheidener Nationalateliers, die, doch von vornherein dazu bestimmt, die Privatindustrie zu vernichten, unter der Feder des Schriftstellers, der auf diesen Einwand antwortet, zu etwas ganz Unschuldigem, Unbedeutendem und Unschädlichem werden. Nichts ist sonderbarer als jene Stellen, in denen der Verfasser in einem Satze verwirft, was er im vorhergehenden behauptet, und sich in Spitzfindigkeiten erschöpft, um einen

Unterschied zwischen Monopol und Alleinbetrieb der Industrie durch den Staat zu statuiren.

Aber das Mittel, wodurch Louis Blanc die Welt zu täuschen versucht, der Schlüssel zu seinen Ausflüchten und Trugschlüssen, ist leicht zu finden. Wenn man ihm die letzten Consequenzen seiner Principien entgegenhält, wenn man den socialen Zustand, welcher die Folge der Anwendung und Durchführung seines Systems sein würde, schildert, so beruft er sich auf den Uebergangszustand, in dem sein System nur ein theilweises und rudimentäres Dasein im Schoße der alten Gesellschaft zu führen habe; und dann kann er mit einem Anschein von Recht behaupten, daß der Staat von dem Nationalatelier verschieden ist und diesem Atelier ein eigenes und unabhängiges Leben zuschreiben. Aber einen Schluß ziehen wollen unter Voraussetzung der Coexistenz der alten Gesellschaftsverfassung und der nationalen Ateliers, unter der Voraussetzung eines nur vorübergehenden Gesellschaftszustandes, dies heißt den eigentlichen Streitpunkt verschieben. Denn wenn man ein System beurtheilen will, so muß man es im Augenblick seiner vollständigen Entwicklung, wo alle seine Consequenzen gezogen sind, betrachten, und nicht im Moment seiner Entstehung, seines Ursprungs. Nun, wir haben gezeigt, daß das nationale Atelier, wenn es nach dem Wunsch und Willen seines Erfinders alles Eigenthum, alles Capital, alle Industrie vernichtet und absorbirt hat, nothwendiger Weise mit dem Staate zusammenfallen muß und nichts Anderes sein kann als die nationale Gemeinschaft.

Die Gegner Louis Blanc's hatten es versäumt, dies Endresultat der nationalen Ateliers, diesen definitiven socialen Zustand von dem Dunkel, in dem er sie einzuhüllen sich gefallen hatte, zu befreien. Dank dieser Nachlässigkeit umging er den Einwand. Stellt man sich aber auf den Standpunkt der vollständigen Durchführung des Systems, so ist eine solche Taktik sofort unmöglich gemacht.

Die Identität der Lehre Louis Blanc's mit dem des Communismus wird noch deutlicher und auffallender, wenn man sein Buch mit den Schriften vergleicht, welche von Babeuf und seinen Parteigenossen veröffentlicht worden sind. Die nationalöconomischen Lehren, die philosophischen Ideen, die Details der Ausführung, ja die Ausdrücke selbst, Alles verdankt offenbar der Secte der „Gleichen" seinen Ursprung. Nach Babeuf gestaltet sich die Organisation der gemeinsamen und gleichen Arbeit folgendermaßen:

„Die Bürger einer jeden Gemeinde werden in Classen eingetheilt und ebensoviel Classen, als es Handwerke gibt, gebildet. Zu einer Classe gehören alle diejenigen, welche dasselbe Handwerk betreiben".

„Jede Classe hat ihre besonderen Vorsteher, die von den Mitgliedern erwählt werden. Die Vorsteher leiten die Arbeiten, wachen über die gleiche Vertheilung derselben, vollstrecken die Befehle und Anordnungen der städtischen Behörden und gehen durch Eifer und Thätigkeit einem Jeden mit gutem Beispiel voran."

„Die Dauer der Arbeitszeit ist für jede Jahreszeit durch Gesetz bestimmt."

„Bei den Arbeiten der Gemeinschaft werden Maschinen und diejenigen Methoden, welche die Arbeit zu vermindern geeignet sind, verwendet."

„Die Gemeindebehörden haben fortwährend ein wachsames Auge auf den Zustand der Arbeiter der verschiedenen Classen und den Gang der ihnen obliegenden Arbeiten; hierüber berichten sie regelmäßig an die oberste Verwaltung."

Das sind Zug für Zug die Nationalateliers Louis Blanc's.

Man wirft dem System der absoluten Gleichheit und der Gütergemeinschaft weiterhin vor, daß es jede Thätigkeit, jede productive Energie im Menschen ertödte, daß es durch Vernichtung des individuellen Interesses auch den einzigen Sporn industrieller Thätigkeit zerstöre.

Auch hier geben Babeuf und Louis Blanc dieselbe Antwort, nur dem Wortlaut nach verschieden: „daß in dem Collectivinteresse ein äußerst wirksamer Antrieb zu finden ist, daß z. B. unter dem Einfluß und durch das Collectivinteresse des Ruhms man Millionen von Menschen ohne Scheu und Bedenken den größten Gefahren, ja dem Tode selbst entgegeneilen gesehen, daß gerade solch' ein Gesammtgefühl die Allmacht des Catholicismus geschaffen, alle großen Einrichtungen ins Leben gerufen, zu allen großen Thaten, durch welche sich die Ueberlegenheit des menschlichen Willens documentirte, begeistert habe. Und wie will man uns überzeugen, daß es für immer unmöglich ist, jenes Gefühl, das man der Vernichtung und

Zerstörung so vollständig dienstbar zu machen gewußt hat, in den Dienst der Production und der Brüderlichkeit zu stellen?"

Vor Babeuf und Louis Blanc hatte Campanella auf denselben Einwand mit denselben Argumenten geantwortet, und Mably sich in seiner Vertheidigung des Communismus in ähnlicher Weise geäußert.

Es würde leicht sein, die Aehnlichkeit und Uebereinstimmung noch eingehender zu beweisen, die angeführten Stellen werden indessen genügen, um die Quellen, aus denen Louis Blanc den Inhalt, ja selbst die Form seiner nur allzu bekannten Theorien geschöpft hat, erkennen zu lassen. Diese so pomphaft der Welt verkündete Organisation der Arbeit, diese nationalen Ateliers, mit deren Hülfe die Concurrenz, wie die Lanze des Achill, die Wunden, die man sie anklagt, geschlagen zu haben, von selbst wieder heilen soll, jene Ersetzung des persönlichen Interesses durch das Bewußtsein der Pflicht, kurz alle jene vorgeblichen Entdeckungen, welche die Menschheit einer Glückseligkeit ohne Gleichen entgegenführen sollen, sind nichts als eine sclavische Reproduction der beklagenswerthen Schriften des Communismus, jener gehässigen Manifeste einer Verschwörung, die dem Abscheu und der Verachtung der Welt anheimgefallen ist. Der Kern des Systems ist unter einer glänzenden Form geschickt versteckt, dieselben Ideen sind nur mit neuen Worten und Wendungen umkleidet, und gewisse Aenderungen in der Art und Weise, die Gesellschaft zu plündern und zu berauben, vorgeschlagen. Babeuf nennt die Dinge bei ihrem Namen, er bekennt sich offen und ehrlich zum Communismus, er will die wirkliche und sofortige Vernichtung des Eigenthums und verfolgt es mit den Waffen in der Hand. Louis Blanc dagegen scheut sich, das Wort Gütergemeinschaft auszusprechen, er greift das Eigenthum nur aus dem Hinterhalte an und ohne es zu nennen; er nimmt sogar anscheinend schonende Rücksichten auf das Privatcapital. In seinem Buche hütet er sich wohl, zu Gewaltthätigkeiten aufzufordern, er will die Eigenthümer und Capitalisten vorsichtig und mit Muße zu Grunde richten, die Privatindustrie eines langsamen Todes sterben lassen und sie allein durch moralischen Zwang nöthigen, in den Nationalateliers aufzugehen.

Dank dieser Verkleidung ist es dem Communismus gelungen,

besonders unter den arbeitenden Klassen eine große Anzahl von
Geistern, die ihn von sich gewiesen hätten, wenn er in seiner wahren
Gestalt und mit offenem Antlitz aufgetreten wäre, zu verführen.
Selbst die Kritik hat sich täuschen lassen, oder vielmehr nachsichtig
und gütig hat sie versäumt, auf die wahren Tendenzen, auf den
Ursprung und den wahren Namen dieser neuen Irrlehren hinzu=
weisen. So ist es gekommen, daß die verhängnißvolle Maschine der
„Organisation der Arbeit" durch Ueberraschung und selbst unter dem
Schutze der Republik in die Mauern der Gesellschaft eingedrungen
ist, wo sie nicht verfehlt hat, ihren zerstörenden Einfluß zu ent=
falten und durch Vernichtung der Industrie, des Credits und der
socialen Ordnung die Absichten ihrer Urheber nur allzu gut zu
erfüllen.

Da ändert der siegende Communismus seine Sprache. Er
bedient sich nicht mehr jenes süßlichen und friedlichen Tones, den
er in der „Organisation der Arbeit" angeschlagen hat. Er nimmt
seine Maske herab und zeigt sich als treuer Anhänger der Tradi=
tionen eines Münzer, eines Johann von Leyden und Babeuf, und
von der Tribüne des Luxemburg läßt sein Organ nur Worte des
Hasses und der Gewaltthätigkeit erschallen. Louis Blanc erklärt,
„daß, müßte auch die Gesellschaft bis in ihre Grundvesten erschüttert
werden, er dennoch die Durchführung seiner Lehren verfolgen würde".
Er erinnert daran, daß er gegen jene verdammenswerthe sociale
Ordnung Hannibal's Schwur erneuert habe, und nach einem pa=
negyrischen Lobe der absoluten Freiheit läßt er jene inhaltsschweren
Worte fallen: „schmerzliche, aber nur zu gut begriffene Nothwendig=
keit, die Waffen zu ergreifen und Soldat zu werden".

Leider sind die Soldaten jener Lehre nicht fremd geblieben.
Der Communismus hat seinen traurigen Annalen ein neues Blatt
hinzugefügt. Babeuf hatte gesagt, jeder Widerstand wird sofort
durch Gewalt zu Boden geschlagen, die Widerstrebenden vernichtet.
Es ist den modernen Anhängern seiner Lehren vergönnt gewesen,
uns durch die That in jene Vernichtungspläne einzuweihen. Die
Menschheit hat mit Schaudern und Entsetzen Zerstörungsmittel an=
wenden sehen, die aus den Schlachten gesitteter Nationen verbannt
und unbekannt sind in bürgerlichen Kriegen. Weder der Ruhm des

Kriegers, noch die Würde des Priesters, noch der heilige Character des Parlamentärs, jene ewigen Gegenstände menschlicher Hochachtung, haben den Armen der Mörder Einhalt zu thun vermocht.

Jene Gräuel sind vollständig logische Handlungen auf Seiten der fanatischen Sectirer. Wenn man behauptet, daß die Gesellschaft auf der Verletzung aller Rechte, auf der gehässigsten Knechtschaft beruht, daß in materieller und moralischer Hinsicht ein verdammenswerthes System ihre Stütze und Grundlage ist, so ist es natürlich, daß die durch solche Worte verführten Menschen die Vertheidiger der Gesellschaft, die man ihnen mit den gehässigsten und schwärzesten Farben geschildert hat, als außerhalb des Gesetzes stehend betrachten. Um sie zu besiegen, um jene Gesellschaft zu stürzen, sind alle Mittel in ihren Augen erlaubt. „Wenn eine Religion", sagt Louis Blanc in seiner „Geschichte der französischen Revolution", „den Menschen ergreift, so will sie ihn ganz, sie ergreift ihn vollständig. Was können daher zwei Armeen gemein haben, die sich gegenüber stehen und sich bekämpfen, weil sie weder über ihre Rechte, noch ihre Pflichten, weder über die Dinge dieser Erde, welchen der Tod ein Ende setzt, noch über jene, zu denen er hinleitet, übereinstimmen?" Diese Worte, durch welche Louis Blanc die Schrecken der Bauernkriege des sechszehnten Jahrhunderts, die gleichwohl mehr socialer als religiöser Natur gewesen sind, zu rechtfertigen sucht, gelten mit gleicher Wahrheit von den blutigen Kämpfen, welche der Communismus in unsern Tagen hervorgerufen hat. Aber wenn auch die Gräuel der Julirevolution von 1848 ihre Erklärung in jener tiefen Verschiedenheit der Ueberzeugungen finden, in dem Fanatismus der Sectirer, die nichts mehr mit denen, die ihre Irrthümer nicht theilten, gemein zu haben glaubten, so muß doch die Verantwortlichkeit für sie vor Allem auf die Vertreter anarchischer Ideen zurückfallen, welche durch ihre aufreizenden Worte die Wuth jener mehr als bürgerlichen Kriege entflammten.

Capitel XIX.

Proudhon.

I.

Unter den modernen Schriftstellern, welche Verwirrung unter den Geistern angerichtet und die weniger gebildeten Classen der Gesellschaft verführt haben, hat wohl Niemand einen verhängnißvolleren Einfluß ausgeübt als Proudhon. Nach der allgemeinen Meinung ist er der erbittertste Feind des Eigenthums und einer der vornehmsten Wortführer des Communismus, der mit vollem Recht als die unvermeidliche Consequenz der Negation des Eigenthums betrachtet wird.

Proudhon ist es, dem die traurige Ehre gebührt, eine kurze und schlagende Maxime, aufgelesen aus dem Schlamme des achtzehnten Jahrhunderts, unter die Massen des Volks geschleudert zu haben, die die Devise und das Losungswort aller Gehässigkeit und aller Leidenschaft der antisocialen Parteien geworden ist. Die Massen, welche wenig lesen und denen seine Werke auch gar nicht verständlich sein würden, kennen von ihm blos jene verhängnißvolle Formel, auf die wir soeben hingedeutet haben.

Wir werden die öffentliche Meinung in diesem Puncte gewiß nicht bekämpfen. Ja, Proudhon ist der furchtbarste Vorkämpfer des Communismus und Socialismus, einer der Pathen jener democratischen und socialen Republik, die im Juni 1848 in Strömen von Blut ihre Taufe empfing. Unter allen Sophisten, welche das Urtheil der Menge zu verführen versuchten, ist Proudhon der Schuldigsten einer, weil er sich zum Verbündeten von Parteien machte, die er verachtete, und zum Vertheidiger von Lehren, von denen er nicht überzeugt war. Zu einer Zeit, wo man in ihm nur einen paradoxen und unruhigen Geist erblicken konnte, einen Nationalöconomen, welcher der Wissenschaft schwierige Probleme vorlegte, als er sich noch nicht von dem Weihrauch einer werthlosen Popularität hatte berauschen lassen und noch außerhalb des politischen Partei=

getriebes stand, hat Proudhon die Republik und die Democraten verhöhnt, den Socialismus gegeißelt, die Communisten bekriegt. Er hat erklärt, daß er der Ohnmacht der Republicaner den bestehenden Zustand der Dinge vorziehen würde, den Albernheiten des Socialismus die englische Socialpolitik, den Schändlichkeiten des Communismus — wer sollte es glauben — das Eigenthum.... Und jetzt ist Proudhon Republicaner, Democrat und Socialist, er opfert den Götzen, die er ehemals verhöhnt. Jedermann spricht von Proudhon, wenige nur haben seine Werke gelesen. Wir halten es deshalb für geboten, sie in der Kürze hier zu besprechen, und den Leser mit jenem seltsamen Geiste auf allen Stufen seiner Entwicklung bekannt zu machen. Auch finden wir bei der Ausführung dieser Aufgabe hinlänglich Gelegenheit, die Lehren des Socialismus und Communismus und Proudhon's Ansichten zu widerlegen, ohne aus unserer historischen Rolle herauszutreten. Um Proudhon zu antworten, kann man in der That nichts Besseres thun, als Proudhon selbst citiren.

Das erste Werk dieses Schriftstellers, dem er seinen Ruf verdankt, ist eine Abhandlung, die er im Jahre 1840 unter dem Titel: „Was ist das Eigenthum?" veröffentlichte. Auf diese Frage gab er die berüchtigte Antwort: „Eigenthum ist Diebstahl". Proudhon fordert für diesen Satz das große Verdienst der Originalität, und das Publicum hat es ihm auf sein Wort geglaubt. Und wie sollte man auch zweifeln, daß die Ehre der Erfindung einem Manne gehört, der selbst von sich sagt: „Die Definition des Eigenthums gehört mir, und all' mein Ehrgeiz ist, zu beweisen, daß ich den Sinn und die Tragweite derselben richtig erkannt habe. Eigenthum ist Diebstahl! In tausend Jahren werden nicht zwei solche Worte gesprochen wie diese. Ich habe kein anderes Gut auf dieser Welt, als diese Definition des Eigenthums, aber sie ist mir werther und theurer als die Millionen Rothschild's, und ich wage zu behaupten, daß sie das wichtigste Ereigniß ist unter der Regierung Louis Philipp's."

Leider gehört Ihnen diese Definition des Eigenthums nicht, Herr Proudhon. Sechzig Jahre vor Ihnen hatte schon Brissot gesagt: Das ausschließliche Eigenthum ist ein Diebstahl in der Natur, wozu er gleichsam ergänzend hinzufügte: Der Eigenthümer ist ein

Dieb. Diese saubern Maximen finden sich in den „philosophischen Untersuchungen über das Eigenthumsrecht und den Diebstahl" formulirt und entwickelt.

Sind etwa die Gründe, auf welche Proudhon seine Behauptungen stützt, neuer als die Behauptungen selbst? Keineswegs. Es sind im Grunde stets dieselben Argumente, welche seit Plato, Morus und Münzer sich durch die Werke der Widersacher des Eigenthums hindurchschleppen; Proudhon fügt den Beweisen eines Morelly, eines Diderot und Mably, eines Brissot und Babeuf nichts Neues hinzu.

Zunächst muß man die Argumentation unseres Autors von den zahlreichen Abschweifungen, Beispielen und Erörterungen frei machen, unter denen er seine logischen Gaukelkünste zu verbergen versteht. Man muß seine Ideen auf ihren einfachsten Ausdruck zurückführen, um ihre Neuheit und Richtigkeit zu prüfen. Proudhon gilt für einen großen Dialectiker, und in vieler Hinsicht verdient er seinen Ruf; aber er ist weit mehr Logiker in den Details als im Ganzen, mehr in der Ausführung als in den Principien. Aber gerade in den Principien verbirgt sich der Ursprung der Meinungsverschiedenheiten und die Quelle der Sophismen. Es ist mit dem Raisonnement wie mit der Algebra: Alles kommt auf die richtige Stellung der Aufgabe an. Nichts ist aber confuser und verworrener, als die Art und Weise Proudhon's, seine Probleme aufzustellen und seine Prämissen durchzuführen. Er ergeht sich in endlosen Allgemeinheiten, macht Excursionen in das Gebiet der Metaphysik, der Psychologie, der Theodicee, des positiven Rechts, der Philologie, der Geschichte und selbst der Mathematik. Wenn dann der Geist des Lesers durch diese rapide Aufeinanderfolge heterogener Ideen genugsam geblendet ist, formulirt Proudhon geschickt seine Frage, so daß sein Ausspruch schon die Lösung enthält, welche er wünscht. Im Fluge kündigt er seine Principien an, läßt sie einen Augenblick vor unsern Augen sich spiegeln und schleppt uns dann athemlos in dem Labyrinthe seiner Dialectik herum.

In seiner ersten Abhandlung über das Eigenthum beginnt Proudhon z. B. mit der Darstellung seiner Methode. Hierauf kommen Bemerkungen über die allgemeinen Gesetze des Geistes, die Kategorien Kant's und Aristoteles', die kategorischen und irrigen Formen, welche die Gewohnheit unserem Geiste eindrückt. Unter diesen veralteten Vorurtheilen führt der Verfasser die Ansichten des Alterthums über die Schwerkraft an und benutzt sie als ein Argument, um die Autorität des Gemeinverstandes zu erschüttern, dann geht er geschickt zur Kritik des Einflusses der Religion auf den gegenwärtigen Zustand der Menschheit über, berührt im Vorbeigehen die Erbsünde, fragt sich, worin die Gerechtigkeit besteht, und beleuchtet diese Frage an der Hand der Geschichte, um endlich durch Heidenthum, Christenthum und französische Revolution zu beweisen, daß der Begriff der Gerechtigkeit sich fortschreitend entwickelt und ohne Unterlaß im Geiste des Menschen vervollkommnet hat.

Diese Darstellung wird noch verwickelter durch Abhandlungen über Souveränität und bürgerliche Gleichheit, über den Despotismus der Könige und der Majoritäten, und erst nach diesen langen Umschweifen kommt der Verfasser beim Eigenthum an.

„Die drei Grundprincipien der modernen Gesellschaft", sagt er, „sind erstens Souveränität des menschlichen Willens, mit einem Worte, der Despotismus, sei es eines Einzigen oder Aller, dann die Ungleichheit des Vermögens, endlich das Eigenthum. Ueber diesen Principien schwebt die Gerechtigkeit, das allgemeine, ursprüngliche und kategorische Gesetz jeder Gesellschaft. Ist aber der Despotismus, die Ungleichheit an und für sich gerecht? Nein, aber sie sind die nothwendigen Consequenzen des Eigenthums."

Die Grundfrage ist also diese: ist das Eigenthum gerecht? Nein, das Eigenthum ist nicht gerecht, antwortet Proudhon; denn die Gerechtigkeit besteht in der Gleichheit. Und dieses ist so wahr, daß alle Untersuchungen, die man zur Vertheidigung des Eigenthums angestellt hat, wie sie auch beschaffen sein mögen, jederzeit und nothwendig bei der Gleichheit ankommen, d. h. bei der Negation des Eigenthums. Als Grundlagen des Eigenthums führt man zwei an, Occupation und Arbeit, aber beide sind gleich schwach und hinfällig:

1. Denn das Recht, zu occupiren, ist ein gleiches für Alle. Da das Maß der Occupation vom Willen nicht abhängt, sondern von den veränderlichen Bedingungen des Raums und der Zahl, so kann sich auf diese Weise kein Eigenthum bilden.

2. Der Mensch kann nicht leben, ohne zu arbeiten. Er kann nur arbeiten, wenn ihm die nöthigen Arbeitswerkzeuge zur Ver-

fügung stehen. Alle haben nun ein gleiches Recht auf den Besitz der Werkzeuge, folglich können diese Werkzeuge niemals Gegenstand eines ausschließlichen Eigenthums sein.

Ohne Zweifel spielt Proudhon auf diese Theorie an, wenn er in einer seiner Reden behauptet, daß das Recht auf Arbeit implicite auch die Vernichtung des Eigenthums enthalte.

Proudhon fügt zu diesen Argumenten noch eine Menge von Behauptungen hinzu, die indessen auf keinerlei Grundlage ruhen und nur eine fortlaufende petitio principii sind. So behauptet er z. B., daß der Arbeiter selbst nach Empfang seines Lohnes immer noch ein natürliches Eigenthumsrecht an der von ihm producirten Sache besitze. Die Gründe, welche er für diese bizarre Behauptung anführt, sind höchst sonderbarer Natur. Zweihundert Arbeiter, sagt er, welche einen Tag lang arbeiten, produciren zusammen mehr als ein Mensch bei einer Arbeit von zweihundert Tagen. Diese ungeheure Kraft, welche aus der Vereinigung und Harmonie der Arbeiter und der Gleichzeitigkeit ihrer Anstrengungen resultirt, hat der Capitalist, welcher die zweihundert Arbeiter verwendete, nicht bezahlt. Diese Gesammtkraft ist es aber gerade, welche die productiven Werthe erzeugt, und diese unversiegliche Quelle der Thätigkeit, diese Vorbedingung der Bildung von Productionscapitalien und Instrumenten verdankt der Capitalist allein dem Arbeiter, dem er sie niemals vergütet. Dies betrügerische Verfahren ist der Grund der Armuth des Arbeiters, des Luxus des Müssiggängers und der Ungleichheit des Vermögens.

Diese sonderbare Theorie findet sich übrigens nicht blos bei Proudhon allein, sie wird von der Mehrzahl aller Socialisten gelehrt und bekannt. Aber wie kommt es, daß sie nicht sehen, daß diese Theorie gegen sie spricht? Ist diese Gesammtkraft, welche sie von der Summe der Anstrengungen jedes einzelnen Arbeiters unterscheiden, etwas Anderes als eine Manifestation der productiven Macht des Capitals, welches eine Menge Arbeiter, deren Arbeit einzeln genommen ohnmächtig gewesen sein würde, zu gemeinsamer und gleichzeitiger Thätigkeit zu vereinigen gestattet? Und was ist dieses Capital anders, als das Product einer früheren Arbeit, welches die Sparsamkeit des Eigenthümers im Laufe der Zeit gesammelt, wie das Schwungrad der Maschine den Ueberschuß mechanischer

Kraft in sich aufnimmt und bewahrt? Wird aber die an sich so problematische und zweifelhafte Unterscheidung der Socialisten zugegeben, was ist da gerechter, als daß auch der Vortheil dieser Gesammtkraft dem Schöpfer des Capitals zu Theil wird, dem sie ihr Dasein verdankt?

Proudhon behauptet ferner, daß der Lohn für alle Arbeiten von gleicher Zeitdauer auch gleich sein müsse. Die Gründe aber, mit denen er diesen Satz zu stützen versucht, sind zum großen Theil geradezu unverständlich. Sie reduciren sich ungefähr auf folgende Sätze: in einer Gesellschaft, deren Mitglieder alle ihre Kräfte zu gemeinsamen Arbeiten anspornen, ist es eine Forderung der Gerechtigkeit, daß auch das Product an alle in gleicher Weise vertheilt wird; denn da das Material beschränkt ist, und kein Mitglied von der Arbeit ausgeschlossen werden darf, so muß nothwendiger Weise die Totalsumme der Arbeit durch die Anzahl der Arbeiter dividirt werden. Ich muß den Leser um Verzeihung bitten, daß ich ihm diese kabalistische Formel nicht etwas klarer und verständlicher zu machen im Stande bin. Proudhon fügt hinzu, daß die Ungleichheit der Fähigkeiten die nothwendige Vorbedingung der Gleichheit des Vermögens ist. Die Ungleichheit der Fähigkeiten hat in der That nur Verschiedenheiten der Leistungen und der Geschicklichkeit zur Folge, woraus sich das Gesetz der Specialität des Berufes von selbst ergibt, aber alle Leistungen, alle Berufsarten haben trotz ihrer Verschiedenheit einen gleichen Werth.

Durch solche Argumente sucht Proudhon die Frage vom Standpunkte des Rechts und der Philosophie zu entscheiden. Sie sind sämmtlich mit juristischen Entscheidungen des jus ad rem und des jus in re durchflochten, mit Citaten aus den Digesten ausstaffirt, und mit bissigen Ausfällen gegen Besitzer und Eigenthümer gewürzt. Wenn man diese Paralogismen, die nicht einen Augenblick vor der Kritik bestehen können, jene scholastischen Sophistereien, in denen die Ideen sich nur scheinbar und durch Worte verknüpfen, liest, so begreift man schwer die Lobsprüche, welche einige Nationalökonomen dem Feinde des Eigenthums gespendet haben. Ohne Zweifel haben sich diese wohlwollenden Gegner durch das juristische Kauderwälsch und die syllogistischen Spitzfindigkeiten Proudhon's hintergehen lassen.

Ist man aber mit Recht und Philosophie vertraut, so kann

man sich nicht genug verwundern, daß der Ruf eines großen Denkers sich so wohlfeil erwerben ließ. Alles Raisonnement Proudhon's, wenn man seine Erörterungen überhaupt Raisonnement zu nennen berechtigt ist, beruht auf jenem von ihm aufgestellten Satze: eine gerechte Vertheilung ist nur eine gleiche. Diesen Satz leugne ich, und die ganze Menschheit leugnet ihn mit mir. Eine gerechte Vertheilung kann nur immer eine proportionale sein, niemals eine gleiche; denn in moralischer und materieller Beziehung besteht die Gleichheit darin, Jedem nach seinen Werken und seinen Verdiensten zu vergelten. Diese Idee ist ein Stammbegriff unseres Verstandes, den keine Sophistik zu zerstören im Stande ist.

Proudhon steht mit der allgemeinen Ueberzeugung der Menschheit nicht weniger in Widerspruch, wenn er den Begriff des Eigenthums dem der Gerechtigkeit als nachfolgend und untergeordnet bezeichnet. Der Begriff des Eigenthums ist in öconomischer und materieller Hinsicht dem der Gerechtigkeit voraufgehend oder mindestens gleichzeitig, der eine ist ebenso primitiv wie der andere. Und dies ist so wahr, daß man keine Definition der Gerechtigkeit in ihrer Anwendung auf materielle Interessen zu finden im Stande ist. welche die Idee des Eigenthums nicht zum Ausdruck brächte oder voraussetzte.

Wenn Proudhon ferner behauptet, daß die Occupation ausschließliches Eigenthum nicht verleihen könne, weil alle Menschen ein gleiches Recht, zu occupiren, hätten, so verwechselt er hier das Recht und die Ausübung des Rechtes. Daß alle Menschen ein gleiches Recht haben, zu occupiren, in dem Sinne, daß Alle die gleiche Fähigkeit besitzen, dieses Recht auszuüben, wenn sich herrenlose und freie Sachen vorfinden, das ist unbestreitbar. Aber das heißt doch nicht, daß ein Mensch das Recht haben soll, diejenigen aus dem Besitze zu werfen, die vor ihm occupirten, zumal wenn die von ihnen besessenen Sachen die Frucht ihrer Thätigkeit, Arbeit und Sparsamkeit sind.

Man sieht, die Argumente Proudhon's sind weiter nichts, als eine Reproduction jener falschen und unhaltbaren Theorie der absoluten Gleichheit, ewiger Gegenstand der Declamationen der Demagogen, die, von den Sophisten des 18. Jahrhunderts wiederholt, zum Ausgangspunkt aller communistischen Utopien geworden ist.

Nur die Form ist neu, und sicherlich wird man nicht behaupten wollen, besser als ihre Vorgänger; denn was philosophische Methode, Ordnung und Klarheit der Deduction betrifft, hinsichtlich der Kraft, Einfachheit und Eleganz des Styls, kann Proudhon weder mit Diderot, noch mit Mably und Brissot, und noch viel weniger mit einem Rousseau verglichen werden.

Proudhon genügt es indessen nicht, die Ungerechtigkeit des Eigenthums behauptet zu haben, er will auch seine Unmöglichkeit beweisen, und diese Unmöglichkeit des Eigenthums sucht er durch Nationalöconomie, Physik, Metaphysik, Logarithmen und Algebra zu erhärten. Das Eigenthum, sagt er, ist nur eine Art von Heimfallrecht; es ist unmöglich, weil es von Nichts etwas fordert, es ist unmöglich, weil da, wo es besteht, die Production mehr kostet als sie einbringt, weil durch das Eigenthum die Gesellschaft sich selbst verzehrt. Diese Sätze versucht nun der Verfasser durch Lehrsätze, Theoreme, Folgerungen und Scholien zu beweisen. Er häuft Zahlen auf Zahlen, Sophismen auf Sophismen, vermengt die disparatesten Begriffe mit einander, nur um den Leser zu blenden und zu verwirren, denn Proudhon weiß sehr wohl, daß Viele, je weniger sie verstehen und begreifen, um so mehr zum Glauben und Bewundern geneigt sind.

Die einzige klare und bestimmte Idee, welche aus all' diesen angeblichen Beweisen hervorgeht, ist, daß Proudhon einen gewaltigen Widerwillen gegen Pacht, Miethe und Zinsnehmen hat, worin in seinen Augen der Wucher und das Princip der Beraubung und Erpressung besteht. „Denn gerade durch Zinsnehmen", sagt er, „durch Pacht und Miethe äußert das Eigenthum seinen verzehrenden Einfluß auf die arbeitenden Classen und vernichtet am Ende sich selbst. Hier liegt die Hauptursache des Pauperismus, jenes Aussatzes der Gesellschaft, den man vergeblich auszurotten versuchen wird, so lange das Eigenthum besteht."

Wir wollen hierauf nur mit wenigen Worten antworten. Die Miethe ist einer jener Ur- und Grundverträge, die die Natur selbst hervorgebracht, welche sich bei allen Völkern und zu allen Zeiten vorfindet, sie ist eine unvermeidliche und nothwendige Manifestation der menschlichen Freiheit. Ein Mensch, welcher eine Sache besitzt, kann sie für sich behalten oder sie vernichten. Anstatt so zu handeln, entschließt er sich, sie einem Andern zum zeitweisen Gebrauch zu überlassen, unter der Bedingung, einen Theil des Gewinns, welchen der Empfänger aus dem Gebrauch und der Benutzung derselben erzielt, zu erhalten, und Jeder findet dabei seinen Vortheil. Man mag so viel Gründe anführen, als man will, niemals wird man Jemand überzeugen, daß eine solche Vereinbarung ein unmoralischer, strafbarer und für die Gesellschaft gefährlicher Act sei. Vergebens wird man Verbote und Strafen festsetzen, die menschliche Freiheit wird sie jederzeit zu umgehen wissen, der Versuch ist oft genug gemacht worden, aber immer vergebens. Man erinnere sich an die Verordnungen des kanonischen Rechts zur Zeit der Allmacht der Kirche und an die Gesetze des Mittelalters gegen die Juden. Alle diese Hindernisse, welche sich der Ausübung des natürlichen Rechts entgegenstellten, haben nur dazu gedient, die Production zu verhindern, Verwirrung in allen gesellschaftlichen Beziehungen anzurichten und den Entleihern lästigere Verpflichtungen aufzuerlegen ohne Vortheil für irgend eine Person. Diese alte Frage des Leihens auf Zinsen ist schon längst entschieden und abgethan. Aber das ist gerade das Eigenthümliche des Communismus, alle jene Irrthümer wieder zu sammeln und zu wiederholen, welche der gesunde Menschenverstand schon lange als solche verurtheilt hat.

An diese öconomischen und mathematischen Betrachtungen knüpfen sich dann die obligaten Declamationen über Concurrenz und Pauperismus, über Malthus und das Princip der Bevölkerung, über moralischen Zwang u. s. w. . . . Das Ganze wird gekrönt durch bissige und höchst ergötzliche Satiren auf den Eigenthümer, „jenes wesentlich begehrliche Ding ohne Tugend und Scham, . . . jenen Geier, der, in den Lüften schwebend, auf seine Beute lauert, jeden Augenblick bereit, herabzustoßen und sie zu verschlingen, . . . jenen Löwen, der alle Antheile für sich behält und vorweg nimmt u. s. w." Nach einem Lobe auf die absolute Gleichheit feiert Proudhon endlich mit einem Jubellied die Niederlage des Eigenthums. „Ich habe das Werk vollbracht, das ich mir vorgenommen, das Eigenthum ist besiegt, es wird sich niemals wieder erheben. Ueberall, wo dieses Werk gelesen und verbreitet wird, wird auch der Todeskeim des Eigenthums gepflanzt; dort wird früher oder später Privileg und

Knechtschaft verschwinden. Auf den Despotismus des Willens wird das Reich der Vernunft folgen."

Das ist es also, was Proudhon wollte. Das Eigenthum ist noch nicht zu Grabe getragen, aber, was eben so viel ist, es ist zu Tode verwundet. Wodurch will es aber Proudhon ersetzen? Hier verdoppelt sich seine Dunkelheit und Unverständlichkeit.

Proudhon erklärt, daß die absolute Gleichheit aller Verhältnisse das oberste Gesetz der Menschheit sei; sie ist sociales, zwingendes Recht; Achtung, Freundschaft, Dankbarkeit, Bewunderung fallen allein unter das billige oder proportionale Recht. Auf der andern Seite behauptet er, daß Niemand sich die Früchte seiner Sparsamkeit aneignen, Niemand sich Capitalien schaffen und deren ausschließlichen Genuß beanspruchen könne, denn alles Capital gehöre der Gesellschaft.

Gut, wird man sagen, Proudhon ist Communist. Keineswegs. Der Haß Proudhon's gegen das Eigenthum wird nur noch von seinem Abscheu vor dem Communismus übertroffen.

„Ich darf nicht verschweigen", sagt er, „daß man außer dem Eigenthum und der Gütergemeinschaft keine andere Gesellschaftsordnung für möglich gehalten hat. Dieser ewig beklagenswerthe Irrthum hat dem Eigenthum sein Dasein gefristet. Die Unzuträglichkeiten der Gütergemeinschaft sind so offenbar, daß die Kritiker keine große Beredtsamkeit aufzuwenden hatten, um sie den Menschen zu verleiden. Die Ungerechtigkeit und Gewalt, die sie den Sympathien und Antipathien des Einzelnen anthut, das eiserne Joch, welches sie dem Willen auferlegt, der moralische Zwang, durch den sie das Gewissen knechtet, die Erschlaffung, in welche sie die Gesellschaft versenkt, und, um nichts zu verschweigen, die trostlose Einförmigkeit, durch die sie die freie und thätige Persönlichkeit des Menschen lähmt und ermattet, haben die Menschen aufs Tiefste empört und der Gütergemeinschaft unwiderruflich das Todesurtheil gesprochen."

Wie soll aber die neue Gesellschaftsordnung beschaffen sein, die gleich weit vom Eigenthum und der Gütergemeinschaft entfernt ist?

Proudhon, welcher mit den Spitzfindigkeiten der Scholastik die Unverständlichkeit der deutschen Metaphysik vereinigt, antwortet: „Nach Kant und Hegel verfährt der menschliche Geist in der Weise, daß er sich nach und nach zuerst eine positive Idee bildet, dann eine negative, die der ersten entgegengesetzt ist. Das ist die These und Antithese. Weder die eine noch die andere dieser Ideen ist vollständig wahr, die Wahrheit findet sich vielmehr in einem dritten, höheren Begriff, welcher die beiden andern versöhnt, mit einem Worte in der Synthese. In der Reihenfolge der socialen Ideen ist das Eigenthum die These, die Gütergemeinschaft, als Negation des Eigenthums, die Antithese. Die Synthese, als dritte Form der Gesellschaft, ist die Freiheit."

„Unter der Herrschaft dieser neuen socialen Form tritt der Besitz an die Stelle des Eigenthums. Er hat weder das Unzuträgliche der Gütergemeinschaft, weil er individuell ist, noch das Schädliche des Eigenthums, weil er Pacht und Capitalzinsen ausschließt, d. h. den Wucher, die Quelle aller Betrügereien und Räubereien der Eigenthümer. Auch sichert er endlich der Gleichheit das ihr zukommende Recht."

Ich verstehe, wird man sagen, Proudhon will die gleiche Vertheilung aller Güter. Jeder wird für sich auf den Ländereien und mit den Werkzeugen, die ihm zur Verfügung gestellt sind, arbeiten. Diese Grundstücke und Werkzeuge werden aber nur auf Lebenszeit benutzt und fallen nach dem Tode ihres Inhabers an die gemeinsame Masse zurück, die Sorge tragen wird, sie auch in der Zukunft in gleichmäßiger Weise zu vertheilen. Mit einem Worte, Proudhon will ein Agrargesetz, das Verbot der Pacht und Miethe und des Leihens auf Zinsen, er verlangt die Abschaffung des Erbrechts und für den Staat, als alleinigen Eigenthümer, das ausschließliche Recht, über alle Güter und alles Vermögen zu verfügen.

Aber hierin irrt man sich. Proudhon leugnet zwar das Eigenthum, behält aber das Erbrecht bei. „Die Freiheit", sagte er, „ist dem Erb- und Testirrecht nicht zuwider, sie wacht nur darüber, daß die Gleichheit nicht verletzt wird. Wählet, ruft sie uns zu, zwischen zwei Erbschaften, nur häuft sie nicht zusammen."

Was den Staat und die Regierung betrifft, deren Intervention nothwendig erscheint, um die Werkzeuge zu vertheilen und die Gleichheit zu bewahren, so denkt sich Proudhon die Sache folgendermaßen:

„Welcher Regierungsform werden wir nun den Vorzug geben? -- Könnt ihr da noch fragen, antwortet ohne Zweifel einer meiner jüngeren Leser: ihr seid Republicaner? — Republicaner, ja. Aber

dies Wort sagt nichts Bestimmtes. Res publica bedeutet öffentliche Angelegenheit; jeder also, der sein Streben auf öffentliche Angelegenheiten richtet, kann sich Republicaner nennen. Auch die Könige sind hiernach Republicaner. — Nun gut, ihr seit Democrat? Nein. — O! Ich seid doch nicht monarchisch gesinnt? Nein. — Constitutionell? Behüte Gott! — Ihr seid also Aristocrat? Nicht im Geringsten. — Ihr wollt eine gemischte Regierung? Noch viel weniger. — Nun, was seid ihr denn? — Ich bin Anarchist!" —
„Anarchie, Abwesenheit des Herrn, des Souverain, das ist die Regierungsform, der wir uns täglich mehr und mehr nähern, die uns nur eine veraltete Gewohnheit, den Menschen zur Regel und seinen Willen zum Gesetz zu nehmen, als den Ausdruck der höchsten Unordnung und als Bezeichnung des Chaos betrachten läßt. . . . Alles, was Gegenstand der Gesetzgebung und der Politik ist, ist Gegenstand der Wissenschaft, nicht der Meinung; die gesetzgebende Gewalt gehört nur der Vernunft. . . . Die Wissenschaft der Verwaltung gehört von Rechtswegen in eine der Abtheilungen der Academie der Wissenschaften, deren ständiger Secretair nothwendiger Weise Premierminister wird; und da jeder Bürger das Recht hat, bei der Academie eine Denkschrift einzureichen, so ist auch jeder Bürger Gesetzgeber. . . . Das Volk ist Wächter des Gesetzes, das Volk ist die Executivgewalt."

Unter der wohlthätigen Herrschaft der Anarchie „ist die Freiheit wesentlich organisirend. Um die Gleichheit unter den Menschen zu bewahren und das Gleichgewicht unter den Nationen zu erhalten, ist es nothwendig, Ackerbau und Industrie, die Mittelpunkte der Erziehung, des Handels und Verkehrs nach den geographischen und klimatischen Verhältnissen eines jeden Landes, nach der Art seiner Producte, dem Character und den natürlichen Anlagen seiner Einwohner u. s. w. zu vertheilen, und zwar in so richtiger und wohlberechneter Weise, daß an keinem Orte Ueberfluß oder Mangel an Bewohnern, an Bedürfnissen und Producten zu Tage tritt. Hier beginnt die Wissenschaft des öffentlichen und privaten Rechts, die wahre Nationalöconomie. An den Rechtsgelehrten ist es nunmehr, sich von dem falschen Princip des Eigenthums loszusagen, die neuen Gesetze aufzuschreiben und die Welt zu beruhigen. An Gelehrsamkeit und Genie fehlt es ihnen nicht, der Ausgangspunct ist ihnen gegeben."

Das ist in der That eine sehr bequeme Art, sich aus der Sache zu ziehen. Proudhon schiebt die Aufgabe, die neue Gesellschaft zu organisiren, den Rechtsgelehrten zu, und, man sehe die Schmeichelei, er gesteht den Leuten Genie und Gelehrsamkeit zu, die er bisher nur angeklagt hat, die Kunstgriffe der Eigenthümer gesammelt und den Diebstahl zum Gesetz erhoben zu haben.

Ist es nöthig, auf solche Verirrungen zu antworten? Genügt es nicht vollkommen, sie anzuführen, sie von dem Beiwerk, das sie verhüllt und versteckt, zu befreien, um ihre Verschrobenheit und Werthlosigkeit nachzuweisen? Wird dieser Besitz, den Proudhon verheißt, der Veräußerung fähig sein oder nicht? Wenn er veräußerlich ist, so ist er nichts Anderes, als das Eigenthum, wie es gegenwärtig existirt, und Proudhon schmeichelt sich vergebens, das Leihen auf Zinsen und Verpachten geächtet zu haben: es würde sich unter der Form des Kaufs und Verkaufs zu verbergen wissen. Um dies zu verhindern, müßte man die Unveräußerlichkeit des Grundbesitzes und der beweglichen Werthe ganz allgemein statuiren. Ist aber dieser Besitz ohne die Befugniß, über ihn zu verfügen, ich will nicht sagen möglich, sondern überhaupt nur denkbar? Wie will eine Gesellschaft in aller Welt unter einer Verfassung bestehen, die einen Jeden in seine Zelle, wie die Biene in ihren Korb, verschließt, und ihm verbietet, aus diesen Schranken herauszugehen? Bis wohin soll die Unveräußerlichkeit gehen? Denn am Ende kann keine Gesellschaft ohne Austausch existiren, wofern nicht etwa ein Jeder für seinen gesammten Bedarf zu sorgen haben soll, was uns zur Barbarei der Wilden zurückführen würde. Wie will man ferner die unveräußerlichen Werthe von den verkäuflichen Producten unterscheiden? Wird aber der Verkauf der letzteren gestattet, ihre Ansammlung geduldet, wie steht es da mit der Gleichheit? Wie vor Allem diese mit der Erblichkeit des Besitzers versöhnen? Man sieht, dieser erbliche Besitz ist nichts weiter als das verstümmelte und entstellte Eigenthum, gefesselt durch die Unveräußerlichkeit, zurückgeführt zu einem Zustand, weit schlimmer als die feudale Barbarei, und beraubt der Freiheit und Beweglichkeit, die es befruchtet und vergrößert.

Was die Anarchie betrifft, jenen Zustand, zu dem uns Proudhon zu seiner größten Freude mehr und mehr gelangen sieht, und zu dem er uns mit allen ihm zu Gebote stehenden Mitteln hinzutreiben versucht — denn die Gerechtigkeit muß man ihm widerfahren lassen, daß er seine Grundsätze treu befolgt —, so genügt es, uns auf die Ueberzeugung der ganzen Menschheit und besonders auf die Erfahrung unserer Zeit zu berufen, um die gebieterische Nothwendigkeit einer starken und geachteten Regierungsgewalt zu begreifen. Ja, ohne Zweifel würde die beste Gesellschaft diejenige sein, in welcher die Regierung überflüssig wäre, wo die Leidenschaften verstummten und die Stimme der Vernunft jederzeit gehört würde. Aber eine solche Gesellschaft wäre eine Gesellschaft von Engeln, und Pascal hat schon vor langer Zeit gesagt: Der Mensch ist weder ein Engel noch ein Thier, und unglücklicherweise erniedrigt ihn der zum Thier, der ihn zum Engel erheben möchte.

Uebrigens schmeichelt sich Proudhon vergeblich in diesem Puncte neu und originell zu sein. Seine Negation der politischen Gewalt und der bürgerlichen Regierung ist nur ein Plagiat, und ohne Zweifel hat der Leser bereits seinen Ursprung errathen. Die Anarchie Proudhon's ist weiter nichts als die Vernichtung der weltlichen Autorität, die Unterdrückung der bürgerlichen Obrigkeiten, welche die Wiedertäufer von 1525 gelehrt, die sie in ihrem Glaubensbekenntniß formulirt und, man weiß auf welche Weise, in Münster und Mühlhausen in Scene gesetzt haben. In diesen, wie in so vielen andern Puncten hat selbst der Irrthum nicht mehr das Verdienst der Neuheit.

Besitz also, absolute Gleichheit, Anarchie, das ist es, was Proudhon dem Princip unserer jetzigen Gesellschaftsordnung, dem Eigenthum, der Proportinalität und Souveränität entgegensetzt, das sind die unbegreiflichen und widersprechenden Grundlagen, auf denen nach ihm das Gebäude der Zukunft sich erheben soll. Den Schluß seines eigenthumsfeindlichen Manifestes bildet die Prophezeiung des bevorstehenden Untergangs der antiken Civilisation. Schließlich richtet er an den Gott der Gleichheit und Freiheit ein leidenschaftliches Gebet, in dem er ihn bittet, die Zeit der Prüfung abzukürzen und den Tag zu beschleunigen, an dem Groß und Klein, Arm und Reich, Weise und Unweise sich in allgemeiner Brüderlichkeit vereinigen und ihm Altäre errichten werden. Ein sonderbares Gebet in dem Munde eines

Mannes, der wenige Jahre später die Idee der Gottheit auf eine einfache Hypothese reduciren, die schrecklichsten Lästerungen, die je von Menschenlippen gekommen, ausstoßen und Brüderlichkeit und christliche Liebe verhöhnen und verspotten sollte.

Unglücklicherweise ist der religiöse und friedliche Character dieser Schlußworte nicht der des gesammten Werkes, dessen Analyse wir soeben gegeben haben. Nur zu oft athmen die Worte des Verfassers Haß und Wuth, nur zu oft sind sie voller Gift und Galle. „Was geht mich", ruf er aus, „einen Proletarier, die Ruhe und Sicherheit der Reichen an? Ich kümmere mich um die öffentliche Ordnung so wenig, wie um das Wohl der Eigenthümer. Ich verlange Arbeit, um zu leben, wo nicht, will ich sterben im Kampf." Und ferner: „Ich habe das Recht des Armen nachgewiesen und die Anmaßung des Reichen gezeigt, ich verlange Gerechtigkeit, die Vollstreckung des Urtheils aber ist nicht meine Sache. Wenn man, um einen unberechtigten Genuß noch einige Jahre zu erhalten, einwenden wollte, daß es nicht genügt, die Alleinberechtigung der Gleichheit nachzuweisen, daß man sie auch organisiren und vor Allem ohne blutige Zwistigkeiten einführen müsse, so würde ich mit vollem Rechte dagegen antworten: die Sorge für den Unterdrückten steht über den Verlegenheiten der Minister, die Gleichheit ist ein Grundgesetz, von dem alle Nationalöconomie und die gesammte Jurisprudenz ihr Leben empfängt. Das Recht auf Arbeit und auf eine gleiche Vertheilung der Güter kann nicht zurücktreten vor den Bedenklichkeiten der Regierung."

„Was mich betrifft, so habe ich den Schwur gethan, ich werde meinem Zerstörungswerke treu bleiben, und nicht aufhören, die Wahrheit durch Trümmer und Ruinen zu verfolgen."

Wahrhaftig, wird man dies nicht für eine Seite aus dem „Manifest der Gleichen" halten? In seiner Antwort auf Blanqui's wohlwollende, vielleicht zu wohlwollende Kritik, berief sich Proudhon auf seine friedlichen Absichten und erklärte, daß er niemals aus den hohen und heitern Regionen der Wissenschaft habe heraustreten wollen. Wenn seine Gesinnungen derartige waren, so muß man wenigstens gestehen, daß seine Worte seinen Gedanken und Absichten schlecht gedient haben.

Die erste Abhandlung Proudhon's, eine wahre Kriegserklärung gegen das Eigenthum, ist der Ausgangspunct einer ganzen Reihe von Publicationen desselben Schriftstellers geworden, in denen er fortwährend dieselben Ansichten und Grundsätze entwickelte. Im Jahre 1841 erschien eine zweite Abhandlung über das Eigenthum unter dem Titel: „Brief an Herrn Blanqui und ein Wort an die Eigenthümer". In dieser neuen Schrift, welche in formaler Hinsicht weit gemäßigter ist als ihre Vorgängerin, sucht Proudhon seine Theorien an der Hand der Geschichte zu begründen. Er bemüht sich nachzuweisen, daß das Eigenthum keineswegs eine feste und unveränderliche Einrichtung ist, sondern in der Vergangenheit wesentlich veränderlich und beweglich gewesen ist. Er durchmustert die Gesetzgebung der Römer, die Gesetze der Barbaren, die feudalen Institutionen und die Rechte der Neuzeit. Er zeigt, daß das Eigenthum in Lacedemon und Athen durch die Niederschlagung der Schulden, welche das Vorspiel der Reformen Lycurg's und Solon's war, verletzt wurde; erinnert an die Bankerotte und Confiscationen im Gefolge der Bürgerkriege des Marius und Sulla, des Cäsar und Pompeius, des Octavian und Antonius; und aus den tief eingreifenden Veränderungen, welche das Eigenthumsrecht im Laufe der Jahrhunderte erfahren, aus den häufigen Verletzungen, welche es erlitten, folgert er mit absoluter Gewißheit seine endliche und definitive Vernichtung.

Mit Hülfe seiner bekannten Dialectik greift sodann unser Autor mit gewohnter Bitterkeit und Schärfe die Theorien von der Verjährung an, aus welchen er neue Argumente gegen das Eigenthum entnimmt. Er sucht zu beweisen, daß die Lehren Pierre Leroux' von der socialen Organisation mit den seinigen übereinstimmen, und übt schließlich eine beißende Kritik an allen Systemen und Parteien, die das Unglück haben, ihm zu mißfallen. Die Zeitungen im Allgemeinen und der „National" im Besondern, Considérant und die Fourieristen sind die vornehmsten Zielscheiben seiner Sarkasmen. „Der National", sagt er, „ist nur ein Seminar von Intriguanten und Abtrünnigen. Das System Fourier's widerstrebt den Freunden der freien Association und der Gleichheit wegen seiner Tendenz, jeden Unterschied und jeden Character im Menschen durch Aufhebung des Besitzes, des Vaterlandes und der Familie, jenes dreifachen Ausdruckes der menschlichen Persönlichkeit, zu verwischen."

„Niemand," fügt er hinzu, „kennt alle Albernheiten und Schänd=

lichkeiten des phalansterischen Systems. Ich werde diese Behauptung beweisen, sobald ich meine Rechnung mit dem Eigenthume abgeschlossen habe."

Dieser löblichen Absicht des Verfassers können wir nur Beifall zollen, und das Wort an die Eigenthümer, ein Brief an Considérant macht mit der Ausführung seines Versprechens bereits den Anfang. Nachdem Proudhon vor Allem den Schüler Fourier's als Vertheidiger des Eigenthums bekämpft hat, stürzt er sich von Neuem mit voller Wuth auf den „National". Er wirft den Redacteuren dieser Zeitung despotische und ausschließliche Tendenzen vor, er klagt sie an, kein politisches System zu besitzen, nach der Tyrannei zu streben u. s. w. . . . Proudhon hatte damals für die Republicaner nicht mehr Sympathien als für die Eigenthümer.

Eine der hervorstechendsten Characterzüge Proudhon's, den er auch selbst in seiner zweiten Abhandlung anerkennt, ist sein anmaßender Dogmatismus, jene maßlose Selbstüberhebung die nichts achtet, sich ausschließlich gesunden Verstand und Berechtigung vindicirt, und Jeden, der die entgegengesetzte Meinung zu vertheidigen wagt, an den Schandpfahl zu heften droht. Die Gründe, welche er hierfür angibt, sind zu sonderbarer und merkwürdiger Natur, als daß wir es uns versagen könnten, ihnen einen Platz an dieser Stelle zu gönnen.

„Wenn ich die Gleichheit des Vermögens predige, so trage ich nicht etwa eine mehr oder minder annehmbare Ansicht vor, eine mehr oder minder geistreiche Utopie, eine Idee, die lediglich die Frucht einer angestrengten Gedankenarbeit ist. Nein, ich stelle eine absolute Wahrheit auf, hinsichtlich deren jedes Bedenken unmöglich, jede Bescheidenheit überflüssig, jeder Ausdruck von Zweifel geradezu lächerlich ist. . . . Und was berechtigt mich hierzu? Einmal das logische und metaphysische Verfahren, dessen ich mich bedient habe, und dessen absolute Richtigkeit mir à priori offenbar und klar ist, dann aber besitze ich eine unfehlbare Beweismethode, welche meine Gegner gar nicht haben, und endlich habe ich in Allem, was das Eigenthum und die Gerechtigkeit betrifft, eine Formel gefunden, welche allen Schwankungen der Gesetzgebung Rechnung trägt und den Schlüssel zu allen Problemen enthält."

So sind die Neuerer. Auf ihre Ansichten legen sie das größte

Gewicht, kümmern sich nicht im Geringsten um die Autorität der öffentlichen Meinung und überlassen sich einem geistigen Hochmuth ohne Grenzen und ohne Gleichen.

Aber das ist noch nicht Alles. Proudhon verräth uns auch ein furchtbares Geheimniß, daß er nämlich selbst viertes Mitglied einer gewaltigen Revolution ist, der Schrecken aller Charlatane, aller Despoten und Betrüger der armen Leute und leichtgläubiger Seelen u. s. w. Alles Unglück der Menschheit kommt vom Glauben an das geschriebene Wort und von der Unterwerfung unter die Autorität. Die Verschworenen wollen daher das Princip der Autorität vernichten und die Menschen zum radicalsten Rationalismus zurückführen. Bis hierher hat sich Proudhon nur damit beschäftigt, alle Principien, welche die übereinstimmende Ueberzeugung der Nationen für wahr hält, zu leugnen, und die Grundlagen der Gesellschaft zu zerstören. Wird er nun endlich den Grundstein seiner neuen socialen Verfassung legen? Man sollte es glauben, wenigstens nach dem Titel eines Werkes zu schließen, welches er im Jahre 1844 unter der pomphaften Aufschrift veröffentlichte: „Ueber den Ursprung der Ordnung unter den Menschen." Aber die Lectüre dieses Buches bereitet uns nur eine neue Enttäuschung; Proudhon setzt in ihm nur sein Zerstörungswerk fort. Er durchmustert nach einander Religion, Philosophie, Geschichte, Nationalöconomie und überall zeigt er denselben Geist der Verlästerung und Verneinung. Er bemüht sich, jeden Glauben zu erschüttern, alle Wahrheiten zu vergiften, jedes Gefühl zu ertödten. Die Idee der Gottheit ist ihm nur ein Spielzeug aus der Kindheit des menschlichen Geistes, ein Phantom, ein Trugbild der noch schwachen und träumenden Vernunft. Die Begriffe von Ursache und Substanz, jene beiden Grundpfeiler unserer gesammten Wahrnehmung, jene Offenbarung des innersten Wesens des Seienden, sind weiter nichts als leere Formeln ohne Wahrheit und Wirklichkeit. Die vom Genie der größten Philosophen entdeckten Methoden, Analyse, Synthese, Hypothese und Induction haben keinerlei Werth, sie sind falsch und unvollständig. Die Nationalöconomie anlangend, sucht Proudhon die Grundbegriffe, auf denen diese Wissenschaft beruht, zu zerstören und zu entstellen, das Princip der Incommensurabilität der Werthe, das Gesetz von Angebot und Nachfrage, die Freiheit der Arbeit; er bringt gegen Eigenthum, Zinsen, Miethe und

Rente von Neuem seine Argumente vor, aber nirgends entwickelt er einen organisatorischen Plan. Schließlich trägt er seine maßlose Neigung zur Abstraction, deren Mißbrauch Hegel soweit getrieben hat, in die Geschichte hinein und stempelt die Manifestationen der menschlichen Thätigkeit zu einem Gaukelspiel ohne Werth und Wirkung. So bietet also dieses Werk, in dem man endlich positiven Ideen und fruchtbaren Principien zu begegnen dachte, nur das traurige Schauspiel des Scepticismus, der Confusion und der Verwirrung. In dem Titel, den ihm der Verfasser gegeben, hat er sich nur in einem Worte vergriffen. Er betitelte es von der Schöpfung der Ordnung unter den Menschen; Unordnung hätte er sagen müssen, das wäre das Richtige gewesen.

II.

Es ist hier nicht der Ort, auf die rein philosophischen Speculationen Proudhon's einzugehen. Wir beeilen uns, zu seinem Hauptwerk, in welchem er vornehmlich die theoretischen und practischen Streitfragen zwischen Nationalöconomie und Socialismus erörtert hat, uns zu wenden; wir meinen sein „System der öconomischen Widersprüche oder die Philosophie des Elends", das er im Jahre 1846 veröffentlichte. In diesem Werke wird die Sache noch interessanter, und hier führt uns Proudhon von einer Ueberraschung zur andern.

Wenn er aber in diesem Werke den Krieg, den er dem Eigenthum erklärt hat, fortsetzt, so greift er doch noch weit mehr und weit heftiger den Socialismus im Allgemeinen an, die Theorien von der Organisation der Arbeit und des Rechts auf Arbeit, den Communismus und die Schüler Fourier's, die Anhänger der Association, die Republicaner und Democraten. Und nachdem er alle Meinungen widerlegt und verspottet, alle politischen Parteien gegeißelt und verhöhnt hat, wendet er schließlich seine Wuth gegen Gott, zieht sein Dasein in Zweifel und überschüttet ihn mit den wüthendsten Schmähungen.

Proudhon beginnt damit, den ewigen Gegensatz von Factum und Recht, zwischen Nationalöconomie und Socialismus nachzuweisen. „Zwei Mächte", sagt er, „streiten sich um die Herrschaft dieser

Erbe und bekämpfen sich mit der Wuth zweier feindlicher Religionsparteien: die Nationalöconomie oder die Tradition und der Socialismus oder die Utopie."

„Wir finden somit die Gesellschaft von Alters her in zwei große Parteien gespalten. Die eine, traditionell und wesentlich hierarchisch, nennt sich bald Königthum oder Democratie, bald Philosophie oder Religion, mit einem Worte Eigenthum, die andere, bei jeder Krisis der Civilisation wieder auflebend, bekennt sich, als wesentlich anarchisch und atheistisch, zum Feind jeder göttlichen und menschlichen Autorität. Dies ist der Socialismus."

„Die politische Oeconomie", fährt Proudhon fort, „nur eine einfache Sammlung von Thatsachen, begeht den Fehler, die Rechtmäßigkeit und Dauer dieser Thatsachen zu behaupten. Sie beschränkt sich darauf, zu sanctioniren, was ist, während der Gegenstand der wahren und eigentlichen Socialwissenschaft ist, zu erkennen, was sein wird, und den Fortschritt der Menschheit zu constatiren. Die politische Oeconomie ist deshalb keine Wissenschaft, aber sie enthält die Keime derselben in sich, denn jede Wissenschaft setzt nothwendig Facta, Erfahrungsthatsachen voraus. Die Nationalöconomie hat diese Thatsachen gesammelt, sie sind in ihren Händen, wie die Bausteine eines Hauses, welche erwarten, daß der Gedanke des Architecten sie zu einem harmonischen Ganzen vereinigt."

Der Socialismus hat bis jetzt nur Werth als Kritik der Nationalöconomie, als Negation. Sobald er aus dieser kritischen Rolle heraustritt, fällt er ins Lächerliche und Absurde, er verkennt die Thatsachen, um sich ins Phantastische und Unmögliche zu verlieren. „Auch ist der Communismus schon längst von Plato und Morus mit einem einzigen Worte characterisirt worden als Utopie, Nirgendheim, Chimäre." In seinem Buche zieht Proudhon fortwährend diese Parallele zwischen Nationalöconomie und Utopie, er stellt sie einander gegenüber und controlirt die eine durch die andere. Der Socialismus kann diese Probe nicht bestehen, er wird vernichtet und zu Boden geschlagen.

Zunächst behauptet Proudhon principiell, daß der ganze Socialismus sich nothwendiger Weise in die communistische Utopie auflösen müsse, eine Idee, die häufig in seinem Werke wiederkehrt. So groß ist die Macht der Wahrheit!

Proudhon faßt seine Ansicht über den Socialismus in einem Worte zusammen: „Der Socialismus ist eine Wortklauberei." An seinen Freund, den Communisten Villegardelle schreibt er: „Was die Thaten und das Auftreten des Socialismus anlangt, so verzichte ich darauf, Sie davon zu unterhalten; die Aufgabe würde meine Geduld erschöpfen, und zuviel Elend und Schändlichkeit müßte ich aufdecken. Als Mann der That und des Fortschritts weise ich den Communismus mit allen meinen Kräften zurück, als ideenlos, ohnmächtig, unmoralisch, Thoren und Schurken zu schaffen allein geeignet. Sind es nicht schon zwanzig Jahre, daß er ohne eine einzige Schwierigkeit zu lösen, sich als Wissenschaft gerirt, daß er Glück und Reichthum der Welt verspricht und selbst nur von Almosen lebt, daß er ungeheure Capitalien verschlingt, ohne selbst etwas zu produciren?"

„Was mich betrifft, so erkläre ich Angesichts dieser heimlichen Propaganda, die anstatt das Licht des Tages zu suchen und die Kritik herauszufordern, sich im Dunkel der Gassen verkriecht, Angesichts dieser schmutzigen Literatur, jener zügellosen Bettelei, jener Stumpfheit des Geistes und Herzens, welche einen Theil unserer Arbeiter schon zu beherrschen beginnt: ich bin rein von diesen Schändlichkeiten der Socialisten . . . ."

Das ist also das Urtheil Proudhon's über den Socialismus im Allgemeinen, von dem er vergeblich seine Sache zu trennen sich bemüht. Aber hierbei bleibt er nicht stehen; er versucht auch die Principien, auf denen der Socialismus seine Theorien aufbaut, umzuwerfen, um endlich seine hauptsächlichsten und bekanntesten Vertreter zu bekämpfen.

Der Grundgedanke des Socialismus ist jene von Rousseau entlehnte Behauptung: Der Mensch ist gut geschaffen, aber verschlechtert durch die Gesellschaft.

Louis Blanc hat diesen Satz nur in andere Worte gekleidet, wenn er ausruft: Man klagt die menschliche Natur fast aller Fehler an, man müßte vielmehr die Fehlerhaftigkeit der menschlichen Einrichtungen anklagen.

„Die ungeheure Mehrheit des Socialismus", sagt Proudhon, „ein Saint-Simon, Owen, Fourier und ihre Schüler, die Communisten, Democraten und Progressisten aller Art haben feierlich die chriſtliche Lehre vom Sündenfall verworfen, um an ihre Stelle das System der Verirrung der Geſellſchaft zu ſetzen. Hieraus hat man gefolgert, daß der Zwang unmoraliſch, daß unſere Leidenſchaften heilig, und der Genuß, wie die Tugend ſelbſt, zu ſuchen iſt, da Gott heilig iſt, der das Verlangen nach jenem in unſere Bruſt gelegt hat."

Proudhon macht darauf aufmerkſam, daß dieſe Idee nur die Umkehrung der antiken Hypotheſe iſt. Die Alten klagten das Individuum an, Rouſſeau die Menſchheit. Unſer Schriftſteller geißelt und widerlegt dieſe Lehre, die darauf hinzielt, den Menſchen von jeder Verantwortlichkeit zu befreien und jeden moraliſchen Sinn in ihm zu erſticken. Er erkennt mit der einſtimmigen Tradition der Menſchheit die angeborene Sündhaftigkeit, die Neigung unſeres Geſchlechts zum Böſen an. „Das iſt", ſagt er, „der Sinn des Dogmas von dem Sündenfall und der Erbſünde. Aber der Menſch iſt vernünftig, frei, empfänglich für Bildung und Fortſchritt; er kann das Thieriſche in ſich beſiegen, die hölliſchen Mächte überwinden, die jeden Augenblick bereit ſind, ihn zu verſchlingen. Das iſt ſeine Aufgabe, ſeine fortwährende Arbeit, eine ſchwierige und ſchmerzliche Arbeit. Die Beſtimmung der Geſellſchaft, die Löſung des menſchlichen Räthſels liegt alſo in dem einen Wort:. Erziehung, Fortſchritt, und dieſe Erziehung muß unſer ganzes Leben, wie das ganze Leben der geſammten Menſchheit ausfüllen. Die Widerſprüche der Nationalöconomie können gelöſt werden, der innere Widerſpruch unſeres Weſens wird es niemals."

„Sonderbare Sache", ruft Proudhon aus, „der Menſch, der im Elend lebt, und deſſen Herz in Folge deſſen doch für Liebe und Ehrbarkeit empfänglich ſein ſollte, dieſer Menſch theilt die Verderbtheit ſeines Herrn: wie er, fröhnt er dem Hochmuth und Sinnenreiz, und lehnt er ſich wirklich einmal gegen die Ungleichheit auf, unter welcher er leidet, ſo geſchieht dies weit weniger aus Eifer für die Gerechtigkeit, als aus Neid und Begehrlichkeit. Das größte Hinderniß, welches die Gleichheit zu beſiegen hat, liegt nicht in dem ariſtocratiſchen Stolze des Reichen, ſondern in dem zügelloſen Egoismus des Armen. Und ihr rechnet auf die angeborene Güte des Menſchen, um zu gleicher Zeit die Spontaneität und die Vorſätzlichkeit ſeines böſen Willens zu reformiren!"

So antwortet also Proudhon den Socialisten, welche behaupten, das Böse liegt in der Gesellschaft, mit Guizot: Das Böse liegt in uns.

Aber dabei bleibt er nicht stehen. Fast alle reformatorischen Secten und der Communismus an ihrer Spitze gehen davon aus, die Pflicht und nicht das persönliche Interesse als Triebfeder productiver Thätigkeit und als Basis socialer Organisation zu betrachten.

Auf der andern Seite wollen sie die industrielle Thätigkeit des Individuums durch die Arbeit der Gesammtheit ersetzen, den Staat zum alleinigen Herrn des Capitals und Credits und zum obersten Leiter der Industrie erwählen. Und gerade auf diese Ideen gründen sich die Theorien von der Organisation der Arbeit, des Rechts auf Arbeit, der Organisation des Credits durch den Staat u. s. w. Proudhon führt all' diese angeblich regenerirenden Principien auf ihr Nichts zurück.

„Einige Socialisten", sagt er, „zu ihrem größten Unglück durch biblische Interpretationen verführt, haben die Schwierigkeit mit jenen schönen Maximen zu heben geglaubt: Die Ungleichheit der Fähigkeiten ist ein Beweis für die Gleichheit der Pflichten; je mehr ihr von der Natur empfangen habt, um so mehr schuldet ihr euern Brüdern, und andere pompöse und rührende Phrasen, die ihre Wirkung auf die ungebildete Menge niemals verfehlen, die aber Alles enthalten, was man Einfältiges erdenken kann. Die practische Formel, welche man aus diesen sonderbaren Sätzen zieht, ist die, daß jeder Arbeiter seine ganze Zeit der Gesellschaft zu widmen, diese dagegen ihm alles zur Befriedigung seiner Bedürfnisse Nothwendige nach Verhältniß ihrer Mittel, über die sie verfügt, zu gewähren habe."

„Mögen mir meine communistischen Freunde verzeihen! Ich würde ihren Ideen nicht so schroff gegenüberstehen, wenn ich nicht in meiner Vernunft und in meinem Gewissen überzeugt wäre, daß die Gütergemeinschaft, der Republicanismus und alle socialen, politischen und religiösen Utopien, die sich über die Thatsachen und die Kritik hinwegsetzen, das größte Hinderniß sind, welches gegenwärtig der Fortschritt zu überwinden hat. Wie können Schriftsteller, welche mit der Sprache der Nationalöconomie vertraut sind, vergessen, daß Superiorität der Talente gleichbedeutend ist mit Superiorität der Bedürfnisse, daß die Gesellschaft, weit entfernt, von großen und kräftigen Characteren etwas mehr als vom gewöhnlichen Haufen zu erwarten, vielmehr unablässig zu wachen hat, daß jene nicht mehr empfangen als sie leisten? Annehmen, daß der Arbeiter von höherer Begabung sich zu Gunsten der Unfähigeren mit der Hälfte seines Lohnes begnügen wird, daß er umsonst seine Kräfte anstrengen und ohne eigenen Vortheil für jene Abstraction, welche man Gesellschaft, Souverain oder meine Brüder nennt, produciren wird, dies heißt die Gesellschaft auf ein Gefühl gründen, für das der Mensch, ich will nicht sagen unempfindlich ist, das aber, systematisch zum Princip erhoben, nur eine falsche Tugend, eine gefährliche Heuchelei ist. Die Nächstenliebe ist uns anbefohlen, um das Unglück, daß unsere Mitmenschen trifft, zu erleichtern und zu heben, und aus diesem Gesichtspunct kann ich mir eine Organisation der Nächstenliebe als möglich vorstellen; aber diese Liebe zum Mittel und Werkzeug der Gleichheit machen, dies hieße die Gesellschaft auflösen und vernichten . . .

„Warum mischt man also in die Fragen der Nationalöconomie unaufhörlich die Worte Brüderlichkeit, Liebe, Selbstverleugnung und Gott? Jedenfalls finden es unsere Utopisten bequemer, sich über diese inhaltsschweren Begriffe auszulassen, als die socialen Erscheinungen eingehend und gewissenhaft zu studiren.

„Brüderlichkeit! Ja Brüder, so lange es euch beliebt, vorausgesetzt, daß ich der ältere bin und du der jüngere, vorausgesetzt, daß die Gesellschaft, unsere gemeinsame Mutter, mein Erstgeburtrecht und meine Verdienste ehrt und achtet, indem sie meinen Antheil verdoppelt. — Ihr wollt für meine Bedürfnisse sorgen, sagt ihr, im Verhältniß eurer Mittel; ich erwarte vielmehr, daß ihr es thun werdet nach Verhältniß meiner Arbeit, wo nicht, so höre ich auf zu arbeiten."

„Nächstenliebe! Ich leugne die Nächstenliebe, das ist Mysticismus. Vergebens sprecht ihr mir von Brüderlichkeit und Liebe; ich bin nur zu sehr überzeugt, daß ihr mich nicht liebt, und ich weiß sehr wohl, daß ich euch auch nicht liebe. Eure Freundschaft ist nur eine erheuchelte, und wenn ihr mich liebt, so thut ihr es nur aus Eigennutz. Ich verlange das, was mir zukommt, und nur das, was mir zukommt; warum versagt ihr es mir?

„Selbstverleugnung! Ich leugne diese Selbstverleugnung. Redet mir von Soll und Haben, in meinen Augen das einzige Kriterium von Recht und Unrecht, von Gut und Böse in der Gesellschaft. Jedem zuerst nach seinen Werken; und wenn ich bei Gelegenheit mich veranlaßt fühle, euch zu helfen, so thue ich es aus gutem Willen, aber ich will nicht gezwungen sein. Mich zwingen zur Pflicht, heißt mich tödten."

„Aber wie", sagen die Socialisten zu Proudhon, „ihr wollt also die Concurrenz mit all' ihren Auswüchsen? Kann man nicht der Alles verschlingenden und vernichtenden Concurrenz eine andere nützliche, löbliche, moralische, großmüthige Concurrenz, mit einem Wort den Wetteifer substituiren? . . . Und warum sollte dieser Wetteifer nicht den Vortheil Aller, den allgemeinen Nutzen, die Brüderlichkeit und die Liebe des Nächsten zum Gegenstande haben können?

„Nein", antwortet Proudhon, „der Wetteifer ist nichts Anderes als die Concurrenz selbst. . . . Der Gegenstand der industriellen Concurrenz ist nothwendiger Weise der Gewinn . . . Die Gesellschaft arbeitet nur, um Reichthümer zu gewinnen, Wohlstand und materielle Glückseligkeit ist ihr einziges Ziel . . . Wie will man aber diesen unmittelbaren Gegenstand des Wetteifers, der in der Industrie die persönliche Glückseligkeit ist, durch jenes entfernte und fast metaphysische Motiv ersetzen, das man allgemeine Glückseligkeit nennt"?

„Ja, man muß es behaupten trotz des modernen Quietismus, das Leben des Menschen ist ein fortwährender Kampf, Kampf mit der Noth, Kampf mit der Natur, Kampf mit seines Gleichen und folglich auch Kampf mit sich selbst. Die Theorie einer friedlichen Gleichheit, begründet auf Brüderlichkeit und Selbstverleugnung, ist nur eine Nachäffung der katholischen Lehre vom freiwilligen Verzicht auf die Güter und Freuden dieser Erde, nur ein Lob der Armuth. Die Liebe zu seinem Nächsten kann den Menschen bestimmen, für ihn zu sterben, aber niemals für ihn zu arbeiten."

Die angeborne Güte des Menschen also, Verderbtheit der Gesellschaft, die Lehre der Selbstverleugnung, oberste Leitung der In=

bustrie burch ben Staat, mit einem Worte alle Grundlagen des Socialismus macht Proudhon durch seine unbarmherzige Lehre zu nichte. Aber dies genügt ihm noch nicht. Er geht einer jeden Secte, einer jeden Utopie zu Leibe, er schmettert sie zu Boden und vernichtet sie.

Zunächst richtet sich sein Ingrimm gegen Louis Blanc und seine „Organisation der Arbeit."

Proudhon macht Louis Blanc den Vorwurf, die Beseitigung der Concurrenz zu beabsichtigen und die Möglichkeit einer Verbindung von Concurrenz und Association zu verkennen. „Louis Blanc", sagt er, „ist ebensowenig in der Logik wie in der Nationalöconomie bewandert, er spricht von der einen wie von der andern wie der Blinde von den Farben. Durch fortwährende Vermischung der widersprechendsten Principien in seinem Buch, von Autorität und Recht, von Eigenthum und Communismus, von Aristocratie und Gleichheit, von Arbeit und Capital, von Freiheit und Dictatur, von freier Forschung und religiösem Glauben, ist Louis Blanc ein wahrer Hermaphrobit, ein förmlicher Zwitterpublicist."

„Sein System reducirt sich auf drei Punkte: 1. der Regierungsgewalt ein umfassendes Recht der Initiative zu verleihen, d. h. zu deutsch die Willkür allmächtig machen, um eine Utopie zu realisiren, 2. auf Kosten des Staates nationale Ateliers zu schaffen und zu unterhalten, 3. die Privatindustrie durch die Concurrenz der Nationalindustrie zu erdrücken. Und das ist Alles."

Proudhon weist die Werthlosigkeit dieser Combinationen nach und in industrieller Beziehung die Nothwendigkeit des individuellen Interesses als Triebfeder productiver Thätigkeit.

„Louis Blanc", sagt er, „beginnt mit einem Staatsstreich, oder, nach seinen eigenen Worten, mit einer Anwendung jenes Rechts der Initiative, das er seinem Staate gegeben wissen will, er legt den Reichen eine außerordentliche Steuer auf, um den Proletariern zu helfen. Die Logik Louis Blanc's ist ganz einfach, es ist diejenige der Republik; der Staat kann Alles, was das Volk will, und was das Volk will, ist das Richtige. Eine sonderbare Art und Weise, die Gesellschaft zu reformiren durch Unterdrückung ihrer ureigensten Tendenzen, durch Leugnung ihrer authentischen Manifestationen, durch Beseitigung der Arbeit und des Einkommens anstatt durch Verallgemeinerung des Wohlstandes durch eine vernünftige Weiterentwicklung der Tradition. Aber wozu diese Verkleidung, wozu so viele Umwege? Ist es nicht viel einfacher, das Agrargesetz zu adoptiren? Könnte der Staat nicht kraft seines Rechts der Initiative ohne weiteres festsetzen, daß alle Capitalien und Werkzeuge Eigenthum des Staates sein sollten, vorbehaltlich einer an die Besitzer zu zahlenden Entschädigung? Mit Hülfe dieser peremptorischen, aber offenen und ehrlichen Maßregel wäre das öconomische Feld geräumt, die Utopie würde weiter keine Schwierigkeit gehabt haben und Louis Blanc hätte dann ohne Hinderniß ruhig die Organisation seiner Gesellschaft in Angriff nehmen können. Aber was rede ich von Organisation. Das ganze organisatorische Werk Louis Blanc's besteht in jenem großen Act der Enteignung oder Substitution, wie man will; ist die Industrie einmal beseitigt oder republicanisirt und ein umfassendes Monopol geschaffen, so zweifelt Louis Blanc nicht im Mindesten, daß die Production ganz nach seinen Wünschen sich gestalten werde, nur begreift er nicht, daß man dem, was er sein System nennt, eine einzige Schwierigkeit entgegenstellen kann."

Proudhon macht sodann dem Verfasser der „Organisation der Arbeit" den Vorwurf, das Erbrecht abschaffen zu wollen und dadurch auch die Familie unmöglich zu machen. In diesem Punkte überrascht er uns mit bewunderungswürdigen Bemerkungen über die Beziehungen zwischen Erbrecht und Familie, über die Nothwendigkeit dieser beiden Institute. Proudhon ist in der That ein vorzüglicher Schriftsteller, wenn er vom Strome der Wahrheit getragen wird. Warum muß er sich so oft der Sophistik und dem Paradoxen überlassen!

Nachdem er sodann die Stelle citirt hat, in welcher Louis Blanc die Einführung des gemeinsamen Lebens in der neuen Gesellschaft voraussagt, ruft Proudhon aus: „Ist Louis Blanc ein Communist oder nicht? Möge er sich doch einmal erklären, anstatt in unbestimmten Ausdrücken sich zu ergehen; und wenn ihn der Communismus auch nicht verständlicher macht, so weiß man doch wenigstens, was er will."

Es ist in der That sehr liebenswürdig von Proudhon, daß er daran noch zweifelt. Wie, Louis Blanc läßt den Staat alles bewegliche und unbewegliche Vermögen absorbiren, schafft das Erbrecht ab, verlangt Gleichheit der Löhne, stellt Pflicht und Selbstverleugnung als Principien der industriellen Thätigkeit auf, läßt den Staat Production und Umsatz reguliren, greift das gemeinschaftliche Leben an, und man fragt noch, ob er Communist ist! Gewiß, Proudhon zeigt entweder sehr wenig Scharfsinn oder sehr viel Nachsicht.

Nachdem Proudhon die Lehren Louis Blanc's verworfen, verurtheilt er auch die Partei, zu welcher dieser Schriftsteller gehört.

„Ich lasse den edeln Absichten Louis Blanc's", sagt er, „Gerechtigkeit widerfahren, ich liebe und lese seine Werke und sage ihm besonderen Dank für den Dienst, den er seinen Anhängern erwies, indem er in seiner Geschichte der zehn Jahre die unheilbare Armseligkeit seiner Partei offenbarte. Ich will weder Weihrauch für Robespierre noch den Stock für Marat, und ehe ich euere Zwitterdemocratie adoptire, ziehe ich lieber den bestehenden Zustand der Dinge vor. Seit sechszehn Jahren widersteht eure Partei dem Fortschritt und der Bildung, seit sechszehn Jahren zeigt sie ihren despotischen Ursprung, indem sie der Regierung auf dem äußersten Flügel des linken Centrums opponirt; es ist Zeit, daß sie abdankt oder sich reformirt. Warum behauptet ihr also, unversöhnliche Theoretiker der Autorität, daß die Regierung, die ihr bekämpft, nicht auf eine erträglichere Weise zu handeln vermöchte, als ihr?"

Die Antipathien Proudhon's sind dauernd; er ist den Republicanern 1848 gerade so feindlich gesinnt als 1841. Auch mit den Zeitungen hat er sich noch nicht zu versöhnen vermocht. Er nennt die Presse im Allgemeinen die Paßgängerin aller anmaßenden Mittelmäßigkeit; sie lebt fast nur von den unentgeltlichen Arbeiten junger Leute, die ebensowenig Talent als gründliches Wissen besitzen. Wer könnte sich schmeicheln, einer solchen Presse je etwas zu Danke machen zu können?

So ist also der Republik und der Organisation der Arbeit von ihm das Urtheil gesprochen. Der Verfasser setzt seinen Kriegszug fort und widerlegt das Recht auf Arbeit, die Monopolisirung des Credits durch den Staat, die progressiven Steuern und die Association.

Proudhon leugnet nicht absolut, daß die Arbeit und der Lohn geschützt werden müsse, aber er subordonnirt diesen Schutz der Vernichtung des Eigenthums, der Entdeckung des genauen Maßstabes für den Werth der Güter, jener Quadratur des Kreises in der Nationalöconomie, deren Lösung er vergeblich versucht hat. Was das Recht auf Arbeit anbetrifft, so wie es die Ultrademocraten verstehen, so erklärt Proudhon es für gefährlich und absurd. „Ich behaupte", sagt er, „daß eine Garantie des Lohns unmöglich ist ohne genaue Kenntniß des Werths, und daß dieser Werth nur durch die Concurrenz gefunden werden kann, aber niemals durch communistische Einrichtungen und Decrete des Volks. Denn hier gilt etwas Mächtigeres, als der Wille des Gesetzgebers und der Bürger: das ist die Unmöglichkeit für den Menschen, seine Pflicht zu erfüllen, sobald er sich von aller Verantwortlichkeit gegen sich selbst befreit sieht. Nun, die Verantwortlichkeit gegen sich selbst führt in Ansehung der Arbeit nothwendiger Weise zur Concurrenz. Setzet fest, daß vom 1. Januar ab Arbeit und Lohn garantirt werden soll, und sofort wird eine gewaltige Erschlaffung auf die fieberhafte Anspannung der Industrie folgen, der wirkliche Werth wird reißend schnell unter den nominellen herabsinken, das Metallgeld trotz Schrift und Stempel das Schicksal der Assignaten erfahren, der Kaufmann mehr fordern, um weniger zu geben, und wir werden uns eine Region tiefer in der Hölle des Elends befinden, in welcher die Concurrenz erst den dritten Kreis bezeichnet."

Wie der absolute Maßstab für den Werth, so ist auch die Fixirung desselben noch jetzt trotz aller Anstrengungen Proudhon's das unlösbare Problem der Nationalöconomie und wird es in Ewigkeit bleiben. Und so unmöglich es ist, ihn in der Nationalöconomie zu entdecken, wie es unmöglich ist, ein gemeinsames Maß für die Peripherie und den Durchmesser des Kreises zu finden, ebenso gewiß ist es, daß die Bedingungen, von denen Proudhon das Recht auf Arbeit abhängig macht, niemals eintreten werden, und daß wir deshalb sein Urtheil über dieses Recht für ein definitives und abschließendes halten können.

Der Verfasser des Systems der nationalöconomischen Widersprüche verurtheilt Diejenigen nicht minder streng, welche den Staat zum Banquier der Armen, zum Commanditisten der Arbeiter zu machen gedenken. Er behauptet und beweist, daß der Staat über keinen der Werthe, auf denen allein der Credit beruhen könne, verfügt. Der Staat besitzt nur, was er von der Gesellschaft erhält,

b. h. von der Vereinigung der Individuen, aus denen er besteht. Arm und unproductiv von Natur, lebt er nur von den Abgaben, die er von der Production seiner Mitglieder erhebt. Der Staat kann also nur Credit erhalten, aber niemals ihn geben. Und welch' schreckliche Folgen könnte es haben, wenn dem Staat das Creditmonopol eingeräumt würde!

„Die Verhältnisse, anstatt sich zu bessern, würden sich verschlimmern und die Gesellschaft würde einer schnellen Auflösung entgegengehen, da das Creditmonopol in den Händen des Staates nur die unvermeidliche Folge haben würde, daß das Capital, dem sein eigenstes und gesetzmäßigstes Recht, Zinsen zu tragen, verkümmert würde, schwände. Wenn der Staat zum Arbeitgeber, zum alleinigen Inhaber der Handels, der Industrie und des Ackerbaus erklärt wird, so tritt er an die Stelle jener Tausende von Capitalisten und Rentiers, die, von ihren Renten lebend, von nun an, statt ihre Einkünfte zu verzehren, vom Capitale selbst zu leben genöthigt würden. Ja, noch mehr, da er das Capital überflüssig macht, so hindert er auch dessen Ansammlung, und dies hieße noch hinter die zweite Epoche öconomischer Entwicklung zurückgehen. Man kann einer jeden Regierung, Gesetzgebung und Nation nur abrathen, etwas Aehnliches zu unternehmen; in dieser Hinsicht ist die Gesellschaft von einer ehernen Mauer umgeben, welche keine Macht zu durchbrechen vermag."

„Was ich hier vortrage, ist entscheidend und stürzt alle Hoffnungen der gemäßigten Socialisten, die, ohne bis zum Communismus gehen zu wollen, bald Unterstützungen der ärmeren Classen verlangen, d. h. eine factische Theilnahme an dem Wohlstande der Reichen, bald nationale und in Folge dessen privilegirte Werkstätten, d. h. den Ruin der freien Industrie, bald eine Organisation des Credits durch den Staat, d. h. die Unterdrückung des Privatcapitals und die Fruchtlosigkeit der Sparsamkeit."

Die Antwort ist vernichtend und unwiderleglich. In der That, wenn ihm der Haß gegen das Eigenthum nicht den Kopf verwirrt, ist Proudhon ein ganz geschickter Nationalöconom. So aus einer Stellung nach der andern geworfen, wozu wird die democratische und sociale Republik ihre Zuflucht nehmen? Vielleicht zur progressiven und Luxussteuer? Proudhon ist unversöhnlich, er verfolgt sie bis in ihre letzte Verschanzung.

„Die Progressivsteuer", sagt er, „wird nur zur Folge haben, daß das Großcapital entwerthet und die Mittelmäßigkeit zur Tagesordnung wird. Die Eigenthümer werden in Eile verkaufen, weil es besser für sie ist, ihr Eigenthum zu verzehren, als ein ungenügendes Einkommen von demselben zu beziehen. Die Capitalisten werden ihre Capitalien kündigen oder zu wucherischen Zinsen ausleihen, jede große Unternehmung wird unmöglich, jedes bedeutende Vermögen verfolgt, jedes Capital, das über das Nothwendige hinausgeht, geächtet werden. Der Reichthum wird sich in sich zurückziehen und nur als Contrebande zu Tage treten, und die Arbeit, wie ein an einen Leichnam gefesselter Mensch, in enbloser Umarmung mit dem Elend sich vermählen."

„Nachdem ich so das Widersprechende und Trügerische der Progressivsteuer nachgewiesen habe, brauche ich da noch das Unbillige derselben aufzudecken? Die Progressivsteuer verhindert die Ansammlung des Capitals, ja sie setzt sich dem Umlauf desselben entgegen. Nachdem sie alle Interessen verletzt und Verwirrung auf dem Markte gestiftet hat, hindert sie die Entwicklung des Reichthums und läßt den Kaufwerth unter den wahren Werth herabsinken. Sie schädigt, sie versteinert die Gesellschaft. Welche Tyrannei, welcher Hohn!"

„Die Progressivsteuer ist also, was man auch thun und sagen möge, im Grund nur eine Verweigerung des Rechts, ein Verbot der Production, eine Confiscation. Sie ist eine schranken- und zügellose Macht der Regierung über Alles, was durch Arbeit, Sparsamkeit und Vervollkommnung der Mittel zum Reichthum der Gesammtheit beiträgt."

Was die Luxussteuer betrifft, so zeigt Proudhon ihre Werthlosigkeit, Ohnmacht und hemmende Tendenz. „Ihr wollt", sagt er, „die Luxusgegenstände treffen und ihr verkehrt die Civilisation. Ich behaupte geradezu, daß die Luxusgegenstände frei sein müssen. Denn was sind denn in der Sprache des Nationalöconomen Luxusartikel? Doch wohl solche, deren Verhältniß zum Gesammtreichthum das geringste ist, diejenigen, welche in der Entwicklung der Industrie zuletzt zum Vorschein kommen, und deren Erzeugung schon die Existenz aller andern voraussetzt. Von diesem Gesichtspunct aus sind alle Producte der menschlichen Arbeit Luxusartikel gewesen und haben wieder aufgehört, solche zu sein, weil wir unter Luxus nichts Anderes verstehen, als das Verhältniß einer, sei es chronologischen, sei es commerciellen Posteriorität zu den Elementen des Reichthums. Luxus mit einem Worte ist gleichbedeutend mit Fortschritt, d. h. auf jeder Stufe des socialen Lebens der Ausdruck für das Maximum von Wohlstand und Reichthum, den die Arbeit geschaffen und zu dem es das Recht und die Bestimmung Aller ist zu gelangen."

„— Aber habt ihr auch überlegt, daß eine Besteuerung der Luxusartikel soviel ist, als ein Verbot der Künste? Könnte nicht ein höherer Preis der Luxusgegenstände ein Hinderniß für den billigen Verkauf der nothwendigen Bedürfnisse sein? Und würdet ihr nicht in der Absicht, die zahlreichste Klasse zu begünstigen, die allgemeine Lage verschlimmern? Eine schöne Speculation in der That! Man schenkt dem Arbeiter 20 Franken an seinem Wein und Zucker und nimmt ihm dafür 40 für sein Vergnügen; er gewinnt 75 Pfennige am Leder seiner Stiefeln, und um seine Familie viermal im Jahre auf's Land zu führen, muß er 6 Franken mehr für den Wagen bezahlen! —"

So hat Proudhon nach und nach alle Götzenbilder der Socialisten und Ultrademocraten gestürzt. Aber dies ist ihm noch nicht genug. Man muß den Socialismus in seiner höchsten Erscheinung, in der Utopie, die alle anderen in sich schließt, treffen, mit einem Worte im Communismus. Proudhon sammelt also seine Kräfte, und in einem geharnischten Capitel führt er die Lehre der Gütergemeinschaft auf ihr Nichts zurück.

Die Widerlegung der Gütergemeinschaft geschieht in Form eines Briefes an Villegardelle, einen communistischen Schriftsteller und Verfasser einer Geschichte der socialen Ideen, die wir einigemal zu citiren Gelegenheit hatten. „Das Publicum", hatte Villegardelle gesagt, „sucht alle Zweige des Socialismus an dem alten Stamme der Gütergemeinschaft." Proudhon erkennt an, daß das Publicum vollkommen Recht hat. Indem er die Gütergemeinschaft angreift, trifft er den ganzen Socialismus.

Proudhon zeigt zunächst durch eine eingehende Analyse der natürlichen Neigungen des Menschen und der äußeren Handlungen, die jene offenbaren, daß das Bewußtsein der Individualität tief in der Menschenbrust begründet ist. Diejenige Eigenschaft, welche wir an den großen Geistern bewundern, die wir in den Zöglingen unserer Gymnasien und Schulen zu entwickeln suchen, ist die Selbstbestimmung, die Originalität des Gedankens und des Ausdrucks. Jemehr der Mensch im Leben vorwärts schreitet, um so mehr wächst dieses Gefühl der Persönlichkeit in ihm und treibt ihn an, sich zu individualisiren und einen entschiedeneren Character anzunehmen; je mehr seine Beziehungen zur Gesellschaft sich erweitern und vervielfältigen, um so mehr fühlt er das Bedürfniß, sich in sich selbst zurückzuziehen, frei und unabhängig zu werden. Während er sich somit zur Zeit seiner Erziehung einem gemäßigten Communismus unterwerfen konnte, producirt und consumirt er als Mann auf durchaus privative Weise. Geht nicht der Ehrgeiz des Jünglings dahin, sich einen eigenen Wirkungskreis, ein Heim, eine Familie zu gründen? Von einem unwiderstehlichen Instinct oder einem bestehenden Vorurtheil getrieben, das bis in die entferntesten Zeiten der Geschichte zurückreicht, will jeder Arbeiter unternehmen, jeder Geselle zum Meister werden, träumt jeder Tagelöhner vom Herrenleben, wie einst jeder Bauer vom Adel. Was die Frauen betrifft, so ist es eine allgemeine Wahrheit, daß sie nur zu heirathen wünschen, um unumschränkte Herrinnen eines kleinen Hauswesens, das sie ihre Wirthschaft nennen, zu werden. Jedermann kennt die Nachtheile der Zerstücklung, die Lasten des Hausstandes, die Unvollkommenheit der kleinen Industrie, die Gefahren der Isolirung, die Sparsamkeit und Vortheile des gemeinsamen Lebens. Aber die Individualität ist mächtiger als alle Ueberlegung. Sie zieht das theure und lästige häusliche Leben, die Uebelstände der Isolirung der Gemeinschaft der Güter vor. Wenn Alles gemeinsam ist, Arbeit, Wohnung, Einnahmen und Ausgaben, so wird das Leben fade, ermüdend, verhaßt. Der Mensch ist also seiner Natur nach wesentlich anticommunistisch."

„Die Gütergemeinschaft", fährt Proudhon fort, „läßt sich nicht begreifen ohne Vernichtung der persönlichen Freiheit; auch sieht man in allen communistischen Systemen das Bestreben, das Denken zu ersticken, die Freiheit der Presse zu ächten, die Wissenschaft zum Stillstand zu bringen. Der Communismus unterdrückt, um existiren zu können, soviel Worte, Ideen und Thatsachen, daß die von ihm gebildeten Menschen nicht mehr das Bedürfniß zum Sprechen, Denken und Handeln haben werden: es sind Austern, die ohne Gefühl und Leben dicht neben einander gelagert sind auf dem Felsen der Brüderlichkeit. Was für eine herrliche und sinnige Philosophie, dieser Communismus!"

„Nun, jedes System, das die individuelle Freiheit verletzt, ist verurtheilt, dem Druck einer unvermeidlichen Reaction zu unterliegen. Der Communismus trägt also seinen Todeskeim in sich."

„Mehr noch, das Verhängniß führt ihn sogar zum Eigenthum zurück. Denn da die Arbeit nothwendig getheilt werden muß, so bedarf es eines Gesetzes über Vertheilung der Producte; Jeder wird also Eigenthümer des ihm zugewiesenen Antheils, und auf diesem Wege kommt der Unterschied von Mein und Dein wieder zum Vorschein. Der Communismus ist also unmöglich und sich selbst widersprechend. Er kann niemals vollkommen sein. Der wahre Communist existirt nur in der Einbildung."

„Endlich führt der Communismus unvermeidlich zur Aufhebung der Familie und als nothwendige Consequenz zur Gemeinschaft der Weiber, zur Vernichtung des ehelichen Bandes. Mit welchem Rechte will man dies Princip beschränken, es auf die Sachen anwenden und nicht auf die Person, und sagen: omnia communia, non omnes communes?"

Nachdem er diesen Satz in unwiderleglicher Weise zurückgewiesen hat, kann Proudhon seinen Unwillen nicht zurückhalten.

„Die Gemeinschaft der Weiber", ruft er aus, „ist die Organisation des Verderbens. Hinweg von mir, Communist! Deine Gegenwart ist mir zuwider und dein Anblick mir ein Ekel!"

„Uebergehen wir die Einrichtungen der Saint-Simonisten, Fourieristen und anderer Prostituirter, die sich anheischig machten, die freie Liebe mit der Scham, der Ehrbarkeit und reinsten Geistigkeit zu versöhnen. Traurige Illusion eines verworfenen Socialismus, der letzte Traum einer wahnsinnigen Völlerei! —"

„Entweder keine Gemeinschaft oder keine Familie, folglich keine Liebe."

Wird nicht jeder ehrenwerthe Mensch diesen Worten, mit denen Proudhon die verwerflichen Consequenzen des communistischen

Princips, die Schändlichkeiten des Socialismus gegeißelt, sich anschließen?

Wer kann sich ferner eines Lächelns erwehren bei den spöttischen Worten, die er an den Verfasser der „Reise in Icarien" richtet: mein Princip ist die Brüderlichkeit, meine Theorie ist die Brüderlichkeit, mein System ist die Brüderlichkeit, meine Wissenschaft ist die Brüderlichkeit? Und nicht blos gegen Cabet richtet sich diese beißende Satyre, nein, gegen den Socialismus als solchen.

„Setzt für dieses Wort Brüderlichkeit", sagt Proudhon, „welches so viele Dinge umfaßt, mit Plato die Republik, die nicht viel weniger besagt, oder mit Fourier die Zuneigung, die noch mehr enthält, oder mit Michelet die Liebe und den Instinct, die Alles begreifen, oder mit Andern die Solidarität, die Alles umschließt, oder endlich mit Louis Blanc die gewaltige Macht der Initiative des Staats, gleichbedeutend mit der Allmacht Gottes, und ihr werdet sehen, daß all' diese Ausdrücke vollkommen gleichbedeutend sind, so daß Cabet, indem er auf die an ihn gerichtete Frage antwortete: meine Wissenschaft ist die Brüderlichkeit, für den ganzen Socialismus gesprochen hat."

„Alle socialistischen Utopien ohne Ausnahme reduciren sich in der That auf diesen kurzen, kategorischen und deutlichen Ausspruch Cabet's: meine Wissenschaft ist die Brüderlichkeit. Jeder, der ein einziges Wort als Commentar hinzufügen wollte, wäre ein Apostat und Häretiker."

Proudhon fragt sodann die Socialisten, warum sie ihre Theorien nicht zu realisiren versuchen; „denn", sagt er, „wer hindert die Socialisten, sich zu vereinigen, wenn die Brüderlichkeit genügt? Bedarf es dazu einer Erlaubniß des Ministers oder eines Gesetzes der Kammern? Ein so rührendes Schauspiel würde die Welt erbauen und nur die Utopie compromittiren."

Endlich kritisirt Proudhon die Moralität der Socialisten nicht weniger streng, als ihre Ansichten. Hören wir ihn:

„Wenn ich die verschiedenen Reformatoren nach den Mitteln, die sie zur Durchführung ihrer Utopien anzuwenden gedenken, frage, so antworten sie alle mit der größten Einstimmigkeit: um die Gesellschaft zu regeneriren und die Arbeit zu organisiren, muß man ben Leuten, welche das Geheimniß dieser Organisation besitzen, die Mittel und die Autorität des Staates zur Verfügung stellen. Ueber dieses Hauptdogma ist alle Welt einverstanden, hier giebt es nur eine einzige Meinung. — Ungleichheit der Vertheilung der Güter, Ungleichheit in der Vertheilung der Liebe, das wollen diese heuchlerischen Reformatoren, für die Vernunft, Gerechtigkeit und Wissenschaft nur vorhanden sind, wenn sie Andern befehlen und selbst genießen können. Sie sind weiter nichts als verkappte Anhänger des Eigenthums: zuerst predigen sie den Communismus, dann confisciren sie die Gemeinschaft zu ihrem Vortheil."

Das Werk ist vollbracht. Proudhon hat mit dem Socialismus in allen seinen Formen, mit dem Communismus in allen seinen Abstufungen aufgeräumt. Alle Systeme unserer modernen Reformatoren der Gesellschaft hat er in einen ungeheuren Trümmerhaufen verwandelt, nicht ein Princip, nicht eine Idee blieb bestehen.

Aber wie, wird man sagen, Proudhon ist also belehrt? Aus einem fanatischen Gegner des Eigenthums ist er sein Vertheidiger geworden; denn den Communismus und Socialismus bis zur Vernichtung schlagen, heißt das nicht das Eigenthum vertheidigen?

Nein, Proudhon bleibt immer derselbe. Während er mit der einen Hand den Socialismus zu Boden schlägt, trifft er mit der anderen das Eigenthum.

„Das Eigenthum", ruft er in seinem Systeme der öconomischen Widersprüche aus, „hat seine Quelle in der Gewalt und der List. Das Eigenthum ist die Religion der Gewalt. Es ist Kain, welcher Abel tödtet, den Armen, den Proletarier, wie er ein Sohn Adams, wie er ein Mensch, aber von niedriger Stellung und von dienendem Rang. Der Gewalt ist es gelungen, sich zu verbergen, sich unter einer Menge von Verkleidungen zu verstecken, so daß der Name des Eigenthümers, im Princip gleichbedeutend mit Räuber und Dieb, auf die Länge das gerade Gegentheil geworden ist. Aber seine Natur hat sich nicht geändert. Während die alten Herren raubten mit den Waffen in der Hand, stiehlt man heut zu Tage durch Prellerei, durch Mißbrauch des Vertrauens, durch Spiel und Lotterie, man stiehlt durch Wucher, durch Pacht und Miethe, man stiehlt durch Handel und Industrie."

Der Verfasser, in die Irrthümer des Socialismus, die er

soeben bekämpft hat, zurückfallend, kommt, wie in seiner ersten Abhandlung über das Eigenthum, auf die alten Verordnungen der Kirche gegen den Wucher zurück und leugnet von Neuem die Berechtigung des Zinsnehmens, der Miethe und Pacht. Seine ganze Theorie beruht auf dieser Negation. Die Benutzung des Grund und Bodens und des Capitals muß seiner Ansicht nach umsonst geschehen, darüber hinaus sieht er nichts als Diebstahl und Raub.

„Das Eigenthum", sagt er, „ist seinem Princip und Wesen nach unmoralisch. Dieser Satz ist fortan der Kritik gewonnen. In Folge dessen ist das Gesetzbuch, welches, die Rechte des Eigenthümers fixirend, nicht auch diejenigen der Moral berücksichtigt hat, ein unmoralisches Gesetz; die Jurisprudenz, jene vorgebliche Wissenschaft des Rechts, welche nur eine Sammlung von Eigenthumsbestimmungen ist, ist unmoralisch. Und die Gerechtigkeit, nur vorhanden um den freien und ungestörten Mißbrauch des Eigenthums zu beschützen, die Gerechtigkeit, welche gegen diejenigen, die sich gegen diesen Mißbrauch aufzulehnen beabsichtigen, hülfreiche Hand zu leisten gebietet, die Jeden bestraft, der kühn genug ist, die Schäden des Eigenthums wieder gut zu machen, die Gerechtigkeit ist infam."

Das ist das Endurtheil Proudhon's über das Eigenthum. Und doch hat er in demselben Werke die Nothwendigkeit und Berechtigung des Eigenthums nachgewiesen, hat er gezeigt, daß es die unerläßliche Vorbedingung jeder productiven Thätigkeit, der Bildung des Capitals und des socialen Fortschritts ist, daß die Familie, jenes Ur- und Grundgesetz der menschlichen Existenz, ohne Eigenthum und Erbrecht gar nicht zu denken ist. Und all' diese Wahrheiten hat er mit einer wahrhaft bewundernswürdigen Kraft der Ueberzeugung und glänzender Beredtsamkeit verfochten.

Wie soll man sich diese Widersprüche erklären? Sind sie zufällig oder nicht, beabsichtigt oder nicht?

Diese Widersprüche sind von Seiten Proudhon's sehr wohl überlegt. Sie sind nur die traurigen Folgen der Anwendung jener der deutschen Philosophie entlehnten Methode, die seit einem halben Jahrhundert sich im Kreise des Scepticismus und des Idealismus herumdreht. Nach der Theorie dieser Methode schreitet der menschliche Geist nur fort, indem er bei jeder Frage zwei entgegengesetzte Lösungen entdeckt, zwei widersprechende Gesetze, mit einem Wort eine Antinomie. Jeder Widerspruch muß in einer höheren Idee sich aufheben, welche die Wahrheit enthält. Es ist immer der Mechanismus der These, der Antithese und Synthese, auf den wir schon bei der ersten Abhandlung über das Eigenthum hingewiesen haben.

Getreu seinem Princip gefällt sich Proudhon darin, die Widersprüche auf seinem Wege entstehen zu lassen, bei jedem Gegenstande bemüht er sich, aus dem Studium der Thatsachen und Meinungen zwei entgegengesetzte Ideen, die sich gegenseitig aufheben und vernichten, zu gewinnen. Daher jene Behauptung und Leugnung eines und desselben Princips, jene gleich bittere Kritik widersprechender Meinungen.

In dieser Weise durchmustert Proudhon nach einander die Theorien über Arbeitstheilung, Maschinen, Concurrenz, Monopol, Steuern, Credit und Eigenthum; bei jeder derselben wägt er das Für und Wider und setzt Socialismus und Socialpolitik in einen künstlichen Widerstreit. Er zeigt in der Theilung der Arbeit die nothwendige Vorbedingung der Entwicklung der Production, aber auch die Ursache der Abstumpfung des vereinzelten Arbeiters, in den Maschinen das Mittel zur Arbeitstheilung und zur Beseitigung beschwerlicher und widerstrebender Arbeiten, aber zu gleicher Zeit die Quelle der übermäßigen Verlängerung der Arbeitszeit, die Knechtung des Menschen, der zur Rolle eines Zubehörs maschineller Kräfte herabgedrückt wird. „Die Concurrenz", sagt er, „ist die nothwendige Bedingung der Billigkeit und des industriellen Fortschritts, aber auf der andern Seite auch die Ursache der Handelskrisen, unredlicher Bestrebungen, Bankerotte und Verminderung der Löhne. Das Monopol, d. h. das ausschließliche Recht jedes Industriellen auf die Producte seiner Arbeit, auf die Vortheile seiner Erfindungen ist das natürliche Gegenmittel gegen die Concurrenz, es ist der Lohn und das Ziel des Producenten, die Triebfeder seiner Anstrengungen, die Hoffnung seiner Berechnungen, aber es ist nur möglich durch den Sturz der Rivalen des glücklichen Siegers und nur auf Kosten der unbarmherzig gebrandschatzten Consumenten. Die Steuer ist nothwendig, um das Bestehen der Gesellschaft zu sichern, aber auf die Dauer macht sie diese arm und verschlingt sie. Die Freiheit des Handels kann allein die Billigkeit der Producte herbeiführen, aber der Schutz-

Zoll ist unerläßlich zum Schutz der nationalen Industrie. Der Credit ist das energischste Mittel, die Production zu befördern, aber der Credit, wesentlich realer Natur, hat nur zur unvermeidlichen Folge, den Reichen reicher und den Armen noch ärmer zu machen: Quelle des Wohlstands für die Einen, vergrößert er das Elend der großen Masse.

Ueber all' diesen Widersprüchen schwebt nach Proudhon der fundamentale Gegensatz des Nutzungs- und Tauschwerthes, der Schlüssel zur gesammten Nationalöconomie. Man weiß, daß der Tausch- oder Kaufwerth der Producte sich nicht nach ihrer Brauchbarkeit, noch der Quantität der zu ihrer Erzeugung nothwendigen Arbeit bemißt, sondern durch die relative Seltenheit dieser Producte, durch das Verhältniß von Angebot und Nachfrage bestimmt wird, so daß es vorkommen kann, daß, wenn Production und Reichthum sich vermehrten, der Tauschwerth des Products selbst sich vermindert: Der Producent hat dann Verluste. Diese Veränderlichkeit des Tauschwerths, der alle Producte in gleicher Weise unterliegen, hat zu jenem Grundsatz der Nationalöconomie geführt, daß man keinen Werthmesser für die Producte der Arbeit zu finden im Stande ist. Proudhon will nun diese unlösbare Frage lösen. Er ergeht sich in abstrusen Untersuchungen über die Bedingungen, von denen die Bestimmung des Werthes abhängt. Aus diesen obscuren Elucubrationen leitet er sodann jenen vermeintlichen Grundsatz ab, daß jede Arbeit ohne Rücksicht auf ihre natürliche Beschaffenheit in gleicher Weise belohnt, und die Producte einer allgemeinen Tarifirung, die nach der Anzahl der zu ihrer Erzeugung nothwendigen Arbeitsstunden zu bemessen ist, unterworfen werden müßten. Gold- und Silbermünzen werden abgeschafft und durch Banknoten ersetzt, welche, in Naturalien zahlbar, den Arbeitern für die Producte ihrer Arbeit von einer Centralbank verabfolgt werden. Dieses System, dessen Principien in dem Buche über die nationalöconomischen Widersprüche entwickelt werden, ist die Grundlage für das Project einer Wechselbank desselben Verfassers.

Dies ist der Geist, der in dem Buche der nationalöconomischen Widersprüche herrscht. Dies sind die Puncte, an deren Erörterung Proudhon alle Kunstgriffe einer verfänglichen Logik und einer lebhaften und glänzenden Diction verschwendet hat. Mit diesen öconomischen Fragen sind leider philosophische Themata verbunden, in denen sich der Verfasser gefällt, alle Begriffe, auf denen jede Gesellschaft und jede Moral beruht, zu erschüttern. Wenn man ihn hört, so ist die Unsterblichkeit der Seele nur eine trügerische Hoffnung, der Glaube an die Strafen und Belohnungen im Jenseits nur eine leere Chimäre, die Vorsehung eine Illusion, Gott selbst eine Hypothese. Wenn Proudhon auch die logische Nothwendigkeit dieser Hypothese anerkennt und die unwiderstehliche Macht, die uns das Dasein eines göttlichen Wesens anzunehmen gebietet, so geschieht es nur, um gegen diesen unbekannten Gott die schrecklichsten Lästerungen auszustoßen. Niemals hat die Gottlosigkeit, niemals der rasendste Atheismus sich zu solchen Wuthausbrüchen verstiegen.

Nichts ist peinlicher und niederschlagender, als die Lectüre der Capitel, in denen alle Ideen nach einander geleugnet und behauptet, übertrieben und bekämpft werden, wo Wahres und Falsches, Recht und Unrecht, Verderbtheit und Moral in einem ungeheuern Gewirre vermengt sind. Nicht ein fruchtbarer Gedanke, nicht eine practische Lösung ist in diesem Chaos zu finden. Vergebens würde man nach der Lösung der angeblichen Widersprüche, nach jener großen Synthese, in der sich alle von Proudhon entdeckten Gegensätze auflösen sollen, suchen. Am Grunde dieser verwickelten Discussionen und dunkeln Untersuchungen findet man nur die allgemeine Negation, das Nichts.

Wir können in der That nicht glauben, daß jene allgemeine Abschätzung der Producte, jene Gleichsetzung aller Arbeiten ohne Rücksicht auf ihre Beschaffenheit, welche Proudhon aus seinen obscuren Theorien der Werthmessung abzuleiten versucht, ernsthaft gemeint ist. Ebenso ist es mit jenem Bankproject, mit dessen Hülfe er eine Welt zwischen dem Eigenthum und der Gütergemeinschaft zu schaffen gedenkt. Das Maximum, das Papiergeld, unter welcher Form es auch emittirt werden mag, sind Mittel, welche die Erfahrung schon längst verurtheilt hat, selbst die Wechselbank ist keine neue Erfindung. Ähnliche Projecte, nur besser durchdacht und klarer entwickelt, sind schon längst in Frankreich und England gemacht und probirt worden. Die Versuche ihrer Ausführung sind alle ohne Ausnahme fehlgeschlagen und verunglückt.

Erinnern wir uns unter andern Beispielen an die unter Mitwirkung von Owen in England eingerichtete und begründete National labour equitable exchange und die ihr zur Seite stehenden Magazine. Hier wurde das baare Geld durch ein Papiergeld, dessen Einheit „Arbeitsstunde" genannt wurde, ersetzt. Die Mitglieder der Wechselbank erhielten für ihre Producte, die nach einem bestimmten Tarife angenommen wurden, eine Anzahl solcher Arbeitsstunden, die sie in den Niederlagen oder Magazinen gegen Consumptibilien, die von andern Mitgliedern der Gesellschaft fabricirt worden waren, umtauschen konnten. Das ist das ganze System Proudhon's. Aber dies System konnte nicht bestehen. Unter den rein theoretischen Projecten erwähnen wir nur noch das Buch der Zwillinge von Manchester, das zur Zeit der letzten Erneuerung des Bankprivilegiums in England so viel Aufsehen erregt hat. Man findet dort die Theorien Proudhon's über die Proportionalität der Werthe und den Plan einer Bank, die ohne Baarmittel operirt.

Trotz seinen Ansprüchen auf Originalität, trotz der zur Schau getragenen Feindseligkeit gegen die Lehre der Gütergemeinschaft, ist Proudhon dennoch von allen Seiten vom Communismus umgeben und umstrickt. Der Besitz, den er dem Eigenthümer substituirt, die absolute Gleichheit der Verhältnisse und der Löhne, die er zum obersten Grundsatz der Gesellschaft macht, führen nothwendig dazu, dem Staat oder den Vorstehern der Arbeitervereinigungen das Recht, in unumschränkter Weise über Personen und Sachen zu verfügen, einzuräumen. Die Gütergemeinschaft findet sich am Grunde des Systems, das die absolute Gleichheit zum Ausgangspuncte genommen hat. Diese Gleichheit durch einen Complex erbrechtlicher Bestimmungen und Verordnungen aufrecht erhalten wollen, heißt die unmögliche und so oft von den Gesetzgebern Griechenlands versuchte Aufgabe von Neuem versuchen. Die Gleichheit mit dem Recht des individuellen Besitzes, wenn auch in noch so engen Grenzen, versöhnen wollen, heißt zwei sich völlig ausschließende und widersprechende Principien verbinden. Vergebens sucht Proudhon auf dem Gipfel einer Abstraction zwischen Eigenthum und Gütergemeinschaft sich im Gleichgewicht zu erhalten; ihm fehlt der Stützpunct, und vom Eigenthum sich entfernend, wird er zum entgegengesetzten Abgrund getrieben. Schon den Abhang herabgleitend, sucht er noch am Buschwerk der Dialectik sich festzuklammern, aber eine verhängnißvolle und unwiderstehliche Macht zieht ihn zur Tiefe.

Man kann sich in der That mit den Gesetzen der Logik nicht abfinden. Der menschliche Geist läßt sich in eine falsche Formel nicht hineinzwängen, er unterwirft sich nicht der angeblichen Nothwendigkeit von Widersprüchen und Gegensätzen, die ihm gewisse Geister, die ihre eigene Schwäche zur Höhe eines psychologischen Princips erheben möchten, aufzuerlegen beabsichtigen. Wenn es in sehr seltenen Fällen richtig ist, daß die Wahrheit aus dem Kampf widerstreitender Principien hervorgeht, so findet sie sich doch in der Regel nur in einem der Glieder einer Alternative, zwischen denen man wählen muß. Eigenthum und Gütergemeinschaft ist eine solche Alternative. Das eine leugnen heißt die andere behaupten.

Mag übrigens Proudhon, wie er sagt, seinen Weg zwischen beiden Abgründen verfolgen, seine Worte verrathen trotz ihm seine wahren Tendenzen und zeigen deutlich die zwingende Nothwendigkeit, deren Einfluß er sich nicht zu entziehen vermocht hat. Spricht er vom Capital, so behauptet er, daß alles Capital nothwendig social sein müsse, was so viel heißt, als daß der Gemeinschaft die Disposition über die Capitalien zuzustehen habe. Bekämpft er einen erklärten Communisten, so drückt er offen sein Bedauern aus, Leuten widersprechen zu müssen, deren Ansichten im Grund auch die seinigen sind. Ebenso wie die Communisten betrachtet er die schönen Künste mit mißtrauischen und feindseligen Blicken, er hält sie für unvereinbar mit der wirklichen Gleichheit.

Beim Urtheil über einen Schriftsteller kommt es weniger auf den geheimen und mysteriösen Sinn seiner ungreifbaren Gedanken an, als auf den Einfluß, den seine Werke, in denen er jene entwickelte, gehabt haben. Nun, durch die Heftigkeit seiner Angriffe auf das Eigenthum, durch die Schroffheit seiner Sätze ist Proudhon einer derjenigen Leute, die auf die Entwicklung des Communismus den größten Einfluß gehabt haben. In dieser Hinsicht läßt er sich selbst Gerechtigkeit widerfahren. „Wenn jemals ein Mensch", sagt er, „sich wohl um den Communismus verdient gemacht hat, so ist

es gewiß der Verfasser des unter dem Titel „Was ist das Eigen=
thum?" veröffentlichten Buches." Proudhon hat wahr gesprochen.
Nur eins hat er erreicht: er hat sich wohl verdient gemacht um
den Communismus.

Capitel XX.

Pierre Leroux.

I.

Der menschliche Geist findet sich, welches auch immer der Gegen=
stand seiner Bestrebungen sein mag, von zwei entgegengesetzten
Kräften bewegt, und läuft Gefahr, je nachdem er der einen oder
der andern ausschließlich nachgiebt, an einer doppelten Klippe zu
zerschellen. Bald ist er geneigt, allein sich der Betrachtung der
Thatsachen zu widmen und auf einen engen Empirismus zu be=
schränken, bald sucht er sich von der Wirklichkeit abzusondern, um
sich in die Abstraction zu versenken, und läßt sich auf den Fittigen
der Einbildungskraft zu den Regionen der Chimäre entrücken. In
politischer Hinsicht zeigt sich das erste Extrem in dem blinden und
systematischen Widerstand, der zu allen Zeiten die Gesellschaft in
ihre gegenwärtige Form wie in einen ehernen Kreis zu bannen ver=
sucht, das zweite in den kühnen Projecten von Leuten, die, ohne
Rücksicht auf die ewigen Thatsachen der menschlichen Natur und die
den verschiedenen Zeiten und Ländern eigenthümlichen Verhältnisse,
sich auf der Verfolgung einer absoluten Vollkommenheit verirren
und die wesenlosen Phantome ihrer Träume mit Fleisch und Blut
zu umkleiden getrachtet haben. Das ist der ewige Gegensatz des
Realen und Idealen, des Empirismus und der Utopie. Für den
Schriftsteller, der die großen Fragen, welche die Entwicklung der
Gesellschaft allmählich zu Tage fördert, zu beleuchten hat, für den
Politiker, der berufen ist, sie zu lösen, besteht das wahre Talent
darin, diese beiden Richtungen mit einander in Einklang zu setzen,

und seinen Weg zwischen beiden Klippen hindurch zu nehmen. Nur da liegt der Fortschritt. Indessen muß man anerkennen, daß von beiden Extremen, die jenen gefährden, dasjenige das gefährlichste ist, welches die Gesellschaft auf die Wege des Unbekannten zu führen und die positiven Thatsachen aus dem Auge zu verlieren droht, um eine abenteuerliche Jagd nach Idealen zu beginnen. Die politischen Sectenhäupter, die sich diesen Mißbrauch der Imagination und des Raisonnements zu Schulden kommen lassen, haben eine Menge leichtgläubiger Schüler, die von dem Scheine des Guten sich täuschen lassen, in ihrem Gefolge. Kommt aber die entscheidende Probe der Erfahrung hinzu, so verschwinden diese verführerischen Illusionen und von den unsinnigen Versuchen bleibt nichts übrig als Ruinen. Die Anhänger der Utopie merken sodann, aber zu spät, daß man sie in den Himmel des Ideals nur hinaufgehoben, um sie desto tiefer in den Abgrund des Elends der Wirklichkeit zurücksinken zu lassen.

Unter den modernen Schriftstellern, welche der Menschheit die Wege der Zukunft zu bahnen versprechen, ist keiner, der sich weiter in das Reich der Chimäre hinein gewagt, keiner, bei dem der Mangel des Sinnes für die Wirklichkeit in gleicher Weise hervorträte, als bei Pierre Leroux. Er hat beim Studium der socialen und politischen Probleme die Methoden, welche er sich aus den obscursten Philosophen des Orients und Alterthums zusammengesucht hat, verwendet. Nichts ist daher schwieriger, als eine klare und bestimmte Vorstellung von den in seinen umfangreichen Werken zerstreuten Ansichten zu geben und vor Allem die practischen Folgerungen, die unmittelbar verwendbaren Resultate, die sich aus seinen weitschichtigen Abhandlungen ergeben müßten, zu finden. Ein neuer Proteus, entschlüpft Pierre Leroux der Kritik, er sucht sich und Andere zu täuschen, er behauptet und leugnet, er stellt ein Princip auf und zerstört es durch ein entgegengesetztes, er giebt eine Regel und stürzt sie wieder durch die Menge von Ausnahmen, er kündigt die höchsten Wahrheiten an und verliert sich im Leeren. Aber trotz dieser Verwandlungen, Umschweife und Ausflüchte wird es uns doch gelingen, ihn zu greifen, den Zusammenhang seiner Principien zu finden, und zu beweisen, daß seine Theorien auf den radicalsten Communismus hinauslaufen, der sich vergeblich hinter den Formeln einer obſcuren Metaphyſik und den Citaten einer unverbauten Gelehrſamkeit zu verſtecken ſucht.

Man kann verſchiedene Menſchen in Pierre Leroux unterſcheiden, oder, um mit ſeinen Worten zu reden, mehrere Seiten ſeines Geiſtes. In ihm vereinigt ſich Philoſophie und Theoſophie, der Dolmetſcher der antiken Religionen und Philoſophien und der Apoſtel einer neuen Religion, der Geſchichtsſchreiber der Vergangenheit und der Prophet der Zukunft, der Metaphyſiker und Statiſtiker, der Socialiſt und der Gegner des Socialismus. Ehe wir uns an das Studium der zahlreichen Werke dieſes Schriftſtellers machen, wird es nicht ohne Intereſſe ſein, mit einigen Worten den Gang ſeines Lebens und Denkens zu ſkizziren.

Unter dem Banner des Saint-Simonismus hat Pierre Leroux zuerſt das Feld der Utopie betreten. Im Jahre 1830 hatte er ſich nur durch Zeitungsartikel und durch ſeine Theilnahme an der Redaction des „Globe", an dem er mit Broglie und Duchatel zuſammen arbeitete, bemerklich gemacht, und bis dahin die Grenzen einer fortgeſchrittenen liberalen Geſinnung, wenigſtens offen, nicht überſchritten. Es iſt indeſſen wahrſcheinlich, daß die erſten Schriften des Saint-Simonismus einen tiefen Eindruck auf ſein Denken gemacht haben, denn im Jahre 1831 trat er zur neuen Religion über und machte den „Globe" zum Organ der Saint-Simoniſtiſchen Partei. Aber nur bis zum 21. November 1831 blieb er der neuen Lehre getreu. Seitdem verſchmähte er es, dem Saint-Simonismus auf den abenteuerlichen Wegen, auf die ihn Enfantin hinzulenken verſuchte, zu folgen, und gehörte zu den zahlreichen Diſſidenten, die nach Bayard's Vorgang ihre Partei verließen. Die Urſache des Bruchs war, wie man weiß, die famoſe Frage von der Emancipation des Weibes und den Functionen des Prieſters. Pierre Leroux konnte nicht ohne Entrüſtung die Theorien eines Menſchen mit anhören, der wenige Monate ſpäter den Titel eines oberſten Prieſters annahm; im Namen der Scham und der Moral proteſtirte er und zog ſich zurück. Seitdem, dieſe Gerechtigkeit muß man ihm widerfahren laſſen, iſt er in dieſer Frage bei denſelben Anſichten ſtehen geblieben; er blieb ein treuer Anhänger der Monogamie und führte einen erbitterten Krieg gegen die unreinen Lehren, von denen er ſich ſo offen und entſchieden getrennt hatte, ob er gleich in dieſem Puncte seiner sonst von ihm vertretenen allgemeinen Principien sich wenig consequent gezeigt hat.

Nach seinem Bruch mit dem Haupte des Saint-Simonismus schien sich Pierre Leroux mehrere Jahre ausschließlich mit literarischen und pädagogischen Studien zu beschäftigen. Er schrieb für die „Revue encyclopédique" bedeutende Artikel über moderne Poesie und über die Bewegung der philosophischen und religiösen Ideen. Diese Aufsätze, welche den Einfluß der Saint-Simonistischen Lehren deutlich verrathen, enthalten die ersten Keime der Ansichten, welche ihr Verfasser später vertrat.

Erst in der neuen Encyclopädie, im Jahre 1834 in Verbindung mit Carnot und Jean Reynaud begonnen, überließ sich Pierre Leroux entschiedener seinen philosophischen, politischen und socialen Tendenzen. Er veröffentlichte in dieser Sammlung zahlreiche Artikel über die Lehren der Phytagoreer, die Religionen Brahma's und Buddha's, über den Mosaismus, Platonismus, das Urchristenthum u. s. w. Eine unwiderstehliche Macht schien ihn vorzugsweise in die dunkelsten Regionen der Geschichte des menschlichen Geistes hinzuziehen. Zu ihrer Erforschung bediente er sich der schon in Italien, Deutschland und Frankreich von den zweifelhaften Erfindern einer Philosophie der Geschichte verwendeten Methoden, die von den Saint-Simonisten und allen Utopisten der neueren Zeit auf's Treueste befolgt worden sind. Nirgends findet man einen ähnlichen Luxus allegorischer Interpretationen, eine solche Verschwendung von Mythen und Symbolen. Pierre Leroux entdeckt in diesem Dunkel der Vergangenheit unendliche Tiefen, er erklärt das Unerklärliche, er findet einen Sinn in den Mysterien, die vor ihm in undurchdringliche Dunkelheit gehüllt waren. Wenn auch unglücklicher Weise diese Abhandlungen durch ihre Weitschweifigkeit von dem Styl der Orakel, die sie erklären, sich entfernen, so nähern sie sich denselben doch wieder durch ihre Unverständlichkeit ganz außerordentlich.

Pierre Leroux pflanzte im Jahre 1838 sein politisches und sociales Banner mit der Veröffentlichung seines Buches „über die Gleichheit" auf, 1839 entwickelte er seine Philosophie theilweise in seiner Widerlegung des Eklecticismus. Beide Schriften erschienen zuerst in der Form von Zeitungsartikeln. Die republicanische Opposition, die alten Saint-Simonisten, die Feinde der herrschenden Philosophie, überhäuften diese Werke, deren Tendenzen weder ihre Bewunderer noch ihre Feinde begriffen, mit überschwänglichen Lobsprüchen. Pierre Leroux ward zum tiefsinnigen Philosophen erklärt, zum Denker ersten Ranges erhoben, und eine wahrhaft enthusiastische Vorliebe herrschte schließlich für seine Werke. Und doch hatte sich Pierre Leroux bis dahin nur auf die Kritik und Erörterung einiger allgemeinen Principien beschränkt. Er hatte den Schleier, der seine Gedanken verhüllte, blos zur Hälfte gehoben und durch geschicktes Schweigen, durch geheimnißvolle Worte zu verstehen gegeben, daß er im Heiligthum seines Geistes erhabene Wahrheiten und das Geheimniß der Religion der Zukunft bewahre. Von allen Seiten bestürmten ihn seine Freunde, der Welt die Offenbarung, deren Bewahrer er war, nicht länger vorzuenthalten. Endlich im Jahre 1840 veröffentlichte er sein „Buch von der Menschheit", das Evangelium der neuen Religion. Dieses Werk zerstörte zum guten Theil den Nimbus, mit dem man den Verfasser zu umgeben gewohnt war.

Es zeigte die ganze Gefahr der alten Irrthümer, die Pierre Leroux zu restauriren versuchte, die furchtbare Leere hinter den pomphaften Perioden seiner Diction. Der Verfasser wurde endgültig verurtheilt und in die Classe der Träumer verwiesen. Seine Anhänger waren nur noch solche Menschen, die von Utopie zu Utopie herumirren und sich in vagen Theorien und unklaren Ansichten gefallen.

In den soeben citirten Schriften war Pierre Leroux aus dem Kreis der Allgemeinheiten nicht herausgegangen, er hatte keinen positiven Plan socialer Organisation aufgestellt, keine practischen Fragen aufgeworfen, keine unmittelbar verwendbare Lösung versucht. In dieser Hinsicht waren seine Ideen schwankend und undeutlich, oft sogar widersprechend geblieben. Man suchte vergebens bestimmte Schlüsse in seinen Werken, man war gezwungen, sie nach den allgemeinen Tendenzen ihres Verfassers zu errathen. Seitdem hat aber Pierre Leroux den Schluß gezogen. Zahlreiche Artikel in der „Revue indépendante" und der „Revue sociale" haben uns mit der Kritik, die er an der heutigen Gesellschaftsordnung auszuüben zu müssen geglaubt, sowie mit den Plänen, nach denen sie seiner Ansicht nach zu reformiren ist, bekannt gemacht. Endlich hat uns auch sein „Entwurf einer democratischen und socialen Verfassung" vom Jahre 1848 seine politischen Ideale enthüllt.

Man hat Pierre Leroux öfter den Vorwurf gemacht, kein System zu haben, sich in einen bizarren und ungreifbaren Syncretismus zu verlieren. Heut zu Tage ist dieser Vorwurf nicht mehr begründet. Für Jeden, der sich die Mühe gegeben hat, seine umfangreichen Werke zu durchlesen, unterliegt es keinem Zweifel, daß Pierre Leroux ein vollständiges, in allen Theilen ausgebildetes System besitzt, das Philosophie und Religion, Nationalöconomie und Politik umfaßt. In philosophischer Hinsicht läuft dies System auf die Negation der Unterscheidung von Leib und Seele hinaus, auf die Leugnung der menschlichen Persönlichkeit, die Aufsaugung der Vernunft und des Willens des Individuums durch die Vernunft und den Willen der Gesammtheit, in religiöser Beziehung auf den Pantheismus, in socialpolitischer auf den nach Saint-Simonistischen Grundsätzen organisirten Communismus, in politischer endlich auf eine absolute Gleichheit, eine bis zur Anarchie gesteigerte Democratie. Ueber diesen verschiedenen Elementen schwebt das Dogma der Trinität, der Trias, das er der alten Lehre der Phytagoreer von den Zahlen und dem Christenthume entlehnt hat.

Wir können nur eine sehr summarische Idee von diesem ausgedehnten Systeme geben, das ausführlich genug in mehr als zwanzig Bänden entwickelt ist. Wir müssen uns darauf beschränken, nur die hauptsächlichsten Puncte, welche sich direct auf die practische Lösung des Problems der socialen Organisation beziehen, zu skizziren. Da indessen alle Ideen Pierre Leroux' in der innigsten Wechselbeziehung zu einander stehen, da seine socialen Lehren auf seinen metaphysischen Theorien beruhen, so ist es unerläßlich, um die ersteren zu verstehen, zunächst die letzteren in der Kürze zu besprechen.

II.

Philosophie und Religion.

Bis jetzt hat man Philosophie und Religion als zwei wesentlich verschiedene Dinge betrachtet, obwohl sie auf verschiedenen Wegen zu denselben Lösungen der großen Probleme des menschlichen Daseins und des Endzwecks aller Dinge gelangen können. Pierre Leroux leugnet diesen Unterschied. In seinen Augen sind Religion und Philosophie, nach dem Gange ihrer Entwicklung betrachtet, identische Begriffe. Die verschiedenen Religionen, die nach und nach geherrscht haben, sind blos die Constatirung und Systematisirung der von der Philosophie jeweilig entdeckten Resultate, der höchste Ausdruck der voraufgegangenen Arbeit des menschlichen Geistes. Es ist nach ihm daher vollständig absurd, gerade die Stifter der Religionen von den Philosophen ausschließen zu wollen. Nur die Verschiedenheit der Zeiten unterscheidet die philosophischen und religiösen Denker; Alle ruhen auf den Bemühungen der Vorzeit und den Bedürfnissen der Mitwelt, Alle arbeiten an der Pflege des Baumes, der unaufhörlich sich entwickelt und die Menschheit zu bilden bestimmt ist. Aber die Einen kamen zur Zeit, als das Samenkorn einer neuen Religion in die Erde gesenkt ward, Andere, als der Baum schon Blumen trug und Früchte, Diese als sein Stamm sich in die Lüfte erhob, Jene als er umgehauen werden mußte, um wieder neu zu erstehen. Sie Alle haben an derselben Aufgabe gearbeitet, nur auf verschiedene Weise, aber sie verfolgten dasselbe Ziel, und unmöglich ist es, zwei wesentlich verschiedene Charactere in ihnen zu finden, zu behaupten, daß es zwei Classen gäbe, hier die Heiligen, dort die Philosophen. Nach Pierre Leroux faßte also das Christenthum, das zur Zeit seines Auftretens doch ein ungeheurer Fortschritt war, nur die bis dahin von den größten Geistern gefundenen und erkannten Wahrheiten zusammen. Das Christenthum, so wie es im Mittelalter aufgefaßt wurde, hat seine Kraft verloren und Alles gethan, was es für den Fortschritt der Menschheit zu thun vermochte. Seit der Reformation, also seit vier Jahrhunderten, hat es aufgehört, die Bewegungen der Ideen in Europa zu leiten; heut zu Tage ist es todt, und was davon etwa noch übrig, ist nicht viel mehr als eine Leiche. An der Philosophie ist es nunmehr, seinen Platz einzunehmen und eine neue Religion zu erschaffen. Die Elemente dieser Philosophie= Religion müssen sich in der Vergangenheit der Menschheit vorfinden, es handelt sich nur darum, sie zu sammeln, zu sichten und zu for= muliren. Dies ist die Aufgabe, die sich Pierre Leroux gelöst zu haben schmeichelt.

Jede Religion, jede Philosophie hat ein dreifaches Object, ein dreifaches Problem zu behandeln, den Menschen, Gott und die Natur. In welcher Weise löst nun Pierre Leroux diese großen Fragen?

Es ist eine von der ungeheuren Mehrheit des Menschengeschlechts anerkannte Wahrheit, daß der Mensch eine geheimnißvolle Vereinigung zweier Substanzen ist, einer geistigen und einer materiellen, daß er eine Seele und einen Körper besitzt. In der Seele ruhen die Fähigkeiten, die den Menschen wahrhaft zum Menschen machen, das Erkennen und Wollen, das Fühlen und Denken. Der Körper, ein gebrechliches und vergängliches Werkzeug, ist für die Seele nur eine vorübergehende Wohnung, nur ein Mittel, eine höhere Bestimmung zu erfüllen. Ist die Vereinigung beider Principien durch den Tod getrennt, so besteht die Seele unverändert fort, bewahrt das Bewußtsein ihrer Identität und Persönlichkeit und empfängt in einer anderen Welt Belohnungen oder Strafen, je nachdem sie während der Dauer ihrer irdischen Prüfungszeit Gutes oder Böses gethan hat. Nach Pierre Leroux ist diese Auffassung des Menschen durch und durch falsch. Der Mensch ist nicht Vereinigung von Geist und Körper, er ist untheilbar Geist und Körper zugleich. Von dem Ich, dem Princip, das in uns fühlt, denkt und will, kann man nicht behaupten, daß es das Bewußtsein seiner Existenz unabhängig von dem Körper, mit dem es auf's Innigste verbunden ist, besitze. Es hat das Gefühl seiner Identität, die Erinnerung seiner früheren Manifestationen nur insofern, als die Organe ihn die Spuren, die Eindrücke dieser Manifestationen vergegenwärtigen. Die Psychologie behauptet, daß das Ich, die Seele, die Fähigkeit besitzt, sich in sich selbst zurückzuziehen, sich sozusagen zu halbiren, so daß sie die Ausübungen ihrer eigenen Fähigkeiten selbst zu beobachten und zu studiren im Stande ist. Ein Irthum: die Seele sieht und beobachtet nur die Eindrücke ihrer Handlungen, welche die Organe bewahrt haben. Diese Ansicht, welche zunächst nur bei Gelegenheit einer rein psychologischen Discussion erörtert wurde, schloß furchtbare Consequenzen in sich. Denn wenn die Seele das Bewußtsein ihrer persönlichen Identität, die Erinnerung der Vergangenheit nur während ihrer Vereinigung mit dem Körper besitzt, so muß, wenn diese Vereinigung getrennt ist, auch das Gefühl der Identität, der Persönlichkeit, verschwinden; dann ist das Dogma der Unsterblichkeit, der Belohnungen und Strafen im Jenseits nichts als eine

Chimäre, eine Illusion des Hochmuths oder der menschlichen Schwäche. Pierre Leroux ist vor dieser Consequenz nicht zurückgeschreckt. Er hat sie in seinem „Buche über die Menschheit" kühn entwickelt und verfochten.

Zu allen Zeiten haben die Menschen geglaubt, eine individuelle, von der ihrer Mitmenschen vollkommen verschiedene Existenz zu besitzen. Nach Leroux ist dem nicht so. Kein Mensch existirt unabhängig von der Menschheit, und nur sein Stolz spiegelt ihm vor, daß er durch sich und unabhängig von der Menschheit existire. Aber was ist das für eine Menschheit, durch welche die Individuen allein existiren? Ist sie die Summe aller Wesen, die auf der Erde gelebt haben, leben und noch leben werden? Ist sie die specifische Eigenschaft des Menschen? Erneuert Pierre Leroux vielleicht den alten Irrthum der Realisten des Mittelalters, die Theorie der Universalien a parte rei, und denkt er sich die Menschheit als ein metaphysisches Wesen mit einer von den einzelnen Wesen verschiedenen Existenz? Unser Philosoph erklärt, all' diese Definitionen zurückweisen zu wollen, aber thatsächlich läßt er sie zu und verschmilzt sie mit einer langen Reihe unverständlicher Wortklaubereien, in denen das Wort Menschheit abwechselnd in den drei einzig möglichen Bedeutungen, die es geben kann, gebraucht wird. „Die Menschheit", sagt er, „ist virtualiter in jedem Menschen, aber nur die einzelnen Menschen haben ein wirkliches Dasein im Schoße des ewigen Wesens. Die Menschheit ist ein generisches oder universales Wesen, aber die Universalien, wie man in der Schule sagte, haben keine wirkliche Existenz, wenn man darunter eine Existenz, die jener der Einzelwesen ungefähr gleichkommt, verstehen will."

„Die Menschheit ist jeder Mensch in seiner unendlichen Existenz. — Die Menschheit ist der Mensch, d. h. die Menschen, d. h. die besonderen Wesen. —"

„Was ist also noch einmal die Menschheit? Ich behaupte, sie ist der Mensch, d. h. jeder Mensch in seiner unendlichen Entwicklung, in seiner Virtualität, die ihn befähigt, das Gesammtleben der Menschheit zu umfassen und dieses Leben in sich selbst zu realisiren. —"

„Die Menschheit, in welchem Sinne man auch das Wort verstehen mag, existirt in uns als Liebe und Freundschaft, als Haß und Leidenschaft. —"

„Die Menschheit ist also ein ideales Wesen, das aus einer Menge concreter Wesen, die selbst wieder die Menschheit im Princip, in ihrem virtuellen Zustande darstellen, zusammengesetzt ist. — Und auf der anderen Seite ist der Mensch ein wirkliches Wesen, in welchem im virtuellen Zustand das Idealwesen, Menschheit genannt, lebendig ist. Der Mensch ist Menschheit in einer concreten und wirklichen Manifestation, er ist Durchdringung des concreten Wesens Mensch und des universalen Wesens Menschheit, und die Folge dieser Durchdringung ist das Leben." —

Derartig sind die dunkeln und widersprechenden Sätze, in denen sich ein Denken, das sich selbst nicht versteht, verirrt. Die einzige Idee, die zwischen diesen Unverständlichkeiten hindurchblickt, ist die, daß nach Pierre Leroux das Existenzprincip, das metaphysische Sein, das sich in jedem von uns vorfindet, unlösbar mit dem menschlichen Dasein verbunden ist. Das ist in der That die Schlußfolgerung, zu der unser Philosoph gelangen muß. Nach ihm giebt uns seine Formel von der wechselseitigen Identität des Menschen und der Menschheit die Lösung des Problems des zukünftigen Lebens, den Aufschluß über jene andere Welt, mit der sich die Menschen, nach seinen eigenen Worten, in so sonderbarer Weise beschäftigen.

„Ihr seid", sagt er, „also werdet ihr sein; denn indem ihr seid, participirt ihr an dem Sein, d. h. an dem ewigen und unendlichen Sein. Was ewig in euch ist, wird nicht zu Grunde gehen, was untergehen wird, geht jeden Augenblick unter, oder vielmehr, was sich ändert und umbildet, das sind die Manifestationen eures Seins, die Beziehungen eures Seins zu den übrigen Wesen. Und es muß wohl so sein. Denn Dank dieser Veränderung fährt das ewige Sein in euch fort, sich zu manifestiren. Der Tod der Formen begleitet das Leben. Leben heißt sterben der Form nach, um wieder zu erstehen der Form nach." —

„Wir sind Menschheit. Unsere Vollkommenheit ist also eins mit der Vollkommenheit der Menschheit, oder vielmehr, diese Vollkommenheit ist sie selbst: also ist unser zukünftiges Leben an die Menschheit gekettet. Das zukünftige Leben ist die Entwicklung und Fortsetzung des gegenwärtigen Lebens. In dem gegenwärtigen Leben ist nun der Mensch Mensch, d. h. mit der Menschheit verbunden und durch dieselbe mit der äußern Natur. Es wird deshalb in dem zukünf=

tigen Leben, als Fortsetzung des gegenwärtigen, der Mensch auch ferner mit der Menschheit und durch die Menschheit mit der Natur verbunden sein."

Wir werden also wieder erstehen, aber in der Menschheit, wir werden wieder leben, aber auf dieser Erde, auf der wir gelebt haben. „Wir sind nicht nur die Söhne und Nachkommen derjenigen, welche vor uns gelebt haben, sondern im Grund und in der Wirklichkeit diese früheren Generationen selbst." Wendet man ein, daß der Mangel der Erinnerung, die Vernichtung der Persönlichkeit, der Individualität, der Identität die Folgen dieses Systems sind, so antwortet unser Philosoph, daß unsere Identität unser Ich ist, welches uns gegeben ist, unabhängig von seinen Manifestationen. Verändert sich aber diese Identität des Ichs nicht während des Laufs unseres irdischen Daseins? Würde ein neues Leben denn möglich sein, wenn der Geist unter der Last der Erinnerung unserer vergangenen Existenzen erdrückt würde? Aber wenn wir das formelle Gedächtniß entbehren, so wird es ersetzt durch die angeborenen Vorstellungen, durch die neuen Bedingungen der Entwicklung, die eine jede Generation bei ihrem Wiedererscheinen auf der Erde mitbringt. Hat Plato nicht gesagt, daß alles Wissen nur ein Erinnern ist? Hat Descartes nicht die Lehre von den angeborenen Ideen vertheidigt? Betrachtet nicht Leibniz das Leben eines jeden Wesens als eine fortlaufende Reihe mit einander verbundener Zustände?"

„Wir werden sein, wir werden uns wiederfinden. Aber müssen wir, um zu sein und uns wiederzufinden, uns auch der früheren Formen und Existenzen erinnern? Woher stammen jene Sympathien, die in diesem Leben vereinigen, die sich lieben? Man erkläre mir jene unwiderstehlichen Bande, die uns hinziehen zu gewissen Wesen. Glaubt man wirklich, daß die Quelle dieser Sympathien nicht in unserem früheren Leben zu suchen ist?"

„Die Erinnerung ist nur das zerbrechliche Siegel des Lebens. In der Erscheinung des Todes vollzieht sich offenbar etwas dem Aehnliches, was alltäglich geschieht im Schlafe, welchen Dichter, Philosophen und selbst das Volk so oft mit dem Tode verglichen und den Bruder des Todes genannt haben. Im Schlafe formen und verkörpern sich unsere Ideen, unsere Gefühle und Empfindungen, sie werden wir selbst, gleichwie wir sehen, daß durch die Verdauung die Nahrung, die wir genossen, in Fleisch und Blut unsers Körpers übergeht. — Der Schlaf erneuert uns also, und frischer und kräftiger gehen wir aus ihm hervor mit einem gewissen Vergessen unseres früheren Zustandes. Nun, im Tod, der ein noch größeres Vergessen ist, scheint sich unser Leben in der Weise zu ändern und umzubilden, daß es, seine frühere Erscheinungsform aufgebend, eine andere in uns annimmt, und, in den latenten Zustand übergehend, die potentielle Kraft unsers Seins erhöht. Dann kommt das Erwachen, die Wiedergeburt. Wir haben gelebt, aber wir erinnern uns nicht mehr der Formen dieser Existenz, und dennoch sind wir kraft unserer Virtualität recht eigentlich die Folge von dem, was wir waren, und immer dasselbe Wesen, nur vergrößert und erhöht."

Wie, wird man sagen, sind wir denn ewig verurtheilt, dieses Erdenleben mit seinen Schmerzen und seinen Plagen von Neuem zu beginnen? Werden wir jenem Glück, das wir hier unten verfolgen, und das uns immer entflieht, in einer besseren Welt nicht begegnen? Wie soll man in dem System der Wiedergeburt des Menschen das Böse begreifen, das nur als Prüfung verstanden und nur unter der Voraussetzung einer zukünftigen Vergeltung gerechtfertigt werden kann? — Pierre Leroux gibt zu, daß uns das Glück auf dieser Erde, auf der der Tod und der Schmerz mit uns wohnen, versagt ist. Er erkennt die Existenz des Uebels an und hält es für nothwendig, weil Freude und Noth die unerläßlichen Triebfedern unserer Thätigkeit und die Bedingungen der Bewegung der Welt sind. Aber hier spielt die Lehre von der Vervollkommnungsfähigkeit, die Pierre Leroux zum Rang einer Religion erhebt und zum Grundpfeiler seiner Theorien gemacht hat, herein. Der Mensch, sagt er, die Menschheit sind vervollkommnungsfähig, aber dabei darf man mit Pascal nicht glauben, daß die Summe unserer Erkenntnisse und der Umfang unserer Künste sich unaufhörlich durch die Arbeiten und Anstrengungen der Vorzeit vermehren: das ist nur die unbedeutendste Seite der Vervollkommnung. Die menschlichen Fähigkeiten selbst, die menschliche Natur selbst sind es, die sich vervollkommnen.

Jedesmal, wenn wir in der Menschheit von Neuem wieder geboren werden, sind wir stärker, intelligenter, tüchtiger; die Welt, in der wir von Neuem zu leben beginnen, ist eine bessere Welt, die dem Ideal der Gerechtigkeit und Vollkommenheit, nach welchem die

Menschheit hinstrebt, näher gerückt ist. Das ist unsere Unsterblichkeit, das die Befriedigung, die unserem Streben nach Glückseligkeit gegeben wird.

„Der Mensch," ruft Pierre Leroux aus, „muß daher auf einen lang gehegten Irrthum, der ihn außerhalb der Welt, der Natur und des Lebens ein imaginäres Paradies hat suchen lassen, verzichten. Es gibt kein Paradies, keine Hölle, kein Fegefeuer außerhalb der Welt, der Natur und des Lebens. Mit ihrer Hölle, ihrem Fegefeuer und Paradies, mit all' ihrer Furcht und ihrem Hoffen auf eine Ewigkeit außerhalb der Natur und des Lebens, sind die Menschen auf Irrwege gerathen. — Indem sie auf diese Weise einen Dualismus geschaffen und diesem Dualismus Eingang in Kopf und Herz gestattet haben, sind sie in sich gespalten und zerrissen. Angekettet, wie sie sind an diese Wirklichkeit, an die Natur und das Leben, haben sie sich zu gleicher Zeit auf den Fittigen ihrer Thorheit aus der Wirklichkeit, der Natur und dem Leben in eine imaginäre und wesenlose Welt, die sie selbst in ihren kühnsten Träumen weder zu schauen noch zu beschreiben vermochten, entführen lassen. Und dieser Dualismus ist es, der, die Wirklichkeit, Natur und Leben jeder unsterblichen Hoffnung beraubend, sie dem Egoismus, der Corruption und dem Bösen entgegengetrieben und in Wahrheit den Tod und das Nichts geschaffen hat."

Das ist klar und verständlich. Alles Unglück kommt daher, daß man ein zukünftiges, von dem gegenwärtigen verschiedenes Leben geglaubt hat. Diese Unterscheidung ist Thorheit, Absurdität, Chimäre. Die Menschen haben sich mit Unrecht einen Himmel außerhalb der Erde gedacht, sie haben mit Unrecht Gott den Unendlichen außerhalb der Natur und dieses Lebens gesucht. Die Sache verhält sich so: Gott ist nicht außerhalb der Welt, denn die Welt ist nicht außerhalb Gottes. In Gott leben, weben und sind wir, sagt bewundernswürdig der heilige Paulus. Und die Erde ist nicht außerhalb des Himmels, denn der Himmel, d. h. das geschaffene Unendliche, Raum oder Zeit, umfaßt die Erde: denn in diesem Himmel leben, weben und sind wir, wir und alle weltlichen Geschöpfe, sagt bewundernswürdig Kepler. — Der Himmel existirt also in einem doppelten Sinn, insofern er ist und sich manifestirt. Unsichtbar ist er das Unendliche, ist er Gott. Sichtbar ist er das

Endliche, ist er das Leben durch Gott im Innern einer jeden Creatur. — Es gibt also zwei Himmel: der eine absolut, permanent, die ganze Welt und alle Creaturen im Besonderen in sich begreifend, der andere relativ, nicht permanent, die Manifestation des ersten im Raum und in der Zeit."

„Wir glauben, daß der erste Himmel, der souveräne Himmel oder Gott, der Unsichtbare, Ewige, Unendliche sich in fortwährenden Schöpfungen manifestirt, und das Resultat dieser Schöpfungen, die nur den Zweck haben, die Creaturen mehr und mehr zu ihm emporzuheben, ist, daß immer vollkommenere Wesen aus seinem Schooße hervorgehen, je nachdem das Leben auf das Leben gefolgt ist. So ist auf unserem Erdball auf die Thierheit die Menschheit gefolgt. Der Mensch, hat Goethe gesagt, ist eine erste Unterhaltung zwischen Natur und Gott."

Verlangt man einen vollständigeren Begriff von der göttlichen Natur, so antwortet uns Pierre Leroux, daß Gott dreifach und einfach zu gleicher Zeit ist; er ist zugleich unpersönlich und verschieden von den einzelnen Wesen, obwohl einem jeden derselben immanent. Gott ist Dreiheit, denn er ist zugleich Wesen aller Wesen, ewige und unendliche Möglichkeit des Seins, in seinem Schooße alle Wesen begreifend und hegend und die Welt in ihrer Totalität umfassend. Das ist Gott Vater im Christenthum. Er ist Geist der Liebe, der alle Creaturen mit einander verbindet und in der Welt als Ursache sich manifestirt. Er ist allgemeines Licht, der die einzelnen Wesen erschafft, an jeder ihrer Lebensregungen Theil nimmt, ihnen Intelligenz und Bewußtsein ihrer selbst verleiht. Das ist der Logos, das Wort Gottes, von welchem Plato und Johannes sprechen, Gott der Sohn. Gott ist also dreifach und einfach zu gleicher Zeit. Daher jene Ehrfurcht des Alterthums vor der Dreizahl, dem Symbol der Gottheit; und da die Dreiheit und Einheit, drei und eins vier geben, so ist die Zahl vier, die Tetrade, von jeher als das vollkommenste Symbol der göttlichen Natur betrachtet worden. Das ist der Sinn jenes berühmten Tetragramaton der Hebräer, das dem gemeinen Mann auszusprechen nicht erlaubt war.

Aber die Dreiheit ist nicht blos das Gesetz der göttlichen Natur, sie ist auch das allgemeine Gesetz aller geschaffenen Wesen und besonders der Menschheit. Der Mensch, Geist und Körper, ist zu gleicher Zeit Gefühl, Empfindung, Bewußtsein, unauflöslich mit einander verbunden. Er ist dreifach und einfach. Dieser Satz spielt im System Pierre Leroux' eine wichtige Rolle, denn auf ihm beruhen seine Theorien socialer Organisation.

Das ist die Metaphysik, die Theodicee und Religion Pierre Leroux'. Nicht zufrieden, seine Lehren auf philosophischem Wege und durch das, was er metaphysische Intuition nennt, bewiesen zu haben, stellt er sie auch als das Resultat der ununterbrochenen Tradition des Menschengeschlechts und als den wesentlichen Inhalt aller bestehenden und vergangenen Religionssysteme hin. Um seine Metempsychose des Menschen zu stützen, hat er die Autorität Virgil's, Plato's, des Apollonius von Thyanes, des Moses und Jesu Christi zu Hilfe gerufen und eine ungeheure Gelehrsamkeit zusammengetragen. Die Wiedergeburt des Menschen in der Menschheit lehrt Virgil, der religiöse Dichter, der Dolmetscher Plato's, wenn er uns im sechsten Buche seiner Aeneide zeigt, wie die Schatten in langen Zügen Vergessenheit tranken aus den Wogen des Lethe, um ein neues Leben zu beginnen. In demselben Sinne muß die Seelenwanderung des Pythagoras erklärt werden, obwohl das ganze Alterthum darüber einverstanden ist, daß er die reine Metempsychose, d. h. den Durchgang der Seele durch alle Arten belebter Wesen ohne Unterschied gelehrt hat.

Sagt nicht Apollonius von Thyanes, der Schüler der Brahmanen, des Pythagoras und Plato, der Mitwisser der Mysterien und Theolog des Heidenthums: „Alles stirbt nur scheinbar, wie Alles nur scheinbar entsteht. Wenn ein Ding aus dem Zustand der Wesenheit in den Zustand der Natur übergeht, so nennen wir dies Entstehen, wie wir Vergehen nennen die Rückkehr aus dem Zustand der Natur in den Zustand der Wesenheit."

Moses hat niemals das Dogma eines von dem gegenwärtigen Dasein verschiedenen Lebens gelehrt, er hat nicht von Strafen und Belohnungen der anderen Welt, nicht von Hölle und Paradies gesprochen. Vergeblich haben die christlichen Schriftsteller dieses Schweigen zu erklären gesucht, indem sie sagten, daß die Juden zur Zeit des Moses noch zu roh und ungebildet waren, um das tiefsinnige Dogma der Unsterblichkeit der Seele getrennt von ihrem

Leibe zu begreifen. Die Unsterblichkeit in diesem Sinne ist nach Pierre Leroux nur ein ungeheurer Irrthum, den Moses, erleuchtet durch die Weisheit des alten Egyptens, sein Volk nicht lehren konnte und durfte. Die Wahrheit, welche Moses seinem Volke offenbarte, ist die Einheit des Menschengeschlechts, symbolisch angedeutet in dem tiefsinnigen Mythus von Adam und Eva; und auch die Pharisäer, eine der drei großen Secten des Judenthums, täuschten sich nicht, wenn sie annahmen, daß der Mensch im Schooße der Menschheit wiedergeboren werde. Endlich hat auch Jesus Christus selbst keineswegs ein zukünftiges Leben, so wie man es heut zu Tage versteht, versprochen, sondern das Ende der Welt und die Wiedergeburt des Menschen auf einer Erde, welche die Allmacht Gottes von Neuem erschuf. Das Urchristenthum hat niemals an das rein geistige Dasein der Seele geglaubt, an ein immaterielles Paradies, sondern an eine Auferstehung der Leiber. Dies ist aber wieder eine Wiedergeburt in der Menschheit. Es ist beinahe überflüssig, zu bemerken, daß in den Augen Pierre Leroux' wie in denen der Socinianer Jesus Christus nur ein Mensch ist, allerdings in hohem Grade vom Geiste Gottes erleuchtet, der sich vor Allem bei den großen Wohlthätern der Menschheit und den Stiftern der Religionen, bei Buddha, Moses und Christus offenbart hat. In seinem Ueberblick über die Geschichte der Vergangenheit stößt unser Philosoph auf Thatsachen, die seinen Theorien ganz sonderbar widersprechen. Das ist unter Anderem der Fall mit jenem allgemeinen Glauben an ein von dem irdischen Dasein verschiedenes Leben, an die Strafen und Belohnungen im Jenseits, an Elysium und Tartarus, an Paradies und Hölle, ein Glaube, der sich wiederfindet in Egypten und Indien, das die Idee der Vergeltung mit der Seelenwanderung verbindet, im Schooße des Heidenthums und selbst bei den Juden, wo die essenische Secte sich zu ihm bekannte. Pierre Leroux hält sich bei dieser großen und wahren Tradition des Menschengeschlechts nicht auf. Dieser Glaube muß nach ihm als eine plumpe Meinung, welche die Mitwisser der Mysterien der alten Religionen dem unwissenden Volke beließen, betrachtet werden. Wenn große Geister sich zu ihm bekannten, weil er allein ihnen das Räthsel des Lebens zu lösen schien, so kam das nur daher, daß ihnen die sublime Lehre der Vervollkommnungsfähigkeit, die erst das achtzehnte Jahrhundert entdeckte, und die mit der Wiedergeburt des Menschen zusammen die Wege der Vorsehung hinreichend erklärt, unbekannt geblieben ist.

Das ist also die Religionsphilosophie, welche das Christenthum ersetzen soll. Das ist der geheimnißvolle Sinn, die Ergänzung aller Offenbarungen, welche dem menschlichen Geschlecht durch die großen Geister, zu deren Interpreten und Fortsetzer sich Pierre Leroux berufen fühlt, verkündet wurden. Liest man diese beklagenswerthen Verirrungen, so kann man nicht genug erstaunen, daß der Verfasser mit dem Namen Religion und Philosophie eine Theorie zu benennen gewagt, welche die Vernichtung jeder Religion und jeder Philosophie ist, eine ungeheuerliche Vermengung des Idealismus der Nachfolger Kant's und der Träumereien Spinoza's. Trotz der Spitzfindigkeiten, durch welche Pierre Leroux die einzelnen Wesen und die einem jeden derselben immanente göttliche Substanz zu trennen versucht, ist seine Theorie von Gott und der Natur nichts als Pantheismus, und zwar der Pantheismus, zu dem sich die Anhänger der Saint=Simonistischen Schule offen und frei bekannt haben. Die Wiedergeburt des Menschen in der Menschheit ist die Negation jener trostreichen Dogmen, auf denen alle Religion und Moral beruht, sie ist eine Hypothese ohne Beweis, eine Rückkehr zu jenen groben Irrthümern, die, selbst vom Polytheismus zurückgewiesen, vor dem Lichte der christlichen Offenbarung verschwunden sind.

Die Fortdauer der Persönlichkeit der Seele nach dem Tode leugnen, heißt die Unsterblichkeit leugnen. Was liegt mir daran, ob die virtuelle Kraft in mir nach dem Tode fortbauert, wenn sie aufhört, mein Ich zu sein, wenn sie sich unter der Form eines vollständig neuen Wesens offenbart, ohne irgend welche Erinnerung ihrer früheren Existenz? Nach dieser Ansicht ist auch mein Körper unsterblich, denn ich weiß, daß die materiellen Molecule, aus denen er besteht, unvergänglich sind, und dereinst aus ihnen in der Folge der Jahrhunderte neue belebte Wesen erschaffen werden. O, Philosoph, bekenne offen und frei deine Lehre vom Nichts, wir wissen nicht, was wir mit deiner Unsterblichkeit anfangen sollen.

Uebrigens ist Pierre Leroux keineswegs der Erste, der in neuerer Zeit die Lehre von der Wiedergeburt des Menschen wieder zu Ehren zu bringen versucht hat. Wenn unter den Vorgängern, auf die er sich stützt, die berühmtesten diese Ehre nicht verdienen, so gibt es doch noch andere, auf die er mit weit mehr Recht sich hätte berufen können. In den traurigsten Tagen der französischen Revolution predigte der Atheist Anacharsis Clootz die Religion der Menschheit, die Aufsaugung des Individuums durch die Gattung. Charles Fourier, jener Phantast, dessen unreine Theorien Leroux mit Recht bekämpfte, hatte dreißig Jahre vor ihm behauptet, daß der Mensch mehrere Mal auf der Erde wiedergeboren werde, und, bestimmter als der Philosoph von Roussac, fixirte er die Zahl dieser Existenzen auf vierhundertfünf und ihre Gesammtdauer auf 27,000 Jahre. Er träumte sogar von einem Zustande der Seelen in den Zwischenräumen ihrer irdischen Wiedergeburt, Pausen, die seiner Ansicht nach das Leben im Jenseits bilden, in dem die Abgeschiedenen, mit ätherischem Körper umkleidet, in den höchsten Regionen der Atmosphäre umherschweben oder in den tiefsten Schooß der Erde hinabsteigen. So sind also die Verirrungen Pierre Leroux' trotz ihrer Ansprüche auf Originalität nur ein offenbares Plagiat. Aber was ihm gehört, ist der ganz bizarre Syncretismus, durch den er Religiosität mit Atheismus, Mysticismus mit der Negation des geistigen Lebens verschmolz.

Dies wird genug sein über die Religion Pierre Leroux'. Es ist Zeit, die Principien der Moral, der Politik und der socialen Organisation, die er aus seinen metaphysischen Theorien ableitete, einer Kritik zu unterwerfen.

III.
Sociale und politische Verfassung.

Wie der Mensch in psychologischer Hinsicht ein dreifaches Wesen ist, ebenso manifestirt er sich auch als sociales Wesen in dreifacher Richtung. Da er zugleich Gefühl, Empfindung, Bewußtsein ist, so steht er durch diese drei Seiten seines Wesens mit den übrigen Menschen und der Welt in Beziehung. Hieraus entsteht das Eigenthum, die Familie, das Vaterland, entsprechend den drei Begriffen der philosophischen Formel. Die Dreiheit der menschlichen Seele als vorwiegende Empfindung erzeugt das Eigenthum, als vorwiegend Gefühl die Familie, als

Bewußtsein die Stadt oder den Staat. Aber zwischen dem Menschen und seines Gleichen, zwischen Mensch und Universum gibt es zwei Arten von Beziehungen aus denen das Gute oder das Böse hervorgeht. Der Mensch setzt sich mit seinem Nächsten in Verbindung und Gemeinschaft, das ist der Friede, oder er will ihn gewaltsam seinem Bedürfniß unterjochen, das ist der Krieg. Diese Erscheinung wiederholt sich in den drei Arten der socialen Elemente. In der Familie gibt es Vater und Kind, Gatte und Gattin. Wenn der Vater, der Gatte ein Tyrann ist, so sind der Sohn, die Gattin seine Sclaven. Ebenso befehlen dem Staate die Einen aus egoistischem Interesse, die Anderen sind gezwungen, zu gehorchen; auch das ist Knechtschaft. Indem endlich der Mensch das Eigenthum für sich allein zu besitzen verlangt, erzeugt er es gerade dadurch auch bei den Anderen; so setzt er sich also selbst unübersteigliche Schranken. Indem er sich zum Eigenthümer macht, macht er sich zum Sclaven, denn er entsagt gerade dadurch dem Recht auf Genuß dessen, was über sein Eigenthum hinausgeht. Der Krieg unter den Menschen zeigt sich auch von dieser Seite: denn diejenigen, welche eine große Menge Eigenthum besitzen, sind die Mächtigen; die wenig oder gar nichts haben, sind zu schwach, um nicht Sclaven zu sein.

„So erzeugt also der Mensch durch die Thatsache seines Lebens selbst, durch das seinem Wesen immanente Bedürfniß, Familie, Vaterland, Eigenthum, und er muß sich fügen, daß diese drei ausgezeichneten Güter eine dreifache Quelle des Uebels für ihn werden."

„Müssen aber deshalb Familie, Vaterland und Eigenthum eines Tags aus der Menschheit verschwinden? Von Zeit zu Zeit hat es im Laufe der Jahrhunderte Denker und ganze Secten, die daran glaubten, gegeben. Auch in unseren Tagen sind solche Denker und Secten von Neuem erschienen." Pierre Leroux erklärt, diese Ansichten nicht theilen zu können: Der Mensch, sagt er, kann ohne Familie, Vaterland und Eigenthum nicht begriffen werden; Familie, Vaterland und Eigenthum sind die drei nothwendigen Formen seiner Gemeinschaft mit seinen Nächsten und mit der Natur. Dieser Erklärung kann man seinen Beifall nicht versagen; aber wir werden bald sehen, wie der Philosoph in Folge eines ihm geläufigen Widerspruchs, den er vergeblich hinter dem Blendwerk einer verfänglichen Phraseologie zu verstecken sucht, dieselben Principien, die er soeben vertheidigt, wieder umwirft.

Familie, Eigenthum und Vaterland, sagt Pierre Leroux, müssen dergestalt organisirt werden, daß sie dem unbegrenzten Verkehre des Menschen mit seinem Nächsten und mit dem Universum zu dienen im Stande sind. Es ist dies eine Consequenz der Identität des individuellen Menschen und des allgemeinen Wesens Menschheit. Aber bis jetzt ist die Familie, die Nation, das Eigenthum noch nicht derartig organisirt gewesen, daß der Mensch in ihrem Schooße fortzuschreiten und sich frei zu entwickeln vermocht hätte. Die Familie schränkt den Menschen ein, weil sie Alles auf die Geburt bezieht, weil sie den Sohn dem Vater unterordnet und den Menschen zum Erben macht. Die Nation schränkt die Menschen im Raume ein, weil sie einander feindselige Aggregate schuf und den Menschen zum Unterthanen erklärt. „Endlich giebt es eine dritte Art, die Menschen einzuschränken, nämlich den Grund und Boden, oder im Allgemeinen die Arbeitswerkzeuge zu theilen, und die Menschen an die Sachen zu ketten, den Menschen dem Eigenthum zu unterwerfen, aus dem Menschen einen Eigenthümer zu machen."

Die Quelle des Bösen ist der Bruch der Einheit des Menschen mit seines Gleichen, mit anderen Worten die Isolirung, der Individualismus, die Kaste. Aus ihr entwickelt sich die Familienkaste, die Eigenthumskaste, die Vaterlandskaste im Widerspruch mit der wahren Familie, dem wahren Eigenthum, dem wahren Vaterland. Die Weisen des Alterthums, Confucius und Christus, haben als Gegenmittel die Liebe in Vorschlag gebracht, sie haben gesagt: Liebet euern Nächsten, wie euch selbst. Pierre Leroux giebt zu, daß in diesem Princip etwas Gutes enthalten ist, aber er findet es ungenügend und unvollkommen in dreifacher Hinsicht.

Er sieht in der Nächstenliebe des Christenthums „1) das Ich oder die menschliche Freiheit aufgegeben, den nothwendigen und heiligen Egoismus verletzt und mit Füßen getreten, die Natur beleidigt und verachtet, 2) das Ich oder die menschliche Freiheit nach Gott hin gewendet, das endliche Wesen direct bestrebt, nur das unendliche Wesen zu lieben, 3) das Nicht-Ich oder den Nächsten trotz dieser Nächstenliebe verkürzt, nur zum Schein und durch eine Art von Fiction um Gottes willen, der die einzige Liebe des

Christen ist, geliebt. Ein höheres und vollkommeneres Princip muß daher an die Stelle der Nächstenliebe des Christenthums treten, das der gegenseitigen Solibarität der Menschen, das auf der innigen Wechselbeziehung und der unlösbaren Gemeinschaft des Menschen und der Menschheit beruht. Diese Gemeinschaft ist eine derartige, daß wir unserm Nächsten kein Uebel zufügen können, ohne uns selbst zu schädigen. Die Unterbrückung ist nicht blos für den Unterbrückten verberblich, sondern mehr noch für den Unterbrücker verhängnißvoll, da sie diesen verbirbt und der Furcht unterwirft. Ebenso können wir uns selbst nichts Böses zufügen, ohne daß dieses Böse auf die übrigen Menschen zurückwirke, weil diese der Hülfe, die sie an uns gefunden haben würden, auf diese Weise verlustig gehen. Der Grundsatz der wahren Nächstenliebe, der Solidarität, die gleichweit von der Ascese und dem Egoismus entfernt ist, ist daher folgender: Liebet Gott in euch und in den Andern, was so viel ist, als: Liebet euch um Gotteswillen in den Andern, oder: Liebet die Andern um Gotteswillen in euch, unterscheibet nicht Gott und euch und die andern Geschöpfe. Gott manifestirt sich nicht außerhalb der Welt, und unser Leben ist nicht abgesondert von dem Leben der übrigen Creaturen."

Aber wie soll sich dieses Princip der Solibarität, der Gemeinschaft aller Menschen verwirklichen? Einfach durch die immer vollständigere Durchführung der Freiheit, der Brüderlichkeit und vor Allem der Gleichheit. Die französische Revolution hat mit Recht die ganze Politik in diese drei Worte, die einen tiefen Sinn enthalten, zusammengebrängt. Sie entsprechen in der That der Ansicht, wonach der Mensch zugleich Gefühl, Empfindung und Bewußtsein ist. Die Freiheit als Manifestation des Lebens nach Außen steht mit der Welt der Empfindung in Zusammenhang. Der Mensch der Gesellschaft kann keine Thätigkeit ausüben, ohne sich in Beziehung zu setzen mit seinen Nächsten, ohne für ihn eine freundliche oder feindliche Regung zu verspüren. Das Gesetz, das diese Beziehungen regeln soll, ist die Brüderlichkeit, die Bezug hat zum Gefühl. Aber warum soll Freiheit und Brüderlichkeit die Beziehungen der Menschen zu einander in Einklang setzen? Der Verstand antwortet, weil alle Menschen gleich sind. Die Gleichheit entspricht also dem Bewußtsein, sie ist in wissenschaftlicher Hinsicht der Grund des Daseins der beiden anderen Bestandtheile des republicanischen Symbols, das logische Fundament der Freiheit und der Brüderlichkeit.

„Es liegt", sagt Pierre Leroux, „eine ganze Wissenschaft in diesem Worte Gleichheit, eine Wissenschaft, die heut zu Tage noch unbekannt und in Dunkel gehüllt ist. Der Ursprung und der Zweck der Gesellschaft liegt in diesem Worte wie in dem Räthsel der Sphinx verborgen. Die Gleichheit ist ein Princip, ein Dogma, das, zum ersten Male von Rousseau proclamirt, nun ein Glaube, eine Religion geworden ist."

Den Feinden des Fortschritts zufolge, fügt Pierre Leroux hinzu, ist die Devise der Republik die des Lasters, der Unwissenheit, der Mißgunst; sie ist ein Aufruf zum Kriege, nicht ein Ruf nach Frieden, es sind drei sinnlose Worte, welche das Volk, d. h. die Canaille, mit leidenschaftlichem Eifer als ein Symbol der Zügellosigkeit ergriffen hat. Eine Erfahrung voller Enttäuschungen hat es gelehrt, die Gleichheit ist nur eine Chimäre. Andere wollen das Princip der Gleichheit auf die Gleichheit vor dem Gesetze beschränkt wissen. Das ist nach Pierre Leroux eine engherzige und falsche Interpretation. Die Gleichheit vor dem Gesetze, selbst auf politischem Gebiet, ist nicht die wahre Gleichheit. In der Grundlehre der Revolution handelt es sich nicht blos um die Freiheit des Bürgers, sondern um die Freiheit des Menschen. „Die Gleichheit ist ein göttliches Gesetz, ein Gesetz vor allen Gesetzen, aus dem alle anderen Gesetze ihren Ursprung ableiten."

Dieses Princip, sagt er, ist heut zu Tage das Criterium der Gerechtigkeit. Es ist unserm Geiste mit solch' imponirender Autorität entgegengetreten, daß die gegenwärtige Gesellschaft, von welchem Gesichtspuncte aus man sie auch betrachten mag, keine andere logische Grundlage aufzuweisen hat. Die Gleichheit ist das Hauptelement unserer militärischen Organisation, sie ist zur Grundlage unserer politischen Organisation als Souveränität des Volkes, zum Gesetz des Handels und der Industrie als freie Concurrenz erhoben worden. Sie steht an der Spitze des bürgerlichen und des Strafgesetzbuches, in religiöser und intellectueller Hinsicht ist sie als Freiheit des Gewissens, als Freiheit des Denkens und der Presse sanctionirt. Sie regelt alle socialen Verhältnisse, alle Beziehungen der Freundschaft und der Liebe. Es giebt keinen Edelmann mehr, keinen Bauer, keine Mißheirath.

Aber nur im Princip wird diese Gleichheit zugelassen, und wie weit ist sie noch entfernt, vollständig durchgeführt zu sein. Das Privilegium einer besonderen Erziehung öffnet dem Reichen den Weg zu den Ämtern, der nach Pierre Leroux dem Sohne des Handwerkers und des Tagelöhners verschlossen ist. Die Concurrenz ist nur die Vernichtung des Schwachen durch den Starken, die Ausbeutung des Arbeiters durch das Capital, die Freiheit des Denkens nur ein Hohn, weil man dem Armen eine Erziehung, die er nicht bezahlen kann, versagt. Die Gleichheit vor dem Strafgesetz ist rein nominell, weil man keinen Unterschied macht zwischen dem, den Erziehung und Vermögen vor strafbaren Versuchen bewahren, und demjenigen, der in Unwissenheit versunken, den Einflüsterungen der Noth und des Elends gehorcht. Und ist es denn auch wahr, daß die Verbrechen der höheren Stände geahndet werden? Wie viel Schändlichkeiten werden ungestraft von den Wucherern und den Fürsten der Börse verübt! Wie viel schmähliche Schachereien im Handel, im Journalismus, in der politischen Welt! „Lovelace ist durch sein Gold gesichert, wie ehemals durch seinen Rang und seinen Adel. Der reiche Tartufe kann ungestraft seine Intriguen anzetteln, ohne daß am Ende des Stücks die Polizei ihn ergreift. — Robert Macaire ist jener Typus der Zügellosigkeit und Straflosigkeit des Verbrechens der höheren Stände. Dieser Räuber verhandelt Alles, Vertrauen, Freundschaft, Liebe, alle möglichen Empfindungen, und Alles gelingt ihm. Man hängt keinen Menschen, der über hunderttausend Thaler verfügt, sagte ein unverschämter Steuerpächter des vorigen Jahrhunderts, der den Strick verdient hatte. Heut zu Tage hängt man ihn nicht nur nicht, man überhäuft ihn sogar mit allen möglichen Ehren."

Man sieht, Pierre Leroux zeigt in seiner Kritik der Gesellschaft nicht weniger Bitterkeit und Schärfe, als seine Mitbrüder im Socialismus. Endlich beklagt er sich bitter über die Zurücksetzung der Frauen durch Gesetzgebung und Sitte. Man verschließt ihnen den Zutritt zu den höheren Wissenschaften und den freien Künsten, man verweigert ihnen die politischen Rechte und ihren Platz in dem Gemeinwesen. Die Gleichheit in den Verhältnissen der Liebe führt nur die jungen Mädchen aus dem Volke, die ehemals die Kenntniß der unübersteiglichen Schranken der Geburt vor den verführerischen Lockungen unmöglicher Hoffnungen bewahrte, in die Arme des wollüstigen Reichen. Ja, in der Ehe selbst erkennen unsere Gesetze nicht die Gleichheit der Ehegatten an und die Wechselseitigkeit ihrer Pflichten.

„So ist denn", fährt unser Verfasser fort, „die Gesellschaft in Folge des Gegensatzes der Thatsachen und des Rechts eine Beute der Unordnung und des Widerspruchs. Das Unglück unserer heutigen Gesellschaft resultirt aus dem Kampf des Princips der Gleichheit mit seinem Gegentheil. Wohin man auch blicken mag, überall scheint man nach der Gleichheit zu streben. Täuschung und Trug! Die Ungleichheit ist es, die überall herrscht. — In jedem von uns existiren in Wahrheit zwei Menschen, zwei Tendenzen. Die zwei politischen Parteien, in die wir uns spalten, sind nur ein Bild dessen, was in der Seele eines jeden von uns vorgeht. Unsere bürgerlichen Zwistigkeiten sind nur ein Wiederschein des inneren Zwiespalts unsrer Natur. Zwei Menschen wohnen in uns, ein Mensch des Gesetzes der Gleichheit und ein Mensch des Gesetzes der Knechtschaft. Unsere Seele, unsere Vernunft begreift als Ideal nur die Gleichheit, aber in der politischen Welt herrscht die Ungleichheit, und unsere Augen erblicken nur diese. — Wir stehen in der Mitte zweier Welten, einer Welt der Ungleichheit, die vergeht, und einer Welt der Gleichheit, die beginnt."

„Welches Princip soll nun in der Praxis herrschen und triumphiren? Die Gleichheit oder die Ungleichheit? Wenn die Ungleichheit, so versenket uns schnell in die Nacht der Jahrhunderte, welchen dieses Ideal noch nicht erschienen, wenn die Gleichheit, so wollet dieses Ideal zur Ausführung bringen."

„Das ist das Problem. Es ist die Frage Hamlet's, die Frage nach dem Uebergang von einem Leben zum andern, nach Tod und Auferstehung, nach Sein oder Nichtsein."

„Was man auch von der gegenwärtigen Lage der Welt und dem Endziel ihrer Entwicklung denken mag, der Ansicht wird sich Niemand verschließen können, daß unsere heutige Gesellschaft, unter welchem Gesichtspunct man sie auch betrachtet, keine andere Grundlage haben kann, als die Idee der Gleichheit. Wenn sie diese Grundlage nicht hat, so bleibt nichts übrig, als zu behaupten, daß sie überhaupt keine Grundlage hat."

„Wenn man glaubt, es genüge die Gleichheit im Strafgesetz, im bürgerlichen Gesetz und selbst in der Politik, so ist dies eine offenbare Thorheit. Die Gleichheit ist ein Gedanke, ein Glaube, der schon gewisse Consequenzen gezeitigt hat und noch andere wird zeitigen können. Sie ist ein Princip, das der menschliche Geist anerkannt hat; die Anwendung desselben wird nur durch unsere Unwissenheit beschränkt, und die Zeit wird die Aufgabe übernehmen, es zu entwickeln. Verwechselt nicht das Recht mit seinen gegenwärtigen Grenzen. Das Recht wird immer seine Grenzen und Schranken finden, aber es wird berechtigte und unberechtigte, vernünftige und unvernünftige geben."

„Man müßte blind sein, wollte man annehmen, daß unsere Gesellschaft, so voller Klagen und Leiden, die Herculessäulen der Gerechtigkeit, das non plus ultra der Billigkeit entdeckt habe, man müßte dreifach verblendet sein, wollte man behaupten, daß ein in der Welt so neues Princip, wie die Gleichheit, schon in allen Puncten durchgeführt worden sei; und auf der anderen Seite könnte nur ein Wahnsinniger glauben, daß die Consequenzen dieses Princips durch Gewalt besiegt, oder durch List vereitelt werden könnten."

Das sind die Grundgedanken Pierre Leroux', die er in seinem Buch „über die Gleichheit" entwickelt, einer Schrift, welche der Zeit nach seiner „Abhandlung über die Menschheit" voraufgeht, aber logisch ihr nachfolgt. Indem der Verfasser die Geschichte für seine theoretischen Betrachtungen zu Hülfe nimmt, bemüht er sich nachzuweisen, daß bis zur allerneuesten Entdeckung des Princips der Gleichheit die Socialpolitik gar keine Grundlage gehabt habe. Das Alterthum kannte die wahre Gleichheit nicht. Die Theilung der Menschen in Kasten, die Sclaverei waren damals allgemeine Thatsachen, über die sich selbst die größten Geister Griechenlands nicht zu erheben vermochten. Aber wenn auch die Alten nicht begriffen, daß die Gleichheit der Rechte für Alle schon aus der Eigenschaft des Menschen als solchen hätte folgen müssen, so haben sie wenigstens innerhalb der Kaste, unter den Mitgliedern der höheren Stände, den Priestern und Kriegern, die Gleichheit eingeführt und bewahrt. Diese Gleichheit manifestirte sich oft in der Gütergemeinschaft. Ein

Ausdruck derselben waren in den Gesetzgebungen des Alterthums die öffentlichen Mahlzeiten, die gemeinsamen Gelage in Creta und Sparta, deren älteste Quelle sich aber noch in dem Dunkel der fernsten Zeiten verliert. Und wurde diese Einrichtung nach Creta nicht durch die Dactylen, jene Priester der primitiven Religion, die aus Phrygien herüberkamen, gebracht? Berichtet nicht eine alte Tradition, die auch Aristoteles bekannt war, daß Italus die wilden Bewohner Oenotriens versammelt und gemeinsame Mahlzeiten bei ihnen eingeführt habe? Und das war jedenfalls der Sinn dieser Einrichtung. Denn wie nannte sich der Bürger der antiken Kaste in der mystischen Sprache seiner Stadt? Er nannte sich „gleich". Auch bei den Doriern war Sparta die Stadt der Gleichen; die Spartiaten, die wahren Spartiaten, die allein an den gemeinsamen Mahlzeiten, an der Eucharistie theilzunehmen berechtigt waren, nannten sich unter einander „die Gleichen". Das waren die einzigen, welche Menschen waren. Man erkennt denselben Character in den karthagischen Hetärien, in dem Institut der Schüler des Pythagoras, in dem gemeinsamen Leben der Priester und Krieger Egyptens. Nach Pierre Leroux würden also die gemeinsamen, aber auf die Kaste beschränkten Mahlzeiten, die geistige und materielle Grundlage der Gesetzgebung des grauen Alterthums gewesen sein. Dasselbe ist der Fall mit der mosaischen Gesetzgebung, welche in hohem Grade vom Geiste der Gleichheit beherrscht wurde. Das Passah hatte denselben Sinn in der Gesetzgebung Moses', wie die Andrien in den Einrichtungen des Minos, die Phibitien in denen des Lycurg. Der Sabbath, das Sabbathjahr und Jubiläum hatten ebenfalls die Erhaltung der Gleichheit zu ihrem wesentlichen Endzweck. Das wäre der wahre Geist des Mosaismus, ein Geist, der in der Secte der Essener fortlebte, die das gemeinsame Leben und gemeinschaftliche Mahlzeiten fortwährend bewahrten. Pierre Leroux sieht in dem Passah und den gemeinsamen Mahlzeiten der Essener den Ursprung der christlichen Eucharistie, die für die ersten Christen nur ein Symbol der Gleichheit und Einheit des Menschengeschlechts in Gott gewesen sein soll. Das Christenthum scheint ihm aus der Lehre der Essener und Therapeuten geflossen zu sein. Jesus Christus würde nur die Geheimlehren und den essoterischen Unterricht dieser Secte vervollständigt und popularisirt haben. Wie

Bubbha in Indien wäre er nur der Vernichter der Kasten, der Prophet der Gleichheit, und nur in diesem Sinne hätte seine Mission einen göttlichen Character. Um diesen Satz zu beweisen, hat Pierre Leroux alle Hülfsmittel seiner Gelehrsamkeit entfaltet, aber trotz seinen Anstrengungen scheinen uns seine Argumente nichts weniger als schlagende und überzeugende Kraft zu besitzen.*)

Pierre Leroux theilt die Geschichte der Vergangenheit in drei große Perioden: in die Zeit der Familienkasten, die Zeit der Vaterlandskasten und die Zeit der Eigenthumskasten. Die erste Periode entspricht der Verfassung Indiens und Egyptens, Assyriens und Persiens, wo der Mensch nur einen Werth hatte durch seine Geburt und seine Ahnen, die zweite den Staaten Griechenlands und Italiens, wo alle Rechte aus dem Bürgerrechte flossen, die dritte dem Mittelalter, der Periode des Lehnwesens, in der der Werth des Menschen von dem Besitze eines Grundstücks, eines befestigten Wohnsitzes abhing. Nach unserm Verfasser sind wir über diese Periode noch nicht hinausgekommen. Der Bürger von heute ist auf den Edelmann des Mittelalters gefolgt.

Sein Lehnschloß ist das Capital, über das er verfügt, seine Macht liegt im Golde; aber auf der anderen Seite ist auch sein Leben an das Gold gefesselt und gekettet. „Das heutige Eigenthum, aus dem Schooß des Feudaleigenthums entsprossen, ist von gleichem Character. Die Rente und das Recht des Grundherrn sind identische Begriffe." Heut zu Tage strebt der Menschengeist danach, dieser dreifachen Herrschaft der Kasten, die nur Knechtschaft ist, zu entfliehen, um in das Reich der Freiheit zu gelangen.

Dieses Anathem gegen das Eigenthum setzt Pierre Leroux noch eine ziemliche Weile fort. In diesem Puncte gibt er an Heftigkeit und Erbitterung keinem der socialistischen Sectenhäupter, selbst Proudhon nicht, irgend etwas nach. Nicht mit Unrecht hat der Letztere die Uebereinstimmung seiner Lehren und Ansichten mit denen unsres Philosophen behauptet, es herrscht in der That eine vollständige

---

*) Wir können die Ansichten Pierre Leroux' über diesen wichtigen Punkt an dieser Stelle nicht widerlegen. Wir beschränken uns darauf, unsere Leser auf das 5. Capitel dieses Buches zu verweisen, in dem wir die Hauptgründe, aus welchen jede Gleichstellung der christlichen Offenbarung und der essenischen Lehre zurückgewiesen werden muß, eingehender erörtert haben.

Gleichheit zwischen beiden. Pierre Leroux hat dem Verfasser der öconomischen Widersprüche den famosen Satz, daß Eigenthum Diebstahl ist, entlehnt und sich in Ausschmückungen dieses Themas, die der Hauptidee würdig sind, ergangen. Er hat sich mit jener wesentlich communistischen Lehre befreundet, die der individuellen Arbeit jeden Werth abspricht und nur der Collectivarbeit eine Berechtigung zugesteht, die behauptet, daß alles Capital seiner Natur und seinem Wesen nach der Gesellschaft gehöre. Niemand hat ihn an Maßlosigkeit in den Ausfällen gegen die Herrschaft der Juden, gegen den Cultus des goldenen Kalbes, gegen die Ausbeutung des Arbeiters durch das Capital übertroffen, Niemand mit solcher Hartnäckigkeit die Lehren der Nationalöconomie über das große Problem des Verhältnisses der Bevölkerung zu den jeweiligen Subsistenzmitteln in einem falschen Lichte darzustellen und zu begeifern versucht, Niemand mit solcher Erbitterung den Namen Malthus, den Vertheidigern der Gesellschaft, als die blutigste Beleidigung ins Gesicht geschleudert. Um seine Dialectik und bittere Kritik zu stützen, hat Pierre Leroux die Kunst, die Zahlen zu gruppiren, zu Hülfe genommen. Er hat zu allererst durch eine ganz eigene Statistik nachzuweisen versucht, daß in Frankreich bei einer Gesammtproduction von 9 Milliarden jährlich 5 Milliarden den Arbeitern als Grundrente, Zinsen und Steuern zu Gunsten von zweimalhunderttausend besitzenden und Budget verschlingenden Familien entzogen werden. Ebenso wie Pierre Leroux die Argumente Proudhons entlehnt hat, so hat dieser sich in rührender Erkenntlichkeit der Ausfälle unseres Philosophen gegen Malthus und seine unglaublichen Berechnungen bemächtigt. Die sogenannte Barbarei der Malthusianer und der angeblich jährlich an den Proletariern verübte Diebstahl von 5 Milliarden sind in der Hand des Redacteurs des „Peuple" zwei furchtbare Sturmböcke, um eine Bresche in die Gesellschaft zu legen, geworden. Unter den zahlreichen Stellen in den Schriften Pierre Leroux, die eine Verurtheilung des individuellen Eigenthums enthalten, ist eine der ausführlichsten und interessantesten das Capitel seines Buches über die Menschheit, in dem er den ersten Theil der Genesis zu erläutern versucht hat. Unserm Autor zufolge ist dieser Theil der heiligen Schriften nur eine fortlaufende Reihe von Mythen, deren geheimnißvollen Sinn uns die Geschichte der philosophischen und socialen

Entwicklung der Urmenschheit enthüllt, wie sie die tiefsinnige Weisheit der egyptischen Priester, in die auch Moses eingeweiht war, begriffen hatte. Adam ist nicht ein individueller Mensch, sondern der Mensch im allgemeinen und abstracten Sinne, das Menschengeschlecht. Die Erbsünde, der Sündenfall ist der Uebergang von der instinctiven Periode des Lebens der Menschheit, in der sich das Individuum noch nicht von der Gattung unterschied und im Schooße der Natur ein unbewußtes und rein thierisches Leben lebte, zu der Periode, in welcher das Individuum zum Bewußtsein zu kommen, seine Persönlichkeit zu unterscheiden begann. Der Sündenfall ist also der Anfang des Egoismus, der egoistischen Unterscheidung, d. h. die Combination der Erkenntniß und des Egoismus. Daher stammt der Bruch der Einheit, der moralische Tod, denn das moralische Leben resultirt aus der Erkenntniß in der Einheit, aus der bewußten Vernichtung des Egoismus, mit einem Worte, aus der Solidarität, aus der Brüderlichkeit. Der Fall des Menschen, wie ihn Moses berichtet, würde also im Grund nur dieselbe Idee verkörpern, die Rousseau unter einer vernünftigeren Form in seiner Abhandlung über den Einfluß der Künste und Wissenschaften und über den Ursprung der Ungleichheit entwickelt hat.

Kain und Abel, in denen die zweite Periode der Existenz der zum Bewußtsein gelangten Menschheit personificirt wird, versinnbilden die Einführung des Eigenthums, einen neuen Fortschritt im Bösen. Kain ist der Mensch der Empfindung, der Mensch der Gewalt, Abel der Mensch des Gefühls. Kain bemächtigt sich der Erde, er wird Eigenthümer, Arbeiter, er opfert seinen Bruder Abel, den Schwachen, den Hirten, der an die Scholle nicht gefesselt ist, den Proletarier. Das ist so wahr, daß sogar der hebräische Name Kain wörtlich Eigenthümer, Besitzer bedeutet, während Abel den Zustand des Umherschweifens, der Armuth, des Nichtbesitzes ausdrückt. Der Name Henoch, der Sohn Kain's, bedeutet dann ferner Beschränkung. Die Beschränkung ist aber gerade die Folge des Eigenthums. Seth, der dritte Sohn Adams, ist der Mensch der Erkenntniß, der Wissenschaft im eigentlichen Sinn, der sich bis zum Begriff der Gerechtigkeit erhebt, aber Seth's Nachkommenschaft verdirbt wieder in der Folge durch ihre Verbindung mit dem Abkommen Kains, und aus dieser ehebrecherischen Vereinigung gehen Ungeheuer von Verderbtheit hervor. Auch das ist ein Mythus, der die Entartung der Wissenschaft, die im Dienste der Gewalt eine noch unerträglichere Bedrückung verübt, symbolisch versinnbildet. Pierre Leroux setzt diese allegorische Interpretation mit einer Kunstfertigkeit fort, die seiner Einbildungskraft alle Ehre macht. Er bemüht sich nachzuweisen, daß unter jedem der Patriarchen, die auf Adam gefolgt sind, eine Phase der Entwicklung des aus dem Eigenthum entspringenden Bösen dargestellt werde. Methusael ist die allgemeine Auflösung, der Abgrund des Todes. Lamech ist die Einführung der Polygamie, der Kasten, des Rechts des Stärkeren. Nachdem nun die Menschheit das Maß der Verworfenheit erschöpft hat, wird sie verurtheilt, und Noë bezeichnet die Wiedergeburt einer neuen Menschheit, in der der Mensch der Empfindung, des Gefühls und der Erkenntniß, personifizirt durch Sem, Ham und Japhet, sich in einem richtigen Gleichgewicht befinden. Um zum Ueberfluß die Richtigkeit dieser Interpretation zu beweisen, macht Pierre Leroux darauf aufmerksam, daß die griechischen Namen der antediluvianischen Könige, die von den Chaldäern aufgezeichnet, durch Berosus auf uns gekommen sind, auf ihre ethymologische Bedeutung zurückgeführt, genau denselben Sinn haben, wie die hebräischen Namen der Noë voraufgehenden Patriarchen.

Das Eigenthum ist also verurtheilt kraft der Autorität eines Moses, der egyptischen und chaldäischen Weisheit. Man würde in der That Ursache haben, für dasselbe zu zittern, wüßte man nicht, bis zu welcher Höhe die Illusion allegorischer Auslegungen getrieben werden kann. Wer erinnert sich nicht der astronomischen Interpretation des Christenthums durch Dupuis und jenes Scherzes aus neuerer Zeit, indem man alles Ernstes zu beweisen versuchte, daß Napoleon und seine zwölf Marschälle gar nicht existirt hätten, sondern blos ein Symbol der Sonne und der zwölf Zeichen des Thierkreises sein sollten?

Wir haben bis jetzt die hauptsächlichsten Vorwürfe, die Pierre Leroux gegen die sociale Ordnung gerichtet hat, und die allgemeinen Grundlagen seines Systems, das er an Stelle derselben zu setzen gedenkt, erörtert. Trotz des Vagen und Unbestimmten in diesem Systeme ist es doch nicht schwer, alle die Züge, welche das System der Communisten characterisiren, zu entdecken.

Pierre Leroux.

Pierre Leroux geht von der Idee der Gleichheit aus, er subordinirt ihr die Idee der Freiheit. Die Gleichheit vor dem Gesetz genügt ihm nicht, er will sie aus dem Gebiet des Rechts in das der Thatsachen überführen. Er erklärt zwar, daß unter den Consequenzen des Princips der Gleichheit einige berechtigt, andere unberechtigt sind, aber er ist nicht im Stande, die Grenzlinie zwischen beiden Klassen von Consequenzen zu ziehen, und wie alle seine Vorgänger wird er zur Negation des Eigenthums gedrängt. Vergeblich schmeichelt er sich, der zwingenden Gewalt logischer Nothwendigkeit durch eine spitzfindige Unterscheidung der Eigenthums-, Familien- und Vaterlandskaste und des Eigenthums, der Familie und des Vaterlandes der Menschheit zu entgehen, vergeblich träumt er von einer Familie ohne Unterordnung der Frau und des Sohnes unter den Gatten und Vater, von einer Stadt ohne politische Gewalt, von einem Eigenthum ohne Erbrecht und individuelles Anrecht auf die Güter. Vergebens bemüht er sich, dem Worte Gütergemeinschaft den theologischen Ausdruck der Gemeinschaft, der seine Gedanken mit einer Wolke umhüllt, zu substituiren. All' diese thörichten Versuche, durch elende Wortkünste widersprechende Ideen zu versöhnen, offenbaren nur die Verlegenheit eines schwankenden Geistes, der vor seiner eigenen Verwegenheit zurückbebt, und die Prätentionen einer eiteln Philosophie, abgedroschene Ideen, die sich durch die Schriften der Sophisten aller Zeiten und durch den blutigen Schlamm aller Revolutionen hindurchgeschleppt haben, mit einem Schein von Neuheit zu umkleiden.

Was soll man von jenem Princip der Solidarität, das Pierre Leroux der christlichen Nächstenliebe substituiren will, sagen? Ist es nicht sonderbar, einen Schriftsteller, der mit solcher Energie gegen den Egoismus, die Isolirung des Individuums geeifert hat, die christliche Nächstenliebe aus dem Grunde zurückweisen sehen, weil sie auf einem über die Menschheit hinausweisenden Principe beruhe, um ein Etwas an deren Stelle zu setzen, das im Grund nur die Selbstliebe ist? Die Formel der Solidarität: Liebet euch in den Andern, liebet die Andern in euch, kommt auf jene alte Lehre vom wohlverstandenen Interesse hinaus, die die epicuräischen Philosophen aller Zeiten gepredigt und die Nützlichkeitsschule unserer Zeit erst neulich noch zum Kriterium der Gerechtigkeit gemacht wissen wollte.

Das ist eine längst entschiedene Frage. Die Selbstliebe, für sich betrachtet oder in den Vordergrund gestellt, würde für die Moral nur eine Verderben bringende Grundlage sein und für die Vernunft eine schwankende und willkürliche Regel. Das verlohnte wahrlich nicht der Mühe, sich zum Propheten einer neuen Lehre aufzuwerfen, um einen längst verurtheilten Irrthum zu wiederholen, noch so gewaltige Anstrengungen in der Dialectik zu machen, um mit einer Inconsequenz zu enden. Die Solidarität Pierre Leroux', unlogisch, widersprechend und ohnmächtig, wird weder die christliche Nächstenliebe entthronen, noch das philosophische Princip des Gesetzes der Pflicht.

Hier wollen wir mit der Darstellung und Beurtheilung der Arbeiten Pierre Leroux' abbrechen, die trotz ihrer Sonderbarkeit doch einen ernsteren Character an sich tragen. Es bleibt uns noch eine delicate Aufgabe: einen Begriff von den letzten Elucubrationen unseres Philosophen zu geben, welche, die Grenze des Bizarren überschreitend, in's Extravagante und Possenhafte verfallen. Es ist ein trauriges Schauspiel, einen Geist, dem es weder an Gelehrsamkeit noch philosophischer Einsicht oder stilistischer Gewandtheit fehlte, seine schönen Fähigkeiten verschleudern und sich auf der Jagd nach lächerlichen Chimären verirren zu sehen.

Pantheismus, Solidarität und Communismus, die allgemeinen Folgerungen, bei denen Pierre Leroux ausdrücklich oder stillschweigend in seinen Werken anlangt, enthalten noch keine praktische Lösung der socialen Probleme. Der Communismus ist seinem Grund und Wesen nach nur Negation, Princip der Zerstörung. Pierre Leroux hat dies wohl begriffen. Auch erklärt er, daß die Gütergemeinschaft nur ein vorübergehender Zustand, ein Zustand der Auflösung sein könne, daß sie durch ein höheres Princip organisirt und geregelt werden müsse. Dieses Princip schmeichelt er sich gefunden zu haben; es ist die Triade.

Unser Philosoph geht wieder von seinem Satze aus, daß der Mensch dreifach und einfach zu gleicher Zeit sei, Gefühl, Empfindung und Erkenntniß in untrennbarer Einheit. Jedes menschliche Wesen schließt diese drei Factoren in sich, aber in verschiedenem Grade. Bei dem Einen überwiegt die Empfindung, bei dem Andern das Gefühl, bei dem Dritten die Erkenntniß. Daher die Eintheilung des Menschengeschlechts in brei große Klassen, die sich in allen Zeiten wiederfindet, in die Weisen, die Männer der Erkenntniß, die Künstler, Männer des Gefühls, und die Industriellen, Männer der Empfindung. Dieselbe Eintheilung sähen wir bei den indischen Kasten der Brahmanen oder Priester und Gelehrte, der Schatryas, Krieger oder Künstler, Soubras, Arbeiter und Handwerker, bei den Kasten Egyptens als Priester, Krieger und Männer der Arbeit, in Plato's Republik als Philosophen, Krieger und Arbeiter, und Pierre Leroux entdeckt, ich weiß nicht welche tiefsinnige Analogie zwischen dem Beruf des Kriegers und dem des Künstlers.

„In neuester Zeit", fährt er fort, „hat Saint-Simon diese Eintheilung mit vollem Rechte wieder vertreten, indem er die Menschen als Priester- oder Weise, als Künstler und Gewerbetreibende unterschied. Der Irrthum der Gesetzgeber Indiens und Egyptens, Plato's und Saint-Simon's war nur der, daß sie die verschiedenen Klassen zu Kasten erhoben und sie in einen Zustand der Ungleichheit, der Unterordnung und Unterdrückung versetzten. In der vollkommenen Gesellschaft darf es so nicht sein; diese drei Klassen sind berufen, auf dem Fuße der Gleichheit zu leben, und bei allen Functionen des socialen Lebens sich auf's Innigste zu umschlingen."

Um diese Einheit zu beweisen, macht Pierre Leroux darauf aufmerksam, daß bei jeder Aeußerung der menschlichen Thätigkeit die drei Haupteigenschaften, die er unterscheidet, zur Verwendung gelangen. Damit nun jede Function, was für eine sie auch sein möge, so vollständig als möglich verrichtet werde, muß sie durch eine Vereinigung von drei Individuen, von denen jedes eine der drei primitiven Eigenschaften im hohen Grade besitzt, bewerkstelligt werden. Die organische Triade ist also eine Vereinigung dreier menschlicher Wesen, von denen jedes eine der drei Seiten unseres Wesen repräsentirt. Das sociale Element der Arbeit ist daher nicht ein Individuum, sondern drei Individuen oder die Triade.

Eine Vereinigung von Triaden bildet ein Atelier. Jede Function, sei sie industrieller, künstlerischer oder wissenschaftlicher Art, gibt Veranlassung zur Gründung von drei derartigen Ateliers.

Die Mittel zur Arbeit, d. h. Capital, Maschinen, Werkzeuge und Vorschüsse, werden allen Triaden, die zu einer bestimmten Arbeit vereinigt sind, zur Verfügung gestellt.

Das Princip der Triade vernichtet den Despotismus; denn der Despotismus kommt nur daher, daß die Functionen oder die Arbeiten stets einem Einzigen überlassen worden sind. Ein Einziger befiehlt, ein Einziger besitzt; daher die Unterdrückung, die Ausbeutung des Menschen durch den Menschen. Pierre Leroux, der mit der Eigenschaft des Schriftstellers die des Buchdruckers vereinigt, zeigt uns in der „Revue sociale" eine Anwendung der Triade in der Buchdruckerkunst. Diese philosophisch-industrielle Abhandlung enthält ganz sonderbare Geständnisse. Der Verfasser erkennt an, daß bei gewissen typographischen Functionen die Triade sich auf zwei oder gar auf ein einziges Individuum reducirt. Aber trotzdem existirt sie, nur in einem latenten Zustande. Das ist eine sonderbare Arithmetik, und wir gestehen offen, daß wir eine Dreiheit, die aus zwei oder gar aus einem Individuum zusammengesetzt ist, nicht begreifen können. Die Triade muß vollständig sein, oder sie existirt gar nicht. Wozu ein Princip aufstellen, wenn man es sofort wieder umstößt, warum eine Regel geben, um sie durch die Ausnahmen zu entkräften, warum die Triade allein gelten lassen wollen, um auf die Duade oder Monade zurückzufallen? Das ist wieder ein Beispiel jener einfältigen Wortklaubereien, in denen Pierre Leroux sich gefällt. Mag er absurd sein, wenn er will, wenn er sich nur bei seinen bizarren Ansichten consequent bliebe.

Die Triade ermöglicht die vollkommene Association und die Gleichheit.

Jules Desages und Auguste Desmoulins, die Apostel der Triadenlehre ihres Meisters, stellen sich die Sache folgendermaßen vor:

„Die menschliche Association im Bunde mit der unendlichen Fruchtbarkeit der Natur, gestützt auf die Arbeiten der Menschheit seit den ältesten Zeiten bis auf uns, gefördert durch die Anstrengungen aller ihrer Mitglieder, gibt einem jeden Individuum durch die Theilnahme an der gemeinsamen Erbschaft und durch die Arbeit die Mittel, sich Nahrung, Kleidung und Wohnung zu beschaffen, worauf sich die zur Erhaltung des Individuums nothwendigen Bedürfnisse beschränken."

„Jedes menschliche Wesen hat ein Recht auf Wohnung, Nahrung, Kleidung; das Recht eines Jeden auf diese Dinge wird nur beschränkt durch die Rechte aller übrigen."

„Jeder und Alle haben ein Recht, an allen Vortheilen der Gesellschaft theilzunehmen, Jeder und Alle haben das Recht und die Pflicht, in der Gesellschaft sich thätig zu erzeigen.

„Jeder und Alle haben ein Recht auf Eigenthum. — Das Eigenthum ist das natürliche Recht eines Jeden, eine Sache, so wie die Gesetze es bestimmen, zu gebrauchen."

„Die Gesellschaft ist der Schauplatz und der Mittelpunct für die Arbeit eines jeden Menschen; von ihr entlehnt jeder Mensch die Kenntnisse, die er verwerthet, die Instrumente, die er gebraucht, die Stoffe, die er umformt; von ihr allein erhält er all' seine Mittel zur Production. — An jeder Production nimmt daher die Gesellschaft als Inhaberin der Arbeitsinstrumente und der Rohmaterialien, als anregender und vertheilender Factor Antheil. Die Arbeit wird von jedem Industriellen, jedem Künstler und Gelehrten verlangt."

„Die Arbeit hat drei Stufen."

„Die Vertheilung ist der Act, durch welchen die Regierung die allgemeine Austheilung der Producte und Werkzeuge aller Art bewirkt."

„Die Production, auf Geheiß der Verwaltung vollzogen, muß die gegenwärtigen Bedürfnisse bestreiten und für die zukünftigen sorgen, sie muß in allen Fällen durch die Arbeit auf der Höhe der Consumtion erhalten werden."

„Das Gesetz der Belohnung der Staatsdiener — alle Bürger sind Staatsdiener — ist ein dreifaches und einfaches. Jedem nach seinen Fähigkeiten — Jedem nach seiner Arbeit — Jedem nach seinen Bedürfnissen."

Das ist die öconomische Organisation der neuen Gesellschaft. Man sieht, trotz der vorgeblichen Neuheit der Triade ist sie nichts als der reinste Communismus in einer anderen Form. Das Capital gehört der Gesellschaft. Alle Bürger sind Staatsdiener; der Staat leitet die Arbeit und Production und belohnt einen Jeden nach einem bestimmten Princip.

Die Gütergemeinschaft und die auf der Triade sich aufbauende Organisation lösen aber immer noch nicht das Problem der Verallgemeinerung des Wohlstandes. Die große Frage des Verhältnisses der vorhandenen Subsistenzmittel zur jeweiligen Bevölkerung taucht immer wieder auf. Was hilft es, die Summe der socialen Producte in gleicher Weise zu vertheilen, wenn diese Summe eine unzureichende ist? Wenn die Menschen, wie unser Philosoph es will, sich ihrem Fortpflanzungstriebe in schrankenloser Weise überlassen, so muß ein Moment eintreten, wo der allgemeine Mangel die Folge der Uebervölkerung sein wird. Es genügt nicht, Malthus und die Nationalöconomen, die ein Schutzmittel gegen diese Gefahr nur in dem Willen und der Klugheit des Menschen selbst erblicken, anzugreifen und zu schmähen, man muß ihnen auch antworten. Pierre Leroux schreckt vor solch' einem kleinen Hinderniß nicht zurück. Er hat den gordischen Knoten entwirrt, das Problem gelöst mit Hülfe eines höheren Princips, dessen Entdeckung ihm ganz allein gehört. Dies Princip ist der Circulus.

Nicht ohne Verlegenheit, gestehe ich, gehe ich an diese Materie. Um sie zu behandeln, bedürfte es der kühnen und geistreichen Feder eines Voltaire. Indessen mögen meine Leser sich beruhigen. Es handelt sich nur um eine Frage der Landwirthschaft, die zwar einen grotesken Anstrich hat, aber das Schamgefühl nirgends verletzen wird.

Die Naturgeschichte, sagt Pierre Leroux, und die Chemie lehren uns, daß die belebten Wesen sich durch einander ernähren; die der höheren Ordnungen verbrauchen die Substanz der niederen. Aber die Vernichtung der von den belebten Wesen zum Zweck ihrer Ernährung verbrauchten Stoffe ist nur eine scheinbare. Diese Wesen geben der Erde in der Form von Verdauungsresten, von flüssigen oder gasförmigen Exhalationen, endlich als Leichen die gleiche Summe organischer Stoffe, die sie zur Erhaltung ihrer Existenz von ihr entlehnt hatten, zurück. Diese Materie, von den natürlichen Kräften verarbeitet, erzeugt wieder neue belebte Wesen. So keimt das Leben aus dem Tode, die Production aus der Consumtion in ewigem Kreislauf. Das ist das Gesetz des Circulus, das allgemeine und Urgesetz der Schöpfung. Auch der Mensch kann sich diesem Gesetz nicht entziehen. Er verbraucht Stoffe, aber für dieselbe muß er Nahrungsreste restituiren, aus Kräften und Säften zusammengesetzt, die, zur Erde zurückkehrend und sich mit ihr verbindend, diese fruchtbar und productionsfähig machen. Die Chemie hat in diesen Ueberresten den vortrefflichsten Dungstoff erkannt und constatirt, daß ein Mensch auf diese Weise genügt, um seine Substanz und mehr noch als diese wieder zu erzeugen. In Folge dieses Kreislaufs ist der Mensch zu gleicher Zeit Consument und Producent. Von Natur hat jeder Mensch ein Recht, zu leben; wenn er verbraucht, producirt er. Das Kind also, das noch nicht arbeitet, der Greis, der nicht mehr arbeitet, der Schwache, der nicht arbeiten kann, können sich, außer auf ihr Menschenrecht, auf ein natürliches Recht, zu leben, berufen und dieses Recht gründet sich auf das göttliche Gesetz des Circulus.

„Der Mensch, der sich der Arbeit entzieht, würde immer noch ein Recht, zu leben, haben, indem er sich unter das Gesetz des Circulus flüchtet; nur würde er dann kein Bürger, kein Genosse oder Staatsdiener sein."

Malthus ist besiegt! Vanini, des Atheismus fälschlich bezichtigt, raffte einen Strohhalm auf und sagte: Ich brauche nur diesen Strohhalm, um meine Unschuld zu beweisen, indem ich das Dasein Gottes beweise. Ebenso ruft Pierre Leroux aus: Um den Leviathan der Nationalöconomie zu stürzen, genügt mir ein Misthaufen. Man wird uns nicht zumuthen, diese sonderbare landwirthschaftliche Theorie zu widerlegen. Jedermann weiß, daß zur Production von Stoffen noch etwas Anderes nothwendig ist, als Dünger, nämlich Erde, Instrumente und Arbeit, daß die Fruchtbarkeit des Grund und Bodens ihre Grenzen hat, und daß ein Zeitpunct eintritt, wo das Uebermaß von Dünger eher schadet als nützt. Wenn man einen mit bedeutenden Fähigkeiten begabten Menschen in solche Verirrungen verfallen sieht, so bleibt einem nichts übrig, als zu lächeln oder zu bedauern.

Zum Schluß haben wir Pierre Leroux' Entwurf einer administrativen und politischen Organisation noch mit einigen Worten zu erwähnen. Er ist gleicherweise auf die Triade basirt. Eine Vereinigung von Ateliers bildet eine Commune. Dieselbe besteht aus einer verwaltenden Triade, einer oder mehreren erziehenden Triaden, denen der Unterricht und die Erziehung der Kinder und Jünglinge anvertraut ist, einer richterlichen und einer gesetzgebenden Triade. Ein Ausschuß, dessen Mitglieder aus den drei Klassen der Staatsbürger gewählt werden, dient dazu, die Einheit unter den verschiedenen Ämtern zu erhalten und die auswärtigen Angelegenheiten der Gemeinde zu leiten. Um die Brüderlichkeit zu befestigen, werden jeden Sonntag gemeinschaftliche Mahlzeiten veranstaltet.

Die Organisation des Staats ist der der Commune analog. Eine Nationalversammlung, deren Mitglieder kraft des allgemeinen Stimmrechts von jeder Klasse der Staatsdiener gewählt werden, zerfällt in drei Körperschaften, eine richterliche, eine gesetzgebende und eine vollziehende. Jede dieser Körperschaften theilt sich wieder in drei Sectionen. Die Advocaten gehören nicht zu der Zahl derjenigen, die Vertreter ihres Standes in die Nationalversammlung zu schicken berechtigt sind. Dafür trifft man in ihr Schauspieler`, Musiker und Gymnasten. Ein Nationalausschuß, von der Nationalversammlung ernannt, centralisirt die Arbeiten und vertritt die Nation nach Außen.

Pierre Leroux hat in seinem Entwurfe einer democratischen und socialen Verfassung die complicirten Formen, nach denen seine politische Maschine operiren soll, entwickelt. Er hat auch die Abzeichen und das Wappen der neuen Republik angeben zu müssen geglaubt, und alle Zeitungen haben den Artikel, der dieser wunderliche Verfassung zu krönen bestimmt ist, publicirt. Er lautet:

Art. 100. — In allen Gemeinden der Republik werden Pappeln gepflanzt und mit Sorgfalt gewartet. Der Staat führt in seinem Siegel einen cylindrischen Altar von einem Kegel und einer strahlenden Kugel überragt. — Jede der drei repräsentativen Körperschaften führt in ihrem Siegel einen der drei Revolutionskörper, deren Einheit das Staatssiegel ausmacht. Die vollziehende Körperschaft führt in ihrem Siegel einen Cylinder oder seinen Querschnitt das Viereck mit der Aufschrift „Freiheit". Die gesetzgebende Körperschaft den Kegel oder seinen Querschnitt, das gleichseitige Dreieck mit der Aufschrift „Brüderlichkeit". Die gelehrte Körperschaft die strahlende Kugel oder ihren Querschnitt, den von Strahlen umgebenen Kreis mit der Aufschrift: „Gleichheit". —

Der Text bedarf keines Commentars. Wir haben die Aufgabe die wir uns gestellt, erfüllt, die Lehren eines Mannes darzustellen und zu beurtheilen, der in den Augen einer gewissen Partei noch immer vom Heiligenschein religiöser Inspiration und dem Glanze philosophischen Tiefsinns umgeben ist. Es war eine schwierige und undankbare Aufgabe. Denn wie in der That sich nicht verirren in jenen bizarren und oft widersprechenden Theorien, mitten unter jenen bis zum Ueberdruß mit Gelehrsamkeit überladenen Abschweifungen? Wie das Interesse bei der Darstellung obscurer Elucubrationen, in benen der Prunk der Worte das Leere und Nichtssagende des Gedankens verbergen soll, wach erhalten? Wie beleben, was leblos ist, wie Körper geben Phantomen? Die Werke Pierre Leroux' sind wie jene am Horizonte aufgethürmten Wolkenmassen, die nach Form und Gestalt ben Gebirgen gleichen, ein Windstoß erhebt sich, und all' diese Massen von Fels und Granit zerstieben in ungreifbare Dünste.

Die Ohnmacht Pierre Leroux', der sich vergebens von ben übrigen Communisten durch seine lächerlichen Theorien vom Circulus und der Triabe zu unterscheiden sucht, ist ein warnendes Beispiel mehr für alle die Menschen, die sich schmeicheln, unsere Civilisation, die Frucht der Arbeit und Erfahrung von 16 Jahrhunderten, durch eine neue Gesellschaftsverfassung ersetzen zu können. Wenn sie gescheitert sind, so trägt die Schuld nicht ihre Unfähigkeit oder Schwäche. Sie waren mächtige Sterbliche. Aber sie haben eine Arbeit unternommen, die Menschenkräfte überstiegt. Moderne Titanen, wollten sie ben Himmel erstürmen, und vom Blitz zerschmettert stürzten sie zu Boden. Möchte das Schauspiel ihres Falles in Zukunft kühne Geister von ähnlichen Versuchen zurückschrecken. Wenn man sieht, wie ein Logiker von der Schärfe Proudhon's ins Ungreifbare und Absurde verfällt, weil er sich, wie die fabelhaften Steine auf dem Grabe Mahomets, zwischen zwei unvereinbaren Systemen zu halten versucht, wie ein philosophischer Geist, ein Gelehrter von der Gediegenheit eines Pierre Leroux, auf die sonderbarsten Irrwege geräth, wer wollte ba, wenn nicht vom Wahnsinn getrieben, jener Sphinx, die solche Geister verschlungen, noch unter die Augen zu treten wagen?

Einer der unterscheibenden Characterzüge Pierre Leroux' ist seine Prätention, ben Socialismus zur Höhe einer Religion erheben zu wollen, eine Prätention, die er der Saint-Simonistischen Schule und ben Wiebertäufern entlehnt hat. Heut zu Tage gehört bies zu dem Lächerlichsten, was es gibt. Indessen liegt ihr ein richtiger Gedanke, ein wahres Gefühl zu Grunde. „Eine wahre Religion", sagt ein neuerer Philosoph, ist nichts Anderes, als eine vollständige Lösung der großen Fragen der Menschheit nach der

Bestimmung des Menschen, seinem Ursprung, seiner Zukunft, seinem Verhältniß zu seinem Nächsten. Nach ihren Ansichten über diese Probleme geben sich die Völker einen Cultus, Gesetze, eine Regierung, adoptiren sie gewisse Gedanken, gewisse Gebräuche und Sitten, streben sie nach einer gewissen Ordnung der Dinge, die für sie das Ideal des Schönen, Guten und Wahren auf dieser Welt ist. Jede wahre Religion zieht somit nothwendig nicht blos einen gewissen Cultus, sondern eine gewisse politische Organisation und gewisse Sitten nach sich: mit einem Worte, jede Religion erzeugt eine vollständige Civilisation, die sich zu ihr wie die Wirkung zur Ursache verhält und früher oder später nothwendig und unvermeidlich eintreten muß."

Der Socialismus behandelt nebenher ebenfalls all' die großen Fragen des Daseins des Menschen, seines Verhältnisses zu Gott, den Nächsten und die Natur. Er läßt keine der Lösungen, die bis jetzt der Menschengeist als richtig angenommen hat, gelten. Er will alle Grundlagen der Existenz der Menschheit reformiren, alle Bedingungen ihrer Entwicklung verändern, ihrem Glauben einen anderen Glauben, ihrem Recht ein anderes Recht, ihrer Moral eine andere Moral substituiren. Er ist also eine Religion, eine Religion des Bösen, deren Dogmen der Atheismus oder Pantheismus sind, die Negation eines zukünftigen Lebens, die Emancipation des Fleisches, die Vernichtung der Freiheit, kurz das Gegentheil der Wahrheiten und der Ueberzeugungen, auf denen die Größe und Würde des Menschengeschlechts beruht.

Capitel XXI.

Schluß.

Wir haben die Geschichte der hauptsächlichsten Manifestationen des Communismus geschildert, seine Thaten und Ideen verfolgt. In Creta und Lacedemon, in den mönchischen Orden und den mährischen Verbrüderungen, in den Missionen Paraguay's und bei den Wiedertäufern des 16. Jahrhunderts sahen wir abwechselnd die Verschmelzung des Communismus mit dem Princip der Vaterlandsliebe, der Ascese und dem religiösen Enthusiasmus versucht. Wir haben gesehen, wie Plato die Keime der communistischen Theorie, wie sie in den Gesetzen des Minos und der Verfassung von Lacedemon niedergelegt waren, entwickelte und der Nachwelt jene verhängnißvolle Erbschaft vermachte, die von den ersten Gnostikern und Sophisten Alexandria's angetreten, bis auf die kühnen Geister unserer Zeiten gekommen ist.

Morus, Campanella, Morelly, Mably, Babeuf und seine Genossen entrollten vor unseren Augen ihre Pläne zur Organisation der Gütergemeinschaft. Endlich haben wir uns bemüht, das innige Verhältniß zu bezeichnen, welches die modernen Utopien mit dem alten Irrthum des Communismus verknüpft.

Betrachten wir noch einmal die ernsten Lehren, die uns die Geschichte dieser Ereignisse und Doctrinen an die Hand gibt.

Wenn es einen Punct gibt, über welchen die Resultate des Denkens und die Autorität der Beispiele übereinstimmt, so ist es die unvermeidliche Beziehung einer Uebertreibung des Princips der Gleichheit zum Communismus. Die Gütergemeinschaft ist die Schlußfolgerung, zu der eine unerbittliche Logik die philosophischen Doctrinäre, die religiösen Secten und politischen Parteien getrieben hat, welche die absolute Gleichheit der Verhältnisse und Genüsse zum Ausgangspunct nahmen und die Schranken der Gleichheit der Rechte, der Gleichheit vor dem Gesetze überschritten. Das ist der Weg, den Lycurg und Plato, Morus und Campanella, Morelly, Mably, Owen und Louis Blanc gegangen, das der verhängnißvolle Abgrund, in den die Carpocraten und Wiedertäufer, die das Dogma der religiösen Gleichheit in das Reich der materiellen Thatsachen überzuführen versuchten, gestürzt sind, das ist endlich der Endpunct, bei dem die Bergpartei von 1793 ankam, die in der communistischen Verschwörung der Gleichen ihr schauderhaftes Ende erreichte.

Der Grundirrthum dieser Lehren und Secten besteht in der Aufopferung der Freiheit zu Gunsten der Gleichheit. Dieser Irrthum zeigte sich erst neulich in seiner ganzen Schärfe, als die Ultrademokraten aus dem Wahlspruch der Republik das Wort Gleichheit vertilgten, um es durch die Solidarität zu ersetzen. Dies heißt die innige Beziehung, welche die Idee der Gleichheit mit der Freiheit verknüpft, verkennen, dies heißt geradezu die menschliche Natur verkennen. In moralischer Hinsicht ist der Begriff der Gleichheit dem der Freiheit keineswegs voraufgehend, er ist im Gegentheil seine Consequenz und sein Correlat. Richtet der Mensch sein Denken und Sinnen auf sein eigenes Wesen, so findet er in sich energische Triebe, die sich unwiderstehlich zu entwickeln und zu entfalten bestrebt sind. Steigt er in die Tiefen seines Bewußtseins, so entdeckt er eine selbstthätige und autonome Kraft, einen unabhängigen Willen, er fühlt und nennt sich thätig, frei und verantwortlich. Er begreift, daß diese Thätigkeit nicht gefesselt, diese Freiheit nicht auf sein Inneres beschränkt, diese Verantwortlichkeit nicht durch Knechtschaft vernichtet werden darf. Er strebt daher, nach Außen hin jene wesentlichen Attribute seiner Natur zu entfalten, er sieht in ihrer Existenz die Offenbarung eines Rechts, er bäumt sich gegen die Hindernisse, welche die Willkür seiner Ausübung entgegenstellt. Frei in den Augen der Psychologie und der Moral, will er auch frei sein im politischen Leben. Die Freiheit ist also das erste seiner Rechte, dessen Schutz er vor Allem von der Gesellschaft verlangt. Dieses Recht ist aber ein gleiches für Alle, Niemand kann dessen beraubt werden zum Vortheil eines Anderen. Hieraus entspringt der Begriff der politischen Gleichheit, der dem der Freiheit wesentlich subordinirt ist. So aufgefaßt, sichert die Gleichheit der Rechte, die Gleichheit vor dem Gesetze nur die Freiheit eines Jeden, die volle und ganze Entfaltung seiner Fähigkeiten. Sie will nicht die natürlichen Ungleichheiten dieser Fähigkeiten in den verschiedenen Individuen corrigiren und beseitigen, nein, sie begünstigt gerade die Entwicklung derselben und erlaubt einem Jeden, sich nach seinem Werthe seinen Platz in der Gesellschaft zu suchen.

Die glänzendsten und bedeutendsten Manifestationen der Freiheit und des menschlichen Willens sind nun das Eigenthum und die Bildung der Familie. Das erste, die Frucht der Occupation und der Arbeit, constatirt die Herrschaft seiner Intelligenz über die todte Materie, die zweite befriedigt die natürlichen Regungen seines Herzens. Aus der Familie und dem Recht zu disponiren, welches das Wesen und der Kern des Eigenthums ist, entspringt das Erbrecht. Alles in dieser Ordnung der Thatsachen ist consequent und logisch. Die productive Thätigkeit, angespornt durch den Sinn für das individuelle Eigenthum und die Familie, triumphirt über die Kargheit der Natur, und die Gesellschaft erhebt sich in steigendem Fortschritt zu Wohlstand und Bildung.

Isolirt man dagegen die Idee der Gleichheit von der der Freiheit, hält man die Gleichheit für das Endziel der socialen Ordnung, während sie doch nur das Mittel zum Zweck ist, dann wird man zu einer Reihe verhängnißvoller Consequenzen genöthigt, man verliert sich im Labyrinthe der Widersprüche. Die Negative des Eigenthums, die sich am Anfang des Systems befindet, zeigt sich offener und gehässiger in all' seinen Entwicklungen, überall tritt eine zügellose Willkür zu Tage. Zuerst sind es die Verbote und Beschränkungen der Ansammlung von Reichthümern, Maxima, progressive und Luxussteuern ohne Schranke und Norm, ein absolutes Recht des Staats an dem Vermögen der Individuen, die Verpflichtung der Gesellschaft, ihren Mitgliedern Kapital und Arbeit zu gewähren. Bald zeigt sich die Ohnmacht dieser Mittel, und die Vernichtung des individuellen Eigenthums und der Familie erscheint als die nothwendige Vorbedingung der Gleichheit. Das Opfer der Freiheit ist dann vollbracht. Der Mensch gehört mit Leib und Seele jener Abstraction, die man Staat nennt, und wird der Sclave eines unbeugsamen Gesetzes, dessen Despotismus nothwendig sein Ende in der tyrannischen Herrschaft einiger weniger zu finden bestimmt ist.

Die Anhänger der absoluten Gleichheit können sich auch nicht verhehlen, daß all' jene Ungleichheiten, die die Natur selbst geschaffen zu haben scheint, das Thun und Lassen der Menschheit beherrschen: Ungleichheiten der physischen Kraft und Geschicklichkeit, Ungleichheiten der Intelligenz, des Muthes, der Energie und der Ausdauer. Sie bemühen sich deshalb, diese Thatsache abzuschwächen und zu leugnen, sie behaupten, daß in Wahrheit nur Verschiedenheiten der Fähigkeiten und Neigungen existiren, daß alle Functionen einen gleichen Werth in der Gesellschaft besitzen, und daß die Ursache der offenbaren Ungleichheiten nicht in der Natur, sondern der Erziehung zu suchen ist. Auch wollen sie, daß der Staat sich der Kinder von ihrer Geburt an bemächtige, sie einer gleichen Erziehung unterwerfe, ihr Herz und ihren Verstand nach einer einförmigen Schablone zurechtschneide.

„So ist der Staat", sagt be Lamenais, „absoluter Herrscher über Geist und Körper der Individuen. Intelligenz und Gewissen, Alles hängt von ihm ab, Alles ist seinem Gebot unterworfen. Keine Familie mehr, keine Vaterschaft, keine Ehe. Es gibt nur Männer, Weiber und Kinder, welche der Staat lenkt und leitet, aus denen er physisch und moralisch macht, was er will und kann; nur eine allgemeine und so gewaltige Knechtschaft, daß Nichts ihr entgeht, daß sie ihren Weg findet bis in die Seele des Menschen."

Dieses System geistiger Tyrannei erstreckt sich auf jedes Alter. Wie man Gymnasien hat und Lyceen, um die Jugend zu bilden, ebenso wird man auch für das reifere Alter eine officielle Wissenschaft besitzen, Bücher und eine Presse, die ausschließlich von Staatsbeamten redigirt wird; und glücklich noch, wenn man nicht eine allgemeine Verbrennung der Denkmäler der Wissenschaft, der Kunst und Literatur verordnet!

Was die schönen Künste betrifft und die Poesie, die unter anderen Missionen auch die hat, die höchsten Güter der Menschheit, Tugend, Muth, Genie und Schönheit zu verherrlichen, die das Gefühl der Individualität erhebt und erbaut, in denen der Mensch nur gilt durch die Originalität seines Talents, so sind fast alle Communisten und Anhänger der absoluten Gleichheit einig über ihre Vernichtung. Lycurg verbannte sie aus Sparta, Plato trieb die Poeten aus seiner Republik, Babeuf und seine Genossen opferten alle Künste auf dem Altare der Gleichheit.

Durch die Vernichtung des individuellen Interesses, der zarten Fürsorge des Vaters, der Hoffnung eines jeden Individuums, sich durch Arbeit und Energie eine würdigere Stellung zu erwerben und die Zukunft seiner Nachkommen zu sichern, müssen freilich die Utopisten gestehen, daß sie damit die energischste Triebfeder der menschlichen Thätigkeit zerstört und der Industrie ihren belebenden Nerv entzogen haben. Um sie zu ersetzen, greifen sie zu den widersprechendsten Principien. Bald behaupten sie, daß die geschickt organisirte Arbeit an sich Annehmlichkeit genug besitzt, um den Menschen zu bestimmen, sich ihr mit Eifer zu ergeben, bald appelliren sie an das Princip der Pflicht und das Gefühl der Brüderlichkeit und erkennen gerade dadurch an, daß die Arbeit, ihrem Wesen nach widerstrebend

Schluß.

und gemieden, nur von Statten geht unter dem Einfluß eines außer ihr liegenden Princips.

Die Utopie ist nicht weniger in Widerspruch mit sich selbst, wenn sie die Verderbtheit der Gesellschaft behauptet und zugleich die angeborene Güte des Menschen, wenn sie gegen den Individualismus eifert und auf der anderen Seite die Leidenschaften und die materiellen Genüsse auf den Thron hebt, wenn sie endlich bald den Despotismus bald die Anarchie proclamirt.

Kurz, wenn alle Systeme, die der Phantasie der Schwärmer ihren Ursprung verdanken, darin einig sind, das individuelle Eigenthum zu verwerfen, die Vortrefflichkeit des Collectiveigenthums und des gemeinsamen Lebens zu preisen, einer unumschränkten Staatsgewalt die Fürsorge für die Vertheilung der Arbeit und der Bedürfnisse des Lebens zu überlassen, wenn sie sämmtlich theils ausdrücklich theils stillschweigend die Beseitigung der Familie verlangen und somit alle beim Communismus ankommen, so sind sie doch uneinig und in Kampf mit einander über die Grenze, die jede Gemeinschaft umschließen muß, und über die Vertheilung der Producte der gemeinsamen Arbeit.

Die Einen wollen ganze Nationen einer einheitlichen und centralisirten Gütergemeinschaft unterwerfen, Andere versuchen die Association in die engen Grenzen eines Phalansteriums zu bannen und eine große Anzahl kleinerer Mittelpuncte für landwirthschaftliche und industrielle Production zu schaffen, von denen ein jeder Eigenthümer des Grund und Bodens, der Gebäude und beweglichen Kapitalien der anderen sein würde.

Die Saint-Simonisten vertheilen die Producte nach der Fähigkeit und der Arbeit, die Phalansterier nach dem Kapital, der Arbeit und dem Talent, die Communisten im engeren Sinne huldigen dem Gesetz der Gleichheit, die communistischen Democraten und Louis Blanc an ihrer Spitze wollen die Arbeit vertheilen nach der Fähigkeit und die Producte nach dem Bedürfniß.

So herrscht also Anarchie in dem Lager der Utopie. Ihre Repräsentanten, einig, wenn es gilt zu zerstören und die Gütergemeinschaft zu proclamiren, bekämpfen und befehden sich, wenn es gilt, sie zu organisiren und ihr Gesetze zu geben. Aber die socialistischen

Meinungsverschiedenheiten sind nur häretische Abweichungen von der Religion, deren orthodoxe Richtung der reine Communismus vertritt. Die letztere Lehre ist die einzig logische und leicht verständliche; sie allein knüpft an eines jener großen Principien der Moral und Politik, die der Menschengeist begriffen hat, an das der Gleichheit: sie entstellt es allerdings, indem sie es übertreibt, aber von ihm hat sie auch ihren mächtigen Einfluß.

Alle Socialisten zeigen einen bemerkenswerthen Mangel an Logik, Klarheit und Einfachheit. Man kann sie in drei Classen eintheilen. Die Einen huldigen dem Princip des Communismus, d. h. der wirklichen Gleichheit, aber sie wollen doch nicht offen die Herrschaft der Gütergemeinschaft, die nur die nothwendige Consequenz der ersteren ist. Sie beschränken sich darauf, Eigenthum und Erbrecht in enge Schranken zu bannen, den Staat zum Herrn der Großindustrie zu machen, das Recht auf Arbeit zu proclamiren und willkürlich fortschreitende Steuern zu verlangen. Das sind die socialistischen Anhänger der Gleichheit, die Ultrademocraten, die Communisten ohne es zu wissen. Sie sind verurtheilt, die Reihe der Consequenzen ihrer Principien zu durchlaufen und beim Communismus zu enden oder doch wenigstens ihm die Wege zu ebnen.

Die Anderen ziehen die Consequenzen des Princips der Gleichheit, d. h. die Abschaffung des individuellen Eigenthums und das gemeinschaftliche Leben, aber in Folge eines ganz sonderbaren Paralogismus weisen sie das Princip selbst zurück und huldigen der Ungleichheit der Vertheilung, geregelt durch absolute Gewalten.

Das sind die Saint-Simonisten, auch noch die Fourieristen, deren Schöpfung in Ansehung des Raisonnements und der Philosophie vollständig null ist. Sie müssen entweder die Ungleichheit opfern oder die Gütergemeinschaft.

Bereits fangen sie an, diese Nothwendigkeit zu begreifen, von Tag zu Tag nähern sie sich mehr den Reihen der Communisten und Ultrademocraten und den Theorien der absoluten Gleichheit.

Der reine Communismus ist also der Grundpfeiler, auf dem alle Systeme der Utopie beruhen, der Mittelpunct, zu dem eine geheimnißvolle Gewalt sie unwiderstehlich hinzieht. Er ist das Resultat, welches ein vernünftiges Denken als richtig erkennt, und das sich

Schluß. 357

in dem Schauspiel der historischen Thatsachen und der Verkettung der Doctrinen bestätigt findet.

Der Communismus, das Resultat, das Band und die Schluß=
folgerung aller Utopien ist daher durch die gehässigen Consequenzen, die er nach sich zieht, und deren Nothwendigkeit sich in den Theorien seiner Vertheidiger und in dem Schauspiel der Versuche seiner Ver=
wirklichung manifestirt, unwiderruflich verurtheilt. Vernichtung der persönlichen Freiheit, Unterdrückung der Poesie, der Künste und Wissenschaften, erniedrigender Despotismus und Vermischung aller Stände, das ist die Ausführung der Formel des Communismus, das letzte Wort der Utopie.

Um die Utopie richtig zu beurtheilen, ist es endlich nothwen=
dig, die Rolle, welche sie in der Geschichte der Menschheit und der Entwicklung der Civilisation gespielt hat, etwas näher zu betrachten.

Der Communismus hat sich in vier großen Epochen der Welt=
geschichte gezeigt. In Griechenland zur Zeit des Aufblühens der Künste und Wissenschaften, in den ersten Jahrhunderten des Christen=
thums, zu Anfang der Reformation des 16. Jahrhunderts, endlich während der französischen Revolution. Creta und Lacedämon, die Carpocraten und Wiedertäufer, Babeuf und seine Genossen sind in den verschiedenen Zeiten seine Vertreter gewesen. Und in jeder dieser Epochen hat der Communismus, weit entfernt, die Entwick=
lung des menschlichen Geistes und den Fortschritt der Civilisation zu fördern, sie stets geschädigt und sich immer durch seine hemmen=
den und barbarischen Tendenzen bemerklich gemacht.

In Griechenland entwickelte Athen, die Eigenthum schützende Stadt, Schifffahrt und Industrie und vereinigte die Völker durch seinen Handel. Seine Bürger pflegten die Wissenschaften, maßen die Bahn der Gestirne und versenkten sich in die Tiefen philosophi=
scher Speculation. Sie erbauten die Propyläen und den Parthenon, schufen Jupiter und Venus und vertieften sich in die Theorie der Harmonien.

Sparta, das communistische Gemeinwesen, ächtete alle Bequem=
lichkeiten des Lebens, isolirte sich von der übrigen Menschheit, hatte zu den Völkern keine anderen Beziehungen als die des Kriegs und der Verwüstung, unterjochte die Heloten und zerstörte Mossene. Sein Streben ging nur dahin, seine Bürger in den Banden der Un=

wissenheit, Trägheit und des Aberglaubens zu erhalten. Es erbaute sich kunstlose Hütten, errichtete unförmliche Götterbilder auf rohen Altären und raubte der Lyra mit den Saiten ihren Wohlklang.

Athen erleichterte die Lage der Sclaven, beschützte ihr Leben und näherte sich so schon dem großen Fortschritt, der der Menschheit noch zu thun bevorstand; Sparta verschärfte die Härte der Sclaverei und machte aus seinen Heloten Lastthiere und menschliches Wild.

Während so das Vaterland Solon's, als Vertreter des Principes des Eigenthums, dem Denken die Wege eröffnete und der Nachwelt die fruchtbaren Keime seines Wissens, unsterbliche Muster der Kunst und das Vorbild gesitteter Zustände überlieferte, strebte das Volk des Lycurg, im Communismus versunken, danach, die Menschheit in die Finsterniß zu bannen und zur Barbarei zurückzuführen.

Als dann das Christenthum der Welt die göttlichen Lehren der Nächstenliebe und der moralischen Reinheit offenbart hatte, zeigt der Communismus sich wieder in der gleichen Gestalt. Damals hatte sich die Menschheit von dem Joch brutaler Leidenschaften zu befreien, sich aus dem Abgrund von Verkommenheit und Sittenlosigkeit, in den das Heidenthum sie gestürzt hatte, zu erretten. Auch forderte die christliche Religion die Einheit der Ehe, das Verdienst der Jungfräulichkeit und die Abtödtung des Fleisches.

Aber bald errichtete die communistische Häresie der Gnostiker und Carpocraten Altar gegen Altar, forderte Gemeinschaft der Weiber und überbot selbst das Heidenthum an sittlicher Verkommenheit. Sie lieferte den Feinden des Christenthums willkommene Argumente und seinen Verfolgern gewichtige Anklagen. Indem sie dem Epiphanes, einem ihrer Stifter, einen Cultus weihte, fiel sie in den Götzendienst des Heidenthums zurück.

Im 16. Jahrhunderte vertheidigte Europa den Schatz der christlichen Wahrheiten gegen den siegenden Muhamedanismus in Constantinopel, es betrieb die Abstellung der Mißbräuche, die das Mittelalter in der Kirche gezeitigt hatte, es suchte aus dem Staube der Jahrhunderte die Trümmer des Alterthums und ließ mit Geduld und Genie die Wissenschaft, Kunst und Literatur von Griechenland und Rom von Neuem erstehen, um von diesem Punct aus sich zu neuen Entdeckungen zu erheben und neue Meisterwerke den

Schluß.

alten hinzuzufügen. In politischer Hinsicht protestirten die unterdrückten Völker gegen den Mißbrauch des feudalen Regiments und verlangten für Alle Eigenthum, Freiheit und Gleichheit vor dem Gesetz. Da kam die ewige Utopie, der Communismus, von Neuem zum Vorschein. Als Religion verfällt er in die Verirrungen des Mysticismus und der Extase, er entlehnt dem Muhamedanismus die Polygamie und übertreibt sie bis zur Promiscuität der Geschlechter. Als Moral leugnet er die Verantwortlichkeit des Menschen und nennt ihn sündlos, wenn er nur wiedergewaschen ist im Wasser der neuen Taufe.

Als Politik predigt er die vollständigste Aufsaugung des Individuums durch den Staat und einen unerhörten Despotismus. Durch seine Excesse entehrt er die gute Sache der zwölf Artikel, er schleudert die erschreckten Nationen unter das Joch des Absolutismus und der feudalen Herrschaft zurück. In geistiger Beziehung überliefert er die Bibliotheken den Flammen, vernichtet die Manuscripte, die kostbaren Reste des Alterthums, zerbricht die Statuen, vernichtet die Kirchen und preist die Unwissenheit und prophetische Vision.

Während der französischen Revolution vergießt die Utopie, zuerst nur unbestimmt und nebelhaft in dem Halbcommunismus eines Saint=Just und Robespierre enthalten, Ströme von Blut, ohne sich selbst zu verstehen und einen practischen Gedanken zu verfolgen. Sie besudelt und entehrt die Sache der Freiheit und der Democratie, sie kommt schließlich in der Verschwörung des Babeuf beim radicalsten Communismus an, und läßt Europa und Frankreich sich mit Abscheu und Schauder von ihren schändlichen Projecten abwenden. Frankreich geht einen Schritt zurück, es opfert die politische Freiheit der Sicherheit der socialen Ordnung, es sucht bei einem glänzenden und organisirenden Despotismus einen Schutz gegen den gehässigen und zerstörenden Despotismus der Utopie.

So ist also die Utopie, der Socialismus, mit einem Wort der Communismus zu allen Zeiten ein Hinderniß des Fortschritts gewesen, zu allen Zeiten hat er den Gang der Civilisation gehemmt und gestört. Die Menschheit ist nicht vorwärts gekommen durch ihn, sondern trotz ihm, sie hat sich entwickelt durch eine fortschreitende Ausbildung des Eigenthums und der Freiheit, der Gleichheit der Rechte und der Gleichheit vor dem Gesetz, durch die successive Vertiefung und Läuterung des Princips der Ehe und der Familie, durch Wissenschaft und Kunst. Der Communismus dagegen ist stets bestrebt gewesen, all' diese Elemente des Fortschritts zu vernichten, ihnen den Despotismus, die Gleichheit in der Verkommenheit, Promiscuität und Unwissenheit zu substituiren. Alle großen Umwälzungen haben sich außerhalb seiner Sphäre vollzogen. Die Abschaffung der Sclaverei geschah unter dem Einfluß des Christenthums, die Befreiung des menschlichen Gedankens durch die Reformation, durch Galilei, Baco und Descartes, die Beseitigung der feudalen Rechte und der Ungleichheiten des Rechts in der Nacht des vierten August. Diesem erhebenden Schauspiel hat die Utopie nichts anderes entgegenzustellen, als Immoralität, Ruinen und Blut.

Wenn wir uns die Mittel vergegenwärtigen, welche der Communismus gebraucht hat, um sich der politischen Gewalt zu bemächtigen und seine Pläne zu verwirklichen, so reduciren sie sich auf Gewalt, List und Betrug. Lycurg führt sein System ein durch Furcht und Gewalt, die Wiedertäufer verheimlichen zuerst ihre Tendenzen, schleichen sich in Mühlhausen und Münster ein, benutzen den Streit der Katholiken und Protestanten, um festen Fuß in den Städten zu fassen, dann plündern, vertreiben und morden sie Alle, die Widerstand leisten, vergewaltigen die Frauen und überlassen sich allen Ausschweifungen der rohesten Sinnlichkeit. Sie täuschen die Regierungen durch eine erheuchelte Reue und benutzen ihre Milde und ihr Vertrauen nur, um einen blutigen Aufstand in Amsterdam zu erregen.

Die Jacobiner verleumden ihre Gegner, treiben sie zu falschen und gefährlichen Maßregeln, drohen und bedrücken, und wenn man ihnen widersteht, schreien sie über Tyrannei und Unterdrückung. Sie organisiren den Massenmord, köpfen ihre Gegner, ermuthigen zur Plünderung, rauben und confisciren. Endlich fallen sie! Im Prairial versuchen sie von Neuem das Repräsentationsrecht der Nation zu verletzen. In den Gefängnissen bereiten sie die Organisation des Communismus vor, und kaum entlassen und auf freiem Fuße, planen sie eine schändliche Verschwörung, um jenem die Herrschaft zu erringen.

Sich eindrängen zwischen die Partei, ihre Spaltungen benutzen,

Schluß.

sich durch Ueberraschung oder Handstreich der Gewalt bemächtigen alle Regierungssysteme angreifen, Monarchie oder Republik, Aristocratie oder Democratie, ihre Strenge oder Milde in gleicher Weise als Waffen gegen sie selbst gebrauchen: das sind zu allen Zeiten die Kunstgriffe der utopistischen Partei, des Socialismus und Communismus gewesen. Was die Gedanken anbetrifft, so hat der Communismus überhaupt keine, er lebt nur von Entlehnungen, er bemächtigt sich der Ideen, welche die Entwicklung der Civilisation, die auf dem Eigenthume basirt ist, entstehen ließ, um sie zu fälschen und zu entstellen. Im Alterthum lehnt er sich an das Princip der kriegerischen Tüchtigkeit und der politischen Unabhängigkeit, und verbirbt es durch seine Uebertreibungen. Dem Christenthum entlehnt er die Brüderlichkeit und bethätigt sich in Acten der Barbarei; in der Nationalöconomie ergreift er die Idee der Emancipation der Arbeit und der Industrie, um alle Menschen zu Arbeitern und Tagelöhnern zu erniedrigen. Die moderne Philosophie erkennt die Berechtigung des persönlichen Wohlbehagens an; sofort bemächtigt er sich dieser Idee, interpretirt sie auf seine Weise und proclamirt die Emancipation des Fleisches, die Vortrefflichkeit der Leidenschaften und die Heiligkeit des sinnlichen Genusses. Er macht aus dem Menschen ein sinnliches, gefräßiges und lüsternes Thier, das sich nur wohl fühlt im Schlamm der niedrigsten Wollust.

Auch in unseren Tagen zeigt sich der Communismus seiner Rolle und seinen Gewohnheiten getreu. Wer hindert den Fortschritt der Freiheit in Europa, gibt ihren Feinden gefährliche Waffen und trägt Zweifel und Entmuthigung in die Herzen ihrer alten Vertheidiger? — Die Utopie, der Socialismus, mit einem Worte der Communismus. Wer verstopft die Quellen des Reichthums und lähmt die Kraft der Industrie, jenes Kampfes des Menschen mit der feindlichen Natur? — Der Communismus. Wer hat unsere Straßen mit Blut überschwemmt und unseren Feinden die willkommene Freude bereitet, uns selbst mit eigenen Händen zerfleischen, unsere besten Generale, unsere tapfersten Soldaten opfern zu sehen? — Der Communismus. Kurz, warum schreitet Frankreich unruhig und schwankend, mit der Hand auf seinen Wunden furchtsam vorwärts, wie ein von versteckten Feinden rings umgebener Mensch? — Weil es weiß, daß ein besiegter, aber nicht entwaffneter Gegner es umlauert und umspäht, um aus dem Hinterhalte es zu fassen und ihm den Todesstoß zu versetzen.

So also der politische Fortschritt, die Entwicklung der Industrie und des Reichthums, das Ansehen des Landes nach Außen gehemmt und untergraben durch die Existenz stets drohender Utopien.

Aber was vielleicht noch schmerzlicher ist, das ist die Erkenntniß, daß der gesunde Sinn eines großen Theils der Bevölkerung Gefahr läuft, inmitten der beklagenswerthen Discussionen über die Ziele der Utopie sich zu täuschen und zu trüben. Die Geschichte bietet uns Beispiele eines solchen Niedergangs der Vernunft eines Volkes, die immer ein Anzeichen seines Verfalles oder seiner Auflösung gewesen sind. Der Socialismus droht für uns zu werden, was für die Juden zur Zeit Vespasian's die Feindschaft der Sabbucäer und Pharisäer war, für die Griechen des oströmischen Reichs die Streitigkeiten über das Iota der Homoiusier, für die Athener die unfruchtbaren Kämpfe in der Volksversammlung in Gegenwart Philipp's. Ist uns vielleicht ein ähnliches Schicksal bestimmt? Soll Frankreich, der älteste Sprößling des Christenthums, die Mutter der modernen Civilisation, sich auflösen und zu Grunde gehen inmitten der eigenthumsfeindlichen Wortgefechte, der socialistischen Anarchie und der Verirrungen des Communismus? Man könnte es fürchten Angesichts der Hartnäckigkeit der falschen Lehren, des Widerstands der schlimmen Leidenschaften und der inneren Schwäche unseres Gemeinwesens. Es scheint, als wären wir die Beute jener falschen Propheten, deren Ankunft der Apostelfürst prophezeite, die er mit Brunnen ohne Wasser verglich, mit Wolken, vom Sturmwind bewegt, mit den Geistern der Finsterniß, denen die Dunkelheit von Ewigkeit bestimmt ist. Es scheint, als wäre die Zeit gekommen, in der jene alte Tradition von dem Abfall der Heiden in Erfüllung gehen sollte, eine Tradition, die von verschiedenen christlichen Vereinigungen bewahrt und nach der die dem Heidenthum entrissenen Völker eines Tages Christus selbst verschmähen und in den Cultus der Materie und des Fleisches zurückfallen würden. Was gibt es in der That dem christlichen Princip der Selbstverleugnung und Entsagung Widersprechenderes, als jene wüthenden Aufrufe, durch die man die rohesten Leidenschaften und materielle Gelüste erweckt, was der Nächstenliebe, jener wesentlich freien, selbstthätigen und frei-

Schluß.

willigen Tugend, Zuwiderlaufenderes, als jene unter dem Namen der Brüderlichkeit und menschlichen Solidarität versteckten Beraubungspläne, was der von Christus selbst gelehrten Achtung vor der Autorität Widerstrebenderes, als jener Geist des Aufruhrs und des Hochmuths, der sich keiner Gewalt unterwirft, selbst nicht der Majestät der nationalen Souveränität, repräsentirt durch das allgemeine Stimmrecht?

Die Utopisten behaupten allerdings, von einer glühenden Liebe zu den Massen beseelt zu sein. Im Namen der leidenden Armuth, zur Verbesserung des Looses der arbeitenden Classen schlagen sie ihre Reformprojecte vor. Wir wollen gern gestehen, daß dies von ihrer Seite aufrichtig gemeint ist. Es würde in der That peinlich sein zu glauben, daß Leute zum Umsturz aller bestehenden Verhältnisse aufreizen aus Absichten persönlichen Ehrgeizes und aus Sucht nach einem werthlosen Ruhm. Aber die modernen Repräsentanten der Utopie begehen das schwere Unrecht, daß sie allein sich für berechtigt halten, diese Sympathien zu hegen und diesen edeln Zweck zu verfolgen, und alle Diejenigen, welche ihre beklagenswerthen Mittel, durch die sie zum Ziel zu gelangen sich schmeicheln, zurückweisen, der Gefühllosigkeit und des Egoismus beschuldigen. Dank dem Himmel besitzt Niemand das Monopol der Hingebung und christlichen Liebe. Diese Eigenschaften sind Gemeingut aller Personen. Nun, welcher Mensch von Herz und Verstand erkennt nicht an, daß Leiden zu lindern, Wunden zu heilen, Fortschritte zu machen sind, daß die Verbesserung des Looses der großen Masse das fortwährende Ziel der gemeinsamen Anstrengungen sein muß? Wer widmete der Lösung dieses großen Problems nicht sein Denken und Wollen, wer steuerte zu diesem heiligen Werke nicht bei durch Wohlthätigkeit und Menschlichkeit? Aber dieses Werk ist mit Schwierigkeiten und Hindernissen verbunden, deren geringste wahrlich nicht diejenigen sind, welche aus dem Verhalten derjenigen, um deren Verbesserung es sich handelt, entspringen. Die Aufgabe erfordert Geduld und Zeit; sie ist ewig, denn sie ist die Aufgabe der Menschheit.

Die Mittel, durch welche dieses Werk vollbracht werden muß, sind nicht diejenigen der Utopie, des Communismus und seiner verschiedenen socialistischen Zweige. Was den Fortschritt auf diesem Wege beschleunigen kann, ist nur die friedliche Entwicklung der wahren Democratie,*) die die Freiheit eines Jeden respectirt und das Recht des Individuums achtet, ohne das sociale Interesse zu verletzen; es ist die Hebung des Credits, des Sinns für Association, die allgemeine Gründung von Instituten zur gegenseitigen Unterstützung und Förderung des Einzelnen, die Liebe zur Arbeit, die nur möglich ist durch die Sicherheit des Eigenthums, das allein Vertrauen erweckt und zu productiver Thätigkeit anregt. Es ist die Verbreitung der Bildung, die Hebung und Verbesserung unseres Erziehungssystems, das sich mehr mit dem Nützlichen, als dem Glänzenden und Angenehmen zu beschäftigen hat. Es ist endlich die Rückkehr zu den religiösen Ideen, eine allgemeine moralische Erneuerung, die Belebung und Kräftigung des Sinns für die Familie, der Quelle aller öffentlichen und privaten Tugenden.

Aber vor Allem ist es nothwendig, daß die ungeheure Majorität, die den großen Principien, auf denen die Grundlagen der Gesellschaft ruhen, und deren Erhaltung die Pflicht und die Ehre der Nationen erfordert, ihren Sieg durch Einigkeit und Festigkeit sichere. Es ist nothwendig, daß alle Spaltungen der Parteien, aller Neid und Eifersucht, die nur zu oft bei uns das allgemeine Interesse übersehen, vor der gemeinsamen Gefahr verschwinden. Das Wohl der Völker und das Heil der Civilisation steht auf dem Spiele.

---

*) Das Werk ist von einem Republicaner geschrieben.
Anm. des Uebersetzers.

Die socialistische und communistische Arbeiterbewegung der Gegenwart.

Von

Otto Wenzel.

———+———

(Nachtrag zur „Geschichte des Communismus" von Alfred Sudre.)

Wenn es an sich schon gewagt erscheint, ein in sich abgeschlossenes Werk, dem die Zeitumstände und die Individualität des Schöpfers ihren eigenartigen Stempel aufgeprägt haben, mit fremder Hand und unter der Herrschaft wesentlich anderer Anschauungen weiterzuführen, so wird diese Schwierigkeit doppelt groß, wenn es sich um einen Gegenstand handelt, der in die brennendsten politischen Kämpfe des Tages hineinragt und eine objective Behandlung bei dem ernstesten Willen kaum möglich macht. Möge der geneigte Leser hierin eine Erklärung finden für die mannigfache Verschiedenheit der Auffassung, welche das vorstehende Werk von der nachfolgenden Skizze trennt, und eine Entschuldigung, wenn irgendwo das subjective Urtheil die historische Wahrheit getrübt haben sollte.

Der Verfasser.

Capitel XXII.

Die Vorbereitung der socialistischen und communistischen*) Arbeiterbewegung der Gegenwart durch die allgemeine politische, sociale und national-öconomische Entwicklung.

Mit dem Siege der modernen Staatsidee über den alten Feudalismus trat die geschichtliche Entwicklung des Communismus in ein ganz neues Stadium. Während früher der Gedanke einer Aufhebung des Privateigenthums nur periodisch in einzelnen Köpfen hervorgetreten und wesentlich auf das Gebiet theoretischer Speculationen beschränkt geblieben war, ohne jemals in größerem Maßstabe Einfluß auf die practische Gestaltung des gesellschaftlichen Lebens zu gewinnen, begann mit der Durchführung der staatsbürgerlichen Gleichheit das Verlangen nach einer Aenderung der Besitzverhältnisse unwiderstehlich in das Bewußtsein der breiten Schichten des Volkes einzubringen und dadurch eine tiefgehende und andauernde Bewegung der gesammten Gesellschaft hervorzurufen.

So lange das Staatsrecht die Privilegien bevorrechteter Stände schützte, war es sehr natürlich, daß das Volk, das sich von dem Genusse dieser Privilegien ausgeschlossen sah, in der politischen Rechtsungleichheit auch die Quelle der socialen Mißverhältnisse erblickte und deshalb seine ganze Kraft für die Erkämpfung staatsbürgerlicher Gleichberechtigung einsetzte. Erst als der Sieg errungen, und

---

*) Die Begriffe „socialistisch" und „communistisch" sind hier, wie im Folgenden, nicht in ihrer wissenschaftlichen Bedeutung unterschieden, sondern dienen gemeinschaftlich nach dem Sprachgebrauch zur Bezeichnung aller derjenigen Bestrebungen, welche darauf gerichtet sind, die bestehende Staatsform oder die bestehende Gesellschaftsordnung durch Unterwerfung des Capitals unter die Arbeit oder völlige Aufhebung des persönlichen Eigenthums im Interesse der materiellen Verbesserung der Lage des Proletariats umzugestalten. (Vgl. Anm. S. 412.)

keine gesetzliche Schranke mehr die verschiedenen Stände von einander schied, kam es der besitzlosen Masse zum Bewußtsein, daß sie die Gleichheit, die sie erstrebt, doch nicht erreicht hatte, und daß nur ein neues trennendes Element, der Besitz, an die Stelle der Geburtsprivilegien getreten war. Die durch den Sturz des Feudalstaats gewonnene Freiheit bedeutete auf dem Gebiete des Erwerbslebens nichts Anderes, als den schrankenlosen Gebrauch und die ungehinderte Ausnutzung aller wirthschaftlichen Kräfte und Machtmittel, und mußte deshalb in erster Linie dem Besitzenden als dem wirthschaftlich Stärkeren zu Gute kommen, der dadurch in den Stand gesetzt wurde, den Schwächeren, Besitzlosen, sich zu unterwerfen und seinen Zwecken dienstbar zu machen. Die socialen Ungleichheiten waren somit nicht beseitigt, sondern nur verschärft, und da auch die Ausübung der staatsbürgerlichen Rechte durch einen Wahlcensus an die Bedingung eines gewissen Besitzes gebunden war, so wuchsen mit der weiteren Entwicklung nothwendig auch die politischen Ungleichheiten zu immer größeren Dimensionen an. Die durch die gesteigerte Bildung beförderte Erkenntniß dieser Thatsache trieb mit Naturnothwendigkeit die ärmeren Classen, die sich ihrer Macht bewußt geworden waren, unter die Fahnen derjenigen Führer, die ihnen in dem auf socialistischer oder communistischer Grundlage gegründeten Staate statt der formellen eine materielle Gleichheit in Aussicht stellten. Die besitzlose Bevölkerung trennte sich von der Bourgeoisie; sie wurde zum Träger einer zielbewußten socialen Bewegung und schritt auf eigenem Wege vorwärts, ohne sich auf demselben durch die breiten Blutströme, die ihn durchschnitten, aufhalten zu lassen.

Wesentlich gefördert wurde diese Entwicklung durch die gleichzeitige Befreiung der Gewerbe von den mittelalterlichen Fesseln, welche der durch die Einführung der Dampfmaschinen mächtig emporwachsenden Industrie bald einen entscheidenden Einfluß auf die gesammte Gestaltung der socialen Verhältnisse gewährte. Die unbeschränkte Freiheit und Organisationslosigkeit der Arbeit hatte zunächst eine ungeheure Vermehrung der Gütererzeugung und der gewerbtreibenden Bevölkerung zur Folge. Die Maschineninbustrie concentrirte gewaltige Capital- und Arbeitermassen in einer Hand und an einem Orte, und da die Concurrenzfähigkeit der mit einander um den Vorrang ringenden einzelnen Unternehmungen mit der Größe des Capitals wuchs, so schritt diese Concentration in natürlicher Entwicklung immer weiter fort und drängte die kleineren selbstständigen Gewerbetreibenden mehr und mehr in die Reihen der Fabrikarbeiter. Eine weitere Folge dieser schrankenlosen Concurrenz der industriellen Unternehmungen war die möglichste Herabsetzung des Arbeitslohnes, und da die Arbeiter selbst, die mit der Verwerthung ihrer Arbeitskraft lediglich auf die Fabrik angewiesen waren, dieser Tendenz unorganisirt und machtlos gegenüberstanden, so sank die Höhe des Arbeitslohnes bald auf die Grenze der nothwendigsten Lebensbedürfnisse herab. Hierzu kam, daß der Arbeitgeber nicht mehr, wie in der Werkstatt, seinen Arbeitern in einem persönlichen Verhältniß gegenüberstand, sondern nur durch das augenblickliche Bedürfniß nach Arbeitskraft an sie gebunden war und sie, sobald sie ihm entbehrlich geworden, ohne Sorge um ihr weiteres Fortkommen entließ. Unter solchen Umständen mußte es für die große Masse der arbeitenden Bevölkerung als eine Unmöglichkeit erscheinen, ohne einen besonderen glücklichen Zufall jemals aus dem Kreise der Nichtbesitzenden herauszutreten oder gar in die Classe der selbstständigen Unternehmer überzugehen. Eine unübersteigliche Kluft trennte den Arbeiterstand von den Capitalisten, wie ehedem den Bürgerstand vom Adel, und das bittere Bewußtsein dieses schreienden Widerspruchs zwischen der bestehenden socialen Ordnung und der gesetzlich anerkannten Gleichberechtigung, verbunden mit dem leidenschaftlichen Bestreben, diesen Widerspruch zu lösen, schloß die besitzlose Masse zu einem einheitlichen Ganzen zusammen — dem Proletariat, das nunmehr die Grundlage aller socialen Bewegungen bildete.

Trotzdem würde dieser Gegensatz zwischen Besitz und Nichtbesitz, zwischen Proletariat und Capital sich niemals zu einer solchen Schärfe zugespitzt haben, wenn in ihm sich nicht zugleich der Kampf zweier wirthschaftspolitischer Principien, des Individualismus und des Socialismus, verkörpert hätte. Das System der Bevormundung, zu welchem der absolute Staat durch seinen Hang zur Vielregiererei getrieben wurde, und das ihn beständig verleitete, durch Concessionen und Privilegien, Ausfuhrverbote und Prohibitivzölle, Zunftzwang und Monopole, gesetzliche Gliederung der Arbeitstheilung und Fesselung des Grundbesitzes das ganze Gebiet des wirthschaftlichen

Lebens regeln und reglementiren zu wollen, wurde trotz mancher wohlthätigen Folgen auf die Dauer als ein unerträglicher Zwang empfunden, und die physiokratische Schule, welche seit der Mitte des vorigen Jahrhunderts den wirthschaftlichen Umschwung im Sinne vollkommener Verkehrs- und Handelsfreiheit vorbereitete, fand deshalb für ihre Lehren überall den fruchtbarsten Boden. Hatte jedoch der fürstliche Absolutismus der Staatsgewalt einen allzugroßen Einfluß auf die wirthschaftlichen Verhältnisse gewährt, so verfiel die Schule Adam Smith's, welche den Physiokratismus weiter entwickelte und zu der berühmten Manchesterdoktrin ausbildete, bald in das entgegengesetzte Extrem. Die Grundlage ihrer Theorie war die Vorstellung, daß den Ausgangspunkt der gesellschaftlichen Entwicklung das einzelne unbeschränkt freie Individuum bilde, daß der Staatsorganismus gar keine eigenen Interessen habe, sondern nur auf einem Vertrage selbstständiger Individuen beruhe, und daß mithin der einzige Zweck der Staatsordnung die Befriedigung der materiellen Sonderinteressen dieser Einzelindividuen sei. Hieraus ergab sich von selbst, daß der Staat als solcher niemals das Recht beanspruchen könne, in die natürliche Ordnung der gesellschaftlichen Verhältnisse selbstständig regelnd einzugreifen, sondern daß er sich darauf zu beschränken habe, die Einzelnen im Genuß ihres Besitzes zu schützen, oder — wie Lassalle es mit einem geflügelten Worte drastisch ausdrückte — die Rolle des Nachtwächters zu übernehmen. Da man die Interessen der Gesammtheit lediglich als die Summe aller Einzelinteressen betrachtete und von der Voraussetzung ausging, daß am besten der Egoismus jedem Einzelnen den Weg zeigen werde, sein eigenes Interesse zu wahren, so wurde die unbedingte Freiheit in der Verfolgung des Eigeninteresses als die wesentlichste Forderung hingestellt. Der Wettkampf dieser Einzelinteressen sollte dann dazu führen, die größtmöglichste Güterproduktion hervorzurufen und dadurch die Bedürfnisse der Consumenten am sichersten und vollständigsten zu befriedigen. Angebot und Nachfrage werde von selbst die Preise der Waaren, sowie die Höhe des Arbeitslohns in zweckmäßigster Weise regeln. Der Kampf Aller gegen Alle werde schließlich eine Harmonie der Interessen erzeugen, weil jedes Einzelinteresse sich dabei am besten zur Geltung bringen könne, sofern nur der Grundsatz des laissez faire, laissez aller befolgt und die wirthschaftlichen Kräfte ihrem natürlichen Gange überlassen würden. Die materiellen Dinge wurden auf diese Weise von den allgemeinen sittlichen Interessen der Gesellschaft völlig isolirt und die volkswirthschaftlichen Probleme in einfache Rechenexempel aufgelöst, in denen der Mensch lediglich als eine Zahl figurirte.

Daß bei diesem freien Spiel der wirthschaftlichen Kräfte, bei diesem Kampf der Sonderinteressen, in welchem der Egoismus zum höchsten Princip erhoben wurde, die Besitzlosen als die wirthschaftlich Schwächeren nothwendig unterliegen und der Ausbeutung des Stärkeren preisgegeben werden mußten, wurde von den Vertretern der klassischen Nationalöconomie rückhaltlos anerkannt, allen Hülferufen gegenüber aber als ein unabänderliches Naturgesetz hingestellt. David Ricardo, der bedeutendste Schüler von Adam Smith, war es, der zuerst den Satz, nach welchem der Arbeitslohn sich niemals wesentlich über die Grenze der nothwendigsten Lebensbedürfnisse erheben könne, als „ehernes Lohngesetz" proclamirte, und Robert Malthus ging in seiner mitleidslosen Consequenz noch weiter, indem er bei seiner Untersuchung über die nachtheiligen Folgen der Uebervölkerung zu dem Schluß kam, daß diejenigen Menschen, deren die Gesellschaft nicht bedarf, von dem Schauplatz der Erde, auf welcher Jeder nur für sich da ist, wieder abtreten müssen, und daß die Natur selbst diese Ueberflüssigen und Unberechtigten durch Hunger, Seuche u. s. w. hinwegräume. Er zog hieraus die Folgerung, daß die Armenunterstützung, in welcher Form sie auch auftreten möge, nicht nur jenem Naturgesetz gegenüber im Großen resultatlos bleiben müsse, sondern daß sie auch als ein der bürgerlichen Gesellschaft im Allgemeinen höchst schädlicher Eingriff in den wohlthätigen Vernichtungsproceß der Natur erscheine.

Diese Uebertreibungen eines krassen Individualismus, die ihre natürliche Erklärung fanden, so lange es galt, die Mißstände zu bekämpfen, welche durch das entgegengesetzte Extrem der staatlichen Bevormundung hervorgerufen waren, die aber mit der Beseitigung der wirthschaftlichen Fesseln jede Berechtigung verloren hatten, mußten naturgemäß eine energische Reaction hervorrufen. Ein Gesellschaftszustand, in welchem die herrschenden Classen offen anerkannten, daß die große Mehrzahl der industriellen Bevölkerung zum ewigen Stillstand auf der untersten Stufe des menschlichen Daseins verurtheilt sei, und dennoch jede gesetzliche Reform zur

Verbesserung der Lage dieser Klassen, ja selbst die Unterstützung der Nothleidenden als eine unerlaubte Verletzung ihres volkswirthschaftlichen Dogmas zurückwiesen, konnte auf die Dauer unmöglich stillschweigend ertragen werden und mußte dem extremen Socialismus und Communismus, dem durch die oben geschilderte politische und wirthschaftliche Entwicklung bereits der Boden geebnet war, die schärfsten Waffen liefern.

Capitel XXIII.

Die Arbeiterbewegung in Frankreich, England und Deutschland bis zur Gründung der internationalen Arbeiterassociation.

I. Frankreich.

Daß die Wirkungen, welche die vorstehend entwickelten allgemeinen Ursachen auf die Entstehung der socialen Bewegung ausübten, zuerst in Frankreich zur Geltung kommen mußten, wo die Revolution unmittelbar alle Gesellschaftsschichten bis in ihre Grundtiefen erschüttert und die Theorie des liberalen Wirthschaftssystems schon frühzeitig eine begeisterte Anerkennung und Aufnahme gefunden hatte, bedarf keines besonderen Nachweises. Schon die erste Constitution von 1791, welche durch die Einführung eines Wahlcensus die untersten Classen von der Theilnahme an den Staatsgeschäften gänzlich ausschloß, hatte dem Volke zum Bewußtsein gebracht, daß das in der „Declaration der Menschenrechte" gewährleistete Princip der absoluten Gleichheit wesentlich durch das verschiedene Maß des Vermögens beherrscht werde, und es entspann sich ein wüthender Kampf der besitzlosen Masse gegen die Begüterten, der, mit wechselndem Erfolge geführt, sowohl die Verfassung von 1791 wie die von 1793 über den Haufen warf und endlich mit der Constitution von 1795 einen vorläufigen Abschluß fand. Diese Ruhe dauerte freilich nicht lange. Die Kluft, welche sich zwischen dem Proletariat und der besitzenden Classe geöffnet hatte, war bereits zu tief, um sich allmälig wieder von selbst auszufüllen. Die communistische Verschwörung Babeufs zeigte, daß das Proletariat entschlossen sei, das Princip der Gleichheit bis zur äußersten Consequenz der Gütergemeinschaft zu verfolgen, und wenn es der besitzenden Classe auch diesmal gelang, die aufflackernde Flamme im Blute ihres Urhebers zu ersticken, so dauerte die Glut unter der Asche doch fort, bereit, beim ersten Sturm von Neuem emporzulobern.

Die Zeit des ersten Kaiserreichs trug allerdings wesentlich dazu bei, dem weiteren Umsichgreifen des verzehrenden Elements Schranken zu ziehen. In Folge der andauernden Kriege war die Concurrenz der Arbeitskräfte erheblich vermindert, und da sowohl hierdurch als durch die Continentalsperre die Löhne sehr erheblich stiegen, so fühlte sich die Arbeiterbevölkerung vollkommen zufrieden und dachte nicht daran, ihre Lage mit einer andern Ordnung der Dinge zu vertauschen. Eine Aenderung dieses Zustandes trat erst ein, als mit der Rückkehr eines dauernden Friedens die entfesselte Industrie mächtig emporblühte und die im Gefolge des Großbetriebes für das sociale Leben erwachsenden Schäden den arbeitenden Classen fühlbar machte. Bald traten von Neuem socialreformatorische Ideen an die Oberfläche. Saint-Simon entwickelte sein System, durch welches er der Arbeit die ihr als Quelle des Nationalreichthums gebührende herrschende Stellung zu verschaffen bestrebt war, und wenn diese Lehre auch anfangs bei den Massen unverstanden und unbeachtet blieb, so wußte sein eifriger Schüler Bazard ihr doch bald eine agitationsfähigere Form, und durch die Forderung der Aufhebung des Erbrechts der Bewegung ein practisches Ziel zu geben.

Die Julirevolution sollte der neuen Theorie zum Siege verhelfen, und in der That wuchs die Zahl ihrer Anhänger bedeutend; dennoch vermochte sie einen dauernden Erfolg nicht zu erringen, weil ihre Forderung einerseits nicht radical genug war, um die große Masse der Besitzlosen dafür zu begeistern, andrerseits aber doch wieder zu weit ging, um nicht den energischen Widerstand der Begüterten wachzurufen. Hierzu kam, daß die Revolution von 1830 wesentlich hervorgerufen worden war durch die absolutistische Reaction des Königthums und des mit der Restauration wieder hergestellten Adels. Der Kampf gegen diese Macht nöthigte das ganze Volk, Bourgeoisie und Proletariat, festgeschlossen neben einander zu stehen und jede innere Spaltung zu vermeiden. So traten naturgemäß die socialen Gegensätze zeitweilig in den Hintergrund, um jedoch bald nach Niederwerfung des gemeinsamen Gegners sich mit doppelter Schärfe geltend zu machen.

Die durch die Julirevolution geschaffene neue Ordnung der Dinge war lediglich der Bourgeoisie zu Gute gekommen, deren politische Rechte volle Anerkennung gefunden hatten, während die Arbeiter durch den Wahlcensus von der Volksvertretung nach wie vor ausgeschlossen blieben. Gleichzeitig wirkte die revolutionäre Bewegung störend auf den allgemeinen Geschäftsbetrieb, die Löhne der Industriearbeiter sanken, und diese materielle Verschlechterung ihrer Lage mußte die Unzufriedenheit über die politische Rechtlosigkeit nur noch steigern. Es bildeten sich geheime Gesellschaften, die — wie die société des droits de l'homme — zunächst nur die Herstellung der Republik und die politische Gleichberechtigung aller Volksklassen erstrebten, allmälig aber von socialen Elementen durchsetzt und schließlich von diesen gänzlich beherrscht wurden.

Einige gewaltsame Aufstände wurden zwar mit Hülfe der Nationalgarde unterdrückt, ohne daß es jedoch der Regierung gelang, die stetig wachsende revolutionäre Bewegung in der Tiefe des Proletariats zu ersticken. Der einzige Erfolg dieser Kämpfe bestand darin, daß die ruhebedürftige Bourgeoisie, deren republikanisch gesinnter Theil aus politischen Interessen die Flamme zuerst selbst geschürt hatte, nunmehr erschreckt über die Geister, welche sie nicht mehr zu bannen vermochte, sich gänzlich aus der Agitation zurückzog und dadurch den radical-communistischen Richtungen das Terrain unbestritten überließ.

Die Reminiscenzen der Babeuf'schen Verschwörung, mit denen in den geheimen Gesellschaften der société des familles, société des saisons, insbesondere aber der Verbindung der travailleurs égalitaires ein wahrer Cultus getrieben wurde, steigerte die Temperatur der gährenden Masse immer höher, bis endlich der Druck der treibenden Gewalten in den Attentaten Alibaud's, Meunier's, Quenisset's, sowie in dem blutigen Aufstande des Mai 1839 gewaltsam einen Ausweg suchte und dem entsetzten Bürgerthum plötzlich den unter seinen Füßen sich öffnenden Abgrund zeigte, aus dem der Communismus in seiner rohesten Gestalt sein unholdes Haupt erhob. Dieser Anblick wirkte auf die große Mehrheit der Arbeiterbevölkerung selbst ernüchternd; sie wandte sich von dem wüsten und kulturfeindlichen Treiben der Gleichheitsfanatiker ab, und die communistische Bewegung nahm wieder einen mehr theoretischen Character an.

Namentlich Cabet war es, der gegen die blutdürstigen Tendenzen der Egalitaires mit großer Entschiedenheit auftrat, gleichzeitig aber in seinem Journal „Populaire" und in dem „Almanach icarien" die Durchführung communistischer Grundsätze auf friedlichem Wege lebhaft verfocht. Schon vor ihm hatte Lamennais vom Standpunkte der christlichen Nächstenliebe durch seine in alle europäischen Sprachen übersetzten „Paroles d'un croyant" in gleicher Richtung gewirkt; ihm schloß sich Victor Consibérant an, der dem System Fouriers, welches an die Stelle des Saint-Simonismus getreten war, aber nach dem gänzlichen Fehlschlagen eines practischen Versuchs zur Verwirklichung der neuen Utopie den größten Theil seiner Anhänger verloren hatte, durch sein Journal „Democratie pacifique" einen neuen Aufschwung gab. Weniger einflußreich war Pierre Leroux, weil derselbe sein communistisches System in einer für die Masse zu abstracten, rein philosophischen Form begründet hatte, dagegen gelang es Proudhon durch seine zersetzende Kritik aller Grundlagen des persönlichen Eigenthums einen tiefgreifenden Einfluß auf die Anschauungen des Volkes zu gewinnen. Noch nachhaltiger wirkte der Anstoß, den Louis Blanc durch sein Agitationsprogramm gab. Ausgehend von dem Gedanken, daß bei der bestehenden Productionsweise das Capital naturgemäß zur Unterdrückung der widerstandsunfähigen Arbeiter führen müsse, folgerte er die Nothwendigkeit, die Macht des Capitals durch die Macht eines noch größeren Capitals zu Gunsten der Gesammtheit zu brechen. Dieses größere Capital besitze der Staat, der zugleich ein lebhaftes Interesse daran habe, die Besitzlosen gegen Ausbeutung zu schützen. Es sei deshalb nur nothwendig, daß die Staatsgewalt sich entschließe, mit ihren Mitteln die Production in die Hand zu nehmen und dadurch alle Privatcapitalisten concurrenzunfähig zu machen. Um dieses Ziel zu erreichen, müsse das Proletariat vor Allem die politische Macht für sich gewinnen und dadurch die Staatsgewalt zur Durchführung jenes Reformplanes bestimmen. — Mit diesem Grundgedanken war der socialen Bewegung ein greifbares Ziel vor Augen gestellt und eine Verschmelzung der gesellschaftlichen mit der politischen Reform angebahnt. Ein großer und zwar gerade der gebildetste Theil der Arbeiterbevölkerung, welcher in dem von dem Mechaniker Albert redigirten Blatt „l'Atelier" seine Vertretung fand, schloß sich diesem Programm Louis Blanc's an und betrat damit die Brücke, welche wieder eine Annäherung der Bourgeoisie an das Proletariat ermöglichte.

Der begüterte Mittelstand klagte darüber, daß sein verfassungsmäßiger Einfluß durch die Zusammensetzung der Volksvertretung und durch das Wahlgesetz, das dem Einfluß der Regierung auf die Bildung der parlamentarischen Majorität Thür und Thor öffnete, mehr und mehr beschränkt werde und verlangte deshalb mit Ungestüm eine Wahl- und Parlamentsreform. Die gleiche Forderung wurde von dem Proletariat erhoben, und wenn auch für dieses die Ausdehnung des Wahlrechts nur ein Mittel zum Zweck, nur eine erste Etappe auf dem Wege zur Socialreform bedeutete, so war doch das nächste Ziel beiden Gesellschaftsclassen gemeinsam. Die parlamentarische und republikanische Opposition, welche sehr wohl einsah, daß sie ohne die Hülfe der großen Masse den Widerstand der Regierung nicht zu brechen im Stande sei, begann ihr altes Spiel von Neuem und suchte mit allen Künsten der Demagogie die Unzufriedenheit des Proletariats zu steigern. Die Toaste, welche auf den großen zur Belebung der Agitation veranstalteten Reformbanketten ausgebracht wurden, flossen über von Schmeicheleien und großen Versprechungen für die Arbeiterbevölkerung. „Wer kennt nicht die Gefahr" — rief Herr v. Beaumont bei dem Bankett im Chateau rouge aus —, „die das Kind des Arbeiters in den Fabriken läuft, wo seine Schwäche keinen andern Schutz hat, als ein als hohl und ohnmächtig anerkanntes Gesetz? Wer kennt nicht die Gefahren des Lehrlings und selbst des erwachsenen Arbeiters in ihrem Verhältniß zum Arbeitgeber unter der Herrschaft einer Gesetzgebung, die weder den Arbeitsvertrag noch den Lehrlingscontract geregelt hat? Der Arbeiter, schwach in seiner Vereinzelung, sucht Hülfe: das Gesetz erlaubt ihm kaum die Association. Er bedarf billiger Lebensmittel und zahlt die Salzsteuer. Er hat Credit nöthig und findet das Leihhaus, das ihm mit Wucher borgt. Er sucht

Recht gegen Uebervortheilung, aber in Frankreich ist die Civiljustiz für den Armen unmöglich. Von dem Militärgesetz getroffen, gibt er acht Jahre seines Lebens hin, und Niemand entschädigt ihn. Eines Tages verfällt er in Invalidität und Altersschwäche, aber umsonst sucht er Hülfe für seine alten Tage."

„Alles geschieht durch das Volk, nichts für das Volk" — sagte ein anderer Redner —; „es gibt sein Leben für die Freiheit, es stirbt, ohne sie zu erreichen; es erfüllt alle Pflichten und hat keine Rechte; es gibt immer und erhält nie Etwas! Ist das seine ewige Bestimmung?"

Es war begreiflich, daß solche Reden aus dem Munde angesehener parlamentarischer Führer auf die durch communistische Theorien und eine weitverbreitete socialistische Romanliteratur bereits angeregte, gedrückte und rechtlose Arbeitermasse nicht ohne Wirkung blieben. Die Keime einer socialen Revolution schossen üppig aus dem reich gedüngten Boden empor und mischten sich zum Theil mit den republikanischen Elementen der radicalen Bourgeoisie. Im Allgemeinen waren jedoch die „Volksmänner" der parlamentarischen Opposition weit entfernt, die Forderungen der Arbeitermasse, welche sie mobilisirt hatten, zu den ihrigen zu machen. In zwei völlig getrennten Lagern bereitete sich der Entscheidungskampf vor: auf der einen Seite das demokratische begüterte Bürgerthum, auf der andern das socialistische Proletariat, jenes durch den „National", dieses durch die „Réforme" journalistisch vertreten, jenes mit dem Rufe: „à bas Guizot, vive la réforme!", dieses mit dem Geschrei: „à bas Louis-Philippe, vive la nation!" in die Bewegung eintretend, die mit dem Sturze der Julimonarchie ihren Abschluß fand.

Auch in der neuen provisorischen Regierung waren beide Parteien repräsentirt und theilten sich brüderlich in die Ministerien und die sonstigen öffentlichen Aemter; lange jedoch konnte die Einigkeit zwischen zwei so grundverschiedenen Elementen nicht mehr dauern, nachdem mit der Erreichung des gemeinsamen Ziels jedes Bindemittel verloren gegangen war. Das Proletariat wollte mit der Republik nicht bloß eine bessere Staatsform, sondern auch eine bessere Lebenslage errungen haben, und verlangte sofort, daß die provisorische Regierung in diesem Sinne positive Maßregeln treffe. Auf das Anbringen Louis Blanc's wurde denn auch beschlossen, einen permanenten Ausschuß einzusetzen, der, von Louis Blanc und dem oben erwähnten Albert geleitet, sich lediglich mit der Verbesserung des Looses der Arbeiter beschäftigen sollte. Ein Arbeiterparlament, bestehend aus 250 Abgeordneten aller Gewerbe, darunter auch 3 Arbeiterinnen, wurde einberufen, um Vorschläge in Form von Gesetzentwürfen auszuarbeiten, die dann mit Zustimmung der provisorischen Regierung der Nationalversammlung vorgelegt werden sollten. Die unpractischen Reformpläne und Decrete Louis Blanc's, insbesondere die allgemeine Gleichheit des Arbeitslohns, welcher in letzter Instanz vom Staate festgesetzt werden sollte, hatten jedoch zur Folge, daß nicht nur zwischen den Arbeitgebern und Arbeitern, sowie unter den letztern selbst heftige Streitigkeiten ausbrachen, sondern daß auch täglich mehr Fabriken und Werkstätten geschlossen und Schaaren brodloser Arbeiter auf die Straße geworfen wurden.

Um diesen ein Unterkommen zu gewähren und sie gleichzeitig für die Interessen der provisorischen Regierung zu gewinnen, hatte die letztere durch ein Decret vom 25. Februar die sofortige Errichtung von Staatsarbeitswerkstätten (ateliers nationaux) angeordnet, in denen jeder Arbeitslose Beschäftigung finden sollte. In diese Nationalateliers, deren Bedeutung später vielfach mißdeutet worden ist, floß bald die ganze Masse der pariser Fabrikarbeiter, denen sich die Handwerksgesellen und schließlich Leute jeden Berufs und jeder Beschäftigungsart anschlossen. Da die Arbeit, welche die Arbeiter der Nationalwerkstätten zu vollbringen hatten, lediglich als ein Vorwand für das Almosen diente, welches man ihnen als Arbeitslohn zukommen ließ, so thaten sie so ziemlich was sie wollten. „Ihre Arbeiten bestanden" — nach der Schilderung*) eines Augenzeugen — „in Erdumschaufeln, Dammaufwerfen, Straßenausbessern, Abbürsten von Brückengeländern und Laternenständern, die der Regen fast alle Tage blank wusch, und dergleichen spöttischen Verrichtungen. Die Hauptbeschäftigungen waren indessen Karten- und Stöpselspiel. Jeden Samstag wurde die Löhnung ausgezahlt. Solche Staatsarbeitswerkstätten wurden nicht bloß in Paris, sondern in allen Fabrikstädten Frankreichs eingerichtet. Sie gewöhnten manchen fleißigen Arbeiter an ein müßiges Taugenichtsleben und gestalteten sich

---

*) „Gegenwart" Bd. V. S. 77.

im Verlauf einiger Monate zu einem Helotenheer, welches die ganze gesellschaftliche Ordnung und Bildung über den Haufen zu werfen drohte. Während man diese Heloten früher im täglichen Leben wenig bemerkte, weil sie an Werktagen in zahlreichen Ateliers zerstreut und an Festtagen ordentlich und reinlich gekleidet waren, erschienen sie damals in der furchtbarsten Dichtigkeit und Zerlumptheit eines im Freien an wenigen Stellen zusammengetriebenen und ausgeschütteten Menschenschwarms, mit der Erregung, welche eine Revolution schon an und für sich gibt, mit dem Haß gegen alle Ansprüche der Autorität und Rücksichten der Sittlichkeit, den gedankenlose Ehrgeizige, hitzige Theoretiker und heimliche Verschworene noch entflammten. Ihr Bild wird von Keinem vergessen werden, welcher sie gesehen hat, wird ewig wie ein Gespenst bei jeder Veranlassung sich vor die Seele stellen und warnend auf den noch nicht geschlossenen Abgrund der Revolution hindeuten."

Inzwischen fand der communistische Gedanke in der Bevölkerung täglich mehr Anhänger. Den Haupttummelplatz für dieselben bildeten die Pariser Clubs aller Schattirungen, von dem Club icarien, in welchem Cabet für seine utopischen Schwärmereien Propaganda zu machen suchte, bis zu dem Club de la révolution und der société républicaine centrale, in denen Barbès und Blanqui ihr Wesen trieben und den alten Babeufismus wieder zu beleben suchten. Einzelne Preßorgane des rohen Communismus veröffentlichten sogar mit einem nicht mißzuverstehenden Seitenblick Namensverzeichnisse der größten Capitalisten mit Beifügung ihres Mobiliar- und Immobiliarvermögens, und von der Rednertribüne des sogenannten Arbeiterparlaments wie in den Bulletins Ledru-Rollin's wurde täglich der Grundsatz proclamirt: Alles Eigenthum ist gemeinsam. Vergebens versuchten diejenigen Mitglieder der provisorischen Regierung, welche der Partei des „National" angehörten, insbesondere der bisherige Chefredacteur dieses Blattes Armand Marrast, diesen Ausschreitungen entgegenzutreten; die gemäßigten Republikaner verloren täglich an Boden und wurden durch die extrem socialistischen Elemente von Position zu Position zurückgedrängt.

Endlich glaubten die letzteren sich stark genug, ihre Gegner gänzlich bei Seite schieben zu können. Da in der von der neugewählten Nationalversammlung eingesetzten Executivcommission der gemäßigte Republikanismus noch stärker vertreten war, als in der provisorischen Regierung, so sollte dieser Regierungsausschuß durch einen Gewaltstreich einfach beseitigt und durch reine Communisten wie Barbès, Louis Blanc, Pierre Leroux, Proudhon, Cabet, Ledru-Rollin u. A. ersetzt werden. Der Verschwörungsplan mißlang zwar, doch waren die Streitkräfte des revolutionären Proletariats bereits zu gut organisirt, als daß die Führer der Insurrection geneigt gewesen wären, auf das Unternehmen zu verzichten. Der Beschluß der Nationalversammlung, dem immer größere Dimensionen annehmenden Unwesen der Nationalwerkstätten endlich ein Ziel zu setzen, gab das Signal zum Ausbruch des offenen Kampfes. Drei Tage lang wüthete die furchtbare Junischlacht in den Straßen von Paris, bis es der Dictatur Cavaignac's gelang, den Aufstand mit Feuer und Schwert niederzuschlagen und damit jeden Versuch einer gewaltsamen Durchführung communistischer Ideen für lange Zeit zu begraben. — Der Belagerungszustand unterdrückte jede Regung, und die Partei der Sieger konnte ihre Herrschaft befestigen.

Die Bourgeoisie, deren materielle Interessen unter den schwankenden Verhältnissen der Revolutionsperiode empfindlich gelitten hatten, und der bäuerliche Grundbesitz, der ein natürlicher Feind aller communistischen Bestrebungen war, sehnten sich jetzt vor Allem nach einer festen Staatsgewalt, welche die bestehende Ordnung gegen jede neue Bewegung der besitzlosen Classen unbedingt aufrecht zu erhalten im Stande war, und dieses Bedürfniß bahnte dem zweiten Kaiserreich den Weg. Louis Napoleon, der Cavaignac ablöste, erklärte in seiner Botschaft vom 12. November 1850 an die Nationalversammlung: „Frankreich verlangt vor allem Andern Ruhe", und die Erkenntniß, daß die Befriedigung dieses Bedürfnisses die alleinige Grundlage seiner Herrschaft bilde, wurde ihm zum Leitstern seiner socialen Politik.

Eine seiner ersten Aufgaben war es deshalb, die Arbeitergenossenschaften, gleichviel welche Zwecke sie verfolgten, soweit als möglich zu unterdrücken. In Folge des Beschlusses der constituirenden Versammlung vom 25. Juli 1848, welcher zur Gewährung zinsfreier Darlehne für die Begründung von Productivgenossenschaften einen Credit von 3 Millionen Francs bewilligte, hatte sich eine große Zahl solcher Vereinigungen gebildet, die jedoch nach kurzer

Blüthe theils durch die gegenseitige Concurrenz, theils durch den Mangel an Disciplin und die Unfähigkeit der leitenden Kräfte mehr und mehr zurückkamen und, so weit sie nicht schon vorher zu Grunde gegangen waren, schließlich den Chicanen der kaiserlichen Polizei zum Opfer fielen, welche in jeder Verbindung der Arbeiter Elemente der Verschwörung erblickte. Aus demselben Grunde sträubte sich Napoleon, das Coalitionsverbot aufzuheben. Er sah ein, daß die Arbeitseinstellungen sehr geeignet seien, das Classenbewußtsein der Arbeiter zu stärken, und deshalb ließ er das bereits seit längerer Zeit außer Anwendung gekommene Strafgesetz, welches die Coalitionen verbot, von Neuem mit Strenge handhaben, obwohl er, um andrerseits die Sympathien der Arbeiter zu erwerben, die Verurtheilten fast stets begnadigte. Erst im Jahre 1864 fiel die gesetzliche Schranke. Trotz jenes Verbots gelang es nicht, die Organisationen zur Erzwingung von Lohnerhöhungen oder anderen Vortheilen gänzlich zu unterdrücken; sie bildeten sich entweder ganz im Geheimen oder kleideten sich in die harmlose Form von Unterstützungsvereinen, Lesegesellschaften u. dergl. Nur eine gewerbliche Organisation war den Arbeitern ebenso wie den selbstständigen Industriellen und Kaufleuten gestattet, die chambres syndicales, deren Beamte jedoch der Bestätigung der Regierung bedurften und die deshalb der beständigen Controle unterworfen waren. Streitigkeiten zwischen Arbeitgebern und Arbeitern suchte der Kaiser auf gesetzlichem Wege durch die Wiederbelebung der conseils de prud'hommes auszugleichen, während er zugleich durch strenge Handhabung der Bestimmungen über die Führung von Arbeitsbüchern das fluctuirende Element der Arbeiterbevölkerung zu beschränken bemüht war.

Durch diese Maßregeln und die gleichzeitige Förderung der Industrie, welche den Mittelstand bereicherte und das Proletariat materiell zufrieden stellte, wußte er sich das Zutrauen der besitzenden Classen zu erwerben; die Geschichte der vorangegangenen Revolutionen hatte ihn jedoch belehrt, wie bedenklich es sei, seinen Thron lediglich auf eine einzelne Gesellschaftsclasse zu stützen. Nur durch die stete Besorgniß vor dem Proletariat konnte er in den Besitzenden das Gefühl seiner Unentbehrlichkeit rege erhalten; die Macht der Bourgeoisie mußte durch das Gegengewicht der Arbeitermasse gezügelt werden, und deshalb hielt er nicht allein das durch die Februarrevolution geschaffene allgemeine gleiche Stimmrecht aufrecht, sondern stellte sich auch selbst an die Spitze jedes Unternehmens, durch welches er den Arbeitern einen Beweis von der Solidarität ihrer Interessen mit denen des Kaiserreichs geben zu können hoffte.

Die Arbeiter selbst nahmen diesen Bemühungen gegenüber eine durchaus reservirte Stellung ein und hielten sich allem politischen Treiben fern. Die communistischen und sozialistischen Ideen waren, wenn auch nicht erloschen, so doch vollkommen zurückgedrängt, und, wenn auch die Führer der Bewegung, Louis Blanc, Pierre Leroux, Cabet, Blanqui u. A. vom Auslande her die durch die Junischlacht zerschnittenen Fäden wieder anzuknüpfen und weiterzuspinnen suchten, so blieben diese Versuche scheinbar doch ziemlich erfolglos. Erst im Anfang der sechsziger Jahre trat mit dem Beginn der Coalitionsfreiheit und der Gründung der internationalen Arbeiterassociation eine neue Bewegung ein, welche die Stellung der Arbeiter zu den politischen Parteien ganz erheblich veränderte.

II. England.

Wesentlich anders als in Frankreich mußte sich die Arbeiterbewegung in England gestalten, weil hier der besitzende Bürgerstand bereits unter den Stuarts, also in einer Zeit, wo eine Arbeiterclasse im modernen Sinne noch gar nicht existirte, sich eine gesicherte politische Machtstellung errungen hatte, die ihn dem alten Grundadel völlig ebenbürtig machte. Die neuere sociale Bewegung brachte hier also lediglich den Gegensatz der besitzlosen Masse gegen die vereinigte Macht des mobilen Capitals und des Grundbesitzes zum Ausdruck, während in Frankreich, wo die Emancipation der Bourgeoisie zum Theil noch mit dem Erwachen des Proletariats zusammenfiel, beide Gesellschaftsclassen als Bundesgenossen den Kampf um die Theilnahme an der Staatsgewalt aufnahmen. Eine nothwendige Folge dieses Unterschiedes war die, daß die Schwierigkeiten eines Erfolges für den Arbeiterstand in England erheblich größer waren, daß die Bewegung später und mit geringerer Kraftentwicklung eintrat, und daß die Taktik und die Wahl der Kampfmittel eine wesentlich andere sein mußte als in Frankreich.

Selbstverständlich blieb auch die Verschiedenheit des National=
characters auf diesen letzten Umstand nicht ohne Einfluß. Während
die französischen Arbeiter sich für fernliegende ideale Ziele, abstrakte
Theorien und allgemeine Ideen wie Freiheit, Gleichheit, Brüderlich=
keit begeisterten und freudig in den Tod gingen, richtete der Eng=
länder seine Augen stets auf die nächstliegende practische Aufgabe.
Er berauschte sich nicht in schönklingenden Declamationen über die
Solidarität der Arbeit, aber er organisirte sich mit seinen Genossen,
um eine bestimmte Lohnerhöhung, eine Verkürzung der Arbeits=
zeit oder die Beseitigung irgend einer drückenden Fessel zu erlangen.
Er stürzte sich nicht Hals über Kopf in einen Kampf ohne festes
Programm, sondern ging stetig Schritt für Schritt vorwärts und
suchte mit Zähigkeit seinem Ziele, bald von dieser bald von jener
Seite näher zu kommen.

Die französische Revolution ging deshalb ziemlich spurlos an
der englischen Arbeiterbevölkerung vorüber. Die Industrie, die
damals unmittelbar nach der Einführung der Maschinen einen
mächtigen Aufschwung nahm und ihre Schattenseiten dem erst in
der Entstehung begriffenen Proletariat noch nicht fühlbar machte,
gewährte den arbeitenden Classen Alles was sie verlangten, und die
Sicherung dieses Zustandes gegen jede gewaltsame Störung erschien
ihnen wichtiger als jede Erklärung der allgemeinen Menschenrechte.
Erst mit der weiteren Entwicklung des Großbetriebes änderte sich
dies Verhältniß. Das Capital strömte den gewinnbringenden in=
dustriellen Unternehmungen in reicher Fülle zu, und es entstand die
Concurrenz mit allen ihren für die Arbeiterbevölkerung so verderb=
lichen Folgen. Der Preis der Waaren wurde auf das Minimum
herabgedrückt und mit ihm der Arbeitslohn. Dazu kam, daß durch
die Verhältnisse Irlands jährlich eine Masse elender und herab=
gekommener Arbeiter nach England hinübergeworfen wurden, welche
bereit waren, die Arbeit um jeden Preis zu übernehmen und dadurch
nicht allein die Lebenshaltung sondern auch das Niveau der Tüchtig=
keit und des sittlichen Charakters der englischen Arbeiter herunter=
drückten. Dieser letzte Umstand wirkte um so verderblicher, als der
Arbeitgeber dadurch jeder Schonung seiner Arbeiter und jeder recht=
lichen oder moralischen Verpflichtung, für ihr geistiges und körper=
liches Wohl zu sorgen, überhoben zu sein glaubte. Die rücksichts=

loseste Ausbeutung der menschlichen Arbeitskraft galt als erlaubt. Nicht nur Männer und Frauen, sondern selbst kleine Kinder wurden in den Spinnereien bis zur äußersten Erschöpfung abgearbeitet. Die Armenhäuser lieferten diese unglücklichen Geschöpfe den Fabrikanten nicht nur unentgeltlich, sondern bezahlten sie noch, damit sie sie nahmen. In einem Vertrage zwischen einer londoner Pfarrei und einem Fabrikanten in Lancashire verpflichtete sich der Fabrikant, — wie Brentano*) auf Grund parlamentarischer Actenstücke berichtet — auf je zwanzig gesunde Kinder ein idiotes zu nehmen. „Die so verhandelten Kinder gingen, wenn auch nicht rechtlich, so doch thatsächlich ins Eigenthum der Fabrikanten über. Ja es kam vor, daß bei dem Concurs eines Falliten eine Anzahl solcher Kinder mit zur Versteigerung ausgesetzt und in den Blättern angezeigt wurde als ein Theil des Vermögens. Wie Sclaven wurden die armen Geschöpfe unter grausamen Züchtigungen von Morgens bis Abends und Abends bis Morgens zur Arbeit angehalten. Tag und Nacht waren die Fabriken in Thätigkeit. Zwei Reihen von Kindern, eine Tag- und eine Nachtserie wechselten ab in der Arbeit und in den Betten. Die Tagserie bestieg die Betten, welche die Nachtserie soeben verlassen hatte, und umgekehrt, und noch heute erzählt die Tradition in Lancashire, daß die Betten niemals erkalteten." Man würde diese Scheußlichkeiten für unglaublich halten, wenn sie nicht durch die Parlamentsverhandlungen und durch das Gesundheitsamt zu Manchester, welches die Aufgabe hatte, die Entstehungsgründe einer unter den zusammengepferchten und schlechtgenährten Kindern ausgebrochenen Epidemie zu untersuchen, zweifellos bezeugt würden. Das Parlament konnte sich diesen Thatsachen gegenüber der Pflicht, gesetzliche Maßregeln zu treffen, nicht entziehen, obwohl die Vertreter der Manchestertheorie lauten Protest gegen diesen „Eingriff des Staates in die wirthschaftliche Freiheit" erhoben und den Ruin der englischen Industrie prophezeiten. Von 1802 bis 1833 wurden 5 Fabrikakte erlassen, die jedoch ziemlich wirkungslos blieben, weil für die zwangsmäßige Ausführung derselben kein Geld bewilligt wurde.

Die rücksichtslose Ausbeutung der Arbeitskraft durch das in-

---

*) Brentano, Ordnung des Arbeitsverhältnisses. S. 80.

dustrielle Capital mußte nothwendig das Proletariat in einen schroffen Gegensatz zu den besitzenden Classen bringen, und diese Kluft wurde noch dadurch erweitert, daß die herrschende nationalöconomische Richtung, welche dieses Verhältniß als ein nützliches und unabänderliches Naturgesetz vertheidigte, jede Hoffnung auf eine Besserung durch die Hülfe der Staatsgewalt ausschloß. Die Aufhebung des Lehrlingsgesetzes, welche Adam Smith selbst im vermeintlichen Interesse der Arbeiter mit Lebhaftigkeit befürwortet hatte, obwohl eine Arbeiterpetition mit 300,000 Unterschriften sich dagegen erklärte, wurde auf Betreiben der Fabrikanten im Jahre 1814 vom Parlament genehmigt, und damit waren alle gesetzlichen Schranken, welche dem freien Gewerbebetrieb noch entgegenstanden, beseitigt. Für die Arbeiterbevölkerung war dieser Beschluß das Signal, daß der Grundsatz des laissez faire von der Gesetzgebung als das leitende Princip anerkannt sei, und das hieraus entspringende Gefühl völliger Hülflosigkeit trieb sie dem Socialismus widerstandslos in die Arme.

Die Reformideen Robert Owen's gewannen schnell einen mächtigen Einfluß auf die Massen, der um so berechtigter war, als der günstige Erfolg seiner so berühmt gewordenen Colonie New-Lanark die practische Durchführbarkeit seines Systems zu beweisen und den Arbeitern eine wahrhaft glückliche Zukunft zu sichern schien. Leider zeigte sich bald, daß der Versuch, welchen er mit seinen eigenen, systematisch dazu vorgebildeten Arbeitern im Kleinen gemacht hatte, sich im Großen nicht mit gleichem Erfolge wiederholen ließ. Die Lebensfähigkeit der auf communistischer Grundlage organisirten Heimathscolonien erwies sich als unzureichend, weil sie Charactereigenschaften voraussetzte, die sich bei den in der Wirklichkeit vorhandenen Durchschnittsmenschen nicht fanden. Hierzu kam, daß die theoretische Seite des Owen'schen Systems zahlreiche Angriffspunkte bot, daß namentlich der Grundgedanke desselben, die völlige Unzurechnungsfähigkeit des Menschen, den Anschauungen des englischen Volkes zu wenig entsprach, um auf die Dauer in weiteren Kreisen Anhänger zu finden, und so ging der Einfluß, den sein uneigennütziges Streben gewonnen, in der mächtigeren Chartistenbewegung unter. Nur auf dem Gebiete des englischen Genossenschaftswesens, als dessen Vater er zu betrachten ist, wirkte er nachhaltiger. Sowohl seine Consumvereine, die die materielle Lage weiter Arbeiterkreise erheblich verbessert haben, als die nach seinem System errichteten Productivassociationen, unter denen namentlich die der Pioniere von Rochdale eine gewisse Berühmtheit erlangte, haben ihm unter den Arbeitern lange ein dankbares Gedächtniß bewahrt.

Neben der Beförderung socialistischer Ideen hatte die Auflösung der alten gewerblichen Ordnung aber noch eine andere Folge: sie drängte die Arbeiter, die keinen andern Schutz fanden, zur ungesetzlichen Selbsthülfe. Trotz des strengen Coalitionsverbots, welches jegliche Verabredung von Arbeitern zur Erzielung von Lohnerhöhungen, Herabsetzungen der Arbeitszeit oder sonstigen Verbesserungen der Arbeitsbedingungen mit Zuchthaus und harter Arbeit bestrafte, verbündeten sich die Genossen dennoch zu Arbeitseinstellungen, sobald der auf ihnen lastende Druck allzu groß wurde und eine Verständigung mit dem Arbeitgeber, der an keine gesetzliche Schranke mehr gebunden war, nicht erzielt werden konnte. Die häufige Wiederkehr solcher Coalitionen und die Einsicht, daß nur eine festere Organisation einen erfolgreichen Widerstand gegen die Macht des Capitals ermöglichte, führte dazu, alle Arbeiter eines Gewerbes zu einem dauernden Verein zusammenzuschließen, der anfänglich einen rein localen Charakter hatte, allmälig aber sich über sämmtliche Gewerbsgenossen des Landes erstreckte. Die außerordentlich große Bedeutung, welche diese Gewerkvereine mit der Zeit für die ganze Regelung des Arbeitsverhältnisses gewannen, ist in dem bereits erwähnten Werk Brentano's ausführlich nachgewiesen. Der Hauptzweck derselben war hiernach das Petitioniren ans Parlament, die gerichtliche Verfolgung von Arbeitgebern, die das Gesetz verletzten, und die Unterstützung der Feiernden bei Arbeitseinstellungen. Außerdem unterstützten sie noch die Genossen, die sich an andere Orte begaben, um Arbeit zu suchen, ferner diejenigen, die krank waren, und zahlten eine Summe zur Bestreitung der Begräbnißkosten der gestorbenen. So lange Hoffnung vorhanden war, auf friedlichem Wege ihr Ziel zu erreichen, gingen die Vereine, meist unter der Form von Wohlthätigkeitskassen (friendly societies) verborgen, ruhig und maßvoll vor, aber von dem Augenblick an, wo ihre Zuversicht auf die Gerechtigkeit des Parlaments vernichtet war, trieb die Hoffnungslosigkeit und die Erbitterung sie vielfach zu den verwerflichsten Ausschreitungen. Erst mit der Aufhebung des Coalitionsverbots 1824, die den Arbeitern wieder ein gesetzliches Mittel der Selbsthülfe gab, lenkten auch die Gewerkvereine in gesetzliche Bahnen ein, und wenn auch bis in die neuere Zeit hinein in einzelnen Gewerben, insbesondere in der Sheffielder Industrie verbrecherische Excesse, Brandstiftung und Meuchelmord nicht ungewöhnliche Mittel waren, um die Zwecke der Genossenschaft durchzusetzen, so gehörten derartige Schandthaten doch zu den Ausnahmen und fanden ihre Erklärung in dem Einfluß, den der besondere Character jener Industriezweige auf die Arbeiter ausübte.

Die Stabilität der englischen Verfassung, welche auf der seit der Mitte des 17. Jahrhunderts festgewurzelten Vertheilung der Gewalten zwischen dem Grundadel und dem besitzenden Bürgerthum, den Tories und Whigs, beruhte, konnte gleichwohl nicht hindern, daß die rückläufige Bewegung, welche die Restaurationsideen im ganzen übrigen Europa hervorgerufen hatten, bis zu einem gewissen Grade sich auch in England fühlbar machte. Die Whigs suchten deshalb nach einer Stütze gegen den Druck von oben und hofften dieselbe in den tiefer liegenden, bisher politisch rechtlosen Bevölkerungsschichten zu finden, welche ihrerseits, durch die modernen Gleichheitsideen in Bewegung gesetzt, eine parlamentarische Vertretung verlangten und diese Forderung nun mit Hülfe der Whigs durchzusetzen suchten. So entstand jene Reformbewegung, deren ursprüngliches Ziel das allgemeine Stimmrecht mit geheimer Abstimmung war, die jedoch, da ein erheblicher Theil der liberalen Partei selbst eine so radicale Verfassungsänderung zurückwies, mit dem Reformgesetz von 1832 ihren Abschluß fand, welches nur dem niederen Bürgerstande politische Rechte einräumte, den eigentlichen Arbeiterstand aber völlig unberücksichtigt ließ.

Unter dem Proletariat, das durch seine energische Unterstützung der Reformbewegung den Mittelclassen wesentlich zum Siege verholfen hatte, war die Erbitterung über diesen Ausgang begreiflicher Weise außerordentlich groß. Anfangs hoffte man noch, die in das Parlament neu aufgenommenen Elemente würden, ihrer früheren Verheißungen eingedenk, ihren politischen Einfluß zur weiteren Ausdehnung des Stimmrechts benutzen; das süße Gefühl, zu den bevorrechteten Classen zu gehören, überwog bei diesen jedoch alle Sympathien für ihre früheren Kampfgenossen, und der Arbeiterstand, auf sich selbst angewiesen und durch die vorangegangene Agitation zum Bewußtsein seiner Macht gebracht, trat nunmehr als selbstständiger politischer Factor in die Schranken.

Diese Aussonderung des Proletariats von allen übrigen Gesellschaftsclassen gab der Bewegung zugleich einen vorwiegend socialen Character. Die Theilnahme an der Staatsgewalt wurde nicht mehr als ein bloßes Postulat der staatsbürgerlichen Gleichheit, sondern als ein Mittel zur Verbesserung der Lage des Arbeiterstandes gefordert. Die in London gegründete Working Men's Association formulirte in der sogenannten Volkscharte im Jahre 1837 das Programm der neuen Arbeiterpartei: allgemeines gleiches actives und passives Wahlrecht, geheime Abstimmung, jährliche Parlamente, Gewährung von Diäten an die Abgeordneten und gleichmäßige Abgrenzung der Wahlbezirke nach der Kopfzahl. Unter diesem Banner durchzogen die Agitatoren der Chartisten die Provinzen, und überall drängte sich das Proletariat in die Reihen der Bataillone, die mit ihren Fäusten der arbeitenden Bevölkerung das politische Recht und die sociale Stellung erobern sollten, welche die besitzenden Classen ihr verweigerten. Und neben der Werbetrommel marschirte das Elend und die Noth der durch das schamlose Ausbeutungssystem jener Zeit zu Grunde gerichteten Opfer und predigten eindringlicher noch, als selbst die aufreizende Sprache der Agitatoren, Haß den Besitzenden und Untergang der bestehenden Ordnung. Bald hatte sich der größte Theil des gesammten Arbeiterstandes um die Fahne der Chartisten geschaart und immer leidenschaftlicher, immer revolutionärer wurde die Bewegung. Hier und da kam es bereits zu offenen Aufständen, die gewaltsam unterdrückt wurden, ohne doch das Feuer der Massen dämpfen zu können. Schon drohte im Frühjahr 1848 das blutige Gespenst eines Bürgerkrieges, zu dessen Beginn das Parlamentsmitglied O'Connor durch Ueberreichung einer Monstrepetition das Signal geben sollte; da gelang es der Regierung im letzten Augenblick, durch ihre umfassenden Sicherheitsmaßregeln die Führer der Bewegung einzuschüchtern und die Demonstration, wenn nicht zu vereiteln, so doch auf sehr kleine Dimensionen zurückzuführen. Dieser Mangel an Entschlossenheit im entscheidenden Augenblick wirkte auf die ganze Agitation im höchsten Grade deprimirend und brach ihr die gefahrdrohende Spitze ab. Trotzdem dauerte die Chartisten=

bewegung bis zum Ende der funfziger Jahre fort und würde wahrscheinlich bald von Neuem einen gewaltsamen Ausbruch vorbereitet haben, wenn nicht die Staatsgewalt in weiser Erkenntniß die Quellen des Uebels zu verstopfen gesucht und, unbekümmert um die Dogmen der extremen Manchesterschule, durch eine umfassende Fabrikgesetzgebung dem verderblichen Ausbeutungssystem feste Schranken gezogen hätte.

Hand in Hand mit dieser äußerlichen Kur ging ein natürlicher Heilungsproceß, der von innen heraus den socialrevolutionären Paroxysmen entgegenwirkte. Die Beseitigung jeder gesetzlichen Organisation der Arbeit hatte den Arbeiterstand in zusammenhangslose Atome aufgelöst, die in ihrer Vereinzelung zu schwach und widerstandsunfähig waren, um beim Abschluß des Arbeitsvertrages ihre berechtigten Forderungen dem Unternehmer gegenüber zur Geltung zu bringen. Die maßlose Ausnutzung dieser Hülflosigkeit seitens der selbst unter dem Druck der Concurrenz stehenden Fabrikanten führte die Arbeiter endlich zu der Erkenntniß, daß nur durch eine neue Organisation diesem Zustande ein Ziel gesetzt werden könne, und so schlossen sie sich den bereits erprobten Gewerkvereinen in immer größerer Zahl an. Der Einfluß der letzteren wuchs hierdurch mächtig. Bald umfaßten sie die große Mehrzahl aller tüchtigeren Elemente der Arbeiterbevölkerung und selbst diejenigen, welche sich der Organisation nicht dauernd anschlossen, erkannten die Gewerkvereine als die berechtigten Vertreter ihrer Interessen an und unterwarfen sich bei eintretenden Arbeitsstreitigkeiten ihren Beschlüssen. Ihr Hauptaugenmerk richteten die Genossenschaften auf eine allgemeine Verbesserung der Arbeitsbedingungen; zu diesem Zweck wirkten sie nicht nur regelnd auf das Verhältniß zwischen Angebot und Nachfrage ein, indem sie die beschäftigungslosen Arbeiter aus denjenigen Orten, wo die Concurrenz zu stark zu werden drohte, an solche Stellen versetzte, wo ein Bedürfniß nach Arbeitskräften sich geltend machte, sondern sie gewährten auch ihren Mitgliedern nachhaltige Unterstützung, wenn sie wegen anerkannt unbilliger Arbeitsbedingungen ihre Arbeit verließen. Es war also jetzt nicht mehr der einzelne hülflose Arbeiter, der dem Arbeitgeber gegenüberstand, sondern die Gesammtheit der Gewerksgenossen, und dieses Bewußtsein machte den Arbeiter beim Abschluß des Arbeitsvertrages unabhängiger, den Unternehmer nachgiebiger.

Immer weiter dehnte sich das Netz der Vereine aus und überspannte bald nicht bloß ganz England und Irland, sondern selbst die Gegenden des Auslandes, wo englische Arbeiter sich in größerer Menge zusammenfanden. Die wachsenden Erfolge belebten den Muth; sie zeigten dem Proletariat einen friedlichen Weg, seine Lage zu verbessern und entzogen dadurch der socialdemocratischen Propaganda mehr und mehr den Boden. Nur ein einziges Glied noch fehlte in der Kette der Organisation, um die Selbstständigkeit und Unabhängigkeit des Arbeiterstandes zu sichern. Der Wettbewerb der Industrie auf dem Weltmarkt unterwarf die englischen Unternehmer der Concurrenz des Auslandes und zwang sie dadurch, den Arbeitsbedingungen der übrigen Staaten sich zu accomodiren. Zur Beseitigung dieses Druckes gab es nur ein Mittel: es kam darauf an, auch in allen übrigen Industrieländern die Arbeiter zu organisiren und durch Herstellung einer internationalen Verbindung das Niveau der Arbeitsbedingungen gemeinsam zu regeln. In diesem Sinne wurde der bei Gelegenheit der Londoner Weltausstellung im Jahre 1862 angeregte Gedanke der „Internationalen Arbeiterassociation" von den Englischen Arbeitern mit Freuden begrüßt. Erst die weitere Entwicklung sollte ihnen zeigen, wie wenig die neue Vereinigung ihrem idealen Schöpfungsplane entsprach.

III. Deutschland.

Erheblich später als in Frankreich und England vermochten die communistischen Ideen in Deutschland Boden zu gewinnen. Die Keime der socialen Bewegung, welche über den Rhein her Eingang gefunden hatten, konnten naturgemäß nicht ganz ohne Einfluß bleiben, sie fanden aber weder einen festorganisirten Staat noch eine festgegliederte Gesellschaft, um darin Wurzel zu schlagen, und so zersplitterte sich ihre Wirkung auf die einzelnen Individuen. Hier wurde der befruchtende Gedanke zwar weiter entwickelt, aber jeder Kopf gab dieser Entwicklung sein subjectives Gepräge, und so entstand eine Vielheit und Mannigfaltigkeit der individuellen Auffassungen, die erst einer längeren Durcharbeitung und Klärung bedurften, bevor sich aus ihnen ein wirksames Agitationsprogramm herausbilden konnte.

Hierzu kam, daß im Großen und Ganzen in den ersten vier Dezennien dieses Jahrhunderts weder die politischen noch die wirthschaftlichen Zustände in Deutschland von der großen Masse so drückend empfunden wurden, um eine spontane revolutionäre Bewegung hervorzurufen. Ein politisches Bewußtsein fehlte — abgesehen von den rein deutschnationalen Bestrebungen — in den unteren Volksschichten fast noch ganz, und die Forderungen der liberalen Mittelclasse erstreckten sich höchstens auf die Herstellung constitutioneller Staatsformen. Dieses Bedürfniß war aber in fast allen mittleren und kleinen Staaten entweder schon 1815 oder 1830 befriedigt worden, und in Preußen glaubte man die Erfüllung der wiederholt gegebenen Verheißungen von dem Regierungsantritt Friedrich Wilhelm's IV. mit Sicherheit erwarten zu dürfen.

Die Großindustrie war mit Ausnahme des rheinisch-westfälischen und später des sächsischen Gebiets noch wenig entwickelt, und so fehlte es an jenem massenhaft angehäuften Proletariat, dessen Elend in England die ersten Impulse zu einer von unten herauf sich emporarbeitenden socialen Bewegung gegeben hatte. Auch war die ganze volkswirthschaftliche Richtung in Deutschland der Entwicklung jenes brutalen Ausbeutungssystems nicht günstig, welches die Classengegensätze in England so furchtbar schärfte. Die eigentliche deutsche Schule Adam Smith's hat niemals jenen extremen Standpunkt der berüchtigten Manchesterdoktrin eingenommen, und wenn auch einzelne ihrer weniger hervorragenden Schriftsteller wie Lotz und Karl Arnd sich derselben näherten, so haben doch ihre berufensten Vertreter, insbesondere Rau, die Beschränkung der Staatsgewalt auf eine bloß negative Thätigkeit stets entschieden zurückgewiesen. Ueberdies machte sich gegen die Smith'sche Doktrin sehr bald nach verschiedenen Richtungen hin eine wirksame Opposition geltend, und dieser Einfluß von Männern wie Adam Müller und Friedrich List schwächte ihre Einwirkung auf die practische Wirthschaftspolitik wesentlich ab.

Während es hiernach fast den Anschein gewann, als sollte die Unfruchtbarkeit des deutschen Bodens den communistischen Bestrebungen eine unübersteigliche Grenze setzen, war eine geistige Macht bereits emsig bemüht, diesen Boden zu lockern und die hier und dort verstreuten Keime der Bewegung zu voller Blüthe zu entwickeln. Was in Frankreich eine revolutionäre Publicistik, in England die Maschine, das sollte in Deutschland die Philosophie thun. Es war eine eigenthümliche Ironie des Schicksals, daß dieselbe Hegel'sche Richtung, welche von der Preußischen Regierung in jeder Weise begünstigt und als officielle preußische Staatsphilosophie im Interesse der conservativen Ideen auf das Wärmste empfohlen worden war, zum Ausgangspunkt der revolutionärsten Ideen und Bestrebungen werden sollte. Das Hegel'sche System trug trotz seines conservativen Characters, der in dem Gedanken gipfelte, daß das Wirkliche das Vernünftige sei, doch in seiner dialectischen Methode zugleich den Keim eines revolutionären Princips in sich, indem es die Weltgeschichte als einen Strom ununterbrochen fortschreitender Entwicklung darstellte und somit jedes Stadium nur als eine Vorbereitung für eine höhere Entwicklungsstufe erscheinen ließ. Hieraus folgte, daß das, was in dem einen Augenblick vernünftig ist, in der nächsten Stufe der Entwicklung bereits unvernünftig sein kann. Während nun die ältere Schule Hegels strikt an der conservativen Richtung ihres Meisters festhielt und zum Theil in dieser Beziehung noch über ihn hinausging, schlug die jüngere Richtung unter dem Vorantritt von David Strauß den Weg der Kritik ein, welcher sie bald mit der in Preußen zur Herrschaft gelangten pietistischen Richtung in scharfen Conflict brachte. Auf Strauß folgte Bruno Bauer, der die Kritik von dem theologischen Gebiet auf das Gebiet der Geschichte und neueren Politik übertrug, und auf diesen Feuerbach und Stirner. Mit den Waffen Hegel'scher Dialektik nahmen sie und ihre Gesinnungsgenossen in den von Arnold Ruge redigirten „Halleschen Jahrbüchern" den Kampf gegen Alles, was ihnen als geistige Unfreiheit erschien, insbesondere gegen veraltete und unberechtigte Ordnungen in Staat und Gesellschaft auf. Daß sie dabei auf socialem Gebiete zum Theil zu socialistischen und communistischen Resultaten gelangten, war nur eine nothwendige Consequenz der Hegel'schen Auffassung vom Staat als der höchsten Form des sittlichen Ganzen, dem das Individuum sich unbedingt unterzuordnen hat. Dabei trat gleichzeitig ein wesentlicher Unterschied zwischen diesem deutschen und dem französischen Communismus hervor. Während die Anhänger des letzteren mit wenigen Ausnahmen sich von der kirchlichen Dogmatik keineswegs emancipirt hatten, wurde der erstere auf den Atheismus basirt, indem er die Nothwendigkeit, das Glück der Menschheit durch eine vernünftige Gesellschaftsorganisation zu erreichen, durch die Feuerbach'sche Anthropologie begründete, welche jede Hoffnung auf ein jenseitiges Glück zerstörte. Die „Halleschen Jahrbücher" wurden in Preußen verboten, setzten jedoch von Sachsen aus unter dem Titel „Deutsche Jahrbücher" den Kampf mit wachsender Heftigkeit fort, bis sie 1843 auch hier einem Verbot unterlagen.

In diese Zeit der geistigen Bewegung fiel die Thronbesteigung Friedrich Wilhelm's IV. Die weitgehenden Hoffnungen, die der Liberalismus nicht allein in Preußen, sondern in ganz Deutschland an dieses Ereigniß geknüpft hatte, erwiesen sich sehr bald als trügerisch und machten einer tiefen Verstimmung Platz. Namentlich am Rhein, wo bereits seit der Continentalsperre die Industrie und mit ihr die Herrschaft des gewerblichen Capitals eine gewaltige Ausdehnung gewonnen hatte, und der Blick auf die parlamentarische Regierung des benachbarten Frankreichs die Unzufriedenheit mit dem büreaucratischen Regiment nur noch steigern mußte, trat das Verlangen nach constitutionellen Rechten laut und offen hervor. Um diese Forderung mit Nachdruck zur Geltung bringen zu können, mußte aber der Bürgerstand, als der Hauptträger der liberalen Ideen, seiner Opposition eine breitere Grundlage geben und suchte nun, ebenso wie es in Frankreich und England geschehen war, die Unterstützung der besitzlosen Masse zu gewinnen. Bis zu diesem Zeitpunkte hatte man gar nicht daran gedacht, daß auch diese unterste Classe der Bevölkerung politische Rechte in Anspruch zu nehmen habe. Gewöhnt, die englischen Verfassungsverhältnisse als ein Muster zu betrachten, hielt man es für ganz selbstverständlich, daß das Proletariat durch einen Wahlcensus von der Theilnahme an den staatsbürgerlichen Rechten ausgeschlossen werde und bei Erörterung politischer Fragen völlig außer Betracht bleibe. Dieses Verhältniß änderte sich jetzt. Wollte man die Bundesgenossenschaft der Arbeiterbevölkerung gewinnen, so mußte man ihr Interesse mit dem des Liberalismus verknüpfen und neben der politischen Gleichberechtigung vor Allem eine Verbesserung ihrer socialen Lage als gemeinsames Ziel hinstellen.

In dem industriellen Proletariat des Rheinlandes, wo die wachsende Concurrenz der Unternehmer Elend und Armuth gehäuft hatte, fand dieser Appell ein lebhaftes Echo. Zum Bewußtsein seiner Macht gelangt, machte es bald mit Entschiedenheit seine Forderungen geltend und gab der Anfangs zaghaften Bewegung ein beschleunigtes Tempo. Verstärkt wurde dieser Druck noch durch Ereignisse, die gleichzeitig in der Schweiz eintraten. Hier hatten schon seit längerer Zeit die durch die Demagogenverfolgungen der dreißiger Jahre aus Deutschland vertriebenen Mitglieder der Burschenschaften und anderer Vereine den Mittelpunct lebhafter politischer Bestrebungen gebildet und vielfache Beziehungen mit Paris unterhalten, die zum Theil durch die wandernden deutschen Handwerksgesellen vermittelt wurden. Diese Bestrebungen blieben nicht ohne Rückwirkung auf weitere Kreise, und so hatten auch die französischen communistischen Ideen Eingang bei einem Theile der kleineren Handwerker gefunden. Unter diesen trat ein deutscher Schneidergeselle Weitling auf, der in Paris die communistische Lehre Cabets in sich aufgenommen und den Entschluß gefaßt hatte, sich zu ihrem Apostel zu machen. Nach manchen vergeblichen Versuchen gelang es ihm, in Zürich Boden zu gewinnen, wo ein lebhafter Kampf zwischen den Liberalen und Conservativen ausgebrochen war und beide Theile hofften, aus der Agitation Weitling's für sich Vortheil zu ziehen. So gelang es dem letzteren, ein ganzes Netz communistischer Verbindungen über das Land auszubreiten und sich auf diese Weise ein gewisses Ansehen zu verschaffen. Er suchte Beziehungen mit den Hauptführern der rheinischen Bewegung und sogar mit den revolutionären Ausschüssen in Paris anzuknüpfen und träumte bereits von einem großen communistischen Aufstande, der ihn an die Spitze einer Armee von 60,000 Mann stellen sollte, als die Züricher Regierung dem Unfug ein Ende machte, Weitling verhaftete und seine in Beschlag genommenen Papiere veröffentlichte. Der ganze Hergang war an sich von geringer practischer Bedeutung, machte aber dadurch erhebliches Aufsehen, daß er den Beweis lieferte für die Möglichkeit des Versuchs, auch in Deutschland den Communismus aus der Theorie in die Praxis zu übertragen.

Die preußische Regierung konnte sich der Erkenntniß, daß die Bewegung in den Rheinlanden eine immer ernstere Gestalt annahm, nicht verschließen, anstatt aber das Uebel an der Wurzel zu heilen, glaubte sie die drohende Gefahr durch gewaltsame Unterdrückung der Symptome abwenden zu können. Ursache und Wirkung verwechselnd, verbot sie im Jahre 1843 die „Rheinische Zeitung", das Hauptorgan der radicalen Bourgeoisie, das, zuletzt von Carl Marx redigirt, mit rücksichtsloser Energie die Forderung einer parlamentarischen Verfassung, gleichzeitig aber auch die berechtigten Ansprüche der arbeitenden Classen vertrat und so gewissermaßen das Bindeglied beider Parteirichtungen bildete. Die Folge dieser Maßregel war eine steigende Erbitterung der ganzen rheinischen Bevölkerung. Das oppositionelle Bürgerthum fand sehr bald in der „Kölnischen Zeitung" eine neue wirksame Vertretung seiner Interessen, während die sociale Bewegung aus ihrer Verbindung mit den politischen Reformbestrebungen gelöst, die bisherige Mäßigung verlor und sich nunmehr ausschließlich die communistische Agitation des Proletariats zur Aufgabe stellte.

Ein reiches Arsenal von Waffen lieferte für diesen Zweck das vielgelesene und vielumstrittene Buch von F. Engels: „Die Lage der arbeitenden Classen in England", das mit krassen Farben, aber — trotz seiner tendenziösen Einseitigkeit und mancher Uebertreibung — nicht ohne Naturwahrheit den grauenvollen Zustand der unter der Herrschaft der Großindustrie verkümmerten Arbeiterbevölkerung schilderte. In gleichem Sinne, wenn auch an Gehalt viel tiefer stehend, wirkte eine Reihe von Zeitschriften, wie die „Rheinischen Jahrbücher", das „Westfälische Dampfboot" und namentlich der „Gesellschaftsspiegel", die, in ihren Mitteln nicht immer wählerisch, mehr und mehr in die Richtung des rohen Babeufismus einlenkten. Auch in den „Deutsch-französischen Jahrbüchern", welche in Paris erschienen und als eine Fortsetzung der „Deutschen Jahrbücher" auftraten, obwohl die alten namhaften Mitarbeiter sich fast sämmtlich davon zurückgezogen hatten, fand der radicale Communismus seine Vertretung. Um jede Solidarität mit diesem Treiben von sich abzulehnen, traten Arnold Ruge in seinen „Briefen aus Paris" und Carl Heinzen in seiner „Opposition" sehr entschieden gegen dieses Treiben auf. Ihnen schlossen sich die meisten gebildeteren Elemente des politischen Radicalismus an und entzogen dadurch der offenen Agitation den Boden, wenn sie auch nicht im Stande waren, die in der Tiefe der Arbeiterbevölkerung unmerklich sich fortpflanzende Bewegung gänzlich zum Stillstand zu bringen.

Auch in andern Theilen des Landes, wo durch eine stärkere Entwicklung der Industrie die Lebensbedingungen einer socialistischen Agitation gegeben waren, wie namentlich in Sachsen und in Berlin, ging die Bewegung der vierziger Jahre nicht spurlos vorüber, wenn sie auch hier einen weniger leidenschaftlichen Character annahm. Ihr wesentlichster Erfolg war der, daß sie die verschiedenartigsten Kreise der Gesellschaft zum ernsten Nachdenken über die Möglichkeit einer Verbesserung der socialen Lage des Proletariats anregte und dadurch eine Fülle literarischer Erzeugnisse hervorrief, die neben vielem Werthlosen doch auch manche beachtenswerthe und originelle Gesichtspuncte zu Tage förderten. Eine allgemeinere Beachtung fand das Buch von K. Grieb: „Abbruch und Neubau", welches eine neue gesellschaftliche Organisation durch eine Vereinigung aller Gewerbe zu einem großen Verbande bezweckte. Mehr communistisch schlug L. Jacobi in seiner Broschüre „über die Verarmung und Entsittlichung der arbeitenden Classen" vor, daß die Staatsgewalt als solche einerseits mit geeigneten Gesetzen, dann aber auch mit bedeutenden pecuniären Vorschüssen eintreten solle, um dadurch die Erziehung des Volkes wesentlich zu verbessern. Noch weiter ging ein Justizbeamter Hilgard in seiner Broschüre: „Zwölf Paragraphen über den Pauperismus und die Mittel, ihm zu steuern", in welcher er die Bildung eines Fonds forderte, um den Unbemittelten ein Capital für ihre Unternehmungen zu verschaffen. Dieser Fond sollte gebildet werden durch eine Erweiterung der Erbschaftssteuer im Verhältniß des Verwandtschaftsgrades und der Größe des Erbes. A. Weill stellte bereits die später von Lassalle wieder aufgenommene Forderung auf, daß der Staat vermittelst einer großen Anleihe zur Anlegung allgemeiner Fabriken und Werkstätten die Concurrenz der Privatunternehmer beseitigen solle. — An diese und viele ähnliche Geisteserzeugnisse reihte sich dann eine Zahl von Schriften christlich-socialer Tendenz und rein wissenschaftlichen Inhalts, die zum Theil — wie die „Socialen Briefe an Kirchmann" von Robbertus — schon die Grundlage des ganzen von Carl Marx später in seinem „Capital" aufgeführten Lehrgebäudes des wissenschaftlichen Socialismus enthalten.

Während der scheinbaren Ruhe, die in Deutschland für einige Zeit eingetreten war, bereiteten deutsche Flüchtlinge im Auslande bereits eine neue communistische Agitation vor, von der sie hofften, daß sie die gesellschaftliche Ordnung der gesammten Culturwelt aus den Angeln heben würde. Aus der Vereinigung des „Deutschen Arbeitervereins" und des „Bundes der Deutschen", die beide in London ihren Sitz hatten und dort revolutionäre Ideen cultivirten, entstand der „Communistenbund", der in England selbst mit den Chartisten Beziehungen anknüpfte, während er in Deutschland, namentlich unter der industriellen Bevölkerung des Rheinlandes, eine Reihe von Gemeinden gründete, die von London aus geleitet werden sollten. Die Statuten dieses Bundes erklärten als Zweck desselben die Herrschaft des Proletariats und die Gründung einer neuen Gesellschaftsordnung ohne Classen und ohne Privateigenthum. Als Mittel zur Erreichung dieses Zwecks wurden in einem von Carl Marx und Friedrich Engels verfaßten „Manifest der communistischen Partei" die Erwerbung politischer Macht durch das Proletariat bezeichnet. Dieses Manifest, welches im Februar 1848 von Brüssel aus im Namen eines Congresses deutscher Communisten versandt wurde, war insofern beachtenswerth, als es zum ersten Male klar und bestimmt den Gedanken formulirte, daß die Interessen des Proletariats von der Nationalität vollkommen unabhängig seien und daß deshalb das gemeinsame Ziel durch eine Vereinigung der Arbeiter aller Nationen erstrebt werden müsse. Für die fortgeschritteneren Culturstaaten wurde dem Proletariat als nächstliegende Aufgabe hingestellt: Abschaffung des privaten Grundbesitzes, Centralisation des Credits und der Verkehrsmittel in den Händen des Staates, Errichtung von Nationalwerkstätten, Bebauung aller geeigneten Ländereien nach einem von der Gemeinschaft aufgestellten Plane und unentgeltliche Erziehung der Kinder nach gleichem System. Der Schluß des Manifests lautete: „Mögen die herrschenden Classen vor einer communistischen Revolution zittern. Die Proletarier haben Nichts in ihr zu verlieren als ihre Ketten. Sie haben eine Welt zu gewinnen. Proletarier aller Länder, vereinigt Euch!"

Als die Revolution von 1848 in Deutschland ausbrach, glaubte die Centralbehörde des Bundes am Ziele aller ihrer Wünsche zu stehen, allein trotz des pomphaften Styls ihrer Proclamationen, trotz ihrer unermüdlichen Agitation in allen Centren der Industrie und trotz der persönlichen Uebersiedelung eines Theils ihrer Mitglieder nach dem Continent mußte sie es erleben, daß das Volk den socialistischen und communistischen Theorien gar keine Aufmerksamkeit schenkte. Der Grund lag zum Theil darin, daß die revolutionäre Bewegung in Deutschland neben ihren politischen und socialen Aufgaben gleichzeitig ein großes nationales Ziel hatte: die Herstellung des Deutschen Reichs. Nun mußte aber jeder Einsichtige sehr bald erkennen, daß es gerade die Verschmelzung der socialen Frage mit der nationalen sei, welche der letzteren die mächtigsten und zahlreichsten Gegner erweckte, und so drängte sich naturgemäß an die Stelle der Discussion socialistischer und communistischer Systeme die Erörterung der Frage, welche nächsten practischen Aufgaben die gesellschaftliche Bewegung zu lösen habe, um die Hindernisse, die der Reichsidee entgegenstanden, aus dem Wege zu räumen. Vor dieser Frage trat der Streit der Theorien zurück; die socialistische und communistische Literatur verschwand mit wenigen Ausnahmen gänzlich und auch der Versuch, eine „Neue Rheinische Zeitung" in Cöln erscheinen zu lassen, in welcher Marx in Gemeinschaft mit Engels, Freiligrath u. A. die Tendenzen der alten „Rheinischen Zeitung" wieder aufnahmen, scheiterte nach kaum einjährigem Bestehen. Einzelne rein communistische Versuche, in einigen Städten nach dem Muster der Associations ouvrières ähnliche Gesellschaftungen zu bilden, gingen ohne alle Bedeutung vorüber und es war thatsächlich unmöglich, die sociale Bewegung von der politischen zu trennen. Als die Ruhe zurückkehrte, hatte der Bund nicht nur Nichts erreicht, sondern alle seine Gemeinden hatten sich aufgelöst und die ganze Vereinigung war desorganisirt.

Diese Niederlage entmuthigte die Führer jedoch nicht. Nachdem eine neue Direction eingesetzt und die Gemeinden in Deutschland so weit als möglich wieder hergestellt worden, erließ die Centralbehörde im März 1850 eine neue Ansprache an den Bund, in welcher den Mitgliedern eine ausführliche und bis ins Detail genaue Instruction über ihr Verhalten gegeben wurde für den Fall, daß — wie man mit Sicherheit annahm — die Revolution binnen Kurzem von Neuem ausbrechen sollte. Dieser Aufruf,*) welcher einen Leitfaden für die Politik der communistischen Parteien aller Länder bildet, ist für die Characteristik der gesammten Bewegung von hohem Interesse. Es wird darin zunächst der Gegensatz zwischen den Parteien des democratischen Bürgerthums und des Proletariats klar dargelegt und der Nachweis geführt, daß die Forderungen der radicalen Bourgeoisie der Partei des Proletariats keineswegs genügen. „Während die democratischen Kleinbürger die Revolution möglichst rasch und unter Durchführung höchstens ihrer eigenen Ansprüche zum Abschluß bringen wollen, ist es unser Interesse und unsere Aufgabe, die Revolution permanent zu machen, so lange, bis alle mehr oder minder besitzenden Classen von der Herrschaft verdrängt sind, die Staatsgewalt vom Proletariat erobert und die Association der Proletarier nicht nur in einem Lande, sondern in allen Culturländern der Welt soweit fortgeschritten ist, daß die Concurrenz der Proletarier in diesen Ländern aufgehört hat, daß wenigstens die entscheidenden productiven Kräfte in den Händen der Proletarier concentrirt sind. Es kann sich für uns nicht um Veränderung des Privateigenthums handeln, sondern nur um seine Vernichtung, nicht um Vertuschung der Classengegensätze, sondern um Aufhebung der Classen, nicht um Verbesserung der gegenwärtigen Gesellschaft, sondern um Gründung einer neuen." Der Aufruf erörtert dann eingehend die Stellung, welche das Proletariat gegenüber der kleinbürgerlichen Democratie einnehmen soll: 1. während der Fortdauer der jetzigen Verhältnisse, wo die kleinbürgerlichen Democraten ebenfalls unterdrückt sind, 2. im nächsten revolutionären Kampfe, der ihnen das Uebergewicht geben wird, 3. nach diesem Kampfe während der Zeit des Uebergewichts über die gestürzten Classen und das Proletariat. — Es wird den Arbeitern empfohlen, jede Vereinigung mit der bürgerlichen Democratie entschieden von der Hand zu weisen und sich selbstständig offen und geheim zu organisiren. Für den Fall eines Kampfes gegen einen gemeinsamen Gegner bedürfe man keiner besonderen Vereinigung, weil dann die Interessen beider Parteien für den Moment zusammenfallen, dagegen würde das Proletariat als Anhängsel der officiellen bürgerlichen Democratie seine selbständige Stellung verlieren.

---

*) S. „Zur Geschichte der Internationale" von M. B., Leipzig 1872, S. 39.

Während des Kampfes müsse das Proletariat dahin wirken, daß die unmittelbare revolutionäre Aufregung nicht sogleich nach dem Siege unterdrückt, sondern im Gegentheil so lange wie möglich aufrecht erhalten werde. Weit entfernt, den sogenannten Excessen, den Exempeln der Volksrache an verhaßten Individuen oder öffentlichen Gebäuden, an die sich nur gehässige Erinnerungen knüpfen, entgegen zu treten, müsse man diese Exempel nicht nur dulden, sondern ihre Leitung selbst in die Hand nehmen. Vom ersten Augenblicke des Sieges an habe sich das Mißtrauen nicht mehr gegen die besiegte reactionäre Partei, sondern gegen die bürgerliche Democratie zu richten, damit diese den Sieg nicht für sich allein ausbeute. Man müsse deshalb neben der officiellen neuen Regierung zugleich eigene revolutionäre Arbeiterregierungen, sei es in der Form von Gemeindevorständen, sei es durch Arbeiterclubs oder Arbeitercomités, errichten, so daß die bürgerlich democratischen Regierungen sogleich den Rückhalt an den Arbeitern verlieren und sich beständig überwacht und bedroht sehen. Die Bewaffnung des ganzen Proletariats müsse sofort durchgesetzt und der Wiederbelebung der alten, gegen die Arbeiter gerichteten Bürgerwehr entgegengetreten werden. Vor Allem komme es darauf an, die im Lande zerstreuten Arbeiterclubs sofort mit einander in Verbindung zu setzen und zu organisiren. Wie die Democraten mit den Bauern, so müßten sich die Arbeiter mit dem Landproletariat verbinden und darauf bringen, daß das consiscirte Feudaleigenthum zum Staatseigenthum erklärt und von dem associirten Landproletariat gemeinsam bearbeitet werde. Wenn die Democratie auf eine Föderativrepublik oder Decentralisation hinwirke, müsse das Proletariat ohne Rücksicht auf das Gerede von Selbstregierung u. dergl. die entschiedenste Centralisation in der Hand der Staatsmacht fordern. Wenn man auch im Anfang der Bewegung noch keine directen communistischen Maßregeln vorschlagen könne, so müsse man doch die Democraten zwingen, nach möglichst vielen Seiten in die bestehende Gesellschaftsordnung einzugreifen, ihren regelmäßigen Gang zu stören und sich selbst zu compromittiren; alle reformirenden Vorschläge der Democraten müsse man überbieten, auf die Spitze treiben und sie in directe Angriffe auf das Privateigenthum verwandeln. Der Aufruf schließt mit der Aufforderung an die Arbeiter, sich durch die heuchlerischen Phrasen der bemocratischen Kleinbürger keinen Augenblick an der unabhängigen Organisation der Partei des Proletariats irre machen zu lassen. Ihr Schlachtruf müsse sein: Die Revolution in Permanenz!

Mit diesem Feldzugsplan ausgerüstet begannen die Emissäre des Bundes von Neuem die Agitation im westlichen Deutschland und gründeten eine Anzahl von Gemeinden in Frankfurt a./M., Gießen, Mainz, Mannheim, Hanau und anderen Orten. Durch einen Congreß in Frankfurt a./M. wurde eine Verbindung derselben hergestellt, und die Centralleitung dieses Geheimbundes nach Cöln verlegt, nachdem in der Präsidialbehörde zu London ein Zwiespalt ausgebrochen war. Der statutenmäßige Zweck dieses im Jahre 1850 gegründeten Communistenbundes war dahin gerichtet, „durch alle Mittel der Propoganda und des politischen Kampfes die Zertrümmerung der alten Gesellschaft, die geistige, politische und öconomische Befreiung des Proletariats, die communistische Revolution durchzuführen". „Der Bund" — heißt es in dem Statut — „vertritt in den verschiedenen Entwicklungsstufen, welche der Kampf des Proletariats zu durchlaufen hat, stets die Interessen der Gesammtbewegung, wie er auch stets alle revolutionären Kräfte des Proletariats in sich zu vereinigen und zu organisiren sucht. Er ist geheim und unauflöslich, so lange die proletarische Revolution ihr Ende nicht erreicht hat." Unbekümmert um diese letzte Bestimmung löste die Regierung den Bund nach kurzer Dauer auf. Der Cölner Communistenproceß machte demselben ein Ende bevor er noch Gelegenheit gehabt hatte, eine practische Wirksamkeit zu entfalten, und zerstreute seine Mitglieder, die zum Theil nach London gingen und sich hier mit einer Anzahl anderer politischer Flüchtlinge, der sogenannten „Schwefelbande", vereinigten.

Capitel XXIV.

Ferdinand Lassalle und Carl Marx.

Neben diesen revolutionären Bestrebungen, die sociale Frage durch eine vollständige Umgestaltung der bestehenden Gesellschaftsordnung zu lösen, liefen die verschiedenartigsten practischen Versuche her, die Lage der arbeitenden Classen innerhalb des Rahmens der gegebenen Zustände zu verbessern. Zu diesen gehörte in erster Linie die durch Schulze-Delitzsch hervorgerufene Genossenschaftsbewegung, die sich, von kleinen Anfängen ausgehend, in kurzer Zeit zu einem hervorragenden Factor des wirthschaftlichen Lebens entwickelte. Neben den Consum- und Rohstoffvereinen, die ihren Mitgliedern den billigen Bezug ihrer Bedarfsartikel ermöglichten, waren es namentlich die Vorschuß- und Creditgenossenschaften, welche im Publikum sehr bald eine sympathische Aufnahme fanden. Das Princip der Solidarhaft gab diesen Volksbanken die erforderliche Creditfähigkeit und setzte sie in den Stand durch die Herstellung eines geregelten Creditverkehrs für die kleinen Gewerbetreibenden ein bringendes Bedürfniß zu befriedigen, dessen Regelung unter der bestehenden Gesetzgebung bisher mit den größten Schwierigkeiten zu kämpfen gehabt hatte. Mit der Lösung der eigentlichen Arbeiterfrage hatte diese an sich höchst wohlthätige Einrichtung selbstverständlich gar nichts zu thun. Es lag allerdings in der Absicht von Schulze-Delitzsch, das Princip der Solidarhaft auch der Errichtung von Productivgenossenschaften dienstbar zu machen, und dadurch die Arbeiter als Eigenthümer des genossenschaftlichen Unternehmens von der Herrschaft des Capitals zu emancipiren. Dieser Gedanke ist aber in größerem Umfange niemals zur Ausführung gekommen, und wo es geschah, war der Erfolg so wenig ermuthigend, daß man von weiteren Versuchen bald Abstand nahm. Auch das Beispiel der englischen Genossenschaften, insbesondere das der vielgerühmten Pioniere von Rochdale war durchaus nicht geeignet, für die Möglichkeit einer Lösung der socialen Frage auf diesem Gebiete als Beweis zu dienen, denn auch hier hatte die Erfahrung gelehrt, daß mit der größeren Ausdehnung des Betriebes die Betheiligung der Arbeit am Gewinn sehr bald abgeschafft und das Unternehmen in eine reine Actiengesellschaft verwandelt wurde. Schulze-Delitzsch selbst war anfangs weit entfernt, seine Genossenschaften als ein Universalmittel gegen alle gesellschaftlichen Schäden anzupreisen; erst als die Vertreter einer ihm nahe stehenden volkswirthschaftlichen Richtung durch ihre ungeschickten Reclamen eine lebhafte Gegenströmung hervorgerufen hatten, ließ er sich in der Vertheidigung seiner Schöpfungen zu einer leicht erklärlichen Ueberschätzung ihrer Leistungsfähigkeit hinreißen.

Mit der fortschreitenden Entwicklung des Industrialismus in Deutschland war auch der Besitz des mobilen Capitals, unterstützt durch die in den Einzelstaaten geltenden Wahlsysteme mehr und mehr in den Vordergrund getreten. Unter der Fahne des „liberalen Bürgerthums" nahm es den politischen Kampf gegen die noch immer mächtigen Trümmer des Absolutismus und Feudalismus auf und führte denselben unter thatkräftiger Beihülfe aller nicht bevorrechteten Classen der Bevölkerung mit steigendem Erfolge, während auf volkswirthschaftlichem Gebiete die durch Prince-Smith und Faucher importirten Anschauungen der englischen Schule Adam Smith's mit ihrem Dogma des unbedingten laissez faire immer mehr Boden gewannen. Es war natürlich, daß der politische Kampf gegen die Staatsgewalt der Ausbreitung einer Lehre, welche diese Macht auch auf wirthschaftlichem Gebiete zu brechen suchte, außerordentlich förderlich sein mußte, und bald galt es deshalb als ein feststehender Grundsatz, daß jeder politisch freisinnige Mann auf das Glaubensbekenntniß der Manchesterpartei schwören müsse. Trotzdem begannen sich unter der Arbeiterbevölkerung bald Zweifel zu regen, daß die schrankenlose Freiheit der wirthschaftlichen Kräfte thatsächlich auch den Interessen der besitzlosen Classe zu Gute komme. Der schwere Druck des Capitals machte sich fühlbar, und man fing an, nach Mitteln zu suchen, um sich diesem Druck zu entziehen. Schon entwickelte sich unter den Arbeitern ein gewisses Classenbewußtsein, und wenn es auch der Bourgeoisie noch gelang, jeden lauten Mißklang, der für den Ausgang des parlamentarischen Kampfes verhängnißvoll werden konnte, zu vermeiden, so erkannte sie doch die Nothwendigkeit, den Forderungen des Proletariats irgend etwas zu bieten.

Da trat Schulze-Delitzsch mit seinen Ideen genossenschaftlicher Selbsthülfe auf und wurde von den Vorkämpfern der deutschen Manchesterpartei, die sich als „Congreß deutscher Volkswirthe" organisirt hatten, mit Jubel begrüßt. In allen Arbeiterversammlungen wurde es gepredigt, daß jede Hülfe, die der Staat gewähre, eines freien Mannes unwürdig sei, und daß die Lage der arbeitenden Classen nur auf dem Wege der Selbsthülfe, den Schulze-Delitzsch gezeigt, verbessert werden könne. Die liberale Presse bemächtigte sich gleichfalls des Themas und pries Schulze-Delitzsch in allen Tonarten als den wahren Arbeiterheiland. Jeder, der die Harmonie der Interessen der Arbeiter und Arbeitgeber zu leugnen wagte, wurde als ein Werkzeug der Reaction gebrandmarkt und die Unterordnung unter die allgemeine liberale Partei als die erste Bedingung einer besseren Zukunft der besitzlosen Classen hingestellt. Die hier und da laut werdende Forderung der Arbeiter, das durch die Reichsverfassung von 1848 verheißene allgemeine gleiche Stimmrecht zur Wahrheit zu machen, wurde von den liberalen Führern zurückgewiesen, angeblich weil die durch die Reaction geleitete Volksbildung die Durchführung eines so democratischen Wahlsystems bedenklich erscheinen lasse. Um diesen Uebelstand allmälig zu beseitigen und die Arbeiter den besitzenden Classen noch näher zu bringen, wurden sogenannte Arbeiterbildungsvereine eingerichtet, die — gewiß in der besten Absicht begründet — doch in ihrer Mehrzahl dem Arbeiter durch eine verdummende Halbbildung mehr schadeten als nützten. Vorträge über den Kampf der Rothen und der Weißen Rose in England, über die Bedeutung Shakespeares, über Samuel Johnson und seinen Biographen Macaulay und ähnliche Themen wurden den Arbeitern als geistige Nahrung geboten. Mit Recht äußerte sich einer der entschiedensten Democraten in Baden über diesen Unfug: „Wir finden gegenwärtig Arbeiter, welche vor lauter Gelehrsamkeit ihren eigenen Vater nicht mehr kennen und sich selbst gar nicht. Ueber Fragen, worüber die größten Gelehrten noch nicht einig sind, und über welche die Wissenschaft noch lange nicht entschieden hat, sind diese Leute bereits ganz fertig. Solche gelehrte Arbeiter giebt's sehr viele. Ueberhaupt werden den Leuten oft unter dem Namen „Wissenschaft" eine Menge Geschichten und Dinge in den Kopf gesetzt, die sie weder glücklicher noch gescheidter machen; ihr Gedächtniß wird so vollgestopft, daß sie nur dümmer werden und über die gewöhnlichsten Dinge, wenn sie gefragt werden, nichts zu reden wissen oder nur Unsinn sprechen."

Den einen Erfolg allerdings hatten diese Arbeiterbildungsvereine, daß sie die Arbeiter zum Bewußtsein des inneren Gegensatzes, der sie von den besitzenden Classen trennte, nicht kommen ließen und jede selbständige Forderung des Arbeiterstandes zurückbrängten. Doch sollte diese Aera des socialen Friedens nicht lange dauern. Der Mann, der die Kühnheit besaß, der Bourgeoisie, der Presse und der ganzen öffentlichen Meinung zum Trotz den Frieden zu brechen, das Proletariat zum Kampfe gegen die besitzenden Classen aufzurufen und mit eigener Hand die Waffen für diesen Kampf zu schmieden, war Ferdinand Lassalle.

Ausgezeichnet durch hervorragende Geistesgaben und ein eminentes Wissen, war er bereits im Jahre 1848 am Rhein mit jenem Kreise bedeutender Männer, Freiligrath, Engels, Marx, Wolff, in Verbindung getreten, welche der deutschen Revolution einen socialistischen Character aufzuprägen suchten. Als Führer der socialdemocratischen Bewegung in Düsseldorf wurde er wegen Aufreizung der Bürger zum bewaffneten Widerstande gegen die königliche Gewalt angeklagt, von den Geschworenen freigesprochen, aber trotzdem in Haft behalten und nunmehr wegen bloßer Aufforderung zur Widersetzlichkeit gegen Beamte abermals vor dem Correctionsgericht angeklagt, das ihn zu sechs Monaten Gefängniß verurtheilte. Nach seiner Freilassung war die ganze Bewegung bis auf die letzte Spur erloschen, bis zum letzten Augenblick seines Verweilens in der Rheinprovinz aber blieb sein Haus trotz des von der Reaction geübten Terrorismus das furchtlose Asyl democratischer Propaganda. Im Frühjahr 1857 siedelte er von Düsseldorf nach Berlin über, wo ihm der Aufenthalt wegen seiner Antecedentien zuerst versagt, dann aber in Folge der persönlichen Verwendung A. v. Humboldt's beim Könige dauernd gestattet wurde. Hier widmete er sich zunächst ausschließlich wissenschaftlichen Arbeiten und schrieb namentlich sein bedeutendstes Werk: „Das System der erworbenen Rechte", das ihm einen bleibenden Platz unter den Koryphäen der Rechtswissenschaft und Rechtsphilosophie sichert.

Nur einmal war er inzwischen an die Oeffentlichkeit getreten. Als nach dem Sturz des Ministeriums Manteuffel der Ausbruch des italienischen Krieges im Jahre 1859 neues politisches Leben weckte, warf er eine von wahrhaft patriotischem Geiste durchwehte Broschüre in die Bewegung, in welcher er die preußische Regierung beschwor, den günstigen Augenblick der Demolirung Oesterreichs zu einer Befreiung Schleswig-Holsteins und einer Einigung Deutschlands zu benutzen. „Möge die preußische Regierung dessen gewiß sein" — schrieb er — „in diesem Kriege, der ebensowohl ein Lebensinteresse des deutschen Volkes als Preußens ist, würde die deutsche Democratie selbst Preußens Banner tragen und alle Hindernisse vor ihm zu Boden werfen mit einer Expansivkraft, wie ihrer nur der berauschende Ausbruch einer nationalen Leidenschaft fähig ist, welche seit fünfzig Jahren comprimirt in dem Herzen eines großen Volkes zuckt und zittert." Dieser nationale Standpunct, den Lassalle nicht nur selbst bei jeder Gelegenheit vertrat, sondern zum Theil auch auf die von ihm geleitete Bewegung übertrug, ist ein characteristisches Unterscheidungszeichen geblieben, das die deutsche Socialdemocratie der ersten Jahre trotz mancher Auswüchse von der vaterlandslosen Richtung, welche durch Marx später zur herrschenden wurde, stets vortheilhaft ausgezeichnet hat.

Ebenso wie der Mahnruf Lassalle's im Jahre 1859 ungehört verhallt war, so blieb auch seine Stimme unbeachtet, als er drei Jahre später der Politik des Liberalismus eine größere Energie und Entschiedenheit zu geben bemüht war. Der Streit um die Armeereorganisation und die verfassungswidrige budgetlose Regierung hatte im preußischen Parlament das democratische Element wesentlich verstärkt und zur Bildung der Fortschrittspartei geführt, mit deren Führern Lassalle in nahen persönlichen Beziehungen stand. Auch sein Verhältniß zu der Partei als solcher war ein durchaus freundschaftliches, denn wenn auch schon damals die Mehrheit der Partei aus Vertretern der eigentlichen Bourgeoisie bestand, so zählte sie doch noch immer eine große Zahl von Männern, die das democratische Princip nicht zum Diener einer selbstsüchtigen Classenherrschaft herabwürdigten.

Eine Entfremdung trat erst ein, als die Fortschrittspartei trotz der Mahnungen Lassalle's sich nicht entschließen konnte, durch einen einmüthigen Austritt aus der Kammer jede weitere Verhandlung mit der verfassungswidrigen Regierung abzubrechen, sondern fortfuhr, durch thatenlose Reden und ohnmächtige Beschlüsse den Schein eines wirklich constitutionellen Lebens aufrecht zu erhalten. Lassalle, welcher hiermit alle Hoffnungen, die er auf die parlamentarische Opposition gesetzt hatte, verloren gab, wendete sich nunmehr wieder, seinen alten Neigungen folgend, dem Arbeiterstande zu, an dessen Spitze er mit entscheidendem Erfolge in die Verfassungskämpfe eingreifen zu können glaubte.

Die äußere Veranlassung zu einem entscheidenden Entschluß in dieser Richtung bot ihm im Frühjahr 1863 das Schreiben eines Leipziger Comités von Arbeitern, welche, durch die abweisende Haltung der Fortschrittspartei in der Frage des allgemeinen Stimmrechts erbittert, und von dem unklaren Gefühl geleitet, daß das liberale Wirthschaftsprincip die Lage des Arbeiterstandes doch nicht zu verbessern geeignet sei, sich um Rath und Hülfe an Lassalle gewandt hatten. Umgehend erfolgte sein „offenes Antwortschreiben", in welchem er sein socialpolitisches Programm entwickelte und endgiltig mit der Fortschrittspartei brach. Er erklärte unumwunden, daß das Sparsystem, die individuelle Selbsthülfe, wie sie Schulze-Delitzsch empfohlen habe, völlig unzureichend sei, um die Lage des gesammten Arbeiterstandes dauernd zu verbessern. Nur durch die Beseitigung jenes von Ricardo entwickelten „ehernen Lohngesetzes" auf dem Wege der Gründung von Productivassociationen mit Staatscredit sei dieses Ziel zu erreichen, und das einzige Mittel zur friedlichen und gesetzlichen Lösung dieser Aufgabe gewähre das allgemeine gleiche Wahlrecht.

Lassalle hatte vorher gewußt, daß er mit diesem Schritt in ein Wespennest trat, und der Erfolg bewies ihm, daß er sich nicht getäuscht habe. Mit wüthendem Hasse wurde er von der Bourgeoisie, welche durch die Presse die ganze öffentliche Meinung beherrschte, verfolgt und mit allen loyalen und illoyalen Mitteln angegriffen. Diese Feindschaft steigerte sich noch, als er persönlich in die Agitation eintrat und in öffentlichen Vorträgen die Arbeiter über seine Ziele aufzuklären suchte. In geflissentlich gefälschten Berichten wurden seine Reden von den Zeitungen in der unsinnigsten Weise entstellt und er selbst, der mit Recht von sich das stolze Wort aussprechen durfte, daß er jede Zeile schreibe „bewaffnet mit der ganzen Bildung seines Jahrhunderts", als ein halber Narr dargestellt. Die von ihm empfohlenen Productivassociationen schilderte man als eine Nachbildung jener berüchtigten Pariser Nationalwerkstätten vom Jahre 1848, ihn selbst als ein von der Reaction erkauftes Werkzeug. Die Arbeiter, welche seinen Versammlungen beiwohnten, wurden in unerhörter Weise terrorisirt, er selbst niedergeschrieen und seine Versammlungen gesprengt. Was half es ihm, daß einzelne hervorragende Männer, wie Lothar Bucher, Robbertus, Ziegler u. A., für ihn Partei nahmen, wenn mit wenigen Ausnahmen alle Arbeitervereine sich gegen ihn erklärten.

Trotz aller dieser Schwierigkeiten ließ sich Lassalle in seinem Verhalten nicht irre machen, wenn er auch manchmal selbst an seinem Siege zu verzweifeln begann. Unermüdlich suchte er aufzuklären, hielt Rede auf Rede, schrieb Briefe, Broschüren und Bücher, und führte nebenbei ein Dutzend politischer Processe, von denen einer immer den andern gebar. Und trotz aller dieser furchtbaren Anstrengungen vermochte er die Zahl der Mitglieder des „Allgemeinen Deutschen Arbeitervereins", den er als Träger seiner Agitation gegründet hatte, doch nicht über einige Tausende hinauszubringen. Todtmüde, an Geist und Körper zerschlagen und durch die Gleichgiltigkeit des Arbeiterstandes auf das Schmerzlichste enttäuscht, verließ Lassalle im Mai 1864 Berlin, um in der Schweiz Erholung zu suchen, und fand dort am 31. August in Folge eines Duells seinen Tod. Boeckh setzte ihm die Grabschrift: „Hier ruht, was sterblich war von Ferdinand Lassalle, dem Denker und dem Kämpfer."

So gering der Erfolg schien, den er bei seinen Lebzeiten errungen hatte, so zeigte sich doch bald, daß der Samen, den er ausgestreut, nicht auf unfruchtbaren Boden gefallen war. Die Zahl seiner Anhänger war klein, aber sie wurde gebildet aus begeisterten Aposteln, welche die Lehre ihres Meisters von Werkstatt zu Werkstatt trugen und mit unermüdlicher Ausbauer immer neue Genossen für dieselbe zu gewinnen wußten. Der Kern dieser Lehre, den Lassalle zuerst in seinem „Offenen Antwortschreiben" dargelegt und dann in einer Reihe von Agitationsschriften weiter entwickelt hat, ist im

Wesentlichen nichts Anderes als das, was Louis Blanc bereits in seiner „Organisation du travail" ausgeführt hatte. Wie dieser geht er von dem Grundgedanken aus, daß die Ursache aller Verschlechterung des Looses der Arbeiter die ungeordnete Concurrenz sei. Durch sie werde der Unternehmer gegen seinen eigenen Willen gezwungen, ein möglichst großes Quantum Arbeitskraft für einen möglichst niedrigen Arbeitslohn auszunutzen, und dadurch den Arbeiter stets auf der untersten Stufe des menschlichen Daseins festzuhalten. Eine Beseitigung dieses Zustandes sei nur dadurch möglich, daß die Staatsgewalt vermittelst des allgemeinen Stimmrechts von dem Proletariat dahin gedrängt werde, durch Gründung von Productivgenossenschaften selbst als Concurrent gegen die Privatunternehmer aufzutreten, durch die Uebermacht ihres Capitals dieselben allmälig zu verdrängen und schließlich an die Stelle des Privatbetriebes ganz und gar den Staatsbetrieb treten zu lassen, welcher den Arbeitern den vollen Ertrag ihrer Arbeit gewähre.

Die nähere Begründung dieser Lehre, insbesondere der Theorie des capitalistischen Ausbeutungssystems hatte Lassalle von dem eigentlichen wissenschaftlichen Begründer des modernen Socialismus, Carl Marx, entlehnt, mit dem er, wie bereits erwähnt, schon früh in persönliche Berührung getreten war. Diese Beziehungen konnten nicht ohne Einfluß auf Lassalle bleiben, der an dem älteren Mann die eiserne Consequenz der Lebensanschauung und den nahezu unabsehbaren Umfang nationalöconomischen Wissens bewunderte. Und doch gab es kaum je zwei verschiedenere Charactere als diese beiden Arbeiterführer. Ein treffendes Bild ihrer gegensätzlichen Naturen gibt Franz Mehring in seiner Geschichte der „Deutschen Socialdemocratie".*) „Lassalle" — schreibt er — „war eine Maccabäernatur, glühender Impulse fähig und einer nationalen Begeisterung von ächtem Gehalte, während Marx, immer berechnend, grübelnd, kalt, nur in den eisigen Regionen eines abstracten Kosmopolitismus Lebensluft geathmet hat. Beide haben viel gefehlt und viel gesündigt, aber Lassalle steht uns selbst in seinen Fehlern menschlich näher, wie Marx in seinen Vorzügen. Die hinreißende Leidenschaft

---

*) Die Deutsche Socialdemocratie, ihre Geschichte und ihre Lehren. Bremen bei Schünemann. Dritte Aufl. S. 59.

Lassalle's, selbst wo sie in bemagogisches Treiben entartet, bleibt immer sympathischer als die sorgsam ausgeklügelten, giftig zugespitzten Antithesen in den öffentlichen Proclamationen von Marx; dort die Tatze des Löwen, hier das kalt funkelnde Auge der Schlange. Lassalle ist in seinen Kämpfen nur zu oft heftig, leidenschaftlich, rücksichtslos, ja selbst frech und roh gewesen, aber es war doch immer ein wilder Zorn, welcher den ganzen Mann fortriß, während die Polemik von Marx einen unsäglich keifenden, kleinlichen, versteckten, widerwärtigen Zug hat. Unter unseren hervorragenden Gelehrten ist schwerlich einer, bei dem großartige Kenntnisse so wenig sittigend auf den Character gewirkt hätten wie bei Marx, während die versöhnende Weihe der Wissenschaft der Gestalt Lassalle's selbst in den trübsten Wirbeln seines Lebens die menschliche Theilnahme auch seiner heftigsten Gegner sichert."

Durch seine Redactionsthätigkeit an der „Rheinischen Zeitung" war Marx, der sich früher ausschließlich juristischen und philosophischen Studien gewidmet hatte, zu einer eingehenderen Beschäftigung mit Socialpolitik und Nationalöconomie hingeführt worden, und da er glaubte, diese Wissenschaften besser in England und Frankreich als in dem industriell noch wenig entwickelten Deutschland studiren zu können, so siedelte er, nachdem die „Rheinische Zeitung" im Jahre 1843 unterdrückt worden war, zunächst nach Paris über, wo er mit Arnold Ruge zusammentraf und eine Zeit lang an dessen „Deutsch-französischen Jahrbüchern" mitarbeitete. Daneben setzte er den in Cöln begonnenen publicistischen Kampf gegen die preußische Regierung ununterbrochen fort und wurde — wahrscheinlich aus diesem Grunde — schon im Jahre 1845 von Guizot wieder aus Frankreich ausgewiesen. Von dieser Zeit an lebte er in beständiger Ruhelosigkeit bald in Belgien, bald in England, bald in der Schweiz, bald wieder in Frankreich, überall wühlend und geheime Fäden zu einer Organisation der communistischen Propaganda anknüpfend. Nach der deutschen Revolution vom Jahre 1848 betrat er den heimischen Boden wieder und gründete in Gemeinschaft mit mehreren seiner Freunde die „Neue Rheinische Zeitung", welche im Gegensatz zu ihrer älteren Namensschwester nicht mehr eine Vermittlung zwischen der radicalen Bourgeoisie und dem Proletariat anstrebte, sondern sich rückhaltlos auf den Standpunct des letzteren stellte und von hier aus ebenso entschieden die bürgerliche Democratie wie die Reaction bekämpfte. Die wiederholte Aufforderung zum gewaltthätigen Widerstand gegen die Regierung bot der letzteren eine erwünschte Handhabe, das Blatt zu unterdrücken und Marx des Landes zu verweisen. Nach England zurückgekehrt, widmete er seine Hauptthätigkeit der Centralbehörde des Communistenbundes, die, wie bereits erwähnt, in Folge einer Spaltung unter ihren Mitgliedern im Jahre 1850 nach Cöln verlegt und hier durch den Communistenproceß aufgelöst wurde.

Seitdem war er mit seinem Einfluß auf einen kleinen in London lebenden Kreis politischer Flüchtlinge beschränkt, die sogenannte „Schwefelbande", zu der unter Anderen auch Liebknecht gehörte. Die Rolle, die Marx hier spielte, genügte seinem Ehrgeiz jedoch nicht, und so benutzte er die ihm auferlegte unfreiwillige Muße, seine communistische Theorie wissenschaftlich tiefer zu begründen. Seine Schrift „Zur Kritik der politischen Oeconomie", die er später in seinem Werke „Das Capital" noch weiter ausführte, gehört unbestritten zu den hervorragendsten Leistungen auf dem Gebiete der staatswirthschaftlichen Literatur, wenn auch die Form wenig Anziehendes hat.

Marx geht von dem Gedanken aus, daß die Werthgröße einer Waare lediglich bestimmt wird durch das Quantum der zu ihrer Herstellung gesellschaftlich nothwendigen Arbeitszeit. Nur die Arbeit schafft also Werth, und wenn der Capitalist aus seinem Unternehmen einen Gewinn zieht, so kann dies nur dadurch geschehen, daß er dem Arbeiter an Arbeitslohn weniger zahlt, als dieser an Werth geschaffen hat, und sich selbst den geschaffenen „Mehrwerth" aneignet. Je geringer der Arbeitslohn im Verhältniß zu dem wirklich geschaffenen Werth ist, um so rascher wächst das Capital. Der Arbeitslohn ist aber nach dem Ricardo'schen „ehernen Lohngesetz" immer nur gerade so hoch, um die gewohnheitsmäßig nothwendigen Lebensbedürfnisse zu befriedigen, also eine relativ feststehende Größe; mithin wird derjenige Capitalist am meisten „Mehrwerth" aufsaugen und am schnellsten sein Capital anhäufen, der die Kraft des Arbeiters durch Verlängerung des Arbeitstages und Steigerung der Intensivität der Arbeit am meisten ausbeutet. Diese Tendenz wird durch die Concurrenz der Capitalien bis zur äußersten Grenze gesteigert. Gleichzeitig hat diese Concurrenz aber die Folge, daß die kleinen Capitalien allmälig von den großen absorbirt werden, daß der Capitalbesitz sich immer mehr concentrirt und die große Volksmasse expropriirt wird zu Gunsten weniger Großcapitalisten. Diese Entwicklung führt schließlich dahin, „daß mit der beständig abnehmenden Zahl der Capitalmagnaten die Masse des Elends, des Drucks, der Knechtung, der Degradation, der Ausbeutung, gleichzeitig aber auch die Empörung der stets anschwellenden und durch den Mechanismus des capitalistischen Productionsprocesses selbst geschulten, vereinten und organisirten Arbeiterclasse wächst. Die Concentration der Productionsmittel und der Vergesellschaftung erreichen einen Punct, wo sie unverträglich wird mit ihrer capitalistischen Hülle. Sie wird gesprengt. Die Stunde des capitalistischen Privateigenthums schlägt. Die Expropriateurs werden expropriirt." Marx unterscheidet sich also von Lassalle insofern, als er nicht, wie dieser, die Gründung von staatlichen Productionsassociationen fordert, um vermittelst der Concurrenz dieser Staatsanstalten die Privatunternehmer zu verdrängen und so zum Staatsbetrieb überzugehen, sondern er betrachtet den Uebergang zur communistischen Production als eine aus dem natürlichen Lauf der Dinge sich ergebende Consequenz. Je kleiner die Zahl der Großcapitalisten ist, in deren Händen sich die Industrie befindet, um so mehr — meint er — tritt der persönliche Einfluß des Unternehmers zurück und die Arbeiter werden so sehr an das Gefühl selbstständigen Zusammenarbeitens gewöhnt, daß es schließlich nur noch darauf ankommt, „die capitalistische Spitze abzustoßen" um zur „Cooperation freier Arbeiter und ihrem Gemeineigenthum an der Erde" d. h. zum Communismus überzugehen. Lassalle, der bei der Aufstellung seines Systems in erster Linie die Agitationsfähigkeit desselben im Auge behalten mußte, konnte die Arbeiter nicht auf eine in ferner Zukunft liegende geschichtliche Evolution vertrösten, sondern mußte ihnen ein in naher Zeit erreichbares Ziel hinstellen. „Er bot", wie das Hauptorgan der socialdemocratischen Partei sagte, „in der Formel der Productiv-Associationen den kleinen Finger seiner großen Idee", ohne sich jedoch principiell von Marx zu entfernen.*)

---

*) Man hat von mancher Seite in dieser Divergenz einen principiellen

Viel bedeutungsvoller war ein anderer Unterschied, durch welchen Lassalle in einen gewissen Gegensatz zu dem Marx'schen Lehrgebäude gebracht wurde. Das letztere wird durch eine so festgeschlossene Kette logischer Folgerungen zusammengehalten, daß es völlig unangreifbar erscheint, sobald der Fundamentalsatz, die Werththeorie, als richtig anerkannt ist. Gerade sie aber bildet den schwächsten Punkt des ganzen Systems und veranlaßte Lassalle, durch eine künstliche Definition, welche Marx jedoch später als ein „bedeutendes Mißverständniß" zurückwies, eine Verbesserung des begangenen Fehlers zu versuchen. Während Marx als das alleinige Maß des Werthes die aufgewendete Arbeit gelten ließ, führte Lassalle neben der Arbeit als einen wesentlichen Factor zur Bestimmung der Werthgröße den wechselnden Bedarf ein, indem er nur diejenige Arbeit als werthbildend anerkannte, welche den Zwecken der Gesellschaft angepaßt sei. Als Beispiel wählte er den Fall, daß fünf Millionen Ellen Seide producirt würden, während der gesellschaftliche Bedarf sich auf eine

---

Gegensatz zwischen Lassalle und Marx finden wollen und den ersteren als Socialisten, den letzteren als Communisten bezeichnet. Diese Auffassung entspricht nicht dem thatsächlichen Verhältniß. Der Unterschied zwischen Socialismus (im engeren Sinne) und Communismus besteht doch darin, daß ersterer eine Gemeinsamkeit der Capitalgüter (Arbeitswerkzeuge) erstrebt, um Jedem den vollen Ertrag seiner Arbeit zu sichern, während der letztere auch eine Gemeinsamkeit des Arbeitsertrages verlangt, also auch das individuelle Eigenthum an Genußgütern aufhebt. Lassalle wollte ebenso wie Marx das Privateigenthum an den Productionsmitteln beseitigen, denn sonst würden seine Productiv-Associationen nichts weiter als Actiengesellschaften gewesen sein. Lassalle wie Marx sind Socialisten im engeren Sinne, und wenn Marx sich selbst einen Communisten nennt, so geschieht dies nur, weil der Sprachgebrauch jenen Socialismus im engeren Sinne mit dem Communismus identificirt zum Unterschied von dem Socialismus im weiteren Sinne, der ganz allgemein jede Richtung bezeichnet, welche im Gegensatz zum Individualismus eine Unterordnung des Individuums unter den Gesammtorganismus und demgemäß eine Stärkung der öffentlichen Gewalt gegen die Willkür des Einzelnen in socialen Dingen fordert. Diese doppelte Bedeutung des Wortes Socialismus ist vielfach gemißbraucht worden, und namentlich in neuerer Zeit, seitdem der Staat im offenen Kampf mit der revolutionären Tendenz der socialdemokratischen Richtung getreten, ist es ein beliebtes Manöver der Manchesterschule geworden, jede im Interesse der besitzlosen Classe vom Staate getroffene Maßregel als eine socialistische zu denunciren.

Million beschränkte. Der Werth jener fünf Millionen sei dann nicht größer, als der Werth einer Million, weil die auf die überproducirten vier Millionen Ellen verwendete Arbeit nicht den Zwecken und Bedürfnissen der Gesellschaft angepaßt, also nicht werthbildend sei. In einem andern Zusammenhange hatte Marx diesen Gedanken allerdings selbst anerkannt, indem er („Das Capital" S. 16) aussprach: „Ist ein Ding nutzlos, so ist auch die in ihm enthaltene Arbeit nutzlos, zählt nicht als Arbeit und bildet daher keinen Werth;" dieser Satz bezog sich jedoch zunächst nur auf solche Dinge, die ihrer Natur nach überhaupt nicht Gebrauchsgegenstände sind, nicht aber auf solche, die zwar bestimmungsgemäß einen Gebrauchswerth haben, aber aus Mangel an Nachfrage thatsächlich nutzlos bleiben. Dadurch, daß Lassalle nun mit vollem Rechte den Satz auch auf die durch Ueberproduction entwertheten Gegenstände ausdehnte, und somit indirect neben der Arbeit selbst auch die zweckmäßige, den Bedarf der Gesellschaft berücksichtigende Leitung der Arbeit als einen maßgebenden Factor der Werthbildung anerkannte, stürzte er die Grundpfeiler des ganzen Lehrgebäudes über den Haufen. Nichtsdestoweniger bleibt das Marx'sche Werk namentlich in seinem kritischen Theile eine der hervorragendsten Arbeiten, deren wissenschaftliches Verdienst auch durch die vielfach sich allzu gewaltsam hervordrängende Tendenz nicht geschmälert werden kann.

Capitel XXV.

Die internationale Arbeiterassociation, die Pariser Commune und die Nihilisten.

Seitdem die Industrie in Folge der Handelsfreiheit und der steigenden Verkehrsentwicklung die nationalen Schranken niedergeworfen, war durch die Concurrenz auf dem Weltmarkte eine Solidarität der Bedürfnisse und Interessen des Arbeiterstandes in allen Culturstaaten herbeigeführt worden, welche jede Veränderung in den Productionsbedingungen einer Nation auch in allen anderen Ländern fühlbar machte. Jeder größere Versuch, durch eine Lohnerhöhung oder Verkürzung der Arbeitszeit die Lage der Arbeiter zu verbessern, mußte eine Rückwirkung auf den Preis der Waare ausüben, und falls die übrigen Länder nicht geneigt waren, dieser Bewegung zu folgen, an der nivellirenden Tendenz der auf dem Weltmarkte herrschenden Concurrenz scheitern. Was war also natürlicher, als der Gedanke, eine internationale Verständigung unter den Industriearbeitern aller Länder anzubahnen, um dieselben in den Stand zu setzen, sich in ihren Bestrebungen zur Erreichung günstigerer Arbeitsbedingungen gegenseitig zu fördern und zu helfen.

Als im Jahre 1862 eine Anzahl französischer Arbeiter mit Unterstützung der Kaiserlichen Regierung zur Londoner Weltausstellung geschickt wurde, um hier die Fortschritte der Technik auf den verschiedenen industriellen Gebieten zu studiren, fanden dieselben zu ihrer Ueberraschung, daß ihre Genossen in England Dank ihrer gewerkvereinlichen Organisation unter viel vortheilhafteren Bedingungen arbeiteten, als in Frankreich. Hierdurch wurde in ihnen der Wunsch erweckt, die englischen Arbeiterverhältnisse genauer kennen zu lernen, um daraus für die Verbesserung der eigenen Lage Belehrung zu schöpfen, und so machten sie auf dem „Feste der internationalen Verbrüderung", welches die englischen Arbeiter den Delegirten der übrigen Länder gaben, den mit allgemeinem Beifall aufgenommenen Vorschlag, Arbeitercomités niederzusetzen, um Correspondenzen über die Fragen der internationalen Industrie auszutauschen. Dies geschah; der schriftliche Verkehr setzte nach der Rückkehr der Franzosen die persönlich angeknüpften Beziehungen weiter fort, und als im nächsten Jahre die Pariser Arbeiter unter der Führung des Ciseleurs Henri Tolain eine Deputation nach London zu einem Polenmeeting sandten, verabredete man hier die Gründung eines internationalen Arbeiterbundes, der dann auch auf einer in St. Martins Hall zu London stattfindenden Versammlung, der u. A. auch Marx beiwohnte, in's Leben trat. Man beschloß, ein provisorisches Comité aus Arbeitern aller Länder zu wählen, welches in London seinen Sitz haben und einem nächstjährigen Congreß zu Brüssel das Statut der internationalen Arbeiterassociation zur definitiven Annahme vorlegen sollte. Dieses Comité constituirte sich und bestimmte, daß der Präsident, der Schatzmeister und der Generalsecretair Engländer sein und jede Nation durch einen correspondirenden Secretair vertreten sein solle. Das Präsidium wurde Odger übertragen, während Marx das Secretariat für Deutschland übernahm. Als es zur Berathung der Principien kam, verlangten die italienischen Mitglieder, daß Mazzini mit der Ausarbeitung der Gründungsadresse und der Statuten beauftragt und somit als geistiges Oberhaupt anerkannt werde. Mazzini legte auch seine Entwürfe vor, da dieselben aber lediglich auf einen politischen Geheimbund zugeschnitten waren und den Socialismus entschieden bekämpften, so fanden sie den Beifall des Centralcomités durchaus nicht. Mazzini zog sich erzürnt zurück, und die Ausarbeitung der Adresse und des Statuts wurde nunmehr Marx übertragen, der von diesem Augenblicke an die geistige Führung des Bundes übernahm. Sowohl der von ihm vorgelegte Statutenentwurf als die Inauguraladresse, welche sämmtliche Arbeitervereine zum Beitritt aufforderte und mit den Worten des alten Communisten-Manifests: „Proletarier aller Länder, vereinigt euch!" schloß, wurden einstimmig angenommen. Nach dem Statut sollte der Zweck des neuerrichteten Bundes sein: „einen Mittelpunct für den Verkehr und das gemeinsame Wirken der Arbeitervereine in den verschiedenen Ländern zu bilden, die nach demselben Ziele hinstreben, nämlich nach Beschützung, Förderung und vollständiger Befreiung der arbeitenden Classen." Ein von dem jährlich zusammentretenden Congreß gewählter Generalrath sollte als Centralorgan für die verschiedenen Arbeitervereinigungen dienen, damit die Arbeiter jedes Landes fortlaufend von den Bestrebungen ihrer Classe in den andern Ländern unterrichtet, eine gleichzeitige Untersuchung über die sociale Lage der Classe überall veranstaltet, die von einer Vereinigung auf die Tagesordnung gebrachten Fragen von allgemeinem Interesse von allen geprüft und, wenn unmittelbar practische Schritte nöthig werden sollten, z. B. im Fall internationaler Streitigkeiten, eine gleichzeitige und gleichförmige Wirksamkeit von den vereinigten Genossenschaften ausgeübt werden könne.

Diese Statuten nebst der Inauguraladresse wurden in unzähligen Exemplaren verbreitet, die Agenten des Centralcomités gaben sich alle erdenkliche Mühe, für den Bund Mitglieder zu

werben, aber trotz alledem und trotz der Reclame, die einige hervor=
ragende Männer wie Jules Simon und der Historiker Henri Martin
für den Gedanken einer internationalen Arbeiterverbrüderung machten,
wollte die Sache keinen rechten Fortgang nehmen. Die Belgische
Regierung verbot überdies die Abhaltung eines Congresses in Brüssel,
und so beschloß man die erste Generalversammlung auf ein Jahr
zu vertagen und nach Genf zu verlegen.

Die Verhandlungen, welche hier im September 1866 statt=
fanden, bezogen sich meist auf rein practische Fragen, die Organi=
sation von Strikes, Frauen= und Kinderarbeit, Dauer der Arbeits=
zeit und dergl. und wurden meist in ruhiger und durchaus fach=
licher Weise geführt, wenn es auch hier und da zu erregteren De=
batten kam. Eine sehr lebhafte Discussion rief die Frage hervor,
ob auch geistige Arbeiter in die Association aufgenommen werden
dürften. Die Franzosen erklärten sich sehr energisch gegen ihre Zu=
lassung und wiesen auf die Gefahr hin, welche der Vereinigung
erwachsen würde, wenn ehrgeizige Journalisten und Advocaten, die
ganz andere Interessen als die Industrielohnarbeiter hätten, sich der
Herrschaft in der Association bemächtigten. Dagegen traten die
englischen Delegirten, die zum größten Theil unter dem Einfluß von
Marx standen und den letzteren nicht ausschließen lassen wollten,
mit großer Entschiedenheit für die Aufnahme der „Kopfarbeiter"
ein und mußten schließlich die Majorität für ihre Ansicht zu ge=
winnen.

Sowohl von Seiten der Presse wie der Regierungen betrachtete
man die Internationale mit einer gewissen Scheu. Ein hervorragen=
des Pariser Blatt schrieb: „wir haben das Gefühl, daß etwas
Großes in die Welt eingetreten ist", und die Liberté erklärte die
junge Gesellschaft bereits als eine Macht. Die französische Re=
gierung verharrte in abwartender Stellung, um zunächst zu sehen,
in welcher Richtung der Bund sich entwickeln würde. Der französische
Zweigverein hatte die Anzeige seiner Constituirung nebst seinen
Statuten dem Polizeipräfecten und dem Minister des Innern ein=
gesandt, ohne eine Antwort zu erhalten. Der Kaiser selbst war
sehr geneigt, die Bestrebungen zu unterstützen, um so mehr, als die
Führer in Frankreich, Tolain, Fribourg, Heligon, Theiß, Varlin
u. A., jeder revolutionären Agitation abhold, ein redliches Bestreben

zeigten, die Vereinigung lediglich zur geistigen und materiellen
Hebung des Arbeiterstandes zu benutzen. Alle Zumuthungen, sich
dem politischen Treiben irgend einer Partei dienstbar zu machen,
wurde von ihnen entschieden zurückgewiesen, aber gerade dadurch
machten sie sich viele Feinde. Der Kaiser erwartete, daß die Arbeiter sein Entgegenkommen dankbar erwidern und ihm ihre Unterstützung gewähren würden, da aber Tolain und seine Genossen jedes
in dieser Richtung von Rouher an sie gestellte Ansinnen zurückwiesen, so sahen sie sich bald den lästigsten Verfolgungen ausgesetzt.
Auf der anderen Seite waren die alten Revolutionäre von 1848
und die parlamentarische Democratie über die ruhige und fried-
fertige Haltung der neuen Arbeiterführer sehr unzufrieden und be-
schuldigten sie, von der Regierung gekauft zu sein, während die
liberale Bourgeoisie, mißtrauisch gegen Alles, was den Einfluß des
Arbeiterstandes stärken konnte, der Association principiell so viel als
möglich entgegenarbeitete. Bereits früher hatte die parlamentarische
Linke das Verlangen der Arbeiter, Tolain als Candidaten für den
gesetzgebenden Körper aufzustellen, in schroffster Weise zurückgewiesen;
als nun in Folge der feindseligen Haltung, welche die Kaiserliche
Regierung der Association gegenüber einzunehmen begann, die
Arbeiter von Neuem eine Annäherung an die radicale Bourgeoisie
suchten, rief Jules Favre ihnen höhnisch zu: „Die Herren Arbeiter
haben das Kaiserreich gemacht, sie mögen es nun auch selbst stürzen."
Eine solche Behandlung mußte nothwendig Erbitterung hervorrufen,
und die Arbeiter, welche durch einige mit Hülfe der Internationalen
erfolgreich durchgeführte Strikes mehr und mehr für die Sache der
Association gewonnen wurden, in die Arme des extremen Socialismus treiben. Gefördert wurde diese Bewegung noch dadurch, daß
die Regierung nach mehrfachen Maßregelungen schließlich mit vollem
Ernst gegen den Pariser Zweig der Internationalen vorging und
denselben gewaltsam zu unterdrücken suchte. Der im Jahre 1867
in Lausanne tagende Congreß des Bundes hatte in Folge einer
Einladung der gleichzeitig in Genf versammelten Friedens- und
Freiheitsliga sich an den Verhandlungen der letzteren betheiligt und
mit ihr eine Art von Bündniß geschlossen, welches zur Folge hatte,
daß die Pariser Mitglieder der Internationalen eine Demonstration
gegen die Besetzung Roms durch französische Truppen in Scene

setzten. Als Mitglieder einer gesetzlich nicht erlaubten Gesellschaft wurden in Folge dessen Tolain, Heligon, Murat, Varlin und eine große Anzahl Anderer angeklagt, verurtheilt und ins Gefängniß geworfen, wo die vom Staatsanwalt selbst als „fleißig, ehrbar und intelligent" anerkannten Arbeiter in ihrer gereizten Stimmung den Einflüsterungen Cluseret's, Clement's, Tridon's und anderer berufs= mäßiger Revolutionäre, welche sie dort kennen lernten, ein bereit= williges Gehör schenkten. Das Pariser Büreau der Internationalen wurde aufgelöst, und die Association hatte auf französischem Boden keinen gesetzlichen Bestand mehr.

Trotzdem glaubte Tolain und ein Theil seiner Freunde dem nächsten in Brüssel stattfindenden Congresse des Bundes nicht fern bleiben zu dürfen, um wenigstens den extremen communistischen Be= strebungen, die schon in Lausanne sehr entschieden hervorgetreten waren, den Sieg so weit als möglich streitig zu machen. Seine Bemühungen blieben jedoch vollständig erfolglos. Es wurde be= schlossen, Maschinen und Werkzeuge, Bergwerke und Eisenbahnen, Kanäle und Chausseen, Telegraphenlinien und den gesammten Grund und Boden für Gemeineigenthum zu erklären. Von 49 Delegirten stimmten 30 für die gestellten Anträge, 4 dagegen und 15 — unter ihnen Tolain — enthielten sich der Abstimmung, indem sie erklärten, daß sie die Verantwortlichkeit für das Votum ablehnten. Auf dem folgenden Congreß in Basel wurde über die Nothwendigkeit, das individuelle Eigenthum an Grund und Boden abzuschaffen, von keiner Seite mehr gestritten. Es handelte sich nur noch darum, ob auch das Erbrecht gänzlich beseitigt werden solle, wie die Com= mission dies vorschlug. Nach einer eifrigen Vertheidigung dieses Antrages durch Bakunin, welcher meinte, es sei genug, daß die Ge= wohnheiten der Eltern auf die Kinder vererbt würden, erklärte sich der Congreß mit 32 gegen 23 Stimmen für die gänzliche Auf= hebung des Erbrechts. Der nächste Congreß, der 1870 in Paris abgehalten werden und sich vorzugsweise mit der Berathung über die Mittel, auch das ländliche Proletariat für die Sache des Com= munismus zu gewinnen, beschäftigen sollte, wurde durch den deutsch= französischen Krieg unmöglich gemacht.

Seit jener Zeit verlor die Internationale mehr und mehr jede practische Bedeutung, wenn sie eine solche in der letzten Zeit über=

haupt noch gehabt hatte. Schon seit längerer Zeit war das Mißtrauen und die Eifersucht der romanischen Mitglieder gegen den „deutschen Juden" Marx rege geworden. Man empfand die Herrschaft, welche derselbe durch den Generalrath über den ganzen Bund ausübte, als einen lästigen Druck und forderte eine Abschwächung der Centralgewalt. Zum offenen Ausbruch kam diese Unzufriedenheit auf dem Congreß im Haag, wo die „internationale Conföderation des Jura" laute Klage darüber erhob, daß aus der freien Verbindung selbstständiger Sectionen eine hierarchische, auf Autoritätsgewalt gegründete Organisation gemacht worden sei, und verlangte, daß der Generalrath zu seiner ursprünglichen Bestimmung, ein einfaches Büreau des Briefwechsels und der Statistik zu sein, zurückgebracht werde. Marx mußte durch seinen persönlichen Einfluß zwar die Majorität des Congresses zur Ablehnung dieser Forderungen und zu einer weiteren Stärkung der Centralgewalt zu bestimmen, vermochte aber doch nicht zu verhindern, daß dadurch eine von Bakunin bereits vorbereitete Spaltung herbeigeführt wurde, welche die Association ihres letzten Einflusses beraubte.

Die wirkliche Bedeutung der Internationalen ist überhaupt unendlich überschätzt worden. Wenn man sieht, in welcher Weise quantitativ und qualitativ die einzelnen Länder auf den Congressen vertreten waren, so kann man sich eines Lächelns kaum erwehren über den Ernst, mit welchem die Journale die Beschlüsse dieser Versammlungen als welthistorische Ereignisse behandelten. Ein nicht unerheblicher Theil der Delegirten bestand aus Zeitungsreportern, denen man an Ort und Stelle ein Gefälligkeitsmandat beliebiger Ländergruppen übertrug, welche ihre Vollmachten in blanco an den Generalrath eingeschickt hatten. Auf diese Weise wurde nicht nur die Zahl der Delegirten vermehrt, sondern auch das Gefühl für die Wichtigkeit der Verhandlungen in den Berichterstattern wesentlich gesteigert und durch die Presse reflectirt. Die großen Summen, über welche die „Internationale" angeblich für ihre Zwecke verfügte, sind neuerdings als ebenso große Erfindungen nachgewiesen, und die Arbeiterbataillone, welche nach den officiellen Berichten des Generalraths unter der Fahne der Association marschirten, existirten zum großen Theil lediglich auf dem Papier. In England, wo die Internationale wegen der festen Geschlossenheit der Trade-Unions niemals recht Boden gewinnen konnte, sollte sich die Zahl der Mitglieder auf 600,000 belaufen, und der Minister des Innern Bruce constatirte im Parlament im April 1871, daß, wenn man alle Gewerkvereine, welche sich wegen unmittelbarer gewerblicher Zwecke vorübergehend der Internationalen angeschlossen haben, einrechne, diese Zahl in der That noch überschritten werde. Aus den eigenen Angaben des Generalsecretärs der Association konnte er jedoch gleichzeitig feststellen, daß die Zahl der wirklichen Mitglieder, welche Beiträge gezahlt haben, sich auf kaum 8,000 belaufen habe. Characteristisch für diese Uebertreibungen ist der Brief, in welchem Marx am 24. März 1870 von einem Führer der deutschen Socialdemocratie einen Bericht über den Stand der Bewegung in Deutschland fordert, und dabei bemerkt: „Ich bitte Sie zu erwägen, daß der Bericht nicht für das Publikum geschrieben ist und daher die Thatsachen ohne Schminke, ganz sachgetreu darzulegen hat." Marx selbst mit seinem Generalstabe hatte natürlich das lebhafteste Interesse, diese Illusionen aufrecht zu erhalten, denn in dieser Comödie spielte die imaginäre Größe der Association für ihn die Rolle des „Geheimen Agenten" und gewährte ihm eine Macht, welche namentlich bei Arbeitseinstellungen oft mit durchschlagendem Erfolge verwerthet werden konnte.

Diese Gespensterfurcht vor der überall unsichtbar thätigen Gewalt des Bundes mußte naturgemäß jede revolutionäre Bewegung, die ein sociales Element in sich barg, sofort auf einen Verschwörungsplan der communistischen Organisation zurückführen, und deshalb erschien es ganz selbstverständlich, daß auch das von der französischen Bourgeoisie verbreitete Mährchen, welches die blutigen Gräuel der Pariser Commune als eine lediglich von der Arbeiterassociation angezettelte Intrigue darstellte, in den weitesten Kreisen gläubige Hörer fand. Die Zweifel an der Richtigkeit dieser Auffassung mußten um so mehr schwinden, da die Führer der Internationalen selbst, in dem Augenblicke, wo die ganze civilisirte Welt noch beklommen von dem Eindruck der furchtbaren Schreckensscenen kaum zu athmen vermochte, offen und unumwunden sich bereit erklärten, die volle Verantwortlichkeit für die Urheberschaft dieses herostratischen Treibens zu übernehmen. Und doch hätte gerade diese Bereitwilligkeit zu der ernsten Prüfung Veranlassung geben sollen, ob nicht die communistische Partei sich ihrer Interessen wohl bewußt war, als sie sich mit den Barricadenkämpfern von Belleville und Montmartre für solidarisch erklärte. In der That hatten die Führer der Internationalen sehr wohl begriffen, daß das brennende Paris und das Blut der hingerichteten Communards der Socialdemocratie neue Anhänger werben müsse, sobald sich unter den Arbeitern die Ueberzeugung Bahn gebrochen, daß der Kampf für die Commune ein Kampf für die Rechte des Proletariats, und der Tod der von den Versaillern füsilirten Gefangenen ein Märtyrertod für die gemeinsame Sache gewesen sei. Der breite Blutstrom, in welchem die Commune erstickt worden, sollte zu einer Grenzscheide werden, welche die besitzlose Classe von den Besitzenden für immer trennte. Um so verdienstvoller erscheint es, wenn durch die neueren Forschungen einer unparteiischen Geschichtsschreibung bis zur Evidenz nachgewiesen ist, daß die Internationale selbst als Organisation in der Commune so gut wie gar keine Rolle spielt, und daß „die Legenden von dem geheimen Walten des ‚allmächtigen‘ Bundes wie von den Millionen, die aus London gekommen sein sollen, um den Aufstand zu schüren, nur aus der Phantasie unkritischer französischer Patrioten und Spießbürger oder aus den Aufschneidereien der Nächstbetheiligten entsprungen sind."*) Was in Paris zum Aufstande drängte,**) das war „die völlige Auflösung der socialen Ordnung, die Hungersnoth, die Miethen- und die Wechselfrage, der patriotische Zorn über den Einmarsch des deutschen Heeres, die ewige Neuerungssucht der weltstädtischen Straßendemagogie, der revolutionirende Einfluß der rothen Clubs und Zeitungen, der Ueberfluß an Waffen, die Besorgniß vor den Staatsstreichen der clerical-reactionären Nationalversammlung, die Sorge um das nationale und internationale Prestige der Stadt" — am allerwenigsten aber der Einfluß der Internationalen. Allerdings lieferte gerade Paris, wo die großen Bauten des zweiten Kaiserreichs Hunderttausende der ärmsten und niedrigsten Arbeiter aus allen Theilen des Reichs herbeigezogen hatten, ein reiches und dankbares Material für die socialistische

---

*) Lexis, „Gewerkvereine und Unternehmerverbände in Frankreich." S. 192.
**) Den klarsten Einblick in die treibenden Motive jenes blutigen Dramas und in die Betheiligung der Internationalen an demselben gewährt die auf sorgfältigen Quellenstudien beruhende Arbeit von F. Mehring „Die Pariser Commune" in den „Preuß. Jahrbüchern" Jahrg. 1880 und 81.

Agitation, die von den Mitgliedern der Internationalen auch mit allem Eifer und bestem Erfolge betrieben wurde. Im Anfang des Jahres 1870 bestanden in Paris bereits mehr als ein Dutzend Sectionen des Bundes, die unter sich wieder durch eine aus Bevollmächtigten bestehende Bundeskammer in Verbindung standen.

Außerdem waren sämmtliche Arbeitervereine und chambres syndicales stark mit Elementen der Internationalen durchsetzt. Trotzdem gehörte dem revolutionären Centralcomité, welches seit dem 18. März vom Stadthause aus die Verwaltung leitete, nur ein einziges Mitglied der Arbeiterassociation an, und auch dieses Mitglied, Varlin, erklärte in der Sitzung der Bundeskammer vom 22. März ausdrücklich, daß seine Theilnahme an dem Centralcomité eine rein persönliche sei, und daß der Bund als solcher nicht die geringste Verantwortlichkeit für die Handlungen des Stadthauses trage. Dagegen gehörte andrerseits eine größere Zahl hervorragender Mitglieder der Internationalen, wie Malon, Tolain, Heligon, Murat, zu der Versammlung von Maires, welche durch die Pariser Gemeindewahlen im November 1870 für die einzelnen Bezirke gewählt worden und seit dem Ausbruch der Märzrevolution mit aller Energie die Stadt gegen den Aufstand zu vertheidigen bemüht waren. Im Allgemeinen zeigte sich die Bundeskammer dem Centralcomité eher abgeneigt als befreundet; in ihren Beschlüssen beobachtete sie die strengste Neutralität, die namentlich von dem geistigen Führer der Bundeskammer, Frankel, mit großer Entschiedenheit vertheidigt wurde. Erst mit dem 23. März änderte sich dies plötzlich und zwar — wie Mehring nachweist — wahrscheinlich in Folge einer Intervention von Marx. Frankel selbst, der mit Marx im Briefwechsel stand, beantragte an diesem Tage, ganz im Widerspruch mit seiner bisherigen Haltung, einen Aufruf zu Gunsten der Commune zu erlassen und setzte diesen Antrag nicht ohne lebhaften Widerspruch durch. Von demselben Augenblicke an nahm aber auch das Stadthaus, das bisher planlos hin und her geschwankt hatte, eine entschlossene Haltung an, ging systematisch vorwärts und brach in raschen Schlägen den Widerstand. Am 26. März fanden die allgemeinen Wahlen der Mitglieder der Commune statt, und jetzt ließ sich die Internationale in der 79 Köpfe starken Centralbehörde durch 19 Mitglieder vertreten, die mit sehr wenigen Ausnahmen ben Kern einer maßvollen und verständigen Minorität bildeten, welche, unbekümmert um den Haß der jacobinischen Mehrheit, dem wahnsinnigen Wüthen der Pyat, Rigault, Ferré, Ranvier, Protot u. A., eine wirksame Schranke zu ziehen bemüht waren. Beslay und Varlin waren es, die gemeinsam mit Jourde die Bank, Malon, der das Quartier Batignolles, Theiß, der das Posthotel vor Brand und Raub retteten. Selbst die Regierung von Versailles wagte es nicht, die Gefangenen, welche der Zahl dieser Männer angehörten, vor die Kriegsgerichte zu stellen; Beslay, Malon und Theiß erhielten heimlich Pässe, den französischen Boden zu verlassen. Was die Mitglieder der Internationalen durch ihre Betheiligung an der Commune erstrebten, war nicht die Verübung von Gräueln, sondern der Besitz politischer Macht zur Durchführung socialer Reformen.

In directem Gegensatz zu dieser bei allen Ausschreitungen doch immer noch maßvollen Richtung des Communismus stehen die Nihilisten. Das Programm ihres im Jahre 1877 verstorbenen Hauptführers Bakunin, dessen wahnsinnige Forderungen selbst die Schranken der Natur nicht mehr respectiren, lautet: Abschaffung aller religiösen Culte, Abschaffung der Ehe, Abschaffung aller Classenunterschiede, Abschaffung des Erbrechts, Abschaffung des Privateigenthums, unbedingte Gleichheit der Individuen und der Geschlechter u. s. w. Es liegt auf der Hand, daß eine eigentliche Partei auf Grund derartiger rein negativer Forderungen sich auf die Dauer nicht begründen läßt. Die Aufgaben, welche der Nihilismus oder Anarchismus sich stellt, bilden auch kein wirkliches Parteiprogramm, sondern sind nur der Ausdruck eines allgemeinen Bedürfnisses nach Vernichtung der bestehenden Staats- und Gesellschaftsordnung. Der Umstand, daß diese Richtung bisher nur in Rußland hat Boden gewinnen können, wo die Entwicklung der Industrie noch in den ersten Stadien sich befindet, beweist, daß sie ganz andere Wurzeln hat als die Socialdemocratie, und daß ihr jeder Zusammenhang mit der Arbeiterbewegung fehlt. Diese Folgerung wird auch dadurch bestätigt, daß die Nihilisten sich lediglich aus den besitzenden und gebildeten Schichten recrutiren, daß sie mit wesentlich andern Mitteln kämpfen und in ihren Zielen mit dem socialistischen Proletariat Nichts gemein haben. Die Bewegung findet ihre Erklärung zum Theil in den allgemeinen politischen und socialen Zuständen Rußlands, in der bedrückten Lage des Grundbesitzes, dem Mangel an Capital und Arbeitskräften, der Zerrüttung der Staatsfinanzen, der Corruption der Verwaltung, dem unerträglichen Druck einer despotischen Regierungsform, zum Theil in der Natur der Bevölkerung selbst, die, durch den Mangel an eigener schöpferischer Kraft auf das Gebiet einer zersetzenden Kritik hingewiesen, immer mehr zur Erkenntniß der Unhaltbarkeit der bestehenden Zustände kommt und ohne Glauben und Hoffnung auf die Möglichkeit einer Besserung schließlich der Verzweiflung und — der letzten Consequenz einer kritiklosen Kritik — dem Nihilismus in die Arme getrieben wird.

Capitel XXVI.

Die deutsche Socialdemocratie seit Lassalle und ihre Gegner.

Mit dem Tode Lassalle's schien die socialistische Bewegung jeden Stützpunct verloren zu haben, denn es war thatsächlich Niemand vorhanden, der geneigt und gleichzeitig geeignet gewesen wäre, die Last, welche selbst für einen Mann wie Lassalle zu schwer zu werden drohte, auf seine Schultern zu nehmen. Die nächste Anwartschaft auf die erledigte Führerrolle hätte nach seiner geistigen Befähigung Marx gehabt, derselbe war aber klug genug, einzusehen, daß der Aufwand von Kraft, der zur Ueberwindung der zahllosen Reibungen erfordert wurde, in keinem Verhältniß zu den möglichen Erfolgen stehe, und da er nicht geneigt war, sich vor der Zeit abnutzen zu lassen, so lehnte er das Anerbieten, den erledigten Präsidentenstuhl des Allgemeinen deutschen Arbeitervereins einzunehmen, mit Bestimmtheit ab. Die beiden ihm zunächst stehenden Concurrenten waren Liebknecht und v. Schweitzer, beide gleich begabt und kenntnißreich und doch ihrer ganzen Natur nach unendlich verschieden.

Liebknecht, ein fanatischer Revolutionär von puritanischen Sitten, betheiligte sich als Student am badischen Aufstand, sowie an den späteren Kämpfen für die Reichsverfassung, und mußte in Folge dessen nach London fliehen, wo er in engem Verkehr mit Marx, Engels und andern Flüchtlingen dreizehn Jahre verlebte. Amnestirt kehrte er im Jahre 1862, verbittert durch seine Verbannung, nach Deutschland zurück, wo er in Berlin bald dem Allgemeinen deutschen Arbeiterverein beitrat, obwohl er mit dessen straff centralisirter Organisation wenig zufrieden war. Auch die nationale Richtung des Vereins sagte seinem Kosmopolitismus wenig zu und brachte ihn in einen Gegensatz zu der großen Mehrzahl der Vereinsgenossen, der ihm die Uebernahme der Lassalle'schen Erbschaft wenigstens für jetzt völlig unmöglich machte. Im Gegensatz zu ihm zeigte sich v. Schweitzer, der Sprößling einer alten Frankfurter Patricierfamilie, als ein geistreicher Lebemann, der die Genüsse der großen Welt bis zur Hefe durchgekostet hatte und die Arbeiteragitation eigentlich nur als eine Art Sport betrachtete. Trotz dieser cavalieren Lebensanschauung besaß er jedoch Pflichtgefühl und Energie genug, um eine einmal übernommene Aufgabe mit Ausdauer und Zähigkeit zu verfolgen und sich durch keinerlei Schwierigkeiten von seinem Ziele ablenken zu lassen. Dabei war er ein nüchterner, klarer Kopf und ein Feind jedes Doctrinarismus, der weniger aus Gefühlsschwärmerei als aus Gründen der Logik den kleindeutschen Standpunct Lassalle's von jeher getheilt hatte. Alle diese Eigenschaften hätten ihn zur Uebernahme des Vereinspräsidiums als ganz besonders geeignet erscheinen lassen, wenn er nicht wegen seiner aristocratischen Neigungen von den Arbeitern selbst mit Mißtrauen betrachtet und wegen eines früheren unsauberen Abenteuers gesellschaftlich in Verruf gekommen wäre. So ging die Leitung der socialistischen Bewegung in die Hände von Leuten über, die ihrer Aufgabe in keiner Weise gewachsen waren und die gährende Masse nur mit größter Mühe zusammenzuhalten vermochten. Bernhard Becker, Tölcke und Perl folgten einander im Präsidium, Mangel an Befähigung und Autorität machte es ihnen aber unmöglich, dem endlosen Hader und der zunehmenden Verwirrung wirksam zu steuern. Das einzige Band, welches den Verein noch zusammenhielt, war neben der bis zur äußersten Consequenz getriebenen

Centralisationsidee, die die Grundlage der Organisation bildete, die Tradition Lassalle's, die von seinen begeisterten Anhängern zum Gegenstand eines förmlichen Götzendienstes gemacht wurde. Man feierte den todten „Meister" in Prosa und in Versen in einer Weise, „die bald an den Heroencultus der antiken Welt, bald an den Messiasglauben der Juden erinnert". Vergebens bemühte sich Liebknecht, seinen Einfluß im Sinne einer mehr föderalistischen Gestaltung der Vereinsorganisation und einer Entwicklung in der Richtung des Marx'schen internationalen Communismus zur Geltung zu bringen; Schweitzer wirkte als Redacteur des Vereinsorgans „Der Socialdemocrat" diesen Bestrebungen mit aller Entschiedenheit entgegen und führte endlich einen offenen Conflict herbei, indem er in einer Reihe von Leitartikeln für die deutsche Politik des Ministeriums Bismarck eintrat und dadurch den höchsten Zorn Liebknechts erregte. Der Letztere versuchte Schweitzer zu beseitigen, da der Vereinspräsident selbst aber anerkennen mußte, daß die Artikel durchaus im Sinne und Geiste Lassalle's geschrieben seien, so konnte er seinen Willen nicht durchsetzen und zog sich grollend mit seinen Gesinnungsgenossen von der Mitarbeiterschaft an dem Vereinsorgan zurück, dessen Redacteur er von nun an als einen von der preußischen Regierung erkauften Verräther in der leidenschaftlichsten Weise bekämpfte. Den persönlichen Reibungen zwischen den beiden Präsidentschaftscandidaten wurde bald dadurch ein Ziel gesetzt, daß Liebknecht, der den preußischen Behörden unbequem zu werden anfing, auf ganz unhaltbare Gründe hin durch die Polizei ausgewiesen wurde. Er siedelte nach Leipzig über und nahm von hier aus den mit verschärfter Bitterkeit geführten Kampf gegen die preußische Regierung in der Redaction der „Mitteldeutschen Volkszeitung" wieder auf, bis das Blatt in Folge des Krieges von 1866 durch die preußische Militärverwaltung unterdrückt wurde.

Durch seine Bekanntschaft mit Bebel, einem ebenso begabten als anspruchslosen Arbeiter, der durch sein ernstes Streben und eine ungewöhnliche Beredsamkeit einen großen Einfluß auf die Arbeiterbevölkerung zu gewinnen gewußt hatte, gelang es Liebknecht, für die Ausbreitung seiner revolutionär-communistischen Ideen sich ein neues Gebiet zu erschließen. Er trat zunächst als Agitator der radical-democratischen Volkspartei auf und ging dann, Bebel mit sich ziehend, Schritt für Schritt auf dem eroberten Terrain weiter. Die liberale Bourgeoisie hatte im Jahre 1863 als ein Bollwerk gegen die Lassalle'sche Agitation in Frankfurt a./M. den „Verband deutscher Arbeitervereine" gegründet, war jedoch trotz aller Bemühungen nicht im Stande, denselben gegen das Eindringen socialistischer Elemente gänzlich zu schützen. Schon auf dem Verbandstage in Stuttgart erklärten sich die vereinigten Arbeiter für das von Lassalle geforderte allgemeine gleiche Wahlrecht, das von der Bourgeoisie aus naheliegenden Gründen bisher lebhaft bekämpft worden und erst durch die Stärkung des rein democratischen Elements, welches dem liberalen Oeconomismus in der Fortschrittspartei beigemischt war, auch bei der parlamentarischen Linken zur Anerkennung gelangte. Im Mai des Jahres 1866 war der socialistische Gedanke in dem Verbande der deutschen Arbeitervereine bereits so stark entwickelt, daß die Majorität des Ausschusses, dem auch Bebel angehörte, sich gegen die Principien von Schulze-Delitzsch erklärte. Im folgenden Jahre wurde Bebel zum Vorsitzenden des Ausschusses gewählt, als dessen Organ die mit der Volkspartei im Zusammenhang stehende „Arbeiterhalle" gelten sollte, und von nun an machten die socialdemocratischen Ideen in dem Verbande reißende Fortschritte. Schon der nächste Verbandstag in Nürnberg 1868 erklärte sich für das Programm der internationalen Arbeiterassociation und wählte das von Liebknecht in Leipzig redigirte „Democratische Wochenblatt" zu seinem Organ, um im folgenden Jahre auf dem Eisenacher Congreß sich offen als socialdemocratische Arbeiterpartei zu constituiren.

Inzwischen hatte der „Allgemeine deutsche Arbeiterverein", dem Drange der Umstände nachgebend, sich doch entschlossen, den fähigsten Kopf, den er in seinen Reihen zählte, an die Spitze zu rufen. Schweitzer übernahm 1867 das Präsidium des Vereins und führte dasselbe vier Jahre lang mit glänzendem Erfolge. Nach kurzer Zeit hatte er nicht nur die klaffenden Lücken, welche die Zuchtlosigkeit und der Mangel an Disciplin unter seinen Vorgängern in die Vereinsorganisation gerissen, wieder vollständig ausgefüllt, sondern auch die Zahl der Gemeinden und ihrer Mitglieder binnen Jahresfrist nahezu verdoppelt. Nicht ohne Neid blickte Liebknecht auf diese Erfolge und entschloß sich, den alten Haber vergessend, einen Versöhnungsversuch zu machen, um Schweitzer mit seiner respectablen Streitmacht in das Lager der Internationalen hinüberzuziehen. Schweitzer aber lehnte es entschieden ab, zu Gunsten von Marx auf die Selbstständigkeit seiner Parteiorganisation zu verzichten und durch seinen Reformverein die Reihen der Socialrevolutionäre zu verstärken.

Daß dies in der That der characteristische Unterschied der beiden Richtungen war, trat am deutlichsten im Norddeutschen Reichstage zu Tage, wo Schweitzer in einer trefflichen Rede die Forderungen des Arbeiterstandes: Normalarbeitstag, absolutes Verbot der Kinderarbeit, gesetzliche Regelung des Genossenschaftswesens, fortlaufende Statistik über Arbeiterverhältnisse ꝛc., ausführlich begründete und durchzusetzen suchte, während Liebknecht alles „Parlamenteln" mit Verachtung von sich wies und die Tribüne des Reichstages nur zu Agitationszwecken benutzen zu wollen erklärte.

Immer die practischen Bedürfnisse des Arbeiterstandes im Auge, entschloß sich Schweitzer im Jahre 1868, durch Gründung von Gewerkvereinen, ähnlich den englischen Trade=Unions, eine Organisation der verschiedenen Arbeitszweige behufs Unterstützung und Durchführung von Arbeitseinstellungen ins Leben zu rufen, welche, an sich völlig unabhängig von dem Allgemeinen deutschen Arbeiterverein, doch als Werbebureaux demselben zahlreiche Mitglieder zuzuführen geeignet waren. Die Fortschrittspartei erkannte sofort die Größe dieser Gefahr und suchte ihr zuvorzukommen. Durch Max Hirsch, der in England die Gewerkvereine aus eigener Anschauung kennen gelernt hatte, ließ sie eine große Versammlung von Maschinenbauarbeitern zusammenberufen, in welcher Hirsch seinerseits den Plan, Gewerkvereine zu gründen, ausführlich entwickelte. Um der Sache eine größere Autorität zu geben, wurde Schulze=Delitzsch und Franz Duncker, ein hervorragendes Mitglied der Fortschrittspartei, veranlaßt, persönlich für die Bewegung einzutreten und die Concurrenz mit Schweitzer zu unterstützen. Der letztere ließ sich hierdurch keineswegs irre machen. Er berief einen Congreß, der außerordentlich zahlreich beschickt war, legte demselben die vorher ausgearbeiteten Statuten und einen Organisationsplan vor, und nach wenigen Tagen war eine ganze Reihe von Gewerkschaften constituirt, deren oberste Leitung in den Händen eines von Schweitzer selbst geführten dreiköpfigen Präsidiums ruhte.

Erheblich größer waren die Schwierigkeiten, mit denen die Gründung der fortschrittlichen, oder — wie sie später allgemein bezeichnet wurden — der Hirsch-Duncker'schen Gewerkvereine zu kämpfen hatte. Diese Schwierigkeiten sind auch niemals überwunden worden und konnten es nicht, weil sie nicht in äußeren Verhältnissen sondern in der Natur der Sache selbst gegeben waren. Es war ein unversöhnlicher Widerspruch, die unbedingte Harmonie zwischen Capital und Arbeit zu behaupten, gleichzeitig aber den Krieg der letzteren gegen das erstere zu organisiren, und dieser Widerspruch hat von Anfang an den Keim der Auflösung in die Genossenschaften gelegt. Während man einerseits den Arbeitern eine möglichst schneidige Waffe zur Vertheidigung ihrer Ansprüche versprach, bemühte man sich andererseits, im Interesse des socialen Friedens diese Waffe so viel wie möglich abzustumpfen, und so schuf man eine Organisation, die äußerlich zwar eine große Aehnlichkeit mit den englischen Gewerkschaften hatte, die wirksamsten Vorzüge derselben aber vermissen ließ. Während in England jedes Mitglied für den Fall der Arbeitslosigkeit — auch wenn dieselbe durch den Arbeiter selbst aus irgend einem als berechtigt anerkannten Grunde herbeigeführt worden ist — eine Unterstützung aus der Gewerkschaftskasse erhält und also nicht genöthigt ist, zur Sicherung seiner Existenz sich unbilligen Arbeitsbedingungen des Unternehmers zu fügen, wird von den deutschen Gewerkvereinen eine solche Unterstützung nicht gewährt, und dadurch der Arbeiter völlig der Willkür des Unternehmers preisgegeben. Dieser Uebelstand wird aber noch dadurch verschärft, daß in den Hirsch-Duncker'schen Genossenschaften im Gegensatz zu den englischen die Arbeiter auch während ihrer Arbeitslosigkeit ihre Beiträge für die Kranken- und Invalidenkasse des Vereins zu zahlen gezwungen sind, und im Falle der Nichtzahlung aller Ansprüche verlustig gehen.*) Durch diese Bestimmung wird der Druck, welchen

---

*) Die Statuten gestatten allerdings eine Stundung der Beiträge auf ein Vierteljahr, daß diese Bestimmung aber dem Uebelstande nur zum Theil abhilft, ist durch Brentano trotz der gegentheiligen Behauptungen, welche Max Hirsch in seiner Broschüre „die deutschen Gewerkvereine und ihr neuester Gegner" aufstellt, siegreich nachgewiesen worden.

die Arbeitslosigkeit auf den Arbeiter ausübt, noch wesentlich verstärkt und seine Widerstandsfähigkeit dem Unternehmer gegenüber völlig gebrochen. Alles dies sucht Max Hirsch durch die Nothwendigkeit zu rechtfertigen, die Kranken- und Invalidenkassen lebensfähig zu erhalten, aber nicht einmal dieser Zweck wird erreicht. Die Kassenverwaltung sieht sich genöthigt, die Carenzzeit mehr und mehr zu verlängern, und da auch der einzige größere Strike, den Max Hirsch durchzuführen versuchte, kläglich gescheitert ist, so kommen die Arbeiter allmälig zu der Ueberzeugung, daß derartige Gewerkvereine für sie völlig werthlos sind. Schon haben einzelne Gewerkschaften angefangen, sich von dem Centralverband loszusagen, und so wird voraussichtlich die ganze Organisation, falls nicht die Arbeiter selbst aus eigener Initiative sie auf eine andere Grundlage stellen, bald in sich zerfallen.

Die socialdemocratische Bewegung nahm inzwischen einen rapiden Fortgang. Der heftige Kampf, welcher zwischen den beiden Richtungen, dem Allgemeinen deutschen Arbeiterverein unter Schweitzer einerseits, und der auf Grund des Eisenacher Programms constituirten socialdemocratischen Arbeiterpartei unter Liebknecht andererseits, fortdauerte, war nicht im Stande, die Entwicklung aufzuhalten; er hatte nur den Nachtheil, daß die Concurrenz beide Parteien nöthigte, in ihren Preßorganen, dem „Socialdemocrat" und dem „Volksstaate", sich immer mehr dem Geschmack der untersten Schichten der Arbeitermasse zu accomodiren und sich in Ausdrücken der Rohheit und des Culturhasses zu überbieten. Diese bildungsfeindliche Tendenz konnte natürlich nicht ohne Rückwirkung auf die Bewegung selbst bleiben; sie stieß alle gebildeteren Elemente zurück und prägte dem ganzen Treiben mehr und mehr den Stempel des nackten Babeufismus auf.

Erst der deutsch-französische Krieg setzte der socialdemocratischen Propaganda einen mächtigen Damm entgegen. Der vaterlandslose Kosmopolitismus Liebknechts und seiner Anhänger mußte in einer Zeit großen nationalen Aufschwungs ihm die Herzen der Masse um so mehr entfremden, als er sich gewaltsam der allgemeinen Strömung entgegenzustemmen versuchte; und in der That zeigte sich unmittelbar nach dem Kriege, daß die Hochfluth der nationalen Begeisterung die Partei bis auf wenige Trümmer hinweggeschwemmt hatte. Der Allgemeine deutsche Arbeiterverein, der seinen Traditionen getreu dem Zuge des Stromes gefolgt war, hatte weniger gelitten, immerhin aber machte sich auch in ihm die rückläufige Bewegung so fühlbar, daß Schweitzer den Versuch einer Weiterführung der Agitation aufgab und das Präsidium des Vereins niederlegte. Sein Nachfolger Hasenclever setzte seine besten Kräfte ein, um den Verein wieder in das alte Fahrwasser zurückzusteuern, da er aber an geistiger Energie hinter seinem Vorgänger erheblich zurückblieb, so wurde ihm die eigentliche Leitung bald von dem Redacteur des Vereinsorgans, Hasselmann, einem Communisten in seiner rohesten Gestalt, aus der Hand gewunden. Die von Schweitzer stets bekämpfte revolutionäre Tendenz gewann dadurch in dem Verein mehr und mehr die Oberhand und verwischte allmälig die Grenze, welche ihn bisher principiell von den „Internationalen" geschieden hatte. Auch auf der Seite der letzteren zeigte sich eine Neigung zur Annäherung an die bisher feindliche Richtung, welche noch dadurch begünstigt wurde, daß die bei dem Kampf persönlich am meisten engagirten Bebel und Liebknecht wegen Hochverraths zu zwei Jahren Gefängniß verurtheilt und somit der Einwirkung auf die Bewegung für längere Zeit entrückt waren.

Während auf diese Weise sich nach und nach eine Einigung der beiden feindlichen Richtungen vorbereitete, begann die socialdemocratische Bewegung langsam wieder zu steigen. Die wirthschaftliche Gesetzgebung, welche seit der Gründung des Norddeutschen Bundes von der Manchesterpartei vollständig beherrscht wurde, hatte alle Schranken, die der freien Bewegung der Arbeitskräfte und des mobilen Capitals entgegenstanden, radical beseitigt und dadurch einerseits die Arbeitermasse in eine ungewohnte Bewegung gebracht, andererseits aber auch wesentlich zur Entwicklung jenes Gründungsschwindels beigetragen, der im Anfang der siebziger Jahre auf das gesammte Erwerbsleben den unheilvollsten Einfluß ausübte. Hatte schon der Eindruck des durch Börsenspiel und Uebervortheilung gutgläubiger Actionäre mühelos erworbenen und in üppiger Genußsucht ebenso schnell vergeudeten Reichthums während der Periode des rapiden wirthschaftlichen Aufschwungs in der Arbeiterclasse die Vorstellung erwecken müssen, daß die Grundlagen der bestehenden Gesellschaft durch und durch faul und verdorben seien, so mußte die Zeit des wirthschaftlichen Niedergangs, der Hunderttausende von Arbeitern aus einem behaglichen Wohlleben plötzlich in das tiefste Elend hinabschleuderte, den Haß gegen diese Gesellschaftsordnung zur hellen Flamme emporlodern lassen und den von Stadt zu Stadt umherziehenden, unermüdlich agitirenden Aposteln der rothen Fahne die Anhänger in Schaaren zutreiben.

Schon die Reichstagswahlen vom Jahre 1874 zeigten die riesigen Fortschritte, welche die Bewegung in kurzer Zeit gemacht hatte. Nicht weniger als 340,000 socialdemocratische Stimmzettel waren in der Wahlurne niedergelegt, von denen etwa ebensoviel den Lassalleanern wie den Parteigängern des Eisenacher Programms angehörten. Dieser ziffermäßige Beweis der völligen Ebenbürtigkeit beider Fractionen, so wie das parlamentarische Zusammenwirken der beiderseitigen Vertreter mußte die schon vorher angebahnte Annäherung wesentlich begünstigen. Hierzu kam, daß die preußische Regierung, durch die überraschenden Erfolge der socialistischen Propaganda stutzig gemacht, den unglücklichen Gedanken faßte, dem weiteren Fortschreiten der Bewegung auf dem Wege polizeilicher Maßregelungen entgegenzutreten. Sie löste sämmtliche Organisationen der beiden socialdemocratischen Richtungen auf und räumte gerade hierdurch eines der Haupthindernisse aus dem Wege, welche bisher der völligen Verschmelzung derselben entgegengestanden hatten. Bereits im Mai 1875 fand in Gotha ein Congreß statt, der durch Aufstellung eines neuen gemeinsamen Programms die Vereinigung der so lange feindlich getrennten Fractionen besiegelte und nunmehr die gesammte Agitationskraft in die Richtung des internationalen Communismus leitete.

Die Erfolge ließen nicht lange auf sich warten. Bei den Reichstagswahlen im Januar 1877 war die Zahl der socialdemocratischen Stimmen auf nahezu eine halbe Million gestiegen, und schon begann die Partei selbst bei den Censuswahlen der Einzellandtage und Gemeindecollegien einen Sieg nach dem andern zu erkämpfen, während mehr als ein halbes Hundert Blätter ihre Propaganda in der wirksamsten Weise unterstützte. Besoldete Agitatoren durchzogen das Land und wetteiferten mit einander, eine größtmögliche Zahl von Anhängern der Fahne der Partei zuzuführen. Der eigentlich socialistische Gedanke der Bewegung trat dabei vielfach ganz in den Hintergrund; es kam zunächst nur darauf an, die Unzufriedenheit der Massen zu erregen und sie durch Vorspiegelung verlockender Bilder zu gewinnen. Mit allen Mitteln einer gewissenlosen Demagogie entfesselte man ihre schlechten Eigenschaften und schmeichelte ihrer Eitelkeit; jede Scheu vor dem Bestehenden, jedes Gefühl der Ehrfurcht vor Recht und Gesetz, Wissenschaft und Kunst, Religion und Vaterland, jeden Glauben an geistige und sittliche Mächte suchte man systematisch zu vernichten und feierte in jedem Proletarier den berufenen Reformator eines verrotteten Gesellschaftszustandes.

Trotz alledem würde diese Art der Agitation, die von den besonneneren Führern der Partei selbst nicht gutgeheißen, aber als außerordentlich wirksam stillschweigend gedulbet wurde, niemals so gewaltige Erfolge erzielt haben, wenn nicht der extreme Individualismus der Manchesterpartei bereits in den Massen eine natürliche Gegenströmung hervorgerufen und dadurch den Boden für die Saat der Socialdemocratie gelockert hätte. Es war deshalb eine trügerische Hoffnung, wenn die Regierung glaubte, mit der bloßen Unterdrückung der sittlich verwüstenden Agitation den Lebensnerv der Bewegung selbst zu treffen. Das Gesetz gegen die gemeingefährlichen Bestrebungen der Socialdemocratie, welches der Reichstag im Jahre 1878 unter dem Druck der schnell auf einander folgenden, gegen das Haupt des Kaisers gerichteten Attentate angenommen hatte, vernichtete zwar mit einem Streiche die gesammte Organisation der Partei und beraubte sie durch die Suspension der Preß- und Vereinsfreiheit jedes Mittels, die zerrissenen Fäden von Neuem anzuknüpfen, trotzdem mußte die Regierung bald selbst eingestehen, daß auch diese schneibigste Waffe sich nicht als scharf genug erwiesen habe, um das Herz des Gegners zu treffen.

Unter den wissenschaftlichen Vertretern der deutschen Nationalöconomie hatte man inzwischen bereits seit längerer Zeit erkannt, daß die Gefahr, mit welcher die socialrevolutionäre Strömung die Fundamente des Staates bedrohe, nur beschworen werden könne, wenn der Staat selbst sich von dem Grundsatze, daß die Herrschaft des Egoismus der beste Regulator des wirthschaftlichen Lebens sei, dauernd lossage und sich seiner eigenen socialen Pflichten gegen die Armen und Schwachen wieder voll bewußt werde. Im Gegensatz zu der herrschenden Richtung, die den Staat lediglich als ein nothwendiges, möglichst zu beschränkendes Uebel betrachtete, bildete sich im Jahre 1872 zu Eisenach ein „Verein für Socialpolitik", der sich die Aufgabe stellte, dahin zu wirken, daß eine starke, über den egoistischen Classeninteressen stehende Staatsgewalt durch eingreifende Reformen die unteren Volksschichten soweit zu heben, zu bilden und zu versöhnen suche, daß sie in Harmonie und Frieden sich in den Organismus der Gesellschaft einfügten. Die immer greller und fühlbarer hervortretenden Mißstände, welche durch den Einfluß der Manchesterdoctrin auf die Gesetzgebung hervorgerufen wurden, warben dem neuen Verein bald Bundesgenossen trotz der wüthenden Angriffe, welche die in ihrer Herrschaft bedrohten Vertreter des extremen Individualismus gegen die „Rathedersocialisten" und deren Anhänger richteten. Immer lebhafter und allgemeiner wurde der Kampf, denn je länger der wirthschaftliche Nothstand andauerte, der auf die Schwindelperiode im Anfang der siebziger Jahre gefolgt war, um so mehr gewöhnte man sich, das liberale Wirthschaftsprincip auch für Uebelstände verantwortlich zu machen, an denen es völlig unschuldig war, und so wuchs die Zahl der Gegner auf allen Seiten.

Unter den letzteren treten neben den Rathedersocialisten noch zwei deutlich unterscheidbare Gruppen hervor: die Christlich=Socialen und die Agrarier oder Steuer= und Wirthschaftsreformer, beide darin einig, daß sie die Volkswirthschaft auf eine christliche Grundlage stellen wollen und die sociale Reform nicht um ihrer selbst willen, sondern nur als Mittel zum Zweck fordern: die Agrarier im Interesse des Grundbesitzes, die Christlich=Socialen beider Confessionen im Interesse ihrer Kirchen. Was sie wesentlich scheidet, ist die Richtung ihrer positiven Forderungen: während im Allgemeinen die Christlich=Socialen in dieser Beziehung sich den Rathedersocialisten, und über diese hinaus den Socialdemocraten nähern, suchen die conservativen Agrarier direct in die mittelalterliche Gebundenheit zurückzukehren und die abgestorbenen Organisationsformen einer vergangenen Zeit wieder zu beleben.

So verschiedenartig und wirr durcheinander laufend die Interessen aller dieser Gruppen sein mochten, in der Ueberzeugung von der Nothwendigkeit, die Herrschaft der Manchesterdoctrin zu brechen, stimmten sie überein. Dennoch wären ihre gemeinsamen Anstrengungen nach dieser Richtung voraussichtlich noch lange ohne Erfolg geblieben, wenn sie nicht unerwartet an der mächtigsten Stelle eine wirksame Unterstützung gefunden hätten. Mit der ganzen Wucht seiner gewaltigen Persönlichkeit warf sich Fürst Bismarck selbst der wirthschaftlichen Partei, die er einst zum Triumphe geführt, entgegen und drängte sie von Position zu Position zurück.

Individualismus oder Socialismus! Noch ist der Kampf zwischen den beiden Principien nicht entschieden, nach welcher Seite aber auch immer der Sieg sich neigen möge, niemals wird derselbe von Dauer sein, wenn der Friedensschluß nicht beiden Theilen ihr volles Recht gewährt. Mag immerhin die Formel des laissez-faire einst eine historische Nothwendigkeit gewesen sein, als es galt, die mittelalterlichen Fesseln des wirthschaftlichen Lebens zu zerbrechen, heute bedeutet ihre Herrschaft nichts Anderes als die Proclamirung eines Classenkampfes, der auf die Dauer jede politische Freiheit vernichtet und die ganze moderne Cultur in Frage stellt. Nicht durch Gewaltmaßregeln oder starre Negation, sondern nur durch den Socialismus selbst wird man die Socialdemocratie überwinden.

Anmerkungen zur „Geschichte des Communismus"
von
Fabre.

Zu Capitel I.

Das Folgende ist ein Circular, welches der Verfasser kurz nach dem 24. Februar 1848 erließ, um die Bildung eines politischen Vereins zur Bekämpfung der anarchischen Bestrebungen im zweiten Arrondissement von Paris zu veranlassen.

„Mitbürger!

In dieser großen Bewegung der Ideen, welche gegenwärtig die Gesellschaft erregen, sind extreme Ansichten zum Vorschein gekommen; Eigenthum, Erbrecht und Familie, diese Grundlagen unserer socialen Verfassung, sind angegriffen, die Gemeinschaft der Güter, die absolute Gleichheit proclamirt.

Diese Lehren sind antirepublicanisch. Sie enthalten in der That die Negation der Freiheit, der Selbstbestimmung des Menschen, die Vernichtung der edelsten Fähigkeiten seines Geistes und Herzens und einen verabscheuungswürdigen Despotismus. Ihre Verbreitung ist ein Grund zur Furcht und Besorgniß für die Gesellschaft, deren Fundamente sie untergraben, und für den Staat, dessen Bestand sie gefährden.

Indessen würden diese Doctrinen doch nur zu fürchten sein, wenn ihre Vertreter allein Tribünen und Organisationstalent besäßen. Unter einer kleinen und schwachen Minorität verbreitet, konnte sie einzelne Geister nur aus Mangel an Widerspruch und ernster Erörterung verführen.

Den wahren Republicanern muß daran gelegen sein, ihre Principien offen und frei von denen der socialistischen Utopien zu trennen, das Recht der Vereinigung und der freien Discussion zu benutzen, mit gleichen Waffen die extremen Ansichten zu bekämpfen, diejenigen, welche unmögliche Illusionen zu realisiren versuchen, aufzuklären und zu gemeinsamem Streben alle Bürger zu vereinigen, welche die Würde und Unabhängigkeit des Individuums, die Achtung vor erworbenen Rechten als untrennbar mit den Principien der Freiheit, Gleichheit und Brüderlichkeit, welche die Republik auf ihre Fahne geschrieben hat, verbunden betrachten.

Die Gründer des Vereins wollen also das individuelle Eigenthum vertheidigen, ohne welches es für den Menschen keine Würde gibt, noch Unabhängigkeit oder productive Energie, die Familie, die Quelle der Moralität und der zartesten Empfindungen, das Erbrecht, welches nur die Consequenz und das materielle Band der beiden ersteren ist.

Sind diese wesentlichen Grundlagen der Gesellschaft in Sicherheit gebracht, so beabsichtigen sie, die ernsten Probleme der modernen Nationalöconomie zu prüfen, und die Mittel, die Lage der arbeitenden Classen zu verbessern, zu suchen, ohne alle bestehenden Verhältnisse zu stürzen. In ihren Augen bestehen diese Mittel vor Allem in der Entwicklung der moralischen Erziehung und Bildung der Massen, in der Hebung und Verbesserung der Landwirthschaft mit Hülfe der Wissenschaft und des Credits, in der freien Association des kleinen Capitals und Grundbesitzes, in der ebenso freien Vereinigung der Capitalisten, Industriellen und Arbeiter, in der Bildung von Hülfs- und Unterstützungskassen für den arbeitenden Mann, in der Verminderung der Steuern, die auf den Lebensbedürfnissen lasten, mit einem Worte in der Verbesserung, nicht in dem Umsturz der bestehenden öconomischen und socialen Verfassung.

In politischer Beziehung werden wir die großen Fragen betreffend die Verfassung der Republik zu prüfen haben und ihre Theorie an der Hand der Geschichte zu erläutern versuchen.

Die Entwicklung des Wahlrechts, der legitimsten Manifestation der Souveränität eines Volkes, die Centralisation der politischen Gewalt, nothwendige Vorbedingung des nationalen Ansehens, die administrative Emancipation der Communen und territorialen Verbände niederen Ranges, die allein den Sinn für öffentliche Angelegenheiten zu erwecken und die Bevölkerung an eine gerechte Würdigung der Bedürfnisse und Mittel zu gewöhnen im Stande ist, vor Allem aber die heilige Achtung der Unabhängigkeit der gesetzgebenden Versammlung: das sind die Principien, um deren Verbreitung unter den Massen wir uns angestrengt und energisch bemühen müssen.

Mögen alle Bürger, welche die Republik durch die Achtung vor den Rechten des Einzelnen zu unterstützen, und mit derselben Energie jeder subversiven Utopie, jeder hemmenden Tendenz entgegenzutreten gewillt sind, sich mit uns vereinigen. Die Freiheit der Vereinigung und der Discussion darf nicht ein Monopol extremer Meinungen und exaltirter Leidenschaften bleiben. Ruhe und Mäßigung sind nicht Gefühllosigkeit und Gleichgültigkeit. Ein Jeder muß in die Arena hinabsteigen und am öffentlichen Leben theilnehmen. Jeder muß der Gesammtheit dienen mit seinem Wissen, seinem Wort und seinem Votum. Ohne dies gehört die Herrschaft der vorwiegendsten Minorität, die, wohl geleitet und organisirt, vor sich nur isolirte und furchtsame Individuen erblickt. Freiheit und Republik wird dann Unterdrückung und Tyrannei.

Mögen alle wahren Freunde des Landes unserm Aufrufe folgen, mögen alle sich um uns schaaren, um die socialen Wahrheiten, die gemeinsamen Heiligthümer der Menschheit zu vertheidigen und die Herrschaft der Ordnung und der Freiheit zu sichern.

8. März 1848."

Anmerkungen.

Zu Capitel II.
Die Einrichtungen Indiens und Egyptens.

Man darf den Communismus nicht mit der Organisation der Kasten und der Einrichtung priesterlicher oder militärischer Pfründen verwechseln. Der Communismus sucht das Princip der Familie zu zerstören die Kaste übertreibt im Gegentheil ihre Consequenzen. Der Communismus unterdrückt den individuellen Besitz, die Pfründe, erblich oder auf Lebenszeit, verträgt sich sehr gut mit demselben und fällt in die Kategorie derjenigen Vermögensobjecte, welche das römische Recht res universitatis nannte, oder in die der Nutzungsrechte an fremden Sachen. Diese Beobachtungen finden wir in den Verfassungen Indiens und des alten Egyptens bestätigt.

Die Civilisation Egyptens nahm ihren Ausgangspunct von der oberen Thebais, wohin sie ungefähr 2000 Jahre vor der christlichen Zeitrechnung durch einen priesterlichen Stamm, der wahrscheinlich aus Indien gekommen war, verpflanzt worden ist. Diese fremden Priester erbauten Tempel, um die sich die eingeborene Bevölkerung, der sie Ackerbau und Künste gelehrt hatten, gruppirte. Die in nächster Nähe eines jeden Tempels urbar gemachten Ländereien wurden als ein Zubehör derselben, als Eigenthum der Ersteren betrachtet. Die Producte derselben waren für den Cultus und den Unterhalt der Priester, die in den heiligen Gebäuden selbst zusammen nach einer festen Regel lebten, bestimmt. Diese priesterlichen Ländereien waren wirkliches Kirchengut, und die Priester der This civilisirten nach und nach ganz Egypten, dem Laufe des Nil folgend, von Süd nach Nord, durch Erbauung einer Reihe von Tempeln, ähnlich wie im Mittelalter die religiösen Orden an gewissen Punkten die Barbarei durch Gründung von Klöstern und durch die Urbarmachung des Grund und Bodens vertrieben.

Neben den kirchlichen Gütern gab es dann in Egypten weiter königliche Güter, ferner die zur Dotirung der Krieger bestimmten Güter, endlich die Ländereien der Privatpersonen. Die Ländereien der beiden ersten Kategorien waren gegen bestimmte Abgaben an die Mitglieder der arbeitenden Kasten verpachtet. Die militärischen Ländereien wurden von den Kriegern selbst bearbeitet. Der Antheil eines Jeden betrug ungefähr zwölf Morgen. Alljährlich wurde der Grund und Boden von Neuem unter die Krieger vertheilt, so daß keiner seinen Antheil zwei Jahre hintereinander besaß. Diese Maßregel verfolgte ohne Zweifel den Zweck, zu verhindern, daß der Character dieser Dotationen in ähnlicher Weise alterirt würde, wie etwa im Mittelalter der der Lehen, die aus reinen Beneficien allmählich zu erblichen Lehen geworden sind. Ueber den Privatgrundbesitz besitzen wir keine näheren Nachrichten; es scheint indessen, daß die Priester neben ihrem Antheile an den Einkünften der Tempelgüter auch noch Privatvermögen besaßen.

Uebrigens standen die beweglichen Werthe unter der Herrschaft des Eigenthums. Kauf und Verkauf war allgemein gestattet, das Gesetz erlaubte und regelte das Leihen auf Zinsen und ahndete mit schweren Strafen die Fälschung der Goldmünzen. Auch war der Handel Egyptens ein ungeheurer. Die Organisation dieses Landes ist somit in gewissem Sinne der Europas im Mittelalter analog. Hier wie dort sehen wir eine Theocratie, religiöse Gemeinschaften, eine militärische Kaste, industrielle und commercielle Verbände, den Grund und Boden unter die Priester, Könige und Krieger getheilt, das bewegliche Eigenthum in den unteren Klassen concentrirt. Aber diese Gesellschaft war ebenso wenig wie die des Mittelalters auf den Communismus gegründet. (Heeren, Politik und Handel der Alten, Bd. 6, 133—376.)

Aus demselben Gesichtspunkte muß man die Organisation von Indien betrachten. Manu's Gesetze kennen keineswegs die Gemeinschaft der Güter, sondern das individuelle und erbliche Eigenthum. Um sich hiervon zu überzeugen, genügt es, das neunte Buch dieser Gesetze, welches das Erbrecht behandelt, zu lesen. Nur die Collegien der Brahmanen und die Pagoden besaßen Eigenthum, dessen Einkünfte für den Cultus und den Unterhalt der Priester, die gemeinschaftlich zusammenlebten, bestimmt waren. Indien und Egypten hatten somit religiöse Genossenschaften, aber keine derselben war dem Communismus unterworfen.

Zu Capitel III.
Jefferson's Urtheil über Plato.

Soeben kehre ich aus meiner zweiten Wohnung, wo ich fünf Wochen zubrachte, zurück. Da ich mehr Muße daselbst auf meine Lectüre zu verwenden hatte, so habe ich mir das Vergnügen gemacht, mich eingehender mit Plato's Republik zu beschäftigen. Im Grunde ist es unrichtig, dies ein Vergnügen zu nennen, denn es war sicher eine der härtesten Arbeiten, denen ich mich jemals unterzog. Bei Gelegenheit kam mir der Gedanke, ein oder das andere Werk des Philosophen zu öffnen, aber nur selten hatte ich die Geduld, einen Dialog bis zu Ende zu lesen. Obwohl ich hundertmal den Widerwillen, den mir die Verschrobenheiten, Albernheiten und das unverständliche Kauderwälsch dieses Buches verursachte, überwand, so konnte ich doch nicht umhin, es zum öfteren bei Seite zu legen, um mich zu fragen, wie es möglich gewesen ist, daß die Welt so lange an die Vortrefflichkeit solch' sinnlosen Geschwätzes zu glauben im Stande sein konnte. Daß die sogenannte christliche Welt es bewunderte, ist schon ган sehr merkwürdiges historisches Factum; aber wie konnte der gesunde Sinn der Römer sich hierzu verstehen?

Die Erziehung ist in der Regel in den Händen von Leuten, die schon an sich ein Interesse haben, den Ruhm der Schwärmereien Plato's zu erhalten. Sie geben ihren Schülern den Ton an, und nur wenige von diesen haben in der Folge Gelegenheit, die Ansichten ihrer Schulzeit zu revidiren; aber Welt und Autorität bei Seite, wenn man aus Plato alle Sophismen, Spitzfindigselten und Alles, was er Unverständliches geschrieben hat, entfernt, was bleibt dann noch übrig? In der That, man muß ihn in die Classe der reinen Sophisten verweisen; und wenn er der Vergessenheit, die als gerechte Vergeltung seine Mitbrüder getroffen hat, entgangen ist, so verdankt er dies allein dem Glanz seiner Diction und vor Allem der Adoption und der Verkörperung seiner Chimären in dem Systeme des künstlichen Christenthums. Sein Geist zeigt uns die Gegenstände wie durch einen Nebel, der nur halb sie uns sehen läßt und weder ihre Ausdehnung noch ihre Formen genau zu unterscheiden erlaubt; und dennoch, was ihn am ehesten der Vergessenheit hätte überliefern sollen, hat ihm gerade jene Unsterblichkeit des Ruhms und der Verehrung verschafft. —"

Jefferson behauptet sodann, daß die Priester den mystischen Theil des Christenthums aus Plato entlehnt haben.

„Und es ist ein Glück", fährt er dann fort, „daß der Republicanismus Plato's nicht ebensoviel Gnade gefunden hat wie sein Christenthum; ohne dies würden wie heute sammt und sonders, Männer, Weiber und Kinder ein Leben führen wie die Thiere." — „Trotzdem ist Plato ein großer Philosoph", sagte La Fontaine. — „Aber", erwiderte ihm Fontanelle, „finden Sie seine Ideen besonders klar?" — „O! nein, er ist von einer undurchdringlichen Dunkelheit." — „Finden Sie ihn nicht voller Widersprüche?" — „Gewiß", erwiderte La Fontaine, „er ist nur ein Sophist". Und dennoch rief er kurz darauf noch einmal aus: „Oh, Plato ist ein großer Philosoph!" Socrates hatte alle Ursache, sich über die falsche Darstellung seiner Doctrinen bei Plato zu beklagen; denn in der That, dessen Dialoge sind wahre Schmähschriften gegen Socrates."

Zu Capitel V.
Die Therapeuten.

Ueber die Therapeuten gibt uns Philo, ein jüdischer Schriftsteller aus den letzten Jahren vor Christi Geburt, folgende Details:

Die Therapeuten lebten in einigen Provinzen Egyptens zerstreut, hauptsächlich aber in der Nähe von Alexandria. Sie betrachteten sich als todt für die Gesellschaft. Nachdem sie ihr Vermögen ihren Verwandten oder Freunden übergeben hatten, zogen sie sich an einsame Orte zurück, nicht aus Abscheu vor der Welt, sondern um ausschließlich der Anbetung Gottes und der Betrachtung der Natur sich zu widmen.

Ihre Häuser waren von Gärten umgeben, in gesunder Lage an den Abhängen der Hügel und ziemlich nahe bei einander gebaut, um sich der gegenseitigen Hülfe nicht zu berauben. Sie boten keine weitere Bequemlichkeit, als einen Schutz gegen die Unbilden der Jahreszeit. Im Innern waren diese

Häuser in kleine Zellen getheilt, in welche keinem Mitgliede etwas Anders als die Bücher des Gesetzes, die Propheten, Hymnen und andere Werke dieser Art hineinzubringen erlaubt war. Die Therapeuten nahmen auch Weiber in vorgerückterem Alter, welche die Jungfräulichkeit bewahrt hatten, in ihre Gemeinschaft auf. Beim Aufgang der Sonne verrichteten sie ein Gebet, um einen glücklichen Tag zu erflehen, und bei Sonnenuntergang beteten sie von Neuem, daß ihre Seele, von der Last der Tagesgeschäfte befreit, würdiger werde, sich zur reinen Wahrheit zu erheben. Der ganze Zeitraum vom Morgen bis zum Abend war der Betrachtung der Bücher des Gesetzes gewidmet, das für sie eine Art lebendes Wesen, dessen Körper die Vorschriften und dessen Seele der allegorische und innere Sinn der Worte bildete, war. Ueber diese Allegorien hatten ihnen die ältesten Stifter ihrer Secte zahlreiche Commentare hinterlassen, die sie in demselben Geiste zu vermehren bemüht waren. Hierzu kamen noch Gesänge eigener Composition, stets zu Ehren des Allmächtigen und in äußerst schwerfälligen Rhythmen verfaßt.

Sechs Tage lang kamen die Therapeuten aus ihren Wohnungen nicht hervor, am siebenten Tage traten sie in öffentlichen Versammlungen zusammen, um sich gegenseitig ihre Betrachtungen mitzutheilen. Die Frauen waren, nach der gewöhnlichen Sitte der Juden, von dem allgemeinen Versammlungssaale durch eine Wand getrennt, die ihnen, ohne selbst gesehen zu werden, Alles mit anzuhören gestattete.

Die Mäßigkeit der Therapeuten übertrifft Alles, was man von Pythagoräern berichtet. Jeden Tag nahmen sie nach Sonnenuntergang nur eine einzige Mahlzeit ein, die aus Brot, Wurzeln und Salz bestand, oft blieben sie mehrere Tage lang ohne jegliche Nahrung. Das merkwürdigste ihrer Feste war dasjenige, welches sie alle sieben Wochen wiederkehrend feierten; aber das brüderliche Festmahl entfernte sich nicht von der gewöhnlichen Frugalität. Die Frauen nahmen indessen Theil an der Feierlichkeit, welche die Chöre des heiligen Tanzes beschlossen. Diese Chöre hatten den Zweck, die Erinnerung an die von den Juden nach ihrer Befreiung an den Ufern des rothen Meeres aufgeführten Tänze zu erhalten, und sollten zu gleicher Zeit ein lebendiges Bild der himmlischen Chöre und Harmonien repräsentiren.

Zu Capitel VII.

Irrthümer der Albigenser.

Auszug aus einem alten Register der Inquisition zu Carcassonne, welches die den Albigensern von den Inquisitoren vorgeworfenen Irrthümer enthält.

„Isti sunt articuli, in quibus errant moderni haeretici:

1. Dicunt quod corpus Christi in sacramento altaris non est nisi parum panis. — 2. Dicunt quod sacerdos existens in mortali peccato non potest

conficere corpus Christi. — 3. Dicunt quod anima hominis non est nisi purus sanguis. — 4. Dicunt quod simplex fornicatio non est peccatum aliquod. — 5. Dicunt quod omnes homines de mundo salvabuntur. — 6. Dicunt quod nulla anima intrabit paradisum usque ad diem judicii. — 7. **Dicunt quod tradere ad usuram, ratione termini, non est peccatum aliquod.** — 8. Dicunt sententia excommunicationis non est timenda, nec potest nocere. — 9. Dicunt quod tantum prodest confiteri socio laico, quantum sacerdoti seu presbytero. — 10. Dicunt quod lex Judaeorum melior est quam lex christianorum. — 11. Dicunt quod non Deus fecit terrae nascentia, sed natura. — 12. Quod Dei filius non assumpsit in beata et de beata virgine carnem veram, sed fantasticam. — 13. Dicunt quod pascha, poenitentiae et confessiones non sunt inventa ab Ecclesia, nisi ad habendum pecunias a laicis. — 14. Item dicunt quod existens in peccato mortali, non potest ligare vel absolvere. — 15. Item quod nullus praelatus potest indulgentias dare. — 16. Item dicunt quod omnis qui est a legitimo matrimonio natus, potest sine baptismo salvari. (D. Vaisette, histoire du Languedoc, t. III. 371.)

Folgende Stelle aus Reynier beweist dann noch vollständig, daß die Albigenser, auch Catharer genannt, mit dem Communismus gar nichts zu thun haben.

Cathari, eleemosynas paucas aut nullas faciunt, nullas extraneis, nisi forte propter scandalum vicinorum suorum vitandum, et ut honorificentur ab eis, paucas suis pauperibus. Et est triplex ratio. Prima est quia non sperant hinc majorem gloriam in futuro, nec suorum veniam peccatorum; secunda est quia omnes fere sunt avarissimi et tenaces. Et est causa quia pauperes eorum qui tempore persecutionis non habent victui neccessaria, vel ea quibus possint restaurare suis receptoribus res et domos quae pro eis destruntur, vix possunt invenire aliquem qui velit eos tunc recipere. Sed divites cathari multos inveniunt; quare quilibet eorum, si potest, divitias sibi congregat et conservat. (Reynerius, De ordine fratrum praedicatorum. — Martène, Thesaurus anectodorum. t. V. p. 1766.)

Glaubensbekenntniß der Taboriten.

In Folgendem geben wir das Glaubensbekenntniß der Taboriten, wie es der Synode von Kuttemberg, die im Jahre 1442 zur Schlichtung der religiösen Unruhen in Böhmen zusammengetreten war, überreicht wurde. Es behandelt nur rein theologische Fragen und zeigt, daß die Doctrinen der Taboriten in keiner Beziehung zu dem Communismus und Socialismus der neueren Zeit zu bringen sind. Der Text der wichtigsten Artikel ist wörtlich wiedergegeben.

I. Man muß die hl. Schrift in die Volkssprache übersetzen und ihr mit entschiedener Ehrfurcht folgen.

II. Es gibt nur einen Gott in drei Personen.

III. Der Mensch ist ein Knecht der Sünde geworden durch den Fall seines Stammvaters. Zu dieser Erbsünde fügt er fortwährend neue Sünden hinzu. Er ist einer ewigen Strafe unterworfen, von der er sich durch eigene Kraft nicht befreien kann.

IV. Der Mensch, welcher seine Fehler erkennt, bereut und in sie zurückzufallen vermeidet, erlangt Vergebung derselben durch die Verdienste Jesu Christi. (Dieser Artikel enthält implicite die Verwerfung der Ohrenbeichte.)

V. Der Glaube ist untrennbar von den guten Werken.

VI. Dieser Artikel betont die Nothwendigkeit der guten Werke und des Glaubens zur Erlangung der ewigen Seligkeit.

VII. „Ueberall, wo man diese Lehren bekennt, dort ist die christliche Kirche, deren Haupt Jesus Christus ist; außer ihr gibt es kein Heil. Ihren Lehren und ihren Vorschriften sind wir Gehorsam schuldig und nicht dem Antichrist, der immer die Kirche im Munde führt, gleichwohl nicht aufhört, sie auf's Grausamste zu verfolgen (der Antichrist ist der Pabst); denn die apostolische Nachfolge der Diener der Kirche ist nicht an bestimmte Personen und gewisse Orte geknüpft; sie beruht allein auf der Reinheit der Lehre, welche die Schrift uns überliefert."

VIII. Das Wort Gottes steht über den Sacramenten.

IX. Es gibt nur zwei Sacramente, die Taufe und das Abendmahl.

X. Die Taufe ist das Zeichen der inneren Abwaschung der Sünde; das Kind kann sie empfangen, vorausgesetzt, daß es in vorgerücktem Alter ein öffentliches Glaubensbekenntniß ablegt.

XI. Das Sacrament des Abendmahls, welches aus einfachem Brot und einfachem Wein besteht ohne irgendwelche Verwandlung, ist das Zeichen des Leibes und Blutes Jesu Christi.

XII. Dieser Artikel wiederholt die Negation der wirklichen Gegenwart Christi im Sacrament.

XIII. „Da das Sacrament nur Brot und Wein ist, so muß man das eine essen, den anderen trinken nach der Einrichtung Jesu Christi; aber es ist nicht erlaubt, es für die Lebendigen und für die Gestorbenen darzubringen, es in ein Behältniß einzuschließen, als wäre es ein Gott, noch es von Ort zu Ort zu tragen und es zu Lästerungen aller Art zu mißbrauchen wider das ausdrückliche Verbot unsers Herrn. Es wäre zu wünschen, daß der Antichrist anstatt dieses Götzendienstes uns das wahre Sacrament unter beiden Gestalten nach den Vorschriften Jesu Christi gelassen hätte."

XIV. Protest gegen die Verehrung der Bilder und die Anrufung der Heiligen.

XV. Ermahnung der Christen, diese Lehre anzunehmen, — Verwerfung des Fegefeuers. (Lenfant, histoire de la guerre des Hussites et du concil de Bâle. t. II. 152.)

Dieses Glaubensbekenntniß verwirft also die wirkliche Gegenwart Christi im Sacrament, die Vielheit der Sacramente und eifert gegen den Pabst und die Kirche zu Rom als Antichrist des Evangeliums, schweigt aber vollständig über das Eigenthum, diesen Antichrist der modernen Socialisten.

Fratricelli — Boggarden.

Die Reichthümer und Ausschweifungen des Clerus, die vom 11. bis zum 14. Jahrhundert der Gegenstand der Protestationen der Waldenser und Albigenser waren, riefen im Schooße der katholischen Kirche selbst eine bedeutende Reaction hervor. Diese Reaction personificirte sich so zu sagen in dem hl. Franz von Assisi, welcher um das Jahr 1208 die Orden der Minoriten stiftete. Getroffen von den Worten des Evangeliums: Habet weder Gold noch Silber noch Geld in euerm Beutel, tragt auf der Reise weder einen Sack, noch zwei Kleider, noch einen Rock, bedeckte er sich mit einem groben Mantel, umgürtete sich mit einem Strick, lebte von Almosen und gab seinen Schülern das Beispiel der strengsten Enthaltsamkeit. In der Regel, welche er für jene entwarf, verbot er ihnen, Eigenthum zu besitzen, und befahl ihnen, ihren Unterhalt durch Betteln zu erwerben. Der Orden der Minoriten oder Mendicanten wurde von Innocenz III. bestätigt und als ein wirksames Mittel, die zahlreichen Gegner der außerordentlichen Reichthümer des Clerus in den Schooß der Kirche zurückzuführen, betrachtet. Die Kirche konnte somit, ohne auf ihre Güter zu verzichten, ihre Feinde auf die Nachahmung der apostolischen Armuth verweisen.

Im Jahre 1221 fügte der hl. Franz seinem Orden einen neuen Zweig hinzu, der aus verheiratheten Männern und Frauen bestand, und gab auch diesem eine besondere Regel. Dies ist der dritte Stand des hl. Franz, dessen Mitglieder Beguinen genannt wurden.

Die Einrichtungen des hl. Franz, in denen das Papstthum ein Element der Kraft zu finden geglaubt hatte, wurden im Gegentheil für die Kirche eine Quelle fortwährender Häresien und Verwirrungen. Die Franziscaner theilten sich bald in zwei Parteien: die Strengen und Gemäßigten, die Mystiker und Rationalisten, die Spiritualen und Conventualen. Die Ersteren befolgten die Vorschrift, nichts zu besitzen, genau nach dem Buchstaben, strebten nach einer absoluten moralischen Vollkommenheit und verschmähten das klösterliche Leben; die Anderen verurtheilten das Eigenthum nicht geradezu und lebten, wie die übrigen Mönche in ihren Klöstern. Die Spiritualen, die strengen Franziscaner, trennten sich von ihrem Orden um das Jahr 1300 und verweigerten ihren

Oberen den Gehorsam. Vom Papst verurtheilt, setzten sie der Kirche offene Empörung entgegen. Eine große Anzahl Mitglieder des dritten Standes vereinigten sich mit ihnen, und zahlreiche Banden dieser Fanatiker sah man Italien und den Süden von Frankreich und Deutschland durchziehen. Man nannte sie in Frankreich frérots, in Italien fratricelli oder bezochi, d. h. Bettler, Apostolische von ihrer Lebensweise, Dulcinisten von Dulcin, einem der Häupter ihrer Secte, Brüder des freien Geistes u. dgl. Sie verwarfen jede Art von Eigenthum, lebten von Almosen, erklärten sich für heilig und vollkommen, versenkten sich in den Mysticismus und überließen sich den größten Ausschweifungen aller Art. Die Vereinigung der Geschlechter war, wie sie sagten, ein natürliches Bedürfniß, das zu befriedigen erlaubt sei; aber jeder andere Act von Vertraulichkeit zwischen Mann und Weib war verboten. Sie gestatteten somit die Prostitution, aber ein einfacher Kuß galt ihnen für ein ungeheueres Verbrechen. Die Päpste mußten den Kreuzzug gegen diese Unsinnigen predigen. Uebrigens hatte der Mysticismus und die Nachahmung der Mendicantenorden solche Fortschritte gemacht, daß das Lateranconcil einzuschreiten sich genöthigt sah und die Aufstellung neuer Regeln, sowie die Gründung neuer Orden untersagte.

Die Secte der Beggarden, die in Deutschland zu Anfang des 14. Jahrhunderts auftrat, wiederholte nur die Ansichten und die Lebensweise der Dulcinisten. Ihren Namen erhielten sie von den Beguinen, wie man den dritten Stand des hl. Franziscus zu nennen pflegte. Andere wollen ihn von einem alten deutschen Worte, dessen Sinn ist, mit Zudringlichkeit fordern, ableiten. Das Wort beggar existirt jetzt noch in der englischen Sprache, wo es soviel bedeutet wie Bettler.

Man weiß, daß die Mißbräuche der Mendicantenorden einer der hauptsächlichsten Angriffspunkte der Reformatoren des 16. Jahrhunderts gegen die katholische Kirche gewesen sind.

Zu Capitel XIII.
Moderne Millenarier.

Vierundzwanzig Jahre nach Venners unsinnigem Versuche wurden die Doctrinen der alten Millenarier oder Chiliasten von Neuem in einem Werke verfochten, welches anonym in London von einem protestantischen Schriftsteller veröffentlicht wurde und eine Beschreibung des künftigen Zustandes der Kirche enthielt. Der Verfasser sucht darin die Gewißheit des zeitlichen Reiches Christi zu beweisen und schildert den Zustand höchster Glückseligkeit, der der Vorbote seiner Ankunft sein werde. Das physische und moralische Uebel wird von der Erde verbannt, jede Art von Tyrannei alle ungerechten Regierungen gestürzt, und der mystische Protestant verfehlt nicht, den Papst und die römische Kirche in die erste Stelle dieser Kategorie zu setzen, eine Prophezeiung, die seine Glaubensgenossen dann um die Wette wiederholt haben. Clayton, Bischof von Clogher, welcher im Jahre 1749 eine Abhandlung über die Prophezeiungen herausgab, fixirt sogar das Datum der Bekehrung der Juden, des Sturzes des Papstthums und des Anfangs des Milleniums auf das Jahr 2000. Whitby, John Edwards, Joseph Mede und Thomas Newton, Bischof von Bristol, bekannten sich zu ähnlichen Ansichten. Ihnen zufolge wird bei der Ankunft des Reiches Christi die türkische Herrschaft, Rom und der Antichrist vernichtet, und der Bischof Newton geht sogar soweit, den Sturz aller europäischen Regierungen vorauszusagen.

Vor allem sind es aber Worthington, Bellamy, Winchester und Towers, Schriftsteller aus dem Ende des vorigen Jahrhunderts, welche die Schwärmereien der alten Chiliasten am vollständigsten wiederholt haben. Sie haben sogar noch eine Menge höchst sonderbarer Ausschmückungen, die eine frappante Aehnlichkeit haben mit den Fragen, die unsere Zeit bewegen, hinzugefügt.

„Worthington", sagt der Geschichtschreiber der religiösen Secten, dem wir diese Details entnehmen, „Worthington glaubt, daß das Evangelium nach und nach das Paradies zurückführen werde durch eine Reihe von Ereignissen, von denen mehrere bereits in Erfüllung gegangen sind. — Der Fortschritt der Künste und Wissenschaften ist in seinen Augen ein Schritt mehr nach diesem Ziele; aber diese Fortschritte werden um das Jahr 2000 beschleunigt werden, weil alsdann und trotz einiger Unglücksfälle, welche die Verderbtheit des Gog und Magog, d. h. der Völker des Nordens, deren Einfall Ezechiel voraussagt, verursacht, das Millenium beginnen wird. Alles wird dann in einen neuen Himmel und eine neue Erde, welche die Apocalypse prophezeit hat, übergehen; das physische und moralische Uebel wird verschwinden, der Tod selbst seine alte Kraft verlieren und Niemand mehr dahinraffen. Die Gerechten werden in der Gerechtigkeit verharren und das höchste Erdenglück genießen, und dieses herrliche Leben wird gekrönt werden durch ihren Einzug in den Himmel an der Seite und im Gefolge Jesu Christi. Worthington vermuthet, daß all' dieses ungefähr im Jahre 25,920 der Welt, am Ende des großen platonischen Jahres sich ereignen werde.

Bellamy glaubt, daß das Millenium ein geistiges Reich Christi auf dieser Erde sein werde. Es wird dann weder Hunger noch Krieg geben, weder Laster noch Ausschweifungen. Die Industrie wird blühen und die Erde einer weit zahlreicheren Menge von Bewohnern Kleidung und Nahrung gewähren. Gott wird überall anerkannt und verehrt, und in diesem Zeitraum von 1000 Jahren werden mehr Menschen in den Himmel gelangen, als in allen früheren Jahrhunderten zusammengenommen.

Winchester behauptet, daß zu Anfang des Milleniums das türkische Reich zu Grunde gehen werde, um den Juden die Rückkehr nach Jerusalem zu erleichtern. Jesus Christus kommt dann in der Herbst- oder Frühlings-Tag- und Nachtgleiche; sein leuchtender Körper schwebt in den Lüften über dem Aequator und von einem Pol zum andern, und von Jedermann wird seine Ankunft gesehen.

Towers sieht in dem Millenium eine große Epoche, verschönt durch Frömmigkeit und Weisheit. Der Mensch ist den Gefahren des thierischen, vegetabilischen und mineralischen Giftes nicht mehr ausgesetzt, und letzteres wird aufhören, ein Werkzeug des Verbrechens zu sein. — Die schädlichen und gefährlichen Thiere werden vernichtet oder in die Macht des Menschen gegeben; es gibt weder Mord noch Duell, weder Diebstahl noch Raub. Man kann frei und ungefährdet alle Meere befahren, und die Wissenschaft ist vollkommen genug, um sich den Gefahren des Blitzes aussetzen zu können und den Sturm zu entwaffnen. Die Todesstrafe wird abgeschafft, denn es gibt keine Verbrechen mehr, keine Spaltungen und Kriege, keine bürgerlichen und religiösen Verfolgungen. Selbst die wilden Völker nehmen Theil an allen Wohlthaten der Civilisation. Die Republiken erleiden gewaltige Veränderungen, aber größere noch die monarchischen Staaten. Es gibt keinen Adel mehr, als den Adel der Tugend; und da nichts so sehr der Religion widerstrebt, als der militärische Glanz, der Luxus und die Ueppigkeit der Höfe, so wird dieses Alles eine gründliche Umgestaltung erfahren. Das türkische Reich geht zu Grunde, alle despotischen und antichristlichen Regierungen werden gestürzt." (Gregoire, histoire des sectes religieuses, t. II.)

Towers entdeckt in der That im Christenthum ein alle Tyrannei vernichtendes Element.

Die Mehrzahl der Millenarier bekennen sich ebenfalls zu diesen republicanischen und democratischen Tendenzen. Die Prophezeiung, daß der Drache tausend Jahre lang angekettet sein werde, besagt nach Lancaster, „daß die Schrecken der monarchischen Tyrannei gefesselt sein würden". Dr. Bogue verspricht sich nicht viel von der Bekehrung der Könige: denn in der Bibel sieht man sie niemals sich versammeln, um Gott zu loben oder ihre Völker zu beglücken, sondern nur um zu streiten und zu kämpfen. Indessen läßt der Dr. Chalmers von Glasgow in den Zeiten des Milleniums den Königen ihren Scepter und dem Adel seinen Rang; aber die christliche Liebe, Güte und Tugend nähern die verschiedenen Stände soweit, bis sie sich schließlich in der Gleichheit der himmlischen Glückseligkeit mit einander verschmelzen.

Endlich will Fox im Millenium das Endziel der Vollkommenheit, von der die Philosophen sprechen, eine Aera der Wahrheit, der religiösen und politischen Einheit erblicken. Eine große Anzahl englischer Schriftsteller hat sich mit Vorliebe mit diesen Fragen in den ersten Jahren des 19. Jahrhunderts beschäftigt und, wie ihre Vorgänger, mit den Ideen der Millenarier mehr oder weniger excentrische Interpretationen der Apocalypse verbunden.

Welche Anstrengungen hat man nicht gemacht, um den Sinn jener berühmten Allegorie, den Namen des geheimnißvollen Thieres, dessen Kenntniß der Schlüssel zur ganzen Prophezeiung sein würde, zu errathen! In den Jahrhunderten des Christenthums sah man in ihm die Bezeichnung des götzendienerischen und verfolgungssüchtigen Roms. Die Häresien des Mittelalters wendeten die Drohungen des hl. Johannes auf das Pabstthum und die Kirche zu Rom an, die verschiedenen protestantischen Secten folgten gewissenhaft diesem Beispiel und die Katholiken blieben nicht zurück. Die Alchymisten wollten in der Apocalypse das Geheimniß des großen Werkes finden, und in neuerer Zeit fanden die Vertheidiger des Glaubens in ihr ganz unverkennbare Anspielungen auf die Philosophen des 18. Jahrhunderts. Towers und Baughan lasen aus ihr die Geschichte der französischen Revolution, während Pothier und eine Unmasse anderer Interpreten ganz offenbar Napoleon darin bezeichnet sahen. Nur eine Frage blieb zweifelhaft in ihren Augen, ob dieser außerordentliche Mann für den Antichrist selbst oder nur für seinen Vorläufer zu halten sei. Es wäre wunderbar, wenn die Propheten des modernen Socialismus nicht auch in diesem großen Arsenal der Schwärmer aller Zeiten sich Waffen gesucht hätten. Das haben sie in der That auch gethan, und der Führer der phalansterischen Secte hat noch neulich in einer seiner Schriften Stellen aus der Offenbarung Johannis citirt, die nach ihm ganz klar und entschieden die Verurtheilung „der Fürsten der Erde, der Könige und Aristocraten, der großen und mächtigen Herren der financiellen und merkantilen Feudalität, mit einem Worte, der Räuber aller Art verheißen und das bevorstehende Reich der Gerechten und Heiligen verkünden", d. h., wer sollte es glauben, der Fourieristen.

England ist nicht das einzige Land, in dem die Lehre vom Millenium in neuerer Zeit wieder auftauchte. Bengel im Jahre 1752 und Jung haben sie in Deutschland vertreten. Zu Anfang unseres Jahrhunderts wurde sie in Frankreich mit Geschick und Talent von dem frommen und gelehrten Präsidenten Agier vertheidigt, der im Jahre 1809 eine Uebersetzung der hebräischen Psalmen mit kritischen Noten und die Analyse eines Manuscripts in drei Foliobänden, welche der P. Lacunza, ein ehemaliger Jesuit von Paraguay, über das Millenium verfaßt hatte, herausgab.

Agier, wie die Mehrzahl der Millenarier, verheißt eine allgemeine Bekehrung der Juden und ihre Wiedervereinigung in dem Lande ihrer Väter. Dort werden sie Jerusalem wieder erbauen, das, wie in der Vergangenheit, der Mittelpunkt der katholischen Kirche wieder sein werde. Er glaubt das Datum dieses großen Ereignisses ungefähr auf das Jahr 1848 bestimmen zu können.

Dann wird für die Menschheit ein Zustand geistiger und materieller Glückseligkeit beginnen, der uns durch das übereinstimmende Zeugniß der Propheten garantirt wird. Das Weltall wird dieselbe Gestalt wieder annehmen, die es vor dem Falle unsrer Stammeltern gehabt hat, die Axe der Erde neigt sich senkrecht zur Bahn der Ekliptik, so daß die Oberfläche des Erdballs eines ewigen Frühlings, einer heitern und reinen Luft, wie ehemals in den ersten Zeiten der Welt, sich erfreuen werde. „Man kann", sagt Agier, „in diesem glücklichen Zeitalter auf einen fruchtbaren Boden, auf eine Ueberfülle aller zum Leben nothwendigen Bedürfnisse rechnen, auf eine Herrschaft über die Thiere, wie sie ehemals unsere Stammeltern besaßen, auf ein langes Leben, wie es vor der Sintflut der Menschheit gegönnt war. Alle Monarchien werden verschwinden, alle Menschen nur eine einzige Familie bilden. Es wird keine Nationen mehr geben; denn das Wort Nationen bedeutet nur Abtheilungen des in politische Körperschaften gespaltenen Menschengeschlechts; aber es hat keinen Sinn mehr, wenn alle Schranken zwischen den einzelnen Abtheilungen der universellen Familie gefallen sind. Vielleicht wird sogar die Einheit der Sprache auf der Erde erreicht werden. Endlich wird Christus kommen, um über seine Auserwählten zu herrschen. Enoch und Elias sind seine Vorläufer."

Indessen gehen dieser glücklichen Epoche furchtbare Ereignisse, welche die Ankunft des Antichrists verkünden, voraus. Die socialistischen Democraten und exaltirten Republicaner, welche eine Aera der Freiheit, Gleichheit und allgemeinen Glückseligkeit erwarten, aber, und vielleicht mit Recht, in der russischen Autocratie das furchtbarste Hinderniß dieser großen Umgestaltung erblicken, denken kaum daran, daß diese Ansicht schon seit vierzig Jahren besteht; sie würden wahrscheinlich sehr erstaunt sein, wenn sie hören, daß sie durch eine der klarsten Prophezeiungen der hl. Schrift bestätigt wird. Die Sache ist übrigens gewiß, und Agier zeigt das ganz unumstößlich. Ezechiel verkündet in der That, daß der Fürst von Roß-Mosch und Tubal von Norden her kommen werde, aus dem Lande des Gog und Magog, das alle Interpreten der Bibel einstimmig für das alte Scythien, das moderne Rußland halten, um sich auf die Auserwählten des Herrn zu stürzen. Die Bezeichnung der Bibel ist übrigens vollkommen klar. Roß ist der slavische Name der Russen, Mosch bedeutet Moskau, Tubal Tobolsk, die Hauptstadt von Sibirien. Die Völker, die von den vier Enden der Welt zusammenkommen, die Wolken von Reitern, die mit dem Fürsten von Roß heranziehen, sind nichts Anderes als die Horden asiatischer Kosaken. Agier hält es deshalb für ausgemacht, daß der Antichrist, der große Feind der christlichen Regeneration der Welt, nur ein russischer Kaiser sein könne. Aber diejenigen, welche seine Ansicht theilen, mögen sich beruhigen; dieselbe Prophezeihung verkündet, daß Gog und Magog, nachdem sie einen großen Theil der Erde verwüstet haben, durch den Zorn des Herrn zerschmettert und durch einen Hagel von Steinen und flammendem Schwefel vernichtet werden.

Diese mystischen Ideen, die uns so außerordentlich vorkommen, beschäftigten gleichwohl vor 1830 eine große Anzahl Geister im Süden von Frankreich. Eine Brochüre, „die Vorläufer des Antichrists" betitelt, erlebte von 1822 an nicht weniger als sieben Auflagen. Es ist indessen wahrscheinlich, daß die Zahl dieser Mystiker heut zu Tage sich sehr vermindert hat; der Menschengeist hat gegenwärtig mit andern Schwindeleien zu thun.

Zu Capitel XXI.

Die Worte des hl. Petrus, auf die wir im Texte anspielten, stehen in dessen 2. Briefe. Capitel 2.

―――― Verlag von Elwin Staude in Berlin. ――――

Adam Smith, **Natur und Ursachen des Volkswohlstandes**. Neu übersetzt von Dr. Wilhelm Loewenthal. 2. Auflage. 2 Bände. Preis 10 Mk., elegant gebunden 13 Mk.

Fortschritt und Armuth. Eine Untersuchung über die Ursache der industriellen Krisen und der Zunahme der Armuth bei zunehmendem Reichthum. Von Henry George. Deutsch von C. D. F. Gützschow. Preis 3 Mk., elegant gebunden 5 Mk.

Sociale Probleme. Von Henry George. Verfasser von „Fortschritt und Armuth". Deutsch von F. Stöpel. Preis 3 Mk., elegant gebunden 5 Mk.,

Schutz oder Freihandel. Von Henry George. Deutsch von F. Stöpel. (Unter der Presse.)

Socialismus und Socialpolitik. Ein Beitrag zur Geschichte der socialpolitischen Kämpfe unserer Zeit von Heinrich Oberwinder. Preis 3 Mk.

Sociale Pflichten, oder: **Was die Klassen der Gesellschaft einander schuldig sind.** Von W. G. Sumner, Professor am Yale College in Newhaven. Autorisirte Uebersetzung von M. Jacobi. Mit einem Vorwort von Dr. Th. Barth, Reichstagsabgeordnetem. Preis 1 Mk. 50 Pf.

Die Grundzüge der Gesellschaftswissenschaft oder physische, geschlechtliche und natürliche Religion. Eine Darstellung der wahren Ursache und der Heilung der drei Grundübel der Gesellschaft: der Armuth, der Prostitution und der Ehelosigkeit. Von einem Doctor der Medizin. 10. Auflage. Aus dem Englischen übersetzt nach der 19. Auflage des Originals. Preis 2 Mk. 50 Pf., elegant gebunden 3 Mk. 50 Pf.

Die Lösung der socialen Frage durch Gewerkvereine und Arbeiterschaften. Preis 1 Mk.

Die Deutschen Gewerkvereine und ihr neuester Gegner. Zur Abwehr gegen die Angriffe des Herrn Professor L. Brentano und zur Aufklärung über die Geschichte und Leistungen der Gewerkvereine. Von Dr. Max Hirsch, Anwalt der Deutschen Gewerkvereine. Preis 60 Pf.

Die Invaliden-Pensionskassen und die Gesetzgebung. Von Ferdinand Wöllmer, Mitglied des Deutschen Reichstags und der Kommission für die Invaliden-Kassenfrage. Preis 60 Pf.

Sr. Majestät des Kaisers und Königs Wilhelm I. Reden, Proklamationen, Kriegsberichte rc. Umfassend den Zeitraum von Uebernahme der Regentschaft bis zur Eröffnung des Ersten Deutschen Reichstages. 7. vermehrte und verbesserte Auflage. Volks-Ausgabe. Preis 75 Pf.

Gesammelte Reden von Franz Ziegler, ehem. Mitgliede des Abgeordnetenhauses und des Reichstages für Breslau, Oberbürgermeister von Brandenburg. Herausgegeben von Franziska von Béguelin, geb. Ziegler. 2. Auflage. Preis 2 Mk.

www.ingramcontent.com/pod-product-compliance
Lightning Source LLC
Chambersburg PA
CBHW022110300426
44117CB00007B/662